문명 이야기

윌 듀런트

왕수민 · 한상석 옮김

동양문명
1-1

수메르에서 일본까지

THE STORY OF CIVILIZATION VOL I.: OUR ORIENTAL HERITAGE
by Will Durant

Copyright © 1935 by Will Durant
Copyright renewed © 1963 by Will Durant
All rights reserved.

Korean Language Translation Copyright © 2011 by Minumsa

Korean edition is published by arrangement with the original publisher,
Simon & Schuster, Inc. through KCC.

이 책의 한국어판 저작권은 KCC를 통해 Simon & Schuster, Inc.와 독점 계약한 (주)민음사에 있습니다.
저작권법에 의해 한국 내에서 보호를 받는 저작물이므로 무단 전재와 무단 복제를 금합니다.

THE STORY
OF
CIVILIZATION

문명 이야기

Our Oriental Heritage

I - I

월 듀런트
WILL DURANT

왕수민 · 한상석 옮김

동양 문명
1-1

수메르에서 일본까지

민음사

OUR ORIENTAL HERITAGE

들어가는 글

　무모하게도 문명의 역사를 저술하겠다는 즐거운 과제를 스스로 짊어진 것이 20년 전의 일이다. 이 책 『동양 문명』은 그 첫 부분을 완성하려는 노력의 결실이다. 인류의 문화유산에 천재적 사상과 고된 노동이 기여한 바를 가급적 적은 지면을 통해 가능한 많이 이야기하는 것이 나의 소망이다. 그 내용은 발명의 발달·다양한 경제 조직·통치의 갖가지 실험·종교적 열망·윤리 도덕의 변화 양상·위대한 문학 작품·과학의 발전·철학의 지혜·예술적 성취 등을 연대순으로 나열하고, 그 성격과 그 속의 인과 관계를 고찰하는 것이 될 것이다. 이 작업이 얼마나 터무니없으며 발상 자체부터 얼마나 어이없는지는 굳이 말해 주지 않아도 잘 안다. 벌써 몇 년이나 애를 썼지만 마무리된 작업이 5분의 1에 불과하니 말이다. 더욱이 그렇게 애쓰는 동안 한 사람의 머리와 생애만 갖고는 이 작업을 충분히 다룰 수 없다는 사실이 명확해졌다. 그래도 나는 꿈을 접지 않았다. 오류가 많을 수밖에 없음에도 불구하고 이 책이 사물을 전체적으로 바라보고, 관점·통일성·시간의 역사를 통한 이해를 추구하며, 동시에 공간의 과학도 접목시키려 애쓰는, 철학에 열정을 가진 이들에게 얼마간은 유용하리라는 꿈을 말이다.

나는 오래전부터 (경제사, 정치사, 종교사, 철학사, 문학사, 과학사, 음악사, 미술사 등) 선을 긋듯 역사를 나누어 서술하는 통상적인 방식은 인류 삶의 통일성을 제대로 드러내지 못한다고 생각해 왔다. 역사는 통시적인 동시에 공시적으로, 분석적인 동시에 종합적으로 서술되어야 마땅하다. 더욱이 이상적인 역사 문헌이라면 각 시대 한 나라가 가진 문화·제도·사건·풍습 등을 총체적으로 담아내려 해야 할 것이다. 하지만 지식 축적의 결과로 역사 역시 과학과 마찬가지로 수천 가지의 별개 전문 분야로 나뉘었고, 몸 사리는 학자들은 물질적 우주에 대해서든, 우리 인간의 생생한 역사에 대해서든 더 이상 전체적 관점을 취하려 들지 않는다. 작업 범위가 넓어지면 넓어질수록 오류를 범할 확률도 높아지고, 종합에 영혼을 파는 자에게는 기다렸다는 듯 전문 비평가들의 화살이 무수히 날아들 것이기 때문이다. 5000년 전 프타호테프(고대 이집트의 대신 – 옮긴이)가 이런 말을 남긴 것도 같은 맥락이다. "논의에 능한 전문가가 얼마나 거세게 반대를 하고 나올지 생각해 보라. 모든 일에 대해 이야기하는 건 어리석은 짓이다."* 모든 철학적 작업에는 뻔뻔스러운 면이 있다. 단편적 저작으로 전체를 서술하는 우스운 광경을 연출하기 때문인데, 문명의 역사 이야기도 그런 점에서 뻔뻔스럽다 할 수 있다. 그리고 철학과 마찬가지로 이런 모험을 감행하는 데 어떤 합리적 이유가 있는 건 아니다. 굳이 핑계를 찾자면 무식하면 용감하기 때문이랄까. 하지만 철학에 빠져들 듯 이 책의 유혹에 푹 빠져드는 조급한 영혼들이 몇몇 있기를 기대해 본다.

---

* 349쪽 참조.

나는 문명의 역사를 다음의 다섯 부분으로 나누어 다루려고 한다.

1. 동양의 문화유산: 알렉산드로스가 사망할 때까지의 이집트 및 근동 지역 문명의 역사와 현재에 이르기까지의 인도·중국·일본 문명의 역사를 서술한다. 그리고 이 책의 도입부에서 문명의 성격과 요소를 설명한다.

2. 고전 시대의 유산: 그리스와 로마 문명의 역사, 그리스와 로마의 지배를 받던 근동 지방 문명의 역사를 다룬다.

3. 중세의 유산: 가톨릭교와 봉건주의가 특징인 유럽의 문명과 비잔티움 문명, 아시아·아프리카·스페인의 이슬람 문화와 유대 문화, 그리고 이탈리아 르네상스를 다룬다.

4. 유럽의 유산: 종교 개혁부터 프랑스 혁명 기간까지 유럽 국가들의 문화사를 다룬다.

5. 현대의 유산: 나폴레옹의 즉위부터 현재에 이르기까지 유럽 지역의 발명과 정치, 과학과 철학, 종교와 윤리, 문학과 예술을 다룬다.

우리 서양의 이야기는 동양에서 시작된다. 단지 아시아가 가장 유서 깊은 문명의 장으로 유명해서가 아니다. 바로 그 동양의 문명들이 그리스와 로마 문화의 배경과 토대를 형성했기 때문이다. 헨리 메인 경(Sir Henry Maine)은 그리스와 로마에 현대 지성의 모든 원천이 있다고 생각했으나, 알고 보면 그렇지 않은 셈이다. 우리 서양 문명에 절대 없어선 안 될 발명품들, 즉 서양의 정치 기구 및 경제 기구, 과학과 문학, 철학과 종교의 뿌리가 상당 부분 이집트와 동양에 그 기원을 두고 있다는 사실을 알면 놀라울 따름이다.* 지금 우리는 유럽의 패권이 급격한 종말을 맞고 아시아가 부활의 삶을 누리고 있어, 동양과 서양 사이의 전반적 갈등이 20세기의 주요 테마가 될 수밖에 없는 듯 보이는 역사적 순

---

* 동양의 문화가 서양의 문화유산에 한 기여는 이 책의 결론부에 요약되어 있다.

간에 와 있다. 이런 상황에 그리스 이야기로 시작해 아시아는 한 줄로 요약해 버리고 마는 종래 역사의 지방주의는 단순한 학문적 오류가 아니라, 올바른 관점과 지성의 참담한 실패로 봐도 무방하리라. 지금 미래는 태평양을 바라보고 있다. 따라서 그곳에 대한 이해가 뒤따라야 하는 건 당연하다.

그런데 과연 서양의 지성이 동양을 이해할 수 있기나 할까? 8년간 연구와 여행을 하면서 이 의구심은 한층 짙어지기만 했다. 평생을 연구에 몸 바쳐도 서양의 학생에게 동양이 간직한 오묘한 성격과 신비한 가르침을 전수하기에는 역부족이란 생각이 든 것이다. 이 책에는 애국심에 불타는 사람이나 속 깊은 영혼의 심기를 건드리거나 즐겁게 할 장(章)이나 절이 도처에 들어 있다. 정통 유대교도는 가진 인내를 총동원해야 야훼를 서술한 부분을 비로소 용서할 수 있을 것이고, 형이상학적인 힌두교도들은 인도 철학을 피상적으로 훑은 것에 개탄을 금치 못할 것이다. 또 극동 지방의 풍부한 문학과 사상을 이토록 턱없는 수준으로 간추려 놓은 것을 보고 중국 및 일본의 현자들은 너그러이 미소를 지을 것이다. 하버드의 해리 울프슨(Harry Wolfson) 교수 덕에 유대에 관한 몇 가지 오류를 수정할 수 있었음을 밝힌다. 보스턴 미술 박물관의 아난다 쿠마라스와미(Ananda Coomaraswamy) 박사는 인도에 대한 부분을 아주 세심하게 손봐 주었다. 하지만 내가 도달한 결론이나 여전히 남아 있는 오류에 대해 이들에게 책임을 묻는 일은 없어야 할 것이다. 중국과 일본을 다룰 때 생긴 용납할 수 없는 실수는 워싱턴 대학의 박학한 동양학자 고웬(H. H. Gowen) 교수와, 동양에 대한 지식이 마를 날 없는 업튼 클로즈(Upton Close)가 확인해 주었다. 또 현대 극동의 상황을 이야기할 때는 조지 소콜스키(George Sokolsky) 교수가 직접 구한 정보를 이용하는 혜택을 누릴 수 있었다. 사람들이 넓은 마음으로 이 책을 사서 읽어 주어 2판을 찍어야 하는 상황이 되면, 비평가, 전문가, 독자 들이 지적해 준 추가 수정 사항까지 모두 반영할 기회가 마련될지 모르겠다. 하지만 글쓰느라 기력이 다해 본 적이 있는 작가라면 13세기에 대송이『중국 저술의 역사』를 펴내며 한 다음과 같은 말에 십분 공감할 것이다. "내가 완벽한 책을 내려 했다면, 영원히 탈고하지 못했을 것이다."*

요즘 같은 청각적인 시대에는 세계 시민이나 관심을 가질 법한 골치 아픈 내용에 값까지 비싼 책이 인기를 누릴 리 만무하다. 따라서 재미는 없어도 돈 되는 일을 하느라 이 시리즈를 연속으로 펴내는 데 차질이 생길 수도 있다. 하지만 혹시 종합이라는 이 모험이 환영받아 방해받지 않고 작업에 전념할 수 있다면, 2부는 1940년 가을이면 출간 준비가 될 것이다. 나머지 시리즈도 건강만 따라 주면 5년의 간격을 두고 계속 나오게 될 것이다. 일체의 집필 작업에서 벗어나 오로지 이 일에만 몰두하게 되는 것은 무엇보다 큰 기쁨일 것이다. 시간과 상황만 허락된다면 난 최대한 속도를 내서 작업을 진행할 생각이다. 동시대인 몇 명이라도 나와 더불어 만학의 즐거움을 맛보고, 나중에는 우리 아이들이 이 책을 통해 자신들이 물려받은 한없이 풍부한 유산을 이해하고 누리길 바라면서 말이다.

윌 듀런트

그레이트넥, 뉴욕, 1935년 3월

감사의 말씀

다음의 책을 인용할 수 있도록 허락해 준 저자 및 출판사에 감사를 전한다.

레오나르드 W. E.(Leonard, W. E.), 『길가메시(*Gilgamesh*)』, Viking Press.

가일스 H. A.(Giles, H. A.), 『중국문학사(*A History of Chinese Literature*)』, D. Appleton-Century Co.

언더우드 에드나 워슬리(Underwood, Edna Worthley), 『두보(*Tu Fu*)』, Mosher

---

* 카터(Cater, T. F.), 『중국의 인쇄술 발명과 서양으로의 보급』, 1925년, 뉴욕, p. xviii.

Press.

웨일리 아더(Waley, Arthur), 『중국시 170선(*170 Chinese Poems*)』, Alfred A. Knopf.

브레스테드 재스 H.(Breasted, Jas. H.), 『고대 이집트의 종교와 사상 발전(*The Development of Religion and Thought in Ancient Egypt*)』, Scribner.

티엣젠스 유니스(Tietjens, Eunice), 『동방의 시(*Poetry of Orient*)』, Alfred A. Knopf.

반 도렌 마크(Van Doren, Mark), 『세계 명시선(*Anthology of World Poetry*)』, Literary Guild.

업튼 클로즈(Upton Close), 중국 시 번역본.(미출간)

이 책을 읽는 방법

일반 독자들은 읽기가 더 수고스럽겠지만, 책의 분량을 조금이라도 줄이고자 전문적 내용은 바로 이 단락과 같이 글자 크기를 줄여 놓았다. 되도록 많이 줄였음에도 책 분량은 여전히 엄청나고, 작은 크기의 글자로 이 지루한 내용들을 전달하는 게 도리가 아니라는 사실에는 변함이 없다. 부디 한 번에 한 장(章) 이상은 읽지 말기 바란다.

글자 크기를 줄이고 들여쓰기 한 문단은 인용문이다. 본문의 위 첨자 숫자는 권말의 주석 번호를 가리킨다. 주석에 명시되어 있는 도서에 대해서는 참고 문헌에 보다 자세한 정보를 실어 두었다.

덧붙여, 이 책은 1927~1928년 신문에 기고하려 준비한 전기 형식의 '문명 이야기(Story of Civilization)'와는 전혀 관계없으며, 그 내용을 이용하지도 않았음을 밝힌다.

차례

들어가는 글   5

문의 성립

1장 문명의 제 조건   81

2장 문명의 경제적 요소   87
1. 수렵에서 경작으로   88
2. 산업의 토대   97
3. 경제적 조직화   103

3장 문명의 정치적 요소
1. 정부의 기원   111
2. 국가   115
3. 법   118
4. 가족   123

4장 문명의 윤리적 요소   133
1. 결혼   134
2. 성 윤리   145
3. 사회 윤리   154
4. 종교   161
   종교의 기원   162
   종교의 숭배 대상   164
   종교의 수단   172
   종교의 윤리적 기능   178

5장 문명의 정신적 요소
1. 문자   183
2. 과학   192
3. 예술   197

6장 선사 시대 문명의 시작
1. 구석기 문화   209
   구석기 시대의 인간   211
   구석기 시대의 예술   215
2. 신석기 문화   220
3. 역사 시대로의 이행   226
   금속의 등장   226
   글   229
   잃어버린 문명   231
   문명의 요람   233

근동

7장 수메르   239
1. 엘람   240
2. 수메르인   242
   역사적 배경   242
   경제생활   250

통치　252
　　종교와 도덕　254
　　문학과 예술　259
3. 수메르에서 이집트로　265

8장 이집트
1. 나일 강의 선물　269
　　나일 강 삼각주　269
　　나일 강 상류　274
2. 건축의 대가들　280
　　이집트의 발견　280
　　선사 시대 이집트　281
　　고왕국　283
　　중왕국　289
　　제국　292
3. 이집트의 문명　296
　　농업　296
　　산업　299
　　통치　304
　　윤리　307
　　풍습　311
　　문자　315
　　문학　320
　　학문　328
　　예술　334
　　철학　347
　　종교　354

　　4. 이단자 왕　365
　　5. 쇠퇴와 멸망　375

9장 바빌로니아
1. 함무라비부터 네부카드레자르까지　383
2. 평민　393
3. 법　398
4. 바빌론의 신들　401
5. 바빌론의 도덕　417
6. 문자와 문학　422
7. 예술가　429
8. 학문　432
9. 철학　436
10. 몰락　442

10장 아시리아
1. 연대기　445
2. 통치　452
3. 생활　457
4. 예술　462
5. 몰락　467

11장 여러 민족들
1. 인도유럽어족　471
2. 셈족　478

12장 유대

1. 약속의 땅   489
2. 솔로몬과 그의 영화   494
3. 만군의 주   502
4. 최초의 급진론자   509
5. 예루살렘의 멸망과 부활   516
6. 경전을 중심으로 생활한 민족   525
7. 성경의 문학과 철학   540

13장 페르시아

1. 메디아인의 부상과 몰락   553
2. 위대한 왕들   556
3. 생활과 산업   560
4. 실험적인 통치 체계   565
5. 자라투스트라   571
6. 조로아스터교의 윤리   576
7. 풍습과 도덕   582
8. 학문과 예술   586
9. 몰락   592

주   599
연대표   628

람세스 2세 화강암 조각상, 이탈리아 토리노 박물관 1-1권의 340, 376쪽 참조

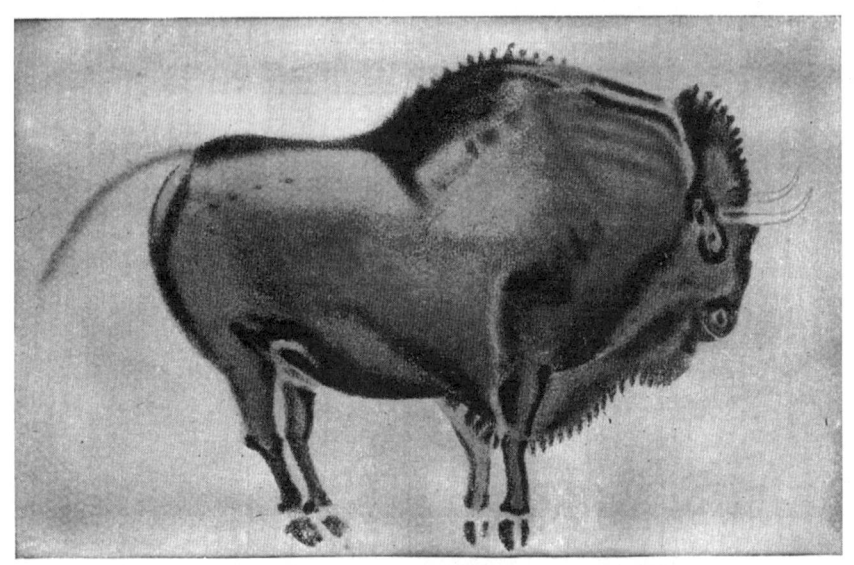

스페인 알타미라의 구석기 시대 동굴에 그려진 들소, 사진: 미국 자연사 박물관 1-1권의 217쪽 참조

신석기 시대 호상(湖上) 거주지 가상 복원 모형, 미국 자연사 박물관 1-1권의 220쪽 참조

ENGLISH	EGYPTIAN HIEROGLYPH	ABU-SIMBEL	MOABITE STONE	IONIAN GREEK
A		△	ㄑ	AA
B	□ ▱	B B	𐤁 𐤁	B
G	▦		𐤂	Γ Γ
D			◁	△
E		F E	ヨ	F E
F(W)			Y	
Z	Y		ℤ	
H		日	𐤇	日
TH			⊗	⊗
I		ǀ	𐤆	ǀ
K			⩘	K
L		M	⫣	M
M		M N	⫴	M
N	⌇	N	𐤍	NN
X(SH)	⌇⌇		≢	⪽
O		∘∘O	O	OO
P	⌁	Γ	𐤐	Γ
S	🐟		⌇	
Q	∽	Q	φ	
R	👁		◁	P D
S		⌇⌇	W	⌇⌇
T	⬭	T	X	T
Ü				Y
P-H				
KH	🖐			X
PS				Ψ Ψ
Ô				Ω

알파벳의 발달

"난쟁이" 구데아 조각상
루브르 박물관, 사진: 메트로폴리탄 미술관 1-1권의 248쪽 참조

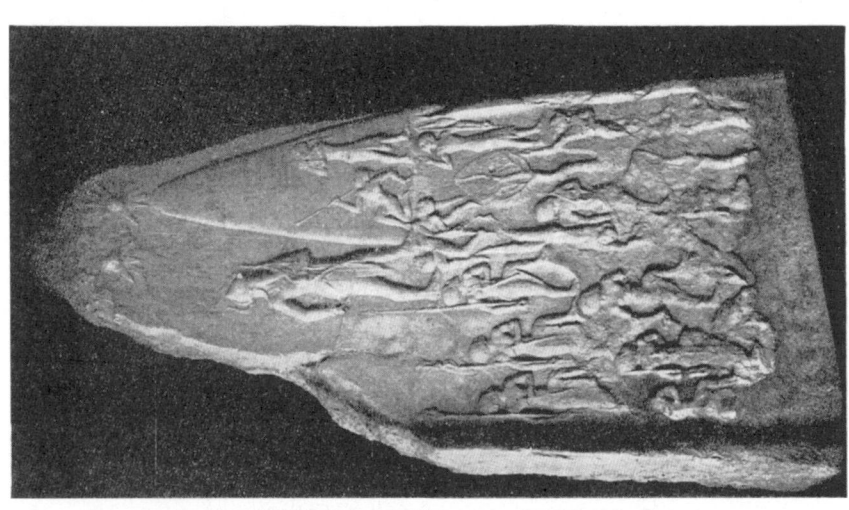

나람신 기념 석판
루브르 박물관, 사진: 예술 역사 사진 기록 보관소 1-1권의 247쪽 참조

데이르엘바흐리 신전
사진: 린슬리 F. 홀(Lindsley F. Hall) 1-1권의 293쪽 참조

룩소르 신전의 열주(列柱)와 뜰
사진: 메트로폴리탄 미술관 1-1권의 277쪽 참조

카르나크 다주식 홀 가상 복원 모형
메트로폴리탄 미술관

카르나크 다주식 홀의 열주
언더우드 & 언더우드(Underwood & Underwood) 1-1권의 278쪽 참조

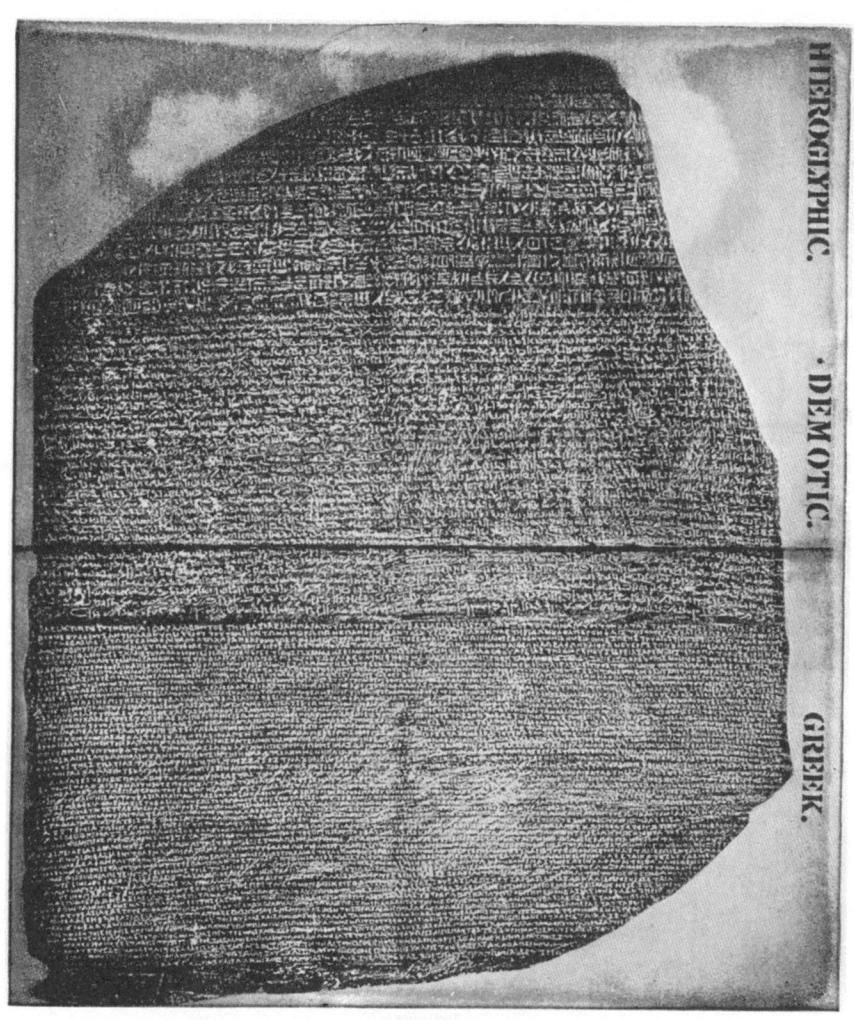

로제타 스톤
영국 박물관 1-1권의 281쪽 참조

파라오 카프레의 섬록암 흉상
카이로 박물관, 사진: 메트로폴리탄 미술관 1-1권의 285, 337쪽 참조

서기관 좌상
루브르 박물관, 사진: 메트로폴리탄 미술관 1-1권의 303, 338쪽 참조

"셰이크엘벨레드" 목재 조각상
카이로 박물관, 사진: 메트로폴리탄 미술관 1-1권의 313, 338쪽 참조

예술가 투트모세의 아마르나 작업실에서
출토된 사암(砂岩) 두상
베를린 국립 박물관, 사진: 메트로폴리탄 미술관

왕의 두상, 세누스레트 3세로 추정
메트로폴리탄 미술관

왕권을 상징하는 매와 뱀. 제1왕조 시대의
석회암 돌을새김
루브르 박물관, 사진: 메트로폴리탄 미술관

투트모세 3세의 두상
카이로 박물관, 사진: 메트로 폴리탄 미술관

봉헌물을 바치는 람세스 2세
카이로 박물관, 사진: 메트로폴리탄 미술관

테코스케트 부인 청동상　　　　　　　　　몬투미하이트의 좌상
아테네 박물관, 사진: 메트로폴리탄 미술관　　　베를린 박물관

아부심벨 동굴 신전에 있는 람세스 2세의 거상
유잉 갤러웨이, 뉴욕 1-1권의 341쪽 참조

춤추는 소녀. 도자기 조각 위에 그림
이탈리아 토리노 박물관 1-1권의 344쪽 참조

먹잇감을 노리는 고양이. 베니하산의 크눔호테프 무덤 속 그림
하워드 카터(Howard Carter)의 모작. 이집트 탐사 협회의 양해로 게재 1-1권의 344쪽 참조

투탕카멘의 의자
카이로 박물관, 사진: 메트로폴리탄 미술관 1-1권의 345쪽 참조

이크나톤의 왕비 노프레테테의 채색 두상
베를린 박물관의 원본을 메트로폴리탄 미술관에서 복제한 작품 1-1권의 341쪽 참조

태양 신 샤마시가 함무라비 왕에게 법전을 하사하는 모습
루브르 박물관, 사진 저작권: W. A. 맨슬 컴퍼니(W. A. Mansell & Co.), 런던 1-1권의 385쪽 참조

"바벨론의 사자" 채색 타일 돋을새김
베를린 박물관, 메트로폴리탄 미술관의 양해로 게재 1-1권의 430쪽 참조

에사르하돈의 두상
베를린 박물관 1-1권의 466쪽 참조

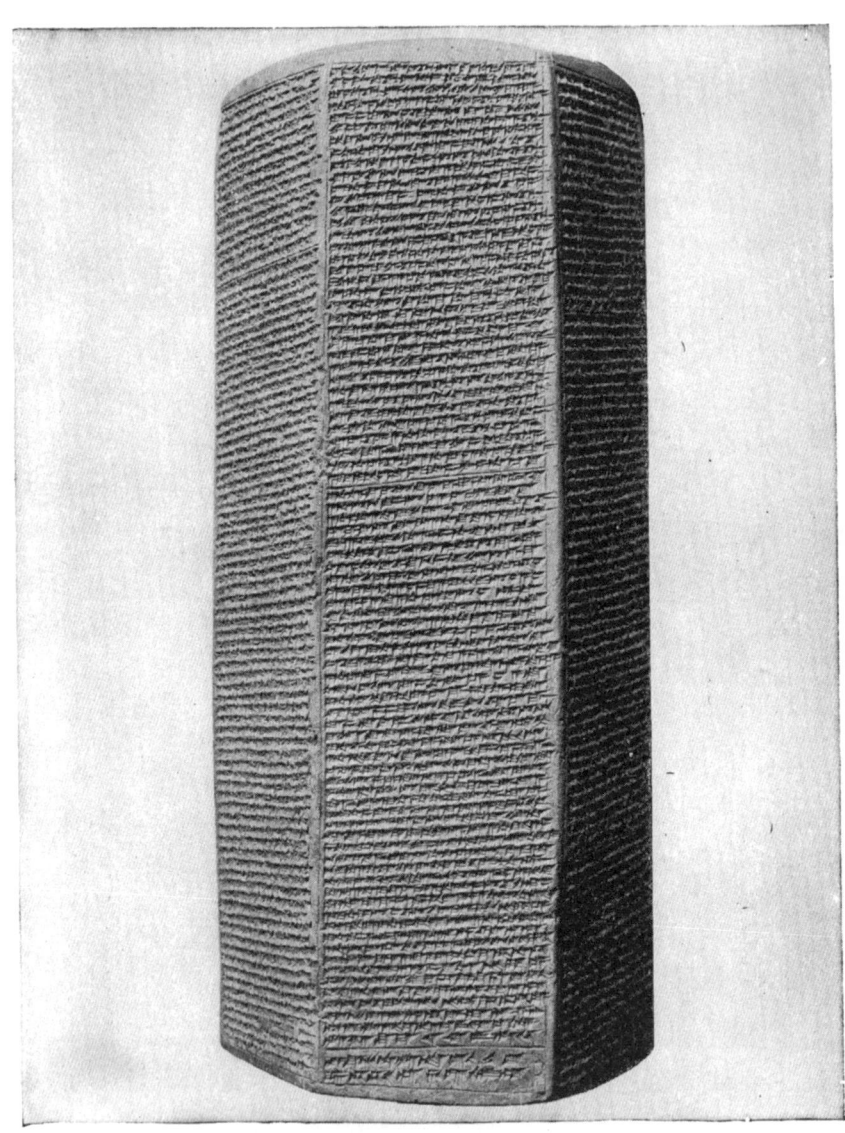

센나케리브의 각주(角柱)
이라크 박물관, 시카고 대학 동양학 연구소의 양해로 게재 1-1권의 10장 참조

니네베의 죽어 가는 암사자
영국 박물관, 사진: 메트로폴리탄 미술관 1-1권의 463쪽 참조

사자 사냥. 니네베에서 출토된 설화 석고(雪花石膏) 돋을새김
영국 박물관, 사진: 메트로폴리탄 미술관 1-1권의 463쪽 참조

티아마트와 싸우는 마르둑의 아시리아 시대 돋을새김. 카라크에서 출토
영국 박물관, 사진 저작권: W. A. 맨슬(W. A. Mansell), 런던 1-1권의 462쪽 참조

카라크의 아슈르나시르팔 2세 궁전에서 출토된 날개 달린 황소
메트로폴리탄 미술관 1-1권의 464쪽 참조

예루살렘의 한 거리 모습

솔로몬 신전의 가상 복원 모형
언더우드 & 언더우드 1-1권의 500쪽 참조

페르세폴리스 유적지
시카고 대학 동양학 연구소의 양해로 게재 1-1권의 589쪽 참조

"궁수 소벽(小壁)" 수사(Susa) 다리우스 왕궁의 채색 타일 돋을새김
루브르 박물관, 사진: 예솔 역사 사진 기록 보관소 1-1권의 561쪽 참조

캘커타의 화장터
브롱송 드 쿠(Bronson de Cou), 유잉 갤러웨이, 뉴욕 1-2권의 185쪽 참조

베나레스의 "성인" 1-2권의 185쪽 참조

아잔타의 프레스코 벽화 1-2권의 276~277쪽 참조

악바라바드에서 악바르를 접견하는 모습을 그린 무굴 시대 그림. 1620년경
보스턴 미술 박물관 1-2권의 279쪽 참조

산치에서 출토된 젊은이의 토르소
빅토리아 앨버트 박물관, 런던 1-2권의 281~284쪽 참조

브라마 좌상. 10세기
메트로폴리탄 미술관

사르나트의 부처님. 5세기
사진: 쿠마라스와미(A. K. Coo-
maraswamy)

나가 왕. 아잔타 석굴 XIX의 정면 돋을새김
쿠마라스와미의 양해를 얻어 게재

1-2권의 281~284쪽 참조

춤추는 시바. 17세기 인도 남부
미니애폴리스 미술관 1-2권의 283쪽 참조

엘레판타 섬의 시바상
언다우드 & 언다우드 1·2권의 283쪽 참조

아누라다푸라의 부처상
유잉 갤러웨이, 뉴욕 1-2권의 283쪽 참조

아소카 왕 석주의 사자 기둥머리
베나레스 사르나트 박물관, 사진 저작권: 인도 고고학 조사국 1-2권의 285쪽 참조

산치 불탑, 북문(北門)
언더우드 & 언더우드 1-2권의 286쪽 참조

나시크의 가우타미푸트라 사원 전경
인도청, 런던 1-2권의 287쪽 참조

차이티아 홀 내부. 아잔타 석굴 XXVI 1-2권의 287쪽 참조

아부 산(山) 테자팔라 사원의 돔 내부
존스턴 & 호프먼(Johnston & Hoffman), 캘커타 1-2권의 288쪽 참조

아부 산 비말라 사원
언더우드 & 언더우드 1-2권의 288쪽 참조

아잔타 석굴 XIX
인도 국립 철도청 1-2권의 287쪽 참조

봄베이 근처의 엘레판타 굴
코울링(Cowling), 유잉 갤러웨이, 누욕 1-2권의 285쪽 참조

바위를 깎아 만든 카일라사 사원
인도 국립 철도청 1-2권의 292쪽 참조

에롤라 사원의 수호신상
인도 국립 철도청 1-2권의 292쪽 참조

앙코르와트

퍼블리셔스 포토 서비스(Publishers' Photo Service) 1~2권의 296~297쪽 참조

앙크르와트 북동쪽 끝
퍼블리셔스 포토 서비스 1~2권의 296~297쪽 참조

라빈드라나트 타고르
언더우드 & 언더우드 1-2권의 315쪽 참조

미얀마 파간의 아난다 궁전
언더우드 & 언더우드 1-2권의 298쪽 참조

아그라의 타지마할
유잉 갤러웨이, 뉴욕 1-2권의 301쪽 참조

황제가 사용한 푸른색 칠기 보석함
언더우드 & 언더우드 1-2권의 456쪽 참조

강희제의 울칠 병풍
빅토리아 앨버트 박물관, 런던 1-2권의 456쪽 참조

수나라 시대의 청동 관음상
메트로폴리탄 미술관 1-2권의 458쪽 참조

베이징의 여름 별궁 1-2권의 461쪽 참조

베이징의 천단(天壇)
퍼블리셔스 포토 서비스 1-2권의 461쪽 참조

제왕도권. 7세기 염립본이 작품
보스턴 미술관 1-2권의 464~473쪽 참조

비단 다리는 여인들. 휘종(1101~1126) 작품
보스턴 미술관 1-2권의 471쪽 참조

다리와 버드나무가 있는 풍경. 12세기 마원의 작품
보스턴 미술관 1-2권의 472쪽 참조

강희제 시대의 산사나무 무늬 화병
메트로폴리탄 미술관 1-2권의 479쪽 참조

게이샤

유잉 갤러웨이, 뉴욕 1-2권의 601쪽 참조

교토의 기요미즈사(寺). 옛날에 일본인들이 자살하기 위해 많이 찾던 곳이다.
언더우드 & 언더우드 1-2권의 641쪽 참조

닛코 도쇼궁(宮)의 요메이몬 1-2권의 642쪽 참조

닛코 도쇼구의 원숭이. "악은 듣지도 말며, 말하지도 말며, 보지도 말라." 유잉 갤러웨이, 뉴욕 1-2권의 642쪽 참조

호류사(寺)의 아미타불상
사진: 메트로폴리탄 미술관 1-2권의 644쪽 참조

호류사의 아미타불 배경 청동 원반
사진: 메트로폴리탄 미술관 1-2권의 644쪽 참조

일본의 비로자나불. 목재 조각에 옻칠. 서기 950년경 작품
메트로폴리탄 미술관 1-2권의 643~645쪽 참조

가마쿠라의 대불 1-2권의 644쪽 참조

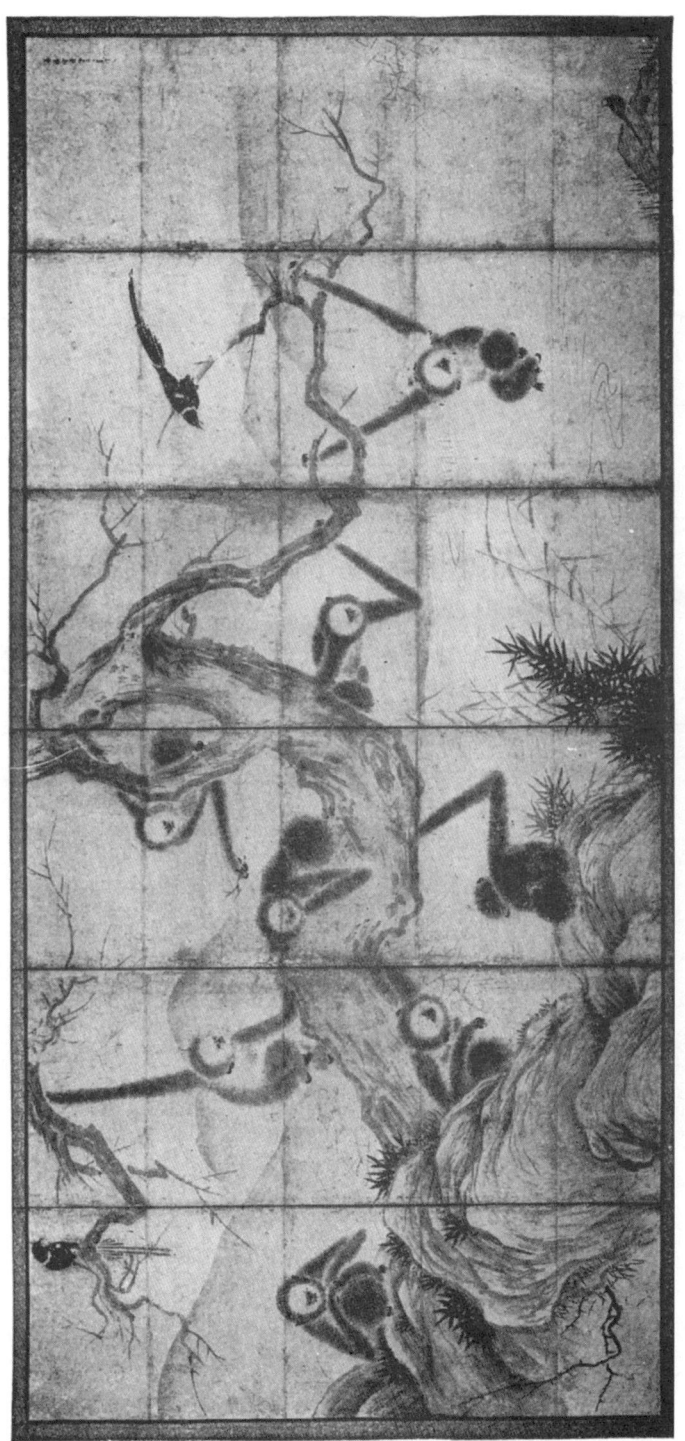

원숭이와 새. 15세기 셋슈 작품 1-2권의 652~653쪽 참조

파도도(波濤圖) 병풍, 고린 작품
메트로폴리탄 미술관 1-2권의 654쪽 참조

여우. 히로시게 작품
메트로폴리탄 미술관

요로 폭포, 호쿠사이 작품
메트로폴리탄 미술관

1-2권의 655~659쪽 참조

문명의 성립

"인간이 어떤 단계를 밟아 야만성을 벗고 문명에 이르렀는지 나는 궁금하다." —볼테르(Voltaire)[1]

OUR ORIENTAL HERITAGE

1장 문명의 제 조건

　문명이란 문화 창조를 촉진하는 사회적 질서를 말한다. 문명을 구성하는 네 가지 요소로는 물자 비축, 정치 조직, 윤리적 전통, 지식 및 예술의 추구를 들 수 있다. 혼란과 불안정이 끝나는 지점에서 문명은 시작된다. 왜냐하면 두려움을 극복했을 때 호기심과 건설 정신이 자유롭게 발산되고, 나아가 인간이 타고난 본능적 충동을 넘어 삶을 이해하고 멋지게 꾸미려 노력하기 때문이다.
　문명 형성의 조건이 되는 특정 요인도 몇 가지 있는데, 이것들은 문명 형성에 힘이 되기도 하고 걸림돌이 되기도 한다. 첫째로 지질학적 조건을 생각해 볼 수 있다. 문명은 빙하기 사이사이에 나타나는 현상이다. 결빙기가 또 언제 닥쳐 인간이 빚어낸 작품들을 얼음과 돌로 뒤덮고, 지구의 극히 일부분만 생명의 터전으로 남겨 놓을지는 아무도 모른다. 지진이라는 악마 역시(이 악마의 양해가 있어야만 우리는 도시를 건설할 수 있다.) 언제 어깻죽지를 들썩여 무심히 우리를 집어삼킬지 알 수 없다.

　두 번째는 지리적 조건이다. 열대 지방의 더위와 그곳에 들끓는 무수한 기생균은 문명에 적합지 않다. 무기력과 질병이 만연하고 모든 게 빨리 성장하고 또 부패하기 때문에, 그곳에서는 문명 이룩이라는 삶의 부차적 문제에 에너지를 쏟을 겨를이 없다. 오로지 배고픔과 생식 문제 해결에만 매달리는 것이다. 예술과 사고의 즐거움을 누릴 여유 같은 건 없다. 한편 비는 꼭 내려 줘야 한다. 물이 없으면 생명체가 살 수 없다는 점에서 물은 심지어 햇빛보다 더 중요하다 볼 수 있다. 아마 이런 요소들이 종잡을 수 없게 변덕을 부린 탓에 니네베나 바빌론처럼 한때 제국과 산업이 융성했던 지역이 황폐화되었을 테고, 또 그 덕분에 교통 및 통신의 요지와 거리가 먼 영국이나 퓨젓 사운드(Puget Sound) 같은 지역은 단번에 힘과 부를 축적할 수 있었을 것이다. 토양에 양분이나 미네랄이 풍부하고, 강이 교역의 지름길 역할을 해 주고, 해안선이 내륙 쪽으로 움푹 패여 무역선이 쉽게 드나들고, 무엇보다 아테네와 카르타고, 피렌쩨나 베네찌아처럼 세계 무역의 요충지에 자리 잡고 있을 경우, 지리는 문명을 창조하는 역할까지는 결코 못하더라도 문명에 호의를 보이고 나아가 문명을 키워 주는 역할을 한다.

　경제적 조건들은 지리보다 중요성이 크다. 어떤 민족이 질서 잡힌 제도나 고상한 도덕 체계를 아무리 잘 갖추고 심지어 아메리카 인디언처럼 독특한 예술적 재능을 타고났다 해도, 그 민족이 수렵 단계에 계속 머물러 항상 운이 좋을 수만은 없는 사냥에 생사를 맡긴다면, 이 민족이 야만성을 벗어나 문명을 이루는 일은 결코 없을 것이다. 물론 아라비아의 베두인족처럼 지력과 기력이 특출해 용기·관용·품위 같은 고상한 자질을 자랑하는 유목 민족이 있을 수는 있다. 하지만 식량의 지속적 공급이라는 문명의 기본적 필수 조건이 받쳐 주지 못하면, 위험한 사냥을 감행하고 꾀를 써서 교역을 하는 데 지력을 허비해야 할 것이다. 문명이 자랑하는 화려한 치장과 갖가지 예의범절·기술·안락함을 추구할 여지는 조금도 안 남는 것이다. 문화의 최초 형태를 꼽으라면 농경을 들 수 있다. 정착 생활을 하며 땅을 경작하고 불확실한 미래에 대비해 식량을 비축한 바로 이때, 비로소 인간은 문명을 이룰 시간적 여유와 이유를 찾았다. 인간은 물과 식량을 안정적으로 공급받으며 안심하고 살아갈 수 있는 조그만 터전 속에, 자신이 살 오두막과 사원 그리고 학교를 짓기 시작했다. 또 생산 도구를 만들어 내고, 개, 당나귀, 돼지, 그리고 종국에는 자기 자신을 길들였다. 나아가 규칙적으로 질서에 따라 일하는 법을 배우고, 수명을 늘여 나갔으며, 자기 종족이 가진 정신 및 도덕적 유산을 그 어느 때보다 완벽하게 전수할 수 있게 되었다.

문화하면 농경이 떠오르지만, 문명하면 도시가 떠오른다. 문명은 예의의 습관화라 할 수 있는데, 예의란 곧 세련된 행동을 말한다. 그리고 예의라는 말을 만들어 낸 도시인들은 세련된 행동이 오로지 도시(civitas, city)에서만 가능하다고 생각했다.* 온당하든 부당하든 시골에서 생겨난 부와 인재가 모여드는 곳이 바로 도시기 때문이다. 도시에서는 발명이 이루어지고 사업이 일어나면서 갖가지 편의와 사치, 여가가 함께 늘어난다. 상인들이 만나 물품과 생각을 교환하는 곳도 도시다. 그리고 무역의 교차로에서 이루어지는 그러한 이화 수분을 통해 지성이 가다듬어져 창조적 힘의 자극제가 된다. 도시에는 물건을 만들어 내는 일에서 벗어나 과학, 철학, 문학, 예술에 힘을 쏟을 수 있는 사람들이 생겨나게 마련이다. 문명은 농부의 오두막에서 시작되지만, 오로지 도시에서만 꽃을 피울 수 있다.

문명이 형성되는 데 인종 조건이 따로 있는 건 아니다. 문명은 어느 대륙에서든, 어느 색깔의 인종에서든 나타날 수 있다. 중국의 베이징이나 인도의 델리, 이집트 멤피스나 바빌로니아의 바빌론, 이탈리아의 라벤나나 영국의 런던,

---

* 문명을 뜻하는 영어 'civilization'('시민의'를 뜻하는 라틴어 'civilis'가 어원이다.)은 역사가 짧은 편이다. 영국의 사전 편찬자 존슨(Johnson)은 친구 보즈웰(Boswell)의 제안이 있었음에도, 1772년 사전을 편찬할 때 'civilization' 을 넣으려 하지 않았다. 대신 문명을 가리키는 단어로 'civility'란 단어를 선호했다.[2]

페루나 유카탄 반도 모두 문명의 장이 될 수 있다. 그리고 위대한 민족이 문명을 만드는 게 아니라, 위대한 문명이 사람을 만든다. 다시 말해, 지리적 및 경제적인 여러 여건이 문화를 만들어 내고, 또다시 문화는 하나의 틀을 만들어 낸다는 이야기다. 영국인이 영국 문명을 만드는 게 아니라, 영국 문명이 영국인을 만드는 것이다. 영국인이 어디를 가도 영국 문명을 따른다고, 그러니까 팀북투에서도 영국에서처럼 저녁을 먹을 땐 정장 차림을 한다고 해 보자. 이때 그는 팀북투에서 자기 문명을 새로이 창조하고 있다기보다는, 팀북투에서까지 영국 문명이 자신의 영혼을 지배한다는 사실을 인정하고 있는 것이다. 물질적 조건만 비슷하면, 다른 인종이면서도 비슷한 결과를 내놓는 수가 있다. 일본이 20세기에 19세기의 영국 역사를 재현하고 있는 것처럼 말이다. 문명과 인종을 관련시킬 수 있는 부분은 한 가지뿐이다. 바로 문명 형성 전에는 먼저 이질적인 집단 사이에 서서히 혼인이 이루어지고, 이들이 천천히 융화해 상대적으로 단일한 민족이 되는 경우가 많다는 것이다.*

　이런 물리적·생물학적 조건들은 문명의 필요조건에 불과하다. 이것들이 문명을 구성하거나 만들어 내지는 못한다는 이야기다. 바로 이 부분에서 미묘한 정신적 요소들의 활동이 필요하다. 르네상스 시대의 피렌쩨나 로마처럼 혼란과 거의 다름없는 수준이라 해도 문명에는 반드시 정치적 질서가 있어야 한다. 사람들이 혹독한 세금과 죽음 중 하나를 택해야 하는 일은 살면서 되도록 없어야 하지 않겠는가. 또 언어가 어느 정도 통일되어 정신적 교류의 매개체 역할을 해 주어야 한다. 그리고 교회·가정·학교·기타 집단을 통한 통합적 윤리 규범도 생겨나야 한다. 그 규범을 어기는 사람조차 인정할 수 있고, 사람들의 행동에 질서와 규칙성, 방향과 자극을 줄 수 있는 삶의 규칙들이 말이다. 또한 초자연적인 것이든 이상향이든, 통일된 기본적 믿음이나 신앙도 있어야만 할 것이다. 그래야 도덕이 타산(打算)이 아닌 헌신의 대상이 되고, 순식간에 끝

---

* 혈통은(이는 인종과는 분명히 다른 개념이다.) 문명에 영향을 미친다고 볼 수 있다. 그 민족의 대를 잇는 가계가 인종적으로가 아니라 생물학적으로 더 나은 혈통이냐 아니냐에 한 국가의 흥망성쇠가 좌우될 수 있기 때문이다.

나 버리고 마는 삶에 고결함과 의미가 생기기 때문이다. 마지막으로, 교육이 이루어져야 한다. 아무리 원시적이더라도 그것이 문화를 전승하는 기술이니 말이다. 모방·전수·설명 중 어떤 방법을 쓰건, 부모·교사·신관 중 누가 주체가 되건, 사람들은 어떻게든 부족의 가르침과 유산을 젊은이에게 물려주어야 한다. 그것이 바로 동물에서 인간으로 탈바꿈할 수 있는 방편이므로.

　이런 조건들이 사라지면, 때론 그중 하나만 사라져도 문명은 파괴될 수 있다. 지리적 대변동이나 심각한 기후 변화가 일례다. 로마 안토니누스 황제 시절 제국인들을 절반이나 휩쓸어 버린 통제 불능의 전염병이나, 봉건 시대 종말에 일조한 흑사병이 발생해도 문명은 위험하다. 또 농경지가 고갈되거나, 도시에서 농촌을 착취해 농업이 몰락하면 타지의 식량 공급에 의존해야 하는 위태위태한 상황이 초래되기도 한다. 연료든 원료든 천연자원이 부족한 것도, 무역로 변화로 더 이상 세계 무역의 요충지가 되지 못하는 것도 불리한 조건이다. 또 긴장·자극·도시 생활 접촉 때문에 정신적 및 윤리적 타락이 일어나는 것도 문제다. 이는 사회 기강을 잡아 주던 전통적 근간이 무너져 아무것도 그 자리를 대신 메우지 못할 때도 일어난다. 한편 성생활 문란이나, 에피쿠로스 철학, 비관주의, 정적주의 철학의 유행으로 혈통이 약화되는 수가 있다. 능력 있는 사람들의 씨가 말라 리더십이 파국을 맞거나, 한 종족의 문화적 유산을 가장 온전히 전할 가정의 비율이 줄어들어도 문제가 된다. 병적인 부의 집중은 계급 투쟁, 파괴적 혁명, 재정 고갈을 불러올 것이다. 문명이 죽음을 맞을 수 있는 길 몇 가지만 나열한 게 이 정도다. 문명은 자체로 생기는 것도, 또 영원불멸하는 것도 아니다. 따라서 세대가 바뀔 때마다 새로이 습득되어야 하는 게 문명이며, 자금 조달이나 문명 전수에 심각한 문제가 생길 경우 언제든 끝나 버릴 수 있는 게 문명이다. 인간이 짐승과 다른 점은 오직 한 가지, 문명 전수 기술이라 할 수 있는 교육이 있다는 것이다.

　문명은 그 인종이 간직하고 있는 영혼이 수 세대에 걸쳐 쌓인 것이다. 가정 교육과 저술을 통해 젊은이들에게 생을 마감하는 자들의 가르침을 전수하면 그 세대들이 한데 엮이듯, 인쇄와 통상을 비롯한 수천 가지의 의사 교류 수단은 여러 문명을 한데 결합하고 시대마다 가치 있는 것들은 전부 미래 문화를 위해 간직해 둔다. 그러니 우리도 죽기 전에 우리의 유산을 한데 모아 우리 후손들에게 물려주도록 하자.

OUR ORIENTAL HERITAGE

2장 문명의 경제적 요소*

"야만인"도 한 가지 중요한 점에서는 우리와 마찬가지로 문명화된 사람이다. 부족이 이룩한 유산을 자손들에게 정성스레 전수한다는 점에서 말이다. 지구에 살아남아 나름대로 삶을 누리기 위해 만들어 낸 각종 경제적·정치적·정신적·윤리적 습관 및 제도의 복합체를 후대에 전하는 것이다. 그런데 우리는 이 대목에서 엄정하지 못하다. 자신 외의 다른 인간에게 '야만'이나 '미개'라는 말을 쓰는 것부터가 객관적 사실의 표현일 수가 없다. 스스로에 대한 거침없는 애정과 낯선 방식에 주눅 드는 소심함의 표현일 뿐. 넓은 도량과 갖가지

---

* 이 책에서 '문명'이란 단어는 사회 조직, 도덕 질서, 문화 활동 등의 뜻으로, 그리고 '문화'는 문맥에 따라 풍습 및 예술, 또는 사람들이 이룩한 제도, 관습, 예술의 총체 둘 중 하나의 뜻으로 사용될 것이다. 이 둘을 정반대로 사용하고 있는 분명한 실례가 있지만 말이다.[1] 원시 시대 혹은 선사 시대 문화를 이야기할 때는 후자의 의미로 사용될 것이다.

윤리와 관련해 우리에게 많은 걸 가르쳐 줄 수 있는 이 사람들을 우리가 과소평가하고 있다는 사실에는 의심의 여지가 없다. 문명의 구성 기반 및 요소를 나열해 보면, 벌거벗고 지낸 그 부족들도 한 가지만 제외하고는 그런 기반 및 요소를 모두 만들어 내거나 그런 수준에 도달했다는 사실을 알 수 있다. 그래서 각종 장식이나 글 말고는 우리가 거기에 추가로 넣을 만한 것이 없다. 아니면 그들 역시 한때는 문명을 이루었지만, 성가시다 여겨 집어치웠을지 모른다. 따라서 "우리 선조의 모습을 간직한 채 한 시대를 살고 있는" 이들에게 "야만인"이나 "미개인"이라는 말은 되도록 삼가야 마땅하다. 대신 글을 거의 혹은 전혀 쓸 줄 모르거나, 먹을 게 나지 않을 때를 대비해 식량을 거의 혹은 전혀 비축해 두지 않는 부족들은 전부 "원시인"이라 부르는 편이 좋을 것이다. 반면, 문명화된 사람들은 글을 읽고 쓸 줄 아는 물자 비축자라 정의 내릴 수 있을 것이다.

1. 수렵에서 경작으로

"하루 세 끼 식사는 고도로 발달된 관습이다. 야만인들은 폭식하거나 재빨리 먹어 치우는 습성이 있다."² 아메리카 인디언 중 문명에 길이 덜든 부족은 앞날에 대비해 식량을 비축해 두는 것이 기백도 모양새도 안 서는 일이라 생각했다.³ 오스트레일리아의 원주민들은 즉시 대가가 돌아오지 않는 일은 할 줄 모르며, 아프리카 남부의 호텐토트족은 하나같이 느긋한 신사들로 앞일에 전전긍긍하지 않는다. 아프리카의 부시먼족은 "잔치처럼 배불리 먹지 않으면 굶주림에 허덕이는" 식으로 항상 하루하루를 지낸다.⁴ '야만적인' 방식 대다수가 그렇듯, 이렇게 미래에 대비를 하지 않는 데에는 무언의 지혜가 담겨 있다. 내일 일을 생각하게 되는 순간 인간은 에덴동산에서 나와 근심의 골짜기로 들어가게 된다. 그의 얼굴에 창백한 근심의 빛이 어리고, 탐욕이 고개를 들며, 물욕이 일기 시작하면서 "아무 생각 없는" 원주민 특유의 낙천성은 자취를 감춘다.

아메리카 흑인들이 현재 이런 과도기를 거치고 있는 모습이다. 미국 출신의 북극 탐험가인 피어리(Peary)는 언젠가 자신을 안내해 주던 에스키모인 하나에게 "지금 무슨 생각을 하고 있느냐?"고 물은 적이 있었다. "고기를 많이 마련해 두었기 때문에 아무것도 생각할 게 없다."는 것이 돌아온 대답이었다. 꼭 필요하지만 않으면 아무 생각 않는 것. 여러 가지 지혜가 녹아 있는 이 말은 우리에게 많은 걸 시사해 준다.

하지만 이렇게 태평히 지내는 것에도 여러 어려움이 있었고, 그 방식을 내던진 유기체들이 생존을 위한 투쟁에서 압도적 우위를 점하는 국면이 왔다. 그 특유의 먹성으로도 감당이 안 되는 뼈다귀를 땅에 묻어 두는 개, 나중에 벌일 잔치를 위해 나무 열매를 모아 두는 다람쥐, 집을 꿀로 가득 채우는 벌, 비가 내릴 때를 대비해 음식을 저장해 두는 개미 등이 나타난 것이다. 이들은 모두 최초로 문명을 이룩한 생물체에 속한다. 오늘 먹고 남은 것은 내일을 위해 비축해 둘 수 있으며, 만물이 풍성한 여름에 겨울을 대비할 수 있다는 사실을 우리 조상에게 일깨워 준 것이 바로 이들과 같은 신비한 생물체였다.

그 조상들이 뭍이며 바다에서 자신들이 이룬 단순한 사회의 근간인 음식을 구해 내는 방식은 얼마나 기가 막힌지 모른다! 먼저 이들은 맨손으로 흙을 파내 먹을 만한 것들을 찾아냈다. 또 동물의 발톱이나 엄니를 본 따거나 그것들을 구해 활용했고, 상아·뼈·돌을 가져다 도구를 만들어 내기도 했다. 골풀이나 동물의 근섬유를 가지고 그물이나 덫 혹은 올가미를 만들었으며, 그 외에 먹이를 낚고 잡는 이루 헤아릴 수 없이 많은 책략들을 고안해 냈다. 폴리네시아인들은 길이가 무려 1킬로미터도 훨씬 넘어 백 명은 달려들어야 감당이 되는 그물을 사용하기도 했다. 이렇듯 경제적 물자 비축이 늘어나면서 정치적 조직의 규모도 커졌으며, 사람들이 일치단결하여 식량을 얻고자 애쓴 것이 국가가 탄생하는 데 한몫했다. 알래스카 남부 해안과 섬에 거주하는 틀링깃족 어부들은 바다표범의 머리와 비슷하게 만든 모자를 쓰고 바위 사이에 숨어 바다표범의 울음소리를 내곤 했다. 바다표범들이 그 소리를 듣고 다가오면 원시 시대 전쟁이 다 그렇듯 양심의 가책은 일말 없이 작살을 내리꽂았다. 멍해진 물고기가 어부 말을 잘 듣도록 물 속에 마취제를 넣는 부족도 많았다. 일례로 타히티인들은 후테오 열매나 호라 풀로 만든 마취용 혼합 물질을 물 속에 집어넣기도 했다. 이 마취제를 마시고 취한 물고기들이 태평하게 물 표면으로 떠오르면 낚시꾼들은 마음껏 물고기들을 건져 올릴 수 있었다. 오스트레일리아 원주민들은 갈대 줄기를 입에 물고 그것으로 공기를 마시며 헤엄을 치다 오리를 발견하면 물 밑에서 다리를 잡고 오리 몸에 기운이 빠질 때까지 가만히 붙잡고 있었다. 멕시코 북부의 인디언인 타라우마라족은 질긴 섬유에 곡식의 씨를 매달아 섬유의 절반은 땅 속에 묻는다. 새들이 그 씨앗들을 먹잇감으로 삼으면, 타라우마라족은 그 새들을 먹잇감으로 삼을 수 있었다.[5]

이제 사람들 대부분은 사냥을 일종의 게임으로 여기고 있다. 우리가 사냥에서 재미를 느끼는 건, 생사를 걸고 쫓고 쫓기던 아득한 옛날의 기억이 신기하게도 우리의 피 속을 아직도 흐르고 있는 때문인 듯하다. 옛날에 사냥은 단순히 먹을 것을 구하러 다니는 것에 그치지 않았다. 안정과 지배권을 확보하기 위한 일종의 전쟁으로, 이 전쟁에 비하면 역사 시대의 전쟁은 모두 조그만 소음에 지나지 않는다. 정글에 터를 잡고 사는 사람들은 아직도 목숨을 걸고 싸움을 벌인다. 먹을 게 없어 절박하거나 추격 끝에 궁지에 몰리지만 않으면 이제 사람을 공격하는 동물은 찾아보기 힘든 게 사실이다. 하지만 모두에게 돌아갈 정도로 먹을 게 항상 넉넉한 것은 아니기에, 때로는 싸움에 나서는 자 혹은 그런 전사를 키워 낸 자에게만 먹을 자격이 주어진다. 지금도 박물관에 가면 우리는 칼, 봉, 화살, 올가미, 볼라(bola)(끝에 돌이나 쇳덩어리가 달린 투척용 밧줄. 남미의 원주민이나 카우보이가 짐승 발에 던져 휘감기게 한다. - 옮긴이), 덫, 부메랑, 투석기 등에서 종(種)의 전쟁의 흔적을 엿볼 수 있다. 원주민들은 바로 이런 무기로 토지를 손에 넣은 후, 감사를 모르는 자손들에게 사람을 제외한 모든 짐승으로부터 안전할 수 있는 재능을 전수해 줄 준비를 했다. 이런 멸종 전쟁이 수도 없이 일어났음에도 오늘날 지구상을 돌아다니는 개체는 얼마나 많고 또 다양한지 모른다! 이따금 숲을 거닐다가 그 안에서 들리는 언어가 한두 가지가 아니고, 곤충·파충류·식충식물·조류의 종류가 이루 헤아릴 수 없이 많다는 사실을 깨닫고 입이 떡 벌어진다. 그럴 때면 온갖 생물체로 가득한 그 공간 속 인간은 일종의 불법 침입자로 모두에게 공포와 끝없는 적의의 원천이란 생각이 든다. 언젠가는 알 수 없이 재잘대는 그 네 발 동물과 몸을 간질이는 지네류, 몰래 몸속으로 들어오는 간균류가 인간 및 인간이 이룬 모든 업적을 먹어 치워, 막돼먹은 무기로 경거망동하며 약탈을 일삼는 이 두 발 동물로부터 지구별을 해방시키는 날이 올지도 모른다!

사냥과 어로는 경제 발전 단계라기보다 어떤 집단이 살아남아 최고 수준의 문명사회로 진입하기 위해 반드시 거쳐야 하는 행동 양식이었다. 이제 삶의 중심은 아니더라도, 사냥과 어획은 아직도 보이지 않는 삶의 기반 역할을 한다. 우리가 문학, 철학, 의례, 예술을 누리는 것도 보이지 않는 곳에서 동물의 도살을 맡아 주는 건장한 이들이 있기 때문이다. 이제 직접 들판에 나가 진짜 무언가를 죽일 맘이 없는 사람들은 사냥 행위를 다른 사람에게 맡기고 있는 셈이다. 하지만 아이들이 하는 놀이를 봐도 그렇고, 우리는 아직도 힘없거나 도망가는 게 있으면 무엇이든 신이 나서 쫓아간다. 그 먼 옛날 추격을 펼치던 기억이 좀처럼 사라지지 않은 것처럼. 심지어 '게임(game)'이란 말에도 그 흔적이 남아 있을 정도다. 문화의 정면은 성당, 의사당, 박물관, 콘서트홀, 도서관, 대학이 차지하지만, 그 뒤편엔 항상 도살장이 자리하고 있는 것이다.

그런데 사냥에 의지해 살아가는 건 창의적이지 못한 일이었다. 인간이 사냥만 하고 살았다면 그저 수많은 육식 동물 중 하나로 남고 말았을 것이다. 불확실한 사냥에서 벗어나 보다 안정적이고 지속적으로 목축 생활을 유지하게 되면서 인간은 명실상부하게 인간의 면모를 갖추기 시작했다. 목축 생활에는 지극히 중요한 몇 가지 이점이 따랐기 때문이다. 바로 동물을 길들이고, 가축을 사용하고, 우유를 이용하게 된 것이다. 사람들이 애초에 어떻게 동물을 길들이게 되었는지는 알 길이 없다. 사냥감으로 죽인 동물의 새끼가 가련해 어쩌지 못하고 천막으로 데려와 아이들이 데리고 놀게 한 것이 시초일 거라 짐작할 뿐이다.[6] 그 동물도 마찬가지로 먹잇감이었지만, 그렇게 금방 잡아먹지는 않았다. 짐을 날라 주는 역할을 맡긴 했어도, 인간이 길들인 그 동물들은 인간 사회에서 거의 동등한 존재로 받아들여졌다. 인간의 동료가 되어 함께 일을 하고 함께 살았다. 생식의 기적을 통제할 수 있게 되면서, 인간은 동물 두 마리를 잡아와 떼로 불릴 수 있었다. 한편 동물의 젖을 이용하게 되자 여성들은 기나긴 양육에서 해방되었고, 유아 사망률이 낮아졌으며, 사람들은 믿을 만한 양식을 새로이 하나 얻게 되었다. 덕분에 인구가 늘고, 생활이 보다 안정적이고 질서가 잡히면서 순식간에 벼락부자가 된 소심한 인간은 지구상에서의 지배를 보다 공고히 하게 되었다.

한편 이 와중에 여성은 역사상 가장 위대한 경제적 발견을 하고 있는 참이었다. 바로 땅에서 끊임없이 무언가가 나온다는 사실을 알게 된 것이다. 남자가 사냥을 나가면, 여자는 천막이나 움막 주위의 땅을 파헤치고 땅 위에 자라난 식물 중 손으로 구할 수 있는 먹을거리는 모조리 찾아냈다. 오스트레일리아에서는 남편이 사냥을 하느라 집을 비우면 아내는 나무뿌리를 캐고, 과일과 견과류 등의 나무 열매를 따고, 꿀·버섯·씨앗과 자연의 곡물을 모은 것으로 알려져 있다.[7] 오스트레일리아의 특정 부족들은 오늘날까지도 따로 파종을 하지 않고 땅에서 혼자 자라나는 곡물들을 수확한다. 새크라멘토 리버 밸리의 인디언들도 농경을 이 단계 이상으로 발전시킨 적이 한 번도 없었다.[8] 인간이 과연 언제 씨앗의 기능을 처음 알아채 채집에서 파종으로 한 발 나아가게 되었는지는 앞으로도 알 길이 없을 것이다. 이러한 일들의 시작은 역사의 수수께끼로, 우리는 단순히 믿거나 짐작만 할 수 있을 뿐 정확한 내막을 알 도리는 없다. 다만 한 가지 시나리오를 상상할 수는 있다. 땅에서 스스로 자라난 곡물을 인간이 처음으로 채집하기 시작한 당시, 들판과 천막을 오가다가 그 씨앗들이 떨어져 마침내 작물 재배의 위대한 비밀이 밝혀졌다고 말이다. 인도의 주앙족은 땅에 씨앗을 한꺼번에 뿌리고는 알아서 자라게 놔두는 방법을 쓰기도 했다. 한편 보르네오 섬 원주민들은 끝이 뾰족한 막대기를 들고 들판을 걸으면서 구멍을 파고 그 안에 씨를 넣는 식이었다.[9] 이렇게 막대기를 비롯해 '땅 파는 도구'를 이용하는 것이 땅을 경작하는 가장 단순한 방법으로 알려져 있다. 불과 50년 전만 해도(저자가 이 글을 쓴 게 1930년대이므로, 1880년대를 가리킨다. – 옮긴이) 마다가스카르 섬을 여행하다 보면 뾰족한 막대기를 든 여자들이 군인들처럼 일렬종대로 늘어서 농사짓는 모습을 구경할 수 있었다. 이들은 구령에 맞추어 막대기로 땅을 파고 흙을 치워 낸 뒤, 그 안에 씨앗을 던져 넣고 발로 땅을 평평하게 다진 뒤 다음 이랑으로 이동했다.[10] 이보다 한층 복잡한 방식은 괭이를 이용한 경작이었다. 땅을 파던 그 막대기 끝에 뼈다귀를 달고, 발로 압력을 가할 수 있는 가로장을 붙인 것이다. 스페인의 정복자들이 멕시코 땅에 발을 들였을 때 아즈텍인들은 괭이 외의 다른 경작 도구는 전혀 몰랐다. 한편 동물을 길들이고 야금 기술을 습득하면서 보다 육중한 도구를 이용하는 것이 가능해졌다. 괭이는 덩치가 커져 쟁기로 발전했고, 좀 더 깊은 곳까지 흙을 갈아엎게 되자 땅의 비옥함이 드러나면서 인간의 이후 이력을 완전히 뒤바꾸어 놓았다. 야생 작물이 재배가 되고, 새로운 종이 개발되었으며, 전부터 있던 종은 개량이 되었다.

그리고 마침내 자연은 이제 인간에게 비축의 기술과 검약의 덕,* 그리고 시간의 개념을 가르쳐 준다. 인간은 몇 천 년이나 절약을 모르는 야만인으로 지낸 뒤에야, 나무 속에 도토리를 모아 두는 딱따구리나 벌집에 꿀을 모아 두는 벌을 보고는 장차를 대비해 식량을 모아 두어야겠다고 생각했다. 인간은 훈제, 염장, 냉동 등 고기를 저장하는 여러 가지 방법을 발견하게 되었다. 무엇보다 비바람·습기·동물·도둑 등을 막아 줄 창고를 지어 곡물을 그 안에 저장해 두고 음식을 구하기 어려운 때에 대비한 것이 주효했다. 그러면서 서서히 사냥보다는 농경이 음식을 보다 풍부하고 지속적으로 공급해 줄 수 있다는 사실이

---

* 비축(provision), 대비(providence), 검약(prudence)의 세 단어가 결국에는 똑같은 뜻이라는 사실을 눈여겨보기 바란다.

분명해졌다. 그 사실을 깨달으면서 인간은 짐승 생활에서 문명 생활로 나아가는 세 단계(말, 농경, 글) 중 하나에 진입하게 되었다.

하지만 이때 인간이 순식간에 수렵 단계에서 경작 단계로 넘어갔다고 생각하면 안 된다. 남자는 사냥을 맡고 여자는 땅을 일구는 수렵과 농경의 과도기 단계에 영원히 머물렀던 부족도 많았기 때문이다.(아메리카 인디언들도 그런 경우였다.) 짐작건대 그 변화는 서서히 이루어졌을 뿐 아니라, 결코 완결되지도 않았다. 인간은 그저 음식을 확보하는 옛날 방식에 새로운 방법 하나를 추가한 것일 뿐이었다. 더구나 역사 시대 거의 내내 인간은 새로운 음식보다는 전부터 먹던 음식을 좋아했다. 초기의 인류가 땅에서 난 작물 수천 가지를 갖고 내장의 상당한 불편을 감수해 가며 무얼 먹어도 될지 실험하는 모습이 눈에 선하다. 시간이 가면서 전부터 먹어 오던 과일·견과류·고기·생선에 그런 음식을 점점 더 많이 섞게 되었겠지만, 사냥 전리품에 대한 열망은 언제나 버리지 못했다. 원시 종족들은 곡식이나 야채, 우유를 주식으로 할 때조차 고기를 보면 걸신들린 듯 먹어 치운다.[11] 죽은 지 얼마 안 된 동물 사체라도 발견하면 십중팔구는 게걸스럽게 먹어 치우는 사태가 일어난다. 요리에 단 1분도 허비하지 않는 경우가 부지기수다. 튼튼한 치아가 감당해 주는 한 가급적 빨리 물어뜯어 날고기로 먹어 치우는 것이다. 순식간에 뼈 말고는 아무것도 남지 않는다. 또 어떤 부족이든 해변에 고래가 밀려오면 그걸로 일주일간 축제를 벌이는 것으로 알려져 있다.[12] 푸에고인들은 요리를 할 줄 알면서도 고기를 날로 먹는 걸 더 좋아한다. 물고기를 잡았을 땐 아가미 뒤쪽을 이로 깨물어 숨통을 끊고는 머리부터 꼬리까지 통째로 집어삼킨다. 그 외에는 따로 필요한 절차가 없다.[13] 식량 공급이 불확실하다보니 이들 자연의 종족들은 말 그대로 조개, 성게, 개구리, 두꺼비, 달팽이, 쥐, 거미, 지렁이, 전갈, 나방, 지네, 메뚜기, 송충이, 도마뱀, 뱀, 보아구렁이, 개, 말, 나무뿌리, 이, 곤충, 애벌레, 파충류와 새의 알 등을 닥치는 대로 먹는 잡식성이 되었다. 이 중 원시인들이 진미, 심지어 주 요리로 삼았던 음식은 한두 가지가 아니었다.[14] 개미 잡기의 명수인 부족이 있는가 하면, 잔치에 쓸 요량으로 곤충을 햇볕에 말려 저장해 두는 부족도 있다. 서로의 머리카락에서 이를 잡아 신나게 먹는 부족까지 있다. '한 냄비 끓여 낼 수 있을' 정도로 엄청난 양을 잡았을 때는 인간의 적을 해치웠다는 기쁨의 괴성을 지르며 음식을 먹어 치운다.[15] 하등한 수렵 부족의 음식 메뉴는 지능이 높은 고등 유인원의 메뉴와 거의 차이가 나지 않을 정도다.[16]

그런데 불의 발견으로 이렇게 닥치는 대로 먹던 습성에 한계가 생겼고, 나아가 불은 농경과 힘을 합쳐 인간을 사냥에서 해방시켰다. 요리를 하면 날로 먹을 때는 소화가 안 되는 이루 헤아릴 수 없는 식물들의 섬유소 및 녹말이 분해되기 때문에, 이제 인간은 점점 더 곡물과 야채를 주식으로 삼게 되었다. 더욱이 조리 과정에서 단단한 음식이 물러져 씹을 필요가 줄어들면서 문명이 찍어내는 문양 중 하나인 충치가 생겨나기 시작했다.

이제 인간은 지금까지 손꼽은 다양한 식단에 진미의 으뜸으로 꼽히는 메뉴를 추가한다. 바로 동료인 '인간'이다. 식인 풍습은 한때는 거의 보편적인 현상이었다. 원시 부족 중 식인 풍습이 없는 곳은 거의 없으며, 아일랜드인·이베리아인·픽트인·11세기 데인족 같은 후대 종족들도 식인 풍습을 가지고 있었다.[17] 인간 고기를 주요 교역 상품으로 취급하고, 장례식 같은 건 모르던 부족도 상당수에 달했다. 콩고의 루알라바 강에서는 남자·여자·어린 아이를 말 그대로 일종의 식품으로서 산 채로 사고팔았다.[18] 뉴브리튼 섬에는 현재 우리가 정육점에서 고기를 팔 듯 인육을 파는 가게가 있기도 했다. 솔로몬 제도 일부 지역에서는 잔치에 쓰기 위해 인간 제물을(여자를 더 선호했다.) 돼지처럼 살찌우기도 했다.[19] 한편 푸에고인들은 "개고기에서는 수달 맛이 난다."며 여자의 인육을 개고기보다 높이 평가했다. 타히티 섬의 한 늙은 폴리네시아인 추장은 피에르 로티(Pierre Loti)에게 자신이 먹는 음식에 대해 이런 말을 해 주기도 했다. "백인 고기는 제대로 구우면 잘 익은 바나나 맛이 난다." 하지만 피지인들은 백인의 인육은 너무 짜고 질기며, 유럽 선원의 인육은 먹을 수 없는 지경이라며 불평하곤 했다. 폴리네시아인 인육 맛이 더 낫다는 것이었다.[20]

이런 식인 풍습은 그 기원을 어디서 찾을 수 있을까? 다른 식량이 부족해 이런 풍습이 생겼다는 주장이 나와 있지만, 확실치는 않다. 설령 그렇다 해도 일단 생겨난 인육에 대한 입맛은 식량 부족 사태가 해결된 뒤에도 사라지지 않았고, 인육은 사람들이 열렬히 찾는 대상이 되었다.[21] 피는 지역에 관계없이 자연의 모든 종족이 진미로 여기는 음식이고, 사람들은 이를 전혀 무서워하지 않는다. 심지어 원시 채식주의자조차 피만큼은 선뜻 맛있게 마신다. 잔인성과는 거리가 먼 친절하고 관대한 부족들도 인간의 피를 항상 마신다. 약제로 복용하거나 의식 혹은 맹약(盟約)의 일환으로 마시는 경우도 더러 있지만, 피를 마시면 그 희생자의 원기(元氣)를 얻을 수 있다 믿고 마시는 경우가 많다.[22] 원시 부족은 인육을 즐겨 먹는 것을 절대 수치로 느끼지 않았다. 아마도 인육을 먹는 것이나 동물 고기를 먹는 것이나 도덕적으로 아무 차이가 없다고 생각한 듯하다. 멜라네시아에서는 친구들에게 구운 인육을 대접하면 추장의 사회적 명성이 크게 높아지곤 했다. 브라질의 한 현인(賢人) 추장은 이렇게 이야기하기도 했다. "적을 죽였으면 그냥 버리는 것보다 먹는 것이 백번 낫다. …… 죽는 게 끔찍하지, 먹히는 게 끔찍한 건 아니다. 이 몸이 죽임을 당했을 때, 우리 부족의 적이 날 먹느냐 마느냐도 마찬가지의 문제이다. 나는 인육보다 맛있는 사냥감은 알지 못한다. …… 당신네 백인들은 정말 음식을 너무도 가린다."[23]

이 풍습이 사회적으로 모종의 이점이 있었을 것에는 의심의 여지가 없다. 스위프트(Swift)는 이 풍습을 선례 삼아 남아도는 아동의 활용법을 내놓은 바 있다. 그리고 노인에게는 이 풍습이 죽어서 쓸모 있을 기회가 되었다. 장례식을 불필요한 사치로 보는 관점도 있다. 한편 프랑스의 수필가 및 철학자 몽테뉴(Montaigne)의 눈에는 죽은 사람을 구워 먹는 것보다 신의 이름으로 인간을 고문하는 것이(그가 살던 시대에는 그런 일이 다반사였다.) 더 야만적인 일로 비쳤다. 우리 인간은 서로가 가진 착각을 존중해야 할 의무가 있다.

2. 산업의 토대

　인간이 말(言)과 함께 탄생하고, 문명이 농경과 함께 탄생했다면, 산업을 탄생시킨 것은 불이었다. 불은 인간의 발명품이 아니었다. 그보다는 자연이 인간을 위해 놀라운 장면을 연출해 주면서 발견하게 된 것이라 볼 수 있다. 나뭇잎이나 가지가 서로 마찰을 일으키거나, 번개가 내리치거나, 화학 물질이 우연히 결합하면서 말이다. 인간은 그저 특유의 눈썰미를 가지고 자연의 기술을 흉내 내고 개발시킨 것뿐이다. 그리고 이렇게 얻은 놀라운 기술을 이루 헤아릴 수 없이 많은 용도로 활용했다. 무엇보다 먼저 인간은 불로 횃불을 만들어 자신을 공포에 떨게 만들던 어둠을 정복했을 것이다. 그런 후에는, 불로 주위를 덥힐 줄 알게 되면서 본래 살던 열대 지방에서 벗어나 더위 때문에 기운 덜 빠지는 선선한 지역으로 보다 자유롭게 이동했고, 덕분에 지구는 서서히 인간의 행성이 되어 갔다. 그다음으로 불을 활용한 분야는 금속이었다. 금속을 녹이고 불려서 애초보다 단단하면서도 활용하기 좋은 형태로 만들었다. 불은 원시인들이 보기엔 너무나 은혜롭고 묘해서 신으로 숭배하기 안성맞춤이었다. 불을 두고 수없이 봉납 의식을 행하고, 불을 자신의 생활 및 보금자리의 중심 혹은 초점(초점을 뜻하는 영어 'focus'의 어원도 알고 보면 난롯불을 뜻하는 라틴어다.)으로 삼을 정도로 말이다. 인간은 이곳저곳을 떠돌 때도 정성스레 불을 모시고 다녔고, 웬만하면 불을 꺼뜨리지 않으려 했다. 심지어 로마에서는 불의 여신 베스타 제단의 성화를 지키는 처녀가 부주의로 불을 꺼뜨리기라도 하면 사형에 처했다.
　수렵과 목축, 농경이 한창 이루어지자 발명이 활발해지면서 원시인은 뇌를 쥐어짜 삶의 여러 가지 경제 문제를 기계적으로 해결할 방법들을 내놓았다. 인간은 분명 애초에는 자연이 주는 혜택에 만족하며 살았을 것이다. 땅에서 나는 과일을 양식으로 삼고, 동물 가죽이나 모피로 옷을 지어 입고, 산허리의 동굴에 터 잡고 살아가는 것으로 말이다. 그러다 동물들이 쓰는 도구나 동물이 하는 활동을 모방하게 된 '듯하다.'(원래 역사란 것은 추측이 태반이고, 나머지는 편견이다.) 원숭이가 자신의 적을 상대로 돌덩이나 과일을 던지고, 돌을 가지고 견과류나 굴 껍질 까는 모습을 본 것이다. 또 비버가 댐을 쌓고, 새들이 둥지와 나무 그늘을 만들고, 침팬지가 움막 비슷한 걸 짓는 광경도 목격했다. 동물의 강한 발톱과 이빨, 엄니와 뿔 그리고 질긴 가죽은 인간의 부러움을 샀다. 그리하여 인간은 그런 동물들에 맞설 수 있게 그와 유사한 도구와 무기를 만드는 일에 착수한다. 미국 작가이자 정치가인 프랭클린(Franklin)은 '인간은 도구를 만드는 동물'이란 말을 남겼다.[24] 하지만 인간이 동물과 자신을 구별하며 갖다 붙이는 여타 특징과 마찬가지로, 이 점에서도 우리와 동물 사이에는 정도의 차이만 있을 뿐이다.

　원시인들을 둘러싸고 있던 식물 세계를 통해 태어난 도구들도 상당수에 달했다. 대나무를 가지고 자루·칼·바늘·물통 등을 만들고, 나뭇가지를 가지고는 부젓가락·집게·바이스 등을 만들었다. 나무껍질과 섬유질로는 노끈을 비롯해 수많은 종류의 의복을 지었다. 하지만 무엇보다 중요한 것은 막대기란 도구를 만들어 낸 것이었다. 소박한 발명품인 건 사실이지만, 이 도구의 용도는 하도 다양해서 인간에게 막대기는 언제나 권력과 권위의 상징으로 경외의 대상이었다. 요정의 지팡이부터 시작해, 목동의 지팡이, 모세나 아론(Aaron)이 들었던 막대 지팡이, 로마 집정관의 상아 지팡이, 로마 복점관이 쓰던 열쇠 모양의 구부러진 막대기를 비롯해 대신들이나 왕이 들었던 홀(笏)에 이르기까지 그 예는 이루 헤아릴 수 없이 많다. 막대기는 괭이로 변모해 농경에 쓰였고, 전쟁에서는 창과 검 혹은 총검으로 쓰였다.[25] 또 인간은 광물 세계도 활용해 망치, 모루, 솥, 긁개, 화살촉, 톱, 대패, 쐐기, 지레, 도끼, 송곳 등 잡다한 무기와 도구를 만들어 냈다. 동물 세계를 이용해서는 국자, 숟가락, 항아리, 바가지, 접시 등을 만들었다. 조개껍질로 자르개와 낫 등을, 짐승의 뿔·상아·이빨·뼈·털·가죽을 가지고는 튼튼한 물건이나 섬세한 도구들을 만들었다. 이렇게 만들어진 연장에는 대부분 나무로 된 손잡이가 기막힌 솜씨로 달려 있었다. 풀로 새끼를 꼬거나 동물 힘줄로 노끈을 꼬아 매달았는데, 피를 기묘하게 혼합해 갖다 붙인 경우도 있다. 원시인의 창의적 재주는 보통 현대인에게 결코 뒤지지 않는 듯하다.(우리보다 뛰어날지도 모른다.) 우리가 원시인과 구별된다면 그것은 사회적으로 축적된 지식과 물질, 도구 때문이지 본래부터 지능이 뛰어나기 때문은 아니다. 사실 자연인들에게는 창의적 재주를 발휘해 궁핍한 상황을 이겨 내는 것이 즐거운 일이다. 에스키모인들은 열악한 조건의 황폐한 땅을 찾아가, 아무 것도 없이 무방비 상태에서 서로 경쟁을 벌이며 삶에서 필요한 것들을 충족시킬 방법을 찾아내는 게임을 가장 즐길 정도다.[26]

우리는 천 짜내는 솜씨 속에서 원시 시대의 자랑할 만한 기술을 엿볼 수 있다. 이번에도 역시 길을 일러 준 것은 동물들이었다. 거미가 쳐 놓은 그물, 새들이 튼 둥지, 가느다란 줄기와 이파리가 서로 얽히고설켜 짜낸 숲 속의 천연 자수가 본보기 역할을 톡톡히 해 준 덕에, 무엇보다 인류는 피륙을 뜨면서 최초의 예술을 발달시킬 수 있었던 듯하다. 원시인들이 나무껍질과 잎, 풀, 줄기를 엮어 짜낸 옷, 깔개, 벽걸이 직물 중에는 지금 사람들이 현대의 기계를 동원해도 따라잡지 못할 정도로 훌륭한 솜씨를 자랑하는 것들이 있다. 알류샨 열도 여자들은 의복 한 벌을 짜는 데 1년을 들일 정도다. 북아메리카 인디언들이 짠 담요와 의상에는 술과 자수 장식이 많이 들어 있는데, 열매 과즙을 가지고 갖가지 화려한 색으로 물들인 동물 털과 힘줄을 이용한다. 테오더트(Théodut) 신부는 그 색감이 "너무 생생해 우리 기술은 그 근처에도 못 간다."고 말하기도 한다.[27] 이번에도 자연이 옷을 벗는 순간 기술은 시작되었다. 새와 물고기의 뼈나 대나무의 가느다란 새순을 다듬자 바늘로 탈바꿈했고, 동물들의 힘줄에서는 오늘날의 가장 미세한 바늘귀에도 들어갈 정도로 가느다란 실을 뽑아 썼다. 나무껍질은 두드려 거적이나 옷으로 만들고, 동물 가죽은 말려서 옷과 신발을 만들었으며, 풀을 꼬아서 그 무엇보다 튼튼한 실을 만들었다. 잘 휘어지는 나뭇가지와 색을 입힌 가느다란 실을 가지고는 각종 바구니를 엮었는데, 현대의 그 어떤 작품도 그 아름다움을 따라잡지 못할 정도다.[28]

토기 제조 기술에는 바구니 엮기와 비슷한 면이 있었다. 먼저 버들고리를 만든 후 타지 않게 그 위에 진흙을 덧바른다. 이것이 딱딱하게 굳어지면 불에 타지 않는 용기가 만들어지고, 버들고리가 썩어 없어져도 형태가 계속 유지된다.[29] 중국의 완벽한 자기에서 절정을 이룬 토기의 발전은 아마도 이것이 첫 단계였을 것이다. 아니면 진흙 덩어리가 햇볕에 달구어져 딱딱하게 굳는 걸 보고 토기를 만들게 되었는지도 모른다. 여하튼 이 단계를 시작으로 원시인들은 태양 대신 불을 활용해 흙을 가지고 무수한 모양의 그릇을 만들어 내어 요리·저장·수송 등 온갖 용도에 활용했고, 종국에는 사치품과 장식품으로도 사용했다. 손톱이나 도구를 가지고 물기가 마르지 않은 진흙에 새긴 문양은 최초의 예술 형태에 해당하며, 아마 글을 쓰게 된 기원의 하나로 작용했을 것이다.

원시 부족들은 햇볕에 말린 진흙으로 벽돌도 만들었다. 한 마디로, 그릇 만들던 흙으로 집도 짓고 산 셈이다. 하지만 이런 기술은 건축술의 후반 단계에 해당함을 유념해야 한다. 잇따른 기술 발전의 결과로 나온 "야만인"의 진흙 움막은 니네베 및 바빌론의 화려한 타일과 같은 급에 해당하는 것이다. 실론 섬의 베다족 같은 일부 원시 종족들은 거처가 전혀 없이 하늘과 땅을 보며 사는 것에 만족했다. 오스트레일리아의 태즈메이니아인 같은 부족은 속이 빈 나무줄기에서 잠을 잤고, 오스트레일리아 뉴사우스웨일즈의 부족처럼 동굴에서 산 경우도 있다. 한편 부시먼족은 나뭇가지로 이곳저곳에 바람막이를 지어 놓거나, (훨씬 드물긴 하지만) 땅에 말뚝을 여러 개 박고 이끼와 잔가지로 그 위를 덮었다. 움집은 바로 이런 바람막이에 벽면이 더해지면서 나온 것으로, 오스트레일리아 원주민들을 찾아가 보면 나뭇가지·풀·흙으로 만든 2~3인용 움집부터 30명 이상도 수용하는 대규모 움집까지 움집의 모든 단계를 접할 수 있다. 수렵이나 목축을 하는 유목민들은 천막을 더 선호했다. 천막을 가지고 다니면 사냥감을 쫓아 어디든 갈 수 있기 때문이었다. 아메리카 인디언처럼 한층 발전한 자연의 부족들은 집을 지을 때 나무를 활용했다. 일례로 이로쿼이 인디언은 나무껍질이 그대로 있는 목재로 집을 지었는데, 그 규모가 길이로 150미터에 달해 여러 가족의 거처가 되었다. 마지막으로 오세아니아 원주민들이 판자를 잘 마름질해 집다운 집을 지으면서 목재 가옥의 진화가 완결되었다.[30]

이제 원시인은 운반 수단·교역 과정·교환 매개체만 있으면 경제적 문명의 필수 요건을 모두 창출해 내는 수준에 이르렀다. 현대식 공항에서 짐을 날라 주는 짐꾼은 운반 역사의 시작 단계와 끝 단계 모두를 단적으로 보여 주고 있는 것이라 할 수 있다. 애초에는 인간 자신이 짐 나르는 가축 신세였을 게 틀림없다.(남자라면 결혼을 하지 않은 경우 그랬을 것이다.) 오늘날까지도 남아시아와 동아시아 대부분 지역에서는 남자가 짐수레와 당나귀 등등의 역할을 맡고 있다. 그러다 인간은 밧줄·지레·도르래를 발명해 내게 되었고, 동물을 부려 짐을 나르게 했다. 또 자기 물건을 담은 긴 가지를 소에 매달아 끌고 가게 하면서 최초의 썰매도 만들었다.* 그러다 썰매 아래에 굴림대를 놓게 되고, 나중에는 통나무를 가로로 잘라 기계 역사상 가장 위대한 발명품인 바퀴를 만들어 내기에 이른다. 썰매 아래 바퀴를 달아 만든 것이 마차였다. 통나무는 여러 개를 엮어 뗏목을 만들고, 속을 파 카누를 만드는 데도 활용되었다. 물줄기는 인간이 물건을 나를 때 가장 편리하게 이용할 수 있는 길이었다. 뭍에서는 애초에 아무 자취도 없는 들판이며 언덕을 다니다가, 나중에는 오솔길을 이용하고, 종국엔 도로를 활용한다. 또 별도 유심히 관찰했는데 산이나 사막을 오갈 때 하늘길을 따져 마차의 방향을 잡기 위해서였다. 노나 돛을 이용해 섬 사이를 오가는 기백을 자랑하던 인간은, 마침내는 대양에까지 눈길을 돌려 자신이 이룩한 소박한 문화를 대륙 간에 전파하기에 이른다. 이번에도 역시 주된 문제들은 역사 시대가 시작되기도 전에 해결된 셈이었다.

　인간이 지닌 기술과 천연자원은 워낙 다양하고 분배도 고르지 못해, 특별한 재능을 발전시키거나 필요한 물질을 얻기가 용이한 민족이 다른 이웃에 비해 특정 물품을 보다 저렴하게 생산해 낼 수가 있다. 그런 물건들은 생산량이 소비량보다 많기에 잉여량을 다른 민족들의 잉여 품목과 맞바꾸려 내놓게 되는데, 이게 바로 교역의 기원이다. 콜롬비아의 치브차 인디언은 자신들의 땅에 많이 나는 암염(巖鹽)을 주고 그 대가로 자신들의 척박한 땅에서는 자라지 않는 곡

---

* 아메리카 인디언들은 이 장치에 만족해서 바퀴를 전혀 활용하지 않았다.

물을 받아 왔다. 어떤 아메리카 인디언은 마을 거의 전체가 화살촉 만드는 일에만 매달렸고, 뉴기니의 어떤 마을은 토기 제작에만 매달렸으며, 아프리카의 일부 마을은 대장간일, 즉 배와 창 만드는 일에만 매달렸다. 이렇게 전문 기술을 가진 부족이나 마을은 그들이 하는 일에 따라(스미스(Smith, 대장장이), 피셔(Fisher, 어부), 포터(Potter, 도공) 등의) 이름을 얻게 되었고, 그 이름은 곧 특정 기술을 가진 가문에 가서 붙게 되었다.[30a] 잉여 생산품 교역은 처음에는 선물을 주고받는 식으로 이루어졌다. 심지어 오늘날처럼 타산적인 시대에도 교역이 이루어지기 전이나 거래를 확약받기 위해 선물이(비록 식사 한 번이라 해도) 오가지 않는가. 그리고 물건은 돌고 돌기 마련임을 일러 주기라도 하듯 전쟁, 노략질, 공물, 벌금, 보상은 물품 교환을 촉진하는 매개체 역할을 해 주었다. 그러면서 서서히 질서 잡힌 물물 교환 체계가 자라나기 시작했고, 시장과 상점도 자리를 잡아 나갔다. 처음엔 한두 번, 나중엔 주기적으로, 그리고 종국엔 항상 서게 된 이 시장에서 사람들은 남는 물품을 내놓고 필요한 물품을 구해 갔을 것이다.[31]

오랜 기간 상업은 순전히 이런 교환 형태로 이루어지다가, 몇 세기가 지나서야 교역 속도를 높이기 위해 가치 있는 유통 수단이 만들어졌다. 다야크족이 밀랍 한 덩이를 손에 들고 보다 쓸모 있는 물건의 주인을 찾아 며칠이고 시장을 돌아다니는 모습은 지금도 볼 수가 있다.[32] 한편 어디서나 필요로 하고, 누구나 기꺼이 받으려 하는 물건이 최초의 교환 매개체가 되었다. 대추야자, 소금, 가죽, 모피, 장신구, 도구, 무기 등이 그 예다. 이런 교역에서는 칼 두 자루가 양말 한 켤레와 동일한 가치를 지녔다. 그리고 그 셋을 합한 것이 담요 한 장, 그 넷을 합한 것이 총 한 자루, 그 다섯을 합한 것이 말 한 마리와 같은 가치를 지녔다. 엘크 이빨 두 개면 조랑말 한 마리를, 그리고 조랑말 여덟 마리면 아내 하나를 구할 수 있었다.[33] 알고 보면 어떤 부족에서 한때 돈으로 사용되지 않은 물건이 거의 없을 정도다. 콩, 낚시 바늘, 조개껍데기, 진주, 구슬, 카카오 종자, 차(茶), 후추 모두 돈으로 이용된 적이 있으며 결국에는 양, 돼지, 소, 노예까지 사용되었다. 소는 사냥이나 목축을 하는 사람들이 이용하기 편리한 가치의 척도이자 교환 매체였다. 번식을 시킬 수 있다는 이점이 있을 뿐 아니라, 알아서 이동해 주기 때문에 데리고 다니기도 편했다. 심지어 호메로스 시대에는 소의 마릿수를 가지고 사람이나 물건의 가치를 매길 정도였다. 디오메데스의 갑옷은 소 아홉 마리, 일 잘하는 노예 한 사람은 소 네 마리 값을 했다. 로마인의 경우 소와 돈을 가리키는 말이 비슷했고(소-pecus, 돈-pecunia), 초기 시대 동전에는 황소 그림을 새겨 넣기도 했다. 현재 우리가 사용하고 있는 영어 단어 'capital(자본)', 'chattel(재산)', 'cattle(소)'의 어원은 프랑스어를 거쳐 '재산'을 의미하는 라틴어 'capitale'까지 거슬러 올라가는데, 사실 이 말도 '(소의) 머리'를 뜻하는 'caput'에서 파생한 것이다. 그러다 금속이 채굴되면서 서서히 다른 수단을 밀치고 가치 척도 수단으로 자리 잡았고, 구리·청동·철을 비롯해 종국에는 (소량으로도 큰 가치를 나타내기 편한) 은과 금이 인류의 화폐로 자리매김한다. 하지만 화폐 대용 물품에서 금속 화폐로 나아간 것은 원시인들이 이룩한 일은 아닌 것으로 보인다. 동전 및 신용 화폐를 발명하고, 이를 통해 잉여 생산물의 교환을 한층 촉진함으로써 인류의 부와 편의를 증가시킨 것은 역사 시대 문명의 몫이었다.[34]

3. 경제적 조직화

교역으로 원시 세계는 큰 혼란을 겪어야 했다. 교역이 생겨나 그 여파로 돈과 이윤의 개념이 도입되기 전까지만 해도, 재산이란 것은 없는 거나 다름없었고 따라서 통치도 거의 필요 없었기 때문이다. 경제 발전의 초기 단계만 해도 재산은 대개 개인적으로 사용하는 물건들에만 한정되었다. 그런 물품은 개인적 의미가 하도 커서 (심지어 아내까지) 소장자의 무덤에 함께 묻히는 경우가 많았다. 한편 개인 용도가 아닌 물건에는 재산의 의미가 하도 약하게 적용돼서

(애초에 머리에 서 있지 않은) 재산의 개념을 끝없이 강화시키고 주입시켜 주어야 했다.

거의 어떤 지역에서든 원시 종족 사이에서 토지는 공동체의 소유였다. 북아메리카 인디언, 페루 원주민, 인도의 치타공힐 부족, 보르네오 섬 주민 및 남양 제도 주민들은 공동으로 땅을 소유하고 경작했던 것으로 보이며, 수확물도 공유했던 듯하다. 오마하 인디언은 "땅은 물이나 바람과 같아서 사고팔 수 없다."라고 말하기도 했다. 사모아 섬에는 백인이 들어오기 전까지만 해도 토지를 판다는 개념 자체가 없었다. 리버스(Rivers) 교수는 멜라네시아와 폴리네시아에 공산주의가 여전히 존재한다는 사실을 발견한 바 있으며, 라이베리아 내륙 쪽에 가 보면 오늘날에도 그런 체제를 접할 수 있다.[35]

정도가 덜 하긴 했지만, 식량에 대해서도 공산주의식 사고가 널리 퍼져 있었다. 음식을 가진 사람이 먹을 게 하나도 없는 사람에게 음식을 나누어 주거나, 여행을 하는 도중 아무 집에나 들러 음식을 얻어먹거나, 가뭄으로 고생하는 마을을 이웃 사람들이 먹여 살리는 일은 "야만인"들에게는 예삿일이었다.[36] 숲 속에서 식사를 하려고 자리를 잡을 경우엔 누군가 와서 함께 먹을 수 있도록 큰 소리로 사람들을 부르는 것이 도리였다. 그런 후에야 혼자 먹어도 괜찮다고 여겨졌다.[37] 한번은 터너(Turner)가 사모아인에게 런던의 빈민에 대해 이야기해 주자 그 "야만인"은 깜짝 놀라며 이렇게 물었다. "도대체 어떻게요? 음식이 없다고요? 친구도 없어요? 살 집이 없다고요? 그 사람이 자란 곳은 어디인데요? 친구가 가진 집도 없어요?"[38] 인디언은 배가 고플 때 먹을 것을 좀 달라고 부탁하기만 하면 되었다. 가진 음식이 아무리 적어도 필요로 하는 사람이 있으면 그에게 음식을 주었다. "마을의 어딘가에 옥수수가 자라고 있는 한 음식이 모자라는 사람은 있을 수 없다."[39] 호텐토트족의 경우, 다른 사람보다 많이 가진 자가 있으면 모두가 똑같아질 때까지 잉여분을 나누어 주는 것이 관례였다. 아프리카에 문명이 도래하기 전 그 땅을 여행한 백인들은, '흑인'에게 음식을 비롯한 기타 귀중품을 선물하면 그 자리에서 선물을 나눠 갖는 모습을 볼 수 있었다. 예를 들어 누군가에게 정장 한 세트를 주면 이내 선물을 받은 사람은 모자를, 그 사람의 친구가 바지를, 또 다른 친구가 상의를 입고 다니는 광경을 목격하는 식이었다. 에스키모 사냥꾼도 자기가 잡은 사냥감에 대해 개인적 권리를 가지고 있지 않았다. 사냥감은 마을 주민들과 나누는 것이 원칙이었고, 각종 도구 및 비축 식량은 모두의 공동 재산이었다. 카버(Carver) 대위는 북아메리카 인디언들의 특징을 다음과 같이 기술하기도 했다. "살림에 쓰는 물건을 제외하면, 이들은 일체의 재산 구분에 완전히 문외한이다. …… 또 서로에 대한 인정이 지극히 후해서 친구들이 부족한 게 있으면 자기가 가진 것 중 남는 것을 준다." 한 선교사는 다음과 같은 말을 전하기도 한다. "이들이 신사답게 서로를 배려하는 걸 보면 놀라울 따름이다. 가장 높은 수준의 문명을 이룬 국가의 보통 사람들에게서는 찾아볼 수 없는 모습이다. 성 크리소스토무스는 '내 것'과 '네 것'이라는 말이 우리 마음 속 자비의 불꽃을 꺼뜨리고 탐욕의 불길을 일게 한다고 말한 바 있는데, 이 야만인들이 이런 태도를 보이는 것도 분명 그런 개념을 익히 알지 못하기 때문일 것이다." 아메리카 인디언을 접한 또 다른 사람은 이렇게 말한다. "이들은 자기들끼리 알아서 사냥감을 나누었는데 한 사람이 여러 사람 몫을 챙겨야 할 때도 있었다. 하지만 그렇게 몫을 나누는 과정에서 불공평하다거나 그 외 다른 문제로 논쟁이 일거나 트집 잡는 모습은 단 한 번도 본 적이 없다. 이들은 배고픈 자를 돌보지 않았다는 비난을 듣느니 차라리 자기가 배고프고 마는 편을 택한다. …… 이들은 스스로를 하나의 커다란 가족으로 생각한다."[40]

그런데 (인간에게 다소 각별한 의미가 담긴) 소위 문명이라는 것에 도달하자 이 원시 공산주의가 사라져 버린 건 어째서일까? 미국의 사회학자 섬너(Sumner)는 공산주의가 살아남기 부적절한 체제였다는 생각을 가지고 있었다. 한 마디로 생존 투쟁에 불리한 조건이라는 것이다. 또 공산주의는 창의성·근면함·절약 정신에 충분한 자극제가 되지 못했다. 더욱이 능력이 우수한 사람을 보상해 주거나 능력이 부족한 사람을 징계하지 못했기에 사람들의 능력이 평준화되는 방향으로 나아갔고, 이는 성장과 다른 그룹과의 성공적 경쟁에 저해 요소가 되었다.[41] 로스키엘(Loskiel)이 전하는 북동부 지역 인디언 부족 이야기를 들어 보자. "이들은 너무 게을러서 자기 손으로 무언가를 심는 법이 없고, 다른 사람들이 모른 척하지 않고 생산물을 자신에게 나누어 줄 거란 기대에 의지해 살아간다. 부지런하다고 게으른 자에 비해 더 많은 노동의 결실을 맛보는 게 아니기 때문에, 이들이 심는 곡식의 양은 해마다 줄어 간다."[42] 다윈은 푸에고인들의 완벽한 평등이 문명을 이룰 가망성에 치명적 해를 끼쳤다고 생각했다.[43] 푸에고인들 입장에서는 문명이 그들이 평등을 누리는 데 치명적 타격이 된다고 표현했을지 모르지만 말이다. 원시 시대에는 빈곤과 무지에서 기인한 각종 질병과 사고가 빈번했고, 공산주의는 그 속에서 살아남은 사람들에게 모종의 안정감을 주는 제도였다. 하지만 사람들을 빈곤 자체에서 벗어나게 하지는 못했다. 개인주의는 공산주의가 보장하지 못하는 그런 부를 가져다주었지만, 한편으로는 사회 불안정과 노예 제도도 불러왔다. 또 뛰어난 사람들 속에 잠자고 있던 힘을 일깨우기도 했지만, 삶의 경쟁도 가중시켰다. 그러면서 사람들은 (모두가 똑같이 나눌 때는 그 누구도 버거워하지 않던) 빈곤을 비참한 것으로 여기게 되었다.*

---

* 공산주의가 왜 문명 초창기에 주로 나타나는 경향이 있는지 그 이유를 한 가지 들면, 공산주의는 결핍의 시대에 가장 잘 번창하는 특징이 있기 때문이다. 결핍의 시대에는 기아라는 공통의 위험을 이기고자 개인들이 집단으로 뭉치게 된다. 그러다 세상이 풍요로워지고 위험도 줄어들면, 사회적 결속이 약화되면서 개인주의가 퍼진다. 사치가 시작되는 곳에서 공산주의는 끝나기 마련이다. 사회생활이 보다 복잡해지고, 노동 분화로 인간이 다양한 직업과 일에 종사하게 되면서, 사람들의 일 모두가 집단에서 동일한 가치를 가질 가능성은 점점 더 줄어든다. 그 결과 능력이 뛰어나 보다 중대한 기능을 수행하는 자들이, 커져 가는 집단의 부에서 공평한 분배보다 많은 양을 가져가게 되는 것을 피할 수 없다. 성장하는 문명은 모두 불평등이 배가되는 장(場)인 셈이다. 인간의 재능은 천부적으로 차이가 나고, 여기에 기회의 차이까지 합쳐져 부와 권력의 인위적 차이가 생겨난다. 그리고 이러한 인위적 불평등을 억제할 법이나 전제 군주가 출현하지 않으면, 결국 빈자들은 폭력적으로 나가도 아무것도 잃을 게 없는 폭발점에 이른다. 그리하여 혁명의 혼란 속에서 차별은 없어지고 사람들은 다시 아무것도 가진 것 없는 공동체의 상태로 돌아간다.

따라서 현대 사회는 모두 보다 단순하고 평등한 삶에 대한 일종의 집단 기억으로서 공산주의에 꿈을 간직하고 있다. 그러다 불평등과 불안정이 도를 넘어서면 사람들은 공산주의의 빈곤은 까맣게 잊은 채 평등함을 떠올리며 그 이상향을 향해 기꺼이 되돌아가려고 한다. 합법이든 불법이든 역사 속에서 로마의 그라쿠스 형제나 프랑스의 자코뱅 당원, 소련의 공산당원의 손에 토지 재분배가 주기적으로 되풀이된 것도 같은 맥락이다. 부 역시 가혹한 재산 몰수, 혹은 몰수나 다름없는 소득세 및 유산 상속세 징수를 통해 주기적으로 재분배된다. 그러다 부, 상품, 권력 경쟁이 다 공산주의는 사람들이 항상 이동을 하고, 위험과 물자 부족이 상존하는 사회에서 보다 쉽게 살아남을 수 있었다. 수렵이나 목축을 하는 사람들에게는 땅을 사유 재산으로 가질 필요가 전혀 없었다. 하지만 농경이 인간 생활의 안정된 틀로 자리 잡으면서, 이내 정성스레 농사를 지은 가족에게 보상이 돌아갈 때 경작을 통해 가장 큰 결실을 얻는다는 사실이 드러났다. 그 결과 수렵 단계에서 농경 단계로의 도정에서 재산의 주체는 부족에서 가족으로 바뀌게 된다.(이를 보면 자연 선택은 유기체나 집단 사이에서뿐 아니라 제도나 사상 사이에서도 일어난다는 사실을 알 수 있다.) 가장 경제적인 생산 단위가 재산 소유 단위가 된 것이다. 그리고 가족 구조가 점점 더 (최고령자 남성에게 권력이 집중되는) 가부장적 양상을 띠면서 재산은 점차 개인 소유가 되고, 개인 유산도 생겨나기 시작했다. 이 와중에 진취적인 개인은 가족의 보금자리를 떠나 종래부터 정해져 있던 경계 너머로 모험을 떠나는 일이 잦아졌다. 이들은 고생고생해서 숲·정글·늪지의 땅을 개간했다. 이렇게 얻은 땅은 자기 소유라며 철저하게 지켰고, 결국에는 사회에서도 그의 권리를 인정해 주었다. 이렇게 해서 개인 재산의 또 다른 형태가 생겨난 셈이었다.[43a] 인구압이 증가하고 오래전부터 경작해 오던 땅의 지력이 다하면서 그러한 개간 활동은 점점 범위를 넓혀 갔고, 개인 소유권이 보다 복잡한 사회 속에서 지배 질서로 자리 잡을 때까지 계속되었다. 화폐의 발명도 재산의 축적·운반·상속을 용이하게 만들면서 이런 요인들과 함께 개인 재산 확립에 일조했다. 촌락 공동체나 왕이 땅의 법적 소유권을 갖게 되고 토지 재분배가 주기적으로 일어나는 과정에서 종전에 부족이 누리던 권리나 전통이 다시 주장되기도 했지만, 옛 제도와 새로운 제도 사이에서 갈팡질팡하는 시기가 한 번 지나고 나자 사유 재산은 역사 시대 사회의 기본적인 경제 제도로 확고

시 시작되면서 다시 한 번 능력의 피라미드가 형성된다. 어떤 법이 시행되어도 능력이 있는 자들은 어떻게든 더 비옥한 토양, 더 좋은 입지, 더 많은 부를 차지하게 마련이다. 그 결과 불평등은 곧 이전만큼 심각한 상태가 된다. 이렇게 보면 경제사는 모두 서서히 진행되는 사회적 유기체의 심장 박동 과정이라 할 수 있다. 자연스럽게 부가 집중되는 대규모 심장 수축기와, 자연스럽게 혁명으로 폭발하는 대규모 심장 이완기가 번갈아 찾아오는 것이다.

2장 문명의 경제적 요소 **107**

하게 자리 잡았다.

　문명을 탄생시키는 동안 농경은 개인 재산뿐 아니라 노예 제도도 부추겼다. 순전히 수렵에만 의존해 사는 공동체는 노예 제도를 모르고 지냈다. 아버지가 사냥을 하면 자질구레한 일들은 어머니와 아이들이 맡았기 때문이다. 이 시대 남자들은 사냥이나 전쟁 등의 격한 활동을 하다 진이 빠지면 아무 일도 안 하고 배불리 먹거나 조용하게 지냈다. 그러다 기운을 차리면 다시 사냥을 나가는 식이었다. 아무래도 원시인들 특유의 게으름은 이렇게 전쟁이나 사냥에서 누적된 피로를 서서히 회복시키는 습성에 그 기원을 두고 있는 듯하다. 따라서 게으름을 피웠다기보다 휴식을 취한 것이라고 보는 편이 맞을 것이다. 이러한 산발적 활동이 정기적 활동으로 전환되려면 두 가지가 필요했다. 먼저 경작의 끊임없는 일과가 반복되어야 했고, 그 다음엔 조직적 노동이 이루어져야 했다.

　그런 조직적 노동을 사람들이 자율적으로 할 때는 느슨하고 자발적으로 이루어지지만, 타의에 의할 때는 결국 힘의 문제로 귀결된다. 농경이 등장하고 사람들 사이에 불평등이 조성된 결과, 사회적 강자가 사회적 약자를 이용하는 일이 발생한 것이다. 이는 전쟁에서 이긴 쪽이 포로를 살려 두는 편이 좋다는 걸 깨닫기 전만 해도 없던 일이었다. 그 결과 학살과 식인 풍습은 줄어든 반면, 노예 제도가 퍼졌다.[44] 사람들이 동족을 죽이거나 먹지 않고 단순히 노예로 만든 것은 윤리적으로 커다란 발전이었다. 이러한 발전은 보다 대규모의 형태로 오늘날에도 이루어지고 있다. 승전국이 적국을 완전히 박살 내는 일은 더 이상 없이, 대신 배상금을 물려 노예로 만들어 버리는 것을 보면 말이다. 노예 제도가 완전히 자리를 잡고 그 효과가 입증되고 나자, 빚을 못 갚는 채무자나 다루기 어려운 범법자도 노예로 삼는 식으로 그 범위가 확장되었다. 또 노예를 잡아온다는 구체적 명목을 띠고 공격이 감행되기도 했다. 전쟁은 노예를 만들고, 노예는 또 전쟁을 일으키는 식으로 서로 상부상조한 셈이다.

　우리 인간 종족이 노예제 전통에 익숙해지고 고된 노동에 길들게 된 것은 수세기 동안 노예제를 거쳤기 때문일 것이다. 일을 안 해도 신체적·경제적·사회적 징벌을 받지 않는다면, 굳이 힘들게 일을 계속하려 드는 사람이 어디 있겠는가. 노예제는 징벌의 일종으로 자리 잡았고, 이를 방편으로 인간은 조직적 노동에 대비했다. 간접적이긴 하지만 노예제가 문명을 발달시키는 데 일조한 면도 있다. 노예제로 인해 부가 증진되고 (소수가) 여유 시간을 누릴 수 있었다는 점에서 말이다. 몇 세기가 흐르자 인간은 노예제를 당연시하게 되었다. 아리스토텔레스는 자연스럽고 불가피한 일이라며 노예제를 옹호한 바 있고, 성 바울은 그의 시대만 해도 신의 뜻에 따르는 거룩한 제도로만 보였던 노예제에 축복을 내리기도 했다.

농경과 노예제, 그리고 노동 분화와 인간의 능력이 본래 차이 날 수밖에 없던 점 등을 통해 상대적으로 평등하던 자연 사회에는 서서히 불평등과 계급 분화가 들어섰다. "원시 집단에서는 일반적으로 노예와 자유민 사이의 구분이 전혀 없다. 농노제도 카스트 제도도 없으며, 추장과 부하가 있긴 해도 그들 사이에 차이는 거의 없는 것이나 다름없었다."[45] 도구와 교역이 점점 더 복잡성을 띠면서 기술이 없거나 약한 자가 기술을 가지고 있거나 강한 자에게 지배받는 일이 서서히 진행되었다. 새로 만들어지는 발명품이 모두 강자가 이용할 새로운 무기가 되면서, 약자를 지배하고 이용하는 이들의 입지를 한층 강화해 주었다.* 재산 상속으로 우월한 입지에 있는 사람들이 우월한 기회까지 얻게 되면서, 모두가 똑같았던 사회는 여러 가지 계급과 신분이 섞인 미로로 뒤바뀌었고, 이때부터 시작된 계급 전쟁은 역사가 전개되는 내내 핏빛 이야기를 전한다. 그리고 그 결과 계급을 통제하고, 재산을 보호하고, 전쟁을 수행하고, 평화를 도모하기 위한 필수불가결한 도구로 국가가 생겨나게 되었다.

---

* 우리 시대에도 마찬가지로 이른바 산업 혁명이라 부르는 발명의 거대한 물결이 인간의 자연적 불평등을 엄청나게 증대시켰다고 볼 수 있다.

2장 문명의 경제적 요소 **109**

OUR ORIENTAL HERITAGE

3장 　　　　문명의 정치적 요소

1. 정부의 기원

　인간은 되고 싶어서 정치적 동물이 되는 게 아니다. 남자가 동료들과 어울리는 건 욕망 때문이라기보다 습관과 모방, 그리고 피치 못할 상황 때문이다. 모임을 좋아하는 게 아니라 고독을 두려워한다는 이야기다. 인간이 다른 인간들과 힘을 합치는 건 혼자가 되면 위험하고, 혼자일 때보다 함께할 때 더 잘 해낼 수 있는 일이 많기 때문이다. 하지만 마음속에서만큼은 자신은 세상에 영웅답게 맞서 싸우는 고독한 개인이라 생각한다. 보통 사람들이 저마다 자기 뜻대로 나갔다면 세상에 국가가 존재하는 일 같은 건 절대 없었을지 모른다. 심지어 오늘날에도 인간은 국가를 탐탁지 않게 여겨 세금을 죽음과 같이 생각하며 최소한으로 통치하는 정부를 갈망한다. 인간이 여러 가지 법을 요구할 때가 있어도 그건 단지 이웃들이 그런 법을 필요로 한다고 확신하기 때문이다. 하지만 속으로는 자신을 대범한 무정부주의자로 여기고, 자기는 법 없이도 살 수 있다고 생각한다.

가장 단순한 형태의 사회에서는 정부라 할 만한 것을 거의 찾아볼 수 없다. 원시 수렵인들은 단체 수렵에 참여해 사냥 준비를 할 때만 통제를 받아들였다. 부시먼은 보통 가족끼리 따로 떨어져 생활한다. 아프리카의 피그미족과 오스트레일리아의 가장 단순한 부족들이 정치 조직을 인정하는 기간은 일시적이며, 그 후에는 가족 단위로 흩어져 지낸다. 태즈메이니아인의 경우엔 추장도, 법도, 정해진 통치 기구도 없다. 실론 섬의 베다족은 가족 관계를 기준으로 소규모 집단을 형성하기는 했지만, 통치 기구 같은 건 없었다. 수마트라 섬의 쿠부족에는 '권력층' 없이, 가족이 각자 스스로 통치를 한다. 푸에고인들은 열두 명 이상이 모여 사는 일이 드물다. 시베리아 동부의 퉁구스족은 집단의 크기를 천막 열 개 정도로 유지하면서 연합을 자제한다. 오스트레일리아에서는 '큰 무리'라 해도 예순 명을 넘기는 경우가 거의 없다.[1] 이런 부족들은 사냥 같은 특별한 목적이 있을 때 연합이나 협력을 하며, 그것이 모종의 영구적 정치 질서 확립으로 이어지는 일은 없다.

지속적으로 존재한 사회 조직의 최초 형태는 씨족이었다. 씨족이란 토지의 공통 영역에 거주하면서, 동일한 토템을 숭배하고, 똑같은 관습이나 법의 지배를 받는 친척 관계의 가족 집단을 말한다. 몇 개의 씨족이 추장 한 사람의 지휘 아래 한 집단으로 뭉치면 부족이 형성되었고, 이것이 국가를 향한 도정의 두 번째 단계였다. 하지만 이런 발전은 서서히 이루어졌다. 추장 자체가 없는 집단도 상당수에 달했고,[2] 전쟁을 치를 때만 추장의 존재를 용인한 것으로 보이는 집단은 그보다 더 많았기 때문이다.[3] 지금 우리 시대에는 민주주의가 빛 좋은 개살구에 불과하지만 오히려 여러 원시 집단 속에서는 최선의 형태로 나타난다. 통치라고 존재해 봐야 씨족 내 가문의 수장이 다스리는 것에 불과하며, 자의적인 권력은 일체 허용되지 않기 때문이다.[4] 이로쿼이 인디언과 델라웨어 인디언은 가족이나 씨족의 자연적 질서를 넘어서는 어떤 법이나 제약도 인정하지 않았다. 이들 부족의 추장은 권력이 그다지 크지 않았고, 그마저도 부족의 원로들이 언제든지 소멸시킬 수 있었다. 오마하 인디언들은 7인회의 통치를 받았는데, 이들은 만장일치에 이를 때까지 심의를 했다. 그 유명한 이로쿼이족 동맹도 생각해 볼 수 있다. 평화 유지를 위해 많은 부족들이 스스로 이 동맹에 들어 맹약를 지켰는데, 그러고 보면 평화를 위해 유명무실한 국제 연맹(League of Nations)에 들어가는 현대 국가들이나 이들 "야만인"이나 별 차이는 없는 것 같다.

추장·왕·국가가 전쟁을 통해 생겨나듯, 전쟁을 일으키는 것 역시 이들이다. 사모아 섬의 추장은 전쟁 중에는 권력이 있었지만, 그 외의 기간에는 아무도 그에게 많은 관심을 갖지 않았다. 다야크족의 경우엔 가장이 가족을 이끄는 것 말고는 어떤 통치도 찾아볼 수 없었다. 싸움이 일어나면 가장 용감한 전사를 골라 지휘를 맡기고 그에게 철저히 복종했지만, 일단 분쟁이 종식되면 그 자리에서 당장 물러나게 했다.[5] 전쟁 사이사이의 평화기에 가장 막강한 권력과 영향력을 가진 존재는 신관, 즉 우두머리 마법사였다. 그리고 마침내 대다수 부족에서 영구 왕권이 발달해 통상적인 통치 방식으로 자리 잡았을 때, 그것은 전사·원로·신관의 직을 한데 결합한(또 거기서 파생된) 형태였다. 사회를 다스리는 힘은 두 가지로, 평화 시에는 말(言)이 위기 시에는 검(劍)이 다스린다. 다시 말해, 교화가 실패로 돌아갈 때만 무력이 사용된다는 이야기다. 한편 법과 신화는 벌써 수세기 동안 보조를 맞추어 서로 협력하거나 혹은 번갈아 가며 인류를 다루어 왔다. 오늘날까지도 이 둘을 감히 떼어 놓으려 하는 국가는 없으니, 장차 이 둘이 다시 하나로 합쳐질 날이 올지도 모른다.

그렇다면 전쟁이 국가로 이어진 배경은 무엇일까? 인간이 선천적으로 전쟁을 좋아하는 성향이 있었다고 말하려는 건 아니다. 수준이 낮은 종족 중에도 지극히 평화적인 사람들이 있다. 일례로 에스키모인들은 똑같이 평화를 지향하는 유럽인들이 왜 바다표범처럼 서로를 사냥하고 서로의 땅을 빼앗는지 이해하지 못했다. 그들은 자신들의 땅에 대고 이렇게 말하기도 했다. "땅아! 네가 얼음과 눈으로 뒤덮여 있는 게 얼마나 잘 된 일인지 모른다! 너의 바위 속에 금과 은이 있다 해도(그리스도교인들은 욕심이 지독히 많아서 말이다.) 눈이 이렇게 잔뜩 덮여 있어 찾지 못할 테니 정말 다행 아니냐! 네게서 아무것도 나지 않는 것이 우리에겐 다행이다. 널 괴롭히지 않아도 되니."[6] 하지만 원시적인 삶도 이따금 전쟁으로 붉게 물들곤 했다. 수렵을 할 때는 사냥감이 아직 많이 남아 있는 훌륭한 사냥터를 확보하기 위해, 목축을 할 때는 자기 가축을 기를 새로운 목초지를 얻기 위해, 그리고 농사를 짓는 사람들은 처녀지를 손에 넣기 위해 싸움을 벌였다. 살인에 앙갚음하기 위해서나, 젊은이들을 강인하게 단련시키기 위해, 또 단조로운 일상을 깨기 위해, 혹은 단순히 약탈이나 강간을 위해 싸움을 벌이는 적도 있었다. 종교를 위해 싸우는 일은 지극히 드물었다. 한편 현재의 우리와 마찬가지로 이들에게도 살육을 제한하는 제도나 관습이 있었다. 점잖은 야만인이라면 특정 시간대나, 일자, 주, 혹은 달에는 누군가를 죽이려 들지 않는 식으로 말이다. 또 특정 직무를 맡은 사람은 사람들이 감히 손대지 못했으며, 특정 도로는 (싸울 수 없는) 중립 지역이었고, 특정 시장과 피난처에서는 평화를 지켜야 했다. 이로쿼이족 동맹도 '위대한 평화' 시대를 300년이나 이어 갔다.[7] 하지만 전쟁은 일반적으로 원시 국가 및 집단의 자연선택 과정에서 가장 애용되는 도구였다.

전쟁은 무수히 많은 결과를 불러왔다. 전쟁이 힘없는 종족을 가차 없이 제거하는 역할을 하면서, 경쟁에서 발휘해야 하는 용기·잔혹성·지능·기술의 수준이 올라가야 했다. 전쟁은 또 발명을 자극했다. 전쟁으로 만들어진 무기는 유용한 도구가 되었고, 전쟁 속에서 탄생한 전쟁 기술은 평화의 기술이 되었다. (오늘날에도 애초에는 군사 전략으로 부설되었다가 결국 교역에 쓰이게 된 철도가 얼마나 많은지 한번 생각해 보라!) 무엇보다 전쟁은 원시 공산주의와 무정부주의를 사라지게 만들고, 조직화와 기강이 도입되게 했다. 포로를 노예로 삼게 되고, 계급의 종속 관계가 발생하고, 통치 기구가 커지게 된 것도 전쟁 때문이었다. 재산이라는 어머니와 전쟁이라는 아버지 사이에서 국가가 탄생한 셈이었다.

2. 국가

니체(Nietzsche)는 이렇게 말한다. "정복자와 지배자 기질을 가진 종족, 금발의 맹수 떼가 전쟁을 지향하는 온갖 기구와 조직력을 갖추고는 무시무시한 발톱을 세운 채 한 집단에게 달려든다. 숫자로 보면 압도적 우위에 있지만 아직 형태가 있는 건 아니다. (중략) 이것이 바로 국가의 기원이다."[8] 레스터 워드(Lester Ward)는 또 이렇게 말한다. "부족 집단과 구별되는 국가가 출현하기 시작한 건 한 종족이 다른 종족을 정복하면서부터다."[9] 오펜하이머(Oppenheimer)는 이런 이야기를 한다. "우리는 일부 호전적인 부족이 호전성이 덜한 종족의 영역을 침범해 귀족 계급으로 자리 잡고 국가를 세우는 모습을 어디서나 볼 수 있다."[10] 라첸호퍼(Ratzenhofer)는 이런 말을 남겼다. "폭력성이야말로 국가를 만들어 내는 주된 동력이다."[11] 굼플로비치(Gumplowicz)에 의하면, 정복을 통해 승리자가 피정복민들의 통치 계급으로 자리 잡은 결과 국가가 생겨난다.[12] 또 섬너는 "국가는 무력의 산물이자, 무력을 통해 존재한다."고 말한다.[13]

폭력에 의한 이런 정복은 수렵 및 목축 생활을 하는 부족이, 정착 농경 생활을 하는 집단을 침략하면서 일어나는 게 보통이다.[14] 농경 생활을 통해 인간은 평화를 사랑하는 방식을 배우고, 지루하게 반복되는 일상에 길들게 되며, 하루 종일 고된 노동에 시달리면서 기운이 다 빠진다. 그러다 보면 부는 축적하게 되지만, 전쟁의 기술이나 감각은 까맣게 잊어버린다. 한편 위험에 익숙하고 무언가를 죽이는 데 이골이 난 수렵인과 목축 부족에게 전쟁은 사냥의 또 다른 형태에 지나지 않으며, 더 위험할 것도 별로 없다. 숲에 사냥감이 더 이상 넉넉지 않거나 목초지에 먹을 게 적어져 가축 수가 줄어들면 이들은 곡식이 무르익은 마을의 들판을 부러움에 차서 바라본다. 그러다 현대처럼 손쉽게 그럴듯한 침략 구실을 만들어 마을을 침략해 정복하고, 마을 사람들을 노예로 만들어 지배한다.*

---

* 이는 초창기 사회에만 적용되는 법칙이다. 보다 복잡한 조건 속에서는 이 문제를 결정짓는 데 다른 다양한 요인(부(富)·무기·지능 등이 어느 쪽이 더 발달했느냐 등.)이 영향을 미치기 때문이다. 이집트가 힉소스인·에티오피아

국가는 발전의 후반 단계로, 역사 시대 이전에는 거의 찾아볼 수 없다. 국가가 나타나려면 먼저 사회의 구성 원칙 자체가 혈족 관계에서 지배로 변화해야 하는데, 원시 사회에서는 혈족 관계가 곧 통치 수단이기 때문이다. 지배가 가장 큰 성공을 거두는 건, 자연 발생한 다양한 집단이 질서와 교역의 이점을 누릴 수 있는 단일체로 통합될 때이다. 하지만 그러한 정복도 오래 지속되는 경우가 거의 없다. 발명의 발전으로 강자가 새로운 도구 및 무기를 손에 넣어 반란을 진압할 정도로 힘이 강해지지 않는 한에는 말이다. 영구 정복이 이루어질 땐 지배의 원칙이 이면에 숨어 잘 드러나지 않는 경향이 있다. 일례로, 프랑스인들은 1789년 카미유 데물랭(Camille Desmoulins)이 깨우쳐 주기 전까지는, 자신들을 천 년 동안 지배해 온 귀족 계급이 원래는 독일 출신이며 애초에 무력으로 자신들을 눌렀다는 사실을 알지 못했다. 시간은 모든 걸 신성하게 만드는 법이다. 심지어 훔친 것으로 아무리 악명 높아도, 2대가 지나 손자가 물려받을 땐 감히 손대지 못할 성스러운 재산이 되는 것처럼. 모든 국가는 처음엔 강제적으로 시작된다. 하지만 복종의 습관이 의식의 내부에 자리 잡으면서, 이내 시민 모두는 국기에 충성을 맹세하며 감격에 젖는다.

　시민들이 그러는 것도 당연하다. 국가가 처음 어떻게 시작되었건 간에, 그것은 곧 명령 기반으로서 없으면 안 되는 존재가 되기 때문이다. 교역이 여러 씨족과 부족을 하나로 묶으면 혈통이 아닌 접근성에 기반을 둔 관계가 형성이 되고, 따라서 인위적인 통제 원칙이 필요해진다. 그 일례로 촌락 공동체를 들 수 있을 것이다. 부족과 씨족을 대신하는 지역 조직 형태로 사회에 들어선 촌락 공동체는, 가장의 모임을 통해 여러 군데 소규모 지역을 단순하면서도 거의 민주적으로 통치하는 데 성공했다. 하지만 그런 공동체가 다수 존재했기에 그 상호 관계를 통제하여 이들을 보다 큰 경제적 망 속에 한데 엮을 외부의 힘이 필요해졌다. 참으로 무시무시한 기원을 가진 국가가 바로 이런 필요를 충족시켜 주었다. 국가는 조직적인 힘이 되었을 뿐 아니라, 복잡한 사회를 구성하며

인·아랍인·터키 유목민뿐 아니라, 안정된 문명을 이뤘던 아시리아·페르시아·그리스·로마·영국에게 정복을 당한 것도 그래서다. 물론 그 정복은 이들 국가가 수렵인 및 유목민 속성을 지닌 제국이 되면서 일어나긴 했지만 말이다.

갈등을 일으키는 수많은 집단 사이에서 이해관계를 조정해 주는 수단이 되었다. 국가는 권력과 법이라는 촉수를 점점 더 광대한 지역으로 뻗어 나갔고, 외부적으론 유례없이 파괴적인 전쟁을 벌였지만 내부적으론 평화를 증진시키고 또 유지해 나갔다. 그런 점에서 국가를 외부 전쟁에 대비해 내부 평화가 유지되는 상태로 정의할 수도 있다. 사람들은 서로 간에 싸우느니 세금을 내는 편이 낫다고, 도둑들 모두에게 공물을 갖다 바치느니 덩치 큰 도적 하나에게 공물을 한 번 바치는 편이 낫다고 생각하게 되었다. 바간다족의 행동 양태를 보면 통치에 길든 사회가 정치적 공백을 맞으면 어떻게 되는지 가늠할 수 있다. 바간다족은 왕이 죽자 남자들이 너나 할 것 없이 무장을 해야 했다. 무법자들이 반란을 일으키고 도처에서 살인과 약탈을 일삼았기 때문이다.[15] 이 대목에서 스펜서의 다음과 같은 말은 의미심장하다. "독재적 통치가 없었다면 사회 진화는 시작되지도 못했을 것이다."[16]

하지만 무력밖에 의지할 게 없는 국가는 이내 몰락하기 마련이다. 잘 속는 것도 인간의 본래 특성이지만, 웬만해선 고집을 꺾지 않는 것도 인간의 본래 특성이기 때문이다. 게다가 세금과 마찬가지로 권력은 눈에 잘 안 보이고 간접적일 때 가장 크게 성공을 거둔다. 그래서 국가는 명맥을 유지하기 위해 (가정·교회·학교 등) 갖가지 교화 수단을 마련하고 다듬어 시민들의 영혼 속에 애국심과 자부심을 심었다. 그 덕분에 수많은 경찰 인력이 절감되었고, 대중의 마음엔 전쟁에 꼭 필요한, 불붙기 쉬운 단결력이 들어설 여지가 생겼다. 무엇보다 소수의 통치층은 자신들의 강제적 지배를 일련의 법으로 탈바꿈시키기 위해 점점 더 애를 썼다. 자신들의 지배를 공고히 해 주는 동시에 사람들이 바라는 안전과 질서를 제공해 주고 '백성'*들의 여러 권리를 인정해 주는 법이라면, 사람들은 충분히 그것을 받아들이고 '국가'에도 계속 충성을 바칠 것이었다.

---

* 국가의 기원을 생각할 때 '백성(subject)'이란 말에 얼마나 어폐가 있는지 생각해 보라.

3. 법

재산·결혼·통치에는 법이 따라다니기 마련이지만, 발달 단계가 가장 낮은 사회는 법 없이도 잘 돌아간다. 알프레드 러셀 월러스(Alfred Russel Wallace)는 이런 이야기를 남겼다. "나는 남아메리카 및 동양의 야만인 공동체와 함께 생활해 본 적이 있다. 이들에겐 법이나 법정 같은 건 전혀 없고, 자유롭게 표현되는 마을의 공공 의견만 있을 뿐이다. 사람들은 각자 자기 동료들 권리를 세심하게 존중해 주며, 그런 권리가 침해되는 일은 거의 혹은 절대 일어나지 않는다. 그런 공동체에서는 모두가 거의 평등한 것이나 다름없다."[17] 허먼 멜빌(Herman Melville)의 글에도 마키저스 제도 사람들에 대한 비슷한 이야기가 들어 있다. "내가 타이피족과 지내는 동안 뭔가 잘못을 범해 공공 재판에 회부된 사람은 단 한 명도 없었다. 그 계곡에서는 모든 일이 어디서도 찾아볼 수 없는 조화와 평온함 속에서 진행되었다. 감히 단언컨대 이들은 그리스도교 세계에 사는 인간 중 가장 뛰어나고, 세련되고, 경건한 집단이다."[18] 옛날 러시아 정부는 알류샨 열도에 법정을 여러 곳 세웠으나, 50년이 지나도록 일이 없었다. 브린턴(Brinton)이 전하는 바에 의하면, "이로쿼이족의 사회 체제에서는 범죄와 위법 행위가 너무 안 일어나서 형법이 거의 없다고 해도 무방할 정도다."[19] 이런 모습이 바로 무정부주의자들이 끝없이 되돌아가기를 갈망하는 그런 이상적인('이상화된'이라고 해야겠지만.) 조건이다.

그런데 이 부분의 설명과 관련해 반드시 짚고 넘어가야 할 부분이 있다. 자연 상태의 사회가 상대적으로 법에서 자유로운 데는 다 이유가 있다는 것이다. 먼저 이들 사회는 관습에 지배를 받는데, 그 관습은 어떤 법보다도 엄격하고 또 사람들이 신성하게 받든다. 두 번째, 폭력 범죄는 애초부터 사적인 문제로 여겨 개인이 피로 복수하게 한다는 것이다.

모든 사회 현상은 관습이라는 광활한 대지에 그 뿌리를 두고 있다. 아득한 옛날부터 생각과 행동 양식의 기반이 된 이런 관습은 법이 없거나, 변화하거나, 제 기능을 못할 때 사회에 지속성과 질서를 제공해 준다. 집단은 관습을 통해 안정성을 얻는다. 특정 종(種)이 유전과 본능을 통해 안정감을 얻고, 개인이 습관을 통해 안정감을 얻는 것과 마찬가지로 말이다. 사실 인간이 온전한 정신으로 살아갈 수 있는 것도 판에 박히듯 정해진 관습이 있기 때문이다. 인간이 생각하고 행동할 때 별 생각 없이 편하게 따르게 되는 그런 관례가 전혀 없다고 생각해 보라. 사람들은 생각도 행동도 끝도 없이 망설이다 결국 맘 편히 미쳐 버리는 편을 택할 것이다. 경제성의 법칙은 본능과 습관 속에서도, 관습과 규약 속에서도 작동한다. 자극이나 옛날부터 있던 상황이 반복될 때, 자동적으로 반응을 하는 것이 가장 편한 대처 방식이기 때문이다. 사실 사상이나 혁신은 통상적인 규칙성을 교란시키는 것으로, 재적응을 피할 수 없거나 황금이 약속되지 않는 한 용인되지 않는 법이다.

관습이라는 이러한 자연적인 기반이 종교를 통해 초자연적 것으로 인정을 받아 조상들의 방식이 신의 뜻으로 해석되면, 관습은 법보다도 더 강력한 것이 되어 원시의 자유를 상당 부분 줄인다. 대중의 절반 정도는 법을 어기는 사람을 동경한다. 아득한 옛날부터 적이었던 법보다 한 수 위인 사람을 속으로 부러워하는 이들이 있기 마련이니 말이다. 하지만 관습을 어기면 거의 어딜 가든 적의를 산다. 관습은 사람에게서 나오는 것인 반면, 법은 위로부터 강제되는 것이기 때문이다. 법은 보통 지배자의 포고 형태를 띠지만, 관습은 집단의 경험 속에서 가장 편리하다고 밝혀진 행동 양식이 자연 선택을 거친 것이다. 가족·씨족·부족·촌락 공동체의 자연적 질서를 국가가 대신하는 순간, 법도 관습을 일부 대신하게 된다. 그리고 글이 등장하면 보다 완전하게 그 자리를 대신하면서 법은 원로와 신관의 기억에 전승되는 규약이라는 틀에서 탈피해 성문화된 법전 체계로 자리 잡는다. 하지만 법은 결코 관습을 완전히 대체할 수는 없다. 인간의 행동을 결정하고 판단할 때 관습은 끝까지 남아 법의 이면에 자리한 힘, 왕좌 뒤에 숨은 권력, '인간 생활을 감독하는 최고의 고관' 노릇을 하기 때문이다.

법률이 발전하는 첫 단계는 개인적 복수다. 원시 사회의 개인은 "복수는 나의 소관이니, 내가 되갚을 것"이라고 말한다. 이를테면, 바하 캘리포니아의 인디언 부족에서는 모두 자기 스스로가 일종의 경찰이 되어 복수 형식으로 정의를 실현했는데, 복수를 할 수 있다는 건 그만큼 강하다는 증거였다. 그래서 초기 사회에서는 B가 A를 살해하면 A의 아들이나 친구인 C가 B를 살해하고, 또다시 B의 아들이나 친구인 D가 C를 살해하고, 그런 식으로 알파벳이 끝날 때까지 복수가 이어지는 게 다반사였다. 순수한 아메리카 대륙 혈통의 가문에서는 오늘날에도 그런 일이 벌어지고 있을지 모른다. 이러한 복수는 법의 역사 속 내내 등장한 원칙이었다. 이 원칙은 로마법에 구현되어 있는 '동태(同態) 복수법(Lex Talionis)'*에서 찾아볼 수 있다. 함무라비 법전에서는 그 역할이 막중하며, '눈에는 눈, 이에는 이'로 갚으라는 모세의 율법도 같은 맥락이다. 심지어 오늘날 이루어지는 대부분의 법적 처벌 배후에도 이 원칙이 자리하고 있다.

범죄를 다루되 법적이고 문명적이 되는 두 번째 단계는 복수 대신 대가를 치르게 하는 것이다. 추장은 내부 화합을 유지할 목적으로 자신의 권력과 영향력을 활용해, 복수심에 불타는 가문이 피 대신 금이나 각종 재산에 만족할 수 있도록 중재하는 경우가 무척 많았다. 그리고 이내 항목마다 일정한 금액이 생겨나 눈, 이, 팔, 목숨에 대해 각각 얼마를 지불해야 하는지 결정되었다. 그런 조목을 광범위하게 법령으로 정해 둔 것이 함무라비 법전이다. 아비시니아인들은 이 점에 지극히 철저했다. 가령 나무에서 놀던 소년이 잘못하다 친구 위로 떨어져서 그를 죽였으면, 재판관은 자식을 잃은 엄마더러 다른 아들을 나무 위로 올려 보내 자기 아들을 죽인 아이의 목 위로 떨어지게 하라고 판결을 내렸다.[20] 합의를 할 때 책정되는 벌금은 가해자와 피해자의 성별, 나이, 지위에 따라 다양하게 차이가 날 수 있었다. 예를 들면 피지인들은 추장이 저지른 살인보다 보통 사람의 가벼운 절도죄를 더 극악한 범죄로 봤다.[21] 범죄자가 거물일 경우 죄가 가벼워지는 건 법의 역사 속에서 줄기차게 나타난 현상이기

---

* 키케로가 만들어 낸 표현인 듯하다.

도 하다.* 복수를 피하기 위해 이런 벌금이나 합의금을 내리면 먼저 가해와 피해에 판결이 필요했는데, 법으로 가는 세 번째 단계인 법정 형성이 이루어지는 게 바로 이 대목이다. 추장이나 원로 신관들이 판결을 내려 부족민들의 갈등을 가라앉혔던 것이다. 하지만 그런 법정이 항상 판결석의 역할만 했던 것은 아니다. 종종 자발적 화해를 주선하는 위원회의 구실도 해서 논쟁을 우호적으로 마무리 짓기도 했다.** 법정이 생긴 후 수 세기 동안에도 많은 사람들은 법정에 의지하는 것을 선택의 문제로 생각했다. 더욱이 만족스러운 판결을 받지 못했을 경우 피해자 쪽에서 개인적 복수를 감행해도 괜찮다고 여겨졌다.[22]

한편 분쟁은 당사자 간의 공개 싸움으로 마무리되는 경우도 많았는데, 권투 시합처럼 해가 없는 것부터(현명한 에스키모인이 쓴 방식이다.) 목숨을 건 결투까지 그 잔혹성 정도는 천차만별이었다. 원시인들이 신성 재판에 자주 의지했던 건, 중세 시대 이론의 주장처럼 신이 범인을 밝혀 줄 거라 믿어서가 아니었다. 그보다는 그러한 신성 재판이 아무리 불공평하다 해도 부족의 반목에 종지부를 찍어 줄 거라 생각했기 때문이었다. 그런 식으로라도 끝내지 않으면 갈등은 부족을 몇 세대 동안이나 혼란에 몰아넣을 수도 있었다. 신성 재판에 간혹 이용된 방법 중 하나가 원고와 피고에게 음식이 들어 있는 그릇 두 개 중 하나를 고르라고 하는 것이었다. 그중 하나에는 독이 들어 있었는데, 물론 엉뚱한 사람이 독이 든 음식을 고를 수도 있었다.(독은 보통 회생 불가능할 정도로 치명적이진 않았다.) 하지만 보통은 양측 당사자 모두 신성 재판이 공정하다고 믿었기 때문에 분쟁은 그렇게 종식될 수 있었다. 어떤 부족에서는 주민이 죄를 인정하면 자기 다리를 내밀어 피해를 당한 사람에게 창으로 찌르도록 한다는 관습을 가지고 있었다. 피고가 원고 측 사람들에게 자신을 향해 창을 던지도록 하는 관습도 있

---

* 아마 브라만(Brahman)의 경우는 예외일 것이다. 마누 법전(Code of Manu : Ⅷ, 336-8)에 의하면 브라만은 같은 범죄를 저질러도 낮은 계급 사람보다 더 큰 형벌을 받도록 되어 있었다. 하지만 이 규정은 잘 어겨지기로 명성이 높았다.
** 오늘날 그 어디보다 근대적인 도시 일부에서도 시간을 절약시켜 주는 고대의 이 제도를 부활시키려 노력하는 중이다.

었다. 피고를 맞춘 창이 하나도 없으면 그는 무죄로 선언되었다. 하나라도 맞으면 유죄로 판결 받은 후 사건이 종결되었다.[23] 이렇게 초창기 형태를 비롯해 신성 재판은 모세의 율법부터 함무라비 법전을 거쳐 중세 시대까지 이어져 내려왔다. 결투도 신성 재판의 한 형태로, 역사가들은 이것이 무덤 속에 들어갔다 생각했지만 다시 부활을 맞고 있는 게 오늘날의 실정이다. 원시인과 현대인 사이의 거리가 지극히 짧고도 좁다는 사실이 드러나는 대목이다. 문명의 역사도 그만큼 짧은 셈이다.

법 발전의 네 번째 단계는 추장이나 국가가 범법 행위를 막고 처벌하는 의무를 맡은 것이다. 사실 이것은 분쟁을 종식시키고 범법자를 처벌하는 것에서 한 발 나아가 범법 행위를 막을 수 있도록 모종의 노력을 기울이는 것일 뿐이다. 그래서 이제 추장은 단지 재판관에 그치지 않고 입법자의 구실을 하게 된다. 집단의 관습에서 나온 일반적인 '관습법' 체계에 통치 기구의 포고에서 나온 '실정법' 체계를 더하는 것이다. 법에는 새로 생겨나는 것이 있는가 하면, 집단 내에서 전승되는 것도 있다. 그런데 어떤 경우든 법에는 선대의 흔적이 남고, 법이 대신하려 했던 복수의 냄새도 사라지지 않는다. 원시적 형벌이 잔혹하기 마련인 건,[24] 원시 사회는 불안정하게 느껴지기 때문이다. 그래서 사회 조직이 보다 안정적이 되면 형벌의 엄격함도 누그러지는 경향이 있다.

일반적으로 자연 상태의 사회에서는 문명사회보다 개인이 누리는 '권리'가 적다. 인간이 속박 속에서 태어나는 건 어디나 마찬가지다. 인간은 유전, 환경, 관습의 굴레를 벗어던질 수 없는 것이다. 하지만 원시 사회의 개인들은 언제나 믿기지 않을 정도로 엄격하고 또 세세한 규칙의 망 속에서 움직여야 했다. 원시 사회에서는 갖가지 무수한 금기가 행동을 제약하고, 이루 헤아릴 수 없이 많은 공포가 개인의 뜻을 꺾는다. 언뜻 보기에 뉴질랜드 원주민들은 법 없이 산 것 같지만, 알고 보면 엄격한 관습이 생활 구석구석을 지배했다. 인도 벵골 지방 원주민의 경우엔 변할 줄 모르고 의문조차 용납되지 않는 각종 규약들이 서 있는 자세와 걸음걸이, 식사 방식 및 잠자는 방식까지 결정했다. 자연 상태의 사회에서 개인은 좀처럼 독립된 실체로 인정받지 못했다. 이 사회에서 실체로 여겨진 건 가족과 씨족, 부족과 촌락 공동체였다. 그것들이 토지를 소유하고 권력을 행사하는 주체였기 때문이다. 개인이 독자적인 실체로 부각되기 시작한 것은 사유 재산의 등장으로 경제적 권리를 얻고, 국가의 등장으로 법적 지위 및 권리를 얻으면서이다.[25] 각종 권리를 우리는 자연에서 얻은 게 아니다. 자연은 권리를 모르며, 오로지 잔꾀와 힘만 이용할 뿐이다. 개인의 권리는 공동체가 공공의 선을 도모할 목적으로 보장해 준 특권이란 이야기다. 결국 자유는 안전이 가져다주는 호사인 셈이다. 그런 점에서 자유로운 개인은 문명의 산물이자 징표라 할 수 있다.

4. 가족

배고픔과 성욕이 인간의 기본 욕구이기 때문에 사회 조직은 경제적 비축과 생물학적 개체 유지를 근본 기능으로 갖는다. 아이를 끊임없이 낳는 것도 식량을 지속적으로 공급하는 것만큼이나 중대하다는 이야기다. 그래서 사회는 항상 물질적 번영과 정치적 질서를 추구하는 제도와 더불어, 종족을 영구 보존할 수 있는 제도를 함께 갖춘다. (역사 시대 문명의 여명기에 점점 접어들어) 국가가 사회 질서의 중심적이자 영구적인 원천이 되기 전까지만 해도, 남성과 여성 및 다양한 세대 간 관계 조절이라는 까다로운 일은 씨족이 맡았다. 심지어 국가가 성립된 뒤에도 인류를 본질적으로 통치한 건 역사 시대 통틀어 가장 뿌리 깊은 제도인 가족이다.

초창기 인간들이 가족 단위로 뿔뿔이 흩어져 살았을 가능성은 지극히 낮다. 심지어 수렵 시대에도 마찬가지였을 것이다. 인간은 생리적 방어 기관이 열등하기 때문에 그렇게 가족 단위로 살다간 맹수의 먹잇감이 되고 말았을 것이기 때문이다. 자연 상태에서 개별 방어력이 부족한 생물은 집단을 이루어 생활하는 것이 보통이다. 그렇게 서로 단결하는 것을 엄니와 발톱, 뚫리지 않는 억센 가죽으로 중무장한 동물 세계에서 생존할 방편으로 삼는다. 그 사정은 인간도 마찬가지였을 것이다. 무리를 지어 사냥을 하거나 씨족에 포함되는 등의 연대를 통해 목숨을 부지했다는 이야기다. 그러다 혈족 관계를 대신해 경제적 관계 및 정치적 지배가 사회 구성의 원칙으로 자리 잡으면서 씨족은 사회 하부 구조로서의 지위를 잃게 되었다. 대신 사회의 하부에는 가족이, 상부에는 국가가 들어서 씨족의 역할을 이어 나갔다. 정부가 질서 유지의 문제를 맡았다면, 가족은 일을 재편성하고 종족을 유지하는 일을 맡았다.

하등 동물 중에는 자손을 전혀 돌보지 않는 것들이 있다. 그래서 엄청난 수의 알을 낳아도 일부만 살아남아 자라나고 태반은 다른 동물의 먹잇감이 되거나 그냥 죽어 버린다. 물고기는 대부분 일 년에 백만 개에 이르는 알을 낳는다. 물고기 중에 새끼를 조금이나마 걱정하는 종도 몇 개 있어서 일 년에 50개 정도의 알만 낳아도 충분히 소기의 목적을 달성할 수 있다. 새끼에게 신경을 좀 더 쓰는 새의 경우엔 일 년에 5~12개의 알을 낳는다. 그리고 그 이름 속에서도 부모의 관심을 엿볼 수 있는 포유동물의 경우, 일 년에 암컷 1마리당 평균 3마리의 새끼를 낳으며 이 지구를 지배하고 있다.[26] 부모의 관심이 늘면 출산과 파괴가 줄어드는 것이 동물 세계의 전반적 현상이다. 인간 세계에서도 문명이 발전하면서 출산율과 사망률이 함께 떨어지는 양상을 전반적으로 발견할 수 있다. 가정의 양육 여건이 좋을수록 사춘기를 더 오랜 기간 겪게 되면서, 젊은이는 그만큼 보다 온전하게 훈련과 발전 과정을 거친 후 세상에 던져져 자기 손으로 살아 나갈 방도를 찾는다. 더불어 출생률이 낮아지면 인간은 생식 외의 다른 활동에 에너지를 발산한다.

옛날에는 부모의 기능 대부분을 수행한 것이 엄마였기 때문에, (우리가 역사의 안개 속을 들여다볼 수 있다고 한다면) 애초에 가족이 성립될 때 남자가 가족 안에서 차지한 지위는 피상적이고 부차적이었다고 가정할 수 있다. 여자의 지위가 근본적이고 우월했던 것이다. 인과를 의식 못한 채 기분에 따라 발정하고 짝짓기하고 자식을 낳는 동물 세계에서처럼 지금도 지구에 존재하는 일부 부족에서는(인류 최초의 집단도 마찬가지였을 것이다.) 생식에서 남성이 맡은 생리적 기능을 전혀 주목하지 못한다. 트로브리안드 섬 사람들은 임신을 성교 때문이 아니라 여자 몸속에 '발로마(baloma)', 즉 영(靈)이 들어왔기 때문이라고 생각한다. 이 영은 보통 여자가 목욕을 하고 있을 때 들어오는데, 섬 소녀는 "물고기 한 마리가 날 물었다."고 이야기한다. 폴란드 태생의 영국 문화인류학자 말리노프스키(Malinowski)는 이런 이야기를 전해 준다. "내가 그 사생아의 아버지가 누구냐고 물었을 때 돌아오는 대답은 한 가지 뿐이었다. 그 소녀는 결혼하지 않았기 때문에 아버지 같은 건 없다. 그래서 내가 되도록 쉬운 말로 그 아이의 생리학적 아버지가 누구냐고 물었지만 질문을 이해하는 사람이 없었다. …… 대답이 나왔다면 아마 이런 식이었을 것이다. '이 아이를 잉태하게 한 것은 발로마다.'" 이 섬 사람들은 한 가지 기이한 믿음도 가지고 있었는데, 발로마는 남자와 관계를 잘 갖지 않는 소녀에게 더 잘 들어온다는 것이었다. 그래서 임신 예방책으로 소녀들은 남자와 자지 않는 것보다 만조 때 목욕하지 않는 편을 선호했다.[27] 이 재미난 이야기는 남자에게 인심을 쓴 결과 당황스러운 일이 발생했을 때 무척이나 편한 구실이었을 게 분명하다. 남편뿐만이 아니라 인류학자들까지 생각해서 이야기를 만들었더라면 훨씬 더 재미난 이야기가 나왔을지 모르겠다.

멜라네시아에서는 성교를 임신의 원인으로 인정은 했지만, 결혼하는 소녀들은 자신들이 먹은 특정 음식 때문에 임신했다는 주장을 굽히지 않았다.[28] 하지만 남자의 역할을 이해하는 곳에서조차도 아버지를 결정하는 일은 결코 간단한 문제가 아니었다. 성관계가 지극히 불규칙했기 때문이다. 그래서 전형적인 원시 시대의 엄마는 귀찮게 아이 아빠를 밝히려 애쓰지 않았다. 그 아이는 남편이 아니라 자기 자식이었고, 자신 역시 남편의 사람이 아닌, 그녀의 아버지(또는 그녀의 남자 형제) 및 그녀의 씨족 사람이었기 때문이다. 엄마가 같이 지낸 건 이들이었고, 따라서 그녀의 아이가 알고 지낸 남자 친척도 이들 뿐이었다.[29] 옛날에는 보통 남편과 아내보다 남매 사이의 유대 관계가 더 강했다. 남편은 자기 가족 및 어머니의 씨족과 머무는 경우가 많았기 때문에, 아내는 그저 비밀 방문객에 불과했다. 심지어 고전 시대 문명에서도 여자는 남편보다 남자 형제를 더 소중하게 여겼다. 인타페르네스의 아내는 남편이 아닌 자신의 오빠를 다리우스 왕의 분노로부터 구해 냈으며, 안티고네도 남편이 아니라 오빠를 위해 스스로를 희생하지 않았던가.[30] "이 세상에서 남편에게 가장 가까운 사람이 아내라는 생각은 비교적 현대적인 것이자, 인류의 극히 일부분에만 적용된다."[31]

원시 사회에서는 아버지와 아이의 사이가 너무 소원해서, 남녀가 따로 떨어져 사는 부족이 지극히 많았다. 오스트레일리아·영국령 뉴기니·아프리카·미크로네시아·아삼·버마(미얀마의 옛 이름 - 옮긴이) 지역을 비롯해, 알류트족·에스키모인·사모예드족 등 엄연한 가족생활이 없는 부족이 여전히 지구촌 곳곳에서 발견될 정도다. 남자들은 여자와 따로 떨어져 살다가 이따금만 찾아갈 뿐이며, 심지어 밥까지 따로 먹는다. 북부 파푸아에서는 남자가 여자와 사회적 교제를 하는 걸 온당치 못한 일로 본다. 심지어 그 여자가 아이 엄마라 해도 말이다. 타히티에서는 "가족생활이란 것을 아예 모를" 정도다. 원시 종족 어디에나 나타나는 (보통은 남자들의) 비밀 사교 모임은 이렇게 성별이 분리되던 관습에서 비롯된 것으로, 여자에게서 벗어나는 피난처 역할을 하는 경우가 가장 많다.[32] 원시의 사교 모임이 현대 남자들의 사교 모임과 닮은 점은 하나 더 있는데, 바로 위계질서에 따라 구성된다는 것이다.

따라서 가장 단순한 가족 형태는 여자와 그녀의 자식으로 구성되었고, 씨족 속에서 아이의 외할머니 혹은 외삼촌과 함께 살았다. 이러한 가족 구성은 동물의 가족 형태가 어미와 새끼로 이루어져 있다는 사실, 그리고 원시 사회 남자의 생물학적 기능이 잘 알려지지 않았다는 사실에서 자연스럽게 발전한 것이었다. 이 외에 택할 수 있던 초창기 가족 형태 중 하나는 '데릴사위'였다. 남편이 자신의 씨족을 떠나 아내의 씨족 및 가족과 함께 사는 것으로, 아내를 위해 일을 하거나 아내와 함께 장인·장모를 봉양했다. 그럴 경우에는 모계를 따라 혈통을 따졌고, 상속도 어머니를 통해 이루어졌다. 심지어 왕권조차 남성이 아닌 여성이 물려주는 경우가 더러 있었다.[33] 하지만 이러한 모권 사회라해도 '가모장제' 사회는 아니었다. 여성이 남성을 통치한다는 뜻은 아니었기 때문이다.[34] 여자는 재산을 물려줄 때조차도, 그 재산에 대해 거의 힘을 행사하지 못했다. 여자는 그저 원시 사회 특유의 방종함과 자유분방함 때문에 가족 관계 파악이 힘들 때 가계를 따지는 수단으로 활용되었던 것이다.[35] 물론 어떤 사회 체계에서든 여자가 어느 정도 힘을 행사한 건 사실이다. 그러한 힘은 여자가 집에서 점하는 위치가 막중하고, 식량 분배의 역할을 맡았으며, 남자가 필요로 할 때 거부할 권리가 있다는 사실에서 자연스럽게 나오는 것이었다. 남아프리카 일부 부족에서는 여자 통치자가 나오기도 했다. 팔라우 섬에서는 추장이 꼭 여자 원로 위원회의 조언을 구하고 나서 중대한 일을 진행시켰다. 또 이로쿼이족에서는 여자 인디언도 부족 회의에서 남자와 똑같이 발언하고 투표할 권리가 있었다.[36] 세네카 인디언의 여자들은 추장 선출에도 막강한 힘을 행사할 정도로 힘이 대단했다. 하지만 이런 사례들은 극히 드물고 예외적이다. 대체로 초창기 사회에서 여자의 지위는 노예제에 가까울 정도로 남자에게 예속되어 있었다. 여자는 주기적으로 신체 능력이 떨어지고, 무기를 능숙히 다룰 줄 모른다. 또 생물학적으로 아이를 임신하고 낳아 젖을 먹이고 기르는 데 온 힘을 쏟아야 하기 때문에 성별로 전쟁을 벌이면 불리했다. 그러니 극히 낮은 단계의 사회와 극히 높은 단계의 사회를 제외하면, 여자는 전반적으로 종속적 위치에 있을 수밖에 없었다. 그렇다고 문명이 발달하면서 여자의 지위가 반드시 함께 올라간 것도 아니었다. 일례로 페리클레스 시대 그리스에서 여자의 지위는 북아메리카 인디언보다 낮았다. 여자의 지위 상승 및 하강을 좌우한 것은 남자의 교양이나 윤리가 아니라 여자의 전략적 지위였던 것이다.

 수렵 생활을 할 때도 여자는 실제 사냥감을 잡는 일 외의 거의 모든 일을 도맡았다. 남자는 고되고 위험천만한 사냥에 직접 나선다는 점을 내세워 일 년

중 상당 부분을 푹 쉬며 지냈다. 반면 여자는 아이를 많이 낳아 기르고, 집을 고쳤으며, 숲 속이나 들판에서 먹을거리를 모으고, 요리하고, 청소하고, 옷과 장화를 만들었다.[37] 언제든 공격에 나설 준비가 되어 있어야 했기 때문에 부족이 이동을 할 때 남자는 무기 외의 다른 것은 전혀 들지 않았다. 그래서 그 나머지는 모두 여자가 들어야 했다. 부시먼족의 여자는 종인 동시에 짐 나르는 동물로 이용되곤 했다. 체력이 너무 약해 행렬을 따라가지 못하는 사람이 있으면, 미련 없이 버렸다.[38] 호주의 머레이 강 하류 원주민들은 짐을 나르는 수소 떼를 백인들의 아내라고 생각할 정도였다.[39] 지금은 힘의 차이가 성별을 가르지만, 그 시절만 해도 그런 것은 거의 존재하지 않았다. 결국 힘의 차이는 선천적이기보다 환경에 영향을 받는다는 이야기다. 신체적으로 불리한 걸 제외하면 여자는 키·지구력·창의력·용기 면에서 남자와 거의 똑같았다. 그때까지만 해도 여자는 하나의 장식품이나, 아름다운 물건, 혹은 성적 장난감이 아니었다. 장시간 고된 일을 할 능력이 있는 기운 센 한 마리의 동물이었다. 그리고 필요할 때는 자신의 아이들과 씨족을 위해 목숨을 걸고 싸울 줄도 알았다. 치페와 인디언 추장은 이렇게 말하기도 했다. "여자는 노동을 위해 만들어진 존재다. 여자 하나가 남자 두 명 분의 짐을 끌고 나른다. 또 여자는 천막도 치고, 옷을 짓고 수선하며, 밤에는 우리를 따뜻하게 해 준다. …… 여자가 없이는 무사히 여행하기가 절대 불가능하다. 여자는 모든 일을 하면서도 축내는 것은 적다. 여자는 앞으로 영원히 요리를 할 게 분명하니, 궁할 때는 손가락만 빨고 있어도 배부를 수 있기 때문이다."[40]

초창기 사회의 경제적 발전 대부분은 남자가 아닌 여자가 이루었다. 남자가 수세기 동안 태곳적의 수렵 및 목축 방식을 고수하는 동안, 여자는 천막 근처 땅에서 농사를 발달시키고 가정의 복잡한 기술들을 발전시켰다.(이 기술들은 후대에 그 무엇보다 중요한 산업으로 자리 잡는다). '실이 열리는 나무'(그리스인들은 목화를 이렇게 불렀다.)에서 실을 뽑아 면직물을 만들어 낸 것도 원시 시대 여자였다.[41] 바느질, 천 짜는 법, 바구니 만드는 법, 토기 만드는 법, 목공 기술, 건축 기술도 여자가 개발했을 것이다. 또 여자가 원시 시대 교역을 맡았던 경우도 상당수에 달한다.[42] 가정이란 걸 만든 후 남자를 서서히 자기 가축으로 길들여 집에 들이고 문명의 든든한 심리적 기반인 사회성과 예의를 훈련시킨 것도 여자였다.

하지만 농사가 보다 복잡해지고 거기서 얻는 결실도 점점 커지면서, 힘이 더 센 성별이 농사일을 점점 더 많이 차지하게 되었다.[43] 또 규모가 커진 목축업은 남자에게 부와 안정, 권력의 새로운 원천이 되었다. 남자들은 한 곳에 머물 줄 몰랐고 니므롯 뺨치는 장사(壯士)들에겐 농사가 필경 따분한 일로 비쳤을 것이다. 하지만 농사를 남자들이 받아들이면서 경작을 통해 한때나마 여성이 쥐고 있던 경제 주도권이 남자 손에 넘어갔다. 애초에 남자는 여자들이 길들였지만, 그 동물을 농사에 이용하게 된 결과 들판의 통제권도 남자에게 넘어가 버리고 말았다. 더불어 농기구가 괭이에서 쟁기로 발전하면서 체력이 중요하게 부각되었고 남자는 자신의 우월함을 내세우게 되었다. 그리고 가축과 농산물 등 물려줄 재산이 많아지자 여자를 성적으로 예속했다. 남자가 가급적 자기의 자식에게 모은 재산을 남겨 주려고 여자에게 정절을 요구하고 나선 것이다. 서서히 많은 일이 남자들 뜻에 좌우되기 시작했다. 아버지의 개념이 인정받게 되었고, 재산도 남자를 통해 물려주기 시작했다. 모권은 부권에 복종하게 되었고, 최고령 남자가 가정을 이끄는 가부장제가 사회의 경제적·법적·정치적·윤리적 단위로 자리 잡았다. 대부분이 여자였던 신(神)의 모습도 덥수룩하게 수염을 기른 가부장의 모습으로 바뀌었다. 고독하지만 야망을 품은 남자들이 외로움 속에서 꿈꾸는 여인들을 곁에 거느린 채 말이다.

이렇게 아버지가 지배하는 가부장제 가족은 여자의 지위에는 치명타였다. 본질적인 모든 면에서 여자와 그녀의 자식은 일종의 재산이 되어, 아버지와 가장 나이 많은 남자 형제가 일차적으로, 그리고 남편이 이차적으로 소유권을 가졌다. 사람들은 시장에서 노예를 사듯 결혼을 통해 여자를 샀다. 또 남편이 죽으면 상속 재산이 되었고, (뉴기니, 뉴헤브리디스, 솔로몬 제도, 피지, 인도 등) 일부 지역에서는 여자를 교살해 죽은 남편과 함께 묻었다. 아니면 스스로 목숨을 끊어 저세상에서 남편의 시중을 드는 게 도리라고 생각했다.[44] 이제 아버지는 자기 아내나 딸을 내키는 대로 마음껏 내어 주거나, 증여하거나, 매매했고, 똑같은 권리를 행사하는 다른 아버지들만 그 재산을 접수할 수가 있었다. 남자가 가정 밖에서까지 잠자리 상대를 고르는 특권을 확보하는 동안, (가부장 제도 속의) 여성은 혼전 순결과 결혼 후 정절을 지킬 것을 맹세해야 했다. 성에 대해 남성보다 여성에게 엄격한 기준이 적용되는 이중 잣대가 탄생하는 순간이었다.

여성이 남성에게 전반적으로 예속되는 이 현상은 수렵 시절부터 존재해, 모권 시대에도 (정도가 덜하긴 했지만) 내내 사라지지 않더니, 이제 그 어느 때보다 확실하고 또 무자비하게 그 모습을 드러내게 되었다. 고대 러시아에서는 딸을 결혼시킬 때 아버지가 채찍으로 딸을 가볍게 때린 후 신랑에게 넘기는 관습이 있었는데,[45] 이제 기운 넘치는 손이 매질을 맡게 된다는 표시였다. 심지어 모권이 끝까지 남아 있던 아메리카 인디언도 여자들을 혹독하게 다루었고, 고된 일은 모조리 여자에게 맡겼으며, 여자를 개라고 부르는 경우도 많았다.[46] 어디를 가도 여자의 목숨은 남자 목숨보다 가치 없게 여겨졌고, 여자 아이가 태어났을 때는 남자 아이가 태어났을 때처럼 반기는 기색을 찾아볼 수 없었다. 자식을 비참하게 살게 하지 않으려고 여자 아이가 태어나면 죽이는 엄마들도 더러 있었다. 피지에서는 아내를 마음대로 파는 게 가능했는데, 보통 가격은 머스켓 총 한 자루였다.[47] 남자가 아내와 함께 자지 않는 부족도 일부 있었는데, 여자의 숨이 남자의 기운을 빼앗는다는 이유에서였다. 피지에서는 남자가 평상시에 집에서 자는 걸 적절치 못한 일로 여겼다. 뉴칼레도니아 섬에서는 남편이 집 안에서 잘 때 아내는 창고에서 자기도 했다. 피지에는 개가 들어갈 수 있는 사원은 몇 군데 있었던 반면, 여자가 들어갈 수 있는 사원은 한 군데도 없었다.[48] 이슬람교에는 여자를 종교 의식에서 배제하는 이런 관습이 오늘날까지도 남아 있다. 분명 쉴 새 없이 이어지는 말발로는 여자가 항상 지배적 우위를 누렸던 게 사실이다. 그럴 때면 남자들은 퇴짜 맞고 면박당하며, 심지어는 이따금 얻어

맞기도 한다.⁴⁹ 하지만 대체로 남자가 주인의 위치에, 여자는 종의 위치에 있었다. 남아프리카의 원주민 카피르족은 평생의 소득 보장 수단으로 노예를 사들이듯 여자를 사들였다. 아내가 충분히 많아지면 여생은 쉬면서 보낼 수가 있었다. 아내가 그를 위해 모든 일을 해 주었기 때문이다. 고대 인도의 일부 부족은 가축과 함께 가족 내의 여자들을 상속 재산의 일부로 계산하기도 했다.⁵⁰ 모세의 마지막 계율이 담고 있는 내용도 이와 별반 다르지 않았다. 흑인이 거주하는 아프리카에서는 전반적으로 여자와 노예 사이에 차이가 거의 없었다. 여자는 경제적 만족감과 함께 성적 만족감도 준다는 사실을 제외하면 말이다. 결혼은 재산법의 일종이자 노예 제도의 일환으로 시작된 것이었다.⁵¹

OUR ORIENTAL HERITAGE

4장 문명의 윤리적 요소

　질서 없이는 사회가 존재할 수 없고 규제 없이는 법도 존재할 수 없는 만큼, 법이 다양하게 늘어나면서 관습의 힘이 그에 반비례해 줄어드는 건 당연한 역사의 법칙으로 받아들여야 할 것이다. 사고력이 늘면 본능의 힘이 그에 반비례해 줄어드는 것과 마찬가지 이치다. 삶이라는 게임을 펼치려면 몇 가지 규칙은 필요하다. 그런 규칙은 집단에 따라 저마다 차이가 날 수 있지만, 한 집단 내에서는 본질적으로 내용이 동일해야 한다. 규칙이 될 수 있는 건 규약·관습·윤리·법 등 여러 가지다. 규약이란 한 민족이 적절하다 여기게 된 일련의 행동 양식을 가리킨다. 한편 관습은 시행착오 및 제거의 자연 선택 과정을 통해 사람들이 누대에 걸쳐 받아들인 일련의 규약을 가리킨다. 그리고 윤리는 집단의 안녕과 발전에 없어서는 안 될 일련의 관습을 가리킨다. 성문화된 법이 없는 원시 사회에서는 이런 필수적인 관습과 윤리가 인생의 모든 분야를 일일이 규제하고 안정감과 지속성을 부여해 사회 질서를 유지시킨다. 그러한 관습이 오랜 기간 반복되다 보면 시간이 지닌 마법의 힘이 서서히 발휘돼 개인 안에 제2의 천성으로 자리 잡는다. 이제 관습을 어기면 모종의 두려움과 불안함 혹은 수치심을 느끼게 되는 것이다. 이게 바로 양심의 기원으로 다윈(Darwin)은 양심을 동물과 인간 사이의 가장 뚜렷한 차이점으로 꼽기도 했다.[1] 이 양심이 한 차원 발전한 것이 사회적 양심인데, 개인이 집단에 속해 있다고 생각하고 그 집단에 어느 정도의 충성심과 존경심을 보이는 것을 말한다. 결국 부분이 전체와 협력하고, 각 집단이 보다 규모가 큰 전체 집단과 협력하는 것이 도덕인 셈이다. 도덕 없이 문명이 불가능함은 말할 것도 없다.

1. 결혼

한 집단에서 윤리 규범으로 삼는 관습은 맨 먼저 남자와 여자 사이의 관계를 조절하는 일부터 해야 한다. 끊임없이 불화와 폭력을 낳고 타락의 빌미가 될 수 있는 것이 바로 남녀 관계이기 때문이다. 이러한 남녀 관계를 조절하는 기본적 방법이 결혼으로, 자식을 돌보기 위해 배우자들이 결합하는 것으로 정의할 수 있다. 사실 결혼은 변화무쌍한 제도다. 결혼의 역사를 들여다보면, 배우자가 결합하지 않고 자식을 돌보는 원시 시대 결혼부터 배우자들이 합치되 자식은 돌보지 않는 현대의 결혼에 이르기까지, 인간의 머리에서 나올 수 있는 거의 모든 형태와 실험을 거친 걸 알 수 있다.

결혼을 만들어 낸 건 아득한 옛날의 동물 선조들이었다. 새 중에는 서로를 짝짓기 상대로 삼고 일부일처제 형태로 끝까지 같이 사는 것처럼 보이는 종들이 있다. 고릴라와 오랑우탄 중에도 번식기가 끝날 때까지 부모가 계속 함께 지내는 종이 있으며, 그 결합은 여러 가지 면에서 인간과 유사하다. 암컷의 품행이 조금이라도 단정치 못하면 수컷은 이를 엄격히 응징한다.[2] 또 드 크레스피니(De Crespigny)의 이야기에 의하면, 보르네오 섬의 오랑우탄은 "수컷, 암컷, 새끼로 구성된 가족 단위로 생활한다."고 한다. 새비지(Dr. Savage)는 고릴라에 대해 다음과 같은 이야기를 전한다. "'노인네'들이 나무 아래 앉아 과일을 먹으며 정답게 수다를 떠는 건 심심찮게 볼 수 있는 광경이다. 그 사이 새끼들은 주위를 폴짝폴짝 뛰어다니고 나무를 타면서 시끌벅적하게 논다."[3] 결혼이 인간보다 더 오래 전에 생겼다는 이야기다.

결혼 제도가 없는 사회는 좀처럼 없지만, 부지런하기만 하면 하등 포유류의 난잡한 성교와 원시인 결혼 제도 사이에서 떳떳이 과도 단계가 되어 준 사회를 얼마든지 찾을 수 있다. 푸투나와 하와이에는 결혼을 하지 않은 사람들이 태반이었다.[4] 상대를 가리지 않고 자유롭게 성교를 했던 루부족에겐 결혼이란 개념 자체가 없었다. 보르네오 섬의 어떤 부족은 결혼을 하지 않은 채 함께 살면서 새들보다 더 자유롭게 지냈다. 또 원시 시대 러시아의 일부 종족은 "남자들이 아무 구별 없이 여자를 이용해서, 남편을 따로 정해 둔 여자가 없었다." 결혼 제도가 전혀 없는 것으로 전해지는 아프리카 피그미족은 "아무 제약 없이 오로지 자신의 동물적 본능에만" 따른다고 한다.[5] 땅과 식량을 공동 소유했던 원시 공산주의처럼 '여자를 공동 소유'했던 원시의 이 제도는 너무 초창기에 사라져 그 흔적이 거의 남아 있지 않다. 하지만 그에 대한 기억은 아직도 갖가지 형태로 자리 잡고 있다. 먼저 자연의 종족 중에는 일부일처제가 (한 남자가 한 여자를 독점하는 것이라 규정하며) 자연스럽지도 도덕적이지도 못하다고 생각하는 사람이 많다.[6] 주기적으로 마음껏 즐길 수 있는 축제 날을 정해 두고 성적 금기를 잠시 접어 두었던 것도 같은 맥락이다.(오늘날 우리가 행하고 있는 '마르디 그라스(Mardi Gras)'(부활절 47일 전 화요일을 일컫는 가톨릭의 축일 – 옮긴이)에도 그 흔적이 희미하게 남아 있다.) 바빌로니아의 밀리타 사원에서처럼 여자가 결혼을 허락받으려면 어떤 남자든 청하는 사람에게 먼저 자신을 바쳐야 하는 경우도 있었다.* 타인에 대한 호의가 골자인 원시 시대 많은 규범에서는 아내를 빌려 주는 관습이 빠질 수 없는 부분이었다. 초야권이란 것도 있었다. 초기 중세 유럽에서는 영주가 이 권리를 가지고 신부의 처녀성을 뺏고 나면, 신랑이 신부와 첫날밤을 치를 수 있었다.[6a]

그러다 서서히 난잡한 성관계 대신 다양한 임시 결합이 등장하기 시작했다. 말라카 반도의 오랑 사카이족은 나이 어린 여자가 부족 남자들을 모두 거칠 때까지 계속 거처를 옮기며 잠시 함께 지냈는데, 그렇게 모든 남자를 거친 후에는 처음부터 다시 시작했다.[7] 한편 시베리아의 야쿠트족, 남아프리카의 보토쿠도족, 티베트의 하층민을 비롯한 여러 종족에게 결혼은 순전히 시험 삼아 해 보는 일이었으며, 어떤 쪽이든 의사만 있으면 끝낼 수 있었다. 이유는 없었고 또 필요하지도 않았다. 부시먼족은 "의견 차이만으로도 결합이 깨질 수 있었으며, 양쪽 모두 곧바로 새로운 관계를 맺었다." 영국의 과학자 프란시스 골턴 경(Sir Francis Galton)의 말에 의하면, 다마라족은 "거의 일주일에 한 번씩 배우자가 바뀌는데, 일일이 물어보지 않는 한 각 부인의 현재 임시 남편이 누구인지를 거의 알 수 없었다." 바일라족에서는 "여자들이 이 남자 저 남자를 옮겨 다니는데, 한 남편을 떠나 다른 남편에게로 갈 때는 자기들끼리 합의를 한다. 아직 십대를 못 벗어난 어린 여자도 남편이 네댓 명인 경우가 많으며, 모두 버젓이 살아 있다."[8] 하와이에서 결혼이란 말의 어원은 시험 삼아 해 본다는 뜻이었다.[9] 백 년 전만 해도 타히티인들은 자식만 없으면 자유롭게 결합했다 갈라서기를 마음대로 했다. 자식을 낳았을 경우엔 죽여도 사회적 비난을 받지 않았고, 부부가 자식을 기르면 좀 더 지속적인 관계가 유지되기도 했다. 이때 남자는 여자가 양육의 짐을 짊어진 보답으로 부양을 맹세했다.[10]

마르코 폴로(Marco Polo)의 글을 보면, 13세기 현재의 중국 위티앤 지방에 거주했던 한 중앙아시아 민족의 이야기가 나온다. "결혼한 남자가 먼 곳에 가서 20일 집을 비우면, 그의 아내에게는 (그럴 의향만 있다면) 다른 남편을 들일

---

* 417쪽 참조.

권리가 있었다. 남자들에게도 마찬가지의 원칙이 적용되어, 어디라도 자신이 살게 되는 곳에서 결혼을 할 수 있었다."[11] 결혼과 도덕에서 일어나고 있는 최근의 혁신들은 이미 한참 전에 나온 것인 셈이다.

르투르노(Letourneau)는 결혼에 대해 이렇게 이야기한 바 있다. "이제까지 야만 또는 미개 사회와 병립할 수 있다고 생각되는 실험은 모두 시도되었으며, 아직도 많은 종족이 실험을 하고 있다. 이들은 현재 유럽에 널리 퍼져 있는 윤리 개념은 거의 생각하지 않는다."[12] 결혼의 영속성과 더불어 다양한 관계에 대한 실험도 이루어졌다. 우선은 한 집단 소속의 여러 남자들이 다른 집단에 속해 있는 여러 여자와 한꺼번에 결혼하는 '집단 결혼'의 사례가 몇몇 있다.[13] 예를 들어, 티베트에는 일단의 남자 형제들이 일단의 여자 형제들과 결혼하는 관습이 있었다. 이 두 그룹은 서로 간에 성(性)의 공산주의를 실행해 모든 남자들이 돌아가며 모든 여자들과 한 번씩 동거를 했다.[14] 카이사르가 전하는 바에 의하면, 고대 영국에도 그와 유사한 관습이 있었다.[15] 그 잔재는 초기 유대인을 비롯해 고대 민족에 존재했던 '역연혼(逆緣婚)' 관습에서 찾아볼 수 있다. 남자는 이 관습에 따라 자기 형이나 아우가 죽었을 때 그 미망인과 결혼해야 했다.[16] 바로 이 규칙을 오난은 그렇게도 질색했던 것이다.

그렇다면 도대체 어떻게 개인 간 결혼이 반쯤은 난교나 다름없는 원시 사회의 풍습을 대신하게 된 것일까? 자연의 종족 중엔 혼전 성관계에 관한 금기가 거의 없는 곳이 무척 많은 만큼, 육욕 때문에 결혼 제도가 생겨난 것은 아닌 게 확실하다. 여러 가지 제약과 심리적 부담이 따르기 마련인 결혼은, 남자의 성욕을 충족시키는 면에서 성의 공산주의와는 상대가 되지 않는다. 그렇다고 개인 간 결혼 제도의 자녀 양육 방식이 엄마 및 외가, 그리고 외가의 씨족이 자녀를 돌보는 것보다 애초부터 월등히 우수하다는 보장도 없다. 결혼이 발전하게 된 데는 뭔가 강력한 경제적 동기가 작용했을 게 틀림없다. 이러한 동기들은 아마 재산 제도의 발전과 관계가 있었을 거라 추측된다.(기원에 대해서 우리가 가진 지식은 정말 보잘것없다는 사실을 여기서 또 한 번 실감한다).

개인 간 결혼은 남자가 싼 값에 노예를 얻고, 다른 남자의 자식에게 자기 재산을 물려주는 일을 방지하려고 만든 것이었다. 복혼(複婚)은 남인도의 토다족과 티베트의 일부 부족에서 흔히 찾아볼 수 있는데, 여자 한 명이 여러 명의 남자와 결혼하는 일처다부제의 형식이다.[17] 이 관습은 여자에 비해 남자의 수가 훨씬 많은 곳에서 지금도 찾아볼 수 있다.[18] 하지만 정복 성향을 가진 남자의 손에 이 관습이 이내 종적을 감추면서, 통상적으로 복혼이라 하면 한 남자가 아내를 여럿 두는 일부다처제를 의미하게 되었다. 중세 신학자들은 마호메트가 복혼 제도를 만들었다고 생각했지만, 사실 이 제도는 이슬람교가 생기기 몇 년 전에도 있었으며, 원시 세계에서는 일반적인 결혼 방식이었다.[19] 복혼 제도가 일반화되는 데는 여러 가지 원인이 공모를 했다. 초기 사회에서 수렵을 하고 전쟁을 치르다 보면 남자의 인생이 더 거칠고 위험하기 마련이라, 사망률도 남자가 여자보다 높다. 그리하여 숫자가 더 많아지다 보니 여자들은 복혼제와 애 안 낳는 비주류 독신 생활 중 하나를 선택해야 했다. 하지만 높은 출산율로 높은 사망률을 메워야 했던 종족들에게 독신 생활은 용납할 수 없는 것이었고, 따라서 배우자도 아이도 없이 지내는 여자는 멸시를 받았다. 거기다 남자들은 다양성을 즐겼다. 앙골라 흑인들의 표현처럼, 그들은 "항상 똑같은 음식만 먹을 수가 없었다." 또 남자들은 어린 배우자를 좋아하고, 원시적 공동체에서는 여자가 나이를 빨리 먹는 경향이 있다. 여자 자신이 복혼제를 선호했던 경우도 많았다. 복혼제에서는 여자들이 더 많은 시간을 갖고 자기 자식을 돌볼 수 있었으며, 따라서 애를 낳아 엄마 노릇을 해야 하는 횟수도 줄어들었다. 그러면서도 남자들의 성욕이나 애를 많이 낳으려는 성향은 해치지 않았다. 더러는 힘든 일로 부담이 많았던 첫째 부인이 남편이 아내를 더 얻도록 부추기는 경우도 있었다. 그러면 자신의 부담도 나눌 수 있을 테고, 아이가 더 생기면 가족의 생산력과 부도 늘어날 것이기 때문이었다.[20] 자식은 경제적 자산이었다. 그래서 남자들은 아내에게 투자를 해서 이자를 얻듯 자식을 얻으려 했다. 결국 가부장제 체제에서 아내와 자식은 남자의 노예와 다름없는 셈이었다. 아내와 자식이 많으면 많을수록 그는 더 부자가 될 수 있었다. 가난한 남자는 단혼제를 따랐지만, 자신의 처지가 수치스럽다 생각하고 언젠가는 복혼을 할 수 있는 존경받는 남자의 위치에 오르려 했다.[21]

원시 사회에는 남자보다 여자가 많았는데, 복혼제는 당시의 그런 결혼 요건에 맞추어 나온 것임이 분명하다. 복혼제는 우수한 자손을 만들어 내는 면에서는 현대의 단혼제보다 훌륭한 제도였다. 현대 사회에서는 누구보다 능력 있고 신중한 남자라면 가급적 늦게 결혼해 아이를 최대한 적게 낳지만, 복혼제 속에서는 가장 능력 있는 남자가 최고의 신붓감을 여럿 얻어 가급적 자식을 많이 낳았을 것이기 때문이다. 그래서 자연의 종족 중에는 복혼제가 남아 있지 않은 곳이 거의 없으며, 심지어 문명화된 인간 중에도 복혼제를 이용하는 사람이 태반이다. 동양에서 복혼제가 자취를 감추기 시작한 것도 오늘날에 들어서의 일이다. 하지만 여러 조건이 복혼제에 불리하게 작용하기 시작했다. 정착 농경 생활을 하면서 위험과 폭력이 줄자 남자와 여자 수가 엇비슷하게 된 것도 한 가지 요인이었다. 그런 상황에서 공개적 복혼은 (심지어 원시 사회에서조차) 소수 부유층의 특권이 될 수밖에 없었다.[22] 대다수 사람들은 단혼제를 따르면서 이따금 간통을 했고, 그 외 자의든 타의든 독신으로 살면서 부유층의 복혼에 평형추 역할을 하는 사람들이 소수 있었다. 또 남자와 여자의 숫자가 엇비슷해지면서 남자의 질투, 여자의 소유욕이 복혼제에 보다 큰 영향을 미치게 되었다. 이제는 강자가 아내를 여럿 두려면 다른 남자의 현재 아내나 부인 될 사람을 빼앗아야 했고, 또 자기 아내 마음을 상하게 할 수밖에 없었다. 복혼제는 지극히 머리 좋은 사람 아니면 감당하기 힘든 까다로운 제도가 된 것이다. 재산이 모이고 이렇게 모인 재산을 남자가 여러 군데로 잘게 쪼개길 싫어하면서, 아내를 '정실'과 '첩'으로 나누는 게 좋다고 여기게 되었다. 정실의 자식만 유산을 챙겨 가질 수 있도록 말이다. 이런 결혼 관행이 아시아에는 지금도 남아 있는 실정이다. 차츰 정실만 아내로 인정을 받게 되면서, 첩은 떨어져 살며 비밀리에 만나거나 아예 두지 않게 되었다. 그리스도교 문화가 전면에 등장하면서부터 유럽에는 복혼제를 밀어내고 단혼제가 남녀가 결합할 때 내세우는 합법적 형식이 되었다. 하지만 문자나 국가와 마찬가지로, 인위적 산물인 단혼제는 문명의 기원이 태동한 시기보다는 문명의 역사가 전개되는 과정에 해당하는 이야기다.

어떤 형식이든 결혼이 의무였던 건 원시 종족 거의 어디든 마찬가지였다. 결혼을 안 한 남자는 공동체 내에서 입지를 전혀 확보하지 못했으며, 남자의 반값 밖에 못하는 걸로 여겨졌다.[23] 이족(異族) 결혼을 해야 하는 것도 또 하나의 의무였다. 다시 말해 자기 씨족 외의 다른 씨족에서 아내를 구해야 했다는 이야기다. 이러한 관습이 생긴 게 근친상간의 악영향을 원시인들이 감지했기 때문인지, 혹은 그러한 집단 간 결혼이 정치적 동맹을 일구고 강화해 사회 질서를 촉진하면서 전쟁의 위험을 덜었기 때문인지는 알 길이 없다. 아니면 다른 부족에서 아내를 잡아오는 것이 남자가 성인이 되었다는 표시로 인기를 끌었을 수도 있다. 혹은 익숙함은 경멸을 낳고, 거리감은 매혹을 더하기 마련이란 일반적 사실이 작용했을 수도 있다. 이유가 무엇이건 여하튼 이 금기는 초창기 사회 거의 어디서나 나타났으며(형제자매끼리 결혼하는 걸 하나같이 좋아했던 이집트의 파라오나 프톨레마이오스 왕조의 군주나 잉카 제국 황제들은 이 금기를 잘 어겼지만.), 로마 제국은 물론 현대의 법에도 살아남아 알게 모르게 오늘날에도 우리의 행동을 결정짓고 있다.

그런데 남자는 어떻게 다른 부족에서 아내를 구해 올 수 있었을까? 가모장제 질서가 강력했던 시절에는 남자가 자신의 씨족을 떠나 자신이 찾는 여자의 씨족과 함께 생활해야 하는 경우가 많았다. 그러다 가부장제가 발전하자 구혼자가 일정 기간 장인을 봉양한 후 신부를 자기 씨족으로 데려오는 게 가능해졌다. 야곱이 레아와 라헬을 아내로 얻기 위해 라반 밑에서 일한 것도 그 때문이었다.[24] 구혼자가 막무가내로 폭력을 행사해 문제를 간단히 처리해 버리는 경우도 있었다. 그렇게 아내를 훔쳐 온다는 것은 영예로울 뿐 아니라 득이 생기는 일이었다. 아내를 훔쳐 오면 싼값에 노예가 생기는 건 물론, 그녀가 새로운 노예를 낳아 줄 것이었고, 자식 때문에라도 그녀는 계속 노예로 남아 있을 것이기 때문이었다. 이렇게 여자를 잡아다 결혼하는 건 관례에는 어긋나는 일이었지만, 원시 세계에서는 더러 있는 일이었다. 북아메리카 인디언은 여자를 전리품의 일부로 치기도 했는데, 그런 일이 하도 자주 있어서 남편과 아내의 말이 서로 통하지 않는 부족까지 있을 정도였다. 러시아와 세르비아의 슬라브족은 아내를 잡아 와 결혼하는 일이 18세기까지도 이따금 있었다.[25]* 신랑이 신부를 잡아 가는 모습을 흉내 내는 결혼 축하연이 있기도 한데, 아내를 잡아 와 결혼하던 이 관습의 흔적이 아직도 남아 있는 것이라 하겠다.[27] 부족 사이에 전쟁이 거의 그칠 새가 없었다는 것을 고려하면 이런 관습이 생긴 건 당연한 일이었다. 또 야상곡의 은은한 선율 속에서 잠시 단잠에 빠질 때를 제외하곤 남녀 사이에는 끝없이 전투가 벌어지니, 그런 식으로 결혼 생활이 시작됐던 것도 당연한 일이었던 듯하다.

그러다 부가 늘어나자 딸을 데려오려고 낯선 씨족 틈에서 일하거나, 여자를 잡아 와 폭력과 갈등을 일으키느니 장인에게 선물(혹은 돈)을 두둑이 주는 게 더 편한 일이 되었다. 그 결과 배우자를 사 오고 부모 사이에 결혼 약속을 하는 것이 초창기 사회의 관례로 자리 잡았다.[28] 그 과도 단계의 양상도 찾아볼 수 있다. 멜라네시아인은 아내를 훔쳐 오는 일이 있긴 해도, 나중에 그녀 가족에게 대가를 주어 그 절도가 죄가 되지 않게 했다. 뉴기니의 일부 원주민은 남자가 여자를 유괴한 후 둘이 함께 숨어 있는 동안 자기 친구들을 보내 그녀의 아버지와 몸값을 협의했다.[29] 딸을 잡아 갔다고 분개하던 사람이 금전적 보상에 쉽게 화를 누그러뜨리는 걸 보면 놀라울 따름이다. 뉴질랜드의 원주민인 마오리

---

* 브리포(Briffault)는 아내를 잡아 와 결혼하는 것을 데릴사위제와 가부장제 결혼의 과도 단계로 본다. 자기 아내의 부족이나 가족과 살 의향이 없는 남자가 아내를 강제로 자기 부족으로 데려왔다는 것이다.[26] 리페르트(Lippert)는 이족 결혼이 약탈혼을 평화적으로 대체한 형식이라고 생각했다.[26a] 절도가 교역으로 발전하는 사례가 또 한 번 나타난 셈이다.

족의 한 어머니는 큰 소리로 울부짖으며 자기 딸과 눈 맞아 달아난 젊은이에게 욕설을 퍼붓다가 그가 담요 한 장을 선물하자 바로 태도를 바꾸었다. "이거면 돼. 난 담요를 원한 것뿐이었어. 그래서 이 소란을 피웠지."[30] 보통 신부의 몸값은 담요 한 장보다는 비쌌다. 호텐토트족의 경우엔 암소나 수소 한 마리였고, 크루족은 암소 세 마리에 양 한 마리였다. 카피르족의 경우엔 신부 가문의 서열이 얼마나 높으냐에 따라 소 여섯 마리에서 많게는 서른 마리가 들었으며, 토고족은 현금 16달러에 6달러어치의 물품이 필요했다.[31]

돈을 주고 하는 결혼은 원시 생활을 하는 아프리카에 널리 퍼져 있으며, 중국과 일본에서는 여전히 통상적인 제도로 자리 잡고 있다. 이 제도는 고대 인도와 유대를 비롯해 콜럼버스의 발견 이전 중앙아메리카와 페루에서 성행했으며, 오늘날 유럽에서도 그 실례를 찾아볼 수 있다.[32] 사실 이는 가부장 제도가 발전하는 과정에서 자연스레 등장한 것이다. 딸은 아버지 소유인만큼, 아버지는 두루두루 따져서 자신이 적당하다고 생각하는 자리에 딸을 팔 수 있는 것이다. 오리노코 인디언들의 표현을 빌리면, 신랑이 쓸 수 있도록 자신이 이제까지 딸을 길러 주었으니 구혼자가 그 아버지에게 대가를 지불하는 건 당연한 일이었다.[33] 신붓감 품평회를 열고 미래 구혼자들에게 아가씨들을 선보이는 경우도 있었다. 소말리족은 신부가 한껏 차려입고 말에 올라타거나 혹은 걸어서 돌아다녔는데, 구혼자들을 부추겨 값을 두둑이 내게 하려는 분위기가 강했다.[34] 돈을 주고 하는 이런 결혼에 여자들이 반대했다는 기록은 찾아볼 수 없다. 오히려 그 반대로, 여자들은 자기 몸값으로 지불되는 금액에 대단한 자부심을 가졌으며, 아무것도 받지 않고 결혼하겠다며 나서는 여성이 있으면 멸시했다.[35] '연애결혼'을 하면 악랄한 남자가 너무 많은 것을 거저 얻어 가게 된다는 게 그들의 생각이었다.[36] 한편 아버지 쪽에서는 신랑이 준 돈에 선물로 보답하는 것이 통례였고, 이 금액은 시간이 갈수록 신랑 쪽에서 내놓는 것과 점점 비슷한 수준이 되었다.[37] 부자 아버지들은 딸이 시집가서 평탄하게 살 수 있게 선물 규모를 서서히 늘려 나갔고, 이는 마침내 신부 지참금 제도로 정착되기에 이른다. 그러면서 구혼자가 아내를 사 오는 대신 딸 아버지가 돈을 주고 신랑

을 사 오는 일이 일어나거나 두 가지 상황이 함께 발생하게 되었다.[38]

그런데 이토록 다양한 온갖 형태의 결혼 속에서 낭만적 사랑의 흔적은 거의 찾을 수가 없다. 뉴기니 파푸아인들이 연애결혼을 한 사례가 몇몇 있기는 하다. 다른 원시 종족의 경우에도 사랑을 나눈 예를(서로에게 필요해서가 아니라 서로에게 헌신하기 위한 결합) 발견할 수 있지만, 그러한 애정도 결혼과는 아무 상관 없는 게 보통이다. 소박하게 살던 시절에 남자는 값싸게 노동력을 얻고, 양육의 덕을 보고, 때맞춰 밥 먹기 위해 결혼한 것이었다. 랜더(Lander)의 말에 의하면, "야리바에서 원주민들은 결혼 축하에는 웬만하면 관심이 없다. 남자에게 아내를 얻는 건 별일이 아니어서, 옥수수 알을 뗄 때 내는 것만큼이나 하찮게 생각한다. 애정은 결혼과는 전혀 별개다."[39] 원시 사회에서는 혼전 관계를 맺는 게 다반사기 때문에, 성생활을 절제하느라 열망이 쌓일 일이 없고 따라서 아내를 선택할 때도 열망은 거의 영향을 미치지 않는다. 마찬가지 이유로(즉 욕망이 생기면 지체 없이 욕망을 충족시키기 때문에) 보통 젊은 시절 낭만적 사랑의 원천이 되는 안타깝고 그래서 사랑을 이상화시키게 되는 열망을 속에 안고 있을 시간 같은 게 없다. 그런 사랑은 발달한 문명에서나 할 수 있는 것이다. 발달한 문명 속에서 욕구를 제지하는 윤리적 장벽이 생겨나고, 늘어난 부 덕분에 일부 남자와 여자들이 낭만의 사치와 멋을 누릴 수 있기 때문이다. 원시 부족들은 너무 가난해서 낭만적 사랑을 나눌 여력이 없었다. 원시 부족들이 지은 노래에서 사랑에 관한 내용은 거의 찾아볼 수 없다. 아메리카 대륙에 간 선교사들은 성경을 알곤퀸족 말로 번역하려 했을 때 '사랑(love)'에 해당하는 원주민 말을 전혀 찾을 수가 없었으며, 호텐토트족은 결혼해서도 "서로에게 냉담하고 무관심하다."고 전해진다. 아프리카 북서부의 골드 코스트(Gold Coast)에서는 "남편과 아내 사이에 애정의 기미조차 보이지 않으며", 이는 원시 생활을 하는 오스트레일리아 지역도 마찬가지다. 프랑스 탐험가 카이예(Caillié)는 세네갈의 한 흑인에 대해 이런 이야기를 전하기도 했다. "바바라는 사람에게 왜 이따금 아내들과 즐겁게 놀지 않는지 물어보았다. 그는 그랬다간 아내들을 제대로 부릴 수 없기 때문이라고 대답했다." 오스트레일리아의 한 원주민은 왜 결혼하고 싶으냐는 질문을 받자 솔직한 답변을 내놨다. 아내가 자기를 위해 음식과 물, 나무 등을 구해다 주고 긴 여행길에선 자기 짐을 들어 줄 것이기 때문이라는 것이었다.[40] 미국에는 없으면 안 되는 것처럼 보이는 키스도 원시 부족들은 전혀 알지 못하며, 안다 해도 혐오스럽게 생각할 뿐이다.[41]

일반적으로 "야만인"은 자신의 성교를 철학적으로 생각하긴 했지만, 거기에 동물 이상의 형이상학적 혹은 신학적 의미를 부여하지는 않았다. 다시 말해 성교 때문에 단번에 격정에 빠져들지도, 그렇다고 깊은 생각에 빠져들지도 않는다는 이야기다. 야만인에게 성교는 음식을 먹는 것처럼 당연한 일이다. 야만인은 허세를 부리며 성교의 이상적인 동기를 대려 하는 법이 없다. 야만인은 결혼을 절대 신성한 의식으로 여기지 않으며, 거창한 행사가 필요한 경우도 거의 없다. 솔직히 말해, 결혼은 상업적 거래일뿐이다. 배우자를 고를 때 감정을 누르고 실용적인 면을 우선 고려하는 건 절대로 부끄러운 일이 아니다. 오히려 실용성보다 감정을 우선 생각하는 것이 부끄러운 일이다. 찰나의 성적 욕구에 잠시 사로잡혔다는 이유로 남자와 여자를 거의 한평생 서로 옭아매는 우리의 관습을 야만인이 본다면 설명을 요구할 지도 모른다.(그들이 우리처럼 무례하다면 말이다.) 원시 시대 남자는 성생활의 자유 차원이 아니라 경제적 협동 차원에서 결혼을 생각했다. 남자는 여자가 품위 있고 아름답기보다는(물론 여자의 이런 자질도 높이 샀지만.) 일 잘하고 부지런하기를 기대했다. 아내는 재산을 거덜 내는 존재가 아니라 경제적 자산이었던 것이다. 그렇지 않았다면 실질적이었던 "야만인"은 결혼 자체를 아예 생각지 않았을 것이다. 결혼은 개인적 방탕을 즐기는 수단이 아니라, 얻을 것이 많은 협력 관계였다. 남자와 여자가 결혼을 해 힘을 합쳐 일하면, 각자 혼자 일할 때보다 더 부유하게 살 가능성이 있었던 것이다. 문명의 역사에는 여자가 결혼 속에서 더 이상 경제적 자산이 되지 못하는 순간이 있는데, 그때 결혼 제도도 어김없이 부패하는 경향이 있다. 그리고 문명도 때로는 그와 함께 부패의 길을 걸었다.

2. 성 윤리

성관계 조절은 언제나 윤리가 맡는 가장 막중한 임무다. 생식 본능이 결혼 생활 내부뿐 아니라, 결혼 이전과 이후 생활에서도 여러 가지 문제를 일으키기 때문이다. 또 생식 본능은 그칠 줄 모르고 강렬하며, 법을 무시하는데다, 도착증까지 보이기 때문에 언제든 사회 질서를 해칠 위험이 있다. 먼저 혼전 성관계와 관련해 첫 번째 문제가 발생한다. 혼전 성관계를 제약해야 하는가, 말아야 하는가? 사실 동물 세계에도 성관계에 제약이 전혀 없는 건 아니다. 발정기가 아닐 땐 암컷이 수컷을 거부한다는 점에서 동물 세계에서는 성교가 하는 역할은 색을 밝히는 우리 인간 종족에서보다 훨씬 미미하다. 보마르셰(Beaumarchais)는 인간은 배고프지 않아도 먹고, 목마르지 않아도 마시고, 사시사철 성교를 한다는 점에서 동물과 다르다고 말하기도 했다. 원시 부족에게서도 동물 세계와 비슷한(혹은 반대의) 제약을 찾아볼 수 있는데, 월경 중인 여자와는 관계를 금한 것이다. 일반적으로 이때만 제외하면 가장 단순한 형태의 사회에는 혼전 성교에 제약이 없다. 북아메리카 인디언들의 경우 젊은 남녀가 자유롭게 짝을 맺었으며, 이런 관계가 결혼에 걸림돌이 되지도 않았다. 뉴기니의 파푸아인들은 극히 어린 나이부터 성생활을 했는데, 통상적으로 혼전에 문란한 성생활이 이루어지곤 했다.[42] 이처럼 혼전 성관계가 자유로웠던 건 시베리아의 소요트족, 필리핀의 이고로트족, 북부 버마의 원주민, 아프리카의 카피르족과 부시먼, 니제르와 우간다, 뉴조지아 섬, 머리 제도, 안다만 제도, 타히티, 폴리네시아, 아삼 등의 부족도 마찬가지였다.[43]

이런 여건이니 원시 사회에 매춘이 성행할 수 없는 건 당연하다. '역사가 가장 유구한' 매춘부란 직종도 알고 보면 상대적으로 역사가 짧다. 문명이 등장해 사유 재산이 생기고 혼전 성관계를 자유로이 맺을 수 없게 될 때에야 비로소 매춘은 생겨난다. 지금도 신부 지참금을 마련하거나 성당에 갖다 내려고 자기 몸을 파는 아가씨들을 도처에서 볼 수 있다. 하지만 이런 일이 생기는 것도 다 그 지역의 윤리 규범이 그런 행동을 돈이 없어 고생하는 부모나 신을 도와주려는 신성한 희생으로 보기 때문이다.[44]

순결이 뒤늦게 발달한 개념인 것도 같은 맥락이다. 원시 시대의 처녀는 애를 못 낳는다는 말이 돌까 무서워했지, 처녀성 잃는 걸 두려워하지는 않았다.[45] 혼전 임신은 애를 못 가질 거란 의구심을 단번에 잠재우고 아이를 잘 낳을 거란 보장을 해 주기 때문에, 남편감을 찾는 데 해가 되기보다는 득이 되는 경우가 많았다. 재산이 출현하기 이전의 보다 단순했던 부족에서는, 아직 처녀인 여자는 인기가 없는 것으로 생각해 멸시한 것처럼 보인다. 캄차카 반도의 캄차달족에서는 신랑이 신부가 처녀인 것을 알면 심하게 화가 나서 "딸을 막 키웠다며 장모에게 호되게 욕을 했다."[46] 처녀성이 결혼에 걸림돌이 되는 곳은 상당수에 달했다. 아내가 처녀면 남편은 같은 부족 사람의 피를 흘리게 해서는 안 된다는 금기를 깨야 하는 부담이 생기기 때문이었다. 그래서 결혼에 방해가 되는 이 금기를 깨기 위해 아가씨들이 낯선 이방인에게 스스로 몸을 맡기는 경우도 더러 있었다. 티베트에서는 엄마들이 자기 딸을 처녀에서 벗어나게 해 줄 남자들을 열심히 찾았으며, 인도 말라바르에서는 아가씨들이 지나가는 행인에게 그 일을 해 달라고 간청하기도 했다. "처녀인 채로는 남편을 찾을 수 없기 때문이었다." 신부가 남편에게 가기 전 먼저 하객들에게 몸을 맡겨야 하는 경우가 있었던가 하면, 신랑이 남자를 하나 구해 신부가 처녀의 몸에서 벗어나게 한 경우도 있었다. 한편 어떤 필리핀 부족들은 많은 급료를 주고 특별 관리를 한 사람 고용해 장차 남편이 될 사람들을 대신해 이 기능을 수행하게 하기도 했다.[47]

그렇다면 처녀성이 결점에서 미덕으로 탈바꿈하고, 수준 높은 모든 문명의 윤리 규범에서 중요 내용이 된 것은 무엇 때문이었을까? 그건 사유 재산 제도 때문이었을 게 분명하다. 혼전 순결은 가부장제의 남자들이 자기 아내에게 적용하던 소유 관념을 딸에게까지 확대 적용하면서 생겨났다. 신부를 팔 때 처녀 아이가 의지가 약한 아이에 비해 더 가치가 있다는 사실이 드러나면서 처녀성의 가치가 올라가기 시작한 것이다. 처녀는 과거 이력을 통해 결혼 후에도 정조를 지키겠다는 확신을 주는 셈이었고, 자기 재산을 남의 자식에게 물려주게 될까봐 노심초사했던 남자들에게는 그런 확신이 무엇보다 소중했다.[48]

한편 남자들은 똑같은 원칙을 자신들에게 적용하려는 생각은 결코 하지 않았다. 남자의 혼전 순결을 주장한 적이 있는 사회는 역사상 하나도 없으며, 순결을 지킨 남자를 지칭하는 말은 그 어떤 언어에서도 찾아볼 수 없다.[49] 처녀성은 오로지 딸들만 지켜야 하는 것이었고, 그것을 강요하는 방식은 이루 헤아릴 수 없이 많았다. 아프리카의 투아레그족은 딸이나 누이가 난잡하게 생활하면 그 벌로 사형에 처했다. 누비아, 아비시니아, 소말릴란드 등지의 흑인들은 딸에게 음부 봉쇄라는 잔혹한 기술을 쓰기도 했다. 음부에 고리나 자물쇠를 달아 성교를 못하게 한 것이다. 버마와 시암(태국의 옛 이름 - 옮긴이)에도 비슷한 관습이 최근까지 남아 있었다.[50] 또 아가씨들이 유혹을 하거나 유혹받는 것을 막기 위해 따로 격리해 두는 방식도 여러 가지 생겨났다. 뉴브리튼 섬에서는 부유층 부모들이 위험한 5년 동안에는 딸을 오두막에 가두고 점잖은 노파들을 시켜 지키게 했다. 아가씨들은 밖으로 나오는 것이 일체 허락되지 않았으며, 친척들만 만날 수 있었다. 보르네오 섬의 일부 부족은 시집 안 간 자식을 혼자 가둬 두기도 했다.[51] 이 원시의 관습이 남들이 보지 못하게 부녀자를 가리는 이슬람교도 및 힌두교도들의 관습과 결국엔 매한가지인 걸 보면, '문명'과 '야만성'의 거리가 정말 얼마 안 된다는 사실이 또 한 번 드러난다.

정숙(貞淑)에 대한 관념도 처녀성과 가부장제에서 생겨났다. 사실 몸을 드러내도 부끄러워하지 않는 부족은 오늘날에도 많다.[51a] 오히려 옷 입는 걸 부끄럽게 여기는 부족도 있다. 리빙스턴(Livingstone)은 아프리카에서 자신이 머물고 있던 곳의 흑인들에게 아내가 오기 전에 옷을 좀 걸치라고 했는데 사람들이 온통 폭소를 터뜨렸다. 발론다 여왕은 리빙스턴을 재판할 때 완전히 벌거벗은 채였다.⁵² 극히 일부이긴 하지만 공공연하게 성관계를 맺으면서 전혀 부끄럽게 생각지 않는 부족도 있다.⁵³ 애초에 정숙 관념이 생긴 건 월경 중에는 자신에게 접근하면 안 된다는 걸 여자가 의식하면서였다. 그러다 신부를 돈으로 사는 결혼이 자리를 잡고 처녀성을 간직한 딸이 아버지에게 더 이득을 가져다주면서, 여자는 격리되어 처녀성을 지켜야 했고 그러면서 순결도 지켜야 한다는 생각을 갖게 되었다. 정숙 관념은 돈을 받고 시집온 아내가 남편에게 경제적 의무감을 느끼면서 생긴 것이기도 하다. 돈을 주고 자신을 산 남편에게 아무 보답도 되지 않는 간통은 하지 말아야 한다고 생각한 것이다. 아직 장식과 보호를 목적으로 생겨난 건 아니지만 옷이 등장한 게 바로 이때다. 대다수 부족에서 여자는 결혼한 후에야 옷을 입곤 했는데,⁵⁴ 자신은 오로지 남편의 소유라는 표시이자 정사(情事)를 억제하는 수단이었다. 『펭귄 섬』의 저자는 옷이 성욕을 더 불러일으킨다고 했는데 원시인들은 그와 생각이 달랐던 셈이다. 하지만 순결과 옷 사이에 어떤 필연적인 관계가 있는 건 아니다. 일부 여행가들 이야기에 의하면 아프리카의 윤리 의식 수준은 옷을 입는 양과 반비례한다고 한다.⁵⁵ 사람들이 무엇을 부끄럽게 여기느냐는 전적으로 그 지방의 금기, 그리고 그 사람이 속한 집단의 관습에 달려 있는 게 분명하다. 이를테면, 중국 여자들은 최근까지만 해도 자기 발이 보이는 걸 부끄럽게 여겼고, 아랍 여자들은 얼굴 보이는 걸, 투아레그족은 입술 보이는 걸 부끄럽게 생각했다. 하지만 고대 이집트 여자들이나, 19세기 인도의 여자들, 20세기 발리의 여자들은 (음란한 여행객들이 당도하기 전까지만 해도) 가슴을 다 드러내고도 전혀 부끄러운 줄 몰랐다.

　윤리란 시간과 공간에 따라 달라지기 마련이므로 가치가 없다고, 따라서 우리가 속한 집단의 윤리적 관습을 당장에 내던져 역사를 좀 안다고 과시하는 편이 현명하다고 결론 내려서는 안 된다. 짧은 인류학 지식은 위험하다. 아나톨 프랑스(Anatole France)는 윤리의 상대성을 빗대 "윤리란 한 공동체가 가진 편견의 총합"이라고 표현하기도 했는데, 백번 옳은 말이다.⁵⁶ 또 그리스인 아나카르시스는 어떤 집단이 신성시하는 모든 관습을 모은 후 거기서 어떤 그룹에서 비도덕적이라 여기는 관습을 모조리 빼면 아무것도 남지 않을 거라 말하기도 했다. 그렇다고 윤리가 가치 없다는 이야기는 아니다. 다만 사회 질서가 유지되는 방식은 정말 다양하다는 사실을 보여 줄 뿐이다. 사회 질서는 어쨌거나 필요할 수밖에 없다. 게임을 펼치려면 일련의 규칙이 반드시 필요한 것처럼, 인생의 일상적인 상황 속에서 사람들이 서로 어떻게 행동해 주길 기대하는지 우리는 알아야 한다. 따라서 한 사회의 구성원이 만장일치로 그 윤리 규범을 실행하기로 했다는 사실은 윤리 규범의 내용만큼이나 지극히 중요하다. 철없을 적 윤리의 상대성을 발견하고 영웅이라도 되는 듯 자기 부족의 관습과 윤리를 거부하는 것은 성숙하지 못한 정신 상태를 드러내는 것일 뿐이다. 10년만 지나면 우리는 집단의 윤리 규범에는 대학 수업에서 설명하는 것보다 더 많은 지혜가(즉 수 세대에 걸쳐 정립된 종족의 경험이) 담겨 있을 수 있다는 사실을 비로소 이해하기 시작한다. 그리고 난 뒤에는 곧 우리가 제대로 이해하지 못하는 것도 진실일 수 있다는 심란한 사실까지 깨닫게 된다. 복잡한 사회 구조를 구성하는 여러 가지 제도와 규약, 법률 등은 무수한 정신들이 수백 세기에 걸쳐 만들어 낸 작품이다. 그런 것을 누군가 일평생 만에 이해하겠다고 기대한다면 안 될 일이니, 20년으로는 더욱 어림도 없다. 그런 만큼 윤리는 상대적이되 없어서는 안 되는 것이라 결론 내리면 무방할 것이다.

오래되고 또 기본적인 관습들은 수 세기의 시행착오를 거친 후 자연 선택된 집단의 방식을 대표하는 만큼, 처녀성과 정숙 관념도 어느 정도의 사회적 유용성과 생존 가치를 지닌다고 생각해야 마땅하다. 물론 이것들이 역사적으로 상대성을 띠고, 돈으로 신부를 사는 결혼과 결부되어 있으며, 신경증에 기여한 면이 없지는 않지만 말이다. 이를테면 여자는 정숙해야 함을 일종의 전략적 후퇴로 삼아 배우자를 좀 더 신중하게 고르거나(선택권이 있을 경우), 자신을 얻기 전에 남자가 보다 훌륭한 면모를 보이도록 만들 수 있었다. 더불어 바로 이런 태도가 남자의 욕구를 충족시키는 데 걸림돌이 되자 낭만적 사랑의 감정이 싹트면서 남자의 눈에는 여자가 더 귀한 존재로 비쳤다. 물론 사람들 머리에 처녀성이 주입되면서 자연스럽고 편안하게 성생활을 하던 원시 시대의 특성이 사라져 버린 건 사실이다. 하지만 성적으로 조숙해 일찍 엄마가 되는 일이 없어지면서 경제적 성숙기와 성적 성숙기 사이의 차가 좁혀질 수 있었다.(이 차이는 문명이 발달할수록 급격히 넓어지는 경향이 있다.) 처녀성이 이런 식으로 기능한 덕에 개인들은 육체 및 정신을 한층 다질 수 있었고, 사춘기 및 인생 훈련 기간을 늘일 수 있었으며, 그래서 종족의 수준도 함께 향상될 수 있었던 듯하다.

사유 재산 제도가 발달하자 별일 아닌 것으로 여겨지던 간통은 용서 못 받을 죄가 되었다. 현재 세상에 알려진 원시 종족 중 절반은 간통을 절대 크게 중요시하지 않는다.[57] 하지만 사유 재산이 등장하면서 여자는 완벽한 정절을 지켜야 했고, 거기다 남자는 여자가 자기 것이란 태도까지 가지게 되었다. 손님에게 아내를 빌려 주는 것도 여자의 몸과 영혼이 모두 자기 것이기 때문이었다. 주인이 죽으면 여자도 주인의 소장품과 함께 무덤 아래 묻혀야 했던 인도의 순사(殉死) 제도는 이러한 생각의 결정판이었다. 가부장제 사회에서 간통은 절도나 다름없었다.[58] 한 마디로 특허 침해인 것이다. 간통은 처벌의 엄격함 정도가 다양했는데, 무관심하게 넘긴 소박한 부족이 있는가 하면 캘리포니아 인디언 중에는 간통한 여자의 창자를 도려내기도 했다.[59] 수 세기에 걸쳐 처벌이 내려지면서 정절이라는 아내의 새로운 덕은 확고하게 자리를 잡았고, 여자들의 마음속에도 그에 걸맞은 양심이 생겨났다. 아메리카 대륙 정복자들은 인디언 부족을 보고 놀라는 경우가 많았는데, 여자 인디언들이 범접도 못할 정도로 정절을 지켰기 때문이었다. 일부 남자 여행가들은 유럽이나 아메리카의 여자들도 언젠가는 줄루족이나 파푸아인의 아내만큼 결혼해서 정절을 지키길 바랐다.[60]

파푸인들에게 그것은 어렵지 않은 일이었다. 대부분의 원시 종족과 마찬가지로 파푸아인들 역시 남자가 여자와 이혼하려 할 때 거의 아무 제약이 없었기 때문이다. 아메리카 인디언의 경우 남녀 간 결합이 몇 년 이상 지속되는 일은 드물었다. 스쿨크래프트(Schoolcraft)는 "노년 및 중년 남자 중에는 각양각색의 아내를 둔 사람이 상당수였고, 각지에 뿔뿔이 흩어져 있는 자식들은 그들의 얼굴도 알지 못한다."고 이야기한다.[61] 그들은 "유럽인들이 오로지 한 명의 아내와 그것도 평생 사는 걸 비웃는다. 또 부부가 연을 맺어 행복하게 살 수 있는 것도, 성격이나 기질이 안 맞아 더 이상 함께 살지 못하게 하는 것도 다 '좋은 정령(Good Spirit)' 때문이라고 생각한다."[62] 체로키 인디언은 아내를 일 년에 서너 번은 바꾸었고, 신중한 사모아인은 3년 정도는 함께 지냈다.[63] 한편 정착 농경 생활이 등장하자 남녀 간 결합이 보다 영속성을 띠게 되었다. 가부장제에서는 아내와 이혼하는 것이 남자에겐 비경제적인 일로 여겨졌는데, 그것은 곧 얻을 게 많은 노예를 잃는 셈이었기 때문이다.[64] 토지를 함께 경작하는 가족이 생산적인 사회 단위가 되면서, (다른 조건은 동일하다고 가정했을 때) 규모와 단결력이 가족의 번영을 좌우했다. 그리고 막내를 다 키울 때까지는 계속 부부로 지내는 것이 보다 유리하다는 사실이 드러났다. 그리고 그때에 이르면 새로운 사랑에 에너지를 쏟을 여력은 전혀 남아 있지 않고, 함께 일하고 고생한 통에 부모의 생활은 하나로 합쳐져 떼려야 뗄 수 없는 상태가 되기 마련이었다. 이혼이 다시 널리 퍼지게 된 건 도시 산업이 일어나 그 결과 가족의 규모 및 경제적 중요성이 줄어들면서부터다.

역사를 거쳐 오는 동안 남자는 일반적으로 자식을 많이 원했고, 그래서 모성애를 신성한 것으로 받들었다. 한편 여자들은 생식에 보다 휩쓸렸기에 이 과중한 일에서 벗어나려 조용히 대항해 왔고, 엄마라는 짐을 덜기 위해 무수히 많은 수단을 동원했다. 원시 시대 남자들은 보통 애써 인구를 제한하려 하지 않았다. 통상적인 조건이라면 아이들에게서 얻을 것이 많았기에, 남자는 자식이 모두 아들이 아닌 게 유감일 뿐이었다. 그러니 낙태, 영아 살인, 피임을 만들어 낸 건 여자 쪽이었다.(간헐적이긴 하지만 원시 종족 중에도 피임을 하는 경우가 있었다.)[65] "야만인"이나 "문명인"이나 여자가 아이를 낳지 않으려는 동기는 놀라울 정도로 비슷하다. 그들은 모두 자녀 양육의 부담에서 벗어나기 위해, 젊은 시절의 외모를 유지하기 위해, 불륜을 저질렀다는 망신을 당하지 않기 위해, 또 목숨을 잃지 않기 위해 그런 방법을 이용했다. 임신 기간을 줄이는 가장 간단한 방법은 여자가 자식을 키울 때 남자를 거부하는 것이었는데, 이 기간은 몇 년까지 길어지기도 했다. 샤이엔 인디언족 여자들은 맏이가 열 살이 될 때까지는 둘째를 안 갖는 관습을 만들곤 했다. 뉴브리튼 섬에서는 결혼 후 2~4년이 되기 전까지는 여자가 자식을 갖지 않았다. 브라질의 콰이쿠르족은 여자가 서른이 될 때까지 아이를 가지지 않으려 하는 바람에 부족의 규모가 계속 줄어들었다. 파푸아인들 사이에서는 낙태가 흔했다. 그곳 여자들은 "자식은 짐이다. 자식 때문에 힘들어 죽겠다."고 말하기도 했다. 일부 마오리 부족은 임신을 막기 위해 약초를 이용하거나 자궁의 위치를 인위적으로 바꾸었다.66

낙태가 실패해도 영아 살해란 방법이 남아 있었다. 자연 종족 대부분이 아이가 기형아거나, 병에 걸렸거나, 사생아일 경우, 또 산모가 아이를 낳다 죽은 경우 신생아 살해를 용인했다. 태어난 여건이 안 좋다 여겨지는 아이들을 살해한 부족은 상당수였는데, 마치 부양이 가능한 수준까지 인구를 제한할 수 있다면 어떤 이유라도 괜찮다는 모습이었다. 그래서 본데이 원주민들은 아이가 거꾸로 나오면 모두 목 졸라 죽였고, 캄차달족은 폭풍우가 칠 때 태어나는 아기들을 살려 두지 않았다. 마다가스카르의 부족들은 3월이나 4월에 '신고식'을 하는 아이들은 버리거나, 익사시키거나, 산 채로 묻었다. 수요일이나 금요일, 매월 마지막 주에 태어나는 아이들도 마찬가지였다. 여자가 쌍둥이를 낳으면 간통을 했다고 생각하는 부족도 있었다. 남자가 동시에 두 아이의 아버지가 된다는 건 있을 수 없는 일이었기 때문이다. 그래서 아이 중 하나 혹은 둘 모두가 죽음을 당해야 했다. 영아 살해의 관행은 유목민 사이에서 특히 성행했는데, 오랜 기간 이동을 하는 데는 아이들이 골칫거리였기 때문이다. 그래서 오스트레일리아 빅토리아에 사는 뱅거랭 부족은 태어나는 아이들의 절반을 살해했다. 파라과이 차코 지역의 렝구아족은 한 가족당 7년마다 한 아이만 살려 두게 했다. 아비포네족은 프랑스식 인구 조절책을 갖춘 경우로, 한 가구당 남자아이 하나와 여자아이 하나만 기르게 하고, 태어나는 나머지 아이들은 가급적 빨리 죽이도록 했다. 기근이 찾아와 괴롭힐 경우 대부분의 부족이 신생아를 목 졸라 죽였으며, 신생아를 먹는 부족도 있었다. 보통은 여자아이들이 영아 학살을 가장 많이 당했으며, 고문을 당하다 죽는 경우도 간혹 있었다. 그래야 영혼이 아이의 몸에서 나와 다음 생에는 남자아이로 태어난다고 생각해서였다.[67] 영아 살해는 잔혹한 일도, 후회스러운 일도 아니었다. 막 출산을 하고 난 후에는 아무리 엄마라도 자식에게 본능적 사랑을 전혀 느끼지 못했을 것이니 말이다.

일단 태어나서 며칠이라도 살게 되면, 영아 학살의 위험에서는 안전한 셈이었다. 아무것도 모르는 무력한 아기를 보면 이내 부모의 사랑이 싹텄다. 그리고 대개 원시 시대 아이들이 보다 수준 높은 종족의 보통 아이보다 부모로부터 애정을 더 많이 받은 편이었다.[68] 우유나 말랑말랑한 음식이 부족했기 때문에 엄마는 2년 내지 4년까지 아이에게 젖을 먹여야 했고, 더러는 12년 동안 먹이기도 했다.[69] 한 여행가가 전해 주는 바에 의하면, 담배 피우는 법을 배우고 난 후까지 젖을 먹은 남자아이도 있었다.[70] 친구들과 신나게 뛰어놀던 아이가 노는 걸(혹은 일하는 걸) 중간에 멈추고 엄마 젖을 먹는 경우도 많았다.[71] 흑인 엄마들은 아이를 업고 일을 하다가 이따금 가슴을 어깨 뒤로 넘겨 아이에게 젖을 먹이기도 했다.[72] 원시 시대 훈육은 엄하진 않았지만 아이를 망칠 정도는 아니었다. 아이는 어릴 때부터 멍청하거나, 오만하거나, 공격적으로 굴었을 때 그 결과를 고스란히 자기가 책임져야 했으며, 학습도 빠른 속도로 이루어졌다. 그리고 자연 상태의 사회에는 어버이의 자식에 대한 사랑은 물론 자식의 어버이에 대한 사랑도 극진했다.[73]

원시 시대에는 어릴 때 위험한 상황에 처하거나 병에 걸리는 경우가 많아 어린아이의 사망률이 높았다. 어린 나이에 결혼해서 결혼생활을 책임져야 했기에 청년기는 짧은 편이었고, 곧 집단에 힘을 더하고 또 집단을 방어하는 막중한 임무를 짊어지면 정신없이 지낼 수밖에 없었다. 여자는 아이들을 돌보는 일에, 남자는 그들을 먹여 살리는 일에 힘을 쏟아야 했다. 막내까지 다 컸을 때쯤이면 부모는 기력이 완전히 바닥나서, 개인 생활을 누릴 여지가 없기는 인생 종반부나 인생 초반부나 마찬가지였다. 자유와 마찬가지로 개인주의 역시 문명이 가져다주는 호사인 셈이다. 역사 시대의 여명기에 접어들자 비로소 세상에는 굶주림과 생식 전쟁의 짐에서 벗어나는 사람들이 충분히 생겨나, 여가·문화·예술이 지닌 보이지 않는 가치를 창출해 낼 수 있게 되었다.

3. 사회 윤리

우리는 양육이 가진 기능의 하나로 윤리 규범의 전수를 들 수 있다. 어린아이는 인간보다 동물에 가까운 존재다. 종족이 보유한 윤리 및 정신적 유산을 받아들이면서 아이는 하루하루 자기 안에 인간성을 심게 된다. 생물학적으로 아이는 문명 속에서 살 준비가 제대로 되어 있지 않은 상태다. 종래의 기본적인 상황에만 대처할 수 있는 게 아이의 본능이며, 그 속에는 도시보다 정글에 더 적합한 충동도 들어 있다. 사실 지금은 악덕이라 불리는 것도 모두 한때는 생존 투쟁에 필요한 미덕이었다. 상황이 바뀌어 그 자질이 더 이상 꼭 필요하지는 않게 되었을 때 비로소 악덕이 된 것이다. 따라서 악덕은 어떤 행동이 미래 지향적으로 발전한 형태는 아니다. 그보다 아득한 옛날 존재했다 필요 없어진 습성이 열성 유전자로 잠복해 있다 수 세대가 흐른 후 다시 나타난 것이라 할 수 있다. 그리고 인간이 본래 가지고 있는 그 변하지 않는 충동을, 계속 변화하는 사회생활의 제 요건 및 상황에 맞추는 것이 바로 윤리 규범이 지향하는 목표 중 하나다.

동물과 인간이 탐욕·사기(詐欺)·잔인성·폭력성을 유용하게 사용한 세월이 너무 오래라, 우리의 법률·교육·윤리·종교도 이러한 요소를 말끔히 뿌리 뽑지 못하고 있다. 그리고 그런 요소 중에는 오늘날에도 생존 가치를 어느 정도 지닌 것도 분명 있다. 동물이 음식을 정신없이 먹어 치우는 건 먹이를 언제 또다시 발견할지 모르기 때문인데, 바로 이런 불확실성이 탐욕의 기원이다. 야쿠트족은 하루에 고기를 40파운드(약 18킬로그램) 먹는 것으로 알려져 있으며,

(그만큼 대단하지는 않지만) 에스키모와 오스트레일리아의 원주민도 비슷하다고 전해진다.[74] 문명이 경제적 안정이라는 성과를 이룬 것이 지극히 최근이라, 인간이 선천적으로 타고난 이런 탐욕은 완전히 사라지지 않은 상태다. 현대 사람들도 비상시에 식량으로 바꿀 수 있는 금이나 기타 상품을 모아 두려고 안달하는 걸 보면, 아직도 끝없는 욕심이 남아 있는 것이다. 고래로부터 인간이 식수 공급처를 중심으로 모였기 때문에, 마실 것에 대한 욕심은 먹을 것에 대한 욕심만큼 널리 퍼져 있지는 않다. 하지만 술을 마시는 현상은 거의 어디서나 찾아볼 수 있다. 물론 술을 마시는 건 인간이 탐욕스러워서라기보다, 추워서 몸을 덥히고 싶다거나 울적한 기분이 들어 만사 잊고 싶기 때문이지만 말이다. 아니면 단순히 식수로 이용하는 물이 입맛에 안 맞아서일 수도 있다.

사기가 생겨난 세월은 탐욕만큼 아득하지는 않다. 굶주림이 사유 재산보다 먼저 생겨났기 때문이다. 가장 소박한 형태로 살아가는 "야만인"들을 보면, 그 누구보다 정직하게 살아가는 듯하다.[75] 독일의 자연주의자 콜벤(Kolben)은 호텐토트족에 대해 이렇게 이야기한 바 있다. "그들의 말은 신성하다. 그들은 유럽의 부패나 부정직한 기술에 대해서 전혀 알지 못한다."[76] 하지만 국제 교류가 활발해지면서 이런 순진무구한 정직도 자취를 감추었다. 유럽이 호텐토트족에게 부정부패의 점잖은 기술을 가르쳐 주었던 것이다. 일반적으로 사기는 문명과 함께 생겨나는 경향이 있다. 문명이 발전한 뒤라야 외교에 걸린 판돈이 커지고, 뭔가 훔쳐갈 게 더 많아지며, 인간들은 교육을 받아 한층 영악해지기 때문이다. 원시인들 사이에 사유 재산이 발달하면, 거짓말을 하고 물건을 훔치는 일도 덩달아 일어난다.[77]

한편 폭력이라는 범죄가 생겨난 지는 탐욕만큼 오래되었다. 어느 세대고 땅을 피로 물들인 식량·토지·배우자 쟁탈전은 커졌다 꺼졌다 하는 문명의 빛 뒤에서 줄곧 음울한 배경 역할을 해 왔다. 원시인들이 잔인함을 피할 수 없었다. 언제든 공격에 나설 수 있게 무기를 마련해 두고, "아무렇지 않게 살육"할 수 있는 심장을 가져야 한다는 것을 원시인들은 인생을 통해 배웠다. 인류학에서 가장 음울한 대목을 꼽으라면, 잔혹했던 원시 시대의 고문 이야기와 고문으로 고통을 가하며 원시인들이 표현한 기쁨일 것이다.[78] 이런 잔인성은 상당 부분 전쟁과 관계가 있었으며, 부족 내 풍습은 그만큼 악독하지 않았다. 그리고 원시인들은 서로를 대할 때는(심지어 노예를 대할 때도) 지극히 교양 있고 친절했다.[79] 하지만 전쟁에서 필사적으로 사람을 죽일 수밖에 없다 보니, 싸움이 없을 때도 누군가를 죽이는 법을 익히게 되었다. 원시인들의 지력으로는 한 쪽이 죽기 전까지는 논쟁이 절대 끝나지 않는 경우가 많았던 것이다. 많은 부족에서 살인이 일으키는 공포는(심지어 같은 부족 내 사람을 죽이는 경우에도) 현재 우리가 느끼곤 하는 것보다 훨씬 덜했다. 푸에고인들의 살인범에 대한 처벌은 동지들이 그의 죄를 잊을 때까지 추방하는 게 다였다. 카피르족에서는 살인자는 더럽다 여겨 숯으로 얼굴을 검게 칠하게 했다. 하지만 시간이 얼마 지나 목욕을 하고 입술을 닦은 후, 몸 색깔이 갈색이 되면 다시 사회에 받아들여질 수 있었다. 또 푸투나 섬 야만인들은 우리처럼 살인자를 영웅으로 보기도 했다.[80] 여자들이 (공정한 싸움에서든 아니든) 사람을 한 번도 죽여 보지 못한 남자와 결혼하지 않으려 한 부족도 한두 군데가 아니었다. 사람 사냥의 관행이 생긴 것도 이 때문이며, 필리핀에는 아직까지도 이 습속이 남아 있다. 다야크족의 경우에는 그런 사람 사냥에서 머리를 가장 많이 가지고 오는 사람에게 마을 아가씨 전체에 대한 선택권이 주어졌고, 아가씨들은 그의 호의를 얻기 위해 애썼다. 그런 남자와 맺어지면 용감하고 또 기운 센 남자를 낳을 수 있다고 생각해서였다.[81]*

식량이 귀중한 곳에선 목숨이 가벼운 법이다. 에스키모인에게는 너무 늙어 아무 힘도 쓰지 못하는 부모는 아들이 죽여야만 하는 풍습이 있다. 그런 상황에서 부모를 죽이지 못하면 자식의 도리를 다하지 못한 것으로 여겨졌다.[82] 심지어 원시인들은 자신의 목숨조차도 가볍게 여겼는데, 그래서 자기 목숨도 기꺼이 버렸다.(이 면에서 원시인들을 따를 자는 일본인밖에 없을 것이다.) 누군가에게

---

* 아일랜드 극작가 싱(Synge)이 쓴 희곡 「서쪽 나라에서 온 멋쟁이」는 절반이 이에 대한 이야기다.

서 부상당한 사람이 자살을 하거나 자기 몸을 불구로 만들면, 부상을 입힌 사람도 그와 똑같이 해야 천민 신세를 면할 수 있었다.[83] 자살의 역사는 이만큼 오랜 것이다. 한편 자살의 이유는 어느 것이든 될 수 있었다. 북아메리카에서는 남자에게 여자를 꾸짖을 특권이 있다는 이유로 여자 인디언들이 자살을 했고, 트로브리안드 섬의 한 젊은이는 아내가 자기 담배를 모두 피워 버렸다는 이유로 자살을 하기도 했다.[84]

이런 탐욕을 검약의 형태로, 폭력을 논쟁의 형태로, 살인을 소송의 형태로, 자살을 철학의 형태로 탈바꿈시킨 것이 이제까지 문명이 해 온 일 중 하나다. 강자가 정당한 법 절차에 따라 약자를 먹기로 한 것도 아득한 옛날에 비하면 장족의 발전이었다. 사회는 집단 사이에 갈등을 부추기곤 하는데, 개인 간에도 그런 갈등이 일어나게 내버려 뒀다간 사회가 살아남을 수가 없다. 외부 경쟁이 이루어지려면 먼저 내부 단결이 이루어져야 하기 때문이다. 하지만 집단 내 상호 협조가 이루어진다고 생존 경쟁이 끝나는 건 아니다. 생존 경쟁이 집단 차원으로 옮아가기 때문이다. 이때 (다른 조건은 모두 동일하다 가정할 경우) 상대 집단과 겨루는 능력은 사회를 구성하는 개개인 및 가족이 서로 얼마나 잘 뭉치느냐에 정비례한다. 그래서 사회는 하나같이 사람들에게 윤리 규범을 주입하고, 개개인의 마음속에 사회성을 심으려 한다. 사회의 이 비밀 동맹군이자 참모 덕분에 전쟁판 같은 삶은 덜 혹독해진다. 사회에서는 집단에 득이 되는 개인의 자질 및 습관은 미덕이라 부르며 장려하지만, 거기에 반대되는 자질은 악덕이라 부르며 억제한다. 이렇게 어느 정도 외부적 기준에 따라 사회화가 되면서, 개인은 한 마리 동물에서 한 사람의 시민으로 거듭난다.

"야만인"의 영혼에 사회성을 불러일으키기가 현대인의 마음속에 사회성을 키우는 것보다 더 어렵다고 하기는 어렵다. 생존 투쟁에서는 공동체주의가 장려되었지만, 재산 투쟁에서는 개인주의가 격화되는 법이기 때문이다. 아마도 동료들과 힘을 합치는 데는 지금 사람들보다 원시인들이 더 적극적이었을 것이다. 원시인의 사회적 연대가

4장 문명의 윤리적 요소

보다 쉬웠던 건, 집단과 공유하는 위험이나 이익이 현대인보다 컸기 때문이다. 반면 개인을 나머지 집단에서 분리시키는 사유 재산은 적었다.[85] 자연 속 인간이 폭력적이고 탐욕스러웠던 건 사실이다. 하지만 동시에 그들은 친절하고 인심도 후해서 이방인에게도 흔쾌히 뭔가를 나눠 주고 손님에게는 선물을 주었다.[86] 많은 부족이 여행객에게 집주인의 아내나 딸을 제공할 정도로 원시 시대 대접이 후했다는 사실은 학생이라면 누구나 안다.[87] 그 호의를 거절하는 건 집주인에게 뿐 아니라 여자에게도 지극히 무례한 행동이었다. 선교사들이 선교를 갔다 처하는 위험이 바로 이런 것들이다. 손님이 나중에 어떤 대접을 받을 것인가는, 손님이 이런 의무적인 상황에 어떤 식으로 처신하느냐에 따라 결정되었다.[88] 문명화되지 않은 인간은 소유 관념은 있었으나, 성 관념이나 질투는 강하지 않았던 듯하다. 아내가 자신과 결혼하기 전에 이미 남자에 훤하거나, 또 지금 자기 손님과 잔다 해도 남자는 아무렇지 않았다. 단, 아내가 자신의 동의 없이 다른 남자와 동거를 한다는 사실을 알면 격노했다. 아내를 사랑해서가 아니라, 아내는 자기 '것'이었기 때문이다. 아프리카에서는 남편들이 이방인을 존중하는 의미로 자기 아내를 빌려 주기도 했다.[89]

그 누구보다 소박했던 종족도 예절은 발전한 나라만큼이나 복잡했다.[90] 집단마다 만나고 헤어질 때 나누는 인사법이 따로 있을 정도였다. 인사는 두 사람이 만나 코를 비비거나, 서로 냄새를 맡거나, 상대를 가볍게 깨무는 식으로 했다.[91] 하지만 (우리가 이제까지 알던 것과는 반대로) 결코 키스를 나누지는 않았다. 보통 현대인보다 더 공손하게 처신한 미개 부족도 있었다. 일례로, 다야크족의 "사람 사냥꾼"은 가정생활에서는 "점잖고 온화했던" 것으로 전해진다. 또 중앙아메리카의 인디언들은 백인들의 시끄러운 말버릇과 퉁명스러운 행동을 보고 백인들의 양육이 형편없고 문화는 원시적이라 생각했다.[92]

다른 집단이 자기 집단에 비해 못하다고 생각하는 건 어떤 집단이나 거의 같다. 아메리카 인디언들은 자신을 선택받은 종족으로 여겼다. 위대한 정령이 인류의 정신을 고양시킬 모범적 종족으로 특별히 자신들을 만들었다고 생각했다. 자기 부족을 '유일한 인간'이라 부른 인디언 부족이 있었는가 하면, '인간 중의 인간'이란 칭호를 붙인 부족도 있었다. 남아메리카의 카리브족은 "사람다운 건 우리뿐이다."라 말했고, 에스키모인들은 유럽인이 그린란드에 온 건 예의범절과 여러 덕목을 배우기 위해서라 생각했다.[93] 따라서 원시인들은 자기 부족 사람을 대할 때 지키는 윤리적 제약을 다른 부족에게까지 적용해야 한다는 생각은 좀처럼 하지 못했다. 그저 윤리가 하는 일은 다른 집단을 상대로 자기 집단의 힘과 단결력을 다지는 것이라고 생각했을 뿐이다. 계율이나 금기는 자기 부족 사람에게만 적용되는 이야기였고, (손님만 아니면) 다른 사람에게는 자기가 뜻하는 대로 밀고 나갔다.[94]

역사에서 윤리 발전의 의미는, 윤리 규범의 개선보다 규범 적용 범위의 확산에서 찾을 수 있다. 현대인의 윤리라고 반드시 원시인의 윤리보다 나은 건 아니다.(물론 그 내용이나 관행, 표명 면에서는 상당한 차이가 있을 수 있지만.) 하지만 현대의 윤리는 보통 때에는 역사상 가장 많은 사람들에게 적용되고 있다는 점이 중요하다.(강도는 약해지지만 말이다.)* 부족이 모여 국가라는 보다 커다란 사회 단위가 형성되면서 윤리는 부족의 경계를 뛰어넘었고, 상호 교류를 통해 혹은 공통의 위험에 처해 국가가 서로 뭉치고 동화되면서 국경까지 뚫고 스며들었다. 그리하여 자신의 계율을 온 유럽인 및 온 백인, 종국에는 인간 전체에 적용하기 시작한 사람들이 나오게 되었다. 모든 인간을 자기 이웃처럼 사랑하고자 했던 이상주의자는 아마 언제나 존재했을 것이다. 그리고 어느 세대건 그들의 목소리는 민족주의와 전쟁의 거친 물결 속에서 공허하게 울부짖고 있었을 것이다. 하지만 그런 사람들의 숫자가 상대적이긴 해도 계속해서 늘어 온 것만은 사실일 것이다. 외교에는 윤리가, 정치에는 인정이 없는 법이다. 하지만 국제 교역엔 분명 윤리가 존재한다. 다름 아니라 제약이나 규제, 신뢰 없이는 교역 자체가 계속 이루어질 수 없기 때문이다. 교역의 시작점은 해적질이었지만 그 정점은 윤리다.

이제까지 경제적 및 정치적 유용성 같은 순전히 이성에 기초한 내용만을 윤리 규범의 기반으로 삼고도 만족한 사회는 거의 없었다. 자신의 개인적 이익보

---

* 하지만 민족주의가 부상한 결과, 중세 시대 이래로 윤리 규범이 적용되는 범위는 계속 좁아지고 있다.

다 집단의 이익을 먼저 챙기고, 가시적 강제 수단이 없어도 성가신 규제를 지키는 기질을 인간이 선천적으로 타고나는 건 아니기 때문이다. 다시 말해 보이지 않는 감시자를 둘 목적으로 사회는 종교를 만들어 낸 것까지는 아니지만 적극 활용했다. 종교가 강력한 희망과 두려움을 통해 개인적 충동을 억누르고 사회적 충동을 강화하는 역할을 한 것이다. 고대 그리스의 지리학자 스트라본은 벌써 1900년 전에 이 문제에 관해 그 누구보다 진보적인 견해를 표명한 바 있다.

많은 여자들을 한꺼번에 상대하거나, 무분별한 대중을 다룰 때 철학자는 이성으로는 어떤 영향도 미칠 수가 없다. 훈계를 통해 존경심이나 경건한 마음, 믿음을 갖도록 하는 것도 불가능하다. 다시 말해 종교적인 두려움이 필요하다는 이야기인데, 이런 두려움은 신화나 신비한 일들에 그 근원을 두고 있다. 신화는 결국 번갯불, 신의 방패, 삼지창, 횃불, 뱀, 신의 지팡이에 대한 내용이며, 고대의 신학 전체도 마찬가지이지 않은가. 이 허무맹랑한 내용으로 단순한 백성들을 겁주게 만들어 놓은 건 국가의 창건자들이었다. 두려움이 신학의 본질이 되고, (실제 사실을 담는 역사는 물론) 사회 및 시민 생활의 틀로서도 한몫하다 보니, 고대인들은 자신의 그런 교육 체제를 아이들에게까지 고수하게 되었고, 아이가 어른이 될 때까지 그 방식을 이용했다. 그리고 시를 이용하면 인생의 모든 국면을 만족스럽게 통제할 수 있으리라 믿었다. 물론 오랜 기간이 흐른 지금은 역사 저술과 현재의 철학이 두각을 나타내고 있다. 하지만 철학은 소수에게만 소용이 있다. 반면 사람들 대부분에게 더 소용이 있는 건 시다.[95]

그리하여 종교적 제재도 곧 윤리에 들어가게 된다. 신비와 초자연주의에는 경험적으로 알거나 유전적으로 이해되는 사실에서는 결코 찾을 수 없는 무게감이 실리기 때문이다. 인간은 과학보다는 상상력에 더 쉽게 지배받는 법이다. 그런데 이렇게 윤리에 유용하다는 점이 과연 종교가 생겨난 기원이었을까?

4. 종교

초자연적인 힘을 숭배하는 것을 종교라 정의한다면, 일부 종족들은 종교를 아예 가지고 있지 않았다는 이야기부터 시작해야 할 것이다. 아프리카의 일부 피그미 부족들은 따로 행하는 의식이나 의례가 전혀 없었다. 특별히 숭배하는 동·식물이나 신도 없었으며, 죽은 사람을 묻을 때 장례식을 치르지도 않았고, 죽은 사람에게는 더 이상 관심을 갖지 않았다. 여행가들을 완전히 신뢰할 수 있는 건 아니지만 그들 말을 믿어 본다면, 이 부족 사람들은 심지어 미신도 믿지 않았다.[95a] 카메룬족 난쟁이들은 악한 신밖에 없다고 생각하면서도, 그 신을 달래려는 노력은 전혀 하지 않았다. 아무 소용없는 일이라 생각했기 때문이다. 한편 실론 섬의 베다족은 신과 불멸의 영혼이 존재할 가능성만 인정했을 뿐 그 이상 나아가지는 않았다. 기도를 하거나 제물을 바치는 일은 전혀 없었다. 사람들이 신에 대해 물으면, 그들은 현대 철학자마냥 어안이 벙벙해져서는 이렇게 물었다. "신이 어디 있습니까? 바위 위에? 아니면 흰개미집 위에? 아니면 나무 위에? 난 신을 본 적이 한 번도 없어요!"[95b] 북아메리카 인디언의 경우엔 신의 개념이 있기는 했지만, 신을 숭배하지는 않았다. 에피쿠로스처럼 이들 역시 신은 너무 멀리 있어 인간의 일에는 관심이 없다고 생각했다.[95c] 아비포네 인디언이 형이상학적 탐구를 소용없는 짓이라고 본 것은 공자(孔子)의 태도와 사뭇 비슷했다. "우리 할아버지는, 그리고 할아버지의 아버지도 늘 이 땅의 일만 생각하셨다. 평원의 말에게 먹일 풀과 물이 있는지의 문제에만 관심을 가진 것이다. 저 하늘 위에서 무슨 일이 벌어지고 있으며, 저 별들을 탄생시키고 또 지배하는 자가 누구인지 생각하느라 골치 썩는 일은 절대 없었다." 누가 하늘과 땅을 만든 것인가 하는 질문을 던지면 에스키모인들은 항상 "우리는 그런 건 모릅니다."라고 대답했다.[95d] 아프리카의 줄루족은 "태양이 뜨고 지고, 나무가 자랍니다. 그것들을 만들어 내고 지배하는 자가 누군지 알겠습니까?"라고 물으면, 이렇게 단순하게 대답했다. "아니요. 그 모습을 보기는 하지만 그것들이

어디서 온 것인지는 알 수 없습니다. 스스로 그렇게 움직이고 자라나는 것이라고 짐작할 뿐입니다."[95e]

하지만 이런 사례는 예외적인 만큼, 종교가 어디에나 존재한다는 오랜 믿음은 사실로 봐도 무방하다. 철학자에게는 이것이 역사적으로도 또 심리학적으로도 아주 놀라운 사실에 속한다. 모든 종교엔 불합리한 부분이 많다는 사실이 재미있는 게 아니다. 고대 사람들이 안고 있었던 문제가 있으며, 그리고 그들의 믿음이 끊임없이 이어져 내려왔다는 게 흥미로운 것이다. 그렇다면 무너질 줄 모르는 인류의 그 신앙심은 어디서 생기는 것일까?

1. 종교의 기원

루크레티우스의 말처럼 신을 처음으로 탄생시킨 것은 두려움이었다. 무엇보다도 죽음에 대한 두려움이 주효했다. 원시 시대의 삶에는 무수한 위험이 따라다녀서 자연스레 늙어 죽는 일은 드물었다. 한창 젊은 나이에 폭력이나 기이한 질병 때문에 목숨을 잃는 사람들이 태반이었다. 그래서 초창기 인류는 죽음을 결코 자연적인 현상으로 보지 않았다.[96] 죽음을 관장하는 초자연적인 힘이 있다고 생각한 것이다. 뉴브리튼 섬에 전하는 신화를 보면 죽음이 인간을 찾아오게 된 건 신들의 실수 때문이라는 이야기가 있다. 어느 날 선한 신 캄비나나가 어수룩한 동생 신 코르보우바에게 "인간에게 내려가 허물을 벗으라고 전해라. 그러면 죽음을 피할 수 있을 거라고. 그리고 뱀들에게 가서 이제부터는 죽을 수밖에 없게 될 거라 일러라." 하지만 내용을 헷갈린 코르보우바는 뱀들에게 불멸의 비결을 전하고, 인간에게는 죽을 운명이 되었다고 전한다.[97] 과거 많은 부족에서는 피부가 쪼그라들어 죽게 된다고 생각했으며, 따라서 인간이 허물만 벗을 수 있으면 영원히 살 수 있을 거라 여겼다.[98]

죽음에 대한 두려움, 우연한 사건이나 불가사의한 일을 일으키는 원인에 대한 경탄, 신성한 힘이 도울 거란 희망, 행운에 감사하는 마음 등 종교적 믿음은 이런 여러 가지 요소가 함께 작용한 결과 탄생했다. 특히 인간에게는 성교와 꿈, 그리고 천체가 지구와 인류에게 미치는 신비한 힘이 경이롭고 신비하게만 보였다. 원시 시대 인간은 잠을 자다 보게 된 환영에 크게 놀라곤 했고, 죽은 줄로만 알았던 사람을 꿈속에서 보면 공포에 사로잡혔다. 죽은 사람을 땅에 묻은 것은 다시 돌아오지 못하게 하기 위해서였다. 이때 여러 가지 먹을 것과 물건도 시체와 함께 묻었는데, 그래야 죽은 사람이 다시 돌아와 그를 저주하는 일이 없을 것이었기 때문이다. 때로는 집에서 사람이 죽으면 그 집은 죽은 사람 것으로 하고, 자신은 다른 곳으로 이사를 하기도 했다. 일부 지역에서는 사람들이 문을 이용하지 않고 벽에 구멍을 뚫어 그 사이로 시신을 가지고 나온 후, 시신을 안고 집 주위를 세 바퀴 돌았다. 그래야 죽은 사람의 영혼이 입구의 위치를 잊어버려 다시는 그 집에 나타나지 않는다고 생각했기 때문이다.[99]

초창기 인간은 이런 경험을 하면서 살아 있는 것은 모두 그 안에 영혼, 즉 내밀한 기운을 간직하고 있다고 확신하게 되었다. 더불어 아프거나 잠을 자거나 죽으면 이런 영혼이 몸에서 분리될 수 있다고 여겼다. 고대 인도의 철학서 우파니샤드에는 "사람을 함부로 깨워서는 안 된다. 영혼이 돌아오는 길을 찾지 못할 경우, 원상 복귀가 곤란하기 때문이다."라는 대목이 있다.[100] 영혼은 인간뿐만 아니라 모든 사물에 있는 것이었다. 외부 세계는 무감각하고 죽어 있는 게 아니라, 넘치는 생기를 지니고 있었다.[101] 그렇지 않다면 태양이 움직이는 것이나, 번개에 맞아 죽거나, 나무가 속삭이는 것 등 세상은 설명 안 되는 일들로 가득하다는 게 원시 시대의 철학이었다. 인간은 사물과 사건을 객관적이고 추상적으로 바라보는 방식보다, 주관적으로 바라보는 방식을 먼저 택했다. 한마디로, 철학보다는 종교가 먼저였단 이야기다. 모든 사물에 영혼이 있다고 믿는 이런 물활론은 신앙이 노래한 시이자, 시가 간직한 신앙인 셈이다. 물활론의 가장 낮은 단계는 종이 한 장이 바람에 실려 날아가는 걸 놀랍다는 눈으로 바라보는 개에게서 엿볼 수 있다. 그 개는 아마도 종이 속에 영혼이 있어 그것이 종이를 움직이고 있다고 생각할 것이다. 한편 가장 고상한 차원의 물활론을 내비치는 건 시인의 노래다. 원시인들에게나 고금의 시인들에게 산, 강, 바위, 나무, 별, 태양, 달, 그리고 하늘은 받들어야 할 신성한 사물이었다. 바로 이것들이 보이지 않는 내부의 영혼을 보이도록 외부에 드러내고 있었기 때문이다. 초기 그리스인들에게 하늘은 곧 우라노스 신과 같은 것이었고, 달은 셀레네, 대지는 가이아, 바다는 포세이돈과 동의어였으며, 숲 속 도처에는 판(Pan) 신이 자리 잡고 있었다. 한편 고대 게르만족은 원시림에 마귀, 엘프, 트롤, 거인, 난쟁이, 요정 들이 가득하다고 생각했다. 오늘날에도 바그너(Wagner)의 음악이나 입센(Ibsen)의 시극(詩劇)에는 숲에 사는 이 생물들이 여전히 살아 숨 쉬고 있다. 소박하게 살아가는 아일랜드의 농부들은 지금도 요정이 있다고 믿어서 시인이나 극작가는 이들을 등장시키지 않고는 아일랜드 문예 부흥에 동참할 수 없을 정도다. 이러한 물활론에는 아름다움만 담겨 있는 게 아니라 지혜도 담겨 있다. 모든 것을 살아 있는 것으로 대하는 태도는 선할 뿐 아니라 만물의 기운을 북돋운다. 그 누구보다 섬세한 감수성을 지닌 우리 시대 한 작가가 감수성이 예민한 이들에게 하는 이야기를 들어 보자.

자연은 각기 분리된 무수히 잡다한 생명체의 형태로 자신을 나타내기 시작한다. 더러는 눈에 보이고 더러는 눈에 안 보이는 이 생명체는 모두 마음과 물질을 다 가지고 있다. 그리고 그 마음과 물질을 한데 뒤섞어 존재의 근원적 신비를 드러낸다. …… 세상은 신들로 가득한 것이다! 행성 하나하나, 돌 하나하나에서 존재감이 스며 나와 신성한 힘을 무수히 느끼게 하면서 우리를 심란하게 만든다. 강하면서도 약하고, 위대하면서도 미미한 그 힘은 하늘과 땅을 오가며 그것이 간직한 비밀스러운 목적을 이루어내나니.[102]

2. 종교의 숭배 대상

모든 사물에는 영혼이 있거나 신이 숨어 있는 만큼, 종교적 숭배의 대상이 된 것은 이루 헤아릴 수 없이 많았다. 그것들을 여섯 가지로 분류하면, 하늘·땅·성교·동물·인간·신으로 나눌 수 있다. 물론 인간이 만물 중에 과연 무엇을 처음으로 숭배하기 시작했는지는 알 길이 없다. 다만 '달'이 그중 하나였을 거라고 짐작할 수는 있다. 우리 민속 문화에도 "달 속 사람(man in the moon)"이라는 말이 있는 것처럼, 원시 시대 전설에서는 달을 여자를 유혹해 월경을 하게 만드는 대담한 남자라고 생각했다. 특히 여자들이 달을 수호신으로 숭배하며 누구보다도 좋아했다. 창백한 달은 시간을 가늠하는 기준이기도 했으며, 날씨를 관장해 비와 눈 모두를 내리는 존재로 여겨지기도 했다. 심지어 개구리들도 비를 뿌려 달라고 달에게 기도했다.[103]

언제부터 해가 달을 밀어내고 원시 종교에서 하늘의 제왕 역할을 한 건지는 알 수 없다. 아마도 사냥 대신 식물을 재배해 먹기 시작하면서, 태양의 위치에 따라 파종하고 수확하는 계절이 결정되고 태양의 열이 땅에서 무언가를 끝없이 나오게 하는 주된 요인이라고 생각하게 되면서였을 것이다. 그리하여 땅은 태양의 뜨거운 광선의 힘으로 만물을 잉태하는 여신이 되었고, 인류는 거대한 태양을 살아 있는 모든 것의 아버지로 숭배하게 되었다.[104] 초창기의 이 단순한 태양 숭배 신앙이 이어져 내려와 고대의 여러 이교도 신앙이 생겨났으며, 그 이후에도 태양을 상징하는 것에 지나지 않는 신들이 상당수에 달했다. 한때 그리스 식자층이 아낙사고라스를 추방시킨 적이 있었는데, 그가 무엄하게도 태양이 신이 아니라 펠로폰네소스 반도만한 불덩어리라는 추측을 내놓았다는 이유에서였다. 중세 시대 성인의 머리 주위에 원형 고리 모양의 후광이 그려져 있는 것도 태양 숭배 신앙의 흔적이 남은 것이라 할 수 있다.[105] 오늘날에도 일본 국민들 대부분은 일본 천황을 태양신의 화신으로 여기고 있다.[106] 이 태양 숭배만큼 오래된 미신이 없는데도, 오늘날까지 태양 숭배가 활발히 이루어지고 있는 곳을 찾아볼 수 있다. 문명이란 것이 소수의 과감한 노력과 사치를 통해 이룩된다는 증거다. 단순한 편에 속하는 인류 대다수는 천 년이 지나도 잘 바뀌지 않는 것이다.

태양이나 달과 마찬가지로 모든 행성에는 저마다 신이 있거나 자체가 하나의 신이었고, 그 안에 사는 영(靈)의 명령에 따라 움직였다. 그리스도교 신앙에서는 이런 영들이 (한 마디로 별의 행로를 잡아 주는) 길잡이 천사로 탈바꿈한다. 케플러가 이들의 존재를 믿었던 걸 보면 그렇게까지 과학적인 사람은 아니었던 셈이다. 하늘은 그 자체가 위대한 신으로, 사람들은 비를 뿌리고 또 거두는 이 존재를 헌신적으로 숭배했다. 많은 원시 종족에게 신이란 말은 곧 하늘을 뜻했다. 물론 루바리족이나 딩카족의 경우처럼 비를 의미하는 경우도 있었다. 몽골인들은 하늘이란 뜻의 텡그리(Tengri)를 최고신으로 섬겼다. 중국에서도 하늘(天)이 최고신이었고, 베다 시대 인도에서는 '아버지 하늘'이란 뜻의 디아우스 피타(Dyaus pitar)를 최고신으로 모셨다. 그리스인에게는 하늘이자 구름의 신인 제우스(Zeus)가 그런 존재였고, 페르시아인에게는 '푸른 하늘'을 뜻하는 아후라(Ahura)가 최고신이었다.[107] 우리 중에도 아직 '하늘'에 보호를 부탁하는 사람들이 있지 않은가. 대부분의 원시 신화는 땅과 하늘이 짝짓기를 해서 수태하는 내용이 핵심이다.

땅 역시 하나의 신이었기에, 땅에서 펼쳐지는 주요한 모든 양상은 어떤 신성한 힘이 주재하는 것이었다. 또 나무에 영혼이 있기는 사람과 매한가지여서, 나무를 베는 건 살인과 다름없었다. 북아메리카 인디언들은 옛날에는 나무의 정령이 '붉은 사람들'을 지켜 주었는데 백인들이 그 나무들을 다 베어 버리는 바람에 자신들이 싸움에서 지고 세력이 쇠하게 되었다고 생각했다. 몰루카 제도에서는 꽃이 핀 나무는 산모로 취급했다. 소음이나 방화 등 나무의 평화를 깨뜨리는 행동은 일절 용납되지 않았다. 여자가 너무 놀라면 유산을 하듯 나무도 채 익기 전에 열매를 떨어뜨릴 수 있었기 때문이다. 인도네시아의 암보이나에서는 근처에 벼가 자라고 있으면 절대 큰 소리를 내면 안 되었다. 벼가 여물지 못하고 말라 버리는 일이 없도록 하기 위해서였다.[108] 고대 갈리아족은 특정 지역의 신성한 숲에 있는 나무들을 숭배했으며, 잉글랜드의 드루이드교 신관들은 오크 나무에 붙어 있는 겨우살이를 신목으로 숭배했는데, 지금 사람들도 여전히 호의를 보이는 의식이다. 나무, 샘물, 강을 숭배하는 전통은 아시아에서 그 무엇보다 유서 깊은 종교다.[109] 또 많은 산들이 신성한 장소이자 위력적인 신들의 거처로 여겨졌다. 지진은 심기가 불편하거나 뒤틀린 신이 어깨를 들썩여 일어나는 것이었다. 피지인들은 신이 잠자다 몸을 뒤척여 땅이 흔들린다고 생각했다. 한편 사모아인들은 땅이 흔들리면 흙을 씹으면서 지구를 흔들어 산산조각 내지 않도록 마후이 신에게 그만 멈추어 달라고 기도를 드렸다.[110] 거의 모든 곳에서 땅은 '위대한 어머니'로 여겨졌다. 원시 시대의 믿음이나 인간의 무의식적 믿음이 종종 녹아 있는 우리 언어를 보면, 물질을 뜻하는 영어 'matter'(어원 materia)와 어머니를 뜻하는 'mother'(어원 mater) 사이에 아직까지 유사성이 남아 있음을 확인할 수 있다.[111] 이슈타르, 키벨레, 데메테르, 케레스, 아프로디테, 비너스, 프리야는 비교적 뒤늦게 나타난 고대 시절 땅의 여신이었다. 이들이 수태를 해서 땅에서 무언가가 끝없이 나왔다. 또 이들이 태어나 결혼하고 죽은 뒤 다시 기운차게 부활하는 것은 싹이 터 자라났던 식물들이 죽었다가 모조리 이듬해 봄 소생하는 모습을 상징하거나 혹은 그 원인이 된다고 생각되었다. 이러한 신들이 여성이었다는 건 원시 시대 농업이 여성과 연관되어 있었다는 사실을 드러낸다. 농업이 인간 생활의 지배적 방식이던 시절에는 이 초목의 여신들이 최고의 위세를 누렸다. 인류 역사 초창기 신들 대부분도 보다 온화한 성품을 지닌 여성이었다. 그 자리를 남자가 빼앗게 된 것은 아마도 현실에서의 가부장제 가족의 득세가 천계에도 반영된 것이었으리라.[112]

　원시인들의 마음이 담긴 심원한 내용의 시가(詩歌)를 보면 나무가 자라는 것을 보고 신비한 신령함이 깃들어 있다 생각하는데, 아이가 잉태되고 태어나는 것에 대해서도 마찬가지였다. "야만인"은 난자나 정액에 대한 개념이 전혀 없다. 오로지 성교에 관련되는 외부 구조만 이해했을 뿐이고, 따라서 그것들을 신성시했다. 그리고 그 외부적 요인에도 영혼이 깃들어 있어 반드시 숭배해야 했다. 더욱이 생명을 창조하는 이 신비한 힘 말고 더 놀라운 힘이 무엇이 있단 말인가? 그 속에는 땅에서 나타나는 것보다 더 위대한 잉태와 성장의 기적이 나타난다. 따라서 그것은 신령스러운 힘이 가장 직접적으로 드러나는 것임이 분명했다. 특정 형태 및 의식에 따라 성교를 숭배하는 일은 고대 부족 거의 모두가 행한 일이었다. 수준이 가장 낮은 종족 뿐 아니라, 가장 높은 종족도 성교를 더할 나위 없이 숭배했다. 고대인들이 성교를 숭배한 흔적은 이집트, 인도, 바빌로니아, 아시리아, 그리스, 로마 등에서 찾아볼 수 있다. 원시 시대 신들의 성적 특성과 기능이 당시 사회에서 큰 비중을 차지했던 건,[113] 원시인들이 외설스러운 생각을 품어서가 아니라, 여성과 땅이 지닌 잉태 능력을 높이 샀기 때문이었다. 황소나 뱀 같은 특정 동물을 숭배한 것도 신령한 생식의 힘을 가지고 있거나, 그런 힘을 뚜렷이 상징한다고 여겼기 때문이다. 에덴동산 이야기 속 뱀은 남근 숭배의 상징인 게 분명하다. 성교를 악의 기원으로 묘사하고, 성에 눈 뜨는 순간 선과 악을 알게 되는 것으로 보며, 마음이 때 묻지 않은 상태가 가장 행복한 상태란 뉘앙스를 풍기고 있기 때문이다.*

한편 이집트의 쇠똥구리부터 인도의 코끼리에 이르기까지, 자연계 동물이라면 어디서든 한번쯤은 신으로 추앙받은 적이 있다. 원래 '토템(totem)'이란 말은 오지브와 인디언들이 특별히 신성시하던 동물과 그 동물을 숭배하는 씨족, 그리고 그 씨족의 구성원 모두에게 붙이던 이름이었다. 이토록 용처가 다양하던 말이 어쩌다 인류학 속에 '토테미즘(totemism)'이라는 말로 들어오더니, 어떤 집단이 특정 대상(보통은 동물이나 식물)을 특별히 신성한 존재로 숭배하는 일이 있으면 모두 토테미즘이라 부르면서 모호한 말이 되었다. 토테미즘은 북아메리카의 인디언 부족부터, 아프리카의 원주민, 인도의 드라비다족, 오스트레일리아의 부족에 이르기까지 겉보기엔 아무 연관 없는 듯한 뿔뿔이 흩어진 여러 지역에서 다양한 형태로 발견되고 있다.[114] 신앙의 대상이었던 토템은 부족을 단결시키는 데 보탬이 되었다. 부족 구성원들이 토템을 자신과 밀접하게 연관시키거나, 자신의 시조로 여겼기 때문이다. 일례로, 이로쿼이족은 태곳적 여자들이 곰, 늑대, 사슴과 짝짓기를 한 결과 자신들이 생겨났다고 생각했다.(진화론과 유사한 면이 있는 사고다.) 사람들이 숭배하는 대상이나 상징이었던

---

* 12장 6절 참조.

토템은 원시 부족 간의 관계를 나타내거나 구별해 주는 유용한 표시였다. 국가를 나타내는 사자와 독수리, 공제 조합을 나타내는 엘크와 사슴도 모두 그런 토템들이 세속화를 거쳐 마스코트나 상징으로 자리 잡은 것이다. 또 미국 정당들은 이런 말 못하는 동물을 가지고 코끼리처럼 꿈쩍할 줄 모르거나, 당나귀처럼 소란스러운 자신들의 성격을 나타내기도 한다.(미국 공화당의 상징은 코끼리, 민주당의 상징은 당나귀다. - 옮긴이) 그리스도교가 탄생할 당시의 상징들에 비둘기, 물고기, 양이 등장하는 것도 토템 숭배 신앙의 흔적이다. 심지어 돼지 같은 볼품없는 동물조차도 역사 시대 이전의 유대인들에게 토템으로 숭배받았을 정도다.[115] 이런 토템 동물은 감히 범접할 수 없는 성물이 대부분이었다. 특정 상황에서는 그 동물을 먹기도 했지만, 그것은 반드시 종교적 행위로 신의 몸을 먹는 의식에 해당했다.* 아비시니아의 갈라족은 자신들이 숭배하던 물고기를 먹을 때 엄숙하게 의식을 치렀다. 그러면서 "물고기를 먹으면 그 영혼이 우리 몸 안에서 활동하는 게 느껴진다."고 말했다. 한편 갈라족에게 복음을 전도하러 갔던 선교사 상당수는 이 소박한 사람들이 치르는 의식이 미사의 핵심 절차와 신기할 정도로 많이 닮아 있는 걸 보고 깜짝 놀랐다.[118]

아마 (수많은 의식도 마찬가지겠지만) 토템 신앙의 기원은 두려움이었을 것이다. 사람들이 동물에게 기도를 드린 건, 그 동물의 힘이 막강해서 심기를 달래 줄 필요가 있기 때문이었다. 숲의 짐승들이 사냥으로 사라지고, 나아가 사냥이 비교적 안정된 생활이 보장되는 농경에 자리를 내어주면서, 동물을 숭배하던 풍습도 점차 자취를 감추었다. 그렇다고 완전히 사라지지는 않았지만 말이다. 초기에 인간의 모습을 띤 신들이 그토록 흉포했던 건 사람들이 이전에 숭배했

---

* 특유의 풍부한 상상력을 지녔던 프로이트(Freud)는 토템이 형태가 변한 것일 뿐 원래는 아버지를 상징한다고 생각했다. 아버지는 자신이 가진 전능한 힘 때문에 존경을 받는 동시에 증오를 사고, 그래서 반감을 가지게 된 아들들이 그를 죽여 먹는다는 것이었다.[116] 한편 뒤르켐(Durkheim)은 토템이 씨족을 상징한다고 생각했다. 씨족의 개개 구성원들은 씨족이 가진 막강한 힘 때문에 씨족을 경외하면서도 그 달갑지 않은 절대 권력을 증오하기도 했다는 것이다.(그래서 씨족은 '신성한' 곳인 동시에 '부정한' 곳이었다.) 또 토템에 대한 종교적 태도도 개개인이 권위주의적인 집단에게 품었던 감정에서 비롯된 것이라 생각했다.[117]

던 동물들의 흉포성이 옮겨 온 것이리라. 여러 가지 유명한 변신 이야기들을 보면 그런 전이 과정이 생생히 그려져 있다. 온갖 언어들로 번역되어 있는 오비디우스 작품에도 이런 이야기들이 등장해, 동물이었던 신이나 동물이 된 신의 모습을 전해 준다. 시골뜨기 카사노바에게선 마구간 냄새가 잘 떠나지 않는 것처럼 신들에게 한번 부여된 동물적 특징은 나중에도 좀처럼 떨어질 줄을 몰랐다. 심지어 호메로스 같이 지적 수준이 높았던 작가에게도 아테나는 올빼미 눈을, 헤라는 소의 눈을 가진 여신이었다. 이집트와 바빌로니아의 신이나 도깨비도 얼굴은 인간이고 몸은 짐승인 걸 보면, 그들 역시 똑같은 변이를 거쳤다는 걸 알 수 있다. 인간의 모습을 한 많은 신들이 한때는 동물이었단 사실을 또 한 번 털어놓는 셈이다.[119]

하지만 인간의 모습을 띤 신들 대부분은 애초엔 죽은 사람을 이상화한 것에 지나지 않았던 것으로 보인다. 죽은 사람에 대한 숭배는 죽은 사람이 꿈에 나타난다는 사실만으로도 얼마든지 일어날 수 있었다. 숭배는 두려움의 자식이라고까지는 못해도, 적어도 숭배와 붙어 다니는 형제쯤은 되기 때문이다. 특히 생전에 힘이 막강해서 두려움의 대상이 되었던 사람이 죽은 후 숭배받을 가능성이 높았다.[120] 원시 종족 사이에서는 '신'이란 말이 실질적으로는 '죽은 자'를 뜻하는 경우가 많았다. 심지어 오늘날에도 영어의 'spirit'와 독일어의 'Geist'란 단어는 '유령'과 '영혼' 둘 다를 가리키는 말로 쓰인다. 그리스인들이 죽은 사람들에게 기도를 올리는 모습은 그리스도교인들이 성인들에게 기도를 올리는 모습과 똑같았다.[121] 죽은 자의 삶이 끝나지 않는다는 믿음은 너무도 강해서(이런 믿음은 꿈을 통해 처음 갖게 된다.), 원시인들은 사자(死者)들에게 말 그대로 메시지를 보낼 정도였다. 이를테면, 한 부족에서는 추장이 그런 편지를 보내려고 노예 하나를 불러 편지 내용을 낭송한 후 사자에게 전하라며 목을 베었다. 혹시 잊은 내용이라도 있을 땐 일종의 추신처럼 노예를 또 하나 목 베어 사자에게 보냈다.[122]

그러다 귀신을 숭배하던 의식은 서서히 조상 숭배로 탈바꿈한다. 죽은 사람은 모두 두려운 존재였기에 반드시 영혼을 달래 주어야 했다. 그러지 않으면 산 사람에게 저주를 퍼부어 삶을 망쳐 놓을 것이었다. 그런데 이 조상 숭배 풍습은 사회의 권위를 세우고, 사회를 지속시키고, 보수주의 및 질서를 세우는 데 아주 적합해서 이내 세계 도처로 퍼져 나갔다. 조상 숭배는 이집트·그리스·로마에서 성행했으며, 중국과 일본에서는 오늘날에도 열심히 이 풍습을 지키고 있다. 지금도 신보다 조상을 섬기는 민족도 상당수에 달한다.[123]* 조상 숭배 제도는 누대에 걸쳐 사람들의 반감을 사기도 했지만, 가족을 강하게 결속시키면서 초창기 많은 사회에 보이지 않는 틀이 되었다. 의무감이 발전하면 양심으로 자리 잡는 것처럼, 두려움도 시간이 지나자 점차 사랑으로 변했다. 조상 숭배 의식은 아마 공포에서 시작되었을 테지만, 나중에는 사람들에게 경외감을 불러일으켰고, 종국에는 충성심과 헌신까지 바치게 만들었다. 신은 애초에는 도깨비였다가 종국에는 자애로운 아버지의 상으로 변모하는 경향이 있다. 사회에 안정과 평화가 더 깃들고 사람들의 윤리 의식도 높아지면서, 신들은 흉악성이 점차 누그러져 전혀 다른 모습이 되었다. 우상(偶像)에서 한 단계 발전해 이상(理想)으로 변모한 것이다. 신이 온화한 모습이 되기까지 이토록 오랜 시간이 걸렸다는 건 문명의 발전 속도가 그만큼 더디다는 이야기기도 하다.

인간 모습의 신을 생각하게 된 건 이런 오랜 발전의 후반부에 일어난 일이었다. 무수히 많은 영혼과 유령이 만물을 둘러싸고 있고 또 그 안에 깃들어 있다는 생각에서 차츰 (여러 단계를 거쳐) 인간적인 신이 갈라져 나오기 시작했다. 애초에는 무언지 잘 알 수도 없고 형체도 없는 영혼을 두려워하고 숭배했던 사람들은 천체와 초목 그리고 성교에 깃든 힘을 동경하더니, 나아가 동물을 경외하다가, 종국엔 조상을 숭배하게 되었다. '아버지 하느님'이란 개념도 조상 숭배에 그 연원이 있을 것이다. 애초에 그 말은 인간이 신의 자손임을 뜻했다는 이야기다.[124] 원시 신학에서는 신과 인간을 명확히 가르지 않는다. 예를 들어

---

* 조상 숭배의 흔적은 우리에게도 남아 있다. 우리가 무덤을 찾아가 돌보는 것이나, 죽은 이를 위해 미사를 열고 기도를 드리는 것도 같은 맥락이다.

초창기 그리스인들에게 신은 곧 조상이었고, 조상은 곧 신이었다. 그러다 가지각색의 조상 중에 걸출한 인물들이 두각을 드러내면서 그들을 보다 확실하게 신격화하게 되었을 것이다. 다른 이에 비해 위대한 업적을 이룩한 왕들이 (때로는 죽기도 전에) 신이 된 것도 그런 맥락에서였다. 하지만 이런 발전은 역사 시대 문명에 들어서야 이루어진다.

3. 종교의 수단

원시인들은 영혼의 세계가 있다고 생각하면서도 영혼이 정확히 어떤 것이며 어떤 의도를 가지고 있는지는 잘 몰랐기 때문에, 자기편에서 도움을 줄 수 있도록 영혼을 잘 달래려고 애썼다. 원시 시대 종교의 본질이라 할 수 있는 물활론에 원시 시대 종교 의식의 정수라 할 수 있는 마법이 더해진 것도 그 때문이다. 폴리네시아인들은 마법의 힘은 그야말로 끝이 없음을 인정하고, 그 힘을 '마나(mana)'라 불렀다. 그들이 보기에 마법사는 단지 끊임없이 주어지는 이 기적의 힘을 이용하는 존재에 불과했다. 원시인들이 자신의 인간적 목적을 이루려고 영혼들을(나중에는 신들을) 매수할 때 이용한 방법은 대개 "공감을 일으키는 마법"이었다. 신성한 힘이 취하면 좋을 바람직한 행동을 인간의 행동으로 일부 흉내 내어 보여 주는 것이다. 이를테면 일부 원시 시대 마법사들은 비를 내리게 하려고 (주로 나무 위에 올라가) 땅에다 물을 쏟아부었다. 카피르족은 가뭄이 닥칠 걸 두려워 해 한 선교사에게 우산을 펼친 채 밭에 들어가 달라고 부탁했다.[125] 수마트라 섬에서는 여자가 애를 낳지 못하면 아이 모양의 물건을 만들어 무릎 위에 올려놓고 임신이 되기를 기원했다. 바바르 제도에서는 엄마가 될 생각이면 붉은색 무명으로 인형을 만들어 젖을 먹이면서 계속 주문을 외웠다. 그러고 나서 임신을 했다고 온 마을에 소문을 내면 친구들이 찾아와 축하해 주었다. 현실이 웬만큼 냉혹하지 않은 한 이러한 상상이 깨지는 일은 없었다. 보르네오 섬의 다야크족은, 산모의 고통을 덜어 주려고 마법사가 자신이 태어나는 것처럼 팔다리를 오므리고 오만상을 찌푸렸는데, 태아에게 어서 나오라고 마법으로 일종의 신호를 보내는 것이었다. 때로는 배 위에 돌을 올려놓고 아래로 천천히 굴려서 땅으로 떨어뜨리기도 했다. 뱃속에서 나올 줄 모르는 아기가 그 모습을 흉내 내길 바라면서 말이다. 중세 시대에는 적을 닮은 밀랍 인형을 만들어 그 위에 침을 꽂으며 적에게 주문을 걸었다.[126] 페루 인디언들은 사람 모양의 인형들을 만들어 태우면서 영혼을 태우는 행위라 칭했다.[127] 심지어 현대의 군중도 그러한 원시 시대의 마법에서 완전히 벗어나지 못한 상태다.

이렇게 본보기를 직접 보이는 방법은 땅을 수태시킬 때 특히 많이 이용되었다. 예를 들어, 줄루족 주술사는 정력이 왕성한 상태에서 죽은 남자의 성기를 바싹 구워 가루로 곱게 빻은 뒤 들판 곳곳에 뿌렸다.[128] 일부 민족들은 5월의 왕이나 여왕, 오순절의 신랑 신부를 뽑아 공개 결혼을 시키기도 했다. 그러면 땅도 눈치를 채고 꽃을 활짝 피우리라 생각한 것이다. 그 의식 중간에 부부가 공개적으로 첫날밤을 치르도록 정해 놓은 곳도 있었다. 그 정도는 해야 자연이 아무리 둔한 흙덩이에 불과해도, 자기가 무슨 일을 해야 하는지 몰랐다는 핑계는 못 댈 것이었기 때문이다. 자바 섬에서는 확실히 풍작을 거두기 위해 농부 부부가 논 한가운데서 성교를 하기도 했다.[129] 원시인들은 땅에서 무언가가 자라나는 걸 질소의 차원에서 생각하지 않았다. (식물에 성별이 있다는 것은 모른 채) 식물들 역시 여자가 아이를 배는 것처럼 무언가를 잉태한다고 생각했다. 우리가 성에 대해 쓰는 용어에 감상적이었던 원시인들의 신앙이 표현되어 있는 셈이다.

파종 기간이면 거의 어디서나 등장했던 난교 축제는 여러 가지 기능이 있었다. 그것은 (성관계가 비교적 더 자유로웠던 옛날을 떠올리며) 윤리를 잠시 접어 두는 기간이자, 남편 때문에 아이를 못 가지는 여자들을 임신시키는 수단이었다. 또 봄을 맞은 땅에게 이제 월동 기간에서 벗어나 사람들이 뿌리는 씨앗을 받아들이고 먹을거리를 넉넉하게 낳을 준비를 하라고 알려 주는 행사이기도 했다. 이러한 축제가 있었던 자연의 종족은 그 수가 엄청나게 많지만, 그중에서도 콩고의 카메룬족, 카피르족, 호텐토트족, 반투족의 축제가 특히 눈에 띈다. 롤리

(H. Rowley) 목사는 반투족의 축제에 대해 이런 이야기를 전해 준다.

수확을 축하하는 그들의 축제는 성격이 바쿠스 축제와 유사하다. …… 축제를 보고 있으면 부끄러운 마음이 일지 않을 수가 없다. …… 축제에서 자기 마음껏 성관계를 즐기는 일은 처음 성 경험을 하는 사람에게 용인되는 일이자, 축제에 참가한 사람 대부분에게 주어진 의무다. 뿐만 아니라 축제를 찾아온 사람이라면 누구에게나 권장되는 일이기도 하다. 사람들은 아무 거리낌 없이 매춘을 즐기고, 간통도 정황에 따르는 것이므로 전혀 나쁘게 보지 않는다. 한편 축제에 참가하는 남자는 자기 아내와는 절대 관계를 가질 수 없다.[130]

이와 비슷한 축제는 역사 시대의 문명 속에서도 찾아볼 수 있다. 그리스의 바쿠스 축제나 로마의 농신제, 중세 시대 프랑스의 광인 축제, 잉글랜드의 5월제가 그렇고, 현대식의 카니발, 마르디 그라스(Mardi Gras)도 마찬가지다.

한편 포우니족과 과야킬 인디언에게서 볼 수 있듯, 세계 어디서든 초목이 잘 자라길 빌며 지내는 의식은 그만큼 매력적인 행사는 못 되었다. 파종 시기가 되면 사람 하나를(나중에 시절이 좀 좋아진 뒤에는 동물 한 마리를) 땅에게 바쳐야 했기 때문이다. 그래야 땅이 그의 피로 수태를 할 수 있었다. 그리고 수확기가 찾아오면 죽은 사람이 부활한 것으로 해석하곤 했다. 그리고 희생자에게는 죽기 이전이나 죽은 이후나 신의 영예가 주어졌다. 신이 자기 백성을 위해 희생을 했다가 다시 기운차게 부활한다는 내용의 신화는 무수히 다양한 형태로 세계 거의 어느 곳에나 존재하는데, 바로 여기에 그 기원이 있다.[131] 한편 마법은 시(詩)로 치장하고 신학으로 탈바꿈했다. 태양 숭배 신화는 초목을 위해 올리는 의식에 자연스럽게 융화될 수 있었다. 사람들은 신이 죽었다가 부활한다는 이야기로 겨울철의 죽음과 봄철의 부활만 설명한 게 아니라, 춘분과 추분, 나아가 날이 짧아지고 길어지는 현상도 설명했다. 밤이 찾아오는 것도 그러한 비극의 일부일 뿐이었다. 태양신은 매일 태어났다 죽기를 반복했다. 매번 해가

지는 것은 처형을, 해가 뜨는 것은 부활을 의미했다.

　인간을 제물 삼아 경건히 의식을 치르는 건, 거의 모든 민족이 한번쯤은 해본 적이 있는 일인 듯하다.(인간을 제물로 사용한 예는 이 말고도 수두룩하다.) 멕시코 만 캐롤라이나 섬에 가 보면 속이 빈 커다란 금속으로 만들어진 옛날 멕시코의 신상(神像)이 있는데, 신에게 공양을 올리기 위해 불에 태워 죽인 듯한 인간의 유골이 아직도 그 안에 남아 있다.[132] 페니키아인과 카르타고인을 비롯한 여타 셈족들이 몰록 신에게 인간 제물을 바친 적이 있다는 건 누구나 아는 사실이다. 심지어 아프리카의 로디지아에서는 아직도 그런 풍습이 행해지고 있다.[133] 이런 의식은 아마 식인 풍습과도 얽혀 있었을 것이다. 사람들은 신도 자기들과 취향이 비슷할 거라 생각했을 테니 말이다. 종교적 믿음이 다른 신조에 비해 변화가 느리고 의례는 종교적 믿음보다도 변화가 느리다 보니, 속세의 식인 풍습이 사라진 뒤에도 종교의 식인 풍습은 계속 살아남았다.[134] 하지만 윤리가 발전하면서 그런 종교 의례에도 서서히 변화가 일었다. 자신을 숭배하는 자들이 점점 점잖아지는 것을 보고 신들도 똑같이 인간 고기는 마다하고 대신 동물 고기를 받아들였다. 이피게니아의 자리를 암사슴이, 아브라함 아들의 자리를 양이 대신 차지했다. 그러고 곧이어 신들은 동물 고기까지도 받으려 하지 않았다. 맛나는 음식을 좋아했던 신관들이 제물의 몸뚱이에서 먹을 만한 부분은 자기들이 모조리 먹은 후, 제단에는 내장과 뼈만 발라서 올렸던 것이다.[135]

　초기의 인간은 어떤 생물이든 먹으면 자신이 그 힘을 갖게 된다고 믿었기 때문에 자연스럽게 신을 먹는다는 생각도 갖게 되었다. 그래서 자신이 숭배했던 인간 신을 제사를 위해 살찌웠다가 살과 피를 먹고 마시는 경우가 많았다. 그러다 먹을거리가 점차 지속적으로 공급되기 시작하면서 보다 인간다워지자, 산 제물 대신 성상(聖像)을 만들어 그걸 먹는 것으로 만족했다. 고대 멕시코에서는 곡물과 씨앗 및 각종 야채를 구해다가 신에게 바치는 남자아이의 피로 반죽해서 성상을 만든 뒤, 신을 먹는 종교적 차원의 의식으로서 성상을 먹어 치웠다. 이와 유사한 의식은 원시 부족 여러 군데에서 찾아볼 수 있다. 보통 의식에

4장 문명의 윤리적 요소　**175**

참가하는 사람은 성상을 먹기 전에 반드시 단식을 해야 했다. 그러면 신관이 주문의 힘을 이용해 성상을 신으로 변화시켰다.[136]

마법은 미신에서 시작되어 종국엔 과학이 된다. 초기 인간은 물활론에 근거해 갖가지 기이한 믿음을 가지면서 여러 가지 기묘한 주문과 의식을 만들어 냈다. 일례로 쿠키족이 전쟁에서 열심히 싸웠던 건 전쟁에서 죽인 사람이 모두 내세에는 자기 노예가 된다고 생각했기 때문이다. 반면 반투족 사람들은 적을 죽이면 머리를 민 후 염소 똥을 덕지덕지 발랐다. 그래야 죽은 자의 영혼이 다시 찾아와 자신을 괴롭히지 않는다고 생각했다. 저주에는 위력이 있고 "흉안(evil eye)"이 노려보면 재난이 닥친다는 사실을 믿지 않는 원시 부족은 거의 없었다.[137] 오스트레일리아 원주민들은 뛰어난 마법사는 160킬로미터 떨어진 곳에서도 무언가를 죽일 수 있다고 확신했다. 인간 역사 초창기부터 나타난 요술에 대한 믿음은 한 번도 완전히 종적을 감춘 일이 없다. 마법의 힘을 지닌 우상이나 여타 사물을 숭배하는 주물 신앙(fetishism)*은 그 뿌리가 훨씬 더 깊고, 생명력도 훨씬 더 강하다. 부적은 특정 힘만 가진 경우가 많아 일부 종족들은 다양한 종류의 부적을 몸에 잔뜩 지니고 다닌다. 그래야 어떤 위급 상황에도 대비할 수 있기 때문이다.[138] 근대 및 현대에 그러한 마법의 힘을 지닌 주물로 사용되는 예가 바로 성물이다. 현재 유럽 인구의 절반이 초자연적인 힘으로 자신을 보호해 주고 도와주는 펜던트나 부적을 목에 걸거나 몸에 지니고 다닌다. 한 걸음 한 걸음 나아갈 때마다 문명의 역사는 문명이 정말 취약하고 허술하게 짜여 있다는 사실을 우리에게 일러 준다. 그 아래엔 서투르고 억눌린 야만성·미신·무지라는 활화산이 언제 터질지 모른 채 자리하고 있어 위태롭기 짝이 없다. 알고 보면 근대성도 길이 사라지지 않을 중세 시대의 문화 위에 모자 하나를 덧씌운 것일 뿐이다.

철학자는 합리적인 사람이지만, 초월적인 힘에 의지하려고 하는 인간의 이

---

* '만들어 냈'이란 뜻을 가진 포르투갈어 '페이티소(feitico)'가 어원이다.

런 욕구를 멋지게 이해할 줄 안다. 그리고 물활론에서 시(詩)가 나온 것처럼, 마법이 극(劇)과 과학을 낳았다는 사실로 위안을 삼는다. 영국의 사회인류학자인 프레이저(Frazer)는 과학의 영광은 마법의 불합리성에 뿌리를 두고 있다고 설명한 바 있다.(물론 이 설명에는 창의성이 기막힌 사람들이 다 그렇듯 과장된 면이 없지 않다.) 마법이 종종 실패로 돌아갔기 때문에 마법사 입장에서는 자연의 작용을 파악해 두는 게 유리했다. 그러면 초자연적 힘이 그가 바라는 사건을 일으키는 데 도움이 될 것이었기 때문이다. 그러다 서서히 이 자연적 수단들이 더 큰 힘을 갖기 시작했다. 마법사가 자신의 입지를 잃지 않기 위해 그런 자연적 수단들을 가급적 단단히 숨기고, 초자연적인 마법에서 힘이 나오는 것처럼 위장했음에도 말이다.(오늘날 우리가 자연적으로 병이 나은 걸 대단한 처방과 약 덕분이라 생각하는 것도 이와 똑같다.) 이렇게 마법을 모태 삼아 의사, 약사, 야금가, 천문학자가 탄생하게 된 것이다.[139]

하지만 마법이 무엇보다 먼저 만들어 낸 건 신관이었다. 종교 의식이 점차 늘어나고 또 복잡해지자, 일반 사람들의 지식과 능력으로는 감당이 되지 않았다. 그래서 종교 의식과 행사에 대부분의 시간을 할애하는 특별한 계급이 생겨났다. 신관은 마법사로서 신 내림, 영감, 비밀스러운 기도를 통해 영혼이나 신의 뜻에 다가가, 그 뜻을 인간의 목적에 맞게 변형시키는 능력이 있었다. 원시인들에게 그런 지식과 기술은 그 무엇보다 귀중한 것으로 비쳤고, 초자연적인 힘은 인간의 운명 어디에나 영향을 미친다고 생각되었기 때문에, 신관의 힘은 국가만큼이나 엄청나게 커졌다. 최근 사회부터 오늘날까지 전사 계급과 앞을 다퉈 가며 번갈아 인간을 지배하고 규제한 것도 이 신관 계급이었다. 사실 이는 이집트와 유대, 중세 유럽만 살펴봐도 충분히 입증되는 사실이다.

하지만 신관은 종교를 활용했을 뿐, 종교를 만들어 내진 않았다. 정치가가 인간의 충동과 관습을 이용하는 것일 뿐, 그것을 만들어 내지는 않는 것처럼. 종교는 신관의 창의성이나 속임수에서 나온 게 아니었다. 그 뿌리는 인간의 꺼질 줄 모르는 경외감, 두려움, 불안, 희망, 그리고 외로움이다. 미신을 용인하고

4장 문명의 윤리적 요소

특정 형태의 지식을 독점할 때 신관은 분명 인류에 해악이었다. 하지만 신관은 미신이 퍼지지 못하게 많이 막았고, 사람들에게 교육의 기초를 제공했다. 또 점점 늘어가는 종족의 문화적 유산을 저장하고 나르는 역할을 했으며, 강자에게 수탈을 당할 수밖에 없는 약자를 위로해 주었다. 또 종교가 예술을 키워 내고, 허약한 인간 윤리의 틀을 초자연적인 힘으로 지탱시키는 데 주체적 역할을 한 것도 신관이었다. 아마 신관이 없었더라면 사람들이 일부러라도 신관을 만들어 냈을 것이다.

4. 종교의 윤리적 기능

윤리를 지탱할 때 종교는 주로 두 가지 수단을 이용한다. 바로 '신화'와 '금기'다. 신화를 통해 초자연적 신념이 만들어지고, 그것을 통해 사회적으로 (혹은 신관이 보기에) 바람직한 행동에 천계(天界)의 인가를 내린다. 그리고 개개 인간들은 하늘에 희망과 공포를 품고서 자신의 주인이나 집단이 부과한 제약을 묵묵히 견뎌 낸다. 원래 인간은 순종적이지도, 점잖지도, 정숙하지도 않은 존재다. 마침내 양심을 생겨나게 하는 고래로부터의 의무감만 빼면, 인간이 순종·품위·정숙 같은 안 어울리는 덕을 갖는 데 조용히 그리고 지속적으로 이바지한 일등 공신은 바로 신에 대한 두려움이었다. 사유 재산과 결혼 등의 여러 제도도 종교적 제약에 어느 정도 의지하고 있어서, 믿음이 사라지는 시대엔 구속력을 잃는 경향이 있다. 사회를 돌아가게 하는 요소 중 무엇보다 부자연스러우면서도 동시에 무엇보다 필요한 것이 통치인데, 이 통치에도 보통 신앙심과 신관의 지원이 있어야 했다. 나폴레옹이나 무솔리니는 이 사실을 금세 알아차린 머리 좋은 이단자들에 해당한다. 그래서 "모든 헌법은 신정 정치를 향해 흐르기가 쉬운 것"이다.[140] 원시인 추장은 마법과 요술을 통해 자신의 권력을 키운다. 심지어 지금 우리 미국도 해마다 추수감사절을 지내며 신을 받들고 있지 않은가.

폴리네시아인들은 종교가 금하는 사항들에 'tabu(금기)'란 말을 사용했다.

보다 고도로 발달된 원시 사회에서도 그러한 금기들이 문명사회 법의 역할을 했다. 이들 금기는 보통 부정적인 형식이었다. 사람들은 특정 행위나 대상을 "신성한 것" 아니면 "불결한 것"으로 선언했는데, 결국 두 가지 말 모두 경고하는 내용은 하나였다. '범접해선 안 된다.'는 것. 모세의 십계명이 새겨진 돌이 든 법궤(法櫃)도 그런 성물이었기에, 웃사(Uzzah)는 법궤가 떨어지는 걸 막으려고 손을 댔다가 사람들에게 맞아 죽었다고 전한다.[141] 정말 사실인지는 불분명하지만, 그리스의 역사가 디오도로스에 의하면 고대 이집트인들은 기근이 찾아왔을 때 부족의 토템을 먹으면 안 된다는 금기를 깰 수 없어 서로를 잡아먹었다고 한다.[142] 대부분의 원시 사회에는 금기(또는 성물)에 해당하는 것들이 이루 헤아릴 수 없이 많았다. 결코 입에 올려서는 안 될 단어나 이름이 있었는가 하면, 노동이 금지되는 날과 계절도 있었다. 그리고 음식 문화와 관련된 금기를 보면 원시인들이 음식에 대해 어떤 지식을 가지고 있었는지(또는 어느 정도 무지했는지) 알 수 있다. 위생 관념도 과학이나 현실 의학이 아닌, 종교가 주입한 것이었다.

원시 시대에 가장 금기시된 대상은 여자였다. 시시때때로 여자를 가까이 해서는 안 될 위험하고 불결한 존재로 규정하는 미신이 이루 헤아릴 수 없이 많았다. 세계의 각종 신화는 무능력한 남편들의 작품이었다. 신화에서 하나같이 여자를 악의 뿌리로 보고 있으니 말이다. 이런 관점은 히브리 및 그리스도교 전통에서만 나타나는 게 아니라, 여타 수많은 이교도 신화 속에서도 나타난다. 그리고 원시 시대 가장 엄격한 금기 대상은 월경을 하는 여자였다.[143] 영국령 기아나의 마쿠시족은 물이 오염된다는 이유로 여자들이 월경을 할 때는 목욕을 못 하게 했다. 또 그때에는 숲에도 들어가지 못하게 했다. 피 냄새에 취한 뱀에게 물리기 때문이었다.[144] 심지어 출산마저 불결한 것으로 생각되어 아이를 낳은 후 여자는 정성스레 종교 의식을 치러서 자기 몸을 정화해야 했다. 대부분의 원시 종족들은 여자가 월경을 할 때는 물론, 임신을 하거나 아이에게 젖을 먹이는 기간에는 절대 성관계를 가질 수 없었다. 이런 금기는 아마 자신을 불결하다고 여긴 여자들이 만들어 냈을 것이다. 정숙과 죄악 개념, 성교를 불결한 것으로 보는 관점, 금욕주의, 신관의 독신 생활, 여자의 예속화 현상이 나타나는 데도 이런 금기가 한 몫 했다.

종교는 윤리의 토대가 아니라, 보조 장치에 해당한다. 종교가 없이도 윤리는 존재할 수 있으며, 종교가 윤리를 냉대하거나 뿌리칠 때도, 윤리는 발전한 경우가 드물지 않기 때문이다. 인류의 가장 초창기 사회에서는(더러 그 이후의 사회에서도) 윤리가 종교와 전혀 별개인 경우를 발견할 수 있다. 그때 종교는 마법, 의례, 제물에 관여했지, 행동 윤리에는 관여하지 않았다. 따라서 종교 의식을 잘 차려 공손하게 치르는 사람이 곧 선한 사람으로 규정되었다. 당시 종교는 일반적으로 그 어떤 절대적인 선(善)도 규정하지 않았다. 다만 경제적·사회적 상황에 맞추어 저절로 생겨날 수밖에 없었던 여러 행동 규범들을 규정했을 뿐이다. 그리고 종교는 그와 관련한 판단을 내릴 때 (법과 마찬가지로) 과거를 돌아보았다. 그래서 여러 조건이 변하면서 윤리도 그에 발맞춰 변하는데, 종교는 그에 따르지 못하고 뒤처지기 십상이었다. 그리스인들이 현실에서는 근친상간을 경멸하게 되었으면서도 신화 속에서는 근친상간을 저지르는 신을 숭배한 것도, 그리스도교인들이 현실에서는 일부일처제를 따르면서도 성경에서는 일부다처제를 정당화시킨 것도, 노예제가 폐지된 와중에 목사들이 신성불가침한 성경의 권위를 내세워 노예제를 신성시했던 게 바로 그런 맥락에서다. 그 모습은 오늘날에도 마찬가지여서, 산업 혁명으로 인해 이미 퇴물 신세가 된 일부 윤리 규범을 교회에서는 목숨을 걸고 지키려 한다. 하지만 결국에는 지상의 힘이 승리를 거두어, 새로이 생겨난 경제적 여건에 맞추어 윤리가 차츰 변화되고, 종교도 윤리의 변화에 발맞추어 마지못해 스스로를 정비한다.* 새로운 가치를 만들어 내는 게 아닌, 기존 가치를 보존하는 것이 종교의 윤리적 기능인 것이다.

그래서 문명이 새로 이룩될 때마다 종교와 사회 사이의 긴장감은 높아져만

---

* 오늘날 도시가 산업화하면서 산아 제한을 하게 된 현실과 그 현실을 교회에서 차츰 받아들이게 된 상황을 참고해 보라.

간다. 종교의 애초 역할은 괴로움과 번민에 시달리던 인간에게 마법의 힘을 제공하는 것이었다. 그러다 전성기에는 나라를 이끌고 예술을 발달시키는 데 크게 이바지하게 되는 통합된 윤리와 믿음을 제공한 후, 종국엔 과거의 대의를 잃고 자멸한다. 지식이 점차 커져 가고 끊임없이 변화하면서, 종교가 신화 및 신학과 충돌을 일으키기 때문이다.(충돌 정도는 환경이 지질학적으로 얼마나 여유 있느냐에 따라 달라진다.) 그러면 신관이 예술과 문학을 좌지우지하는 상황이 답답한 속박이나 부수고 싶은 장벽으로 여겨지면서, 지식의 역사는 "과학과 종교 간의 갈등" 양상을 띤다. 나아가 애초에는 성직자가 관장했던 법률과 처벌, 교육과 윤리, 결혼과 이혼 등도 점차 교회의 틀에서 벗어나 종교와는 별개인 세속의 일이 되는 경향을 띤다. 식자들은 오래 묵은 신학은 던져 버리고 (얼마간 망설인 후) 그와 결부된 윤리 규범도 함께 내던진다. 그러면서 문학과 철학도 신관의 권위에 반대하는 경향을 띤다. 이 자유 운동은 이성을 광적으로 숭배하는 수준에 이르고, 결국에는 모든 교의와 사상을 깨뜨릴 정도로 환멸을 품는 지경까지 간다. 그 결과 종교적 버팀목을 잃은 사람들의 행동은 쾌락주의에 젖어 혼돈에 빠진다. 또 고통을 위로해 주던 믿음이 사라지자 가난을 아는 사람이나, 피로에 절은 부자나 모두 인생 자체를 짐으로 여기게 된다. 결국 사회와 그 사회 속에 자리하고 있던 종교는 (마치 몸과 영혼이 함께 죽어 가듯) 나란히 멸망의 길로 들어선다. 그러다 억압받는 자 사이에서 또 다른 신화가 싹터 인간에게 새로운 형태의 희망을 주고 다시금 노력하도록 용기를 북돋우면, 몇 세기에 걸친 혼란 끝에 또 다른 문명이 이룩되는 것이다.

OUR ORIENTAL HERITAGE

5장 문명의 정신적 요소

1. 문자

태초에 말씀이 있었던 건, 말이 있음으로 해서 인간이 비로소 인간의 면모를 갖추었기 때문이다. 이른바 보통 명사라 불리는 그 이상한 소음이 없었다면 인간의 사고는 개별 사물과 감각적 기억 및 경험(대개가 시각적 경험)에 국한되고 말았을 것이다. 종류를 개별 사물과 구별되는 개념으로 생각하지 못해, 사물의 공통된 특성을 따지지도, 공통된 특징으로 사물을 생각하지도 못했을 것이다. 종류를 나타내는 일반 명사가 없었다면 사람들은 '이 사람'이나 '저 사람'하는 식으로만 생각하지, 일반적인 '사람'에 대해서는 사고하지 못했을 것이다. 사람들 눈은 구체적인 사람들만 보지 사람의 일반적인 개념은 보지 못하기 때문이다. 인간이 아직 반인반수의 모습을 하고 있던 시절, 동굴 속이나 나뭇가지에 웅크리고 있던 별난 누군가가 머리를 쥐어짜 처음으로 보통 명사를 만들어 내면서 인간은 비로소 인간다워질 수 있었다. 이때부터 소리를 통해 비슷한 성격의 여러 사물을 '한 덩어리'로 가리킬 수 있게 되었다. '집'은 곧 모든 집을, '사람'은 곧 모든 사람을, '빛'은 곧 땅이나 바다 위에서 빛나는 모든 것을 의미하게 되었다. 바로 이 순간부터 인류의 정신은 새롭고 또 끝날 줄 모르는 발전의 길을 걸었다. 사고에 있어서 말은 작업에 필요한 연장과 같다. 작업을 통해 어떤 작품이 나오느냐는 얼마나 발달된 연장을 쓰냐에 크게 좌우된다.[1]

'기원을 가지고 논쟁하는 건 아무 소용없는 일'이라는 말이 있다. 기원을 두고는 추측밖에 할 수 없는 만큼, 말이 처음에 어떻게 생겨났는지 그림을 그려볼 때도 상상력이 마음껏 날개를 펼친다. 언어를 정의 내리라면 '표시를 통한 의사소통'이라고 할 수 있는데, 동물들이 짝을 찾으며 서로에게 보내는 신호가 아마 최초의 언어였을 것이다. 그렇게 따지면 정글이나 숲, 대평원에서는 정신없이 말이 오가고 있는 셈이다. 위험을 경고하거나 공포를 드러내는 비명, 어미가 새끼들을 부르는 소리, 제 흥에 겨울 때 혹은 짝짓기의 기쁨에 취했을 때 끽끽 꽥꽥 내지르는 소리, 나뭇가지 사이에서 재잘재잘 벌어지는 회의 소리는 동물의 왕국에서도 인간의 고상한 언어 못지않게 바쁘게 말 연습을 하고 있다는 증거다. 프랑스 샬롱 근처 숲에서는 동물들 틈에서 살던 야생 소녀가 발견된 적이 있는데, 그 아이는 컹컹 짖거나 소름 끼치는 새된 소리만 낼 줄 알았지 말은 단 한 마디도 하지 못했다. 하지만 숲 속의 이런 활기에 찬 소음들이 우리의 얇은 귀에는 아무 의미 없는 소리로 들린다는 점에서, 우리도 자기 주인 베르제레 부인을 두고 이렇게 말하는 철학적인 푸들 리케트(Riquet)와 똑같다. "내가 하는 말엔 다 나름대로 의미가 있어. 그런데 우리 주인님 입에서는 도무지 말도 안 되는 소리가 많이도 나오지." 휘트먼(Whitman)과 크레이그(Craig)는 집비둘기의 동작과 울음소리 사이에 기이한 연관 관계가 있다는 사실을 밝혀내기도 했다. 한편 뒤퐁(Dupont)은 닭과 비둘기가 내는 독특한 소리 열두 가지, 개가 내는 소리 열다섯 가지, 소가 내는 소리 스물두 가지를 구분하는 법을 알아내기도 했다. 또 가너(Garner)는 유인원이 쉴 새 없이 떠들어대는 내내 갖가지 몸짓과 더불어 적어도 스무 가지의 다양한 소리를 사용한다는 사실을 알아냈다. 사실 거들먹거리지만 않으면 사람들의 어휘도 300개 정도로 충분한데, 유인원들의 소박한 어휘 수준과 그다지 차이가 없는 셈이다.²

애초에 생각을 전달하려 할 때는 말보다 몸짓이 먼저 나오는 것 같다. 말로 생각이 전달 안 될 때 몸짓이 또 다시 튀어나오기도 하고 말이다. 북미 인디언들은 이루 헤아릴 수 없이 많은 방언을 썼는데, 서로 다른 부족 사람들이 결혼을 했을 때는 말보다 몸짓으로 의사소통을 하고 관계를 유지해 나갔다. 미국의 문화인류학자 루이스 모건(Lewis Morgan)이 알고 지낸 한 부부는 3년 동안이나 침묵의 신호를 사용했다고 한다. 일부 인디언 언어에서는 몸짓의 비중이 너무 커서 아라파호족은 어둠 속에서는 거의 대화를 나누지 못했다.(현대인 중에도 이런 사람들이 있다.)³ 동물들이 소리를 내 감정을 표현하는 걸 보면, 인류가 최초로 사용한 말도 아마 감탄사였을 것이다. 그러다 지시를 뜻하는 동작에 설명하는 말을 곁들여 쓰게 되었을 테고, 곧 이어 의성어가 등장해 그 소리의 근원이 되는 사물이나 행동을 가리키게 되었을 것이다. 인류 역사 속에 생겨난 이래 영겁의 세월 동안 언어는 이루 말할 수 없이 심하게 변하고 또 복잡해졌지만, 아직도 수없이 많은 의성어가 들어 있는 것만큼은 어떤 언어나 마찬가지다.(영어의 roar(으르렁거리다), rush(달려들다), murmur(웅얼거리다), tremor(떨림), gigle(낄낄거리다), groan(끙끙거리다), hiss(쉿 소리를 내다), heave(한숨 쉬다), hum(윙윙거리다), cackle(꼬꼬댁거리다) 등도 모두 이런 예에 해당한다.)* 고대 브라질의 테쿠나족 언어에는 'haitschu'라는 재채기 소리를 완벽하게 흉내 낸 동사도 있다.⁵ 아마도 모든 언어의 뿌리 말은 바로 이런 의성어일 것이다. 르낭(Renan)은 500개의 어근에서 모든 히브리어가 나온 걸로 보았으며, 스키트(Skeat)는 유럽어의 모

---

* 이러한 의성어는 말이 안 통하는 비상 상황에서 지금도 궁여지책으로 통한다. 한번은 어떤 영국인이 중국에 가서 처음으로 식사를 하는데 자기가 먹는 고기가 무언지 궁금해졌다. 그래서 앵글로색슨족 특유의 품위와 과묵함을 잃지 않은 채 이렇게 물었다. "꽥꽥?" 그러자 이를 본 중국인이 머리를 가로저으며 우렁차게 대꾸했다. "멍멍!"⁴

든 단어가 약 400개 정도의 어간에서 비롯되었다고 생각했다.*

 자연인들이 사용하는 언어라고 꼭 원시적일 정도로 단순한 건 아니다. 물론 어휘나 구조가 단순한 경우도 많지만, 일부는 현재 우리가 사용하는 말만큼이나 어휘도 풍부하며, 체계도 중국어보다 훨씬 정교하다.[7] 하지만 원시 시대 언어 거의 대부분이 감각적이고 구체적인 말에 한정되어 있는 것 역시 사실이다. 더구나 이들 언어는 모두 일반적이거나 추상적인 말이 별로 발달되어 있지 않다. 예를 들어 오스트레일리아의 일부 부족은 개의 꼬리와 소의 꼬리를 가리키는 말이 따로 있으면서도 꼬리를 일반적으로 가리키는 말은 없었다.[8] 태즈메이니아인들도 나무마다 이름은 다 따로 있으면서 정작 나무 전체를 가리키는 말은 없었다. 촉토족 인디언도 껍질이 검고, 희고, 붉으냐에 따라 떡갈나무를 달리 부르면서도, 떡갈나무를 일반적으로 가리키는 말은 없었다.(나무를 가리키는 말이 없었던 건 말할 것도 없다.) 그런 고유명사가 탈바꿈해 마침내 일반 명사가 되기까지는 분명 많은 세월이 지나야 했을 것이다. 지금도 색깔과 색깔 있는 사물을 따로 구별하는 말이 없는 부족이 많다. 또 '색조', '성교', '종(種)', '공간', '영혼', '본능', '이성', '양(量)', '희망', '두려움', '물질', '의식' 등의 추상적인 개념을 가리키는 말도 전혀 없었다.[9] 아무래도 이런 추상적인 말들은 사고 발전 과정에서 인과 관계의 상호 작용으로 나타나게 된 것 같다. 그리하여 정교한 도구이자 문명의 상징으로 자리 잡게 된 것이다.

 말은 인간에게 너무나 많은 선물을 가져다주었기에 하늘이 내린 은혜이자 신성한 도구로 비쳤다. 그러면서 마법 주문에서 중요한 부분을 차지하게 되었고, 도무지 그 뜻

---

* 예를 들어 'divine(신성한)'이라는 영어는 라틴어 'divus'에서 유래한 것인데, '신'을 뜻하는 'deus'(그리스어로는 'theos', 산스크리트어로는 'deva')가 어근이다. 집시족 언어에서는 신을 뜻하는 이 말이 우스꽝스럽게 변해 'devel'의 형태가 되기도 했다. 'historically'의 어원은 '알다'라는 뜻의 산스크리트어 'vid'(그리스어로는 'oida', 라틴어로는 'video'('보다'란 뜻), 프랑스어로는 'voir'('보다'란 뜻), 독일어는 'wissen'('알다'란 뜻), 영어는 'wit')이며, 여기에 'tor'(author(작가)), praetor(집정관), rhetor(웅변가)처럼), 'ic', 'al', 'ly'의 접미사가 붙은 것이다. '밭을 갈다'라는 뜻의 산스크리트어 어근 'ar'도 라틴어 'arare', 러시아어 'orati'를 비롯해 영어 구절 'ear the land'('경작하다'의 뜻을 가진 관용구)와 'arable', 'art', 'oar'란 단어에 어근 역할을 해 주고 있다. '밭 가는 사람'이란 뜻의 'Aryan(아리아인)'도 이 말이 어근일 것이다.[6]

을 알 수 없을 때 가장 신성한 힘을 가지는 것으로 여겨졌다. 이렇게 말이 신비의 베일에 싸인 성물(聖物)로 남아 있는 경우는 지금도 있다.(이를테면 요한복음 1장 14절 "말씀이 육신이 되어"처럼 말이다.) 말은 사고를 보다 명확하게 만들었을 뿐 아니라, 사회 구성도 한층 용이하게 만들었다. 교육을 시키고 지식과 예술을 전수하는 매개체로서 말이 한결 나은 수단이 되면서 세대 간의 정신적 유대가 한층 공고해졌기 때문이다. 사람들이 하나의 교의나 믿음 아래 서로 뭉치게 된 것도 말이라는 새로운 의사소통 수단이 생기면서 가능해진 일이었다. 말이 생각을 나르고 또 생각이 이동하는 새로운 길을 터 준 셈이었다. 덕분에 인간 삶의 템포는 엄청난 가속이 붙고, 그 범위와 내용도 크게 넓어졌다. 이제까지 인간이 만들어 낸 발명품 중 이 보통 명사만큼 막강한 힘과 영광을 누린 것이 과연 또 있을까?

사고의 확장 다음으로 말이 가져다준 최고의 선물이 있다면 바로 교육일 것이다. 문명은 결국 무언가를 계속 쌓아 나가는 과정이고, 사람들은 커 가는 동안 그 보물 창고에 저장된 예술과 지혜, 각종 풍습과 윤리를 정신생활의 자양분으로 삼는다. 세대가 바뀔 때마다 사람들이 때맞춰 종족의 유산을 다시 습득하지 않는다면 문명은 돌연사할 수밖에 없다. 문명이 생명을 부지하는 것도 다 교육 덕분이다.

원시인들 사이에서 교육은 절대 허례허식이 아니었다. 동물처럼 원시인들은 교육을 주로 기술을 전수하고 품성을 함양하는 수단으로 삼았다. 한 마디로, 스승이 제자에게 인생의 다양한 면면을 가르치는 건전한 관계가 교육이었던 것이다. 그리고 그렇게 직접적이면서도 실용적인 훈육이 이루어졌기에 원시 부족의 아이들은 성숙 속도가 무척 빨랐다. 일례로, 오마하 부족 남자아이는 열 살이면 벌써 아버지가 가진 기술을 거의 모두 익히고 인생을 살아갈 준비를 다 마쳤다. 알류트족은 열 살 난 소년이 자립하는 경우가 많았고, 더러는 아내를 맞기도 했다. 나이지리아에서는 아이들이 여섯 살에서 여덟 살이 되면 부모 집을 떠나 오두막을 짓고, 사냥을 하고, 물고기를 잡으며 혼자 생활해 나갔다.[10] 이러한 교육 과정은 아이가 성생활을 시작하면 보통 끝이 났다. 그리고 성숙이 빨랐기에 노쇠도 일찍 찾아왔다. 이런 환경에서 자란 아이들은 보통 열두 살에 성인 대접을 받았고, 스물다섯이면 이미 노인 신세였다.[11] 그렇다고 이 "야만인"들의 마음이 어렸다는 건 아니다. 다만 오늘날 아이들과 같은 욕구와 기회를 누리지 못했다는 의미다. 지금 아이들은 부모의 보호 속에서 기나긴 사춘기를 보내며 문화의 유산을 거의 완전히 물려받고, 주변의 인위적이고 불안정한 환경에 보다 다양하고 융통성 있게 적응하는데 반해, 원시 부족 아이들은 그런 시절을 누리지 못하는 것이다.

자연 상태에서 살아가는 인간의 주변 환경은 상대적으로 변화가 적었다. 따라서 지적 민첩함보다는 용기와 강한 품성이 주효했다. 현대의 교육이 지능을 믿는다면, 원시 부족의 아버지들은 강한 품성을 믿었다. 학자보다는 인간을 만드는 데 주안점을 두었던 것이다. 따라서 젊은이가 성인이 되어 부족의 일원이 되었음을 알리는 성인식은 지식보다는 용기를 시험하기 위한 것이었다. 젊은이가 전쟁이나 결혼 생활의 고초를 겪으며 힘들지 않도록 만반의 대비를 시키는 것이 성인식의 기능이었던 셈이다. 한편 그 과정에서 부족 어른들은 남에게 고통을 주는 기쁨을 마음껏 누리기도 했다. "너무 끔찍하고 역겨워서 차마 보거나 들을 수 없는" 성인식도 있었다고 전한다.[12] (그마나 참고 들을 만한 예를 하나 들면) 카피르족의 경우, 결혼 후보에 오른 소년들은 낮에 고된 노동을 할당받고 밤을 꼬박 세워 가며 지쳐 나가떨어질 때까지 그 일을 해야 했다. 그리고 보다 확실히 시험을 하기 위해 아이들에게 "피가 뿜어져 나올 정도로 종종 무자비하게" 채찍질을 했다. 그 결과 죽고 마는 아이들도 상당수에 달했지만, 부족의 어른들은 이를 자연 선택의 예비 작업쯤으로 여기고 침착한 태도를 보였던 듯하다.[13] 보통 이런 성인식은 사춘기가 끝나고 결혼할 준비가 되었음을 뜻했다. 그리고 신부 쪽에서는 신랑이 고난을 헤쳐 갈 능력을 입증해야 한다고 생각했다. 콩고의 많은 부족은 포경 수술을 성인식의 주요 행사로 삼았다. 젊은이가 두려움을 못 참고 움츠러들거나 소리라도 지르면, 친척들이 모질게 매를 맞았다. 그리고 성인식을 처음부터 유심히 지켜보고 있던 약혼녀는 계집애 같은 사람을 자기 남편으로 삼고 싶지 않다며 멸시에 차서 약혼자에게 퇴짜를 놓는다.[14]

원시 시대 교육에서 글은 거의 혹은 전혀 쓸모가 없었다. 유럽인들이 종잇조각 위에 검정색으로 무언가를 끼적여 먼 거리에 있는 사람들과 의사소통하는 모습이 자연인들에게는 그 무엇보다 놀라웠다.[15] 대다수 부족이 문명을 가진 착취자들을 모방해 쓰는 법을 배우게 됐지만, (북 아프리카처럼) 글을 쓰는 국가와 간헐적으로나마 5000년이나 교류를 하면서도 아직도 문자 없이 지내는 부족도 있다. 단순한 부족들은 대부분의 시간을 비교적 고립된 생활을 하고, 역사가 없을 때의 행복을 알았기에 글의 필요성을 거의 느끼지 못했다. 또 글의 도움을 전혀 받을 수 없다 보니 기억력이 누구보다 뛰어났다. 지식과 기술을 익혀 간직하고 있다가 역사 기록이나 문화 전수에 필요하다고 생각되는 것들을 모조리 아이들에게 암송해주었던 것이다. 문학도 바로 이렇게 민간 사이에서 구전으로 전승된 이야기를 글로 옮겨 적으면서 시작되었을 것이다. 글은 만들어지고 난 후 윤리와 민족정신을 해칠 것으로 치부되면서 오랜 세월 종교적 저항을 받았을 게 분명하다. 일례로 이집트의 한 전설에 의하면 토트(이집트 신화의 정의와 지혜의 신 - 옮긴이)가 타모스 왕에게 글 쓰는 기술을 알아냈다고 하자, 선량한 왕은 문명의 적이 될 거라며 글을 깎아내린다. "아이들과 젊은이들은 지금까지 가르쳐 주는 것은 억지로라도 모조리 부지런히 배우고 머리에 담아두려 했습니다. 하지만 이제는 더 이상 열심히 공부하려고 하지 않을 것이고, 기억력 훈련도 게을리 할 것입니다."[16]

물론 글자라는 이 신기한 장남감이 어떻게 생겨났는지에 대해서는 추측만 가능할 뿐이다. 아마도 토기를 만들다 부수적으로 생겨난 듯하며(이에 대해서는 또 논의가 될 것이다.), 토기 위에 새겨진 "트레이드마크(trade-mark)"를 식별하면서 쓰기 시작했을 것이다. 그리고 부족 사이에 교역량이 늘면서 체계적인 문자의 필요성이 대두되었을 것이고, 상품 및 거래액을 협의해 대강 그림으로 나타낸 것이 글자의 최초 형태였을 듯싶다. 다양한 언어를 가진 부족들이 교역을 통해 서로 연결되면서, 서로가 알아볼 수 있는 기록 및 의사소통 양식이 있으면 좋겠다는 생각이 싹텄으리라. 최초의 글자 중에는 숫자가 들어 있었는데,

보통 손가락을 나타내는 선을 평행으로 표시하는 식이었다. 0~9의 정수가 손가락으로 수를 셈하면서 나온 것임을 감안하면 그 흔적은 아직도 남아 있는 셈이다. 영어의 'five'나 독일어의 'fünf(5)', 그리스어의 'pente(5)' 모두 유래를 거슬러 올라가면 손을 뜻하는 말이 어원이다.[17] 로마 숫자들은 손가락 모양에서 나온 것인데, 이를테면 'V'는 손바닥을 펼친 모양을 나타낸 것이고, 'X'는 'V' 두 개를 뾰족한 지점을 중심으로 연결해 놓은 것이었다. 초기의 문자는 일종의 그림, 곧 미술이었다.(중국이나 일본의 문자는 여전히 이런 형태다.) 말로 안 될 때는 몸짓을 사용했던 것처럼, 인간은 시공을 넘어 자신의 생각을 전달하고자 할 때 그림을 사용했다. 현재 우리가 알고 있는 문자는 모두 한때 그림이었으며, 12궁도의 특징과 표시는 오늘날까지 그대로 전해지고 있을 정도다. 글이 생겨나기 이전 아득히 먼 옛날 중국 그림을 'ku-wan'이라 불렀는데, 문자 그대로 해석하면 "몸짓 그림"이란 뜻이다. 토템폴(totem pole)도 그림 문자를 사용한 글이라 할 수 있다. 메이슨(Mason)의 주장에 의하면, 토템폴은 부족의 정체성을 상징하는 서명과 같은 것이었다. 일부 부족은 기억을 돕거나 메시지를 전달할 때 눈금이 새겨진 막대기를 활용했다. 또 알곤퀸 인디언처럼 막대기에 눈금뿐 아니라 그림까지 그려 사용한 부족도 있었다. 토템폴의 축소판이었던 셈이다. 아니면 눈금 새긴 막대의 크기를 늘린 게 토템폴이었을 수도 있다. 페루 인디언은 색색의 노끈으로 매듭과 고리를 만드는 복잡한 형태로 숫자와 생각을 기록해 두었다. 이스턴 제도와 폴리네시아의 원주민에게도 이와 유사한 관습이 있었던 걸 보면 남미 인디언들의 기원이 어디였는지 어느 정도 가닥이 잡힌다. 중국인들에게 소박한 생활로 돌아가라고 외쳤던 노자(老子)는 노끈을 묶어 기록하는 먼 옛날의 방법을 이용해야 한다고 이야기하기도 했다.[18]

자연인들에게서도 간헐적으로 이보다 훨씬 발달된 문자 형태가 나타난다. 일례로 남태평양 이스터 군도에서는 일련의 상형 문자가 발견된 적이 있으며, 캐롤라인 제도의 한 섬에서도 형상과 사상을 표현한 문서 하나가 발견되었는데, 거기엔 쉰한 개의 철자 표시가 들어 있었다.[19] 이스터 섬의 전통을 보면 그곳 신관과 추장들이 글쓰기 지식을 독점하기 위해 애쓴 흔적과, 매년 사람들이 서판 낭독을 들으려 모였던 모습을 엿볼 수 있다. 글은 (이집트에서 성각(聖刻) 문자라 불린 것처럼) 초기 단계에는 신비스럽고 성스러운 것으로 여겨진 게 분명하다. 하지만 폴리네시아의 이 문서들이 역사적 문명의 일부로 파생된 것인지는 확신할 수가 없다. 일반적으로 글이 문명의 징표로 여겨지는 하지만, 문명인과 원시인의 불분명한 경계를 가르는 기준으로는 가장 미흡한 것 또한 사실이다.

문학(文學)은 그 이름이 무색하게도 애초에는 글자가 아니라 말의 형태였다. 보통 신관들이 암송해 주고 기억을 통해 대대로 전승되었던 성가나 마법 주문이 기원이었던 것이다. 노래를 뜻하는 라틴어 '카르미나(carmina)'는 시와 주문 모두를 뜻했다. 그리고 노래를 뜻하는 그리스어 '오드(ode)'는 원래 마법의 주문을 뜻했다. 노래나 시를 뜻하는 영어 '룬(rune)'과 '레이(lay)', 독일어 '리트(Lied)'도 모두 마찬가지다. 아마도 자연이나 신체 주기에서 비롯되었을 리듬과 운율도 신관이나 샤먼들이 "자신이 만든 노래의 마법의 힘"을 지키고, 전하고, 또 키우기 위해 발전시킨 것으로 보인다.[20] 그리스인들은 델포이의 신관들이 6보격 운율을 처음 사용했다고 했는데, 이들은 신탁에 처음으로 운율을 넣은 사람들로도 여겨지고 있다.[21] 그리고 이 신관직에 기원을 두고 서서히 시인, 웅변가, 역사가가 갈라져 나와 세속화한다. 웅변가는 왕을 공식적으로 찬미하거나 신에게 간청하는 존재가 되고, 역사가는 왕실의 행적을 기록하는 존재가 된 것이다. 한편 시인은 애초의 성스러운 주문을 노래하고, 영웅 전설의 틀을 짜 보존하는 존재이자, 이야기에 곡조를 붙여 백성과 왕에게 알려 주는 음악가가 되었다. 피지, 타히티, 뉴칼레도니아에는 이따금 열리는 행사에서 연설을 하는 공식 웅변가가 따로 있었다. 이들은 선조들의 행적을 열거하고 옛날 국가가 누렸던 찬란한 영광을 찬미해 부족의 전사들을 선동했다. 최근 역사학자 중에도 이와 별반 다르지 않은 사람들을 찾아볼 수 있다! 소말리족에는 중세 시대 음유 시인처럼 마을을 이리저리 돌며 노래를 부르는 전업 시인들이 있었다. 그리고 사랑이 이런 시들의 주제가 되는 건 극히 이례적인 일이었다. 보통은 무용을 자랑하는 영웅, 전투, 부모 자식 관계가 주로 다루어졌다. 다이스터 섬 서판에 실린 다음의 시 한편을 보면 전쟁의 숙명에 묶여 딸과 헤어진 아버지의 탄식이 드러나 있다.

> 타지 부족의 무력으로도
> 우리 딸의 뱃길은 결코 끊지 못하리
> 호니티의 음모가 있어도
> 우리 딸의 뱃길은 끊어지지 않으리
> 백전백승을 한다 해도
> 우리 딸이 유혹에 넘어가 독이 든 물을 마시는 일은 없으리
> 흑요암 잔에 담긴 그 독극물을 마시는 일은 없으리
> 이 슬픔 달랠 길 있을까
> 험한 바다가 우리 사이를 이렇게 갈라놓고 있는데
> 딸아, 오, 내 딸아
> 물길이 참으로도 넓구나
> 그 위로 수평선을 바라보니
> 우리 딸이 보이네, 오, 내 딸아![22]

2. 과학

영국 철학자 허버트 스펜서(Herbert Spencer)의 견해에 의하면, 자료를 수집하는 최고의 전문 기술인 과학을 처음 만든 것은 (문자와 마찬가지로) 신관들이었다. 하늘을 관찰하는 일에서부터 시작된 과학은 종교 행사를 주재하는 힘이었기에 신전 안에 고이 모셔져 신관들이 남기는 유산의 일부로 대대로 전승되었다.[23] 하지만 (여기서 다시금 확인하지만, 기원을 따지기란 역부족인 일이므로) 확언은 할 수 없고 단지 추측일 뿐이다. 문명 전반과 마찬가지로 과학은 농경과

함께 시작된 듯하다. 일례로 기하학(geometry)은 그 이름에서도 알 수 있듯 원래 땅의 크기를 재는 활동을 의미했다. 그리고 작물 수확 시기와 계절 변화를 따지기 위해 하늘의 별을 관찰하고 역법을 만들게 되면서 천문학이 탄생하게 되었을 것이다. 그러다 항해가 이루어지면서 천문학은 더욱 발전했고 무역을 통해 수학이 발달했으며, 산업 기술을 통해 물리학과 화학의 초석이 마련되었다.

아마 숫자는 인간의 입에 가장 먼저 오른 말 중 하나였을 것이다. 지금도 많은 부족에서는 숫자들이 눈에 뜨일 정도로 단순하다. 일례로, 태즈메이니아인에겐 숫자가 둘 뿐이었다. "파머리(parmery), 칼라바와(calabawa), 카디아(cardia)"라는 식으로 수를 셌는데, "하나, 둘, 많이"라는 뜻이었다. 한편 대담하게 이보다 몇 발자국 더 나아갔던 브라질의 과라니족은 "하나, 둘, 셋, 넷"까지 세고 그 이후는 "헤아릴 수 없다"고 보았다. 뉴홀랜드 원주민도 '셋'이나 '넷'을 가리키는 말 없이 '둘 하나', '둘 둘' 하는 식으로 표현했다. 다마라 원주민들은 양 두 마리를 막대 네 개와 교환하려 들지를 않았다. 양 한 마리와 막대 두 개는 두 번 연속으로 선뜻 바꾸면서 말이다. 숫자는 손가락으로 헤아렸기에 십진법이 나오게 되었다. 십진법이 나오고 얼마 있다가 12의 개념이 나왔을 때 그 숫자는 사람들 마음에 쏙 들었다. 1~6까지의 십진수 중 12를 나누었을 때 똑떨어지는 수가 다섯 개나 되었기 때문이다.(1, 2, 3, 4, 6.) 덕분에 12진법이 오늘날까지 영어식 도량형에 끈질기게 살아남아 있는 걸 볼 수 있다. 1년은 12달이고, 1실링은 12펜스이며, 1타(打)는 12개이고, 1그로스는 12타이며, 1피트는 12인치인 식이다. 한편 나누어질 줄 모르던 숫자 13은 영원히 호감을 얻지 못하고 불운한 숫자로 치부되었다. 그리고 손가락에 발가락이 더해지면서 20(score)이라는 개념이 출현했다. 프랑스어 "카트르 뱅(quatre-vingt)"(20개 묶음 네 개라는 뜻)에서도 이런 셈법의 흔적을 찾아볼 수 있다.[24] 손이나 발만 측량의 척도로 이용된 건 아니었다. 엄지손가락과 새끼손가락을 한껏 벌린 길이인 "뼘"이나, 엄지손가락 하나 길이인 "인치"(프랑스어에서는 엄지손가락을 나타내는 말이 인치의 뜻도 가지고 있다.), 팔꿈치에서 가운뎃손가락 끝까지의 길이인 "큐빗

(cubit)", 발 하나의 길이인 "피트" 모두 신체의 일부분이 길이를 나타내는 경우다. 그러다 얼마 안 있어 손가락과 함께 자갈을 이용해 셈을 하게 되었다. 지금도 여전히 주판이 사용되고, "calculate(계산하다)"라는 단어에 "작은 돌(calculus)"이 숨어 있는 걸 보면, 가장 단순했다고 하는 인류나 최근 인류나 오십보백보임을 다시 한 번 실감한다. 미국의 사상가이자 수필가 소로(Thoreau)는 원시인의 단순함을 동경해 세계 도처에서 심심찮게 일어나는 풍조를 이렇게 멋지게 표현하기도 했다. "정직한 사람이라면 자기 열 손가락으로 모자랄 일이 거의 없다. 정말 부득이한 경우엔 발가락까지 쓰고, 그 나머지는 한 덩어리로 뭉뚱그려 생각하면 된다. 자기 물건이라고 백 개 천 개 쌓아 둘 게 아니라 두세 개로 족하자는 이야기다. 그러면 수백만까지 셀 것 없이 대여섯까지만 세면 될 것이고, 자기 재산이 얼마나 되는지를 엄지손톱 위에 적어 가지고 다닐 수도 있을 것이다."[25]

한편 천문학은 천체의 움직임을 가지고 시간을 헤아리면서 시작되었다. 'month(달〔月〕)'와 마찬가지로, 'measure(재다)'라는 말부터 달을 뜻하는 말이 그 기원이다.(측량의 주체인 'man'의 기원도 마찬가지일 것이다.)[26] 인간이 연도로 시간을 헤아리게 된 건 달을 가지고 시간을 헤아린 지 한참 후의 일이었다. 아버지의 개념과 마찬가지로, 태양 역시 인류의 눈에 띈 시간이 상대적으로 짧은 것이다. 심지어 부활절은 지금도 달의 모양을 기준으로 날짜를 따지고 있다. 폴리네시아인들은 13달이 들어 있는 음력을 사용했는데, 달력이 계절 변화와 너무 어긋날 때는 한 달을 빼서 균형을 맞추었다.[27] 하지만 하늘을 이렇게 이성적으로 활용하는 건 드문 일이었다. 하늘과 관련된 것으로 천문학보다 먼저 태어난, 그리고 아마 더 오래 생명을 누리게 될 것이 있었으니, 바로 점성술이다. 소박한 영혼은 시간보다는 미래를 알아내는 데 더 흥미를 갖기 마련이다. 하늘의 별들이 인간의 품성과 운명에 미치는 힘과 관련해 이루 헤아릴 수 없이 많은 미신이 등장했고, 그중 상당수는 오늘날까지 위세를 떨치고 있다.* 그런 것들은 미신이라기보다는 과학까지는 발전하지 못한 또 하나의 오류라 해야 할 것이다.

자연인은 물리학의 틀을 세울 줄은 몰랐지만 물리학을 활용할 줄은 알았다. 발사체가 어떤 경로로 나아갈지 그려 내지는 못해도, 화살로 목표물을 정확히 겨냥하는 방법은 알았던 것이다. 또 화학 기호 같은 건 전혀 없었지만, 독이 든 식물과 먹을 수 있는 식물을 한눈에 알아보고, 신비한 풀을 활용해 몸의 병을 치료할 줄 알았다. 이 대목에서 성(性)에 대한 우리의 선입관이 깨질 수도 있다. 인류 최초의 의사는 남자가 아니라 여자였던 것으로 보이니 말이다. 그건 인간을 돌보는 일이 자연적으로 여자 담당이었기 때문만도, (매춘이 아닌) 산파가 여자들의 가장 오래된 전문 직업이기 때문만도 아니다. 그건 여자들이 흙과 더 가까이 지내 오면서 식물에 대해 보다 해박한 지식을 갖게 되었기 때문이다. 그래서 마법에만 매달리던 신관들이 보여 주는 것과는 확실히 다른 의학 기술을 개발해 낼 수 있었다. 인류가 처음 존재했던 아득한 먼 옛날은 물론, 우리의 무의식적 기억에 아련히 남아 있는 시절만 해도 치료를 담당한 사람은 남자가 아닌 여자였다. 원시인들은 여자가 치료를 해 주지 못할 때만 주술사(medicine-man)나 샤먼에게 의지했다.[28]

원시 시대의 질병 이론은 형편없었는데도 당시 의사들이 치료에 성공한 사례가 수도 없이 많다는 사실은 놀라울 따름이다.[29] 원시 시대 소박한 사람들은 병이 외부의 혼이 몸에 와서 붙은 것이라 생각했다.(본질적인 면에서 보면 현대 의학계에 널리 퍼져 있는 병원균 이론과 별 차이가 없는 생각이다.) 당시 가장 인기 있던 치료 방식은 마법의 주문으로 악령을 달래거나 퇴치하는 것이었다. 성경의 가다렌 돼지 이야기를 보면 이런 치료법이 인류 역사 속에서 얼마나 오랫동안 명맥을 유지했는지 알 수 있다.[29a] 심지어 지금도 간질을 신이 들린 것으로 생각하는 사람이 많으며, 일부 현대 종교에서는 질병을 쫓을 방책으로 퇴마 의식을 처방한다. 또 살아 있는 사람들 대부분도 병에 걸려 약을 복용하면서 기

---

* 예를 들어, 1934년 3월 5일 자로 나온 (뉴욕) 시청 (강의) 프로그램 목록에는 이런 광고가 실렸다. " ─ 진행하는 별점 강의. 전문 점성술사가 뉴욕에서 가장 품위 있고 교양 있는 시민들을 모십니다. 한 시간에 10달러."

도를 올리면 도움이 된다고 생각한다. 원시 시대 의학은(현대 의학 대부분도 마찬가지지만) 자기 암시가 갖는 치유력에 의지하고 있었던 것이리라. 그런데 인류의 이 초창기 의사들이 치료에 동원했던 요령이 보다 문명화된 후대 의사들의 요령보다 훨씬 극적이었다. 몸에 붙은 귀신을 떼어 버리려고 무시무시한 가면과 동물 가죽을 쓰고, 고래고래 소리를 지르며 알 수 없는 말을 지껄이고, 손바닥을 짝짝 치고, 방울을 흔들다가 속이 빈 관을 입으로 빨아 귀신을 몸 밖으로 끌어내는 장면을 연출했다. 한 마디로, "치료를 받는다는 생각에 환자 마음이 편해지면, 자연이 병을 고쳐 준다."란 옛말 그대로다. 한편 브라질의 보로로족 덕분에 의학은 한 단계 발전할 수 있었는데, 아이가 아프면 그 아버지에게 약을 먹였던 것이다. 그러면 십중팔구 아이는 병이 나았다.[30]

원시인들이 이용했던 온갖 종류의 약재엔 약용 식물뿐 아니라, 환자의 고통이나 수술의 번거로움을 덜 때 이용되는 최면제도 끼어 있었다. (남미 원주민들이 화살촉에 칠했던) 큐라레 같은 독약이나, 대마초, 아편, 유칼리나무는 인류의 역사가 쓰이기 이전부터 존재했다. 오늘날 가장 많이 사용하는 마취제 중에는 페루인들이 수술할 때 썼던 코카나무에 그 뿌리를 두고 있는 것도 있다. 프랑스 탐험가 카르티에 자크(Cartier Jacques)는 헴록(미나릿과의 독초 – 옮긴이)의 잎과 껍질을 가지고 괴혈병을 치료하는 이로쿼이족 이야기를 전해 준다.[31] 원시 시대 외과술에서도 실로 다양한 수술과 도구가 이용되었다. 출산을 관리하는 과정도 훌륭했고, 골절과 부상도 솜씨 좋게 맞추고 꿰맸다.[32] 피와 농양을 빼거나 근육을 미세하게 잘라 낼 때는 흑요암 칼이나 끝을 뾰족하게 다듬은 부싯돌 혹은 물고기 이빨을 이용했다. 두개골을 관상톱으로 절개하는 수술법은 페루 인디언부터 오늘날의 멜라네시아인에 이르기까지 원시 시대 주술사들이 두루 이용한 방법이었다. 멜라네시아인은 열 번에 아홉 번은 수술을 성공시킨 데 반해, 1786년 파리 시립 병원에서 이 수술을 받으려면 목숨을 잃을 각오를 해야 했다.[33]

원시인의 무지에 실소를 짓는 우리 자신도 현대의 값비싼 치료라면 사족을 못 쓴다. 사람들을 치료하며 일평생을 보낸 올리버 웬들 홈스(Dr. Oliver Wendell Holmes)는 그 모습을 이렇게 적었다.

건강을 되찾기 위해 그리고 목숨을 건지기 위해 인간은 무슨 일이든 할 것이고, 또 여태껏 무슨 일이든 해 왔다. 물 속에 들어가 반 익사 상태의 고통을 감내하고, 가스를 마시며 반 질식 상태의 고통을 견디었으며, 제 몸뚱이를 머리만 남기고 땅에 묻기도 했고, 노예가 벌을 받듯 뜨거운 인두로 살을 지지기도 했으며, 생선살을 다루듯 살에 칼집을 내기도 했고, 살에 바늘들을 찔러 넣었으며, 피부 거죽 위에 불을 피워 놓기도 했고, 온갖 혐오스러운 것들을 집어삼켰다. 그리고 이렇게 불에 그슬리고 데는 게 돈 있어야 누릴 수 있는 특권인 양, 물집은 하느님이 내려 주신 은총이고 의료용 거머리는 무슨 사치라도 되는 양, 거기에 기꺼이 돈을 갖다 바친다.³⁴

3. 예술

예술이 존재한 지 벌써 5만 년이 흘렀는데도, (본능적으로 그리고 역사적으로) 예술의 기원이 어딘지는 아직도 인류의 논쟁거리다. 미(美)란 도대체 무엇일까? 우리는 왜 아름다운 것을 동경하는 것일까? 왜 아름다운 것들을 만들어 내려고 애쓰는 것일까? 단도직입적인 이 질문에 우리는 지레짐작으로 다음과 같은 짤막한 답을 내놓을 수밖에 없을 것이다. 사람 눈을 즐겁게 하는 사물이나 형태에 들어 있는 모든 특징이 바로 아름다움이라고. 따지고 보면 어떤 사물, 그 자체가 아름다워서 눈이 즐거운 건 아니다. 그보다는 눈이 즐겁기에 그 사물을 두고 아름답다고 말하는 것이리라. 사람의 욕구를 만족시켜 주기만 한다면 모두 아름다워 보일 거란 이야기다. 이를테면 굶어 죽을 지경인 사람에게 타이스(Thaïs)(아테네인으로 상류층 인사만 상대했다는 창부 – 옮긴이)가 아름다워 보이겠는가. 음식이 아름답게만 보일 것이다. 사람들 태반은 자기 자신을 즐거움의 대상으로 삼는다. 말은 안 해도 속으로는 은밀히 자기 모습이 그 무엇보다 근사하다고 생각한다. 예술도 자신의 그 멋진 몸을 꾸미면서 시작되지 않는가. 자신이 갈망하는 짝이 즐거움의 대상일 수도 있다. 그때는 섹스의 강렬하고도 창조적인 면이 미적인 부분으로 여겨지고, 자기가 사랑하는 사람과 관련된 모든 것이 아름답게 빛난다. 그녀를 닮은 형태 하나하나, 그녀를 돋보이게 하고 즐겁게 하고 그녀의 성격을 대변하는 색깔 하나하나, 그녀에게 어울리는 장신구와 옷가지 하나하나, 우아하고 균형 잡힌 그녀 자태를 떠오르게 하는 모양새와 동작 하나하나 모두가 아름다워 보인다. 또 동경하는 남자의 모습에서 미적 즐거움을 얻을 수도 있다. 약자로 하여금 강인함을 숭배하게 만드는 남자의 매력에서 바로 힘의 짜릿함을 느끼게 하는 장엄미가 나오고, 바로 이것이 무엇보다 웅장한 예술을 이룩해 낸다. 마지막으로 자연 자체가 (우리 인간의 협력에 힘입어) 장엄하고 아름다운 대상이 될 수도 있다. 단지 우리가 자연 속에서 여성이 가진 온갖 온유한 모습과 남성이 가진 온갖 강인한 면을 엿볼 수 있기 때문만은 아니다. 우리는 자연 속에 우리의 감정과 운명, 타인 및 자신에 대한 사랑을 투영시키기도 한다. 자연 속에서 우리 젊은 시절의 모습을 맛보기도 하고, 폭풍과도 같은 인생사에서 벗어나 자연의 조용한 고독을 즐기기도 한다. 또 파릇파릇한 젊은 시절, 불타는 성년기, "맛좋은 과일이 풍성하게 열리는 장년기"를 거쳐 싸늘한 쇠퇴기를 맞는, 인간의 인생에 거의 진배없는 사계절 속에서 자연과 함께 살아간다. 그리고 애초에 우리에게 생명을 주었고 나중엔 죽은 우리 몸을 받아 주는 자연을 막연하게나마 어머니로 여기기도 한다.

아름다움을 만들어 내는 활동이 예술이다. 어떤 생각이나 느낌을 아름답거나 장엄한 형태로 표현해 내는 것이 예술인 것이다. 그래서 예술을 접하면 태곳적 여자가 남자에게 불러일으켰던, 혹은 남자가 여자에게 불러일으켰던 모종의 기쁨이 되살아난다. 예술엔 삶의 의미를 포착한 생각이면 모두, 삶의 긴장을 일깨우거나 풀어 주는 느낌이면 모두 담길 수 있다. 또 예술의 형식에는 리듬이 있어 우리에게 만족감을 준다. 교대로 들고 나는 우리의 숨소리, 심장 박동에 맞춰 흐르는 피, 겨울과 여름, 밀물과 썰물, 밤과 낮의 웅장한 뒤바뀜과 딱 맞아떨어지는 리듬이 말이다. 뿐만 아니라 예술 형식은 정적인 리듬이라고 할 수 있는 균형미로도 우리를 즐겁게 할 수 있다. 균형미는 강인한 힘을 대변하며, 균형미 하면 식물과 동물 그리고 여자와 남자의 질서 잡힌 조화가 떠오른다. 또 색을 통해서도 즐거움을 줄 수 있다. 색은 심기를 밝게 해 주고 생명력을 키워 주는 요소다. 마지막으로 예술 형식은 그 진실성을 통해 우리를 즐겁게 할 수가 있다. 예술은 자연이나 현실을 손에 잡힐 듯 있는 그대로 그려 내 식물이나 동물의 기막히게 사랑스러운 순간이나, 순간순간 덧없이 변하는 상황의 의미를 포착해, 우리가 오래도록 즐기고 느긋하게 이해할 수 있도록 가만히 붙들고 있는다. 바로 이 여러 가지 것들에서 노래와 춤, 음악과 극(劇), 도예와 그림, 조각과 건축, 문학과 철학 등 인생의 우아한 사치품들이 나오는 것이다. 뒤죽박죽 혼란스러운 경험에 "유의미한 형식" 부여하려는 또 하나의 노력이 예술이라고 한다면, 철학의 목적이 예술 이외에 달리 무엇이겠는가?

원시 사회에서 미의식이 그다지 강하지 않았다면, 그건 당시엔 성적 욕구가 생기면 지체 없이 바로 충족시킬 수 있었기 때문일 것이다. 사물이 아름답게 보이는 건 상당 부분이 상상력에서 비롯되는데, 성적 대상을 상상력으로 미화시킬 틈이 전혀 없었다는 이야기다. 원시인들은 여자를 고를 때 거의 (현대인이 생각하는) 아름다움을 기준으로 삼지 않았다. 그보다 여자가 얼마나 쓸모 있는지 따졌고, 힘이 센 여자라면 아무리 못생겨도 감히 퇴짜를 놓지 않았다. 한 인디언 추장은 여러 명의 아내 중 누가 가장 사랑스럽냐는 질문을 받자, 미안하지만 그 문제에 관해서는 한 번도 생각해 본 적이 없다고 답했다. 그러면서 프랭클린 특유의 원숙한 지혜가 담긴 입담을 늘어놓았다. "얼굴에 관해서라면 예쁘고 못생기고를 따질 수 있을지 모르지만, 그 외 다른 면에서 여자는 다 똑같습니다." 원시인들이 미의식을 가지고 있다고 해도 우리와는 너무 달라서 이해하기 영 힘든 경우도 있다. 라이하르트(Reichard)는 이와 관련해 이렇게 말한다. "내가 아는 모든 흑인 종족들은 허리가 잘록하지 않은 여자를 아름답다고 여긴다. 그리고 '사다리처럼' 겨드랑이에서 엉덩이까지가 일직선이어야 한다." 아프리카 남자들은 귀가 코끼리처럼 커다랗거나 배가 불룩 나온 것을 여성적인 매력으로 본다. 뚱뚱한 여자를 가장 예쁘다고 생각하는 건 아프리카 전반적으로 나타나는 현상이기도 하다. 스코틀랜드 탐험가인 멍고 파크(Mungo Park)의 이야기에 의하면, 나이지리아에서는 "비만과 아름다움이 거의 동의어로 통하는 듯하다. 심지어 웬만해서는 중간급에도 들 수 없었다. 걸을 때면 양팔에 노예를 하나씩 두고 몸을 받치게 할 정도는 되어야 했다. 낙타가 버거워해야 완벽한 미인이다." 또 브리포(Briffault)는 "야만인들 대부분은 우리가 참추하게 여길 몸매를 선호한다. 다시 말해, 길고 늘어진 가슴을 좋아한다."라고 이야기한다.[35] 다윈(Darwin)이 전해 주는 이야기도 있다. "호텐토트 여자 중 엉덩이가 놀라울 정도로 뒤로 튀어나온 사람이 많다는 건 유명하다. …… 앤드루 스미스 경(Sir Andrew Smith)은 남자들이 그 독특한 모습을 대단히 동경하는 게 분명하다고 생각하고 있다. 한번은 사람들이 미녀라고 하는 여자를 본 적이 있었다. 그녀는 몸이 뒤쪽으로 엄청나게 발달한 나머지 평평한 바닥에 앉으면 일어나지 못해 비탈진 곳이 나올 때까지 앉은 채 엉덩이를 질질 끌고 가야 했다. …… 또 버튼(Burton)의 말에 의하면 소말리족 남자들은 아내를 고를 때 여자를 일렬로 죽 세워 놓고 뒤쪽으로 몸이 가장 많이 돌출된 사람을 뽑는단다. 반대로 납작한 엉덩이를 흑인들은 무엇보다 추하다고 생각했다."[36]

　사실 자연의 남자들은 여자보다 자기 자신을 미의 기준으로 삼았을 가능성이 극히 높다. 원래 예술은 제집에서부터 시작되는 법이다. 원시 시대 남자들은 허영 면에서 현대 남성들에게 절대 뒤지지 않았고, 여자들도 저리 가라 할 정도였다. 동물 세계에서와 마찬가지로, 소박한 사람들 세계에서 아름다움을 위해 장신구를 걸치고 몸을 째고 뚫었던 건 여자가 아닌 남자였다. 본위크(Bonwick)에 의하면 오스트레일리아에서 "몸단장은 거의 남자의 전유물이었다." 멜라네시아, 뉴기니, 뉴칼레도니아, 뉴브리튼, 뉴하노버, 북미 인디언의 경우도 마찬가지였다.[37] 일부 부족들은 일과의 가장 많은 시간을 몸단장을 하는 데 쓰기도 했다.[38] 분명 몸에 인위적으로 색을 칠한 것이 예술의 최초 형태였을 것이다. 이는 여자를 유혹하는 동시에, 적을 위협하는 수단이었다. 한편 오스트레일리아 원주민들은 현대의 미국 멋쟁이 아가씨들처럼 항상 흰색, 빨간색, 노란색 물감을 가지고 다니며 이따금 자기 미모를 매만졌다. 그러다 물감이 떨어지면 위험을 감수하고 먼 거리 원정을 떠나서라도 물감을 다시 채웠다. 원시인들은 평일에는 뺨과 어깨, 가슴 등의 몇 군데만 색칠하고 다녔지만, 축제가 있는 날 온몸에 칠을 안 하면 발가벗기라도 한 것처럼 부끄럽게 생각했다.[39]

일부 부족에서는 몸 색칠하는 권리를 남자들이 독점하기도 했으며, 어떤 부족에서는 결혼한 여자는 목에 색을 칠하지 못하게 했다.[40] 하지만 여자들은 오래지 않아 인류 역사에서 수명이 가장 긴 예술, 즉 화장을 자기 것으로 만든다. 배로 세계를 일주한 영국인 쿡 선장이 뉴질랜드에서 한가로이 시간을 보낼 때였다. 육지로 모험을 떠났다 돌아온 선원들 코에 빨간색이나 노란색 칠한 자국이 있었는데, 원주민 미녀들의 화장이 묻어 온 것이었다.[41] 중앙아프리카의 펠라타족 여인들은 화장하는 데만 하루에 몇 시간이 걸렸다. 손가락과 발가락은 밤새 헤너 잎으로 싸 자줏빛으로 물들였으며, 치아는 푸른색, 노란색, 자주색 염료를 번갈아 이용해 물을 들였다. 또 인디고로 머리 염색을 했고, 안티몬 황화물을 가지고 눈썹을 그렸다.[42] 봉고족 여인들은 모두 개인 화장용 가방에 속눈썹과 눈썹용 족집게와 랜싯처럼 생긴 머리핀, 반지와 종, 단추와 버클을 넣어 가지고 다녔다.[43]

원시인들은 페리클레스 시대 때의 그리스인처럼 색칠이 금방 지워지는 것을 너무 안타까워해, 문신, 신체 변형, 옷 등 보다 영구적으로 몸단장을 할 수 있는 수단을 만들어 낸다. 많은 부족의 남녀 모두 착색용 바늘에 기꺼이 몸을 맡겼으며, 심지어 입술에 문신을 할 때도 눈 하나 깜짝 않고 참아 냈다. 그린란드 어머니들은 어린 딸들에게 문신을 해 주는데, 되도록 일찍 해야 시집을 보낼 수가 있다.[44] 하지만 문신은 충분히 눈에 띄거나 인상적이지 않기가 일쑤였다. 그래서 어느 대륙에서든 자기 살에 상처를 내서 친구들 사이에서 더 근사해 보이고 또 적의 기를 꺾으려는 부족이 많이 나타났다. 프랑스 문인 테오필 고티에(Théophile Gautier)의 표현대로, "몸을 단장할 옷이 없었던 그들은 피부를 단장했다."[45] 부싯돌이나 조개껍질로 살을 쨌고, 째진 틈 사이로 흙덩이를 집어넣어 상처를 더 크게 만들기도 했다. 토레스 해협 원주민들은 군복의 견장을 연상시키는 커다란 상처를 어깨에 냈으며, 아베오쿠타족은 도마뱀, 악어, 거북이와 비슷해지도록 자기 피부에 상처를 냈다.[46] 게오르크(Georg)의 말에 의하면 "장식의 허영과 욕구를 채우려고 몸 구석구석을 매만지고, 단장하고, 상처 내고, 색칠하고, 염색하고, 문신하고, 변형시키고, 늘리고, 비틀어 성한 구석이 한 군데도 없었다."[47] 보토쿠도족(Botocudos)은 '마개'라는 뜻의 'botoque'에서 이름이 유래했다. 이 부족 사람들은 여덟 살이 되면 원통형 마개를 아랫입술에 끼우고 직경 약 10센티미터짜리를 끼울 수 있을 때까지 매년 마개를 바꿔 끼우는 풍습이 있었기 때문이다.[48] 또 호텐토트족 여자들은 어릴 때부터 소음순이 엄청난 길이가 되도록 계속 잡아 늘였다. 그래서 "호텐토트 앞치마"라고 불릴 정도로 길어지면 남자들이 무척이나 좋아했다.[49] 귀걸이와 코걸이는 예식에 빠져선 안 될 물건이었다. 오스트레일리아 깁슬랜드의 원주민들은 코걸이를 하지 않고 죽으면 내생(來生)에 모진 고통을 받는다고 믿었다.[50] 현대 여인들 눈에는 이 모든 게 야만스럽게 비치겠지만, 정작 자신들도 귀걸이를 하려고 귀를 뚫고, 입술과 볼에 색칠을 하고, 눈썹을 뽑고, 속눈썹을 다듬고, 얼굴, 목, 팔에 분을 칠하고, 발을 옥죄는 신발을 신지 않는가. 자기도 몸에 문신을 하고선 몸을 찢고 째는 "야만인들" 이야기를 불쌍하다는 듯하는 선원이 있는가 하면, 미국 학생들도 원시인의 신체 변형 관습에 기겁을 하면서도 자기 몸에 난 영광의 상처는 자랑스레 떠벌린다.

옷은 처음에 생겨났을 땐 성적 접촉을 차단하거나 성적 매력을 증가시키는 장식의 형태였던 게 분명하다. 추위를 막거나 부끄러움을 가릴 실용적 목적으로 이용된 게 아니란 이야기다.[51] 일례로 킴브리족 사람들은 발가벗은 맨 몸으로 눈 위에서 썰매를 타는 습성이 있었다.[52] 또 다윈의 경우엔, 발가벗고 있는 푸에고인들이 안쓰러워 어떤 사람에게 춥지 말라고 빨간 옷을 한 벌 주었는데,

그 원주민은 옷을 발기발기 찢더니 친구들과 함께 장식품으로 사용했다. 쿡의 이야기에 의하면, 그들은 어느 때고 "발가벗고 있는 걸 좋아하기는 하지만, 근사해 보이고자 하는 야망은 있었다."[53] 이는 오리노코 인디언 여인들도 마찬가지여서, 예수회 신부들이 입으라고 준 옷을 조각조각 잘라서는 리본을 여러 개 만들어 목에 둘렀다. 그러면서 "옷을 입으면 창피할 것"이라며 한사코 입지 않으려 했다.[54] 한 옛날 작가는 보통 발가벗은 채로 있는 브라질 원주민의 모습을 묘사하며 이렇게 덧붙였다. "이제는 옷을 걸치는 여자들이 있기는 하지만, 옷을 정말 하찮게 생각한다. 정절을 위해서라기보다 장식용으로 입으며, 남들이 입으라고 하니까 입는 식이다. …… 그래서 다른 것은 일체 안 걸치고 배꼽까지 오는 윗도리만 입고 돌아다니는 사람을 쉽게 볼 수 있다. 또 다른 옷은 다 집에 두고 모자만 쓰고 다니는 사람도 있다."[55] 그러다 옷은 단순한 장식 차원을 벗어나 정절을 중히 여기는 여자가 결혼했음을 표시하는 수단이 되었고, 그러면서 여성의 자태와 아름다움을 배가시켰다. 하지만 원시 시대 여자들이 가장 중요하게 생각했던 옷의 기능은 후대 여자들과 전혀 다를 바가 없다. 모름지기 옷은 발가벗은 몸을 제대로 가려 줘야 하는 게 아니라, 그들이 가진 매력을 드러내어 돋보이게 해야 하는 것이다.

애초에는 남자와 여자 모두 옷보다는 장식품을 더 좋아했다. 원시 교역은 필수품보다 장식품이나 장난감에만 한정되는 게 보통이다.[56] 보석은 문명을 이루는 요소 중 연륜이 가장 오래 되었다. 2만 년이 된 무덤 속에서 목걸이 형태로 꿰인 조개껍질이나 동물 이빨이 발견되는 걸 보면 말이다.[57] 처음엔 소박했던 이런 장식품들은 곧 삶에서 막중한 역할을 수행한다. 일례로 갈라족 여자들은 반지를 여러 개 차고 다녔는데, 그 무게가 자그마치 약 2.7킬로그램에 이르렀으며, 일부 딩카족 여자들은 무려 30킬로그램에 달하는 장식품을 차고 다녔다. 아프리카의 한 미녀가 차고 다녔다던 구리 반지는 햇볕을 받으면 뜨거워졌기 때문에, 반드시 시종을 하나 데리고 다니면서 햇빛을 가리거나 부채질을 하게 했다. 콩고의 한 여왕은 무게가 9킬로그램이나 나가는 청동 깃을 하고 다녔기 때문에, 이따금 누워서 쉬어 주어야 했다. 한편 복이 없어서 가벼운 보석만 하고 다녀야 했던 가난한 여자들은 온갖 보석으로 화려하게 치장한 여자들의 걸음걸이를 유심히 살펴 그 걸음걸이를 흉내 내 걸어 다녔다.[58]

따라서 예술의 첫 탄생은 수컷이 교미기에 화려한 털과 색깔로 치장하는 것과 비슷한 면이 있다. 자기 몸을 장식하고 아름답게 치장하려는 욕구가 예술의 토대라는 점에서 말이다. 그런데 자신이나 짝에 대한 사랑이 가득 차 넘치면 남은 사랑을 자연에 쏟아붓듯, 사람이 가진 치장 충동 역시 자신을 벗어나 외부 세계를 향하게 되는 법이다. 그리고 영혼은 그 느낌을 색깔과 형태를 통해 객관적인 방식으로 표현할 길을 찾는다. 진정한 예술은 인간이 이렇게 사물을 아름답게 꾸미는 수고를 감내하고자 할 때 시작된다. 이때 첫 번째 매개체 역할을 해 준 외부 대상은 아마 토기였을 것이다. 글이나 국가와 마찬가지로, 도예용 돌림판은 역사 시대 문명에 해당하는 요소다. 하지만 원시인들은(보다 엄밀히 말하면 원시 시대 여자들은) 돌림판이 아직 없던 때에 이미 이 오래된 산업을 예술을 경지로 끌어올려 진흙, 물, 손재주만으로 기막힌 균형미를 연출해 낼 줄 알았다. 이 사실을 두 눈으로 확인하고 싶다면 남아프리카의 바롱가족이나[59] 푸에블로 인디언들이 만든 토기를 한번 보라.[60]

한편 그릇을 만들고 표면에 색색의 무늬를 그려 넣었던 때가 바로 회화 예술이 탄생하는 순간이었다. 다만 원시인들 손에서는 그림이 아직 독립적 예술로 자리 잡지 못한다. 토기나 조소에 따라다니는 부속물로만 존재한 것이다. 자연인들은 진흙에서 여러 가지 색깔을 만들어 냈고, 안다만 제도 사람들은 황토에 기름이나 지방을 섞어 유성 물감을 만들기도 했다.[61] 이런 물감들은 무기나 가구, 화병, 의복, 건물을 장식하는 데 사용되었다. 아프리카와 오세아니아의 수렵 부족 상당수는 동굴 벽이나 인근 바위 위에 잡고 싶은 동물의 모습을 생생히 그려 놓았다.[62]

그림과 마찬가지로 조각 역시 토기에서 기원한 것으로 보인다. 토기를 만들던 원시인들이 진흙으로 실용적인 그릇뿐 아니라, 다른 사물의 형상을 본뜰 수도 있다는 사실을 알아냈다. 이렇게 만들어진 물건은 마법 부적의 기능을 했을 테고, 나중에는 그 자체로 아름답게 여겨졌을 것이다. 일례로 에스키모인들은 순록의 뿔이나 바다코끼리의 엄니에 동물과 사람의 입상을 여러 개 새겼다.[63] 또 원시인들은 자기의 오두막이나 토템폴 또는 무덤에 성상(聖像)을 남길 방도가 필요했다. 그 성상은 그가 숭배하는 사물일 수도 있고, 이 세상을 떠난 조상일 수도 있었다. 처음에 원시인들은 기둥 표면에 얼굴만 새겼다가 나중엔 두상을, 종국에는 전신을 새겨 넣었다. 이렇게 조상을 추모하며 무덤을 꾸미는 과정에서 조각은 예술로 자리 잡을 수 있었다.[64] 일례로 고대 이스터 섬 주민들은 고인의 지하 무덤 위에 엄청난 크기의 돌덩이로 조각상을 만들어 세워 놓았다. 지금도 그곳에 가면 그런 조각상들을 수십 개는 찾아볼 수 있다. 대다수 조각상의 높이가 약 6미터에 이르며, 심지어 18미터가 훌쩍 넘는 것들도 있다.

그렇다면 건축은 어떻게 시작된 것일까? 사실 건축이란 말은 원시인의 오두막에 갖다 붙이기엔 너무 거창한 용어다. 단순히 무언가를 짓는 게 건축이 아니라, 아름답게 짓는 것이 건축이기 때문이다. 남자든 여자든 실용적이면서도 보기 좋은 공간에 살아야 되겠다고 생각한 순간 건축은 시작되었다고 할 수 있다. 그리고 인간은 자기 집보다는 무덤에 이렇게 아름답고 장엄한 구조를 만들려는 노력을 기울였을 것이다. 무언가를 기념할 목적으로 세운 기둥이 조소 작품으로 발전해 나가는 동안, 무덤은 신전으로 거듭났다. 원시인들 생각에 사자(死者)는 세상에 살아 있는 사람보다 더 중요하고 힘도 막강한 존재였다. 게다가 사자는 한 장소에 터 잡고 죽 머무를 수 있었지만, 살아 있는 사람들은 영원히 머물 집을 짓기엔 너무나 많이 떠돌아다니는 처지였다.

초창기부터(아마도 물건에 뭔가를 새겨 넣거나, 무덤을 짓기 훨씬 전부터) 리듬을 즐겼던 인류는 동물이 울부짖거나 지저귀는 소리, 그리고 깡충대며 뛰어다니거나 혀로 제 몸을 단장하는 모습을 발전시켜 노래와 춤을 만들어 내기 시작했다. 동물과 마찬가지로 인간도 말을 배우기 전부터 노래할 줄 알았고,[65] 춤추는 법도 그만큼 일찍 알았을 것이다. 사실 춤만큼 원시인의 특징을 단적으로 표현해 주는 예술도 없다. 원시인들은 초창기의 단순했던 춤을 문명사회는 저리 가랄 정도로 복잡하게 발달시켰고, 그 형태도 이루 헤아릴 수 없이 다양했다. 원시 부족들의 대규모 축제는 군무(群舞)나 독무(獨舞)가 주된 행사였다. 대규모 전쟁에서도 행군과 군가가 서막을 장식했다. 대규모 종교 행사에서는 노래, 극(劇), 춤이 한데 어우러졌다. 그 모습은 지금 우리 눈에는 놀이처럼 보이겠지만, 초창기 원시인들에게는 진지한 일이었다. 그들이 춤을 춘 건 자신을 표현하기 위해서만이 아니었다. 자연 혹은 신들에게 자신의 뜻을 전달하는 수단이었다. 예를 들어 다산(多産) 기원 의식은 주로 최면 상태에서 춤을 추면서 이루어졌다. 영국의 철학자 스펜서는 전쟁에서 승리하고 돌아온 추장을 환영하던 의식에서 춤이 생겨났다고 본다. 한편 프로이트는 육체적 욕구를 자연스럽게 표현하고 성적 충동을 일으키는 집단 기술로서 춤을 추기 시작했다고 생각한다. 이 둘만큼 식견이 좁다면 신성한 의례에서 춤이 탄생했다는 의견도 나올 법한데, 이 세 가지 이론을 하나로 통합시켜 보자. 그러면 오늘날 우리도 충분히 받아들일 수 있는 춤의 기원에 대한 명확한 관념이 나올 테니 말이다.

이러한 춤에서 악기 연주와 극이 나왔다고 생각할 수 있다. 그리고 그런 음악을 만들게 된 것은 소리로 춤의 리듬을 살리려는 뜻이었던 것 같다. 또 고성(高聲)과 리듬감 있는 선율로 흥을 한층 돋우어 충성심이나 생식 욕구를 느끼게 하려는 목적도 있었다. 악기는 음역이나 기교 면에서는 제한이 있지만, 그 종류만큼은 거의 무한하다. 원주민의 창의성은 동물의 뿔, 가죽, 껍질, 상아, 놋쇠, 구리, 대나무 및 나무 등으로 나팔, 징, 방울, 짝짝이, 피리 등을 만들어 내느라 남아날 줄 몰랐다. 그러면서 그 악기에 정교하게 무늬를 새기고 색까지 칠했다. 활시위가 팽팽히 당겨진 모습, 바로 여기서 먼 옛날의 리라부터 스트라디바리우스 바이올린, 현대식의 피아노에 이르기까지 수없이 많은 악기가 나오게 되었다. 또 전문 무용수가 생겨난 것과 마찬가지로 부족 내에 전문 가수가 생겨나기 시작했다. 그리고 불분명하게나마 주로 단조로 된 음계가 만들어졌다.[66]

그리고 음악 덕분에 노래와 춤이 하나가 되자, "야만인"들은 우리에게 극과 오페라를 만들어 물려주었다. 원시 시대 춤은 무언가를 열심히 모방하는 경우가 많았다. 가장 단순하게는 동물이나 사람을 흉내 내는 식이었고, 이것이 발전해 행동이나 사건을 모방해 연출하는 수준까지 나아갔다. 이를테면 오스트레일리아의 부족들은 구덩이를 하나 파고 주변에 관목을 심은 후 주위에서 성적인 춤을 추었다. 그 구덩이는 여성의 외음부를 상징하는 것이었는데 황홀경에 취한 관능적인 몸짓을 취하고 껑충대기를 한바탕한 후, 성교를 상징하는 의미로 구덩이 속에 창을 던져 넣었다. 오스트레일리아의 북서부에 사는 부족들은 죽음과 부활을 주제로 극을 연출하기도 했다. 이 극이 단순하기는 했지만, 그 본질적 내용은 중세 시대의 기적극이나 현대의 그리스도 수난극과 전혀 다를 바 없었다. 극에서는 무용수들이 땅 속으로 서서히 들어간 후 들고 있던 나뭇가지를 위에 놓아 머리를 숨겼다. 이는 죽음을 보여 주는 것이었다. 그리고 난 후 리더의 신호에 맞추어 돌연 거침없이 기운찬 노래와 춤을 선보이며 영혼이 부활했음을 선언한다.[67] 이와 비슷한 형태로 부족의 역사에서 중요한 사건이나 개인 인생사의 중요한 활동을 묘사한 무언극은 이루 헤아릴 수 없을 정도였다. 이러한 극에서 리듬의 요소가 빠지고 춤이 극의 형태로 탈바꿈하면서, 인류의 가장 위대한 예술 중 하나가 탄생하게 되었다.

바로 이런 식으로 아직 문명이 일어나기도 전에 인류는 문명의 여러 가지 형태와 토대를 미리 마련해 주었다. 짤막하게나마 원시 시대 문화를 개관해 본 지금, 글과 국가를 제외하면 문명의 모든 요소가 이미 갖추어져 있었다는 걸 우리는 알 수 있다. 사냥과 어로, 목축과 경작, 운송과 건축, 산업과 상업 및 재무 등 우리가 현대 사회를 살아갈 때 필요한 경제생활의 모든 양식이 다 만들어져 있었고, 씨족, 가족, 촌락 공동체, 부족 등 국가보다 단순한 정치 구조는 모두 구성되어 있었다. 그리고 서로 적대 관계에 있는 문명의 두 회전축인 자유와 질서가 처음으로 타협점을 찾아 화해하면서 법과 정의가 실현되기 시작했다. 아이들을 훈육하고, 성생활에 제재를 가하고, 명예와 품위, 예절과 충성심을 가르치는 등 윤리 의식이 자리 잡기 위한 주춧돌도 다 마련되어 있었다. 종교의 토대도 깔려 있어서, 종교가 불러일으키는 희망과 공포가 윤리 의식을 고취하고, 집단을 결속시키는 힘이 되었다. 말은 복잡한 언어로 발전해 나갔고, 약과 수술이 등장했으며, 과학, 문학, 예술의 첫걸음도 미약하게나마 시작되었다. 한 마디로, 당시에는 혼돈 속에서 형태가 윤곽을 드러내고, 짐승이 현인으로 탈바꿈하는 길이 하나하나 열리는 놀라운 풍경이 펼쳐졌다. 이 "야만인들"과 이들 손에 이루어진 수만 년 동안의 실험과 탐색 작업이 없었다면, 문명은 존재 자체가 불가능했으리라. 지금 우리가 누리는 거의 모든 것은 그들 손에서 나온 것이다. 우리가 문화와 안전, 여유를 누릴 수 있는 운 좋은 세대(그리고 아마도 점점 퇴보해 가는 세대)가 된 것은 다 글자를 몰랐던 선조들이 오래도록 뼈 빠지는 노고를 감내해 준 덕이다.

OUR ORIENTAL HERITAGE

6장 선사 시대 문명의 시작

1. 구석기 문화

 이제까지의 이야기엔 치밀하지 못한 면이 있다. 원시 시대 문화의 윤곽을 그리며 문명의 요소가 무엇인지 알아봤지만, 그 문화가 반드시 현재 우리 문명의 선조라는 보장은 없다. 우리가 살펴본 원시 문화가 우리가 아는 바와는 달리, 자연의 변화로 종적을 감춘 보다 수준 높은 문화의 찌꺼기일 수도 있다. 열대 지방에서 북온대 지방으로 빙하가 이동하면서 인간의 지배적 지위가 흔들린 결과로 말이다. 문명 탄생과 형성의 일반적 모습을 이해하는 것이 5장까지의 내용이었다. 하지만 우리에게는 아직도 선사 시대* 우리 문명의 기원이 무엇인지 살펴보는 일이 남아 있다. 이제 우리는 글로 씌어진 역사가 존재하기 이전,

---
* 역사적 기록이 존재하기 이전의 모든 시대에 적용되는 말이다.

인류가 어떤 단계를 밟아 역사 시대 문명을 준비했는지 간략하게(이 부분을 장황하게 다루는 건 이 책의 목적에 부합하지 않으므로) 살펴보려고 한다. 정글이나 동굴에 살던 인간이 어떻게 이집트의 건축가, 바빌로니아의 천문학자, 히브리 예언가, 페르시아의 통치자, 그리스의 시인, 로마의 기술자, 인도의 성인, 일본의 예술가, 중국의 현인으로 거듭나게 되는지를 말이다. 그러려면 우리는 인류학에서 벗어나 역사로 접어드는 중간에 고고학을 거쳐야만 한다.

지구는 땅을 파는 사람들 천지다. 금이나 은, 철광석이나 석탄을 찾아 나선 사람들도 있지만, 지식을 위해 땅을 헤집는 사람도 많다. 프랑스 솜(Somme) 강둑에서 구석기 시대의 연장을 캐내는 사람들이나, 선사 시대 동굴 천장에 그려진 생생한 그림을 목이 빠져라 보는 사람들, 주구점(周口店)에서 먼 옛날 인간의 두개골을 캐내는 사람들이나, 모헨조다로나 유카탄에 묻혀 있던 도시들을 찾아내는 사람들을 보라. 먼지 구덩이 속에서 미노스와 프리아모스의 궁전을 복원하는 사람들, 폐허가 된 페르세폴리스를 발견해 낸 사람들, 카르타고의 잔해를 찾아 아프리카의 땅을 파헤치는 사람들, 정글 속에 웅장한 앙코르와트 사원을 재현해 내는 사람들도 마찬가지다. 도대체 무엇 때문에 저렇게 사서 고생을 하는지 의아하지 않은가! 1839년 자크 부셰 드 페르트(Jacques Boucher de Perrthes)가 프랑스 아브빌에서 석기 시대 부싯돌을 처음으로 발견했을 때 세계는 9년 동안이나 그를 바보라며 비웃었다. 1872년에는 슐리만(Schliemann)이 트로이의 여러 도시 중 가장 나중에 생겨난 곳을 발견했다. 자비를 털어, 그것도 거의 자기 손으로 직접 발굴한 것이었다. 하지만 세상은 온통 믿을 수 없다는 듯 코웃음만 칠뿐이었다. 1796년 젊은 나폴레옹이 젊은 샹폴리옹을 대동하고 이집트 원정을 다녀온 이후, 19세기에는 역사에 대한 관심이 그 어느 때보다 달아올랐다. 당시 나폴레옹은 빈손으로 고국에 돌아온 반면, 샹폴리옹은 이집트의 과거와 현재를 모두 손에 넣어 가지고 돌아왔다. 그 이후부터는 한 세대가 멀다 하고 갖가지 새로운 문명이나 문화가 발견되면서 인간은 오래전 인류가 이뤘던 발전 속으로 지식을 한 걸음 한 걸음 넓혀 가고 있다. 뭔가를 어떻게

든 알아내고자 하는 이 그칠 줄 모르는 열정, 이 숭고한 호기심이야말로 인간이라는 우리 흉악한 종족이 가진 몇 안 되는 근사한 특징 가운데 하나다.

1. 구석기 시대의 인간

우리가 원시 시대에 대해 알고 있는 건 모두 드러내고 모르는 부분은 슬쩍 감추는 책은 이미 무척 많이 나와 있다. 그러니 구석기 및 신석기 시대의 '인간'이 어떤 모습인지 묘사하는 일은 상상력 풍부한 다른 학문에 맡기고, 우리는 이 구석기 및 신석기 문화가 현재 우리의 삶에 어떤 기여를 했는지 그 흔적을 찾는 일에 주안점을 두기로 하자.

그 이야기의 배경이 되는 그림은 비록 짧은 순간이지만 오늘날 우리가 괴롭히고 있는 지구와는 사뭇 달랐다. 당시 지구는 현재의 온대 기후 지역까지 수천 년간 꽁꽁 얼려 버렸던 간헐적인 빙하 작용으로 몸서리를 쳤을 것이고, 빙하의 쟁기질이 시작되기 전이라 히말라야, 알프스, 피레네는 모두 한 덩어리 바위로 뭉쳐져 있었을 것이다.* 현대 과학에서 추측으로 내놓는 이론을 그대로 받아들인다면, 말할 줄 몰라 아직 인간답다 할 수 없는 그 생물체도 몇 가지 종(種)과 함께 수 세기에 이르는 혹독한 추위를 견디고 살아남았다. 그러다 빙하의 세력이 한 발 뒤로 물러난 간빙기에 이 기이한 유기체는 불을 발명해 내고, 돌이나 뼈를 가지고 무기나 도구를 만드는 기술을 발전시켰다. 그렇게 문명에 이르는 길을 닦은 것이다.

이 선사 시대 인간이 만들었다고 생각되는(이는 나중에 정정이 될 소지가 있다.) 유적은 다양하게 발견되고 있다. 1929년에는 중국의 젊은 고인류학자 페이원중이 베이징에서 약 60킬로미터 떨어진 주구점에서 두개골 하나를 발견했는데, 브뢰이(Abbé

---

* 현재 지질학 이론에서는 제1빙하기를 기원전 500,000년경으로 잡는다. 제1간빙기는 기원전 475,000년~400,000년, 제2빙하기는 기원전 400,000년경, 제2간빙기는 기원전 375,000년~175,000년, 제3빙하기는 기원전 175,000년경, 제3간빙기는 기원전 150,000년~50,000년경, 제4(마지막)빙하기는 기원전 50,000년~25,000년경으로 본다.[1] 현재 우리는 후빙기에 살고 있는데, 이 시기가 언제 끝날지에 대해서는 아직 정확한 계산이 나온 바 없다. 이 책의 맨 끝에 이 내용을 비롯한 기타 자세한 사항들이 알아보기 쉽게 도표로 실려 있다.

Breuil) 신부와 엘리엇 스미스(G. Elliot Smith) 같은 전문가들은 그것이 인간의 두개골이라는 판단을 내렸다. 그 두개골 근처에는 여러 군데 불을 피운 흔적이 있었고, 연장으로 다듬어진 것으로 보이는 돌덩이도 여러 개 발견되었다. 그런데 인간의 활동이 엿보이는 이런 유적들 사이에, 약 백만 년 전 플라이스토세 초기의 것으로 공론화된 동물 뼈가 섞여 있었다.[2] 우리가 가장 오래된 인간 화석으로 알고 있는 것이 바로 이 베이징 원인 두개골이다. 그리고 함께 발견된 도구는 인간이 만든 최초의 물건으로 역사에 남게 되었다. 한편 1911년에는 도슨(Dawson)과 우드워드(Woodward)가 영국 서섹스 주 필트다운에서 인간일 가능성이 있는 뼛조각 몇 개를 발견했는데, 현재는 필트다운인(또는 에오안트로푸스(Eoanthropus))이라고 알려져 있다. 두개골이 생성되었다고 추정되는 연대는 기원전 1,000,000년에서 기원전 125,000년으로 그 폭이 넓다. 1891년에 발견된 두개골과 대퇴골, 그리고 1907년 독일 하이델베르크에서 발견된 턱뼈도 확실히 인간의 것이라 단정 지을 수 없기는 마찬가지다. 인간의 것임이 명백한 최초의 화석은 1857년 독일 뒤셀도르프 근처의 네안데르탈에서 발견되었다. 연대는 기원전 40,000년으로 추정되는데 벨기에, 프랑스, 스페인 및 심지어 갈릴리 해안에서 발굴된 인간의 유골과 닮은 부분이 너무 많아 우리 시대가 개막되기 약 40,000년 전에는 네안데르탈인이라는 종족 하나가 온 유럽을 장악했던 것으로 보일 정도다. 이들은 키는 작았지만 두뇌 용적은 1600cc로 현재 우리보다도 200cc가 컸다.[3]

고대에 유럽을 차지하고 있던 이들은 기원전 약 20,000년 전 크로마뇽인이라는 새로운 종족에게 자리를 내어 준 것으로 보인다. 이 이름은 유골이 남부 프랑스 도르도뉴 지방의 크로마뇽이라는 동굴에서 1868년 발견되면서 붙여졌다. 그리고 이와 유형과 시기가 비슷한 유골이 프랑스, 스위스, 독일, 웨일즈 등 다양한 곳에서 다량 발굴되었다. 그 유골들을 보면 이들이 체력이나 체구가 엄청났음을 알 수 있다. 키는 약 178~193센티미터에 이르렀고, 두뇌 용적은 1590~1715cc였다.[4] 네안데르탈인과 마찬가지로 크로마뇽인도 유골이 동굴에서 발견되기 때문에 "동굴인"으로 익히 알려져 있다. 하지만 이들이 동굴에서만 살았다는 증거는 없다. 동굴에 살았던 사람들이나 동굴에서 죽은 사람들의 뼈만 후대의 고고학자에게 전해진 것은 그저 시간의 장난일 수 있다. 현재 제시되는 이론에 의하면 이 웅대한 종족은 원래 중앙아시아 출신이었다. 당시에는 아프리카가 이탈리아 및 스페인과 연결돼 있었던 것으로 추정되는데, 그 육로를 따라 아프리카를 거쳐 유럽으로 들어왔다는 이야기다.[5] 화석이 흩어져 있는 양상을 보면 이들이 유럽 장악 문제를 놓고 수십 년에(혹은 수세기에) 걸쳐 네안데르탈인과 전쟁을 벌였음을 알 수 있다. 과정은 어쨌건 간에 결국 네안데르탈인은 종적을 감추고, 크로마뇽인이 살아남아 현대 서유럽인의 주된 원류로 자리 잡고 오늘날 우리가 물려받은 문명의 초석을 놓았다.

구석기 시대에 이들을 비롯한 다른 유럽인들이 남긴 문화유산은 유적이 최초로 그리고 주로 발견된 프랑스 지방의 이름에 따라 다음의 일곱 가지로 분류된다. 이 유적들은 모두 뗀석기를 사용한다는 특징이 있다. 초기의 세 문화는 3빙하기와 4빙하기 사이의 위태위태하던 간빙기에 형성되었다.

(1) 선(先)셸 문화나 이 시대 유적은 기원전 125,000년경에 만들어졌다. 이 시대 유물이 묻힌 깊은 땅 속의 부싯돌 대부분에는 인위적으로 만들었다는 증거가 거의 없으며, (혹시 사용이 되었다면) 자연적인 상태 그대로 사용된 것으로 보인다. 하지만 주먹 모양의 돌덩이가 많은 것으로 보아(또 어느 정도 뾰족하고 날카로운 것으로 보아), 유럽인이 최초로 사용했다고 알려진 도구를 만든 주인공은 선셸인이었던 듯하다. 이 주먹 도끼를 프랑스어로는 '쿠드푸앵(coup-de-poing)'이라고 하는데, '주먹에 쥐고 내리치는 것'이란 뜻이다.

(2) 셸 문화는 기원전 100,000년경에 나타난 것으로, 주먹 도끼를 보다 발전시켰다. 돌덩이 양쪽을 거칠게 떼어 내고 아몬드 모양으로 뾰족하게 만들어 손에 더 잘 잡히도록 했다.

(3) 아슐 문화는 기원전 약 75,000년경 나타났으며 유럽, 그린란드, 미국, 캐나다, 멕시코, 아프리카, 근동, 인도, 중국에 다량의 유물을 남겼다. 이 문화 속에서 주먹 도끼

는 보다 균형 잡히고 날카로워졌을 뿐 아니라, 망치, 모루, 긁개, 대패, 화살촉, 창 촉, 칼 등 특수한 용도의 도구들이 무척 다양하게 등장했다. 벌써부터 바쁘게 일하는 부지런한 인간의 모습이 나타나는 것이다.

(4) 무스테리안 문화는 모든 대륙에서 발견되는데, 특히 기원전 40,000년경의 네안데르탈인 유적과 관련이 깊다. 이 시대 석기에서는 주먹 도끼가 이미 폐기된 옛날 물건이 된 듯 상대적으로 드물게 발견된다. 이때의 석기들은 커다란 박편 한 덩이로 만들어졌는데, 예전에 비해 가볍고 날카로우며 모양이 잡혀 있어, 오랫동안의 공예 전통이 묻어 나는 손재주를 느낄 수 있다. 한편 프랑스 남부의 플라이스토세 층 위쪽에서는 이어지는 문화의 유적이 등장한다.

(5) 오리냑 문화는 기원전 25,000년경에 나온 것으로 최초의 후빙기 유적에 해당하며, 크로마뇽인이 이룩한 최초의 문화로 알려져 있다. 이제 인간은 석기와 함께 뼈로 만든 핀, 모루 등도 사용하게 되었다. 또 바위를 투박하게 조각하거나 높은 돋을새김으로 단순한 형태의 입상을 만들었는데, 대부분이 여자의 나체를 묘사한 것이었다.[6] 그리고 크로마뇽인이 여기서 한층 문화를 발달시킨 결과 이어지는 문화가 등장한다.

(6) 솔류트레 문화는 기원전 20,000년경 프랑스, 스페인, 체코슬로바키아, 폴란드에서 등장했다. 오리냑 시절에 쓰던 도구 및 무기와 더불어 송곳, 대패, 톱, 투창, 창도 사용하게 되었다. 뼈로 가늘고 날카로운 바늘을 만들고, 순록 뿔을 깎아 많은 용구를 만들었다. 이따금 순록의 가지 뿔에는 동물의 형상을 새겨 넣기도 했는데 오리냑 시대보다 훨씬 뛰어난 수준이었다. 마지막으로 크로마뇽인은 다음에 소개되는 문화에서 발전의 절정을 이룬다.

(7) 마들렌 문화는 기원전 16,000년경의 유럽 전역에서 찾아볼 수 있었다. 이 문화에 속하는 유물 중에는 상아, 뼈, 뿔로 만든 갖가지 정교한 기구들이 많다는 게 특징이

다. 소박하지만 완벽한 형태의 바늘과 못을 만드는 솜씨는 어느 때보다 빼어났다. 크로마뇽인의 재주가 가장 완벽하게 녹아 있는 알타미라 벽화가 그려진 시대가 이때였다.

산업 혁명 전까지만 해도 유럽인들의 소중한 문화유산이었던 수공업은 선사 시대 인류의 이런 문화를 통해 그 초석이 마련된 것이다. 그 문화는 구석기 시대의 유물이 광범위하게 퍼져 있던 덕에 고전 문명 및 현대 문명에 보다 잘 전달될 수 있었다. 1921년 로디지아(짐바브웨의 옛 이름 - 옮긴이)에서 발견된 두개골 및 동굴 벽화, 1896년 이집트에서 드 모르강(De Morgan)이 발견한 석기들, 소말릴란드에서 시튼카(Seton-Karr)가 발견한 유물들, 파이윰* 분지에 매장된 구석기 시대 물건들, 그리고 남아프리카의 스틸베이 문화를 보면, 암흑대륙도 뗀석기 기술 발전 과정이 방금 살펴본 유럽과 거의 다르지 않다는 걸 알 수 있다.[7] 오히려 튀니스와 알제에서 준(準)오리냑 문화의 유물들이 발견되는 걸 보면, 인류의 아프리카 기원설에 무게가 실리는 듯도 하다.[8] 구석기 시대 도구는 시리아, 인도, 중국, 시베리아 및 기타 아시아의 여러 곳에서도 발굴되고 있다.[9] 앤드루(Andrew) 및 그가 속한 예수회의 이전 회원들이 몽골에서 우연히 구석기 시대 유물을 발견한 적도 있다.[10] 팔레스타인에서는 엄청난 양의 네안데르탈인 뼈대와 무스테리안 - 오리냑 시대의 석기가 발굴되기도 했다. 네브래스카에서도 뼈로 만들어진 연장이 발견되었는데, 과도한 애국심에 그 연대를 기원전 500,000년으로 잡으려 하는 권위자도 있다. 오클라호마와 뉴멕시코에서도 화살촉이 발견되었는데, 발굴자들의 확신에 의하면 기원전 350,000년에 만들어진 것이라고 한다. 선사 시대 인류는 이렇게 끝없이 넓은 다리를 건너 역사 시대 인류에게 문명의 토대를 전해 주었다.

2. 구석기 시대의 예술

이쯤에서 구석기인이 만들어 낸 갖가지 도구를 정리해 보면, 멋대로 상상할 때보다 한결 명확하게 그들의 생활상을 그려낼 수 있다. 인간은 당연히 주먹에

---

* 중(中)나일 서쪽에 있는 오아시스 이름이다.

들어가는 돌덩이를 최초의 도구로 삼았을 것이다. 그 사실을 일러 준 자연 속 동물이 한두 가지가 아니었을 테니 말이다. 이 주먹 도끼(이 돌덩어리는 한 면은 날카롭고, 다른 한 면은 손바닥에 쥘 수 있도록 둥글둥글하다.)는 원시인에게 망치, 도끼, 끌, 긁개, 칼, 톱니의 용도로 다 사용되었다. 심지어 'hammer'에는 (어원상) '돌'의 의미가 오늘날까지 들어 있다.[11] 그렇게 천편일률적이던 형태에서 서서히 특정 용도의 도구들이 갈라져 나오기 시작했다. 구멍을 파 손잡이를 달고, 동물 이빨을 달아 톱니를 만들었으며, 자루 끝에 돌덩이를 달아 곡괭이, 화살, 창을 만들었다. 조개껍질 모양이었던 긁개는 삽이나 괭이로 발전했으며, 표면이 거칠거칠한 돌은 줄로 이용되었다. 한편 팔매질에 사용되던 돌은 전쟁 무기로 발전해 그리스 로마 시대까지 그 명맥을 이었다. 돌과 함께 뼈, 나무, 상아까지 이용하게 되자 인간은 다양한 무기와 도구를 만들어 내기에 이른다. 절구, 도끼, 대패, 긁개, 송곳, 등(燈), 칼, 끌, 자르개, 창, 모루, 단도, 낚시, 작살, 쐐기, 핀은 물론, 이 외에도 이용된 용구들이 많았을 것이다.[12] 구석기인의 머릿속엔 매일매일 새로운 지식이 스치고 지나갔고, 이따금 기지를 발휘해 그 우연한 발견에서 의미심장한 발명품을 만들어 냈다.

하지만 구석기인의 위대한 업적은 불이다. 다윈은 인간이 화산의 뜨거운 용암에서 가르침을 얻어 불을 만들어 내게 되었을 것이라고 지적했다. 그리스 극작가 아이스킬로스의 작품에서는 프로메테우스가 렘노스 섬 화산의 불타는 분화구에서 인간에게 불을 가져다 준 것으로 되어 있다.[13] 네안데르탈인 유적에서 소량의 탄소와 불에 탄 뼈가 발견된 경우도 있다. 인간이 자기 손으로 불을 만들어 피운 것이 적어도 40,000년은 되었다는 이야기다.[14] 크로마뇽인은 돌을 파고 그 구멍에 기름을 담아 빛을 얻었다. 따라서 등(燈) 역시 연륜이 상당한 물건이다. 빙하가 땅을 덮어 올 때 인간이 추위의 위협에 맞설 수 있었던 것은 아마 불 덕분이었을 것이다. 밤에 땅 위에서 마음 놓고 잘 수 있게 된 것도 역시 불 덕택이었으리라. 원시인이 그 신비함을 숭배한 만큼 동물들은 불을 두려워했다. 어둠을 정복해 두려움을 줄여 주기 시작한 것도 역시 불이었다. 인류 역사란 직물은 그 빛깔이 결코 휘황찬란하지는 않은데, 불은 그 안에 몇 가닥 들어 있는 황금 실인 셈이다. 요리라는 오래되고 뿌듯한 기술을 만들어 낸 것도 불이었다. 덕분에 인간은 전에는 입에 대지 못하던 이루 헤아릴 수 없이 많은 음식을 맛보게 되었다. 마침내 인간은 불로 금속까지 녹이는데, 크로마뇽인 시절부터 산업 혁명까지를 통틀어 진정한 기술 발전으로 꼽을 수 있는 건 이 하나뿐이다.[15]

튼튼한 예술은 황제나 국가보다도 생명력이 길다고 한 고티에(Gautier)의 말을 증명이라도 하듯, 구석기 유물 중 형태가 가장 명확한 것은 구석기인의 단편적인 예술품이다. 지금으로부터 60년 전, 마르셀리노 데 사우투올라(Marcelino de Sautuola)가 북부 스페인 알타미라에 있는 자신의 부지에서 우연히 거대한 동굴을 발견한다. 동굴 입구는 바위가 떨어져 내리고 자연적으로 생겨난 석순이 입구를 덮으면서 수천 년 동안 단단히 봉해져 있었다. 그러다 새로 건물을 지으려고 발파 작업을 했는데 마침 동굴 입구가 열렸다. 그 후 3년이 지나 동굴을 탐사한 사우투올라는 벽에서 신기한 표시를 발견한다. 하루는 어린 딸을 데리고 동굴에 들어갔는데, 아버지처럼 웅크리고 뭔가 조사할 필요가 없던 딸은 동굴을 이리저리 돌아다니다가 고개를 들어 천장을 보았다. 거기에는 윤곽이 희미한 커다란 들소 한 마리가 그려져 있었다. 선이나 색감이나 훌륭한 솜씨였다. 좀 더 자세히 살펴보니 천장과 벽에는 그 외에도 다른 그림이 많이 있었다. 사우투올라는 1880년에 동굴 탐사 결과를 책으로 출간했지만 고고학자들의 반응은 싸늘했다. 그를 존중해 그림을 살펴보러 간 사람도 있었지만, 그들마저 그림이 누군가 일부러 그려 놓은 가짜라 선언할 뿐이었다. 충분히 당연한 일이었지만, 의심이 팽배하던 분위기는 30년이 지나도록 가실 줄 몰랐다. 그러다 일반적으로 선사 시대 유물이라고 인정되는 다른 그림들이 동굴에서 발견되면서(여기에는 뗀석기와 간 상아와 뼈 등 구석기 시대 유물이 들어 있었다.), 사우투올라의 판단이 옳았음이 입증되었다. 하지만 그때 사우투올라는 이미 세상을 떠나고 난 뒤였다. 늦긴 했지만 이제는 지질학자들이 하나같이 똑같은 가정을 품고 알타미라 동굴로 찾아와, 대다수 벽화를 덮고 있던 석순이 구석기 시대 침전물이라는 걸 입증해 냈다.[16] 현재는 일반적으로 그 알타미라 동굴의 벽화들이 기원전 16,000년경의 마들렌 문화에 속한다 보고 있다.(현재 전하고 있는 선사 시대 예술품 대다수도 마찬가지다).[17] 프랑스의 많은 동굴에서도 시기가 약간 늦긴 하지만 구석기 시대의 그림들이 발견되고 있다.*

이러한 그림들은 순록, 매머드, 말, 멧돼지, 곰 등 동물이 소재인 경우가 가장 많다. 이것들은 평소엔 먹기 힘든 고급 음식이었을 테고, 따라서 사냥꾼들의 추격 대상 1순위였을 것이다. 이 동물들에 화살이 꽂혀 있는 경우도 있는데, 프레이저(Frazer)와 레이나크(Reinach)는 마법을 부리려 그린 그림이라고 보고 있다. 그 그림을 그린 사람이나 사냥꾼의 힘이 그 동물에게 미쳐 자기 뱃속으로 들어오게 하려는 목적으로 말이다.[18] 아니면 순수 예술이었을 가능성도 생각할 수 있다. 아름다운 무언가를 만들어 낸다는 순수한 기쁨에 취해 그린 것이다. 마법을 부릴 목적이었다면 아무렇게나 막 그린 그림으로도 충분했을 것이다. 하지만 선사 시대 그림들은 너무도 정교하고 힘과 재주가 넘쳐서, 장구한 인류 역사를 거치면서도 예술이 (적어도 회화에서만큼은) 그다지 발전하지 못한 것 아닌가 하는 우울한 생각이 들게 할 정도다. 그 정도로 이 그림들에는 생명력과 활기와 장대함이 느껴진다. 그것도 대담하게 그려 낸 선 한두 개로 보는 사람을 압도한다. 단 한 번의 터치로(아니면 나머지 선들은 지워지고 그 선만 남은 것일 수도 있겠다.) 금방이라도 달려들 듯한 짐승을 탄생시키고 있다. 과연 레오나르도의 「최후의 만찬」이나 엘 그레코(El Greco)의 「성모 승천」이 지금으로부터 2000년 후에도 크로마뇽인의 그림들처럼 높은 평가를 받을 수 있을지 의문이다.

회화는 정교한 예술 형태여서 내용 및 기법상의 발전이 이루어지는 데 수 세기가 걸린다. 현재의 이론을 그대로 받아들인다면(이는 언제나 위험천만한 일이지만.), 회화는

---

* 레콩바렐(Les Combarelles), 레제지(Les Eyzies), 퐁드곰(Font de Gaume) 벽화 등이 이에 해당한다.

조소에서 발달한 것이다. 처음에 환조로 조각을 하던 사람들은 나중에 얕은 돋을새김 기법을 이용하게 되고, 종국에는 윤곽선만 그리고 거기에 색칠을 하는 단계에 이르렀다. 한 마디로 조각에서 입체감을 뺀 것이 회화다. 프랑스 로셀 지방에 가 보면 오리냑 시대 절벽에 얕은 돋을새김 기법으로 궁수의 모습을 놀라울 정도로 생생히 묘사해 놓았는데, 조소에서 회화로 넘어가는 선사 시대 예술을 잘 보여 주고 있다.[19] 프랑스 아리에 지방의 동굴에서는 루이 베고우엔(Louis Begouën)이 마들렌 시대 유물 사이에서 순록의 가지 뿔로 만든 장식용 자루를 몇 개 발견했다. 그중 한 작품은 원숙하고 탁월한 공예 솜씨를 자랑하는데, 그 기술이 이미 수 세대에 걸쳐 발전되었다고 말하는 듯하다. 이집트, 크레타 섬, 이탈리아, 프랑스, 스페인 등 지중해 연안 선사 시대 유적지에서는 키가 작고 뚱뚱한 여인의 형상이 이루 헤아릴 수 없이 많이 발견된다. 당시의 모성 숭배 의식이나 아프리카의 미의식이 어땠는지를 반영하는 셈이다. 체코슬로바키아에서는 불분명하지만 연대가 기원전 30,000년으로 추정되는 유적에서 야생마와 순록, 매머드를 본뜬 돌 조각상이 발굴되었다.[20]

역사가 진보만 한다고 해석하는 건 무리다. 이런 조각상이나 얕은 돋을새김 기법 작품 및 회화가 (그 수가 많기는 해도) 원시인의 삶을 표현하고 꾸며 주었던 예술품의 극히 일부에 불과하다는 사실을 생각하면 말이다. 현재 남은 예술품은 동굴에서 발견되는데 동굴이라는 장소가 예술품 보존에 열악한 면도 있다. 더구나 선사 시대 인류가 동굴 속에서만 예술을 했을 거란 보장도 없다. 일본인처럼 가는 곳마다 부지런히 조각품을 만들었을 수도 있고, 그리스인처럼 조소 작품을 풍성하게 만들어 냈을 수도 있다. 또 동굴 속 바위 뿐 아니라, 천이나 나무 등 모든 것에(자기 몸도 예외가 아니었을 것이다.) 그림을 그렸을지도 모른다. 그들은 지금까지 살아남아 있는 예술품보다 훨씬 뛰어난 걸작을 만들었을 수도 있다. 일례로 한 조그만 동굴에서는 순록의 뼈로 만든 통이 발견되었는데, 물감이 가득 들어 있었다.[21] 또 2만년이 지났음에도 붉은 황토 물감이 덕지덕지 묻어 있는 돌 팔레트도 발견되었다.[22] 18,000년 전에도 예술은 고도로 발전해 있었고, 광범위하게 예술 활동이 이루어지고 있었음이 분명하다. 구석기 인류 중에도 전업 예술가가 있었을 수 있다. 또 누추한 동굴에서 배를 곯는 보헤미안이 있었을지 모른다. 상업주의에 찌든 부르주아를 욕하고, 학벌의 종말을 꿈꾸면서 공들여 예술품을 벼려 냈을 자유분방한 예술가들이 말이다.

2. 신석기 문화

지난 19세기의 백 년 동안에는 프랑스, 사르디니아 공국, 포르투갈, 브라질, 일본, 만주에서 선사 시대의 쓰레기로 보이는 거대한 유적 더미가 여러 차례 발견되었다. 무엇보다 덴마크에서 발견된 것이 인상적인데, 그 때문에 이 유적에 '패총(貝塚)'(영어로는 'kitchen-midden', 덴마크어로는 'Kjokken-möddinger')이란 기이한 말이 붙었다. 이 쓰레기 더미에는 조개껍질(굴, 홍합, 고둥이 유난히 많다.)과 다양한 육상 동물 및 수상 동물의 뼈다귀, 뿔, 뼈, 돌로 만든 기구와 무기, 숯, 재, 깨진 토기 같은 광물성 유물 등이 들어 있다. 보기에 썩 좋지는 않은 이 유적은 예수가 탄생하기 약 8000년 전에도 어떤 문화가 형성되었음을 분명히 나타내고 있다. 이 문화는 진정한 의미의 구석기보다는 시기가 늦지만 딱히 신석기라 할 수도 없다. 간석기를 사용하는 수준에는 아직 이르지 못했기 때문이다. 이 유적을 남긴 사람들에 대해서는 입맛이 참 다채로웠다는 사실 외에는 아는 게 거의 없다. 프랑스의 마스다질 유적의 문화와 함께, 이 패총은 중석기 혹은 구석기에서 신석기로 넘어가는 과도 단계의 모습을 보여 주고 있다.

1854년 유난히 건조했던 겨울 날씨 때문에 스위스 호수들의 수위가 내려가는 일이 생겼다. 그런데 이것이 선사 시대에 일대 획을 긋는 또 하나의 사건이었다. 약 200군데의 스위스 호수에서 3000~7000년 동안 물에 잠겨 있던 말뚝들이 발견된 것이다. 말뚝이 아주 질서 정연하게 배열된 것으로 보아 그 자리에 소규모 마을이 있었다는 증거로 보였다. 아마도 고립이나 방어가 목적이었을 것이다. 각 마을이 육지와 연결되는 부분은 폭이 좁은 다리 하나뿐이었고, 집의 초석이 아직까지 남아 있는 경우도 있었다. 심지어 줄기찬 물살을 견디고 살아남은 가옥 틀도 군데군데서 발견되었다.* 그 잔해에 뼈로 만든 도구와 간석기가 섞여 있었고, 고고학자들은 이 간석기가 아시아에서는 기원전 10,000년경에, 유럽에서는 기원전 5000년경에 융성했던 신석기 문화의 뚜렷한 특징이라고 보았다.[25] 이 유적과 유사한 것이 미시시피 강 및 그 지류의 유역에 남아 있는 거대한 무덤들이다. 이것들은 우리가 소위 '마운드빌더(Moundbuilder: 고분 짓는 사람들이란 뜻)'라 부르는 기이한 인디언 종족이 만든 것인데, 이들에 대해 알려진 것은 전혀 없다. 제단이나 기하학적 형상, 토템 동물을 본 따 만든 이 무덤 안에 돌, 조개껍질, 뼈, 두드려 가공한 철이 발견되는 것으로 보아 신비에 싸인 이들이 신석기 시대 후기인에 해당한다는 사실만 알 수 있을 뿐이다.

 그러한 유적들의 단편들을 짜 맞춰 신석기 시대의 모습을 그려 보려 시도하는 순간, 우리는 놀라운 발명이 이루진 것을 발견하게 된다. 바로 농경이다. 어떻게 보면 인류의 모든 역사는 수렵에서 농경으로 넘어간 신석기 시대의 이행과 농경에서 산업으로 넘어간 근대의 이행, 이 두 가지의 혁명적 사건과 맞물려 있다고 할 수 있다. 그 어떤 혁명도 역사상에 이만큼 실질적이고도 근본적인 변화를 주지 못했다. 유적을 살펴보면 호상(湖上) 거주자들이 밀, 기장, 호밀, 보리, 귀리를 비롯해 120가지에 이르는 과일과 갖가지 견과를 먹었음을 알 수 있다.[26] 이 유적지에서 쟁기가 발견된 적은 없다. 처음에는 돌덩이에 이어 붙이기 좋은 나무줄기나 가지를 대서 쟁기처럼 썼기 때문인 듯하다. 그러나 신석기 시대의 바위에 새겨진 한 조각이 증거로 남아 있다. 여기에 농부가 나오는데, 여지없이 두 마리 소가 끄는 쟁기로 농사를 짓는 모습이다.[27] 이는 역사에

---

* 이와 유사한 호숫가 유적은 프랑스, 이탈리아, 스코틀랜드, 러시아, 북아메리카, 인도 등지에서도 발견되고 있다. 또 보르네오, 수마트라, 뉴기니 등지엔 아직도 비슷한 형태의 촌락이 존재한다.[23] 베네수엘라가 '작은 베네찌아'라는 뜻의 이름을 갖게 된 것도 이유가 있다. 1499년 알롱소 드 오헤다(Alonso de Ojeda)가 그 땅을 처음 발견해 유럽에 소개했을 당시 원주민들이 마라카이보 호수에 수상 가옥을 짓고 살았던 것이다.[24]

획기적인 발명품 하나가 등장했음을 나타내고 있다. 농경이 있기 전에는 지구가 먹여 살릴 수 있는 인구가 (아서 키스 경(Sir Arthur Keith)의 어림짐작에 의하면) 2000만 명에 불과했고, 목숨을 앗아 가기 일쑤인 사냥과 전쟁 때문에 수명도 짧아졌다.[28] 그런데 이제 농경 덕분에 인간이 지구를 보다 확실히 지배하는 데 결정적 역할을 한 인간의 증식이 시작된 것이다.

농경과 더불어 신석기인들은 문명의 토대를 또 하나 마련하는 중이었다. 바로 동물을 길들여 기른 것이다. 여기에는 필경 오랜 시간이 걸렸을 것이다.(신석기 시대 이전부터의 일일지도 모른다.) 인간과 동물이 어울리게 된 데는 선천적으로 타고난 붙임성이 한몫한 것으로 보인다. 지금도 야생 동물을 길들이고, 원숭이나 앵무새 및 그 비슷한 친구들을 집에 가득 들여놓고 좋아하는 원시 종족들을 볼 수 있으니 말이다.[29] 신석기 시대 유물 중 연대가 가장 오래된 것도(기원전 8000년경) 인류의 가장 지조 있고 오랜 친구인 개가 남긴 뼈다. 그 뒤 약간 시간이 흐르고 나서는(기원전 6000년경) 염소, 양, 돼지, 황소도 인간의 곁으로 온다.[30] 그리고 마침내 (동굴 벽화로 보건대) 구석기인들에게는 음식일 뿐이었던 말이 인간의 거처로 들어와 사랑받는 노예로 탈바꿈한다.[31] 이제 말은 인간의 뜻에 따라 실로 다양한 방식으로 일하면서 인간의 여가 시간과 부, 그리고 힘을 늘려 주었다. 그리하여 지구의 새로운 주인은 사냥은 물론 가축을 키워서 식량을 조달하기 시작한다. 우유를 식량으로 이용하는 법을 배우게 된 것도 이 신석기 시대였을 것이다.

신석기 시대 발명가들은 인간이 이용하는 도구함과 무기고를 서서히 개선시키고 또 늘려 나갔다. 당시의 유물 중에는 도르래, 지레, 맷돌, 송곳, 집게, 도끼, 괭이, 사다리, 끌, 물렛가락, 베틀, 낫, 톱, 낚시, 바늘, 브로치, 핀이 끼어 있었다.[32] 하지만 무엇보다 인상적인 물건은 인류가 만들어 낸 또 하나의 중대한 발명품이자 소박하지만 산업과 문명에 없어서는 안 될 필수품인 바퀴이다. 바퀴는 신석기 시대에 이미 어느 정도 발전해서 원반 모양에 바퀴살이 달린 형태로 여러 종류가 있었다. 그리고 돌을 갈고, 구멍을 뚫고, 다듬어 간석기를 만들어 낼 때 온갖 종류의 돌을(심지어 다루기 쉽지 않은 섬록암과 흑요암까지) 이용했다. 신석기인들은 대규모로 부싯돌을 채굴했다. 잉글랜드 브랜던의 신석기 시대 광산 유적에서 마모된 순록 뿔 곡괭이 여덟 개가 발견되었는데, 지저분한 곡괭이 표면 위에 1만 년 전 그 연장을 손에 쥐었던 일꾼의 지문이 찍혀 있었다. 벨기에에서도 신석기 시대의 광부로 보이는 사람의 뼈대가 발견되었다. 그의 시신은 떨어진 바위에 뭉개진 상태였는데, 발견될 당시 사슴뿔로 된 곡괭이를 두 손에 꽉 쥐고 있었다.[33] 만 년이란 세월이 흘렀지만 우리와 똑같은 인간으로 여겨지는 만큼, 빈약한 상상력으로도 그가 얼마나 무섭고 힘들었을지 짐작이 간다. 하지만 이는 문명을 뒷받침할 광물을 얻기 위해 인류가 대지의 내장을 파헤친 쓰라린 세월이 아주 길다는 뜻이기도 하다!

인류는 바늘과 핀을 만들어 내자 천을 짜기 시작한다. 아니면 천을 짜기 위해 바늘과 핀을 만들어 내게 된 건지도 모른다. 짐승의 털이나 가죽으로 옷을 지어 입는 것이 더 이상 성에 차지 않자, 인간은 양모와 식물 섬유를 가지고 옷을 지어 입었다. 힌두인들의 로브나, 그리스인들의 토가, 이집트인들의 치마 등 인류가 걸친 그 멋진 의상들의 기원이 여기다. 식물 즙이나 땅 속 광물을 원료로 섞어 염료를 만들었고, 왕들은 색색으로 물들인 고급 옷을 입었다. 애초에 인간은 가닥을 서로 엇갈려 새끼를 꼬듯 직물을 꼬아서 이용했던 듯하다. 그러다 동물 가죽에 구멍을 뚫고 그 사이로 억센 섬유를 통과시켜 가죽을 한데 엮었다. 옛날 코르셋이나 오늘날 신발에 끈이 이용되는 식으로 말이다. 섬유가 서서히 실의 형태로 발전해 가면서 바느질은 부녀자들의 주된 기술 중 하나가 되었다. 신석기 유적지에서 발견되는 돌로 된 물렛가락은 인간이 이룩한 산업의 위대한 시작점 한 곳을 밝혀 주고 있다. 심지어 이들 유적지에서는 거울이 발견되기도 한다.[34] 문명을 위한 모든 것이 다 준비되어 있었던 것이다.

초기 구석기 시대 무덤에서는 토기가 전혀 발견되지 않고 있다. 벨기에의 마들렌 문화의 유적지에서 토기 조각들이 보이기는 하지만,[35] 패총이 발견되는 중석기나 되어야 질그릇을 본격적으로 사용한 흔적을 찾을 수 있다. 예술의 기원이 무엇인지는 물론 알 길이 없다. 다만 원시 시대 예리한 관찰력을 지닌 누군가가 어쩌다 진흙을 밟아 골이 패였는데 그 안에 찬 물이 잘 빠지지 않는다는 사실을 알아챘으리라 추측할 수 있다.[36] 그리고 누군가가 우연히 젖은 진흙 덩이를 불 옆에서 굽다가 머릿속에 이미 잉태돼 있던 그 발명품에 착안했을 것이다. 그리고 진흙은 어디서나 구할 수 있다는 점, 손으로 모양 잡기가 무척 쉽다는 점, 불이나 햇빛에 아주 쉽게 구워진다는 점에 눈뜨게 되었을 것이다. 인류는 이전 수천 년 동안은 조롱박이나 코코넛 같은 자연의 용기를 가지고 음식과 물을 날랐을 게 분명하다. 그러다가 나무나 돌로 컵과 국자를 만들고, 골풀이나 짚 따위로 바구니와 광주리를 만들어 쓸 줄 알게 되었다. 그리고 이제는 진흙을 구워 수명이 오래가는 그릇을 만들면서, 인류의 주요 산업을 하나 더 창조하게 되었다. 적어도 유물만으로 보면 신석기인은 토기를 만들 때 돌림판을 사용할 줄은 몰랐다. 그러나 자기 손으로 직접 실용적이면서도 아름다운 토기를 만들어 냈으며, 단순한 무늬로 장식할 줄도 알았다.[37] 토기는 탄생한 거의 그 순간부터 단순한 산업이 아니라 하나의 예술이었다.

이뿐 아니라 신석기 시대에는 인류의 주요 산업의 또 하나인 건물 축조가 최초로 이루어졌다는 증거도 발견된다. 구석기인들이 동굴 이외의 다른 곳에서 살았던 흔적은 찾아볼 수 없다. 하지만 신석기 유적 가운데서는 사다리, 도르래, 지레, 경첩 등 건물에 쓰이는 장비들을 찾아볼 수 있다.[38] 호수 위에 집을 짓고 살았던 원시인들은 솜씨 좋은 목수여서, 튼튼한 나무못으로 말뚝에 들보를 단단히 고정시키고, 장부촉 이음 기술을 쓰고, 옆을 도리로 받쳐 구조물의 힘을 키울 줄 알았다. 바닥은 진흙이었고 벽은 윗가지에 진흙을 바른 초벽이었으며, 지붕에는 나무껍질·짚·골풀·갈대를 덮었다. 그리고 도르래와 바퀴 덕분에 건축 자재를 이리저리 옮기고, 거대한 초석을 여러 개 날라 와 마을 터를 잡을 수 있었다. 그러면서 운송 역시 산업으로 자리 잡았다. 카누가 만들어지면서 호수는 카누를 타고 이리저리 오가는 사람들로 활기가 넘쳤을 게 분명하다. 교역은 산맥을 넘어서도 바다를 건너서도 이루어졌다.[39] 당시 유럽은 호박(琥珀), 섬록암, 경옥(硬玉), 흑요암을 아득히 먼 곳에서 들여오곤 했다.[40] 선사 시대의 다양한 집단 사이에서 비슷한 말과 문자, 신화, 토기, 무늬가 발견되는 걸 보면 이들 사이에 문화적 접촉이 있었음을 알 수 있다.[41]

토기를 제외하면 신석기 시대는 우리에게 구석기 시대의 그림이나 조소 작품에 필적할 만한 예술품을 전혀 남겨 주지 않았다. 다만 영국부터 중국에 이르기까지의 신석기 시대 생활 터전 곳곳에서 고인돌이라 불리는 원형 돌무더기, 멘히르라 불리는 서 있는 돌, 스톤헨지나 모르비앙 같이 일련의 돌이 거대한 원형을 이루며 늘어서 있는 크롬렉(환상열석(環狀列石), 왜 이런 구조로 돌을 놓은 건지는 알 길이 없다.)을 발견할 수 있다. 역사 시대 이전의 이 거석들이 어떤 의미를 지녔으며, 또 어떤 기능을 했는지 우리는 아마 영영 알지 못할 것이다. 다만 제단이나 신전의 유적이 아닐까 짐작할 뿐이다.[42] 분명 신석기인들은 종교가 있었을 것이기 때문이다. 일상의 비극과 태양의 승리, 땅의 죽음과 부활, 달이 현세에 미치는 기묘한 힘 등을 신화를 통해 극적으로 표현해 냈을 거란 이야기다. 역사 시대의 종교는 선사 시대에 그러한 기원이 있다는 가정이 있어야만 이해가 가능하다.[43] 아마 돌을 그런 식으로 배열한 것은 천문학을 고려해서였을 것이고, 슈나이더 헤르만(Schneider Hermann)의 생각처럼 신석기인들이 역법을 이미 알고 있었다는 뜻일 수도 있다.[44] 신석기에 과학적 지식이 어느 정도 존재했던 것은 분명하다. 신석기인의 일부 두개골에 관상 톱 시술이 이루어졌다는 증거가 남아 있고, 부러진 갈비뼈를 다시 맞춘 흔적이 있는 뼈대도 발견되었기 때문이다.[45]

우리가 선사 시대 인류가 이룬 업적을 제대로 평가하기란 불가능한 일이다. 증거에 근거하지 않은 상상력으로 그들의 삶을 그리는 일은 삼가야 마땅한 일이다. 그러나 또 한편에서 보면, 시간이 원시인과 현대인의 간극을 좁혀 주었을지 모르는 유적을 파괴했을 가능성이 있다. 그러나 그 사실을 인정한다 해도, 현재 기록으로 남아 있는 석기 시대의 발전만도 충분히 대단하다. 구석기 시대에는 각종 도구와 불, 그리고 예술 작품이 만들어졌다. 그리고 신석기 시대에는 농경과 가축 사육, 직조, 토기 제작, 건물 축조, 운송, 의학이 시작되었으며, 인간 종족이 지구를 확실히 장악하고 더 넓은 지역으로 터를 넓혀 나갔다. 모든 기반은 다 놓여 있었다. 가정이긴 하지만 금속, 글, 국가를 제외하면 역사 시대 문명을 위한 모든 것이 다 마련되어 있었다. 이제 인간이 자신의 생각과 업적을 기록할 방법을 찾는 모습과, 나아가 그 덕분에 유산을 대대로 안전하게 전하는 모습을 살펴보기로 하자. 이제 문명이 시작되는 것이다.

3. 역사 시대로의 이행

1. 금속의 등장

인간은 언제부터 그리고 어떻게 금속을 이용하게 되었을까? 이 문제 역시 답을 알 길이 없다. 다만 우연의 산물이라 추측할 뿐이다. 더 빠른 시기의 유적이 없는 것으로 보아 철은 신석기 말 무렵부터 사용하기 시작한 듯하다. 신석기가 끝나는 시점을 기원전 4000년경으로 잡는다면 철기 시대(동시에 글이 나오고 문명이 이룩된 시대)는 6000년에 불과한 셈인데, 그에 비해 이전의 석기 시대는 적어도 4만 년 동안 이어졌고, 인류가 출현한 지는 100만 년에 이른다.* 우리 역사 시대 이야기는 그만큼 연륜이 짧은 것이다.

인간이 가장 오랜 세월 사용해 왔다고 알려져 있는 금속은 구리다. 구리는 기원전 6000년경 스위스 로벤하우젠의 유적지,[46] 기원전 4500년경 메소포타미아의 선사 시대 유적지, 기원전 4000년 무렵의 이집트 바다리안 무덤, 기원전 3100년경 우르의 유적지 및 연대 파악이 가능한 북미 마운드빌더족의 유적지에서 찾아볼 수 있다.[47] 철기 시대는 철이 발견됨과 동시에 시작된 게 아니었다. 그보다는 불과 노동에 힘입어 금속을 인간의 목적에 맞게 변형하게 되었을 때 비로소 시작되었다. 야금학자들의 생각에 의하면 광석에서 처음으로 구리를 추출해 내게 된 건 순전히 우연이었다. 아득히 먼 옛

---

* 베이징 원인이 플라이스토세 초기에 살았다는 주장을 받아들인다는 가정하에서다.

날 모닥불을 피우고 불길 주변을 돌덩이로 에워쌌는데, 돌에 들어 있던 구리가 녹아서 흘러나온 것이다. 옛날식으로 모닥불을 피워 놓으면 오늘날에도 이런 일을 종종 목격할 수 있다. 초창기 인류가 모양을 만들기 영 까다로운 돌을 만족하고 써 온 지는 이미 아주 오래였으나, '아마도' 그런 일이 여러 번 반복되자 녹아내리는 이 금속에서 내구성 있는 무기와 도구를 보다 손쉽게 만들 물질을 찾아내 보자고 생각한 듯하다.[48] 그리고 처음에는 자연의 손이 아무 가공도 하지 않은 채 넉넉하게 주는 그대로 금속을 이용했을 것이다.(자연 상태에는 순금속도 더러 있지만 대체로 합금이다.) 그로부터 한참 뒤(기원전 3500년경 동부 지중해 근방인 듯하다.) 인간은 광석에서 금속을 추출해 내는 제련술을 발견했다. 그러다 기원전 1500년 무렵 (이집트 레크 마라 무덤의 얕은 돋을새김 조각으로 판단하건대) 금속을 주조하는 단계에 이른다. 녹인 구리를 진흙이나 모래로 만든 용기 속에 부은 후 식혀서 창 촉이나 도끼와 같이 원하는 형태로 만들었던 것이다.[49] 이 과정은 한번 발견되자 엄청나게 다양한 금속에 응용되고, 인간은 가장 위대한 산업을 이룩할 든든한 힘을 얻어 땅, 바다, 하늘까지 정복해 나간다. 기원전 4000년경에 엘람, 메소포타미아, 이집트에서 새로운 문화들이 기운차게 일어난 후 사방으로 뻗어 나가 세계의 모습을 뒤바꿔 놓은 것도 동부 지중해 연안에 구리가 풍부했기 때문이다.[50]

하지만 구리는 그 자체만으론 물렀다. 잘 휘어지는 구리가 바람직할 때도 있지만(전기 시대에 사는 우리에게 구리가 없었다면 어떻게 되었겠는가?), 전쟁과 평화라는 보다 막중한 과업을 수행하기엔 힘이 너무 없었다. 합금을 통해 보다 단단한 물질로 만들 필요가 있었다. 자연은 이와 관련해 여러 가지 방법을 일러 주고, 애초부터 아연과 주석을 섞은 단단한 형태로, 다시 말해 당장 이용할 수 있게 청동이나 놋쇠의 형태로 인간에게 주기도 했건만, 인간은 몇 세기를 허송세월하고 나서야 다음 단계로 나아간 듯하다. 이제야 인위적으로 금속을 섞어 자신의 필요에 보다 잘 부합하는 합성물을 만들어 낼 줄 알게 된 것이다. 합금을 발견한 지는 적어도 5000년은 되었다. 기원전 3000년의 크레타 섬 유적지와 기원전 2800년경의 이집트 유적지, 기원전 2000년의 트로이 제2시(市)에서 청동이 발견되는 걸 보면 알 수 있다.[51] 하지만 "청동기 시대"란 말을 엄밀히 사용하는 건 이젠 불가능하다. 청동은 다양한 민족이 저마다 다양한 연대에 이용한 금속이라 연대를 따지는 것이 아무 의미가 없다.[52] 게다가 핀란드, 북러시아, 폴리네시아, 중앙아프리카, 남인도, 북아메리카, 오스트레일리아, 일본 등 청동기를 뛰어넘어 석기 시대에서 철기 시대로 직행한 문화도 있다.[53] 뿐만 아니라 청동이 등장한 문화라도 신관, 귀족, 왕의 사치품이라는 부차적 위치만 차지했던 것으로 보인다.(한편 평민들은 계속 돌덩이로 만족해야 했다.)[54] 심지어 "신석기 시대"니 "구석기 시대"니 하는 말도 지극히 상대적인 것으로, 시기보다는 상황을 나타내는 용어라 할 수 있다. 오늘날에도 석기 시대에 머물러 있는 원시 부족이(예를 들면 에스키모족이나 폴리네시아인들) 많기 때문이다. 이들에게 철은 탐험가들이 가져다 주는 진기한 물건일 뿐이다. 쿡(Cook) 선장은 1778년 뉴질랜드에 상륙했을 때 싸구려 못 하나로 돼지를 여러 마리 살 수 있었다. 또한 여행객은 도그 섬 주민들이 "철을 무엇보다 욕심내서 배의 못까지 빼 가고 싶어 할 정도였다."라고 말했다.[55]

청동은 단단하고 내구성도 좋지만, 청동을 만드는 데 필요한 구리와 주석은 양으로 보나 위치로 보나 구하기가 그다지 쉽지 않아 산업과 전쟁을 위한 최상의 원료는 되지 못했다. 그래서 조만간 철이 등장해야 했다. 양이 그렇게 풍부함에도 철이 적어도 구리나 청동만큼 역사에 일찍 등장하지 못한 것은 역사의 불가사의 중 하나다. 인간은 마운드빌더족이나 오늘날 원시 부족들 방식으로 운철(隕鐵)로 무기를 만들면서 철을 이용하기 시작한 듯하다. 그러다 운철을 불로 녹인 후 망치로 두드려 연철(鍊鐵)을 만들어 냈을 것이다. 운철로 보이는 조각들이 이집트 1왕조 이전에 지어진 무덤에서 발견된 적이 있으며, 바빌로니아의 비문에는(기원전 2100년) 함무라비 왕조의 수도에는 철이 희귀해 매우 비쌌다는 내용이 언급되어 있다. 아프리카의 로디지아 북부에서는 4000년 전의 것으로 추정되는 주철소가 발견되었다. 남아프리카의 광산이 현대에 들어 새롭게 생긴 건 아닌 셈이다. 세계에서 가장 오래된 것으로 알려진 연철은 팔레스타인 게라르에서 발견된 일군의 칼로, 페트리(Petrie)는 이 유물의 연대를 기원전 1350년경으로 잡는다. 이집트에서는 1세기 후 위대한 람세스 2세의 치세 기간에 철이 나타났고, 에게해에서는 1세기가 더 지나서야 발견된다. 서유럽에서는 기원전 900년경 오스트리아

할슈타트에서 처음 모습을 드러내고, 스위스의 라텐 유적지에 모습을 드러낸 건 기원전 500년경이다. 한편 인도에는 알렉산드로스가, 아메리카에는 콜럼버스가, 오세아니아에는 쿡이 철을 들여갔다.[56] 철은 거친 지구의 정복 과정을 이렇듯 한 세기 한 세기 느긋하게 진행시켜 나갔다.

2. 글

문명을 향해 가는 길에서 가장 중요했던 행보를 꼽으라면 단연 글(文)이다. 신석기 시대 유적의 토기 파편 중에는 줄에 색깔이 칠해진 것이 있는데, 여러 학자가 이를 기호로 해석해 오고 있다.[57] 물론 그 이야기를 곧이곧대로 믿을 수는 없다. 하지만 구체적인 생각을 그림으로 상징한 것이 넓은 의미의 글이라고 본다면, 아직 마르지 않은 진흙 위를 손톱이나 손가락으로 누르고 찍어 토기에 장식이나 고유의 표시를 하면서 글이 시작되었다는 것도 충분히 가능한 이야기다. 가장 초창기 수메르 상형 문자에서 새를 나타내는 상형 문자는 엘람 수사(Susa)의 가장 오래된 토기에 그려진 새 장식과 닮아 있다. 뿐만 아니라 곡식을 뜻하는 가장 초창기 상형 문자는 수사와 수메르의 항아리에 그려진 기하학적 곡식 장식이 직접적 모태였다. 기원전 3600년경 처음 등장하는 수메르의 쐐기 문자도 메소포타미아 남부 및 엘람 지역의 원시 시대 토기에 그려지거나 새겨진 그림 및 표시를 축약한 형태인 것으로 보인다.[57a] 그림이나 조각과 마찬가지로 글 역시 도자기 공예가 기원인 듯하다. 애초에 글은 새기거나 그리는 식이었다. 도공이 항아리를 빚어내고, 조각가가 조각품을 만들어 내고, 토공이 벽돌로 집을 지을 때 쓰던 그 진흙에 서기는 글을 적은 것이다. 바로 이것을 시작으로 지적이고 논리적인 발전을 거쳐 메소포타미아의 쐐기 문자가 나오게 된 것이리라.

현재 가장 오래됐다고 알려진 상형 문자는 페트리가 이집트, 스페인, 근동의 선사 시대 무덤의 사금파리와 항아리, 돌덩이에서 발견한 표시들이다. 페트리는 통상 하던 대로 후하게 인심 써서 이 유물들이 7000년은 묵은 것이라고 이야기한다. 이 "지중해 문자"는 300개가량 되는데, 어느 곳에서든 대부분이 똑같은 형태를 하고 있다. 이는 기원전 5000년의 아득한 옛날에 지중해의 이 끝부터 저 끝까지 전 지역이 상업적인 유대를 맺고 있었다는 이야기다. 이 문자는 그림은 아니고, 주로 재산이나 수량 및 기타 거래 기록 등 장사와 관련된 표시다. 돈밖에 모른다고 욕먹는 자본가들에게는 거래 계약서에서 글이 나왔다는 이 생각에 마음의 위안을 얻을지 모르겠다. 그런데 이 표시 중 상당수가 페니키아 알파벳과 놀라울 정도로 닮아 있다. 이에 대해 페트리는 다음과 같이 결론을 내린다. "원시 시대에는 포괄적인 일군의 표시가 다양한 목적으로 서서히 사용되기에 이르렀다. 이 표시들은 교역을 통해 서로 교환이 되면서 이곳저곳으로 퍼져나갔다. …… 그러다가 결국 스물네댓 개 정도의 표시들이 다른 표시들을 제치고 살아남아 교역 공동체의 공동 재산으로 자리 잡았다. 반면 지방에서 살아남은 다른 표시들은 고독하게 고립된 채 서서히 종적을 감추었다."[58] 이 표시가 알파벳의 기원이라는 이야기는 흥미로운 이론이기는 하지만, 유독 페트리 혼자만 주장하고 있다.[59]

상업에 이용된 이 초창기 표시들이 어떤 식으로 발전해 나갔는지는 알 수 없으나, 이 표시와 더불어 발전한 글 형식이 있었다. 선 긋기와 색칠에서 갈라져 나온 그 표시는 연관되는 생각을 그림으로 전달하는 식이었다. 슈피리어 호 근처 바위를 보면 아메리카 인디언들이 자기들이 그 엄청난 호수를 건너온 이야기를 후손들에게(혹은 동료 인디언들을 겨냥한 것이었을 가능성이 더 높다.) 자랑스레 전해 주는 투박한 그림들이 지금도 간직되어 있다.[60] 신석기 시대 말에는 지중해 세계 전역에서 그림이 글로 진화하는 비슷한 과정이 일어난 것으로 보인다. 그리고 (아마도 그보다 훨씬 전일 거라 추측되지만) 기원전 3600년경에는 확실히 엘람, 수메르, 이집트에서 "생각 그림(thought-picture)" 체제를 발달시켰다. 이것은 성각(聖刻) 문자(히에로글리프(hieroglyphic))라 불리는데, 신관들이 주로 사용했기 때문이다.[61] 기원전 2500년경에는 크레타 섬에 유사한 체계가 등장했다. 생각을 나타내는 이 성각 문자가 어떤 변화 과정을 거쳐 일군의 음절 체계로 정리되고 정착되는지는 나중에 살펴보게 될 것이다. 더불어 마침내 그런 표시들이 순전히 음절만 가리키지 않고 애초 발음을 가리키며 문자로 자리 잡는 과정도 살펴볼 것이다. 이렇게 알파벳으로 글을 적게 된 것은 기원전 3000년 이집트에서 시작된 것으로 보이며, 크레타 섬에서는 기원전 1600년경에 등장한 일이었다.[62] 사실 페니키아인은 알파벳을 만든 게 아니라 일종의 판촉을 한 것이었다. 애초에 이집트와 크레타 섬에 있었던 듯한[63] 알파벳을 페니키아인은 조금씩 자기들 도시인 티레, 시돈, 비블로스로 들여와 지중해의 모든 도시 국가에 수출했다. 한 마디로 페니키아인은 알파벳 생산자가 아니라, 알파벳을 보급한 중간 상인이었던 셈이다. 호메로스가 활동하던 시대에 그리스인들이 받아들인 것이 바로 이 페니키아 알파벳(혹은 아람어계 알파벳)이었으며, 맨 처음 문자 두 개의 셈어식 이름(알파(Alpha)와 베타(Beta), 히브리어로는 'Aleph', 'Beth'이다.)을 따서 알파벳이라 부르게 되었다.[64]

 글은 장사를 편하게 할 목적으로 만들어진 것으로 보인다. 이 대목에서 문화는 자신이 교역의 덕을 정말 많이 보고 있다는 걸 다시 한 번 깨닫게 될 것이다. 역사적으로 속계와 종교계는 보통 갈등 관계에 있다. 하지만 신관들이 마법과 제식(祭式) 및 의료용 주문에 쓸 일종의 그림 체계를 만들어 낸 순간만큼은 잠시나마 힘을 합쳐 말(言)이 등장한 이래 인류 역사상 최고의 발명품을 만들어 냈다. 글의 등장은 문명의 탄생과 거의 다름없는 일이었다. 글이 등장하면서 다양한 부족이 한 국가 아래 모여 하나의 언어로 의사소통을 하면서 지식이 기록되어 전수되고, 학문이 쌓이고, 문학이 발전하고, 평화와 질서의 확산 방편이 마련되었기 때문이다. 이 세상에 글이 처음 등장한 순간이 바로 잡힐 듯 잡히지 않는 역사 시대의 시작점이다.

3. 잃어버린 문명

 문명화된 국가의 역사를 살펴보기 위해 한 발 한 발 나아가고 있는 지금, 우리가 반드시 유념해야 할 사실이 하나 있다. 우리가 연구하는 모든 문화의 조그만 단편 하나도 놓쳐선 안 될 뿐 아니라, 지구상에 존재했을 가능성이 있는 비주류 문명 이야기도 꺼내야 한다는 점이다. 한때는 강성하고 세련된 문화를 자랑했지만 자연재해나 전쟁으로 잔해 하나 안 남기고 파괴되어 버린 문명의 전설(더욱이 이 전설들은 역사 속을 면면히 흘러내려 오고 있지 않은가.)을 완전히 무시할 수는 없는 노릇이다. 최근 크레타 문명이나 수메르 문명, 유카탄 문명의 유적이 발굴되면서 그렇게 전해지는 이야기들이 사실이었음이 밝혀지고 있기 때문이다.

태평양에서 발견되는 유적은 그곳에 이런 잃어버린 문명이 적어도 하나 이상이었음을 말해 준다. 이스터 섬의 거대한 조각품, 강력한 국가가 줄을 이었던 폴리네시아의 전통 및 한 때 사모아와 타히티의 명성을 빛나게 했던 영웅 전사들, 그리고 그곳에 현재 살고 있는 사람들의 뛰어난 예술성과 시적 감수성을 보라. 그러면 이곳에 이미 영광이 거쳐 갔음을, 이 민족은 문명을 향해 가고 있는 게 아니라 고귀한 신분에 있다 몰락했다는 걸 알 수 있다. 한편 아이슬란드에서 남극에 이르는 대서양은 중앙의 해저 바닥이 솟아 있는데,* 그래서 플라톤이 매혹적으로 전해 주는 전설이 어느 정도 신빙성을 얻는다.[65] 한때 유럽과 아시아 사이의 섬 대륙이 융성했지만 어느 날 지리적 격변으로 바다가 그 대륙을 꿀꺽 삼켜 사라졌다는 그 문명 말이다. 트로이 유적을 발굴해 낸 고고학자 슐리만(Schliemann)은 아틀란티스가 유럽과 유카탄 문화의 중간 다리 역할을 했으며, 이집트 문명은 아틀란티스에서 온 것이라고 생각했다.[66] 혹시 아메리카 대륙이 아틀란티스였고, 마야 문명이 있기 전 신석기 시대에 아프리카 및 유럽과 교류한 문화가 있었을지도 모른다. 그러고 보면 우리가 발견이라 일컫는 것도 모두 재발견에 지나지 않을지 모른다.

아리스토텔레스의 생각처럼, 지구상에 나타나 위대한 발명품과 고급 문화를 만든 후 파괴되어 인간의 기억 속에서 영영 사라져 버린 문명이 상당수 있

---

* 대서양 한가운데 전역에 걸쳐 수심이 2000~3000미터에 이르는 해저 대지가 남북으로 뻗어 있고, 그 양쪽을 수심이 5000~6000미터에 달하는 심해가 둘러싸고 있다.

었을 것도 충분히 가능한 일이다. 베이컨((Bacon)의 말대로 역사는 배가 난파 당하고 남은 널빤지나 다름없다. 건져 올린 것보다 잃어버린 과거가 더 많다. 다만 우리가 한 가지 위안을 얻을 수 있다면, 사람이 미치지 않고 살려면 자신이 경험한 일 대부분을 잊어야 하는 것처럼, 인류 역시 자신의 문화적 경험 중 가장 생생하고 또 인상적인 것만(아니 그보다는 가장 훌륭하게 기록된 것만이라고 해야 할까?) 유산으로 간직해 왔다는 점이다. 더구나 인류가 실제 유산의 10분의 1만 전수한다 해도, 그것을 모조리 흡수할 수 있는 사람도 아마 없을 것이다. 그런 점에서 우리는 인류의 유산 이야기를 되도록 온전하게 만들려 해야 한다.

4. 문명의 요람

이 장에는 해결 안 되는 질문이 여럿 등장하는 만큼, 역시 해결 안 되는 질문인 "문명이 시작된 곳은 어디인가?"로 내용을 마무리해도 괜찮을 듯하다. 베일에 싸인 선사 시대를 형이상학만큼이나 뜬구름 잡듯 다루는 지질학자를 우리가 신뢰해도 된다면, 현재 불모의 땅으로 변해 버린 중앙아시아 지역은 한때 습한 온대 기후에, 커다란 호수와 물을 가득 머금은 시내가 흐르는 땅이었다.[67] 그러다 마지막 빙하의 물결이 물러나면서 이 지역은 서서히 메말라 갔고, 결국 비가 충분히 내리지 않아 마을과 나라는 버티지 못했다. 사람들이 물을 찾아 사방팔방으로 떠나면서 도시는 하나둘 버려졌다. 반은 사막에 묻힌 채 폐허로 남아 있는 박트라 같은 곳도 35킬로미터에 달하는 도시의 둘레 안에 사람들이 북적거렸을 게 분명하다. 옛날 뿐 아니라 최근인 1868년에도 서부 투르키스탄 사람들은 모래가 밀려드는 바람에 거주지에서 강제 이주를 했다.[68] 질서와 물자 비축, 예절과 윤리, 편의와 문화가 복합적으로 형태를 갖춰 가는 것이 곧 문명인데, 지금은 죽어 가는 이 지역에서 미미하나마 그러한 발전이 처음 실질적으로 이루어졌다는 게 통설이다.[69]

1907년 고고학자 펌펠리(Pumpelly)가 투르키스탄 남부의 아나우에서 토기를 비롯한 기타 문화 유적을 발굴했다. 당시 펌펠리는 이 유적이 기원전 9000년 것이라 추정했지만, 4000년 정도 과장되었을 가능성이 있다.[70] 이곳에 가 보면 밀·보리·기장을 재배하고, 구리를 사용했으며, 가축을 길들인 흔적을 발견할 수 있다. 또 다양한 양식의 토기 장식에서는 정해진 틀이 무척 분명히 나타나, 당시에도 예술의 배경과 전통이 벌써 수 세기 이어져 온 게 아닌가 생각하게 한다.[71] 기원전 5000년에도 투르키스탄의 문화는 연륜이 오래됐던 것이 분명하다. 그때부터 문명의 기원을 찾겠다고 헛되이 과거를 파고드는 역사학자나, 죽어 가는 인류의 퇴보를 실감나게 탄식하는 철학자가 있었을지 모른다.

우리 지식이 닿지 못하는 부분을 상상해도 된다면, 바로 이 중앙아시아를 중심으로 한 민족이 비가 말라 버린 하늘에 쫓기고 메말라 버린 땅에 배신을 당해 자신들이 꽃피운 예술과 문명을 간직한 채 세 방향으로 이주를 했다. 비록 종족 자체는 그렇게 멀리까지 가지 못했지만, 이들의 예술은 동쪽으로는 중국, 만주, 북아메리카, 남쪽으로는 북부 인도, 서쪽으로는 엘람, 수메르, 이집트를 거쳐 이탈리아와 스페인까지 이르렀다.[72] 고대 엘람(현재의 페르시아라 부르는 곳)의 수사에서 발견된 유물은 아나우에서 발견된 유물과 양식이 너무나 흡사하다. 참신한 상상력을 발휘해, 문명의 여명기에(기원전 4000년경) 수사와 아나우 사이에 문화적 교류가 있었다 해도 무방할 정도다.[73] 선사 시대 메소포타미아와 이집트의 초기 예술품 및 물건 사이에도 이와 비슷한 유사성이 엿보여, 이 두 지역에서도 마찬가지 관계가 맺어져 지속되지 않았나 생각된다.

이들 문화 중 어떤 것이 맨 처음 등장했는지는 확실히 알 수 없으며, 그건 그다지 중요하지도 않다. 본질적인 면에서 이들 문화는 한 가족에 한 가지 양식을 띠고 있는 것이나 다름없기 때문이다. 이 책에서 이제까지의 전례를 깨고 엘람과 수메르를 이집트 앞에 놓은 건, 파격적으로 관습을 깨고 싶은 허영심에서가 아니다. 그보다 아시아 문명에 대한 이해가 깊어 갈수록, 아시아 문명의 연륜이 아프리카나 유럽보다 오래되었다는 사실이 드러났기 때문이다. 한 세기 동안 나일 강을 따라 성공적 탐사의 개가가 있은 후, 고고학의 삽날은 수에즈를 지나 아라비아 · 팔레스타인 · 메소포타미아 · 페르시아를 파고 들어갔다. 그렇게 한 해 한 해 연구 결과가 쌓여 갈수록 메소포타미아를 흐르는 강들의 비옥한 삼각주 지대에서 문명이라는 역사적 드라마의 첫 장면들이 시작되었을 가능성이 한층 높아지고 있다.

근동

"신들이 나, 함무라비를 부르자, 신의 종인 나의 행적은 신을 기쁘게 했고, …… 나는 곤궁에 처한 백성들을 도왔으며, 풍요를 가져왔고, …… 강자가 약자를 억누르지 못하게 막았고, …… 이 땅을 교화하고 백성의 복지를 증진시켰다." — **함무라비 법전**

OUR ORIENTAL HERITAGE

7장 　　　　　　　　　　　　　　　　　　　**수메르**

　기록으로 남겨진 역사는 연륜이 적어도 6000년에 이른다. 그런데 그 절반에 해당하는 3000년 동안 인간 활동의 중심 무대가 된 곳이 현재 우리에게 알려져 있는 지식의 한계에 의하면 바로 근동이었다. 근동이라는 이 모호한 용어는 이 책에선 러시아와 북해 남쪽의 아시아 남서부, 인도와 아프가니스탄 서부 지역 전체를 가리키는 말로 사용될 것이다. 이 용어를 보다 넓게 사용한다면 이집트 역시 근동에 포함될 수 있을 것이다. 고대에는 이집트도 동방 문명이라는 복잡하고 거대한 교류의 틀 속에 엮여 있었기 때문이다. 많은 민족이 북적거리며 저마다의 문화를 갖고 충돌한 이 험한 무대 안에서 농업과 상업, 말과 마차, 동전과 신용 문서, 각종 기술과 산업, 법과 행정, 수학과 의학, 관장(灌腸) 기술과 하수도 시설, 기하학과 점성술, 역법과 시계와 황도 12궁, 알파벳과 글, 종이와 잉크, 서적과 도서관과 학교, 문학과 음악, 조각과 건축술, 유약을 바른 토기와 정교한 가구, 유일신교와 일부일처제, 화장품과 보석, 장기와 주사위, 텐핀(ten-pins) 볼링과 소득세, 유모와 맥주 등 많은 것이 생겨났다. 우리 유럽과 미국의 문명 역시 이 유산들이 크레타와 그리스, 로마를 거쳐 끊이지 않고 이어져 내려온 결과물이다. "아리아인"은 문명을 세운 장본인이 아니었다. 그들은 바빌론과 이집트에서 문명을 받아들였을 뿐이다. 그리스 역시 문명을 시작한 곳이라 볼 수 없다. 그리스 스스로 시작한 문명보다는 물려받은 문명이 훨씬 더 많기 때문이다. 오히려 그리스는 교역과 전쟁을 통해 근동에서 3000년의 예술과 문화를 자기 도시 국가로 들여오고도, 그 유산을 제대로 전하지 못한 경우였다. 근동을 연구하고 또 그 가치를 이해할 때 근동이 유럽과 아메리카 문명의 실질적인 모태였던 만큼, 우리는 오랫동안 근동에 빚을 져 왔다는 사실을 인정해야 할 것이다.

1. 엘람

페르시아 지도를 펴 놓고 손가락으로 티그리스 강을 짚은 후 페르시아 만에서 출발해 북쪽으로 아마라까지 올라간다. 그 다음에는 동쪽으로 방향을 틀어 이라크 국경을 넘어 현재 수산(Shushan)이라 불리는 도시를 찾는다. 거기가 바로 유대인들이 엘람이라 알고 있던 지역의 중심지인 수사(Susa) 고원 지대다. 서쪽은 여러 개의 습지가, 동쪽은 거대한 이란 고원과 어깨를 나란히 하는 산맥이 보호해 주는 이 좁은 지역에서, 종족과 기원을 알 수 없는 한 민족이 최초의 역사 시대 문명 중 하나를 발전시켰다. 한 세대 전에 프랑스 고고학자들은 바로 여기서 연대가 2만 년 전으로 거슬러 올라가는 인간의 유해와 기원전 4500년경에 진보된 문화가 있었음을 보여 주는 증거를 발견해 냈다.[1]*

---

* 브레스테드(Breasted) 교수는 드 모르강(De Morgan)과 펌펠리(Pumpelly), 그 밖의 다른 학자들이 엘람 문화 및 아나우 문화를 실제보다 훨씬 오래된 것으로 과장했다고 믿고 있다.[2]

엘람 문명이 있던 당시 엘람인들은 수렵과 어로를 주로 하던 유목 생활에서 벗어난 지 얼마 안 되었던 게 분명하다. 하지만 이미 구리로 만든 무기와 도구를 사용하고 있었고, 곡식을 재배하고 가축을 길들였으며, 성각(聖刻) 문자를 쓰고 거래 문서를 작성했고, 거울과 보석을 이용할 줄 알았다. 게다가 이들의 교역 범위는 이집트에서 인도까지 미쳤다.[3] 또 신석기 시대로 연대가 거슬러 올라가는 부싯돌 조각과 함께 세련된 항아리도 여러 개 발견되었는데, 우아한 둥근 형태에 기하학적 무늬가 섬세하게 그려져 있고, 동물과 식물이 생생하게 묘사되어 있다. 이 시대 토기 중에는 이제까지 인류가 만든 예술품 중 최고로 칠 만한 것들도 있다.[4] 토기를 만들 때 쓰는 돌림판뿐 아니라, 마차 바퀴가 나타난 최초의 장소도 바로 여기다. 소박하지만 문명에 없어서는 안 될 이 운송 수단은 나중에 바빌로니아 시대나 되어서야 발견되며, 이집트에서는 훨씬 더 후에 발견된다.[5] 초기부터 이렇게 복잡한 문화를 지녔던 엘람인들은 골치 아픈 강성한 세력으로 부상해, 수메르와 바빌로니아를 상대로 정복하고 정복당하기를 거듭했다. 도시 수사는 역사에 6000년 동안 살아남아, 수메르·바빌로니아·이집트·아시리아·페르시아·그리스·로마 제국의 전성기를 함께했으며, 우리와 한 시대라 할 수 있는 최근의 14세기까지 수산이라는 이름으로 번영을 누렸다. 수사는 여러 번의 다양한 시기에 막대한 부를 이루었다. (기원전 646년) 아시리아의 왕 아슈르바니팔이 수사를 손에 넣어 약탈했을 당시, 그를 수행하던 역사가들은 금은보화와 왕궁의 장식품, 값비싼 옷과 왕실 가구, 화장품과 전차 등 온갖 전리품을 하나도 빼놓지 않고 상세히 기술했다. 정복자는 이 모든 것을 가지고 니네베로 돌아왔다. 전쟁이 예술을 부르고 예술이 전쟁을 부르는 역사의 비극은 이렇게 일찍부터 시작되었던 것이다.

2. 수메르인

1. 역사적 배경

지도로 다시 돌아가 페르시아 만에서 함께 흐르는 티그리스 강과 유프라테스 강을 따라가다, 이 유서 깊은 두 강이 갈라지는 지점(현재의 쿠르나)을 찾는다. 그런 다음 유프라테스 강을 따라 서쪽으로 가면 강 이북과 이남에서, 묻혀 버린 고대 수메르의 도시들을 찾을 수 있다. 에리두(현재의 아부 샤흐라인), 우르(현재의 무카이야르), 우르크(그리스도교 성경 지명 에렉이며, 현재의 와르카), 라르사(성경 지명 엘라살, 현재의 산카라), 라가시(현재의 시푸를라), 니푸르, 니신 등의 도시가 여기에 해당한다. 다시 유프라테스 강을 따라 북서쪽으로 올라가면, 한때 메소포타미아(Mesopotamia : "강들 사이에 놓인" 땅이란 의미다.)에서 명성이 가장 자자했던 도시 바빌론이 나온다. 거기서 정동 방향을 보면 이 지역에서 가장 오래된 문화 유적지로 알려진 키시를 찾을 수 있다. 그런 다음 유프라테스 강을 따라 백 킬로미터 정도를 더 가면 먼 옛날 아카드 왕조의 수도였던 아가데가 나온다. 메소포타미아의 초기 역사는 비(非)셈족 세력들과 셈족 사이의 투쟁으로도 볼 수 있다. 셈족이 키시와 아가데 및 북부의 다른 중심지에서 세력을 확장해 밀고 들어오는 것에 대항해, 수메르의 비셈족이 독립을 지키려고 한 과정인 것이다. 그 투쟁의 와중에 이 다양한 부족들은 자기도 모르는 사이에(아마도 뜻하지 않게) 서로 협력해 역사에 알려진 최초의 광범위한 문명이자 역사상 가장 창조적이고 독특한 문명을 하나 만들어 냈다.*

---

* 잊혔던 이 수메르 문화를 발굴해 낸 일은 고고학의 낭만 중 하나에 해당한다. 우리가 소위 "고대인"이라 부르는 사람들(즉 로마인, 그리스인, 유대인)은 아득한 먼 옛날 일에는 지식이 못 미쳐 수메르의 존재는 모른 채 지냈다. 헤로도토스도 수메르에 대해서는 전혀 들어 보지 못한 듯하다. 설령 알았다 해도 지금 우리가 그리스를 아득한 옛날이라고 생각하는 것보다 더 옛날 일로 생각하고 수메르를 그냥 무시해 버렸을 것이다. 기원전 250년경 저술 활동을 한 바빌로니아의 역사가 베로수스도 베일에 싸인 전설을 통해서만 수메르를 알고 있었다. 그는 한 괴물 종족에 대해 기술하는데, 페르시아 만에서 나온 오안네스가 이 종족을 이끌었고, 이들이 농경과 금속 세공, 글을 도입했다고 한다. 베로수스는 이렇게 단언한다. "삶을 개선하는 데 필요한 모든 것은 오안네스가 전해 준 것이다. 그 이후로는 진보적인 발견이 전혀 이루어지지 않았다."⁶ 수메르가 재발견되기까지는 베로수스가 죽고 2000년이 더 흘러야 했다.

많은 조사 연구가 이루어졌음에도 불구하고 수메르인이 어떤 인종이었고, 어떤 경로를 통해 수메르로 들어왔는지는 알 길이 없다. 아마도 중앙아시아나, 코카서스, 아르메니아에서 출발해 메소포타미아 북부를 거쳐 유프라테스 강과 티그리스 강을 따라 내려왔을 거라 짐작된다. 아슈르 지역과 함께 이들 강을 따라 수메르의 가장 초기 문화의 증거들이 나타나기 때문이다. 아니면 전설에서 전하는 대로 페르시아 만이나 이집트 등에서 출발해 거대한 두 강을 따라 서서히 올라왔을지도 모른다. 아니면 수사 출신일 수도 있다. 수사의 유적에서 수메르 문화의 모든 특징을 담고 있는 천연 아스팔트 두상이 하나 발견되었기 때문이다. 심지어 몽골 출신일 가능성도 생각해 볼 수 있다. 수메르어가 몽골 말과 비슷한 부분이 많기 때문이다.[9] 하지만 정확한 사실은 알 길이 없다.

남아 있는 유골을 보면 그들은 작은 키에 건장한 체구였다. 코는 높고 곧아서 셈족과는 다른 모양새였으며, 이마는 약간 들어가고, 눈은 아래로 처져 있었다. 턱수염을 기른 사람이 많았고, 수염을 말끔히 깎은 사람도 더러 있었지만, 대부분 입술 위로는 면도를 했다. 양털을 그냥 입거나 곱게 짜서 옷을 만들어 입었는데, 여자들은 옷을 왼쪽 어깨에서 늘어뜨렸고, 남자는 상반신은 다 드러낸 채 허리에서 옷을 묶어 입었다. 나중에 문명이 발전할수록 남자들 옷도 목 쪽으로 점점 더 올라왔지만, 종들은 남녀를 막론하고 이후에도 계속 실내에서는 머리부터 허리에는 아무것도 걸치지 않았다. 머리에는 보통 모자를 썼으며 발에는 샌들을 신었다. 단, 부잣집 여인들은 부드러운 가죽에 굽이

1850년 아일랜드의 이집트 학자인 힝크스(Hincks)는 쐐기 문자(무른 진흙에 끝이 쐐기 모양으로 된 것으로 눌러 쓴 이 문자는 근동 지방의 셈어에서 사용되었다.)가 셈어와는 상당히 다른 문자를 쓰는 선대의 부족에게서 빌려 온 것임을 알게 되었다. 가설 속에 존재하는 이 부족에게 "수메르인"이란 이름을 붙여 준 건 오페르트(Oppert)였다.[7] 그리고 거의 그 즈음에 롤린슨(Rawlinson)과 조수들이 바빌로니아의 유물들 사이에서 이 고대 언어의 어휘가 씌어져 있는 점토판을 발견했다. 점토판의 고대 언어와 바빌로니아어 사이사이에는 번역이 들어가 있었다.[8] 1854년에는 영국인 두 사람이 우르와 에리두, 우르크의 유적지를 발견했으며, 19세기 말에는 프랑스의 탐험가들이 라가시의 유물을 발굴해 냈는데, 여기에는 수메르 왕들의 역사를 기록한 점토판도 끼어 있었다. 우리도 익히 들어 본 최근의 발굴로는 펜실베이니아 대학의 울리(Wooley) 교수를 비롯해 많은 사람들이 함께한 고대 도시 우르의 발견을 들 수 있다. 수메르인들은 기원전 4500년경 이 도시에서 문명을 이룩한 것으로 보인다. 결국 이 끝나지 않는 미스터리를 풀기 위해 지금까지 많은 국가의 학자들이 함께 노력을 해 온 셈이다. 그 속에서 고고학자들은 추리 소설 속 탐정처럼 역사적 진실을 붙잡기 위해 애쓴다. 그럼에도 수메르에 대한 연구는 이제 겨우 시작에 불과하다. 발굴이 끝나고 유물 연구가 마무리되었을 때 문명과 역사의 어떤 장관이 펼쳐질지는 아무도 알 수 없다. 지난 백 년 동안 이집트에서의 발굴과 연구 결과가 그랬던 것처럼 말이다.

없고 오늘날 우리가 신는 것처럼 끈이 달린 샌들을 신었다. 최근의 미국과 마찬가지로 수메르 여인들이 찬 팔찌와 목걸이, 발찌, 반지, 귀걸이는 남편의 성공을 과시하는 수단이었다.[10]

(기원전 2300년경) 수메르 문명이 벌써 낡은 것이 되자, 수메르의 여러 시인과 학자들은 수메르의 고대 역사를 재건하기 위해 힘썼다. 그러한 시인들 손에서 나온 것이 창조와 태곳적 낙원에 대한 전설, 그리고 먼 옛날 왕이 죄를 저지르는 바람에 홍수가 일어나 그 낙원을 삼키고 파괴시켜 버렸다는 전설이었다.[11] 홍수라는 이 소재는 바빌로니아와 히브리 전통에 이어져 내려와 나중에는 그리스도교 교의의 일부가 되었다. 1929년 울리(Woolley) 교수는 우르 유적지를 파다가 꽤 깊은 지점에서 침적토와 진흙으로 이루어진 약 2.4미터 두께의 층을 발견해 냈다. 우리가 그의 말을 믿어도 된다면, 이 층은 후대 인류에게 '대홍수'로 기억되는 유프라테스 강의 엄청난 범람이 일어난 시기에 해당했다. 그리고 그 아래에는 후대 시인들이 황금 시대로 묘사한 대홍수 이전의 문화 유적이 자리 잡고 있었다.

한편 신관 겸 역사가들은 수메르 문명의 모든 경이가 충분히 발전해 나올 수 있는 기나긴 과거를 만들려고 애썼다. 이들이 작성해 놓은 고대 왕들의 목록을 보면, 대홍수 이전 왕조들의 역사가 43만 2000년에 이른다.[12] 이와 함께 이 시대의 통치자인 탐무즈와 길가메시에 대해 무척이나 감동적인 이야기를 전해 주는데, 그 결과 길가메시는 바빌로니아 문학에서 시인들의 가장 위대한 영웅이 되고, 탐무즈는 바빌론의 신전에서 계속 신으로 섬겨지다가 그리스인들을 접하고서는 아도니스(여신 아프로디테가 사랑한 미소년 – 옮긴이)로 탈바꿈한다. 아무래도 당시 신관들은 자기들 문명의 나이를 약간은 과장한 듯하다. 니푸르의 유적이 20미터 정도의 깊이에서 발견되고 있다는 사실로 미루어 막연하게나마 수메르 문화의 나이를 판단할 수 있다. 이 유적지에서는 아카드의 사르곤 1세의 유물들이 거의 중간쯤을 차지하고 있고, 최상부 지층의 연대는 기원전 1년경에 해당한다.[13] 이를 근거로 하면 니푸르의 시대는 기원전 5262년으로 거슬러 올라간다. 끈질긴 명맥을 자랑했던 도시 왕(city-king)들의 왕조는 키시에서는 기원전 4500년경에, 우르에서는 기원전 3500년경에 융성했던 것으로 보인다. 태고의 이 중심지가 서로 경쟁하는 모습에서 우리는 셈족과 비셈족 사이의 대립 양상을 최초로 엿볼 수 있다. 근동 역사의 이 피비린내 나는 모습은 셈족의 도시 국가인 키시가 패권을 장악하던 시절부터, 사르곤 1세와 함무라비를 비롯한 셈족 왕들의 정복을 거쳐, 기원전 6~4세기경 아리아인 출신인 키로스와 알렉산드로스가 바빌론을 함락시킬 때까지 줄기차게 나타났다. 십자군과 사라센인들이 성묘(聖墓)와 교역 이권을 둘러싸고 분쟁을 벌인 것도, 영국 정부가 오늘날 근동에 분열된 채 남아 있는 셈족에게 지배력을 행사해 평화를 유지하려 하는 것도 같은 맥락이다.

한편 기원전 3000년 이후부터의 점토판은(이것들은 신관들이 기록했으며 우르 유적지에서 찾아볼 수 있다.) 우르, 라가시, 우르크 등 도시 국가를 지배한 그다지 세력이 크지 않은 왕들의 즉위와 대관식, 줄기차게 이어지는 승리, 장렬한 죽음을 상당히 정확하게 전해 주고 있다. 역사를 기록한 지도, 역사가들이 세세한 사실에 매달린 지도 벌써 아주 오래된 일인 것이다. 한편 개혁가 군주라 할 만한 왕도 하나 있었으니, 라가시의 우르카기나다. 그는 깨어 있는 의식을 가진 전제 군주로 부자가 가난한 사람을 착취하고 신관이 백성 모두를 착취하던 당시 세태를 겨냥해 일련의 법령을 발표했다. 한 칙명을 보면 고위 신관들이 더 이상 "아이가 있는 가난한 부인의 뜰에 들어가 땔감을 내와선 안 되며, 그곳에서 난 과일에 세금을 물려서도 안 된다."고 되어 있다. 장례 비용도 예전의 5분의 1로 삭감하도록 했으며, 신관들과 고위 관리들이 신들에게 봉헌한 헌금과 가축을 자기끼리 나누어 갖는 일도 금지되었다. "자기 백성들에게 자유를 준 것"이 왕에게는 자랑거리였다.[14] 장담컨대 우르카기나의 법령이 적힌 점토판은 역사상 가장 오래되었으면서도 가장 간명하고 또 가장 정의로운 법전이 무엇인지를 우리에게 보여 주고 있다.

하지만 이 찬란한 시절은 얼마 못 가고 루갈자기시라는 왕에 의해 통상적인 종막을 맞는다. 그가 라가시를 침공해 우르카기나를 폐위시키고, 번영의 절정에 달해 있던 도시를 약탈한 것이다. 신전들이 파괴되고, 시민들은 거리에서 대

7장 수메르 **245**

량 학살을 당했으며, 신상은 흉한 몰골로 묶인 채 신전에서 끌려 나갔다. 점토판에 적혀 있는 현존하는 가장 오래된 시 작품에서(4800년 전에 지어진 것으로 보인다.) 딩기라다무라는 수메르의 시인은 능욕당한 라가시 여신의 처지를 이렇게 탄식한다.

> 슬프다, 도성이여, 보물이여, 내 영혼이 그대를 위해 탄식한다.
> 나의 도성 기르수(Girsu)여, 보물이여, 내 영혼이 그대를 위해 탄식한다.
> 거룩한 곳 기르수에서 어린 아이들이 고통을 당하고 있네.
> 그(침략자)는 성스러운 신전 안으로 밀고 들어가
> 신전에서 존귀한 여왕을 끌어 내오네.
> 쓸쓸한 내 도성의 수호신이시여, 언제나 다시 돌아오시렵니까?[15]

피에 굶주린 루갈자기시를 비롯해, 루갈사겐구르, 루갈키굽니두두, 니니기두브티, 루갈안다누쿵가 등 막강한 이름을 자랑하는 수메르의 다른 왕들 이야기는 이 책에선 그냥 지나치기로 하자. 한편 그 사이 셈족 출신의 또 다른 부족은 사르곤 1세의 영도 아래 아카드 왕국을 세우고, 수메르 도시 국가에서 북서쪽으로 320킬로미터 정도 떨어진 아가데를 수도로 삼았다. 수사에서 발견된 석상을 보면 턱수염을 덥수룩하게 길러 위엄이 흐르고 오래 권좌에 있었다는 자부심이 복장에 흐르는 사르곤의 모습을 접할 수 있다. 하지만 그는 왕족 출신은 아니었다. 그의 아버지에 대한 역사적 기록은 전혀 찾을 수 없으며, 어머니도 신전 창녀였을 거라 짐작할 뿐이다.[16] 수메르 전설에는 사르곤 1세의 자전적 이야기가 나오는데, 그 시작이 모세 이야기와 아주 유사하다. "어머니는 천한 몸으로 나를 잉태해 아무도 모르게 나를 낳았다. 어머니는 골풀로 만든 바구니에 나를 담아 송진으로 바구니 입구를 봉했다."[17] 한 일꾼이 구해 준 덕분에 살아난 사르곤은 궁정 연회에서 왕의 술잔을 따르는 일을 담당하며 왕의 총애와 비호 아래 자라났으나, 결국 반란을 일으켜 자기 지배자를 몰아내고 아가데의 왕위에 올랐다. 사르곤은 자칭 "온 땅의 왕"이었지만 그가 다스리는 지역은 메소포타미아에서는 얼마 되지 않았다. 역사가들이 그에게 "대왕"이란 칭호를 붙이는 건, 그가 많은 도시를 침략해 상당한 전리품을 약탈하고 많은 사람을 죽였기 때문이다. 바로 위에서 라가시를 약탈하고 라가시의 여신을 능욕한 그 루갈자기시도 사르곤의 손에 목숨을 잃은 사람 중 하나로, 사르곤은 루갈자기시를 격파한 후 사슬로 묶어 니푸르까지 끌고 갔다. 이 막강한 전사는 동서남북 사방으로 진군을 해서 엘람을 정복하고, 승리의 상징으로 페르시아 만에서 무기를 씻었으며, 서아시아를 횡단해 지중해까지 이르러[18] 역사상 최초의 거대 제국을 세웠다. 그가 위세를 떨치던 55년 동안 그를 둘러싼 전설들이 생겨나 그를 신격화하려는 준비 작업이 이루어졌다. 하지만 제국 전역에서 반란이 일어나면서 그의 치세도 막을 내려야 했다.

이후 세 아들이 차례로 그의 뒤를 이었다. 셋째 아들 나람신은 건물이나 작품을 많이 남겼는데, 지금까지 전하는 건 단 하나뿐이다. 세력이 미미하던 어떤 왕을 상대로 승리한 내용을 기록한 아름다운 기념 석판인데, 1897년 드 모르강(De Morgan)이 수사에서 발견해 현재 루브르 박물관에서 보관하고 있다. 돋을 새김 기법이 돋보이는 이 작품을 보면 활과 화살로 무장한 건장한 체구의 나람신을 볼 수 있다. 쓰러진 적군들의 몸을 군주의 풍모로 당당히 밟고 서 있는 모습이 자비를 구걸하는 패배자에게 죽음으로 곧바로 응답할 기세다. 그리고 그 사이에 또 다른 희생자가 목을 화살로 관통당한 채 쓰러져 죽어 가고 있다. 그들 뒤로는 자그로스 산맥이 우뚝 솟아 있고, 그중 한 산 위에다 나람신의 승리를 우아한 쐐기 문자로 기록해 놓았다. 이 석판을 보면 이미 성숙 단계에 접어들어 자신감에 차 있는 조각 예술을 접할 수 있다. 조각 예술은 오랜 전통을 거쳐 이미 제 방향을 찾아 어느 정도 발전해 있었던 것이다.

도시가 침략당해 모조리 불타 없어지는 것이 항상 불행인 건 아니다. 집을 짓거나 하수도 설비를 시작할 땐 그런 상황이 오히려 유리하다. 라가시도 다시 일어서 기원전 26세기경 다시 한 번 번영기를 맞았다. 이번에 라가시를 이끈 것은 또 한 명의 깨어 있는 군주 구데아였는데, 현재 남아 있는 땅딸막한 체구의 구데아 조각상은 수메르 조각품 중 최고로 손꼽힌다. 루브르 박물관에 보관되어 있는 이 섬록암 조각상에서 구데아는 경건한 자세를 취하고 있다. 로마 원형 경기장 모형을 연상시키는 육중한 띠를 머리에 두르고, 무릎 위에서 두 손을 포개고, 어깨를 드러내고 맨발인 채다. 그리고 짧고 굵은 다리 위에는 성각문자가 가득 그려진 종 모양의 자락이 덮여 있다. 이 강건하지만 절제된 듯한 용모에서 그가 사려 깊고, 정의로우며, 과단성 있으면서도 세련된 사람이었음을 엿볼 수 있다. 백성들이 존경한 건 전사 구데아가 아니라, 종교와 문학, 선행에 헌신한 수메르의 아우렐리우스 구데아였다. 그는 신전을 짓고, 고고학자들이 그를 발굴해 낸 그 탐험 정신으로 고대의 고전 문화 연구를 장려했으며, 약자를 위하는 마음에서 강자가 가진 힘을 조절했다. 구데아의 비문 중 하나에는 그가 죽자 백성들이 그의 어떤 은덕을 기리며 신으로 모셨는지가 나와 있다. "7년 동안 시녀는 자기가 모시는 마님과 동등한 지위를 누렸고, 노예도 자기 주인 옆에서 나란히 걸을 수 있었으며, 도시에서는 약자가 강자 옆에 나란히 묻힐 수 있었다."[19]

한편 기원전 3500년부터(우르에서 가장 오래된 무덤들의 연대로 추정되는 시기) 기원전 700년까지의 장구한 역사를 자랑하는 "칼데아인들의 우르"는 최고 전성기를 한창 누리는 중이었다. 당시 가장 위대한 왕으로 손꼽히던 우르엔구르는 서아시아 전역을 자신의 평화적인 세력권으로 만들고, 역사상 최초로 방대한 법전을 수메르 전 지역에 선포했다. "샤마시의 올바른 법에 따라 내가 영원히 이어질 정의를 확립했도다."[20] 유프라테스 강에서 교역을 하려면 우르를 거쳐야 했기 때문에 우르는 부유해질 수 있었고, 부가 쌓이자 우르엔구르는 페리클레스처럼 자신의 도시를 신전들로 꾸미고, 라르사, 우루크, 니푸르 등의 속국 도시들을 건설하는 데도 아낌없이 지원했다. 그의 아들 둥기는 58년의 치세 기간 내내 아버지의 사업을 계속 이어 나갔으며, 지극히 현명한 통치를 해 백성들은 그가 옛날의 낙원을 되살렸다며 신으로 추앙했다.

그러나 이 영광도 곧 시들고 만다. 동쪽의 호전적인 엘람인들과 서쪽에서 새로 부상한 아모리인들이 여유와 번영과 평화를 누리던 우르로 갑자기 치고 내려와 왕을 사로잡고, 원시 시대답게 도시를 하나에서 열까지 철저히 약탈했던 것이다. 우르의 시인들은 이슈타르 여신상이 능욕당하는 것을 보고 구슬픈 노래를 지어 불렀다. 자신들이 사랑하는 모신(母神)이 불경스러운 침입자들 손에 신전 밖으로 쫓겨난 이야기를 말이다. 엉뚱하게도 일인칭을 사용하고 있고, 형식도 세련된 감수성을 지닌 사람들 귀를 만족시키지 못하는 수준이지만, 이 시들을 읽으면 노래를 부른 수메르인과 우리 사이에 놓인 4000년의 세월이 무색할 정도로 도시와 백성들의 처량한 심경이 그대로 느껴진다.

원수가 씻지도 않은 손으로 나를 능욕했으니
그 손으로 나를 능욕했으니 나는 두려워 숨을 멈춘다.
슬프도다! 존경하는 마음은 털끝도 없으니!
내 옷을 벗겨 자기 아내에게 입히고,
내 보석을 빼앗아 자기 딸을 단장시키네.
난 그 구애를 물리치네. 그자는 나의 몸을 탐하네.
그것도 신전 안에서. 나를 끌고 나갈까 몸이 떨리네.
그가 신전 안에서 나를 찾아다니네, 난 두려움에 몸서리치네.
내 신전 안에서 횃대에 올라앉은 비둘기처럼 활개를 치네.
동굴 속 올빼미처럼 날아다니네.
그에게서 도망쳐 나는 새처럼 신전을 빠져나오네.
그에게서 도망쳐 나는 새처럼 도시를 빠져나오네. 나는 한숨짓네.
"나의 신전이 점점 더 멀어지는구나."[21]

그리하여 이후 200년의 시간 동안(자기중심적인 우리 눈에는 이 시간이 아무것도 아닌 것처럼 비치겠지만.) 수메르를 엘람과 아모르가 통치하게 된다. 그러다 북쪽에서 바빌론의 왕인 위대한 함무라비가 등장해 엘람인들로부터 우르크와 이신(Isin)을 다시 빼앗는다. 그리고 23년 동안 때가 오기를 기다렸다가 엘람을 침략해 왕을 사로잡는다. 그는 아모르와 저 멀리 아시리아까지 자기 세력권으로 만들어 사상 유례가 없을 정도의 강력한 제국을 세우고 제국 전역에 적용되는 법을 통해 질서를 잡았다. 이때부터 페르시아가 등장할 때까지의 이후 수많은 세월 동안은 티그리스와 유프라테스 강 사이의 땅 메소포타미아를 셈족이 다스리게 된다. 우리는 수메르인에 대해서는 더 이상은 전혀 들을 수 없다. 이것으로 역사책에 짤막하게 등장하는 수메르 이야기는 다 한 셈이다.

2. 경제생활

하지만 수메르 문명은 끝난 게 아니었다. 수메르와 아카드에서는 여전히 수공예가와 시인, 화가, 현인, 성자가 배출되고 있었다. 메소포타미아 문명의 최초 유산인 남부 도시의 문화가 유프라테스와 티그리스 강을 타고 북쪽으로 올라가 바빌로니아와 아시리아에 전해진 것이다.

이 문화의 밑바탕은 겨울철에 내리는 비로 물이 불어 해마다 강물이 범람해 비옥해진 토양이었다. 강의 범람은 유익한 면도 있었지만 동시에 위험하기도 했다. 그래서 수메르인들은 땅을 종횡으로 가르는 관개 수로를 놓아 흘러넘치는 물을 안전하게 다스리는 법을 배웠다. 또 전설을 통해 대홍수 이야기와 물과 육지가 갈라져 인류가 목숨을 건진 사연을 전하며 이 땅에 처음 정착했던 시절에 닥친 위험들을 잊지 않고자 했다.[22] 기원전 4000년부터 시작된 이 관개 시설은 수메르 문명의 가장 위대한 업적 중 하나로 손꼽히며, 더불어 문명의 토대 역할도 했을 것이 분명하다. 이렇게 정성 들여 물을 댄 밭에서 보리, 밀, 대추야자를 비롯해 여러 가지 채소가 풍부하게 났기 때문이다. 소가 끄는 쟁기(불과 얼마 전까지 우리도 이용하지 않았던가.)도 일찌감치 등장했고, 이미 관 모양으로 기다랗게 이랑을 지어 씨를 뿌릴 줄도 알았다. 또 거둬들인 곡식을 타작했는데, 썰매 같이 생긴 커다란 목재 기구를 곡식 더미 위에 굴리는 식이었다. 나무에 달린 돌에는 뾰족뾰족 이가 나 있어 소에게 먹일 짚을 자르고 사람이 먹을 곡식 낟알을 떨어 주었다.[23]

하지만 수메르 문명은 여러 가지 점에서 원시 문화였다. 수메르인들은 구리와 주석을 약간 이용할 줄 알았고, 이따금은 그 둘을 섞어 청동을 만들기도 했다. 간혹 커다란 철제 기구들을 제작한 경우도 있다.[24] 그러나 수메르인들에게 금속은 여전히 사치품이자 구하기 힘든 물건이었다. 수메르인들이 사용한 도구는 대부분이 석기였으며, 보리를 벨 때 쓰는 낫 같은 용구는 진흙으로 만들었다. 그리고 바늘과 송곳같이 특별히 더 날카롭게 만들어야 하는 물건에는 상아와 뼈를 이용했다.[25] (문명 후반부에 나라가 산업을 통제하는 관습이 확립된 후) 직조 작업은 왕이 임명한 감독자의 관리 아래 대규모로 이루어졌다.[26] 집을 지을 때는 갈대를 썼으며, 그 위에는 보통 진흙과 짚으로 만든 점토 혼합물을 바른 후 물을 축이고 햇빛에 말려 단단하게 만들었다. 이런 형태의 가옥은 지금도 과거 수메르 문명이 있던 곳에 가면 쉽게 볼 수 있다. 오두막에는 나무 문이 달려 있었고, 돌을 이음매로 활용해 여닫게 만들었다. 마룻바닥에는 보통 다진 흙을 이용했고, 지붕 꼭대기 부분에서 갈대를 엮어 아치 형태를 만들거나, 나무 대들보를 여러 개 놓고 그 위에 진흙 바른 갈대를 수평으로 펼쳐 놓았다. 아득히 먼 옛날에는 가축이 인간의 친구로 대접받았던 만큼, 집 주변에는 항상 소, 양, 염소, 돼지 들이 어슬렁거렸다. 물은 우물에서 길어다 마셨다.[27]

물건을 나르는 주된 수단은 물이었다. 수메르에는 돌이 귀해서, 걸프 만이나 티그리스·유프라테스 강까지 돌을 가져다가 여러 갈래의 수로를 통해 도시 선착장까지 운반했다. 하지만 육상 교통도 발전 중에 있었다. 옥스퍼드 탐사단이 키시에서 바퀴가 달린 것으로는 연대가 가장 오래되었다고 알려진 운송 수단을 몇 개 발굴해 낸 걸 보면 말이다.[28] 또 유적지 곳곳에서 사업용 도장이 발견되는데, 이는 이집트 및 인도와 교역했다는 증거다.[29] 아직은 동전이 사용되기 전이라 거래는 보통 물물 교환으로 이루어졌다. 단, 금과 은은 이미 가치의 척도로 이용되고 있었으며, 물품 교환에도 사용할 수 있는 경우가 많았다. 이때는 일반적으로 (정해진 가치를 지닌 금은괴나 고리 형태로) 매번 거래마다 무게를 재서 그 양에 따라 교환했다. 우리에게 수메르 시대의 글을 단편적으로 전해 주는 점토판 중에는 거래 문서가 상당히 많은데, 상업 활동이 활발하게 이루어졌다는 징표다. 한 점토판은 세기말이라도 맞은 듯 지쳤다는 어조로 "도시는 인간이 소란 법석을 피우는 곳"이라 말하고 있다. 계약 내용은 글로 확정이 되어야 했으며, 적절한 증인이 있어야 했다. 신용 거래 체제도 존재해서, 이를 이용해 물품이나 금·은 등을 빌릴 수 있었다. 이자도 내야 했는데 빌릴 당시와 동일한 물건이어야 했고, 이자율은 연 15~33퍼센트에 달했다.[30] 사회의 안정성은 그 사회의 이자율에 반비례하는 면이 있는데, 그렇다면 수메르의 사업도 지금 우리처럼 경제적으로나 정치적으로 불안정하고 의심이 팽배한 분위기에서 이루어진 게 아닐까 생각된다.

무덤 속에서 다량 발견되는 금과 은은 보석뿐만이 아니라 그릇, 무기, 장식품, 심지어는 도구로도 사용되었다. 부자와 빈자 모두 여러 계급이 있었고, 같은 계급도 여러 종류로 나누어졌다. 노예 제도도 고도로 발달되어 있었으며, 재산권도 벌써 신성한 권리가 된 뒤였다.[31] 부자와 빈자 사이에는 중산층이 생겨나서, 소규모 사업가, 학자, 의사, 신관을 이루었다. 의학도 한창 발전해 병마다 특효약이 따로 있었다. 하지만 여전히 신학의 속박을 벗지 못한 상태였고, 악령에 홀려서 병이 생기는 것이기 때문에 그 악령을 몰아내지 않으면 병을 고칠 수 없다는 인식이 있었다. 음력 달에 따라서 1년을 나누는 달력도 있었는데, 생겨난 연대와 기원은 불확실하다. 이 방법은 3~4년에 한 번씩 한 달을 끼워 넣어 계절 및 태양의 변화에 맞게 달력을 조정했다. 그리고 달력의 달에는 도시들이 저마다 자기 이름을 붙였다.[32]

3. 통치

당시 도시는 저마다 최대한 독립을 유지하기 위해 노력을 아끼지 않았고, 반드시 따로 왕을 두려 했다. 그리고 그를 '파테시(patesi, 신관 겸 왕이라는 뜻이다.)'라 불렸는데, 말 자체에서도 드러나듯 당시 통치가 종교와 한데 엮여 있었음을 알 수 있다. 그런데 기원전 2800년경에 이르면 교역의 규모가 커져 자치 도시들이 이런 분리주의를 내걸 수 없게 된다. 대신 일련의 "제국"이 생겨나고, 제국 내의 위압적인 어떤 인물이 도시와 파테시를 자신에게 복속시킨 후 이들을 한데 엮어 하나의 경제적·정치적 통일체를 만든다. 한편 이 전제 군주는 르네상스 시대처럼 폭력과 두려움이 팽배한 분위기 속에서 살아가야 했다. 자신이 왕좌를 차지했을 때와 똑같은 방법으로 언제든 왕좌에서 쫓겨날 수 있기 때문이었다. 그래서 군주가 사는 왕궁은 아무나 드나들 수 없는 곳에 있었고, 왕궁에 난 출입구 두 곳도 한 번에 한 사람만 드나들 수 있을 정도로 폭이 아주 좁았다. 또 출입구 왼편과 오른편 양쪽이 움푹 들어가 있었는데, 거기에 비밀 호위병이 숨어 있다가 방문자를 일일이 검사하거나 갑자기 튀어나와 단도로 찌르곤 했다.[33] 심지어 왕이 전용으로 이용하는 신전도 왕궁 어딘가에 숨어 있었다. 덕분에 왕은 종교적 의무를 수행할 때 그 모습을 노출시키지 않을 수 있었고, 종교적 의무에 소홀해도 사람들 눈에 띄지 않을 수 있었다.

 왕은 전장에 나갈 때면 전차를 탔고, 활과 화살 및 창으로 무장한 각양각색의 병사들을 지휘했다. 전쟁에서는 장삿길과 장사 물품 차지라는 목적을 노골적으로 드러냈지, 특별히 전쟁 구호를 내걸어 이상주의자들을 현혹하는 일은 없었다. 아카드의 왕 마니시투스도 자신이 엘람을 침공하는 목적을 노골적으로 밝혔다. 엘람의 은광을 차지하고, 그곳의 섬록암을 손에 넣어 자기 모습을 후세에 길이 전할 조각상을 만들겠다는 것이었다. 예술을 위해 전쟁을 한 사례는 이때뿐이라고 알려져 있다. 전쟁에서 패한 자는 노예로 팔려 가는 것이 관례였고, 그게 수지가 맞지 않을 때는 전장에서 죽여 버렸다. 때로는 포로의 10분의 1을 피에 목마른 신들에게 산 채로 바치기도 했다.(이들은 그물 속에 갇힌 채 공연히 발버둥만 치다 죽어 갔다.) 르네상스 시대의 이탈리아에서와 마찬가지로, 도시들의 광적인 분리주의는 삶과 예술에 자극을 주었지만 동시에 폭력 및 자멸적 투쟁을 불러일으켰다. 그 결과 소규모였던 도시 국가들은 힘이 약해져 결

국 수메르는 망하게 되었다.³⁴

한편 제국 내 사회 질서는 봉건 체계를 통해 유지되었다. 전쟁을 성공적으로 마치면 통치자는 용맹을 떨친 우두머리 장수에게 땅을 하사하고, 그 땅에 대해서는 세금을 면해 주었다. 그러면 이들은 그 보답으로 자기 땅의 질서를 유지시키고, 왕이 위업을 쌓는 데 필요한 병사와 물자를 대 주었다. 정부의 재정은 현물로 거둔 세금으로 조달했으며, 왕궁의 창고에 쌓아 두었다가 관료 및 나라의 일꾼들에게 보수로 나누어 주었다.³⁵

왕과 봉건 귀족들로 구성된 이 지배 체계와 함께 나라를 다스리는 요소가 하나 더 있었으니, 바로 법이었다. 우르엔구르와 둥기가 우르의 법전을 편찬할 당시 법령의 전례는 이미 풍부하게 마련되어 있었고, 그 유명한 함무라비 법전의 단초도 바로 이 수메르의 법령에서 싹튼 것이다. 당시의 법령은 후대에 비해 더 조악하고 단순했지만, 그만큼 엄격하지는 않았다. 예를 들어 셈족의 법에서는 간통을 한 여자는 죽이게 되어 있었으나, 수메르의 법전에서는 남편에게 두 번째 아내를 두도록 하고, 본부인을 둘째 부인의 손아랫사람으로 만들었을 뿐이었다.³⁶ 법은 남녀 관계뿐 아니라 상업 관계도 다루었으며, 모든 대부와 계약, 매수 및 매도 행위, 입양과 상속에 관한 모든 문제를 통제했다. 법정은 신전 안에 있었고, 대체로 신관들이 재판관을 맡았다. 한편 전문 재판관에 해당하는 사람들은 상급 법정을 관할했다. 이 법전의 가장 훌륭한 점을 꼽으라면 소송까지 가지 않게 하는 장치가 마련되어 있었다는 것이다. 어떤 경우든 소송을 걸려면 먼저 공공 중재인을 거쳐야 했는데, 법에 의지하지 않고 우호적인 합의를 이끌어 내는 것이 그의 의무였다.³⁷ 어떤 문명이 현재의 문명에 아무 가르침도 주지 못한다면 실속이 없는 것이다.

4. 종교와 도덕

우르엔구르 왕이 위대한 신 샤마시의 이름으로 자신의 법전을 공표한 건, 하늘이 정치적으로 유용하다는 것을 정부가 일찌감치 간파하고 있었기 때문이다. 그 유용성을 일단 인식하자 신들의 숫자는 이루 헤아릴 수 없이 불어났다. 모든 도시와 국가, 그리고 인간의 모든 활동마다 영감을 불어넣고 벌을 내리는 신이 따로 있었다. 수메르가 생겨날 당시에도 이미 역사가 오래된 태양 숭배는 "신들의 빛"인 샤마시를 숭배하는 형태로 나타났다. 샤마시가 북쪽의 깊은 곳에서 밤을 지나오자 이윽고 "여명"이 그에게 문을 열어 주었다. 샤마시는 확 타오르는 불길처럼 하늘로 올라가 전차를 타고 창공의 가파른 비탈을 누볐다. 태양은 샤마시가 탄 불 전차의 바퀴에 지나지 않는 것이었다.[38] 니푸르에서는 거대한 사원들을 지어 엔릴과 그의 아내 닌릴에게 바쳤다. 우르크는 대지의 처녀 여신 인니니를 특히 숭배했는데, 아카드 셈족에게는 이슈타르로 알려져 있었다.(성관계가 문란하고 다재다능한 것으로 유명한 아프로디테-데메테르 여신의 근동판인 셈이다.) 키시와 라가시에서는 슬픔에 잠긴 성모라 할 수 있는 모신 닝카르사그를 섬겼다. 이 여신은 인간의 불행을 가엾게 여겨 인간과 엄격한 신 사이에서 중재자 역할을 했다.[39] 닝기르수는 관개를 담당하는 신으로 홍수의 왕이었고, 아부 혹은 탐무즈는 식물의 신이었다. 심지어 신(Sin)이라는 신도 있었다. 달의 신이었던 그는 머리에 가느다란 초승달을 두르고 있는데, 중세 시대 성인들 머리의 후광을 연상시킨다. 당시 대기에는 정령들이 가득했다. 마음씨 착한 천사가 하나씩 모든 수메르인을 수호해 주었으며, 마귀들은 그 수호천사를 쫓아내고 사람들의 몸과 영혼을 차지하려 했다.

신들 대부분은 신전에 살았으며, 거기서 신심 깊은 신자들이 주는 헌금과 음식 그리고 아내를 받았다. 구데아 왕의 점토판을 보면 신들이 좋아했던 물건이 나열되어 있는데, 황소, 염소, 양, 비둘기, 닭, 오리, 물고기, 대추야자, 무화과, 오이, 버터, 기름, 케이크 등이었다.[40] 이 목록을 보면 수메르 부유층이 풍성한 요리를 즐겼다는 판단이 든다. 애초에는 신들이 인육(人肉)을 좋아했던 듯하나, 인간의 윤리 의식이 발전하면서 동물 고기로 만족해야 했다. 수메르 유적지에서 발견된 전례(典禮)에 관한 점토판을 보면 이런 대목이 등장한다. "전례에 인간 대신 양을 쓴다. 제물이 목숨을 건진 대가로 양을 한 마리 내놓았다."[41] 이러한 헌물 덕분에 부자가 된 신관은 수메르 도시 사회에서 가장 부유한 동시에 막강한 계급으로 자리 잡는다. 대부분의 문제에서 이들이 정부나 다름없는 역할을 했다. 파테시가 어느 정도까지 신관 역할을 했고, 또 어느 정도까지 왕 역할을 했는지 선을 긋기도 어렵다. 그러다가 우르카기나가 등장해 종교 개혁을 이끈 루터처럼 신관의 수탈에 대항하고 나섰다. 신관들의 탐욕을 비판하고, 법 집행 과정에서 뇌물을 받는다고 비난했으며, 농부와 어부들에게 가혹한 세금을 징수한다고 공격했다. 그것은 그들이 고생 끝에 얻은 수확물을 훔치는 것이나 다름없는 짓이었다. 우르카기나는 잠시나마 법정에서 이 부패한 관료들을 깨끗이 몰아내고 신전에 내는 세금과 헌금을 법률로 규제하여, 힘없는 자들이 강탈당하지 않도록 지켜 주고, 폭력을 써서 자금이나 재산을 넘겨받는 일이 없도록 했다.[42] 이 아득한 옛날에도 세상에는 이미 충분히 연륜이 쌓여 가치 있는 오랜 전통들은 잘 정립되어 있었다.

이집트 시대에 이크나톤이 죽자 신관들이 다시금 권력을 손에 넣었던 때와 똑같은 양상이 아마도 수메르에도 펼쳐져, 우르카기나가 세상을 뜨자 신관들은 권력을 되찾을 수 있었을 것이다. 원래 신화를 위해서라면 어떤 대가도 치르려 드는 것이 인간이다. 역사 시대 초창기인 이때에도 중대한 종교적 신화들은 벌써 형태를 잡아 가는 중이었다. 당시 사람들이 죽은 사람과 함께 무덤 속에 음식과 여러 가지 도구를 묻었던 걸 보면, 수메르인들이 내세를 믿었다는 추정을 할 수 있다.[43] 하지만 그리스인들과 마찬가지로 수메르인들에게 사후 세계는 불행의 그림자가 깔린 암흑 지대였고, 죽으면 다 똑같이 그곳에 떨어지게 되어 있었다. 하지만 아직 천국과 지옥, 영복(永福)과 영벌(永罰)의 개념은 없었다. 수메르인들이 기도를 드리고 제물을 바친 건 영생을 위해서가 아니라, 이승에서 손에 잡히는 이득을 얻기 위해서였다.[44] 수메르 후대에 만들어진 신화를 보면 에리두의 현자 아다파가 지혜의 여신 에아에게서 모든 가르침을 전수받는 이야기가 나온다. 이때 아다파가 전수받지 못한 비결은 딱 하나였는데, 바로 죽지 않고 살 수 있는 방법이었다.[45] 또 다른 신화에서는 신들이 인간을 처음 만들 당시에는 인간이 행복했다고 이야기한다. 그러다 인간이 자유의지를 가지고 죄를 저질러 그 벌로 대홍수를 겪게 되고, 타그투그라는 직공 한 사람만 살아남았다는 것이다. 타그투그는 금단의 나무에서 열매를 따 먹어 오래 건강하게 살 수 있는 힘을 빼앗겼다고 한다.[46]

  신관들은 신화뿐만이 아니라 교육도 보급했으며, 자신들의 신화를 통해 통치하려고 했을 뿐 아니라 가르침을 주고자 했다. 대부분의 신전에는 학교가 딸려 있어 거기서 신관들이 아이들에게 글과 산수를 가르치고, 애국심과 신앙심이 몸에 배도록 했으며, 일부는 고도의 전문직인 필경사가 되도록 준비시켰다. 당시 학교에서 사용하던 점토판 중 지금까지 남아 전하는 것들을 보면, 곱셈과 나눗셈 및 제곱근과 세제곱근 표와 응용 기하학 연습 문제들이 실려 있다.[47] 당시의 교육은 현재 우리 아이들이 받는 교육에 비해 그렇게 터무니없지는 않았다. 인류의 모습을 루크레티우스식으로 다음과 같이 개괄한 것을 보면 말이다. "인간은 만들어질 당시에는 빵을 먹을 줄도, 옷을 입을 줄도 몰랐다. 사지를 이용해 땅바닥을 걸어 다니면서 양처럼 입으로 풀을 뜯어 먹고 도랑에 괸 물을 마셨다."[48]

  구데아 왕이 라가시의 수호신 바우에 드린 기도문을 보면, 역사 시대 최초로 등장한 이 종교들에서 얼마나 고결한 영혼과 표현이 나올 수 있는지가 단번에 드러난다.

> 나의 여왕님, 라가시를 세운 어머니시여,
> 당신의 보살핌을 받는 사람들은 많은 힘을 얻나이다.
> 당신의 보살핌 아래서 당신을 숭배하는 사람은 장생을 누리나이다.
> 제게 어머니가 없는 건, 당신이 어머니이기 때문이요,
> 제게 아버지가 없는 건, 당신이 아버지이기 때문입니다.
> 나의 여신 바우시여, 당신은 진정 선한 것이 무엇인지 아시나이다.
> 당신은 제게 생명의 숨결을 불어넣어 주셨습니다.

어머니, 당신의 가호 아래,

당신의 그늘 아래 경건하게 살아가겠나이다.⁴⁹

또 모든 신전에는 여자들이 함께 기거했는데, 일부는 하녀로 일을 했고 일부는 신 또는 신이 정한 지상의 대리인들에게 첩 역할을 했다. 신전에 이런 식으로 봉사하는 것이 수메르 처녀들에게는 전혀 수치스러운 일이 아니었던 듯하다. 아버지도 딸의 아름다움으로 신전이 지루하지 않은 걸 자랑스럽게 생각했고, 딸이 이 성스러운 일을 하게 되면 제사를 지내고 신전에 딸의 결혼 지참금을 바치며 축하했다.⁵⁰

수메르 시대에 결혼은 이미 여러 가지 법의 규제를 받는 복잡한 제도였다. 결혼할 때 아버지가 딸에게 주는 지참금은 신부가 관리했으며, 남편과 공동 소유여도 지참금 상속 문제만큼은 여자 혼자 결정했다. 여자는 자녀에 대해서도 남편과 동등한 권리를 행사했고, 남편이나 장성한 아들이 없을 때는 여자가 집은 물론 땅도 관리했다. 또 남편과 별개로 사업 활동을 할 수 있었으며, 자기 노예를 따로 두거나 처분할 수 있었다. 때로는 수바드처럼 여왕의 자리까지 올라 호사스럽고 고압적으로 자신의 도시를 다스린 여자들도 있었다.⁵¹ 하지만 중대한 고비 때는 언제나 남자가 군주와 지배자의 위치에 있었다. 또 남자는 특정 상황에서는 아내를 팔거나 노예로 남겨 자기 빚을 갚을 수 있었다. 남자와 여자에게 사회적으로 다른 기준을 적용하는 이중 잣대는 수메르 시대에도 이미 있었는데, 재산과 유산이 남자 차지였던 당시 사회에서는 당연한 일이었다. 남자의 간통은 한때의 바람으로 용서받을 수 있었지만, 여자가 간통을 저지르면 사형에 처했다. 그리고 여자는 남편과 국가를 위해 아이를 많이 낳아야 한다는 인식이 깔려 있어서, 불임 여성은 다른 사유가 없어도 이혼당할 수 있었다. 아이를 더 낳지 않겠다고만 해도 익사를 당했다. 아이들에겐 법적 권리가 없었고, 부모가 아이와 공개적으로 의절하면 아이를 도시에서 추방할 수 있었다.⁵²

그러나 대부분의 문명이 그렇듯, 수메르 시대에도 상류층 여성만큼은 동시대 가난한 여인네들의 고생과 한이 무색하게 사치와 여러 가지 특권을 누렸다. 수메르 무덤에는 화장품과 보석이 유난히 많다. 울리 교수는 수바드 여왕의 무덤에서 청록색 공작석으로 만든 조그만 콤팩트 하나와 청금석 장식이 달린 황금 핀, 금에 세공을 한 화장품 휴대 용기를 찾아냈다. 작은 손가락 크기의 이 휴대 용기에는 콤팩트에서 루주를 떠낼 때 쓴 듯한 조그마한 숟가락 하나와 각질 손질용으로 보이는 금속 막대 하나, 눈썹이나 새치를 뽑을 때 쓴 듯한 족집게 하나가 들어 있었다. 여왕의 반지는 금 철사를 이용해 만들었으며, 그중 하나에는 청금석 조각들이 사이사이 박혀 있었다. 목걸이는 청금석과 금으로 장식되어 있었다. 확실히 태양 아래 새로운 것은 없으며, 그 먼 옛날이나 지금이나 여자들 모습은 웬만해선 변함이 없다.

5. 문학과 예술

수메르의 유적 중 우리를 가장 놀라게 하는 것은 글이다. 이 경이로운 기술은 이미 잘 발달한 상태여서, 상업·시·종교에서 나타난 복잡한 생각들을 충분히 표현해 낼 수 있었다. 가장 오래된 글은 돌에 새겨져 있으며, 연대가 기원전 3600년까지 거슬러 올라가는 것으로 보인다.[53] 점토판이 등장한 건 기원전 3200년 무렵으로, 수메르인들은 이때부터 죽 이 위대한 발견을 커다란 낙으로 삼은 듯하다. 메소포타미아 사람들이 글을 쓸 때 썩어 없어지는 종이와 빛이 바래 버리는 잉크 대신, 쐐기 모양의 날카로운 필기도구와 무르고 축축한 점토를 이용한 것은 우리로선 천만다행이다. 필경사는 이 말랑말랑한 물질을 갖고 기록을 남기고, 계약을 맺고, 공식 문서를 작성하고, 재산 내역과 판결문과 판매 내용을 기록하면서, 필기구가 칼만큼이나 막강한 힘을 갖는 문화를 이룩해 냈다. 필경사는 글을 다 쓰면 점토판을 불이나 햇빛을 이용해 구웠는데, 이로써 종이보다 내구성이 훨씬 좋은 사본이 만들어졌다. 돌을 제외하면 이보다 더 내구성 좋은 물건은 없었다. 수메르는 이렇게 쐐기 문자로 글을 써내면서 인류가 문명을 이루는 데 더없이 훌륭한 기여를 해 주었다.

수메르 글은 오른쪽에서 왼쪽으로 읽는다. 한편 이제까지 알려진 바에 의하면, 처음으로 왼쪽에서부터 오른쪽으로 글을 쓴 사람들은 바빌로니아인이었다. 앞에서 살펴본 대로, 쐐기 문자는 원시 시대 수메르인들이 토기에 그리거나 새겼던 그림 및 표시를 양식화한 것으로 보인다.* 수백 년의 세월 동안 똑같은 그림을 서둘러서 반복해 그리는 과정에서 애초의 그림은 서서히 그것이 나타내고자 했던 사물과 전혀 다른 표시로 축약되어 종국엔 사물이 아닌 소리를 상징하게 된 듯하다. 영어에서 비슷한 과정이 일어난다고 생각해 보자. 가령 'bee(꿀벌)'을 나타내는 그림이 있는데, 그것이 단순한 형태로 축약되어 'bee'의 뜻인 꿀벌 대신 음절 'be'를 뜻하게 되고, 나아가 'be-ing'과 같은 합성어에 들어 있는 'be' 음절을 모두 가리키게 되었다고 말이다. 하지만 수메르인과 바빌로니아인들은 음절에서 한 단계 나아가 문자를 표시하는 데까지는 이르지 못했다. 음절에서 모음을 떼어 내 'be'를 'b'로 만드는 수준에는 이르지 못한 것이다. 이 단순하지만 혁명적인 단계를 밟는 일은 이집트인들의 몫이었던 듯하다.[54]

글이 문학으로 탈바꿈하는 데는 아마도 수백 년이 걸려야 했을 것이다. 수백 년 동안 글은 장사를 하는 수단으로서, 계약서와 계산서 및 선적 문서와 영수증 내용을 구성해 왔기 때문이다. 또 부차적으로는 종교의 기록 수단이기도 했을 것이다. 신관들은 글을 가지고 마법 주문, 제식 절차, 신성한 설화, 기도 및 성가가 변형되거나 사라지지 않게 보존하려 했을 것이다. 하지만 기원전 2700년에 이르면 수메르에 거대한 도서관들이 지어진다. 예를 들어 드 사르작(De Sarzac)은 텔로의 구데아 왕 시절 유적지에서 3만 개가 넘는 점토판을 발견했는데, 일정한 순서에 따라 가지런히 정리되어 있었다.[55] 수메르 역사가들은 기원전 2000년부터 벌써 후대에 교훈을 줄 목적으로 과거를 재구성하고 현재를 기록하기 시작했다. 현재 그들의 작품 일부가 전해지는데, 원본은 아니고 후대의 바빌로니아 연대기에 인용되어 있는 식이다. 하지만 파편으로 전하는 원본 중 니

---

* 229쪽 참조.

푸르에서 발견된 한 점토판에는 길가메시 서사시의 수메르 시대 원문이 실려 있다.(서사시의 내용은 나중에 바빌로니아 시대의 발달된 형식을 통해 살펴보기로 하겠다.)[56] 이 조각조각 부서진 점토판 일부에는 장송가도 적혀 있다. 이 작품에서는 만만치 않은 힘이 느껴지며 문학 양식으로서도 의미가 있다. 동일 문구를 반복하는 근동 특유의 기법은 문학 역사 초기부터 등장한다. 이런 글은 동일한 방식으로 시작하는 행이 많고, 앞에 나온 어구의 의미를 풀거나 묘사하는 구절이 많은 게 특징이다. 이렇게 건져 올린 유물의 잔해를 통해 우리는 신관이 부른 노래와 애가 등 종교적 내용이 문학의 기원이었음을 알 수 있다. 인류가 처음 지은 시는 짤막한 사랑 노래가 아니라 기도문이었던 것이다.

이렇게 문화가 처음 모습을 드러내기까지 수메르 및 그 밖의 다른 지역은 수세기의 발전을 거쳤을 게 틀림없다. 사실 진정한 의미에서 창조되는 것은 없다. 다 어딘가에서 발전되어 나오는 것일 뿐. 따라서 쐐기 형태를 처음 만들어 낸 곳도 그 글을 보면 알 수 있듯 수메르였던 것 '같다'고 말해야 하리라. 건축 분야에서도 집과 신전, 기둥과 둥근 천장 및 아치의 기본 형태를 수메르인이 처음 만든 것으로 보인다.[57] 수메르 농부는 오두막을 지을 때 갈대를 정사각형이나, 직사각형, 혹은 원형으로 심고 그 끝을 구부려 한데 엮어서 아치형 천장을 만들었다.[58] 짐작건대 아치형 건축 형태는 단순히 여기서 시작된 듯하다.(정확히 말하면 이때 최초로 등장했다고 알려져 있다.) 니푸르의 유적지에서는 5000년 된 아치형 하수구를 찾아볼 수 있으며, 우르의 왕실 무덤에는 기원전 3500년으로 거슬러 올라가는 아치가 여러 개 있다. 기원전 2000년의 우르에서 아치형 문은 흔히 찾아볼 수 있는 것이었다.[59] 더구나 이 시대 아치는 진정한 의미의 아치였다. 아치에 사용된 돌 하나하나의 모양이 아래로 갈수록 가늘어져 끝 부분에서 서로 꼭 맞물리게 되어 있는 쐐기의 원리를 온전히 활용하고 있기 때문이다.

부유층 시민들은 대저택을 짓고 살았다. 평지에서 높이가 때로는 약 12미터에 이르는 흙더미 위에 터를 잡고 있었고, 저택으로 들어올 수 있는 길은 일부러 딱 하나만 만들어 놓았다. 수메르인들의 집 하나하나가 요새가 될 수 있을 정도였다. 수메르에는 돌이 귀했기 때문에 대저택들은 대부분 벽돌로 지어졌다. 새빨간 벽 표면은 나선무늬, 갈매기 모양, 삼각형, 마름모꼴 등 온갖 무늬의 테라 코타 장식으로 돋보이게 했으며, 실내 벽에는 회칠을 하고 단순한 벽화 형태로 그림을 그렸다. 건물 가운데의 중앙 뜰은 지중해의 태양 빛을 가려 주변을 어느 정도 시원하게 해 주었다. 이렇게 뜰이 시원했기 때문에(물론 안전상의 이유도 있었다.) 방들의 입구도 바깥 세계보다는 이 뜰을 향해 트여 있었다. 창문은 사치품이었거나, 아니면 사람들이 창문 다는 걸 원치 않았던 듯하다. 물은 우물에서 길어다 썼으며, 대규모의 하수도 시설을 통해 도시 주거 지역의 오물을 배출했다. 가구는 복잡하지도 많지도 않았지만, 고상한 취향을 엿볼 수 있다. 침대는 종종 금속이나 상아로 세공되어 있었고, 이집트처럼 안락의자 다리도 이따금 사자의 발톱을 본떠 화려하게 장식되어 있었다.[60]

수메르에서는 신전을 짓기 위해 석재를 수입해 와서 구리 엔타블러처(entablature)(서양 고전 건축에서 기둥 위에 얹혀 있는 수평 부분 – 옮긴이)와 준보석으로 세공된 돋을새김으로 장식했다. 우르의 난나르 신전에 사용된, 유약을 바른 연청색 타일은 메소포타미아 전역에서 유행했다. 한편 실내에는 백향목과 사이프러스 같은 귀한 목재로 벽을 만들고, 대리석·설화 석고·줄마노·마노·금을 박아 넣었다. 보통 도시에서 가장 중요한 신전은 고지에 지어졌을 뿐 아니라 맨 위에는 지구라트를 쌓았다. 3, 4층 또는 7층으로 된 이 탑은 바깥쪽에 계단이 빙 둘러 나 있었으며 한 층씩 올라갈 때마다 폭이 좁아지는 형태였다. 바로 이 높다란 장소가 도시에서 가장 높으신 신들이 머무는 장소였을 것이며, 적의 침공이나 반란이 일어났을 때 정부도 바로 여기를 정신적으로나 물리적으로 최후의 보루로 삼았을 것이다.[61]*

신전은 때로 동물과 영웅 및 신들의 조각상으로 꾸며졌다. 그 모습은 꾸밈없이 투박

---

* 지구라트의 이러한 형태는 미국 건축가들에게 도움을 주기도 했다. 이웃의 일조권을 침해하지 않게 건물을 지을 때 상층으로 올라갈수록 폭을 좁게 해야 한다는 법이 있었는데, 지구라트를 본떠 새로운 형태를 만들어 낸 것이다. 5000년 된 수메르의 벽돌 지구라트와 오늘날 뉴욕에 지어진 벽돌 지구라트를 한자리에서 보고 있으면 인류의 장구한 역사가 짤막하게 압축되는 듯하다.

하고 힘은 넘치지만 완성도와 세련미는 확실히 떨어진다. 현재 남아 있는 조각상은 대부분 구데아 왕의 모습을 담고 있으며, 내구성 강한 섬록암으로 힘들게 만들어졌으나 조잡한 면이 있다. 텔엘우바이드 유적지에서는 수메르 시대 초기에 만들어진 조그만 황소 동상(銅像)이 발견되기도 했다. 오랜 세월을 견디느라 많이 상했지만, 아직도 살아 있는 듯한 소 특유의 온순함이 온전히 느껴진다. 우르에 있는 수바드 여왕 무덤에서 나온 은제 암소 두상은 걸작의 면모를 자랑하는데, 세월이 너무 많이 흘러 우리가 그 진가를 인정하지 못하고 있을 뿐 당시 예술이 이미 발달해 있었다는 생각이 들게 한다. 그리고 지금까지 남아 전하는 수메르 시대의 얕은 돋을새김 작품들을 보면 그 생각에 거의 확신을 갖게 된다. 라가시의 왕 에안나툼이 세운 독수리 비문과 반암(斑岩)으로 만든 이브니샤르의 원통형 인장,[62] 우르니나 것이 틀림없는 우스꽝스러운 모습의 캐리커처,[63] 그리고 무엇보다 나람신의 "승리의 비문"에서도 수메르 시대의 미숙한 조각 솜씨가 엿보이지만, 작품의 선이나 동작에서 흘러넘치는 활기가 한창 커 나가는 젊은 예술 특유의 모습을 보여 준다.

하지만 토기에 대해서만큼은 그렇게 관대하게 말할 수 없을 것 같다. 혹시 세월이 최악의 작품만 남겨 놓는 바람에 우리가 잘못된 판단을 내리는 걸 수도 있다. 당시엔 에리두에서 발견되는 설화 석고 그릇만큼 훌륭하게 조각된 작품이 많았을 수도 있다는 이야기다.[64] 하지만 수메르의 토기는 돌림판을 이용했음에도 단순한 질그릇 수준을 벗어나지 못하고 있으며, 엘람 시대의 항아리와는 비교도 안 될 정도다. 그나마 금세공 기법을 이용한 작품들은 수준이 한결 낫다. 세련된 디자인과 세심한 마무리가 돋보이는 금제 그릇들은 우르의 가장 초창기 무덤들에서 발견되었으며, 그중에는 기원전 4000년에 만들어진 것들도 있다.[65] 현재 루브르 박물관에 소장되어 있는 엔테메누의 은 항아리는 구데아 조각상처럼 땅딸막하나, 섬세하게 조각된 동물 문양이 풍부하게 들어가 있다.[66] 하지만 무엇보다 압권은 우르에서 발굴된 금 칼집과 청금석 단도이다.[67] 혹시 사진을 구한다면* 완벽에 가까운 그 모습을 확인할 수 있을 것이다. 수메르

---

* 유물은 바그다드에 있는 이라크 박물관이 소장하고 있다.

유적지에서는 원통형 인장이 다량으로 발견되는데 대부분이 진기한 금속이나 석재로 만들어져 있으며, 표면에 정교하게 약 6~13제곱센티미터의 돋을새김 조각이 있다. 수메르인들은 이것을 일종의 서명으로 사용한 듯한데, 그들이 세련된 삶과 생활 방식을 영위했다는 표시다. 순진하게도 우리는 인간이 옛날의 수준 낮은 문화를 거치고 끊임없이 발전해 오늘날의 유례없는 절정기에 이르렀다고 여기는데, 부질없는 생각인 셈이다.

조잡한 토기와 극치에 다다른 보석 공예의 이 대조적인 모습이야말로 수메르 문명을 한 마디로 요약해 준다. 무언가를 시작할 때의 서투름과 이따금이긴 하지만 장인의 경지에 이른 원숙함이 한데 어우러져 있다. 현재 우리가 아는 한, 최초의 국가 및 제국, 최초의 관개 시설이 나타난 곳이 수메르였다. 또 금과 은을 처음으로 가치 척도로 사용한 곳도, 상업 계약이 처음 맺어진 곳도, 신용 거래 체제가 처음 이용된 곳도, 법전을 처음 펴낸 곳도, 글이 처음으로 광범위하게 발전한 곳도, '창조'와 '대홍수' 이야기가 처음으로 나온 곳도 수메르였다. 뿐만 아니라 최초의 도서관과 학교, 최초의 문학 작품과 시, 최초의 화장품과 보석, 최초의 조각과 얕은 돋을새김 기법, 최초의 궁전과 신전, 최초의 장식용 금속 및 장식 주제(主題), 최초의 아치, 기둥, 둥근 천장, 돔도 수메르에서 등장했다. 한편 노예 제도, 전제 정치, 종교 지상주의, 제국주의적 정복 전쟁 등 문명의 죄악 몇 가지도 처음으로 자행되었다. 수메르에서의 삶은 다양하고, 미묘하고, 풍성하고, 복잡했다. 벌써 인간 사이에서는 자연히 불평등이 생겨나 강자는 새로운 안락과 사치를 누리기 시작한 반면, 나머지 사람들은 매일매일 강압적으로 고된 노동을 해야 하는 처지에 놓였다. 이는 역사의 현(絃) 위에서 무수히 변주되어 울려 퍼지는 주제다.

3. 수메르에서 이집트로

수메르는 역사가 막 기록되기 시작한 시점에 있다. 그러다 보니 수메르와 관련해 고대 근동에서 발달한 여러 문명의 선후 관계를 따지기가 쉽지 않다. 현재 우리는 수메르인이 최초로 글을 통해 기록을 남겼다고 알고 있다. 하지만 종잡을 수 없이 돌아가는 상황에서 운명이 장난을 쳤을 수도 있는 만큼, 그것이 수메르인이 최초의 문명을 이루었다는 증거는 될 수 없다. 나중에 아시리아의 영토가 되는 아슈르와 사마라에서도 수메르에서와 비슷한 작은 조각상 및 기타 유물이 발견되었다. 이 초창기 문화가 수메르에서 생겨난 것인지, 아니면 이 문화가 티그리스 강을 따라 수메르에 전해졌는지는 알 길이 없다. 함무라비 법전이 우르엔구르나 둥기의 법전과 유사한 것 역시 사실이나, 이들 법전에서 발전한 것이라고 확신할 수는 없다. 이들 모두보다 시대를 앞질러 법전을 펴낸 이가 있을지 모르기 때문이다. 바빌로니아와 아시리아 문명도 수메르와 아카드 문명에서 나와 이 문명들 덕분에 풍요로워졌을 가능성은 있지만, 단정은 할 수 없다.[68] 하지만 바빌론과 니네베의 신들 및 신화는 확실히 수메르의 신앙을 다듬고 발전시킨 경우가 많다. 또 나중에 나타난 이들 문화의 언어와 수메르어와의 관계는 프랑스어 및 이탈리어가 라틴어와 맺고 있는 관계와 똑같다.

독일의 여행가 겸 식물학자인 슈바인푸르트(Schuweinfurth)는 우리에게 한 가지 흥미로운 사실을 상기시킨다. 역사가 기록되기 시작할 때부터 이집트와 메소포타미아 지역 모두 보리·기장·밀을 재배하고 소·염소·양을 길렀지만, 현재 이런 곡물과 동물들이 야생 및 자연 상태로 발견되는 곳은 이집트가 아니라 서아시아 지역이라는 것이다.(특히 예멘과 고대 아라비아 지역.) 이에 따라 슈바인푸르트는 기록이 존재하지 않던 태곳적 옛날에 아라비아에서 곡물을 재배하고 가축을 길들인 문명이 등장해, 메소포타미아(수메르, 바빌로니아, 아시리아)와 이집트에 퍼져 일종의 "삼각 문화"를 이루었다고 결론을 내린다.[69] 하지만 현재 원시 시대 아라비아에 대한 지식은 너무도 미비해 가능한 가설 이상으로는 생각할 수 없다.

다만 이집트 문화의 특정 요소들이 수메르 및 바빌로니아에서 기원했다는 것은 보다 분명한 사실로 보인다. 메소포타미아와 이집트 사이에 교역이 이루어졌다는 것은 널리 알려진 사실이다.(수에즈 지협은 확실히 그 통로 역할을 했을 것이고, 먼 옛날 홍해로 빠졌던 이집트의 강줄기를 이용했을 수도 있다.)[70] 역사가 흐르는 내내 이집트가 왜 아프리카보다는 서아시아의 일원으로 활동했는지는 지도만 한번 확인해도 알 수 있다. 지중해를 거쳐 나일 강을 통해서는 아시아로부터 물품과 문화가 전해질 수 있지만, 거기서 조금만 더 나아가면 나일 강의 엄청난 물줄기와 함께 이집트를 아프리카에서 고립무원의 처지로 만들어 버리는 사막이 가로막고 있다. 따라서 원시 이집트 문화에서 메소포타미아의 요소를 많이 발견하게 되는 것은 당연하다.

이집트의 언어를 고대로 추적해 가면 갈수록 근동의 셈어와 비슷한 점들이 점점 더 많이 드러난다.[71] 왕조 이전 시대의 이집트 상형 문자는 수메르에서 기원한 듯한 모습이다.[72] 한편 원통형 인장은(이것은 메소포타미아에서 기원한 게 분명하다.) 이집트 역사의 가장 초창기에 나타났다가, 수입 문화가 토착 문화에 밀리기라도 한 것처럼 나중에는 사라져 버리고 만다.[73] 4왕조 이전까지만 해도 이집트에서는 토기를 만들 때 돌림판을 쓸 줄 몰랐다. 수메르에서는 이미 한참 전에 돌림판을 쓰고 있었는데 말이다. 아마도 티그리스와 유프라테스 강의 그 옥토 지대에서 이집트로 바퀴와 전차가 들어올 때 함께 들어온 듯하다.[74] 이집트와 바빌로니아의 초창기 곤봉두는 형태가 완전히 똑같다.[75] 게벨 엘 아락의 선왕조 시대의 이집트 유물 중 정교하게 세공된 돌칼이 발견되었는데, 메소포타미아풍의 내용과 양식으로 돋을새김 조각이 새겨져 있다.[76] 구리도 서아시아에서 개발해서 사용하기 시작해 이집트로 전해진 것으로 보인다.[77] 초창기 이집트 건축 역시 벽돌로 만든 벽을 장식할 때 벽감(壁龕)을 이용했다는 점이 메소포타미아와 유사하다.[78] 선왕조 시대의 토기와 소형 조각상 및 장식 모티브도 메소포타미아의 것들과 똑같거나 확실히 같은 부류로 놓을 수 있는 경우가 많다.[79] 이 초창기 유물 중에는 아시아에서 기원한 것이 분명한 소형 여신 신상도 여러 개다. 이집트 문명이 막 시작되었을 때 우르의 예술가들이 만들어 놓은 조각상과 돋을새김 작품을 보면, 당시 수메르에서는 이미 먼 옛날부터 이 예술들이 존재해 왔음이 분명히 드러난다.[80]*

수메르가 이집트보다 더 오랜 문명임을 인정할 여지는 충분히 있다. 하지만 애초에 티그리스와 유프라테스 강에서 무얼 빌려 왔건 간에, 나일 강은 곧 자기만의 특별하고도 독특한 문명을 꽃피워 냈다. 역사상 가장 풍성하고 위대한 문화이자, 역사상 가장 강력하고 세련된 문화 중 하나인 이집트 문명을 말이다. 이집트 문명에 견주면 수메르 문명은 초라한 시작에 불과하다. 심지어 그리스나 로마 문명도 감히 따라오지 못할 정도였다.

＊ 훌륭한 학자 엘리엇 스미스(Elliot Smith)는 이 같은 내용들이 안고 있는 오류를 수정하고자 노력해 왔다. 그의 지적에 의하면 현재 이집트에 보리와 기장과 밀이 자연 상태로 존재하지 않는 건 맞지만, 그것들을 최초로 경작한 곳이 이집트라는 흔적이 발견되고 있다. 더불어 그는 농업과 문명을 수메르로 전해 준 것이 이집트라고 믿고 있다.[81] 미국 최고의 이집트학 학자인 브레스테드 교수 역시 수메르 문명이 이집트보다 앞선다는 주장에 회의적이다. 브레스테드는 이집트에서도 최소한 수메르만큼 오래전에 돌림판을 사용했다고 믿는다. 나아가 아비시니아(에티오피아의 별칭 – 옮긴이) 고지대에서도 보리·기장·밀이 발견된다는 점을 근거로 내세워 슈바인푸르트의 가설에 논박을 가하고 있다.

OUR ORIENTAL HERITAGE

8장 이집트

1. 나일 강의 선물

1. 나일 강 삼각주

이곳은 항구로서 나무랄 데 없이 완벽하다. 기다란 방파제 밖에서는 파도가 험상궂게 넘실대지만, 그 안의 바다는 은빛 거울처럼 잔잔하다. 저기 보이는 조그만 섬이 이집트 말기에 소스트라투스가 새하얀 대리석으로 커다란 등대를 지었다던 파로스다. 높이가 약 152미터에 달했던 그 등대는 먼 옛날 지중해를 누비던 뱃사람 모두에게 뱃길을 밝혀 주는 횃불 노릇을 했으며, 세계 7대 불가사의 중 하나로 손꼽혔다. 세월과 끈질긴 물살에 깎여 지금은 사라졌지만, 새 등대가 그 자리에 자리 잡고 서서 증기선이 바위를 헤치고 알렉산드리아 부두로 들어올 수 있도록 길을 잡아 준다. 어린 나이에 놀라운 정치력을 보여 준 알렉산드로스 대왕도 바로 여기에 이집트, 팔레스타인, 그리스의 문화를 계승하는 다인종으로 구성된 특이한 세계 도시를 세웠다. 카이사르가 참수당한 폼페

이우스의 머리를 마지못해 받아 든 곳도 바로 여기다.

기차가 미끄러지듯 알렉산드리아를 헤쳐 나오는 동안, 언뜻언뜻 비포장 오솔길과 대로가 보이고 공기 중에는 열기가 이글거린다. 상체를 다 드러낸 인부들, 까맣게 차려 입은 채 힘차게 무거운 짐을 나르는 여인들, 길게 늘어진 새하얀 옷에 터번을 두른 위풍당당한 이슬람교도들이 보인다. 저 멀리에는 널찍한 광장과 햇빛을 받아 반짝이는 궁전들이 눈에 띈다. 알렉산드리아에 전 세계 사람들이 모여들던 시절, 프톨레마이오스 왕조가 지었던 궁전들도 아마 저만큼 멋졌으리라. 그러다 갑자기 탁 트인 시골 풍경이 나타나면서, 알렉산드리아는 비옥한 삼각주의 지평선 속에 잠긴다. 지도에서 이 나일 강 삼각주는 늘씬하게 쭉 뻗은 나일 강이라는 줄기에 야자나무 잎이 매달려 있는 것 같은 모습이다.

이 삼각주는 한때 분명 만(灣)이었을 것이다. 너무 느려 알아챌 수는 없었지만 나일 강의 드넓은 물줄기가 1600킬로미터나 떨어진 상류에서부터 돌 부스러기를 날라 와 만을 메운 것이다.* 나일 강 하구 여러 개로 둘러싸인, 이집트 한 귀퉁이의 이 조그만 진흙 지대에서만 현재 600만 명의 농부들이 매년 1억 달러의 수출고를 올릴 정도로 많은 목화를 재배하고 있다. 이글거리는 태양 아래 늘씬한 야자수와 연초록의 둑으로 가장자리를 장식한 채 맑고 조용하게 흐르는 이 강이 세상에서 가장 유명한 나일 강이다. 강을 따라 달리는 기차에서는 강 건너에 바싹 붙어 있는 사막이 잘 보이지 않는다. 한때는 땅을 기름지게 하는 나일 강 지류가 흘렀으나 지금은 아무것도 없는 대규모 와디(wadi)(평소에는 마른 골짜기로 있다가 큰 비가 내리면 물이 흐르는 남동부와 북부 아프리카 등의 건조 지대의 강을 말한다. - 옮긴이)도 마찬가지다. 따라서 오로지 나일 강에만 기대어 사는 이 이집트의 터전이 믿을 수 없을 만치 얼마나 좁은지, 또 그 양쪽 땅이 이리저리 옮겨 다니는 적의에 찬 모래에 얼마나 시달리는지 아직은 실감할 수가 없다.

---

* 먼 옛날의 지리학자들(예를 들면 스트라본1))도 이집트가 한때는 지중해 물속에 잠겨 있었으며, 이집트의 사막들이 지중해의 밑바닥을 이루고 있었다고 믿었다.

이제 기차는 충적토 평원 한가운데를 가로지른다. 이 지대는 절반이 물로 덮여 있고, 관개 수로가 도처를 가로지른다. 도랑이나 밭에서는 흑인 펠라(fellah)*들이 일을 하고 있다. 이들은 허리춤의 천 조각 말고는 옷이란 걸 모른다. 지금 나일 강엔 연례행사인 범람이 일어나고 있다. 범람은 하지에 시작되어 백 일 동안 이어지는데, 이때 넘친 강물로 사막이 비옥해지면서 이집트는 활기를 띤다. 헤로도토스의 표현대로 범람은 "나일 강의 선물"인 셈이다. 문명이 역사의 초창기에 이곳을 터전으로 삼은 건 당연하다. 나일 강만큼 넉넉하게 관개용수를 얻고 또 치수하기 쉬운 강은 세상 어디서도 찾아보기 힘들다. 이집트만큼 강의 혜택을 많이 입은 곳을 찾으라면 메소포타미아뿐일 것이다. 이집트의 농부들은 수천 년 동안이나 나일 강의 이 범람을 안달하며 열심히 지켜봐 왔다. 심지어 매일 아침 카이로 시내를 다니며 나일 강이 얼마나 범람했는지 알려 주는 사람이 오늘날까지 있을 정도다.[2] 이렇게 끊어지지 않는 나일 강의 조용한 흐름과 더불어 과거는 현재를 살짝 스치고 미래로 흘러간다. 사실 구분이란 역사가들이나 하는 것이지 시간은 구분을 모른다.

하지만 공짜 선물은 없는 법이다. 농부들은 불어나는 강물을 소중히 여기면서도, 치수를 제대로 하지 않으면 밭에 생명력을 주는 그 강이 밭을 망쳐 놓을 수 있음도 잘 알았다. 그래서 역사 시대 훨씬 이전부터 농부들은 이 충적토 지대를 이리저리 가로지르는 도랑들을 만들고, 범람기에 남아도는 물을 수로에 가둬 두었다. 그리고 강물이 줄어들면 장대에 두레박을 매달아 그 물을 길어 썼다. 그러면서 노래를 불렀는데 나일 강이 그 노래를 들어 온 지는 벌써 5000년이다. 노래를 부를 때조차 침울한 표정에 웃을 줄 모르는 농부들이 이곳에서 명맥을 유지한 지 벌써 5000년은 되었을 것이기 때문이다.[3] 물 긷는 이 두레박은 피라미드만큼이나 오래전에 만들어졌다. 또 아랍어에 여러 번 정복당했음에도 이 펠라 중 여전히 고대 유물에 적힌 말을 쓰는 사람들이 백만 명에 이른다.[4]

---

* 아랍어 'fellah'는 (아랍권 국가, 특히 이집트의) '농부'를 뜻하는 말로 복수형은 'fellaheen'이다. '밭을 갈다'란 뜻을 가진 'felaha'가 어원이다.

알렉산드리아에서 남동쪽으로 약 80킬로미터 가면 나일 강 삼각주 지대에 나우크라티스 유적지가 나오는데, 한때 부지런하고 계산에 밝은 그리스인들로 붐볐다. 거기서 동쪽으로 50킬로미터를 더 가면 사이스 유적지가 나온다. 페르시아와 그리스의 정복이 있기 전의 몇 세기 동안 이집트 토착 문명이 마지막 부흥을 누린 곳이다. 또 알렉산드리아에서 남동쪽으로 약 210킬로미터를 가면 카이로가 나온다. 이 도시는 아름답지만 이집트답지는 않다. 서기 968년에 이슬람교도 정복자들이 세운 것이기 때문이다. 그 후에는 프랑스의 밝은 기운이 침울한 아랍의 기운을 억누르고 이곳에 이국적이면서도 비현실적인 '사막의 파리'를 세웠다. 피라미드에 담긴 옛날 이집트의 모습을 보려면 자동차나 또는 여유롭게 마차를 타고 반드시 이 도시를 지나가야 한다.

피라미드로 이어지는 기나긴 길에서는 목적지 피라미드가 너무도 작아 보인다. '저렇게 작은 걸 보려고 이제까지 그 먼 길을 온 건가?' 하는 생각이 들 정도로. 하지만 시간이 갈수록 덩치가 커지는 것이, 꼭 누군가 공기 중에서 피라미드를 들어 올리기라도 하는 것 같다. 길이 굽어지는 즈음에서는 사막 한가운데에 그런 뾰족한 물건이 솟아 있다는 것이 놀라울 따름이다. 그러다 벌거벗은 채 고독하게 모래 속에 서 있는 피라미드들이 갑자기 우리 앞에 우뚝 나타난다. 청명한 하늘을 뒤로 한 부루퉁한 거인 같은 모습이다. 피라미드 아래는 각양각색의 사람들로 와글거린다. 뚱뚱한 사업가들이 불쌍한 당나귀 위에 올라타 있는가 하면, 그보다 더 뚱뚱한 부인들은 마차에 앉아서 움직일 줄 모른다. 젊은 사내들은 말을 타고 껑충껑충 뛰어다니고, 젊은 아가씨들은 불편한 자세로 낙타 등에 올라타 있다. 아가씨들의 비단결 같은 무릎이 햇빛 속에서 반짝거린다. 그리고 어디에나 욕심 많은 아랍인들이 있다. 카이사르와 나폴레옹이 섰다던 그 자리에 서니, 5000년의 세월이 우리를 비웃는다. 역사의 아버지 헤로도토스는 카이사르보다 400년 먼저 여길 찾았다가, 그때 자기가 들은 이야기로 페리클레스를 깜짝 놀라게 하기도 했다. 여기 있으니 시간이 전혀 새롭게 보인다. 이 무덤들 앞에서는 그리스와 우리 사이에 놓인 2000년의 시간이 무색해지고,

잠시나마 카이사르와 헤로도토스가 근대를 사는 동시대인으로 느껴진다. 우리에게 그리스는 먼 옛날이지만, 그리스인에게 이집트는 그보다 더 먼 옛날일 테니 말이다.

근처에는 반은 사자에 반은 철학자의 모습을 한 스핑크스가 모래를 우악스럽게 그러쥐고, 한순간 스쳐 지나가는 방문객과 변할 줄 모르는 평원을 무심한 눈초리로 바라보고 있다. 이 유적은 나이 들어서도 정신을 못 차린 호색한을 겁주거나 아이들을 일찌감치 잠자리에 들게 하려고 만든 듯 무서운 모습이다. 사자 형상을 한 몸뚱이는 머리 부분에서 사람으로 바뀌는데 주걱턱에 눈매가 잔인하다. 스핑크스가 만들어질 당시(기원전 2990년경)의 문명은 야만성을 완전히 벗어던지지 못한 것이다. 헤로도토스는 지금은 이집트에서 사라지고 없는 것을 그렇게 많이 보았음에도, 스핑크스에 대한 이야기는 한 마디도 전하지 않고 있다. 그가 살던 당시에는 스핑크스가 모래에 덮여 버리는 바람에 보이지 않았던 것이다.

어쨌거나 당시 이집트인들이 엄청난 부와 권력, 그리고 기술을 가지고 있었던 것만은 분명하다. 역사가 이제 막 걸음을 떼기 시작한 때였는데도 1000킬로미터 정도 거리에서부터 그 거대한 돌을 날라 와, 수 톤까지 나가는 돌을 150미터 높이로 쌓아 올렸으니 말이다. 더구나 이 피라미드들을 짓느라 20년 동안 고되게 노동한 수십만 명의 노예들에게 품삯을 주고 또 그들을 먹여 주기까지 했다! 헤로도토스가 발견해 후대에 간직해 준 피라미드의 한 비문에는 피라미드를 지은 인부들이 먹어 치운 무, 마늘, 양파의 양이 적혀 있다. 이런 것들 역시 나름의 불멸성을 지녀야 했던 모양이다.* 현대에도 애용되는 이런 것들이 있어 반갑지만, 피라미드를 나서는 우리는 실망감에 젖는다. 큰 것이라면 사족을 못 쓰는 원시적 야만성(혹은 근대적 야만성)이 엿보이기 때문이다. 이 유적이

---

* 기원전 1세기의 그리스 역사학자 시쿨로스의 말은 항상 의심해 봐야 하지만, 이와 관련해 다음과 같은 기록을 남기고 있다. "규모가 큰 피라미드의 한 비문에는 …… 그곳에서 일한 인부들이 먹은 야채와 하제(下劑) 값이 1600달란트가 넘었다고 나와 있다."(이는 오늘날의 1600만 달러에 해당한다.)5

위대해 보이는 건 다름 아니라, 사람들이 역사를 읽고 한껏 부풀려진 기억과 상상력을 동원해 피라미드를 바라봐서다. 사자(死者)가 영생을 누리려는 헛된 허영심에서 만든 무덤이니, 사실 피라미드 자체는 약간 어처구니없는 유적이다. 아무래도 각종 사진들이 피라미드를 너무 미화시켜 놓은 듯하다. 사진엔 모든 게 다 담기지만 거기에 낀 때까지는 담기지 않는데다, 하늘과 땅의 훌륭한 경관을 곁들이면 인공물도 보기 좋아진다. 피라미드보다도 기자에서 본 해 지는 광경이 훨씬 더 멋지다.

2. 나일 강 상류

카르나크와 룩소르에 가려면 카이로에서 조그만 증기선을 타고 느긋하게 엿새 동안 강을 거슬러 오른다.(방향으로 따지면 남쪽이다.) 카이로에서 30킬로미터 정도를 내려오면 멤피스를 지나는데, 이집트 수도 중 가장 옛날에 세워진 곳이다. 이집트 제3왕조와 4왕조의 터전이었던 이 도시에는 한때 인구 200만이 살았으나, 지금 눈에 띄는 것이라곤 일렬로 늘어선 조그만 피라미드 몇 기와 한 무리의 야자수뿐이다. 나머지는 사막과 끊임없이 달려드는 사나운 모래가 전부다. 발밑에서 미끄러지고, 두 눈을 따끔거리게 하고, 콧구멍이며 귓구멍을 파고 들어오고, 뭐든 닥치는 대로 덮어 버리는 이 모래는 모로코에서 시나이 반도를 거쳐 아라비아 반도, 투르키스탄, 티베트, 몽골까지 이어져 있다. 아프리카와 아시아의 두 대륙에 걸쳐 있는 이 모래 띠를 따라 한때 문명이 자리 잡았으나, 빙하가 물러나 열기가 더해지고 비는 줄어들면서 지금은 터전을 잃고 사라져 버렸다. 나일 강 양안으로는 기름진 땅이 16킬로미터 정도 리본처럼 길게 이어져 있다. 지중해에서부터 누비아에 이르기까지 사막의 손아귀에서 벗어난 곳은 이 띠 모양의 지대뿐이다. 여기가 바로 이집트의 생명 줄인 셈이다. 그럼에도 메네스부터 클레오파트라에 이르기까지 이집트는 얼마나 장구한 역사를 누렸는가! 그리스의 수명도, 천 년에 이르는 로마의 역사도 이집트 옆에 서면 보잘것없어진다.

일주일 후 증기선은 룩소르에 가 닿는다. 지금은 군데군데 아랍 촌락이 자리한 모래가 휘날리는 이 유적지에 한때는 이집트 최대의 수도이자 아득한 옛날 세계에서 가장 부유했던 도시가 서 있었다. 그리스인들은 이 도시를 테베라 불렀고, 이집트 백성들은 웨시(Wesi)나 네(Ne)라고 불렀다. 나일 강 동안(東岸)에는 붉은 부겐빌레아 꽃이 불타는 듯 피어 있는 룩소르의 겨울철 왕궁이 있다. 강 건너로는 태양이 왕들의 무덤을 넘어 모래 바다 속으로 뉘엿뉘엿 지고 있다. 하늘은 자줏빛과 황금빛으로 울긋불긋하다. 저 멀리 서쪽에는 하트셉수트 여왕이 세운 장엄한 신전 기둥들이 햇빛을 받아 반짝거리는데, 그리스·로마 고전 시대의 주랑을 쏙 빼닮았다.

아침이 되자 한가로운 돛단배들이 유물을 찾아 나선 사람들을 나일 강 건너편으로 데려다 준다. 강은 너무나도 고요하고 얌전해, 강이 이루 헤아릴 수 없이 오랜 세월 동안 이 자리에 흘렀다는 걸 아무도 짐작하지 못할 정도다. 사막을 몇 킬로미터 지나고, 먼지 자욱한 산길을 지나 유서 깊은 무덤을 지나면 마침내 이글거리는 태양 속에 새하얀 모습으로 조용히 서 있는 위대한 하트셉수트 여왕의 걸작이 보인다. 신전 건축가는 이곳의 대자연과 언덕들을 탈바꿈시켜 자연보다 더 웅대한 아름다움을 만들어 내기로 결심한 모양이다. 그는 화강암 절벽 바로 앞에 기둥들을 세웠는데, 이크티누스가 페리클레스에게 만들어 바친 기둥만큼이나 웅장하다. 그것들을 보고 있으면 그리스가 이토록 독창적인 이집트로부터 (크레타를 경유하여) 건축술을 받아들였을 거란 사실을 도저히 의심할 수 없다. 동작과 생각이 생생한 신전 벽면의 얕은 돋을새김 조각에는 역사 최초의 위대한 여성이자 여왕으로서도 손색없었던 하트셉수트의 이야기가 담겨 있다.

돌아오는 길에 돌로 만든 두 거인이 앉아 있는 게 보인다. 이집트에서 가장 사치스러웠던 군주 아멘호테프 3세의 거상인데, 그리스 여행 안내서의 오류로 멤논의 거상이라 잘못 알려지게 되었다. 이 두 거상은 높이가 각각 20미터에 무게는 700톤이 나가며, 둘 다 돌덩어리 하나만 이용해 만든 것이다. 그중 한 거상의 기부(基部)에는 2000년 전 이 유적지를 다녀간 그리스 여행객들이 새겨 놓은 비문이 있다. 그 까마득한 옛날의 유물을 보고 있노라면 그리스와 우리를 메우고 있는 2000년의 세월이 무색해지면서, 그 그리스인들과 우리가 한 시대를 살고 있다는 기묘한 기분이 또 한 번 든다. 거기서 북쪽으로 1.5킬로미터를 올라가면 역사상 그 누구보다 매력적인 인물로 손꼽히는 람세스 2세의 돌 조각상이 누워 있다. 알렉산드로스 대왕도 람세스 2세에 비하면 철부지 애송이에 불과하다. 96세까지 장수한데다 황제로서의 재위 기간만 67년이고, 슬하에 자식만 150명을 두었으니 말이다. 그런 그가 여기 조각상이 되어 있다. 한때는 높이가 17미터였으나, 지금은 길이가 17미터라 해야 옳다. 우스꽝스러운 모습으로 모래 속에 엎드려 있기 때문이다. 나폴레옹이 이집트 원정을 떠났을 당시 대동했던 학자들이 이 조각상의 각종 치수를 열심히 잰 일이 있었다. 그때 밝혀진 바에 의하면 귀의 길이가 1미터, 발볼의 너비가 1.5미터, 무게는 1000톤에 이르렀다. 후일 나폴레옹은 괴테를 처음 만났을 때 "참다운 인간의 상이로다!"라고 했다는데, 이 조각상에 썼어야 옳았다.

이제 나일 강 서안(西岸)으로 가면 "사자(死者)의 도시"가 있다. 이곳은 땅 파는 데 선수인 이집트학 학자들이 가는 곳마다 왕의 무덤을 하나씩 파헤쳐 놓았다. 그중 하나인 투탕카멘의 무덤은 닫혀 있는 상태였고, 황금이면 무엇이든 열 수 있다고 생각하는 사람들 앞에서도 열릴 줄 모른다. 하지만 세티 1세의 무덤은 열려 있었다. 그 서늘한 땅 속으로 들어가면 갖가지 형상으로 장식된 천장과 통로를 볼 수 있는데, 어떻게 이런 석관을 짓고 그 주변을 이런 예술로 장식한 것인지 그 부(富)와 기술이 놀랍기만 하다. 이런 무덤 중 한 곳에서는 사람들이 발굴을 하다가, 3000년 전 미라를 무덤에 가져다 놓은 노예들의 발자국을 발견하기도 했다.[6]

하지만 나일 강 동안을 장식하고 있는 유적이 단연 최고다. 위풍당당했던 아멘호테프 3세는 투트모세 3세의 전리품을 가지고 이곳 룩소르에 자신이 가장 뽐낼 만한 대건축물을 짓기 시작했다. 하지만 건물을 짓는 도중 그에게 죽음이 닥쳤고, 1세기 동안 아무도 공사에 신경 쓰지 않고 있다가 람세스 2세가 웅장한 스타일로 마무리를 지었다. 이 건물을 보고 있노라면 이집트 건축의 우수성이 한눈에 들어온다. 이곳은 이집트인의 시야와 힘을 느끼게 한다. 또 단순히 아름답기만 한 것이 아니라 남성적인 웅장미도 들어 있다. 신전의 널따란 뜰은 지금은 모래에 덮인 채 황량하지만 옛날에는 대리석으로 덮여 있었다. 뜰의 삼면을 둘러싼 거대한 주랑은 카르나크의 주랑 외에는 따라올 것이 없다. 사방에는 돌마다 얕은 돋을새김 장식이 들어가 있고, 왕의 조각상은 폐허 속에서도 자부심에 차 있다. 이곳에서는 문자의 보금자리였던 파피루스가 예술의 한 형식이 되고 있다. 기다란 파피루스 줄기 여덟 개를 머리에 그려 보라. 그리고 아직 벌어지지 않은 싱싱한 꽃봉오리 바로 아래를 다섯 가닥의 단단한 끈으로 동여맸다고 상상해 보자. 아름다움에 힘이 더해진 모습일 것이다. 이제 멋진 그 줄기의 전체를 돌에 새겼다고 상상해 보자. 룩소르의 파피루스 모양 기둥들이 바로 그런 모양이다. 그러한 기둥들이 육중한 엔타블러처를 머리에 인 채 주랑 현관에 그림자를 드리우고 있는 뜰을 한번 상상해 보라. 더구나 이 유적지는 전부 3000년의 세월이 휩쓸고 간 뒤에 남겨진 것이다. 우리가 문명의 아동기라 생각하는 시대에 이런 건축물을 생각하고 지어 낸 이집트인들이 대단하다 생각되지 않는가.

고대인들이 남겨 놓은 유적과 현대인들이 남겨 놓은 쓰레기를 지나 험한 오솔길을 따라가면, 이집트인들이 신에게 마지막 공양으로 바친 카르나크 신전이 나온다. 고왕국의 마지막 왕조부터 프톨레마이오스 왕조 시대까지 이 신전을 건축하는 데 참여한 파라오만 쉰 명에 이른다. 세대를 거듭하면서 신전의 규모는 점점 커져 결국엔 24만 3000제곱미터에 달하는 대지가 건축가들이 신에게 바친 가장 웅장한 공양들로 뒤덮이게 되었다. "스핑크스의 길"을 따라가다 보면 1828년 이집트학의 창시자인 샹폴리옹(Champollion)이 이런 글을 썼다는 장소가 나온다.

마침내 그 전당, 아니 보다 엄밀히 말하면 유물들의 도시라 해야 할 카르나크에 도착했다. 이곳에 오니 파라오들이 지녔던 그 위대한 힘과, 인간이 구상해 내고 지어 낼 수 있는 건축 예술의 극치를 모조리 보는 듯하다. …… 먼 옛날의 이 이집트인들만큼 엄청난 규모의 건축술을 구상한 민족은 고대에도 현대에도 찾을 수 없다. 그들은 키가 30미터는 되는 사람들처럼 큰 구상을 머리에 품었다.[7]

이곳을 제대로 이해하려면 지도와 설계도, 건축가의 모든 지식을 총동원해야 할 것이다. 담장이 뜰 여러 개를 둘러싸고 있는 널찍한 땅은 한 변의 길이가 500미터가 넘는다. 한때는 이곳에 8만 6000개에 이르는 조각상이 들어서 있었다.[8] 아몬 신전을 이루고 있는 주요 건물군은 면적이 300미터×100미터에 이르며, 뜰과 뜰 사이에는 거대한 탑문(塔門)이나 출입문이 서 있다. 투트모세 3세의 완벽한 "문장(紋章) 기둥"은 꼭대기가 험한 몰골로 떨어져 나갔지만 여전히 놀라울 정도로 정교한 조각과 디자인 솜씨를 보여 준다. 축제전(殿) 역시 무시무시했던 군주 투트모세 3세가 세운 것인데, 군데군데서 볼 수 있는 세로 홈이 파인 작은 기둥들은 그리스에 힘이 넘치는 도리스 양식 기둥이 등장할 것임을 예고해 주고 있다. 덩치가 조그만 프타 신전에는 우아한 기둥이 딸려 있는데 아름답기가 그 곁에 서 있는 살아 있는 야자수 못지않다. 역시 투트모세 시대 건축가의 작품인 신들의 산책로에는 이집트의 나폴레옹의 상징인 거대한 열주(列柱)가 비바람에 깎인 채로 죽 늘어서 있다. 하지만 카르나크의 최고 장관은 140개에 이르는 엄청난 덩치의 기둥이 하나의 숲을 이루고 있는 다주식 홀*이다. 이곳 기둥들은 사람을 나가떨어지게 만드는 지독한 햇빛을 가리려고 오밀조밀 붙어 있으며, 돌로 만든 야자수처럼 꼭대기 부분이 잎이 펼쳐지듯 활짝 펼쳐져 있다. 그리고 단단한 화강암으로 만든 매머드급의 거대한 석판을 기둥머리들이 이어 가며 받치고 있는데 그 힘이 정말 대단해 보인다. 돌덩어리 하나로 만

---

* 뉴욕의 메트로폴리탄 예술 박물관에 가면 이 다주식 홀 모형을 관람할 수 있다.

들였음에도 완벽한 대칭과 품위를 자랑하는 늘씬한 오벨리스크 두 개가 조각상과 신전들이 자리한 유적지 한가운데에 빛의 기둥처럼 우뚝 솟아서 비문을 통해 하트솁수트 여왕의 자부심 넘치는 메시지를 세상에 널리 알리고 있다. 그 비문은 이 오벨리스크에 대해 다음과 같은 사실을 전해 준다.

이 오벨리스크들은 남쪽의 채석장의 단단한 화강암으로 만들었다. 꼭대기는 나라 밖 모든 땅을 통틀어 가장 좋은 고급 황금을 입혔다. 이 오벨리스크들은 저 멀리 나일강 위에서도 보이며, 이것들이 발하는 찬란한 빛은 이집트의 두 땅을 가득 메운다. 오벨리스크 사이로 동그란 태양이 떠오를 때면 그야말로 천상의 지평선 속으로 솟아오른 것 같은 모습이다. …… 오랜 세월이 흐른 후에 이 기념물을 보고 내가 이뤄 놓은 업적을 이야기할 후대 사람들이여, 그대들은 이렇게 말하리라. "도대체 어떻게 이렇게 산더미만큼 많은 금을 마련했단 말인가." …… 이것들에 금을 입히기 위해 나는 곡식 자루 내어 주듯 금을 내어 주었다. …… 카르나크가 이 땅에 속한 천상의 지평선임을 알았기 때문이다.[9]

정말 대단한 여왕이고 또 왕들이지 않은가! 역사 최초의 이 위대한 문명은 혹시 인류가 이룬 최고의 문명이었을지 모른다. 그 문명의 영광을 우리는 이제 막 벗겨 낸 게 아닐지. 카르나크의 신성한 호수 근처에서는 사람들이 땅을 판 후, 장대 끝에 달린 한 쌍의 바구니에 흙을 담아 끈질기게 져 나르고 있다. 이집트학 학자 하나는 몸을 웅크린 채 이제 막 흙 속에서 건져 올린 돌덩어리 두 개에 새겨진 성각 문자를 들여다보느라 여념이 없다. 그도 수많은 카터(Carter), 브레스테드(Breasted), 마스페로(Maspero), 페트리(Petrie), 카파르트(Capart), 웨이걸(Weigall) 무리에 끼어 있는 것이다.(여기에 거명된 사람들은 모두 유명한 이집트학 연구가이다. – 옮긴이) 우리에게 스핑크스의 수수께끼를 풀어 주고, 비밀의 땅에서 이집트의 예술과 문학, 역사와 지혜를 건져 주기 위해 열기와 먼지도 마다하지 않고 살아가는 그 수많은 사람들 속에 말이다. 이집트를 발견하려는 그들에게는 매일같이 땅, 불, 물, 바람이 달려들고, 미신이 저주를 퍼붓고 발목을 잡는다. 또 어렵사리 발굴해 낸 유적들은 습기와 부식 작용의 공격을 받는다. 그리고 이집트에게 양식을 주는 그 나일 강이 범람기에는 이 카르나크 유적지로 기둥 사이로 스멀스멀 스며 들어가 기둥을 무너뜨린다.* 물이 빠지고 난 뒤 그 자리에는 나병이 살을 갉아먹듯 초석(硝石) 침전물이 남아 돌을 갉아먹는다.

이집트의 마지막 유적마저 무너져 모래 속으로 사라져 버리기 전에, 이집트가 누린 영광을 이집트의 역사와 문명 속에서 다시 한 번 되새겨 보기로 하자.

2. 건축의 대가들

1. 이집트의 발견

이집트를 재발견한 일은 고고학 역사에서 가장 기막힌 대목이다. 중세 시대 사람들은 이집트를 로마의 식민지나 그리스교도들의 정착지쯤으로 알았다. 르네상스 시대에는 문명이 그리스와 함께 시작된 줄로만 알았다. 심지어 계몽 시대에조차 사람들은 중국이나 인도에 대해서는 알만큼 알면서도 정작 이집트에 대해서는 피라미드 말고는 아는 게 없었다. 사실 이집트학은 나폴레옹의 제국주의가 낳은 것이다. 그 위대한 코르시카인은 1798년 프랑스 원정군을 이끌고 이집트로 가면서 데생 화가들과 기술자를 여러 명 대동해 이집트의 지형을 탐사하고 지도를 제작하게 했다. 또 역사를 더 온전하게 이해한다는 명분하에 이집트에 터무니없이 많은 관심을 가지고 있던 일군의 학자들을 위해서도 자리를 마련해 주었다. 룩소르 신전이나 카르나크 신전의 모습을 근대 세계에 처음 드러내 준 것이 바로 이들 군단이었다. 그리고 이들이 프랑스 한림원에 내려고 꼼꼼히 작성한 이집트지(誌)(1809~1813년)는 기억에서 사라진 이집트 문명을

---

* 1899년 10월 3일에 실제로 물이 스며드는 바람에 카르나크 신전의 기둥 열한 개가 무너져 내린 일이 있었다.

과학적으로 연구하는 첫 이정표가 되었다.¹⁰

하지만 수년이 지나도록 학자들은 유적들 위에 지워지지 않고 남아 있는 비문들을 해독할 수 없었다. 이런 프랑스 학자 중 한 명이었던 샹폴리옹은 꼼꼼하게 파고드는 기질이 있는 사람들 특유의 집요한 인내심을 발휘하며 이 성각 문자 해독에 전념했다. 그리고 마침내는 특이한 오벨리스크 하나를 발견할 수 있었다. 이 오벨리스크는 이집트어 성각 문자로 덮여 있었는데, 기반 부분에 그 글이 프톨레마이오스 및 클레오파트라와 관련이 있음을 나타내는 그리스어 비문이 자리 잡고 있었다. 비문 속에서 반복해서 등장하는 카르투시(이집트 성각 문자에서 왕명이나 신명(神名)을 둘러싸고 있는 타원형 윤곽 - 옮긴이) 안의 성각 문자 두 개가 프톨레마이오스와 클레오파트라의 이름일 거라 짐작한 샹폴리옹은 1822년에 이집트어 문자 열한 개를 임시 가설로 만들어 냈다. 이것이 이집트에 알파벳이 있었다는 첫 번째 증거였다. 그러고 난 후 샹폴리옹은 나폴레옹의 군대가 나일 강의 로제타 하구 근처에서 우연히 발견한 커다란 검정색 석판에다 이 알파벳을 적용시켰다. 이 로제타석*에 담겨 있는 비문은 세 가지 언어로 씌어져 있었다. 맨 처음엔 성각 문자로, 두 번째에는 이집트 민간인들이 쓰던 문자로, 세 번째에는 그리스어로 말이다. 샹폴리옹은 자신이 가지고 있던 그리스어 지식과 종전의 오벨리스크로부터 만들어 낸 열한 개 이집트 문자를 활용해 21년 동안 갖은 애를 쓴 끝에 결국 비문 전체를 해독해 냈다. 나아가 이집트 알파벳 전체를 발견해 냈고, 이로써 잃어버린 세계를 재발견하는 길을 열었다. 역사학의 역사에서 가장 짜릿한 순간 중 하나였다.¹¹**

2. 선사 시대 이집트

시간이 흐르면 과격한 진보주의자도 변화를 거부하는 보수주의자로 바뀌기 마련인

---

* 현재는 영국 박물관이 소장하고 있다.
** 스웨덴 출신의 외교관 아케르블라드(Akerblad)와 다재다능했던 영국 물리학자 토머스 영(Thomas Young)도 (각각 1802년과 1814년에) 로제타석을 해독하는 데 일조했다.¹²

만큼, 이집트학을 만든 사람들이 구석기 시대 유물의 진가를 가장 먼저 알아봤을 거라 기대하면 곤란하다. 40년이 지나자 "프랑스 학자들도 호기심이 식은 것이다." 나일 강 계곡에서 처음으로 부싯돌이 발견되었을 때, 평소 숫자라면 자신 있어 하던 페트리 경은 그 유물들을 후왕조 시대 것으로 분류했다. 박학다식을 뽐내면서도 세련된 스타일을 전혀 잃지 않았던 마스페로 역시 신석기 시대 이집트 토기를 중왕국 시대 것으로 보았다. 그러다가 1895년에 드 모르강(De Morgan)이 나일 강줄기 전역에서 발굴된 부싯돌 주먹도끼, 작살, 화살촉, 망치 등을 통해 구석기 시대 문화가 점진적으로 줄기차게 발전했다는 사실을 밝혀냈다.[13] 그 모습은 나중에 유럽의 구석기 문화가 발전한 양상과 거의 동일했다. 기원전 10000~4000년경으로 추정되는 깊이의 땅속 유물을 통해서 이 구석기 문화가 알아차리기 힘들 정도로 조금씩 신석기 문화로 변해 가고 있음을 알 수 있다.[14] 석기는 보다 정교해져 날카로운 수준에 도달하는데, 그 마무리 솜씨와 정밀함은 이제까지 알려진 다른 신석기 문화와는 비교도 되지 않는다.[15] 구석기 시대 말엽에 이르면 항아리, 끌, 구리 핀, 금은 장식품 등의 형태로 금속 작품들이 등장한다.[16]

마지막으로, 역사 시대로 진입하는 과도 단계로서 농경이 등장한다. 1901년에 카이로와 카르나크 중간에 위치한 바다리라는 작은 마을 근방에서 연대가 기원전 4000년경으로 보이는 도구들이 발견되었는데, 그 사이에 시신 여러 구가 끼어 있었다. 이집트 모래의 건조한 열기 덕분에 시신들의 창자가 6000년의 세월을 견디고 온전히 보존되었고, 거기에는 채 소화되지 않은 보리 껍질이 남아 있었다.[17] 이집트에서는 보리가 야생 상태로 크지 않기 때문에, 이 바다리인들 시대부터 벌써 곡식을 기를 줄 알았다고 짐작할 수 있다. 나일 강 계곡에 살던 사람들은 이렇게 일찍부터 밭에 물을 대기 시작하고, 정글과 습지를 개간하고, 악어와 하마를 물리치고 강을 차지하면서 서서히 문명의 기초를 놓기 시작한 것이다.

이 바다리 유물 및 기타 유물을 통해 우리는 역사 시대 왕조가 처음 등장하기 전에 이집트인의 생활이 어땠는지 슬쩍 엿볼 수 있다. 당시 문화는 수렵과 농경의 중간 단계였고, 석기가 금속제 도구로 대체되기 시작한 참이었다. 당시 사람들은 배를 만들고, 곡물을 갈고, 리넨과 카펫을 짤 줄 알았다. 또 장신구를 걸치고 향수를 뿌렸으며, 이발사를 두고 동물을 길들였다. 그림 그리는 걸 낙으로 삼기도 했는데, 주로 자신이 잡고자 하는 먹이를 그렸다.[18] 사람들은 자신이 만든 단순한 토기 위에다 슬퍼하는 여인들 모습이나, 동물과 남자의 형상, 그리고 기하학적 무늬를 그려 넣었다. 또 돌로 게벨엘아락 단검과 같이 대단한 물건을 만들어 내기도 했다. 이들은 상형 문자로 글을 썼으며, 수메르인처럼 원통형 인장도 이용했다.[19]

이 초기 이집트인들의 출신이 어디인지는 아무도 모른다. 학계에서는 대체로 누비아, 에티오피아, 리비아 원주민과 셈족 혹은 아르메니아 인종 이민자들이 결합했다고 본다.[20] 그토록 먼 옛날에도 이 지구상에 순수한 혈통을 지닌 민족은 없었던 셈이다. 아마도 서아시아 출신의 침략자나 이민자들이 고등한 문화를 가지고 들어와 정력적인 원주민들과 혼인을 했을 것이다.[21] 그렇게 해서 종종 새로운 문명의 서막을 장식하는 인종 혼합이 이루어진 것이다. 그리고 기원전 4000년부터 3000년에 이르기까지 한데 뒤섞인 이 사람들이 서서히 민족으로 발전해 역사 시대 이집트를 만들어 냈다.

3. 고왕국

나일 강의 이 민족들은 기원전 4000년경부터 벌써 일종의 통치 형태를 갖춰 놓고 있었다. 나일 강변을 따라 살았던 당시 사람들은 "노메(nome)"*라는 지역 단위로 나뉘어 있었다. 각 노메에 사는 사람들은 거의 혈통이 같았으며, 모두가 똑같은 토템을 모시고, 한 추장에게 복종했으며, 똑같은 의례에 따라 하나의 신을 섬겼다. 이 노메들은 이집트의 고대 시대 내내 존재했으며, 노메의 통치자인 지사들은 당대 파라오의 힘이 얼마나 강하고 약하냐에 따라 그에 상응하는 권력과 자치권을 가졌다. 모든 구조는 발전할수록 부분 간의 의존성이 커지는 법이다. 이 노메의 경우에는 교역이 늘어나고 전쟁 비용이 많이 들자 어쩔 수 없이 두 개의 왕국으로 뭉치게 되었다. 왕국 하나는 남쪽에 자리 잡고 하나는 북쪽에 자리 잡았다. 이런 식으로 분열된 것은 아프리카계 원주민과 아시아계 이

---

* 노메란 이름은 그리스인들이 법이란 뜻을 가진 그리스어 '노모스(nomos)'를 이용해 붙인 것이다.

주민 사이에 알력 다툼이 있었다는 표시인 듯하다. 위험할 정도로 깊어 가던 이 지역적 인종적 골은 반은 전설상의 인물인 메네스 시대에 와서야 비로소 메워진다. 그는 이집트의 "두 땅"을 자신의 통합된 권력 아래 아우르고, 지혜와 정의의 신 토트에게서 받은 일군의 법령을 공표해[22] 역사상 최초의 왕조를 세우고, 멤피스에 새로 수도를 만들었다. 그리고 (고대 그리스 역사가의 표현을 빌리면) "백성들에게 탁자와 침상을 사용하는 법을 가르치고, 고급스럽고 사치스러운 생활 방식을 도입했다."[23]

역사에 알려진 최초의 실존 인물은 정복자도 왕도 아닌 예술가이자 과학자다. 기원전 3150년경 조세르 왕 시대의 의사이며 건축가이자 (왕실) 주요 고문이었던 임호테프가 그 주인공이다. 그가 이집트 의학에 한 공헌이 너무 많아서, 후대 사람들은 그를 이집트 학문과 예술을 만든 지혜의 신으로 숭배했다. 또 그는 이집트에 건축 학교도 건립한 것으로 보이는데 이 학교를 통해 다음 왕조에 역사상 최초의 위대한 건축가들이 배출되었다. 이집트에 전하는 이야기에 의하면, 이집트 최초의 석제 가옥 건축을 담당한 것도 그였다. 또 현존하는 최고(最古)의 이집트 구조물인 사카라의 계단식 피라미드를 설계한 것도 바로 임호테프였다. 이 피라미드의 테라스식 구조는 이후 수세기 동안이나 무덤의 전범(典範) 역할을 했다. 또 아름다운 연꽃 기둥과 석회암 벽판으로 장식된 조세르의 장례 신전을 디자인한 것도 그였던 것으로 보인다.[24] 당시는 이집트 역사 시대 예술이 막 시작된 때였는데도, 사카라의 이 오래된 유물들은 이미 대단한 수준에 이르러 있었다. 세로 홈이 파인 작은 기둥들은 그리스인들이 세운 기둥만큼이나 근사하며,[25] 돋을새김 조각들에는 사실감과 생기가 넘친다.[26] 푸른빛의 파양스(유약을 바른 도자기로 색이 풍부하게 들어가 있다.)는 아름답기가 중세 이탈리아 도자기에 버금가며,[27] 세월의 풍파를 맞아 세부적인 모습은 알아볼 수 없게 되었지만 조세르 왕 자신의 힘이 넘치는 석제 조각상도 넋을 빼놓을 만큼 미묘하고 세련된 표정을 그대로 간직하고 있다.[28]

어떤 우여곡절을 거쳐 제4왕조가 제18왕조 이전의 이집트 역사에서 가장 중요한 왕조가 되었는지는 알 길이 없다. 제3왕조 말기의 채광 산업에서 수지가 맞았기 때문일 수도 있고, 이집트 상인들이 지중해 교역에서 패권을 차지했기 때문일 수도 있다. 아니면 새로운 집에 잠든 첫 번째 파라오 쿠푸(Khufu)*가 무지막지한 에너지를 발산한 덕분일 수도 있다. 헤로도토스에 의하면 기자의 첫 번째 피라미드를 지은 그 파라오에 대해 이집트 신관들 사이에서는 이런 이야기가 전해졌다고 한다.

그들이 해 주는 이야기에 의하면, 람프시니투스 치세 때까지만 해도 정의가 모든 곳에 골고루 퍼져 온 이집트가 큰 번영을 누렸다. 하지만 그 뒤를 이어 케오프스가 왕위에 올라 그들을 다스리자 갑자기 온갖 사악함이 고개를 들었다. 그가 신전을 모조리 폐쇄하고, …… 이집트인들을 모조리 자기 일에 동원했기 때문이다. 그래서 어떤 사람들에게는 나일 강을 타고 내려가 아라비아 산맥의 채석장에서 돌을 운반해 오라 하는가 하면, 또 어떤 사람들에게는 배에 실려 강 건너로 온 그 돌들을 받으라고 명을 내렸다. …… 사람들은 한 번에 10만 명까지 동원되었으며, 각 조는 석 달 동안 일해야 했다. 이런 식으로 길가에 건물을 짓고 길을 따라 돌을 나르며 사람들이 고된 노동에 시달려야 했던 세월은 10년이나 계속됐다. 내 생각에 그 일은 피라미드를 만드는 것 못지않게 힘들었을 것이다.[29]

쿠푸의 후계자이자 쿠푸 못지않게 건물을 지은 카프레(Khafre)**에 대해서는 거의 직접적이라 할 수 있는 사료가 존재한다. 카이로 박물관의 보물 사이에 그의 모습을 담은 섬록암 흉상이 자리하고 있기 때문이다. 그것이 카프레의 생전 모습과 닮지 않았다 해도, 그것으로 우리는 56년간 이집트를 통치한 두 번째 피라미드의 주인공인 이 파라오의 모습을 머리에 그려 볼 수는 있다. 그의 머리 위에는 왕권의 상징인 매가 올라앉아 있다. 하지만 그러한 상징 없이도 그

---

* 헤로도토스가 케오프스(Cheops)라 칭한 인물로, 기원전 3098~3075년에 재위했다.
** 헤로도토스가 케프렌(Chephren)이라 칭한 인물로, 기원전 3067~3011년에 재위했다.

가 어느 모로 보나 왕이었다는 것은 알기 어렵지 않다. 두려움을 모르는 자부심에 찬 그의 두 눈은 상대방을 꿰뚫을 듯 정면을 똑바로 응시하고 있다. 콧날에는 힘이 넘치며 다부진 체구에서는 조용한 힘이 느껴진다. 자연은 이때부터 벌써 인간을 제대로 만들어 내는 법을 터득하고 있었던 게 분명하다. 예술 역시 그 모습을 표현해 내는 법을 터득한 지 오래였고 말이다.

그런데 이들은 도대체 무엇 때문에 피라미드를 쌓은 것일까? 그들의 목적은 건축이 아닌 종교에 있었다. 피라미드도 일종의 무덤으로 역사상 가장 오래된 봉분의 직계 후손에 해당한다. 피라미드를 지은 파라오는 일반 백성들과 마찬가지로 살아 있는 육신에는 그 분신인 '카(ka)'가 살고 있다고 믿었다. 이 카는 숨이 끊어진다고 죽을 필요는 없었다. 오히려 죽은 육신을 배고픔이나 폭력, 부패에 시달리지 않게 잘 보존하기만 하면 얼마든지 더 완전한 생을 누릴 수 있었다. 피라미드는 그 높이로 보나,* 형태 및 위치로 보나 불멸에 이르는 수단으로서 안전성을 추구하고 있다. 네모반듯한 모서리만 제외하면 피라미드는 한 물질로 이루어진 고체 덩어리가 아무 방해도 받지 않고 땅으로 떨어질 때 자연적으로 취하는 형태를 하고 있다. 또 피라미드는 영구성과 힘을 지니고 있어야 했다. 그래서 말도 안 되는 인내심을 동원해 이곳에다 돌덩어리를 쌓아 올린 것이다. 덕분에 피라미드는 수백 킬로미터 떨어진 채석장에서 돌을 날라 온 게 아니라, 마치 돌들이 길가에서 저절로 자라나기라도 한 듯한 모양새다. 쿠푸의 피라미드에는 총 250만 개의 돌덩어리가 사용되었는데, 그중 일부는 무게가 150톤까지 나가며,[30] 모든 돌덩어리의 평균 무게는 2.5톤에 이른다. 그 돌들이 4만 6500제곱미터의 땅을 덮고서, 약 147미터 높이로 솟아올라 있다. 왕의 시체가 놓인 곳까지 가는 비밀 통로를 만들기 위해 돌덩어리 몇 개가 빠져 있는 걸 제외하면, 피라미드는 속도 꽉 차 있다. 방문객들은 가이드를 따라 바들바들 떨며 두 손 두 발로 기다시피 동굴 같은 그 웅장한 무덤 속으로 들어간다. 천장

---

* 피라미드(pyramid)란 말은 '불'을 뜻하는 그리스어 'pyr'보다는 '높이'를 뜻하는 이집트어 'pi-re-mus'에서 나왔을 것이다.

이 낮아 허리를 잔뜩 구부린 채 계단을 한참 올라가면 피라미드의 심장부가 나온다. 눅눅하고 고요한 피라미드의 이 중심부에 한때 쿠푸 왕과 왕비의 유골이 어둠과 비밀에 묻힌 채 안식을 취하고 있었다. 그러나 아직 제자리를 지키고 있는 파라오의 대리석 석관은 망가진 채로 안은 텅 비어 있다. 피라미드의 이 돌들조차도, 또 신의 온갖 저주조차도 인간의 절도 행각을 막지는 못했던 것이다.

이집트인들은 카가 크기가 작은 육신의 모습을 하고 있다고 생각했기 때문에, 육신이 죽은 뒤에도 카에게는 반드시 먹을 것을 주고 옷을 입혀 주고 시중을 들어주어야 했다. 일부 왕묘에는 카가 편하게 이용하도록 변소를 만들어 두기도 했다. 또 한 장례 문헌에는 카가 음식이 부족해 자신의 배설물을 먹게 되지 않을까 걱정하는 내용이 들어 있다.[31] 어떤 이는 원시 시대에 전사가 죽으면 전사가 쓰던 무기를 시체와 함께 묻었던 것이 이집트의 이러한 매장 풍습의 기원일 거라 생각하기도 한다. 혹은 남자가 죽으면 망자의 시중을 들어주도록 아내와 노예를 함께 묻었던 인도의 순장 풍습에서 그 유래를 찾기도 한다. 이것이 아내나 노예들에게 못할 짓이라는 게 드러나자, 화가와 조각가들이 동원되어 그들을 닮은 그림을 그리고 돋을새김 조각과 작은 조각상을 만들었다. 그리고 (보통 그림이나 조각 위에 새기는 식으로) 마법 주문을 걸면 그것들이 실제 사람과 거의 똑같은 효력을 지녔다. 후손들이란 원래 게으르고 돈에 인색해지는 경향이 있었다. 더구나 장례 비용을 충분히 쓸 만큼 선대에서 재산을 많이 남겨 주어도, 후손들은 망자에게 음식을 주어야 한다는 종교의 애초 원칙을 무시해 버리기 일쑤였다. 그러자 그 대신 그림을 이용하는 것이 어느 모로 보나 현명한 대비책이 되었다. 그림을 이용하면 망자의 카에게 기름진 들판도, 토실토실한 황소도, 헤아릴 수 없이 많은 하인과 바쁘게 일하는 장인(匠人)도 얼마든 줄 수 있었기 때문이다. 그것도 누구나 혹할 정도로 싼값에 말이다. 그러한 원칙을 발견해 내자 예술가들은 이를 응용하는 재간을 발휘했다. 한 무덤의 벽화를 보면 처음 시작 부분에서는 밭을 쟁기로 가는 모습이 보이고, 그 다음에는 곡식을 수확해 터는 장면이 나타나고, 그 다음에는 빵을 굽는 모습이 등장한다.

또 한 무덤 벽화에는 수소가 암소와 교미하는 장면, 송아지가 태어나는 장면, 다 자란 소가 도살되는 장면, 그 고기가 뜨거운 요리가 되어 나오는 장면이 차례로 그려져 있다.³² 라호테프 왕자의 무덤에 있는 정교한 석회암 얕은 돋을새김 조각 속에는 망자가 자기 앞의 테이블에 놓인 다양한 음식을 마음껏 즐기는 모습이 담겨 있다.³³ 예술이 인간에게 그토록 많은 일을 해 준 적은 그 이후로는 단 한 번도 없었다.

마지막으로, 카에게 기나긴 삶을 보장해 주려면 가장 단단한 돌로 만든 석관에 넣어야 할 뿐 아니라, 시체를 미라로 만드는 무엇보다 고생스러운 작업을 거쳐야 했다. 당시 이집트인들이 작업을 너무나 훌륭히 해 놓은 덕분에 왕족의 유골에는 오늘날까지 머리카락과 살점 일부가 달라붙어 있을 정도다. 헤로도토스는 이집트인들이 시체를 방부 처리하는 기술을 다음과 같이 생생히 전해 주고 있다.

먼저 그들은 쇠갈고리로 콧구멍을 통해 뇌를 뽑아낸다. 이렇게 갈고리로 긁어내고 남은 부분은 약제를 들이부어 빠져나오게 한다. 그 다음에는 날카로운 돌로 시체의 옆구리를 짼 후 창자를 모조리 꺼낸다. 그리고 복부를 세척한 후 야자주(酒)로 헹궈 낸다. 그러고 나서는 가루 향수를 뿌린다. 복부를 몰약, 계피를 비롯한 여타 향수로 채운 다음에는 옆구리를 다시 꿰맨다. 여기까지 마치면 시신을 천연 탄산소다* 속에 70일 동안 담가 둔다. 그 이상 담가 두면 좋지 않다. 70일이 다 지나면 시체를 씻고 전체를 밀랍 붕대로 싼 후 이집트인들이 평상시 풀 대신 사용하는 수지를 바른다. 이 과정이 끝나면 친족들이 시체를 도로 가져가 사람 형상으로 나무 관을 만들고는 시체를 안에 넣는다. 그 다음에는 관을 단단히 봉하고 벽에 기대 세운 채로 묘실(墓室)에 보관한다. 가장 돈이 많이 드는 시신의 방부 처리는 이런 식으로 이루어진다.³⁴

---

* $Na_2Al_2Si_2O_{10}·2H_2O$

아랍 속담 중에 "온 세상이 시간을 두려워하고, 시간은 피라미드를 두려워한다."는 말이 있다.[35] 하지만 쿠푸의 피라미드도 애초보다 높이가 6미터 줄었으며, 오랜 옛날 피라미드 겉면을 덮고 있던 대리석 외장석은 모두 사라지고 없다. 아마도 시간은 피라미드를 느긋하게 상대하고 있는 것뿐이리라. 쿠푸의 피라미드 옆에는 덩치가 약간 작은 카프레의 피라미드가 서 있다. 이 피라미드에는 한때 피라미드 전체를 덮고 있던 대리석 외장석이 모자를 쓴 것처럼 꼭대기에 남아 있다. 그 위쪽으로 가면 카프레의 후계자 멘카우레*의 피라미드가 초라하게 웅크리고 있다. 화강암이 아닌 수수한 벽돌로 덮여 있는 모습이 꼭 고왕국 시대의 절정기는 이미 지나가 버렸음을 세상에 알리기라도 하는 것 같다. 현재 우리에게 전해지는 멘카우레 조각상들은 카프레 조각상보다는 더 세련된 모습이지만 강인함은 덜하다.** 문명 역시 생명과 마찬가지로 완성을 한 번 이룬 것은 파괴하는 경향이 있다. 그리고 편의와 사치를 더 즐기게 되고 예의범절 및 윤리가 발달한 덕인지 이때 이미 사람들은 평화를 사랑하고 전쟁을 증오하게 되었다. 그러다가 돌연 새로운 인물이 등장해 멘카우레의 왕위를 빼앗고는 피라미드를 건설한 왕조에 종지부를 찍었다.

4. 중왕국

인류 역사에서 이집트만큼 왕이 많이 나온 곳은 없다. 이집트 왕들을 역사에서는 같은 가계나 가문으로 묶어 왕조별로 분류하긴 하지만, 그래도 기억하기는 여전히 벅차다.*** 이 파라오들 중 초기 인물 페피 2세는 기원전 2738년부터

---

* 헤로도토스가 미세리누스(Mycerinus)라 칭한 인물로, 기원전 3011~2988년에 재위했다.
** 멘카우레와 그의 왕비 조각상들은 현재 뉴욕의 메트로폴리탄 예술 박물관이 소장하고 있다.
*** 역사가들은 자신들이 공부하기 편하도록 이 왕조들을 시기별로 더 나누어 놓았다. (1) 고왕국은 제1왕조부터 6왕조로(기원전 3500~2631년), 이후로 혼란스러운 중간기가 한번 이어진다. (2) 중왕국은 제11왕조부터 14왕조로(기원전 2375~1800년), 혼란스러운 중간기가 한 번 더 이어진다. (3) 제국 시대는 18왕조부터 20왕조이며(기원전 1580~1100년), 그 뒤로 경쟁 관계의 수도들이 분할 통치를 하는 기간이 이어진다. (4) 사이스 시대는 26왕조로 기원전 663년에서 525년 사이를 말한다. 사이스 시대를 제외한 나머지 기간의 연대는 모두 대략적인 수치이며, 이집트학 학자들은 이전 연대들을 몇 세기씩 앞당기거나 뒤로 미루는 게 낙이다.

2644년까지 이집트를 장장 94년간 통치해 역사상 가장 긴 재위 기간을 기록했다. 그가 죽자 무정부 상태의 혼란이 일어나고 사회 질서가 와해되어, 파라오들은 통치력을 잃고 봉건 제후들이 노메를 독립적으로 통치했다. 이렇게 중앙 집권과 지방 분권이 번갈아 나타나는 것은 역사의 주기적인 리듬이다. 꼭 인간이 무절제한 자유와 과도한 질서를 번갈아 싫증내기라도 하는 것처럼 말이다. 4세기에 걸쳐 혼란스러운 암흑기가 끝나자 굳은 의지를 지닌 샤를마뉴 같은 인물이 나타났다. 그는 어지러웠던 질서를 엄격히 바로잡고, 수도를 멤피스에서 테베로 옮기고서 아메넴헤트 1세란 왕명으로 즉위해 12왕조를 열었다. 12왕조 때 모든 예술은 (아마도 건축을 제외하고) 이집트 역사상 전무후무할 정도로 절정기를 누렸다. 한 오래된 비문을 통해 아메넴헤트는 이렇게 말한다.

> 나는 곡식을 기르고 수확의 신을 사랑한 사람이었노니,
> 나일 강이 나와 온 계곡에 인사를 건넸도다.
> 내가 다스릴 때는 그 누구도 배고픔과 갈증에 시달리지 않았노라.
> 사람들은 내가 공들여 이룬 평화 속에 살면서 나에 대해 이야기했노라.

하지만 그가 고위 관직에 등용한 자들은 그 보답으로 탈레랑(Talleyrand)과 푸셰(Fouché) 식의 모반을 일으켰다. 아메넴헤트는 막강한 지배력으로 이를 진압했지만, 폴로니우스처럼 자기 아들에게 씁쓸한 조언이 담긴 두루마리 한 편을 남겼다. 그것은 전제 정치를 위해서는 바람직한 내용이었지만, 이에 충실히 따르려면 치러야 하는 대가가 아주 컸다.

> 내가 너에게 하는 말을 귀담아 들어라.
> 너는 이 땅의 왕이 되어
> 선(善)을 증진시키리라.
> 모든 신하에게 무자비하게 굴어라.

사람들은 자신을 겁주는 사람들 말에 귀 기울이는 법이다.

혼자서는 사람들에게 다가가지 마라.

마음에 형제를 담지 말 것이며,

친구는 없는 것으로 알아라.

잠을 잘 때도 마음을 단단히 먹고 경계심을 풀지 마라.

악으로 물든 시절에 친구란 있을 수 없는 법이니.[36]

그런데 이 가차 없는 통치자가(4000년의 세월이 흐른 뒤의 지금 우리 눈에는 지극히 인간적으로 보이지만.) 이집트에서 500년 동안 지속된 행정 체계를 세웠다. 이집트의 부는 다시 늘어났고 예술도 뒤따라 번성했다. 세누스레트 1세는 나일 강과 홍해를 잇는 대운하를 건설하고 누비아 침략자들을 몰아냈다. 그리고 헬리오폴리스, 아비도스, 카르나크에 거대한 신전들을 세웠다. 그의 모습을 담은 거대한 좌상 열 개는 용케 세월의 흐름을 견디고 살아남아 카이로 박물관 곳곳에 자리 잡고 있다. 또 한 명의 세누스레트(세누스레트 3세)는 팔레스타인 지방을 정복하기 시작했고, 툭 하면 쳐들어오는 누비아인들을 다시 몰아내고 남부 변경 지대에 다음과 같은 내용으로 돌기둥을 세웠다. "이 기둥은 너희들이 숭배하라고 세운 것이 아니다. 이걸 차지하려면 우리와 싸워야 한다는 뜻이다."[37] 훌륭한 행정 능력을 지니고 여러 개의 운하와 관개 시설을 건설한 아메넴헤트 3세는 심하다 싶을 정도로 확실하게 지방 제후들의 권력을 빼앗아 버리고, 그 자리를 왕이 직접 임명한 관리들로 채웠다. 그가 죽고 나서 13년이 지나자 이집트는 왕의 계승 문제를 두고 경쟁자들 사이에 싸움이 벌어져 급작스럽게 혼란 속으로 빠져들었다. 그 후 2세기 동안 격변과 분열에 시달리면서 중왕국은 결국 막을 내렸다. 그리고 이때 아시아 출신 유목민인 힉소스족이 분열된 이집트로 쳐들어와 도시에 불을 지르고, 신전들을 마구 파괴하고, 이집트에 쌓여 있던 재물을 약탈하고, 그 동안 이룩해 놓은 예술품 상당 부분을 파괴해 버렸다. 그리고 이후 200년 동안 나일 강 계곡은 이 "양치기 왕들"의 통치를 받게 된다. 사실 고대 문명들은 야만성이란 대해에 떠 있는 조그만 섬과도 같았다. 번영을 이룬 문명인들의 정착지를 언제나 굶주리고, 시기심 많고, 전쟁을 좋아하는 사냥꾼과 유목민 무리가 호시탐탐 노렸던 것이다. 문명의 방어벽은 언제든 허물어질 수가 있었다. 카시테족이 바빌로니아를 침공하고, 갈리아족이 그리스와 로마를 공격하고, 훈족이 이탈리아를 짓밟고, 몽골족이 북경까지 밀고 내려올 수 있었던 것도 다 그런 맥락에서였다.

하지만 이 정복자들은 정작 자기의 몸이 비대하지고 번영을 누리게 되자 곧 통제력을 잃었다. 이집트인들은 해방 전쟁을 일으켜 힉소스족을 몰아내고 제18왕조를 열었다. 이 기간을 통해 이집트는 절정기에 올라 전에는 한 번도 경험한 적 없던 막대한 부와 권력, 그리고 영광을 누린다.

5. 제국

힉소스인의 침공으로 이집트는 신선한 피를 수혈받아 다시 한 번 젊음을 누렸을 수도 있다. 하지만 이 새로운 시대는 이집트와 서아시아 사이에 1000년 동안 지속된 지루한 싸움의 시작점이기도 했다. 투트모세 1세는 이 새로운 제국의 권력을 강화시켰을 뿐 아니라, 나중에 또 괴롭힘을 당하지 않으려면 서아시아를 반드시 제압해야 한다고 생각해 시리아를 침략하고, 지중해 연안에서부터 카르케미시까지 정복해 군대를 주둔시키고 조공을 바치게 했다. 그러고는 각종 전리품과 사람을 죽이면 항상 따르기 마련인 영광을 가득 안고 테베로 돌아왔다. 투트모세 1세는 30년에 이르는 자신의 통치 기간 말년에 딸 하트셉수트를 자신과 함께 공동 통치자의 위치에 올렸다. 한동안은 그녀의 남편이자 이복동생이었던 투트모세 2세가 이집트를 다스렸다. 그는 죽으면서 투트모세 1세와 첩 사이에서 태어난 투트모세 3세를 후계자로 지명했다.[38] 하지만 하트셉수트는 왕으로 점지된 이 철부지를 밀쳐 내고 왕권을 모두 자기 손에 넣었다. 그리고 성별만 제외하면 자신이 왕으로서 빠지지 않음을 입증해 보였다.

사실 하트셉수트는 그런 예외마저 인정하려 하지 않았다. 이집트에서는 신성한 전통에 따라 위대한 신 아몬의 아들만이 통치자가 될 수 있었다. 그래서 하트셉수트는 당장 남자이면서 신성한 존재가 될 수 있는 조치를 취한다. 하트셉수트 여왕을 위해 지은 전기를 보면, 향수와 빛이 가득 흘러넘치는 가운데 아몬 신이 하트셉수트의 어머니 아마시에게 내려오는 대목이 있다. 그녀는 아몬 신의 구애를 감사하게 받아들인다. 아몬 신은 떠나면서 아마시에게 그녀가 딸을 하나 낳을 것인데, 그 아이가 아몬 신의 모든 용기와 힘을 세상에 떨치게 될 것이라 일러 주었다.[39] 이 위대한 여왕은 백성들의 편견을 깨뜨리지 않기 위해(아니면 내심 바라던 바에 따라) 각종 기념물들에서는 턱수염이 나고 가슴이 밋밋한 전사의 모습을 하고 있다. 그리고 비문에서도 그녀에게 여성 대명사를 쓰기는 하지만, "태양의 아들"이니 "두 땅의 군주"니 하는 표현을 서슴지 않는다. 여왕은 공식 석상에 모습을 드러낼 때는 남자의 옷차림을 하고 턱수염을 달았다.[40]

그녀에게는 성별을 마음대로 결정할 권리가 충분히 있었다. 이집트의 그 많은 통치자 중에서 가장 훌륭하고 자애로웠던 왕에 속하기 때문이다. 그녀는 심한 폭정을 일삼지 않고도 나라 안의 질서를 유지해 나갔으며, 손실 없이 외부 평화를 지켜 나갔다. 또 푼트(아프리카 동부 연안으로 추정되는 지역이다.) 지역으로 대규모 원정대를 보내, 상인에게는 새로운 시장을 열어 주고 백성들에게는 새로운 진미를 맛보게 해 주었다. 그녀는 카르나크에 거대한 오벨리스크 두 기를 세워 카르나크 신전을 아름답게 꾸미는 데 일조했으며, 데이르엘바흐리에 아버지 투트모세 1세가 설계해 놓았던 웅장한 신전을 세웠다. 또 힉소스인 왕들이 손상시켰던 옛날 신전들을 일부 복구했다. 그녀의 자부심 넘치는 비문 하나에는 이런 이야기가 씌어져 있다. "폐허가 된 그곳을 내가 복구했노라. 아시아인들이 북쪽 땅 한가운데를 차지하고서 그때까지 만들어 놓았던 것을 뒤엎어 버리는 바람에 마무리되지 못했던 것들을 내가 세웠노라."[41] 마지막으로 그녀는 나일 강 서안의 모래로 뒤덮인 산악 지대에 자신이 묻힐 화려한 비밀 무덤을 만들었고, 후일 이곳은 "왕들의 무덤 계곡"이라 불리게 되었다. 계승자들도 그녀를 본받아 그곳에 무덤을 만들어 총 예순 기의 무덤이 언덕을 이루면서, 이 죽은 자의 도시 인구는 산 자의 도시 테베에 맞먹을 정도가 되었다. 이집트에 있는 여러 도시 중 "서쪽 끝"은 죽은 귀족들의 거처였고, 그래서 "서쪽으로 간다."는 말은 곧 죽음을 의미했다.

여왕은 22년 동안 나라를 지혜롭고 평화롭게 다스렸다. 하지만 그 뒤를 이은 투트모세 3세는 재위하는 동안 여러 차례 전쟁을 치렀다. 먼저 하트셉수트 여왕이 죽은 틈을 타 시리아가 반란을 일으켰다. 시리아인들의 눈에는 이제 스물두 살밖에 안 된 애송이 투트모세 3세가 아버지의 제국을 유지해 나가기는 역부족일 것 같았다. 하지만 투트모세 3세는 왕위에 오른 바로 그해 군대를 출정시켰고, 병사들을 이끌고 하루 약 30킬로미터를 달려 칸타라와 가자를 지나 마침내 메기도 언덕에서 반란군에 맞서 싸웠다. 이곳은 이집트에서 유프라테스 강으로 가는 길에서 너무도 중요한 전략적 요충지라, 이때부터 알렌비(Allenby) 장군 시대에 이르기까지 이루 헤아릴 수 없이 많은 전투에서 아마겟돈이 되곤 했다. 1918년 영국군이 터키인을 쳐부수었던 바로 그 길에서 투트모세 3세가 3397년 전에 시리아군과 그 동맹군을 쳐부순 것이다. 그리고 나서 투트모세는 승리의 행군을 하면서 서아시아를 거쳤다. 이들 국가를 정복해 세금과 조공을 바치게 한 그는 군대를 출정시킨 지 6개월 만에 승전가를 울리며 테베로 돌아왔다.[42*]

무적의 투트모세는 총 열다섯 번의 전투를 치러 이집트를 지중해 세계의 패자(覇者)로 만들었는데, 이것이 그 첫 번째 전투였다. 투트모세는 땅만 정복한 게 아니라 조직도 갖추었다. 그는 자신이 정복한 모든 땅에다 용맹스러운 수비대를 주둔시키고 유능한 행정관들을 두었던 것이다. 또 이제까지 역사에 알려진 인물로는 처음으로 해군력이 중요하다는 것을 깨닫고 근동 지역을 효과적

---

* 알렌비 장군은 투트모세와 비슷한 전공을 올리는 데 시간이 두 배 걸렸다. 한편 나폴레옹도 이스라엘 북부 도시 아크레에서 비슷한 전과를 올리려 시도했으나 실패했다.

으로 제압할 함대를 마련했다. 그가 손에 넣은 전리품들은 제국 시대 이집트 예술의 기반이 되었으며, 그가 시리아에서 쥐어짜 낸 공물로 그의 백성들은 향락을 즐길 수 있었으며, 새로운 예술가 계층이 생겨나 이집트를 진귀한 것들로 가득 메우기 시작했다. 한때 이집트 국고에서 금은 합금이 9000파운드까지 나왔다는 사실을 보면, 이 새로운 제국 정부의 부가 얼마나 많았는지 어림짐작할 수 있다.[43] 테베의 교역은 역사상 전례를 찾을 수 없을 정도로 대규모로 번성했고, 신전에는 공물이 넘쳐 났다. 카르나크에는 웅장한 신들의 산책로와 축제전이 세워져 더욱 높아진 신과 왕의 영광을 기렸다. 그리고 난 후 투트모세 3세는 전장에서 물러나 아름다운 항아리를 만들면서 나라 안을 다스리는 데만 온 힘을 쏟았다. 이집트 시대의 총리에 해당하는 당시의 비지에(vizier)는 투트모세 3세에 대해 이런 말을 남겼는데, 나폴레옹 시대 일에 지친 장관들이 황제를 두고 했을 법한 말이다. "놀랍도다, 폐하께서는 사건의 진상을 정확히 파악하신다. 그분은 어느 것도 그냥 무시하고 지나치지 않으셨다. 그분은 모든 걸 아는 지식의 신이셨다. 그분이 해내지 못하는 일은 아무것도 없었다."[43a] 투트모세 3세는 32년간(54년이라고 하는 사람들도 있다.) 나라를 다스리며 이집트가 지중해 세계를 완전히 장악하게 만든 후 세상을 떠났다.

그의 뒤를 이어 정복에 힘을 쏟은 또 한 명의 왕 아멘호테프 2세는 시리아의 자유 숭배주의자들을 다시 한 번 억누르고 시리아의 왕 일곱 명을 포로로 잡아 테베로 돌아왔다. 살아 있는 사람들을 이집트 제국의 갤리선 뱃머리에 거꾸로 매단 채 말이다. 아멘호테프 2세는 그중 여섯 명을 자기 손으로 직접 아몬 신에게 제물로 바쳤다.[44] 그리고 나서는 또 한 명의 투트모세가 왕위를 잇지만, 그다지 중요한 인물은 아니다. 기원전 1412년에는 아멘호테프 3세가 기나긴 통치에 들어가기 시작했고, 백 년간 지중해 세계의 패자로 군림하여 쌓은 부를 통해 이집트는 찬란한 절정기를 맞는다. 영국 박물관에 소장되어 있는 아멘호테프 3세의 멋진 흉상을 보면 그가 세련미와 강인함을 겸비하고 있었음을 한눈에 알 수 있다. 그는 자신이 물려받은 커다란 제국이 갈라지지 않게 단단히 통일시켰을 뿐 아니라, 페트로니우스나 메디치 가(家)도 부러워할 만큼 안락하고 고상한 분위기에서 살았다. 아멘호테프가 그토록 많은 부와 사치를 누렸다는 이야기나 기록은 투탕카멘의 유적이 발굴되고 나서야 비로소 신빙성을 갖게 되었다. 아멘호테프 3세의 치세 동안의 테베만큼 웅장함을 자랑했던 도시는 역사상 어디서도 찾을 수 없다. 테베의 거리는 상인들로 북적였고, 시장에는 온 세상의 물건이 가득 찼고, 그곳 "건물들의 웅장함은 고대나 현대 수도의 어느 건물도 따르지 못할 정도였다."[45] 테베의 으리으리한 궁전들에는 속국의 공물 행렬이 끊일 줄 몰랐고, 거대한 테베의 신전은 "도처에 황금이 넘쳐났으며",[46] 온갖 예술로 장식되어 있었다. 널찍하고 값비싼 대저택들, 그늘이 드리운 산책로, 그리고 인공 호수는 호화로운 장관을 연출해 제국 시대 로마의 모습을 미리 보는 것 같았다.[47] 바로 이것이 아직 몰락하기 전 영광을 누리던 이집트 수도의 모습이었다.

3. 이집트의 문명

1. 농업

이런 위대한 업적을 이룬 왕이나 여왕 뒤에는 그들을 지키는 병졸들이, 그러한 신전, 궁전, 피라미드 뒤에는 그것을 지은 도시 노동자와 시골 농부들이 있는 법이다.* 헤로도토스는 기원전 450년경 이집트의 인부들과 농부를 봤을 때 그 모습을 이렇게 낙관적으로 묘사했다.

이집트 농부들은 땅의 열매를 거두어들일 때 수고를 들이지 않는다. …… 이들은 쟁기로 고생스레 밭을 갈거나 호미질을 하지 않는다. 또 모두가 곡식을 거두기 위해

---

* 기원전 4세기 이집트의 인구는 어림잡아 약 700만 명이었다.[48]

반드시 하는 여러 가지 다른 일도 일절 하지 않는다. 그러다 나일 강이 저절로 밀려와 밭에 물을 대 주고, 밭에 물을 대 주던 그 강이 물러가면 사람들은 저마다 자기 땅에 씨를 뿌리고는 밭에 돼지를 풀어 놓는다. 돼지가 돌아다니면서 씨 뿌린 밭의 흙을 다져 주면 농부는 이제 수확할 때만 기다린다. …… 그리고 나서 수확기가 찾아오면 곡식을 거두어들인다.[49]

돼지를 시켜 밭의 흙을 밟게 했다면, 원숭이들은 길을 들여 나무 열매를 따는 데 이용했다.[50] 그리고 밭에 물을 대 주는 그 나일 강은 범람기가 되면 얕은 웅덩이에 물고기를 수천 마리 남겨 두고 갔다. 심지어 농부들은 낮에 물고기를 잡았던 그물을 밤에는 모기가 얼굴을 물지 못하게 머리에 이중으로 두르곤 했다.[51] 하지만 나일 강의 후한 은덕을 보는 것은 이런 농부가 아니었다. 나일 강 땅은 모조리 파라오의 것이었고, 다른 사람들은 파라오가 관대한 아량을 베풀 때에만 그 땅을 이용할 수 있었다. 땅을 경작하는 사람은 파라오에게 매년 10[52] 혹은 20퍼센트의[53] 세금을 현물로 내야 했다. 대규모 경작지는 봉건 제후들이나 기타 부자들이 소유하고 있었다. 그런 부자 중에는 소를 1500마리나 가진 사람도 있었다고 하니, 이들이 얼마나 넓은 땅을 가지고 있었을지 짐작할 만하다.[54] 사람들은 식사 때 주로 곡물과 생선, 그리고 고기를 먹었다. 한 단편적 유물에는 당시 학생이 먹을 수 있는 음식이 나와 있는데, 살코기 33가지, 구운 고기 48가지, 각종 음료 24가지였다.[55] 부자들은 식사에 포도주를 곁들였으며, 가난한 사람들은 맥주를 마셨다.[56]

농부의 운명은 가혹했다. "자유민" 농부들은 위로 중간 상인과 세금 징수원에게 복종하면 되었지만, 이들은 예로부터 유서 깊었던 원칙으로 농부들을 다뤘다. "운송 수단이 감당하는 한 양껏" 밭에서 난 농작물을 가져간 것이다. 다음을 보면 당대의 태평했던 서기관이 보기에 고대 이집트를 먹여 살린 농부들의 삶이 어땠는지 잘 드러난다.

자기가 거둔 곡식의 10분의 1을 세금으로 징수당하는 농부의 얼굴이 머리에 그려지는가? 밀밭 절반은 벌레들이 망쳐 놓고, 나머지 절반은 하마가 먹어 버렸다. 밭에는 쥐들이 들끓고, 메뚜기 떼가 이삭에 내려앉는다. 가축이 곡식을 게걸스레 먹어 치우고, 작은 새들도 낟알을 좀도둑질한다. 농부가 잠시라도 한눈을 팔면 땅 위에 남아 있던 곡식마저 도둑이 들고 가 버린다. 설상가상으로 쇠와 호미를 묶었던 끈도 다 닳고, 쟁기를 끌던 소 두 마리도 밭을 갈다 죽어 버렸다. 바로 그때 서기관이 십일조를 거두러 배에서 나루로 내려온다. 또 왕의 곡물 창고 문지기들도 곤봉을 든 채 오고 있다. 검둥이들이 야자나무 잎줄기를 들고 소리친다. "곡식을 어서 가져오라!" 곡식이 하나도 없자 그들은 농부를 있는 힘껏 땅에 내동댕이친다. 그리고 밧줄로 꽁꽁 묶어 운하로 데려가서는 머리부터 물에 처박는다. 아내도 그와 함께 묶어 놓고 아이들은 쇠사슬로 매어 둔다. 그 와중에 이웃들은 그를 내버려 둔 채 자기들 곡식이라도 지키려고 줄행랑을 친다.[57]

이 부분에는 특유의 문학적 과장이 배어 있지만, 글쓴이는 농부가 언제든 부역에 동원될 수 있다는 이야기는 그나마 빠뜨렸다. 왕을 위한 노역에 강제로 들어가 운하 밑바닥을 청소하고, 도로를 놓고, 왕의 농토를 경작해야 했던 이야기를 말이다. 또 피라미드나 신전, 궁전을 짓기 위해 거대한 돌과 오벨리스크를 질질 끌고 와야 했다. 아마도 당시 들판에서 일하던 인부 대다수는 자기 처지에 적당히 만족하면서 가난을 끈질기게 견디며 살았던 듯하다. 그중에는 노예도 상당수에 달했는데, 전쟁에서 포로로 잡혀 오거나 빚을 지고 노예로 전락한 경우였다. 때로는 노예를 잡아 오려 전쟁을 하기도 했으며, 외국 출신의 여자와 아이들은 이집트 본국에서 가장 높은 값에 팔렸다. 네덜란드 라이덴 박물관에 소장되어 있는 한 오래된 돋을새김 조각을 보면, 아시아계 포로들이 긴 행렬을 이룬 채 침울한 모습으로 속박의 땅으로 들어가는 모습이 있다. 돌 위에 생생히 살아 있는 듯한 그들은 등이나 머리 뒤로 손이 묶여 있거나 투박한 나무 수갑을 차고 있다. 그들의 공허한 얼굴에는 극한의 절망이 무언지 아는 사람의 냉담함이 어려 있다.

2. 산업

농부들이 고생을 하며 일한 덕에 경제적 잉여물이 서서히 늘어나면서, 산업과 교역에 종사하는 인부들에게도 먹을거리를 챙겨 줄 수 있게 되었다. 이집트에서는 광물이 전혀 나지 않았기 때문에 아라비아와 누비아에서 광물을 구해야 했다. 그곳은 거리가 워낙 멀어 개인은 사업할 엄두조차 내지 못했기 때문에 수 세기 동안 채굴 산업은 정부 독점이었다.[58] 구리는 소량을 채굴해 썼고,[59] 철은 히타이트에서 수입했다. 한편 금광은 누비아의 동부 연안을 따라 줄지어 발견되었고, 이집트 속국의 국고도 모두 금광이나 다름없었다. (기원전 56년) 디오도로스 시켈로스가 전하는 바에 의하면, 당시 이집트의 광부들은 램프와 곡괭이를 들고 땅 속의 금광맥을 따라갔다. 아이들이 육중한 원석을 날라 오면 석재 분쇄기로 잘게 부수었고, 그것을 노인과 여자들이 물에 씻어 필요 없는 돌을 걸러 냈다. 다음은 이집트 광산에 대한 글로 유명하지만, 민족주의 정서로 인해 진상이 왜곡되었을 가능성도 배제할 수 없다.

이집트 왕들은 유죄 선고를 받은 죄수나 전쟁 포로, 그리고 누명을 쓰고 분을 터뜨리다 감옥에 투옥된 사람들을 모은다. 왕은 바로 이들을(때로는 죄수 혼자만, 때로는 가족 모두와 함께) 금광으로 보낸다. 죄를 지은 자가 정당하게 죗값을 치르게 하려는 복수의 목적도 있고, 그들의 노역을 통해 왕 자신이 큰 수익을 얻으려는 목적도 있다. …… 이 노동자들은 자기 몸을 전혀 돌볼 수 없고, 발가벗은 채 옷가지 하나 걸칠 수 없기 때문에 이 불운한 자들을 보면 측은한 마음이 들지 않을 수 없다. 이들의 불행은 이루 말할 수 없이 크다. 아프거나, 몸이 불구거나, 나이가 들거나, 여자라 약해도 봐주거나 쉴 수 있는 법이 없다. 모두들 맞아 가면서 나가떨어져 죽을 때까지 일에 매달려야 한다. 자신의 끔찍한 형벌 때문에 이 가련한 자들은 지금 이 순간보다 내일을 더욱 두려워하며, 살기보다 죽기를 더 바란다.[60]

이집트는 가장 초창기 왕조 때부터 구리와 주석을 섞어 청동을 만들 줄 알았다. 이집트인들은 그것으로 먼저 검, 투구, 방패 등의 청동제 무기를 만들었다. 그런 다음에는 바퀴, 굴림대, 지레, 도르래, 윈치, 쐐기, 나사, 가장 딱딱한 암석인 섬록암도 뚫는 송곳, 석관의 육중한 석판을 자를 때 쓰는 톱 등의 청동제 연장을 만들어 썼다. 이집트 인부들은 벽돌과 시멘트, 소석고(燒石膏)를 만들어 썼으며, 도기에 유약을 바르고, 유리를 녹여 불어서 유리 제품을 만들었으며, 도기나 유리를 색깔로 아름답게 꾸몄다. 이집트 인부들은 목공예의 달인이었다. 그들은 배와 마차, 의자와 침상에서부터 거의 죽고 싶은 마음까지 들게 만드는 근사한 목관까지 온갖 물건을 만들 줄 알았다. 동물 가죽으로는 옷, 화살집, 방패, 깔개를 만들었다. 무덤 속 벽화를 보면 당시 무두장이가 사용하던 온갖 기술이 표현되어 있는데, 이집트 무두장이의 손에 들려 있는 구부러진 칼은 오늘날까지 구두 수선공들이 사용하고 있다.[61] 이집트의 장인들은 파피루스를 가지고 밧줄, 멍석, 샌들, 종이를 만들었다. 또 일부 직공들은 법랑을 입혀 반짝반짝 윤내는 기술을 개발해 산업에 화학을 접목시켰다. 거기에 직물 역사상 가장 고운 리넨 천을 짜낸 직공들도 있었다. 오늘날까지 남아 있는 4000년 전 이집트의 리넨 직물 견본을 보면, 세월의 침식을 받았음에도 "너무나도 섬세해 돋보기가 있어야만 비단과 구분할 수 있을 정도다. 현대 방적기가 짜 낸 것은 최상품이라도 고대 이집트인들이 손으로 짠 이 천에 비하면 거칠기 짝이 없다."[62] 페셸(Peschel)은 또 이렇게 말한다. "이집트인들이 가지고 있던 기술과 우리 자신의 기술을 비교해 보면, 증기 기관이 발명되기 전까지는 우리가 이집트인보다 나을 게 거의 없다는 사실이 분명해진다."[63]

직공들은 대부분 자유민이고 일부만 노예였다. 일반적으로 모든 직업은 현대 인도처럼 일종의 신분이라, 사람들은 아들이 아버지의 뒤를 따라 일을 물려받는 게 당연하다고 생각했다.[64]* 대규모 전쟁이 여러 번 일어나 수천 명의 노

---

* 디오도로스는 이와 관련해 다음과 같은 설명을 덧붙인다. "만일 장인이 공적인 활동에 참가하면 심한 매질을 당했다."[65]

예가 이집트 땅으로 들어온 덕에 이집트인들은 대규모 사유지를 소유해 유지하고, 기술 분야에서 여러 가지 개가를 올릴 수 있었다. 람세스 3세가 자신의 통치 기간 동안 신전에 헌납한 노예 수는 11만 3000명에 이를 정도였다.[66] 자유민 장인들은 보통 십장의 지휘에 따라 조직을 짜서 특정 일을 맡았다. 이 감독관들은 집단으로 그들의 인력을 팔았고 품삯은 개별적으로 지급했다. 영국 박물관에 소장되어 있는 석판을 보면, 십장이 인부 마흔세 명에 대해 남겨 놓은 기록이 있다. 인부들의 출결 상황을 그 이유와 함께 적어 놓은 것이다. "병결"이나 "신에게 제사" 또는 그저 "태만" 등의 내용이 적혀 있다. 파업은 자주 있었다. 한번은 품삯이 오래도록 지급되지 않자 인부들이 감독관을 포위하고 그를 위협하기까지 했다. 인부들은 그에게 말했다. "우리는 배고픔과 갈증을 참지 못해 이 지경까지 왔다. 우리는 입을 옷이며, 불을 피울 기름이며, 먹을 양식이 하나도 없다. 우리의 군주 파라오에게 이 문제와 관련해 편지를 써라. 그리고 우리 지역을 다스리는 (해당 노메) 지방관에게 편지를 써서 우리가 입에 풀칠이라도 할 수 있게 무언가를 좀 달라고 하라."[67] 그리스에 전해지는 이야기에 의하면, 이집트에서 대규모 반란이 일어나 노예들이 한 지방을 점령했다. 그리고 시간은 못하는 일이 없다는 말을 입증하듯 노예들은 그 지방을 오래 차지해서 그 지방의 법적 소유권까지 얻어 냈다. 하지만 이집트 비문에는 이 반란에 대한 기록이 전혀 보이지 않는다.[68] 이집트 문명이 노동력을 그토록 무자비하게 착취했다는데도 반란이 거의 없었다고 알려진 것이(혹은 기록된 것이) 놀라울 따름이다.

이집트의 토목 기술은 그리스인이나 로마인이 알던 기술보다 뛰어났으며, 산업 혁명 시대 이전만 해도 유럽 역시 이집트의 수준에 미치지 못했다. 이집트를 능가하게 된 건 현대에나 들어서의 일이며, 아니면 그마저 우리의 오산일 수 있다. 예를 들어 세누스레트 3세는 43킬로미터에 이르는 담장을 지어* 파이

---

* 통치자가 무언가를 '지었다'고 할 때는 많은 뜻이 담겨 있음을 항상 염두에 두어야 한다.

윰 분지의 물을 모에리스 호수로 끌어모았다. 덕분에 백 제곱킬로미터의 습지를 경작지로 이용하게 되었고, 관개용수로 쓸 수 있는 엄청난 양의 저수지가 확보되었다.[69] 거대한 운하도 여러 개 건설되었는데, 나일 강에서 홍해까지 이르는 것도 있었다. 이집트인들은 땅을 파는 데 잠함(潛函)을 이용하기도 했고,[70] 1000톤에 이르는 오벨리스크가 머나먼 곳에서 운반되어 오기도 했다. 헤로도토스의 말을 믿을 수 있다면(혹은 제18왕조 때 그와 똑같은 작업을 했던 모습을 돋을새김 조각으로 표현해 놓은 것을 보면), 수천 명의 노예가 기름칠한 통나무를 아래 깔고 이 거대한 돌들을 끄는 식이었다. 그리고 멀리에서부터 시작되는 경사로를 이용해 원하는 높이에 오벨리스크를 세웠다.[71] 이집트에서는 품삯이 쌌기 때문에 기계는 좀처럼 보기 어려웠다. 한 돋을새김 조각에는 800명의 노잡이들이 스물일곱 척의 배에 나누어 타고 오벨리스크 두 개로 만선이 된 바지선을 끌고 오는 장면이 있다.[72] 감상에 젖어 기계를 때려 부수는 사람들이 돌아가려고 하는 낙원이 바로 이런 모습이 아닐지. 길이가 30미터에 너비는 15미터에 이르는 선박들이 나일 강과 홍해를 가득 메웠고, 마침내 이들은 지중해까지 진출했다. 육지에서 물건은 사람 손으로 운반되다가 나중에는 당나귀, 더 뒤에는 말을 이용했다.(이집트에 말을 들여온 것은 힉소스인이었던 듯하다.) 이집트에 낙타가 등장한 건 프톨레마이오스 왕조 시절이었다.[73] 가난한 사람들은 걸어 다니거나 소박한 배를 만들어 타고 다녔다. 반면 부자들은 노예가 드는 가마를 탔다. 그리고 나중에는 무게 중심이 완전히 축대 앞에 쏠린 어설픈 모양의 전차(戰車)를 탔다.[74]

이집트에는 정기 우편 제도가 있었다. 먼 옛날의 한 비문에는 "집배원을 통해 내게 편지를 보내라."[75]는 말이 씌어져 있다. 하지만 의사소통은 쉬운 일이 아니었다. 도로가 거의 없었던 데다 가자에서 유프라테스 강에 이르는 군사용 고속 도로를 제외하면 상태도 열악했다.[76] 이집트인들이 주로 이용했던 길인 나일 강은 뱀처럼 구불구불 휘어져 있어 이 마을에서 저 마을까지 가는 거리가 배로 늘었다. 장사는 비교적 원시적인 수준으로 대부분이 마을 시장에서 물물 교환 형식으로 이루어졌다. 해외 교역은 현대도 무색할 정도의 관세에 심각하게 발이 묶여 천천히 성장했다. 근동 지역의 다양한 왕국들은 "보호주의 원칙"을 강하게 신봉했다. 관세가 왕실 국고의 대들보 역할을 했기 때문이다. 하지만 이집트는 원료를 수입하고 그것을 가공한 완제품을 수출해 부를 늘려 나갔다. 이집트 시장은 시리아, 크레타, 키프로스의 상인들로 북적거렸으며, 페니키아의 갤리선은 테베의 번화한 항구까지 오려고 나일 강을 거슬러 오기도 했다.[77]

하지만 화폐는 아직 발달하지 않은 상태였다. 임금 지불은(심지어 최고 액수의 급료조차도) 밀, 빵, 이스트, 맥주 등의 현물로 이루어졌다. 세금도 현물로 거두었으며 파라오의 국고는 돈을 찍어 내는 화폐 주조소가 아니라, 들판과 상점에서 거두어들인 헤아릴 수 없이 많은 물건을 쌓아 두는 창고였다. 그러다가 투트모세 3세의 정복 이후 귀금속이 이집트로 대량 유입되면서 물건 값을 거래 때마다 매번 무게를 재서 금 고리나 금괴 형태로 지불하기 시작했다. 하지만 나라가 보장해 주는 명확한 가치를 지니고 물건 교환을 촉진시키는 화폐가 나타난 것은 아니었다. 신용 제도는 고도로 발달되어 있었다. 물물 교환이나 지불 대신 문서로 양도가 이루어지는 일은 빈번했으며, 서기관들은 교환, 회계, 재무와 관련된 법적 문서를 가지고 사업 활동에 박차를 가하느라 어디서고 바빴다.

루브르 박물관에 가 본 사람이라면 가부좌 자세로 앉아 있는 이집트 서기관 조각상을 본 적이 있을 것이다. 알몸을 거의 다 드러낸 채 펜을 한 손에 들고 예비용 펜 하나는 귀 뒤에 꽂고 있다. 작업 진행 상황과 대금 지급 상황, 가격 및 비용, 수익 및 손실 등을 기록하고 있는 것이리라. 도살장으로 이동하는 소나 팔려고 내놓은 곡물의 숫자를 헤아리는 것도 그의 일이며, 계약서와 유언장을 써 주고 주인의 소득 신고서도 작성해 준다. 태양 아래 새로운 것은 없다는 말이 딱 들어맞는 대목이다. 서기관은 꼼꼼하게 일하며 기계처럼 부지런하다. 지식도 위험하지 않을 만큼만 가지고 있다. 그의 삶은 단조롭지만 수필을 쓰며 위안을 삼는다. 막일꾼으로 살아간다는 게 얼마나 힘겨운지, 그에 비해 종이를 양식으로 삼고 잉크를 피로 여기며 사는 사람의 삶은 왕처럼 고귀하다는 내용으로.

3. 통치

파라오와 지방의 귀족들은 이런 서기관을 사무 관료로 삼아 나라의 법과 질서를 유지했다. 고대의 석판에도 그러한 사무관들이 감찰을 실시하고, 소득세 신고서를 검토하는 모습이 나타나 있다. 그리고 이 사무관들은 나일 강의 수량의 변동 폭을 쟀던 나일로미터(Nilometer)를 통해 수확 규모를 예측하여 향후 정부의 세입을 어림잡았다. 그리고 여러 정부 부서에 지출금을 미리 할당하고, 산업과 교역을 감독해 역사 시대의 시작이나 다름없는 이 시기에 벌써 국가의 통제를 받는 계획 경제를 어느 정도 이루어 냈다.[78]

민법과 형법은 고도로 발달하여 제5왕조 시대에 벌써 개인 재산 법률과 상속법은 내용이 복잡하고 정밀했다.[79] 지금 우리 시대와 마찬가지로 이집트도 분쟁 당사자들이 똑같은 자원과 영향력만 갖고 있다면 만인이 법 앞에 평등했다. 현재 가장 오래되었다고 손꼽히는 문서도 유산 문제와 관련한 복잡한 사건을 법정에 제출한 이집트 시대 사건 적요서다.(영국 박물관이 소장하고 있다.) 재판관들은 소송에서 변론과 반론, 재변론과 반박 등의 절차를 거치게 했으며, 이는 구두가 아닌 문서로 이루어졌다. 말 많은 오늘날의 소송보다 나은 방식이다. 또 위증을 하면 사형에 처해졌다.[80] 이집트에서는 정기적으로 법정이 섰는데, 노메의 지방 법관부터 멤피스, 테베, 헬리오폴리스의 최고 법정 순으로 위계가 올라갔다.[81] 그리고 간혹 고문이 진실의 산파역을 했다.[82] 곤장으로 때리는 형벌은 자주 있었으며, 코나 귀, 손이나 혀를 잘라 불구로 만드는 형벌에도 의지했다.[83] 광산으로 유배를 보내기도 했으며, 목을 조르거나, 말뚝에 박거나, 목을 베거나, 장작불에 태워 죽이기도 했다. 하지만 그중에서도 가장 참혹한 형벌은 산 채로 미라가 되는 것이었다. 옴짝달싹 못하는 상태에서 서서히 몸을 좀먹는 천연 탄산소다에 잡아먹히는 것이다.[84] 신분 높은 사람들이 죄를 저지를 경우엔 일본의 사무라이처럼 자살을 택해 일반 대중 앞에서 참수당하는 수치를 면할 수 있게 해 주었다.[85] 한편 이집트에 치안 제도가 있었던 흔적은 없다. 이집트의 상비군조차(이집트는 사방이 사막과 바다로 둘러싸인 천연의 요새였기 때문에 항상 상비군의 규모가 작았다.) 나라 안 기강을 유지하는 데는 거의 이용되지 않았다. 생명과 재산을 보호받고, 법과 통치를 유지하는 것은 거의 전적으로 파라오의 특권에 의존했으며, 파라오의 특권은 학교와 종교가 유지시켜 주었다. 중국을 제외하고는 심리에 이토록 크게 의지해 나라의 기강을 다진 곳은 없었다.

이집트의 통치 조직은 잘 정비되어 있어서 역사의 그 어느 곳보다 장수를 누렸다. 행정 조직의 수장은 비지에(Vizier)였는데, 총리와 대법관, 재무 장관 직을 동시에 겸했다. 파라오에게 직접 호소하는 것 외에 백성들이 마지막으로 의지할 수 있는 재판관이 총리 대신이었다. 무덤의 한 돋을새김 조각에서는 가난한 사람들의 청원을 들어주기 위해 이른 아침 집을 나서는 총리 대신의 모습을 볼 수 있다. 비문에는 총리 대신이 "사람들이 요구하는 것들을 귀담아 들어주고, 일의 경중을 전혀 가리지 않았다."라고 적혀 있다.[86] 제국 시대에서부터 전해져 내려오는 독특한 파피루스 두루마리 하나는 파라오가 총리 대신을 새로 임명하며 한 연설의 형태다.(외관은 그렇지만 실제로는 문학적 창작물일 것이다.)

비지에의 자리를 눈여겨보아라. 그 자리에서 행해지는 모든 일을 유심히 살펴라. 그 자리는 온 나라를 떠받치는 안정적인 힘이다. …… 비지에의 자리는 결코 즐겁지 않다. 오히려 가혹한 자리다. …… 비지에는 제후(왕자)나 고문단에게 개인적 존경심을 보여서는 안 되며, 그 어떤 백성도 자신의 노예로 삼아서는 안 된다. …… 알지어다, 상(上)이집트나 하(下)이집트에서 청원자가 찾아오거든 모든 일을 법에 맞도록 처리할 것이며, 모든 일이 그 지방의 관습에 따르도록 할 것이며, 모든 사람이 각자의 권리를 누리도록 해야 한다. …… 편파적인 태도를 보이는 것은 신에 대한 모독이다. …… 자신이 아는 사람도 모르는 사람과 똑같이 대하고, 왕 가까이에 있는 사람이나 왕궁에서 멀리 떨어져 있는 사람이나 똑같이 대하라. 알지어다, 이렇게 하는 비지에는 이 자리를 오래도록 지켜 낼 것이다. …… 비지에는 자신이 정의를 실행하고 있다는 사실을 두려워하라. …… 그대 자신에게 적용되는 법률을 잘 살펴라.[87]

파라오는 스스로가 최고 법정 역할을 했다. 원고가 비용에 신경 쓰지만 않는다면 특정 사연이 있는 사건은 어떤 것이든 파라오에게 가져올 수 있었다. 고대의 조각 작품 속에는 "커다란 집"의 모습이 나타나 있는데, 파라오는 이곳에서 통치를 했고 정부 관리들도 이곳에 한데 모였다. 이집트인들이 "페로(Pero)"라고 부르던 이 대궐을 유대인들이 "파라오(Pharaoh)"라고 번역하면서 이집트 황제의 이름이 된 것이다. 파라오는 이곳에서 나랏일을 돌보는 고된 일상 업무를 수행하고, 때로는 찬드라굽타, 루이 14세, 나폴레옹만큼이나 빠듯한 일정을 소화했다.[88] 황제가 순시에 오르면 귀족들은 영지의 변경까지 마중 나와 황제를 호위하고 연회를 베풀어 주었다. 그리고 자신이 바라는 게 있는 만큼 선물을 바쳤다. 자부심 넘치는 어조의 한 비문에 의하면 어떤 영주는 아멘호테프 2세에게 "금과 은이 실린 마차 여러 대, 상아와 흑단 조각상들 …… 보석, 무기, 예술작품", 방패 680개, 청동 단검 140자루, 귀금속으로 장식된 항아리를 잔뜩 선물했다.[89] 파라오는 그 답례로 영주의 아들 하나를 데려와 왕궁에서 함께 살게 했다. 하지만 알고 보면 이는 볼모를 강요해 충성심을 얻는 교묘한 방법이기도 했다. 궁정 대신 중 최연장자들은 사루(Saru)라는 원로 회의 혹은 대인회(Great Ones)를 구성하여 왕의 고문단 역할을 했다.[90] 하지만 어떻게 보면 그러한 고문단은 불필요한 것이었다. 파라오는 신관들의 도움을 받아 신성한 혈통과 권력 그리고 지혜를 물려받은 존재였기 때문이다. 파라오가 신들과 맺고 있던 이런 관계가 바로 파라오가 특권을 누리는 비결이었다. 그래서 파라오는 언제나 아첨이 가득한 여러 가지 말로 인사치레를 받았고, 시누헤의 이야기에 나오는 것처럼 선량한 시민이 다음과 같은 깜짝 놀랄 말로 파라오를 칭송하는 경우도 있었다. "왕 만세, 황금의 신이시여(하토르 여신을 가리킨다.), 왕의 코에도 생명을 내려 주소서."[91]

사람이면서도 위상은 신에 점점 버금가게 되면서, 파라오는 가지각색의 하인에게서 시중을 받게 된다. 일반 허드레 일꾼을 비롯해, 빨래 담당, 표백 담당, 황제 옷장 보초병 외에 지체 높은 인물들도 왕의 시중을 들었다. 스무 명의 관리들이 협력을 해서 황제의 화장실을 치우고 정리했으며, 이발사는 오로지 면도와 이발만 해 줄 수 있었다. 황제가 머리에 쓰는 관의 매무새는 미용사가 다듬었고, 미조술(美爪術) 담당이 손톱을 깎아 윤을 내주었다. 또 향수 담당자는 황제 몸의 악취를 없애고, 먹으로는 눈 주위에 검은 테두리를 그리고 볼과 입술은 연지로 붉게 단장해 주었다.[92] 무덤의 한 비문에는 무덤 주인이 "화장품 용기 감독자이자 화장 연필의 감독자, 왕의 샌들 담당자로서 왕의 샌들을 왕의 법도에 맞게 신겨 주는 일을 했다."고 적혀 있다.[93] 모든 욕구가 충족되자 파라오는 타락하는 경향을 띠었다. 황제는 속이 다 비치는 망사만 몸에 걸친 젊은 여자들로 바지선을 채워 무료함을 달랬다. 아멘호테프 3세의 이러한 방종은 이크나톤이 대변혁을 일으키는 기초가 되었다.

4. 윤리

파라오의 정부는 나폴레옹 정부와 닮은 구석이 있는데, 심지어 근친상간하는 면까지 그렇다. 왕은 왕실의 순수한 혈통을 지키기 위해 자기 누이와 결혼하는 일이 아주 잦았다.(간혹 자기 딸과 결혼하기도 했다.) 이것이 과연 혈통을 약화시켰는지 단정하기는 쉽지 않으며, 적어도 수천 년 간 실험을 거친 이집트인들은 그렇게 생각지 않았던 것이 분명하다. 누이와 결혼하는 풍습은 백성들 사이에 널리 퍼졌고, 서기 2세기에 이르자 아르시노에의 시민들도 3분의 2나 이 풍습을 시행했던 것으로 드러났기 때문이다.[94] 이집트 시(詩)에서 오빠와 누이란 말은 오늘날 우리의 연인이나 애인과 똑같은 뜻이었다.[95] 파라오는 누이들 외에 후궁도 많이 거느리고 있었다. 전쟁 포로로 잡힌 여자들 뿐 아니라, 귀족의 딸들이 후궁으로 들어오기도 하고 외국의 유력자들이 선물로 여자를 바치기도 했다. 그래서 아멘호테프 3세는 나하리나의 제후에게서 그의 장녀와 엄선한 시녀 300명을 받기도 했다.[96] 귀족 중에도 이 성가신 사치를 똑같이 따라하는 자들이 있었으니, 이들에게 윤리는 재력에 맞게 조정할 수 있는 것이었.

한편 벌어들이는 돈이 넉넉잖은 사람들은 어디서나 그렇듯 일반 백성 대부분은 일부일처제에 만족하고 살았다. 가정생활은 오늘날 가장 고도로 발달한 문명만큼이나 질서가 잘 잡혀 있었고, 도덕적 분위기와 영향력도 건전했다. 퇴폐적인 왕조가 들어서기 전까지는 이혼도 찾아보기 힘들었다. 한편 남편은 아내가 간통했다는 사실을 알아내면 위자료를 주지 않고도 아내를 쫓아낼 수 있었다. 다른 이유로 아내와 이혼할 때는 집안 재산의 상당 부분을 아내에게 내주어야만 했다. 이집트에서 남편이 정절을 지킨다는 것은 후대에 나타난 모든 문화에서와 마찬가지로 힘든 일이었으며, 여자의 위치는 오늘날의 대부분 국가보다 높은 편이었다. 막스 뮐러(Max Müller)는 "고대에도 현대에도 나일 계곡에 살았던 이 사람들만큼 여자에게 그토록 높은 법적 지위를 준 사람들은 없었다."라고 말했다.[97] 유적들을 보면 여자들이 공공장소에서 먹고 마시고, 거리에서 애정 행각을 벌여도 관심을 받거나 해를 입지 않았으며, 산업과 교역 분야에서도 자유롭게 활동한 모습이 나타나 있다. 잔소리 심한 아내들을 좁은 집안에 가둬 두는 데 익숙했던 그리스 여행객들은 여자들의 그런 자유로운 모습에 경악을 금치 못했다. 그들은 이집트의 공처가들을 비웃었으며, 디오도로스 시쿨로스는 아주 흥미진진하다는 듯한 어조로 나일 강변에서 혼인 관계를 맺으려면 남편이 아내에게 반드시 복종해야만 했다고 전한다.(미국에 이런 조항이 있을 필요는 없다.)[98] 여자들은 또 자기 이름으로 재산을 소유하고 물려줄 수 있었다. 세계에서 가장 오래된 문서 중에는 제3왕조 시절 네브센트라는 부인이 자식들에게 자기 땅을 양도하는 유언장이 들어 있다.[99] 하트셉수트와 클레오파트라는 여왕 자리에까지 올라 여느 왕 못지않게 통치를 하기도 하고, 나라를 망쳐 놓기도 했다.

    문학 작품 속에는 때로 이에 대한 냉소적인 어조가 엿보인다. 먼 옛날 이집트의 한 도덕가는 독자들에게 이런 경고를 한다.

    외국 출신이면서 자기가 사는 도시에서 이름이 알려지지 않은 여자를 조심하라. 그 여자가 접근하거든 쳐다보지도 말고 알려고도 하지 말라. 그런 여자는 깊은 물속의 소용돌이와도 같아서 얼마나 거세게 휘몰아칠지 알 수 없다. 남편이 멀리 나가 있는 그 여자는 당신에게 매일 같이 편지를 쓸 것이다. 아무도 보는 자가 없을 때 그녀는 일어나 그물을 던질 것이다. 아, 듣기만 해도 얼마나 끔찍한 죄인가![100]

하지만 프타호테프가 아들에게 들려주는 다음과 같은 가르침이 이집트 문학에 보다 전형적으로 나타나는 어조다.

네가 성공해서 집을 마련하거든, 그리고 네 품의 아내를 사랑하거든 아내를 배부르게 하고 등 따뜻하게 해 주어라. …… 아내의 곁에 있는 동안 아내의 마음을 즐겁게 해 주어라. 아내는 밭과 같아서 주인에게 이득을 가져다주기 때문이다. …… 네가 아내의 뜻을 거스른다는 건 망하리란 의미다.[101]

아이들에게 해 주는 불라크 파피루스(Boulak Papyrus)의 훈계에는 다음과 같은 감동적인 지혜가 들어 있다.

절대 네 어머니를 잊지 마라. …… 어머니는 오랫동안 무거운 짐처럼 너를 뱃속에 넣고 다녔고, 네가 달을 다 채우자 너를 낳으셨다. 그리고 3년 동안 너를 등에 업고 다니면서, 네 입에 젖을 물려 주셨다. 어머니는 너를 돌보며 네가 아무리 더러워도 얼굴 한 번 찡그리지 않으셨다. 그리고 네가 학교에 들어가 글 쓰는 법을 배울 때 매일 같이 집에서 빵과 술을 가져와 선생님 곁에 서 계셨다.[102]

여자가 이렇게 높은 사회적 지위를 갖게 된 것은 이집트 사회가 약간 모권제적인 특징이 있기 때문이었던 것 같다. 여자는 집안에서 명실상부한 안주인 노릇을 했을 뿐 아니라, 땅도 모두 모계로 상속이 되었다. 페트리(Petrie)의 말에 의하면 "심지어 남편은 혼인 전 부부 재산 계약서를 작성할 때 자신의 재산과 향후 수입을 모두 아내에게 양도했다."[103] 남자들이 자신의 누이와 결혼한 건

친밀함이 낭만적 사랑으로 발전해서가 아니었다. 그보다는 어머니가 딸에게 물려주는 집안의 유산을 자신이 마음껏 쓰고 싶었기 때문이다. 그리고 집안사람이 아닌 이방인이 그 재물을 가져다 안락하게 지내는 모습은 보고 싶지 않았다.[104] 그러다 시간이 지나면서 아내의 권력은 서서히 쇠약해지기 시작하는데, 아마도 힉소스족의 가부장제를 접하게 되면서부터였던 듯하다. 또 고립된 상태에서 평화롭게 농경 생활을 하던 이집트가 제국주의 정책을 펼치며 전쟁을 치르게 된 것도 원인일 수 있다. 또 프톨레마이오스 왕조 시절에는 그리스인들의 영향력이 하도 커서 초창기에는 아내에게 있었던 이혼의 자유가 나중에는 남편만의 특권이 되어 버렸다. 하지만 당시 그 변화를 받아들인 건 상류층뿐이었고, 이집트의 일반 백성들은 모권제 방식을 고수했다.[105] 여자가 자기 일은 다 알아서 처리할 수 있었던 덕분인지, 이집트에서 영아 살해는 좀처럼 일어나지 않았다. 태어난 아이들을 모두 기르는 이집트인들의 모습을 디오도로스는 유별나다고 생각했고, 영아 살해를 저지르면 부모는 법에 따라 죽은 아이를 3일 밤낮 동안 품 안에 안고 있어야 했다고 전한다.[106] 가정은 대가족으로 이루어졌고, 볼품없는 오두막집이든 으리으리한 대저택이든 어디나 아이들이 넘쳐났다. 부자들은 자기 자식이 얼마나 되는지 그 수를 잘 기억하지도 못할 정도였다.[107]

심지어 구애를 할 때도 보통 여자가 먼저 나섰다. 오늘날 우리에게까지 전해지는 사랑 시와 편지들은 대개 여인들이 남자에게 바치는 것이다. 시와 편지로 밀회를 청하고, 직접적으로 구애하기도 하고, 공식적 청혼을 하기도 했다.[108] 이런 내용이 담긴 편지도 있다. "오 아름다운 나의 친구여, 당신의 아내가 되어 당신이 가진 모든 것의 주인이 되는 게 나의 소망입니다."[109] 따라서 정절과는 또 다른 덕목인 정숙은 이집트인 사이에서는 그다지 중요하지 않았다. 이집트인들은 요즈음 윤리 의식에는 거북할 정도로 대 놓고 성생활을 이야기했으며, 그 신성하다는 신전도 노골적으로 다 드러난 나체 그림과 얕은 돋을새김 조각들로 장식을 했으며, 무덤 속에서도 즐거우라고 망자에게 외설스러운 이야기

책을 넣어 주기도 했다.¹¹⁰ 나일 강을 따라 흐른 피는 뜨거웠다. 여자 아이들은 열 살이면 혼기가 찼으며, 혼전 윤리도 자유롭고 어려울 것 없었다. 프톨레마이오스 시대의 한 상류층 정부(情婦)는 자신이 저축한 돈으로 피라미드를 건설해 자자한 명성을 얻었으며, 심지어 남자 매춘부들도 따로 단골이 있었다.¹¹¹ 또 일본에서처럼 무희들이 여흥과 육체적 감흥을 제공하는 존재로서 남자들의 최고 상류층에 편입되기도 했다. 이들은 안이 다 비치는 기다란 옷을 입거나 발찌, 팔찌, 반지만 차기도 했다.¹¹² 그리고 소규모로 신전 매춘이 행해졌다는 증거들도 나타난다. 로마가 이집트를 점령한 말기에는 테베 귀족 가문에서 가장 아름다운 처녀를 골라 아몬 신에게 바쳤다. 그러다 그녀가 너무 늙어 더 이상 신을 만족시키지 못하자 신전에서 명예롭게 물러난 후 결혼하여 이집트 최상류 사회의 일원이 되었다.¹¹³ 이집트 문명은 지금 우리 시대와는 전혀 다른 편견을 가지고 있었다.

5. 풍습

이집트인의 품성을 그리려다 보면 문학 속 윤리와 실생활에 큰 차이가 없음을 알게 된다. 문학에 고매한 정서가 나타나는 경우는 아주 많아서, 일례로 한 시인은 자신의 고향 사람들에게 이런 조언을 한다.

> 밭이 한 뙈기도 없는 사람에게 빵을 주어라.
> 그리하여 후대에 길이길이 당신의 선한 이름을 남겨라.¹¹⁴

어른 중에도 자기 아이들에게 아주 훌륭한 조언을 해 주는 사람들이 있었다. 학계에는 "아메네모페의 지혜"라고 알려진 파피루스 문서 하나가 영국 박물관에 보관되어 있는데, 공직을 준비하는 학생들에게 여러 가지 조언을 하는 내용이다. 솔로몬의 잠언을 지은 저자(복수일 수도 있다.)도 이 내용에서 영향을 받아 글을 쓴 듯하다.

한 뼘의 땅이라도 탐내지 말고

미망인의 처소에 발을 들이지 말라.

네게 양식을 대어 줄 밭은 직접 갈고

네 손으로 타작을 해서 빵을 얻어라.

신께서 주신 곡식 한 바구니가

죄를 짓고 얻은 곡식 오천 바구니보다 낫다.

신의 손 안에서 가난한 것이

창고 속에서 부자인 것보다 낫다.

그리고 빵 몇 조각뿐이라도 마음이 즐거운 것이

부자이면서 불행한 것보다 낫다.[115]

하지만 문학 작품이 이렇게 경건하다고 인간 욕심의 발동을 막을 수 있는 건 아니었다. 플라톤은 아테네인들은 지식을 사랑하고 이집트인들은 재물을 사랑한다고 적었다. 물론 이는 지나친 애국심의 발로였던 듯하다. 일반적으로 이집트인들은 고대판 미국인이라 할 만했다. 미국인들처럼 커다란 것을 좋아해 대규모 토목 공사와 웅장한 건물이라면 사족을 못 썼다. 또 부지런하고 수집을 좋아하며, 저승 관련 미신은 많았음에도 지극히 현실적이었다. 이집트인들은 역사상 최고의 보수주의자들이었다. 그들은 변화가 많으면 많을수록 그만큼 똑같은 모습을 유지했다. 이집트 예술가들이 오래된 관습을 종교라도 되는 듯 4000년 동안 똑같이 모방한 걸 보면 말이다. 또 이집트인들은 종교 이외의 분야에서는 절대 불합리에 빠지지 않는 아주 실질적인 사람들이었던 듯하다. 그들은 인간의 생명에 대해서 절대 감상적인 생각을 품지 않아 사람을 죽여도 도의적 양심에 거리낄 게 없었다. 이집트 병사들은 죽은 적군의 오른손이나 음경을 절단해 전공 기록 담당 서기관에게 가져가 자신의 전공을 올렸다.[116] 국내는 조용하고 외국에서만 전쟁이 일어나는 기간이 너무 길다 보니 후기 왕조의 이집트 백성들은 뛰어났던 군사적 기질과 자질을 모조리 잃기도 했다. 그리하여 결국 로마가 얼마 안 되는 병사로 이집트 전체를 지배하는 상황이 벌어졌다.[117]

주로 무덤의 유물이나 신전의 비문을 통해 이집트인을 접하다 보니, 우리는 그동안 그들을 너무 진지한 사람으로 과장하는 우를 범했다. 이집트인들이 만들어 놓은 조각상 및 돋을새김 작품, 신들을 풍자한 이야기 일부를 보면,[118] 이집트인들도 유쾌한 유머 감각을 지녔음을 감지할 수 있다. 장기와 주사위 등 혼자서나 여럿이 하는 게임도 여러 가지였다.[119] 또 구슬, 튀기며 노는 공, 볼링 핀이나 팽이처럼 오늘날에도 이용되는 여러 가지 장난감들을 아이들에게 주었다. 레슬링 시합과 권투 시합, 투우 경기도 즐겼다.[120] 잔치나 놀이판이 열릴 때면 사람들은 하인을 시켜 몸에 기름을 바르고 머리에는 화환을 쓴 채 포도주 파티를 벌이며 선물을 주고받았다.

그림이나 조각상을 보면 이집트인들은 몸에 기운이 넘친다. 근육질 몸매에 어깨는 떡 벌어지고, 허리는 가늘며, 입술은 도톰하고, 아무것도 신지 않아 발이 평평했다. 상류층은 맵시 있는 날씬한 몸매에 키가 훤칠해서 위압적으로 보인다. 얼굴은 달걀형에 이마는 경사가 져 있으며, 길고 곧게 뻗은 코와 커다란 눈 등 이목구비는 균형 잡혀 있었다. 이집트인의 피부는 날 때는 하얬지만(이집트인들이 아프리카보다는 아시아 쪽에 기원을 두고 있다는 표시다.), 이집트의 태양에 그을려 금세 까매졌다.[121] 예술가들은 남자는 붉은색을 띠고, 여자는 노란색을 띠는 것이 이상적인 모습이라 생각했다. 하지만 이들 색깔은 그저 화장 양식에 불과했을 것이다. 반면 일반 백성 남자는 셰이크엘벨레드(고왕국 시대의 목재 조각상의 이름 – 옮긴이)처럼 땅딸막하고 구부정한 모습이다. 과중한 일에 시달리고 식사는 균형이 안 잡혀 있던 탓이다. 얼굴은 우악스럽고 주먹코였다. 재기는 있으나 상스러운 구석이 있다. 이집트 백성과 통치자는 종족이 달랐던 듯하다.(이런 현상이 나타나는 국가는 지극히 많다.) 통치자들은 아시아에, 백성들은 아프리카에 기원을 두고 있었다. 이집트인들의 머리는 검정 색이었고, 곱슬머리도 더러 있었지만, 흑인 특유의 완전 곱슬머리는 아니었다. 여자들은 현대의 최신 유행 스타일로 단발머리를 했으며, 남자들은 턱수염과 콧수염은 모조리 밀었으나 커다란 가발을 쓰는 것으로 위안을 삼았다. 이런 가발을 쓸 때 좀 더 편하기 위해 머리까지 미는 경우도 많았다. 심지어 왕비조차도(이를테면 이크나톤의 어머니 티이 왕비) 왕족이 쓰는 가발과 관을 좀 더 쉽게 쓰려고 머리를 모조리 잘라 버렸다. 왕이 가장 큰 가발을 쓰는 건 반드시 지켜야 할 예법에 해당했다.[122]

이집트인들은 가진 재산에 따라 자연이 준 모습을 교묘한 화장술로 다양하게 손봤다. 얼굴엔 연지를 바르고, 입술에 칠을 하고, 손발톱에는 색을 입혔으며, 머리와 팔다리에는 기름을 발랐다. 이집트 여자들은 조각상에서조차 눈에 화장을 했다. 경제적 능력이 있는 사람은 죽을 때 자기 무덤에 크림 일곱 개에 연지를 두 종류나 넣었다. 이집트 유물 가운데서는 화장 용구, 거울, 면도칼, 고데, 머리핀, 빗, 화장품 용기, 접시 및 숟가락이 다량 발견된다. 이것들은 나무, 상아, 설화 석고, 또는 청동으로 만들어졌으며 예쁘고 용도에 딱 맞는 모양새를 하고 있다. 짜서 쓰는 튜브 속에 눈에 칠하는 물감이 아직 남아 있는 경우도 있다. 오늘날 여자들이 눈썹이나 얼굴에 사용하는 화장 먹(kohl)은 이집트인들이 사용했던 기름의 직계 후손이다. 이집트 기름은 아랍인을 통해 현재의 우리에게까지 전해졌는데, 기름을 뜻하는 아랍어 'al-kohl'이란 말에서 현재 우리가 쓰는 알코올(alcohol)이란 말이 생겨났다. 이집트인은 몸과 옷에 온갖 향수를 뿌렸으며, 집안도 향과 몰약을 사용해 향기롭게 만들었다.[123]

이집트 의복은 원시인처럼 거의 알몸인 것부터 제국 시절의 화려한 의상에 이르기까지 다채로웠다. 아이들은 남녀 모두 십대가 될 때까지는 귀걸이와 목걸이만 찬 채 발가벗고 다녔다. 하지만 소녀들만큼은 허리에 구슬 띠를 둘러 여자다운 정숙함을 보였다.[124] 하인과 농부의 일상복은 허리에 걸치는 간단한 것 하나면 되었다. 고왕국 시대 자유민들은 남녀 모두 배꼽까지는 다 내놓고, 허리부터 무릎까지는 짧고 꽉 끼는 흰 리넨 스커트를 둘렀다.[125] 부끄러움은 자연보다는 관습이 낳는 것이기 때문에, 이런 단순한 복장만 입고도 빅토리아 시대의 페티코트나 코르셋 또는 오늘날 미국 남성이 이브닝드레스를 입은 것 못지않게 마음이 흡족했다. 무엇을 아름답게 여기느냐는 시대의 해석에 따라 달라진다. 심지어 라노페르의 조각상에서 볼 수 있는 것처럼 초기 왕조 때에는 신관들조차 간단하게 두르는 것 외에는 아무것도 입지 않았다.[126] 그러다 부가 늘어나면서 의복도 늘어났다. 중왕국 시대에는 처음 입던 스커트 위에 좀 더 커다란 스커트 하나를 겹쳐 입었으며, 제국 시대에는 가슴을 덮는 옷을 추가하고 이따금 망토도 걸쳤다. 마부와 남자 하인들은 거창한 의상을 입었고, 복장을 완전히 갖춘 채 거리를 뛰어다니면서 주인의 마차가 지나갈 수 있게 길을 터 주었다. 왕조가 번영하던 시절 여자들은 짧은 스커트를 내던지고 어깨에서 흘러내려 오른쪽 가슴 아래서 여미게 되어 있는 긴 옷을 입었다. 갖가지 자수와 주름 장식이 등장하면서, 패션이 뱀처럼 기어들어 와 발가벗고 지내던 원시인들의 낙원을 어지럽혀 놓았다.[127]

이집트인들은 남녀 모두 장신구를 좋아해서 목, 가슴, 팔, 손목, 발목에 보석을 걸쳤다. 아시아에서 들어오는 공물과 지중해 세계의 상업 덕분에 나라가 살찌자, 보석은 귀족의 전유물에서 벗어나 어느 계층이나 애용하는 물건이 되었다. 서기관이나 상인들은 모두 금제나 은제 개인 도장을 가지고 있었다. 남자들은 반지를 하나씩 가졌으며, 여자들도 사슬 장신구를 하나씩은 가지고 있었다. 오늘날 박물관에 가 보면 알 수 있듯, 이 목걸이들은 종류가 이루 헤아릴 수 없이 많다. 길이가 5~7센티미터에 불과한 것들이 있는가 하면, 1.5미터나 되는 것도 있다. 또 두껍고 무거운 것들도 있고, "베네찌아산 최고급 레이스만큼 얇고 잘 구부러지는 것도 있다."[128] 제18왕조 무렵에 이르자 귀걸이가 필수품이 되어, 남녀노소 할 것 없이 모두 귀걸이를 하려고 귀를 뚫었다.[129] 여자는 물론 남자들도 팔찌와 반지, 펜던트와 보석 구슬로 몸을 치장했다. 고대 이집트 여자들은 오늘날 환생한다 해도 화장이나 보석에 관해서는 우리가 가르쳐 줄 만한 게 거의 없을 것이다.

6. 문자

이집트 신관들은 오늘날 로마가톨릭 교구에서처럼 신전에 딸린 학교에서

부잣집 자제들에게 기초 교육을 해 주었다.[130] 오늘날의 교육부 장관에 해당하는 고위 신관은 "왕립 교육소 책임자"를 직함으로 가졌다.[131] 라메세움의 일부로 보이는 학교 유적에서는 조개껍질이 다량 출토되었는데, 먼 옛날 선생님의 가르침이 아직도 담겨 있다. 선생님의 소임은 나라의 사무를 맡아 볼 서기관을 배출하는 것이었다. 선생님은 학생들의 열의를 자극하려고 교육의 여러 이점을 말한 훌륭한 에세이를 썼다. 교훈적 논조의 한 파피루스는 이렇게 말한다. "배움에 마음을 두고 어머니를 사랑하듯 배움을 사랑하라. 배움만큼 소중한 것은 없다." 다음과 같이 말하는 파피루스도 있다. "위로부터 다스림을 받지 않는 직업은 어디에도 없다. 스스로를 다스릴 수 있는 건 오로지 배운 자뿐이니." 그 먼 옛날에도 책벌레가 있어 군인이 되는 건 불행이라고 글을 쓰기도 했다. 밭을 가는 것도 지긋지긋한 일이며, 오로지 "낮에는 책에 마음을 두고 밤에는 책을 읽는 것"만이 유일한 기쁨이다.[132]

제국 시절에 사용하던 습자 책도 오늘날까지 전해지는데, 선생님이 실수를 바로잡아 준 흔적이 아직도 여백을 장식하고 있다. 당시에도 학생들 실수가 무수했던 게 오늘날 학생들에게는 위안일 것이다.[133] 교육은 주로 질그릇이나 석회암 조각에 새겨진 교과서 내용을 받아쓰기하거나 베끼는 식이었다.[134] 내용은 주로 돈벌이에 관한 것이었다. 이집트인들은 둘째가라면 서러울 실용주의자였기 때문이다. 하지만 교사 입장에서는 학생을 교화시키는 것이 주된 주제였고, 이때는 언제나 기강을 잡는 것이 가장 큰 문제였다. 이런 말이 씌어져 있는 습자 책도 있다. "공상하며 시간을 허비하지 말라. 그랬다간 끝이 좋지 않을 것이니." "네 손에 든 책을 입으로 소리 내어 읽고, 자신보다 많이 아는 사람에게서 조언을 구하라."라는 금언은 어느 언어에서든 유서가 가장 깊은 말일 것이다. 기강 세우는 일은 절도 있게 이루어졌으며 원칙은 아주 간단했다. 우회적 논조의 필사본에는 이런 내용이 씌어져 있다. "아이들에겐 등이 있다. 그리고 아이들은 때려야 주의를 기울인다. …… 아이들 귀는 등에 달려 있기 때문이다." 한 학생은 옛날 선생님에게 이런 편지를 썼다. "선생님께서 제 등을 때려 주셨을 때, 선생님의 가르침이 제 귀에 들어왔습니다." 하지만 동물 조련식의 이런 방법이 항상 성공하지는 않았던 듯하다. 옛 제자가 책보다 술을 훨씬 더 사랑한다고 탄식하는 파피루스가 있는 걸 보면 말이다.[135]

그럼에도 불구하고 신관의 손아귀에서 벗어나 국고 관청에 부속된 상급 학교로 진학하는 학생은 상당수에 달했다. 최초의 공립 학교로 알려진 이곳에서 어린 서기관들은 행정을 배울 수 있었다. 그리고 졸업하자마자 관료들 밑에 들어가 도제식으로 일했고, 관료들은 많은 일을 시켜 그들을 가르쳤다. 오늘날처럼 인기와 아부 능력, 그리고 소란스러운 선거 운동을 이용하는 것보다 더 나은 방법 같다. 이집트와 바빌로니아는 대략 같은 시기에 이런 식으로 역사 최초의 교육 제도를 만들었다.[136] 오늘날의 19세기에 접어들기 전에는 어린 아이들을 가르치는 제대로 된 공립 교육은 한 번도 나타난 적이 없었다.

학생들은 상급생이 되면 이집트의 주요 교역품 중 하나이자 이집트가 세상에 준 영원한 선물 중 하나인 종이를 사용할 수 있었다. 파피루스 줄기를 가늘게 잘라 세로로 놓고, 그 위에 가로로 파피루스 줄기를 한 면 덧대서 눌러 주면 문명의 필수품이자 또 잡동사니기도 한 종이가 만들어졌다.[137] 5000년 전의 글을 충분히 읽을 수 있을 정도로 아직 온전한 걸 보면, 당시 종이를 얼마나 잘 만들었는지 가늠할 수 있다. 책을 만들 때는 이런 종이의 오른쪽 모서리에 풀을 발라 다음 장 왼쪽 모서리에 이어 붙였다. 이렇게 해서 만들어진 두루마리가 때로는 36미터가 넘었다. 그 이상 되는 건 거의 없었는데, 이집트에는 주절주절 말 많은 역사가 없었기 때문이다. 지워질 줄 모르는 검정 색 잉크는 나무 팔레트 위에다 검댕과 초목의 송진을 섞어 만든 것이었다. 펜은 갈대면 되었고, 끝 부분을 조그만 붓처럼 만들어 썼다.[138]

그토록 아득한 옛날의 글을 쓰는 데 이집트인들은 이런 현대식 용구를 이용했던 것이다. 한편 이집트 언어는 아시아에 기원을 두었던 듯하다. 이집트에서 가장 오래된 문자 표본에 셈어와의 유사성이 많이 나타나기 때문이다.[139] 이집트 최초의 문자는 상형 문자로, 무언가를 나타낼 때는 그림을 이용했던 것으로 보인다. 이를테면 긴 변 하나가 열려 있는 조그만 직사각형은 집(이집트어로는 '페르(per)')을 뜻했다. 그러다가 너무 추상적이라 그림으로는 뜻이 온전히 전달 안 되는 몇몇 개념들 때문에 상형 문자는 표의 문자로 발전했다. 특정 그림들은 관습과 규약에 따라 사물이 아닌 그 사물이 연상시키는 개념을 표현하게 된 것이다. 그리하여 스핑크스에서처럼 사자의 앞모습은 최고 지배권을 의미하게 되었고, 말벌은 충성심을, 올챙이는 무수히 많은 수를 의미하게 되었다. 이런 식의 발전이 좀 더 진행되자, 처음에는 표현되길 거부하던 추상적 개념들도 표현이 가능해졌다. 어쩌다 해당 개념과 비슷한 발음을 갖게 된 사물의 그림을 그리는 식이었다. 그리하여 류트 그림은 류트뿐만이 아니라 '선(善)'도 뜻하게 되었다. 류트의 이집트어 발음(네페르(nefer))이 선의 이집트어 발음(노페르(nofer))과 닮아 있었기 때문이다. 이집트어의 기묘한 글자 조합은 발음은 같지만 뜻이 다른 이러한 동음이의어들 때문에 생겨났다. 이집트어로 '~이 있다.' 란 동사의 발음은 '코피루(khopiru)'였다. 그래서 이토록 막연한 개념을 그림으로 어떻게 표현해야 할지 몰라 당황한 서기관은 이 단어를 세 부분으로(kho-pi-ru) 잘게 쪼개서, 체(이집트어로 카우(khau)라 발음된다.)와 깔개(피(pi)), 입(루(ru))을 차례로 그려 단어를 표현했다. 그리고 이렇게 이상한 글자 집합은 한번 관습으로 굳어지자(원래 불합리한 것은 관습으로 정당화되는 경우가 아주 많다.) 곧 존재를 뜻하는 문자가 되었다. 이집트어는 바로 이런 식으로 음절과 음절 표시, 그리고 음절 체계를 갖는 단계에 이르렀다. 그리고 복잡한 단어를 음절로 잘라 그 음에 해당하는 동음이의어를 찾고, 그 말의 그림을 조합하여 이집트인들은 결국 성각 문자로 거의 모든 생각을 담아낼 수 있게 되었다.

이제 문자 발명까지 남은 단계는 단 하나뿐이었다. 집을 뜻하는 표시는 처음에는 집을 나타내는 말 '페르(per)'만 뜻했다. 그러다 이 표시는 말 속에 들어 있는 음절로서 '페르'라는 음을 나타내게 되었다.(혹은 중간에 다른 모음이 들어간 'p-r' 음절) 그 다음에 그림이 간소해지면서 어떤 말이든 그 안에 들어 있는 '포(po), 파(pa), 푸(pu), 페(pe), 피(pi)' 등의 음을 나타내게 되었다. 이집트어에서는 모음을 적지 않기 때문에 이는 'P'라는 문자를 갖게 된 것과 다름없었다. 유사한 발전을 거쳐 손을 뜻하는 표시(이집트어로 도트(dot))는 '두(do)', '다(da)' 등을 의미하다가 마침내 'D'가 되었다. 입을 뜻하는 표시(이집트어로 로(ro) 또는 루(ru))는 'R'이, 뱀을 뜻하는 표시(이집트어로 즈트(zt))는 'Z'가 되었고, 호수를 뜻하는 표시(이집트어로 쉬(shy))는 'Sh'가 되었다. 그 결과 스물네 개의 자음으로 이루어진 알파벳이 생겨났고, 이것이 이집트와 페니키아의 교역을 통해 지중해 세계 전역에 전해졌다. 그리고 그리스와 로마를 거쳐 우리에게까지 내려와 동양이 서양에 물려준 가장 소중한 문화유산의 일부가 되었다.[140] 이러한 성각 문자는 이집트 초기 왕조들만큼이나 역사가 오래되었다. 알파벳 문자는 이집트인이 시나이 반도의 광산에 남겨 놓은 비문에서 처음 등장하는데, 이 비문은 기원전 2500년부터 기원전 1500년까지 연대가 다양하다.[141]*

현명한 일이었는지 아니었는지는 모르지만, 이집트인은 알파벳 글쓰기를 단 한 번도 완전히 정착시키지 않았다. 이집트 문명이 종말을 맞는 그 순간까지 이집트인들은 오늘날 속기사들이 하듯 상형 문자와 표의 문자, 음절 표시를 뒤섞어 사용했다. 이 때문에 학자들은 이집트어를 읽느라 애를 먹지만, 시간 여유가 있어 이집트어를 배울 수 있던 당시 이집트인들에게는 이렇게 정자체와 축약체를 뒤섞어 써야 글쓰기가 훨씬 수월했을 것이다. 영어는 발음이 철자와는 영 딴판이라 오늘날 학생들이 올바른 영어 철자법을 익히려면 먼 길을 돌며 고생해야 한다. 그러니 500개에 달하는 성각 문자의 용례와, 그 음절이 갖는 2차적 의미와, 알파벳으로 쓰일 때의 3차적 용례를 모두 외워야 했던 이집트 서기관들의 고생은 오죽했겠는가. 시간이 흐르면서 필사용의 보다 빠르고 간소한 형태의 글이 만들어져, 기념물에 정성스레 새겨진 신성한 문자와 구별되었다. 성각 문자를 이런 식으로 처음 뜯어고친 것이 신관들과 신전 서기관들이었기 때문에, 그리스인들은 이 문자를 신관 문자라 불렀다. 하지만 이 문자는

---

* 찰스 마스턴 경(Sir Charles Marston)은 최근 팔레스타인에서 행한 조사를 바탕으로 셈족이 알파벳을 만들었다고 생각한다. 그리고 아브라함이 직접 알파벳을 만들었다고 믿는데 고도의 상상력에 근거한 것이다.[141a]

곧 일반에 퍼져 공공 문서와 상업 문서 및 개인 문서에 사용되었다. 일반 백성들은 그것보다 훨씬 축약되고 자유분방한 글자를 만들어 썼고 이것이 민용 문자로 알려졌다. 하지만 이집트인은 기념물에만큼은 품위 있으면서도 예쁜 성각 문자를 고집했다. 이제까지 인류가 만들어 낸 문자 중 가장 아름다운 것을 꼽으라면 아마도 성각 문자일 것이다.

7. 문학

고대 이집트 때부터 남아 있는 문학 작품 대다수는 신관 문자로 적혀 있다. 그런데 남은 작품이 거의 없어 단편만 가지고 평가를 내릴 수밖에 없다. 그게 다 운이라 해도 이집트 문학 작품에는 가혹한 일이다. 시간은 이집트의 셰익스피어가 남긴 작품은 파괴해 버리고, 공식 인정을 받은 유명 시인들의 작품만 남겨 둔 듯하다. 제4왕조 시대의 한 위대한 관리는 무덤에 "도서실 서기관"이라는 칭호가 붙어 있으나,[142] 이 아득한 옛날의 도서관이 문학 작품을 열람할 수 있는 곳이었는지, 공공 기록이나 문서를 쌓아 둔 먼지투성이 창고였는지는 알 길이 없다. 지금까지 남아 있는 것 중 가장 오래된 이집트 문헌은 "피라미드 텍스트"로 제5왕조와 6왕조 때 지어진 다섯 기의 피라미드 벽면에 새겨진 종교적인 내용을 일컫는다.[143]* 도서관은 기원전 2000년의 옛날부터 우리에게 전해졌다. 그때부터 표지가 붙은 항아리에 파피루스 두루마리를 채워서 선반 위에 죽 진열해 놓은 것이다.[145] 우리는 그러한 항아리 중 하나에서 가장 오래된 신드바드(Sinbad) 이야기를 찾아볼 수 있다. 보다 정확히 말하면 이집트판 로빈슨 크루소라 해야 할지 모르겠다.

「난파선 선원 이야기」는 단순한 자전적 이야기의 단편으로 생명력과 흥분으로 가득 차 있다. 이 고대의 뱃사람은 단테(Dante)를 연상시키는 구절로 이렇게 이야기한다. "그 재난이 지나간 후 자기가 겪은 일을 이야기하게 되어 그는

---

* 이보다 후대의 장례 비문들은(중왕국 시대 특정 귀족과 부호를 매장할 때 목관 안쪽에 잉크로 써 놓은 내용) 브레스테드를 비롯한 사람들이 "목관 텍스트"란 이름으로 한데 모아 정리해 두었다.[144]

더없이 즐겁도다!"

이제부터 내가 직접 겪은 일을 들려주려 한다. 당시 나는 왕의 광산을 향해 떠나는 길이었으며, 길이 55미터에 너비 18미터의 배를 타고 바다로 나갔다. 배에는 이집트에서 엄선한 선원 120명이 타고 있었다. 하늘과 땅을 유심히 살펴본 그들의 심장은 …… 사자의 심장보다 더 빠르게 뛰었다. 그들은 날씨가 거칠어질 것을 미리 알았으며, 아직 기미가 없을 때 벌써 폭풍이 몰아칠 것을 알아차렸다.

우리가 아직 바다에 있는데 폭풍우가 몰아쳤다. …… 우리는 바람에 이리저리 떠밀려 다녔으며 …… 바람에 파도는 8큐빗(고대 이집트, 바빌로니아 등지에서 썼던 길이의 단위. 1큐빗은 팔꿈치에서 손끝까지의 길이로 약 18인치, 곧 46센티미터 정도에 해당한다. 현재의 야드, 피트의 바탕이 되었다. - 옮긴이) 높이까지 솟아올랐다.

배는 완전히 부서졌고 배에 타고 있던 사람은 한 사람도 살아남지 못했다. 나는 파도를 타고 한 섬에 떠밀려 와서, 3일간은 내 마음을 벗 삼아 외로이 지냈다. 나무 아래서 잠을 청하고 그 그늘 밑에서 나올 줄 몰랐다. 그러다 허기를 달랠 무언가를 찾기 위해 그늘에서 나와 발을 내딛었다. 그곳에는 무화과와 포도나무, 온갖 종류의 맛 좋은 부추가 자라고 있었다. …… 물고기와 새도 볼 수 있었고, 없는 게 없었다. …… 나는 시험 삼아 불을 한번 피워 본 후 불을 지피고 음식을 구워 신에게 제물로 바쳤다.[146]

또 다른 이야기에서는 시누헤라는 인물이 겪은 모험을 세세히 풀어 놓는다. 시누헤는 공직자였으나 아메넴헤트 1세가 죽자 이집트에서 도망쳐 나와 근동 지역 여러 나라를 이리저리 떠돌아다닌다. 그는 그곳에서 부와 명예를 누리면서도 고향을 잊지 못하고 고독감에 참을 수 없는 고통을 겪는다. 마침내 그는 재물을 내던지고 여러 가지 고초를 겪으며 이집트로 돌아온다.

신이시여, 당신이 누구시든 저를 이 도망 길에 오르게 하신 분이여, 저를 다시 왕궁으로(즉 파라오에게로) 데려다 주십시오. 당신은 제 마음의 고향이 눈에 어른거리는 고통을 제게 주시려는 모양입니다. 제가 태어난 땅에 제 죽은 몸을 묻는 것보다 더 중한 일이 무엇이겠습니까? 절 도와주십시오! 제게 행운이 따르기를! 신이시여, 제게 자비를 베푸소서!

속편에서 우리는 고향으로 돌아간 시누헤를 만날 수 있다. 사막을 지나오느라 피곤에 지치고 먼지에 찌든 채다. 또 오랫동안 나라를 떠나 있었다고 파라오가 자신을 나무라지 않을지 걱정한다. 세상 모든 나라가 다 그렇듯 문명화된 나라는 자신뿐이라 생각하는 이집트를 말이다. 하지만 파라오는 그를 용서하고 몸을 치장할 수 있도록 온갖 환대를 베푼다.

나는 한 제후가 사는 집 안으로 들어갔다. 그곳에는 품격 높은 가구들이 있었고, 욕조도 있었다. …… 몇 년간의 세월의 흔적이 내 몸에 남았다. 나는 면도를 하고(?) 머리를 빗었다(?). 사막에 되돌려 준 (먼지?)가 한 가득이었고, (더러운) 옷가지는 사막의 여행자들에게 주었다. 나는 최상품 리넨으로 성장(盛裝)을 하고, 몸에는 최고급 오일을 발랐다.[147]

단편적인 이집트 문학 작품 중에는 짧은 이야기들이 다양한 내용으로 풍부하게 전해진다. 유령이나 기적이 나타나는 신기한 이야기를 비롯해 이집트인들이 지어낸 매혹적인 이야기들은 오늘날의 정치인도 즐겨 읽는 추리 소설만큼 짜임새 있다. 왕자와 공주, 왕과 왕비의 요란한 로맨스도 찾아볼 수 있으며, 그중 하나는 가장 오래된 신데렐라 이야기로 알려져 있다. 이 이야기 역시 발이 예쁜 아가씨가 등장해 신발을 잃어버리고 나중에 왕자와 결혼하며 대단원의 막을 내린다.[148] 이솝과 라퐁텐(La Fontaine)의 작품을 앞선 시대에 미리 표절이라도 한 듯 동물의 행동 속에서 인간의 약점과 고통을 실감나게 보여 주며 슬기롭게 교훈을 제시하는 우화도 있다.[149] 한편 아누푸와 비티우 이야기에는 자연과 초자연을 뒤섞는 이집트인 특유의 경향이 나타난다. 아누푸와 비티우는 친형제로 아누푸의 아내가 비티우를 사랑하게 되기 전까지만 해도 농장에서 행복하게 살고 있었다. 하지만 비티우가 그 사랑을 거절하자 아누푸의 아내는 동생이 자신에게 폭력을 가했다고 남편에게 일러바쳐 비티우에게 복수한다. 신들과 악어들이 나서서 비티우가 아누푸에게 당하지 않도록 도와주지만, 비티우는 인간들에게 염증을 느껴 스스로를 불구로 만들어 자신의 무고를 증명한다. 그러고는 티몬처럼 산 속에 들어가, 그 누구의 손도 닿지 않는 나무 꼭대기의 꽃 위에 자기 심장을 올려놓는다. 신들은 비티우의 외로운 처지를 안타깝게 여겨 비티우에게 아내를 한 사람 만들어 준다. 그런데 이 여인이 너무나 아름다워 나일 강이 그녀를 사랑하게 되었다. 나일 강은 그녀의 머리카락 한 채를 훔쳐 간다. 그리고 나일 강 위를 둥둥 떠내려가던 그 머리채를 파라오가 발견하게 된다. 파라오는 머리카락의 향기에 취해 심복에게 머리카락 주인을 찾아오라고 한다. 그 여인을 찾아 데려오자 파라오는 그녀와 결혼한다. 파라오는 비티우를 질시해서 사람들을 보내 그의 심장이 놓여 있던 나무를 베어 버린다. 나무가 베어져 꽃이 땅에 닿자 비티우는 죽고 만다.[150] 그 먼 옛날 우리 조상들의 취향도 지금의 우리와 정말 다를 것 없지 않은가!

이집트인들이 쓴 초기 문학 작품들은 대개 종교적이다. 이집트 시에서 가장 오래된 것도 피라미드 텍스트에 들어 있는 찬송가다. 그리고 여기에 사용된 형식이 가장 오래된 시 형식으로 알려져 있다. 특정 생각을 다른 위치에 반복해서 넣는 "대구법"은 히브리 시인들이 이집트인과 바빌로니아인들로부터 물려받아 구약 성경의 시편에까지 사용하면서 영원한 생명을 갖게 되었다.[151] 이집트가 고왕국에서 중왕국 시대로 넘어가면서, 이집트 문학은 세속적이고 망측한 경향을 띠게 되었다. 우리가 사라져 버린 이집트 외설 문학을 단편으로나마 엿볼 수 있는 건 게으름을 피운 중왕국 시대의 한 서기관 덕이다. 그는 오래된 파피루스를 말끔히 지우는 소임을 다하지 않고 순진한 양치기가 여신을 만나는 이야기 약 스물다섯 줄을 알아볼 수 있게 남겨 두었다. 이야기에 의하면, "여신이 양치기를 만난 건 양치기가 연못 쪽으로 갔을 때였다. 여신은 옷을 다 벗고 머리를 풀어헤치고 있었다." 양치기는 그 일을 다음과 같이 조심스레 전한다.

"아, 내가 늪 쪽으로 내려갔을 때였다. 그곳에 한 여인이 있었는데, 이 세상 사람 같아 보이지 않았다. 그녀의 머리칼을 봤을 때 내 머리카락은 곤두섰다. 그 빛이 너무도 밝았기 때문이다. 그녀가 내게 무어라 했는지는 절대 말하지 않을 것이다. 나는 지금도 온통 그녀에 대한 경외심에 사로잡혀 있다."[152]

사랑 노래는 수도 많고 참 아름답지만, 주로 형제자매에 대한 연정을 노래하고 있어 현대인들 귀에는 충격적이거나 재미있게 들린다. 한 사랑 노래집에는 "그대가 마음으로 사랑하는 누이가 들판을 거니는 모습을 담은 아름답고 기쁜 노래들"이란 제목이 붙어 있다. 연대가 제19왕조 혹은 20왕조까지 거슬러 올라가는 조개껍질을 보면, 고대의 가락을 타고 현대적 주제의 사랑 노래가 흐른다.

> 내 연인의 사랑하는 마음이 강둑 위에서 뛰고 있습니다.
> 악어 한 마리가 그늘에 누워 있지만
> 나는 물속에 들어가 물결을 헤치고 나아갑니다.
> 물 위에서 내 용기는 솟구치고
> 내 두 발에 닿는 물은 땅과도 같습니다.
> 나를 강하게 만드는 것은 그녀의 사랑.
> 그녀는 내게 마법의 주문과도 같습니다.
> 연인이 다가오는 모습에 내 마음은 기쁩니다.
> 나는 두 팔을 활짝 벌려 그녀를 안습니다.
> 내 마음은 영원히 기쁩니다. …… 내 사랑이 왔기에.
> 그녀를 안고 있을 때면 마치 향기의 나라 사람이 된 것 같습니다.
> 언제나 향기를 안고 다니는 그런 사람이.
> 그녀에게 입 맞추면 그녀 입술이 벌어지고

나는 술이 없어도 즐거워집니다.
내가 그녀의 시중을 드는 흑인 하녀라면 얼마나 좋을까요,
그러면 그녀 팔다리 구석구석을 볼 수 있을 테니.[153]

이 시의 행들은 임의로 나눈 것이기 때문에 원본의 외면적 형태만 갖고 이 작품이 시였는지 판별할 수는 없다. 이집트인들은 음악과 감정이 시에서 빠져서는 안 될 한 쌍의 중요 요소라는 걸 알았다. 따라서 이 두 가지 요소만 들어 있으면 겉모습은 중요하지 않았다. 물론 위에서 살펴본 것처럼 대구법을 통해 운율을 강조하는 경우가 많기는 했다. 때로 시인은 모든 문장이나 절을 똑같은 단어로 시작하는 장치를 이용하기도 했다. 또 발음은 비슷하지만 뜻이 다르거나 모순되는 말들로 말장난 비슷한 것을 치기도 했다. 또 문헌을 통해 볼 때 두운(頭韻) 기법은 피라미드만큼이나 오래된 것임이 분명하다.[154] 이러한 간단한 형식들이면 충분했다. 이집트 시인들은 이것들을 가지고 "낭만적 사랑"이 가진 온갖 음영을 표현할 줄 알았다. 니체(Nietzsche)는 "낭만적 사랑"을 중세 시대 음유 시인들이 만들어 냈다고 생각했지만 말이다. 해리스 파피루스(Harris Papyrus)를 보면 그러한 감정은 비단 남자뿐 아니라 여자도 표현할 수 있었음을 알 수 있다.

전 그대의 첫째 누이지요,
그리고 당신은 제게 정원과도 같습니다.
그곳에 저는 꽃들과
향기로운 온갖 풀을 심었지요.
저는 그곳에 물길을 하나 냈어요.
북풍이 차갑게 불어올 때
당신이 그 안에 손을 담글 수 있도록.
아름다운 곳에서 함께 거닐며

당신은 내 손을 잡습니다.

생각은 깊고 마음은 기쁩니다.

우리 둘이 함께 걷고 있기 때문입니다.

저는 당신의 목소리에 취하고

당신 목소리를 듣는 것으로 전 살아갑니다.

그대를 보는 것이

먹거나 마시는 것보다 더 좋습니다.[155]

　이러한 문학 작품의 내용들이 다양하다는 것이 무엇보다 놀랍다. 공식 서한, 법률 문서, 서사체 역사, 마법 주문, 공들인 찬송가, 신앙 서적, 사랑 및 전쟁 노래, 로맨스 소설, 도덕적 훈계, 철학 논문 등 서사시와 희곡만 빼면 없는 게 없다. 심지어 시각만 넓힌다면 서사시와 희곡의 실례도 찾을 수 있을지 모른다. 석공들이 끈질긴 인내를 발휘하며 룩소르의 거대한 탑문(塔門) 벽돌 하나하나에 새겨 놓은 람세스 2세의 위풍당당한 승전 이야기는 적어도 길이나 지루함 면에서는 서사시에 해당한다. 또 다른 비문에는 람세스 4세가 자신이 연극에 출현해 세트(Set)로부터 오시리스를 구하고, 오시리스를 부활시켰다고 자랑하는 대목이 있다.[156] 하지만 현재 우리의 지식으로는 실마리를 이 이상 풀어 나갈 수가 없다.

　이집트에서 역사 기록은 역사 자체만큼 오래되었다. 심지어 선왕조 시대의 왕들조차 자랑스럽게 역사 기록을 남겼다.[157] 사서 편찬 관리는 파라오의 원정 길에 따라가 패배 앞에서는 눈을 돌리고, 파라오가 승리한 이야기만 세세하게 기록하거나 지어냈다. 이때부터 역사 서술은 이미 일종의 화장술이 되어 버렸던 것이다. 기원전 2500년의 먼 옛날부터 이집트 학자들은 왕명 표를 만들어 왕명을 따라 연호를 짓고, 각 해와 재위 기간에 일어난 특별한 사건들을 연대순으로 기록했다. 투트모세 3세 시절에 이르면 이러한 문서들이 역사의 모양새를 제대로 갖추어 애국심이 담긴 감명적 내용이 된다.[158] 중왕국 시대 이집트 철학자들은 인간과 역사가 모두 나이 들어 쇠퇴했다 여기고, 이집트 민족의 청춘이 지나가 버린 걸 한탄했다. 세누스레트 2세 시절 케케페레손부라는 한

'석학'은 기원전 2150년경, 사람들이 오래전에 모든 이야기를 다 해 버려서 문학에는 반복할 거리밖에 남지 않았다고 불평했다. 그는 비통하다는 듯 이렇게 말한다. "사람들이 아직 알지 못하는 단어나 참신한 말들이 내게 있다면 얼마나 좋겠는가. 생명력이 아직 사라지지 않은 그런 말들 말이다. 이미 여러 번 사용된 말은 필요 없다. 선조들이 벌써 입에 올려 맛이 떨어져 버린 그런 말들은."[159]

아득한 거리 때문에 고대의 낯선 민족들이 가진 개별적 차이를 잘 인식하지 못하듯, 우리는 아득한 거리 때문에 이집트 문학이 얼마나 다양하고 변화무쌍한 과정을 거쳤는지 실감하지 못한다. 그럼에도 우리는 이집트 문자가 오랜 발전 과정을 통해 여러 가지 운율과 문법 변화를 거쳤음을 알 수 있다. 이는 유럽 언어의 변천이 유럽 문학사의 발전에 걸림돌이 된 만큼이나 다채로웠다. 유럽에서와 마찬가지로 이집트에서도 일상 언어가 고왕국 시대의 글에서 서서히 분리되어 종국에는 거의 완전히 분리되기에 이른다. 하지만 작가들은 한동안은 고대 언어로 계속 글을 썼다. 학자들은 학교에서 고대 언어를 배웠고, 학생들은 그 고전들을 문법과 어휘 그리고 이따금 "행간 주석"의 도움을 받아 가며 번역해야 했다. 그러다가 기원전 14세기에 이집트 작가들이 이러한 전통에의 속박에 반기를 들고 단테와 초서(Chaucer)처럼 일반인들의 언어로 글을 쓰는 모험을 강행했다. 이크나톤의 그 유명한 「태양 찬가」도 일반 대중들의 언어를 사용하고 있다. 이 새로운 문학은 사실적이고 기운이 넘치고 쾌활하다. 그리고 낡은 형식들을 업신여기고 새로운 삶을 그리는 것에서 즐거움을 찾았다. 얼마 지나지 않아 이러한 언어도 문어와 공식 문서에 사용되고, 세련미와 정밀함을 갖추었으며, 여러 가지 관용 어구가 생겨나면서 엄격함과 완전한 구색을 갖추었다. 그러다가 문어가 구어와 다시 한 번 구별되면서 학구적 글쓰기가 번영을 누렸다. 사이스 왕조 시절 이집트 학교에서는 이크나톤 시대의 고전을 공부하고 번역하는 것이 수업 시간의 절반을 차지했다.[160] 이집트어는 그리스·로마·아랍의 지배를 받을 때도 유사한 변모를 겪었고, 지금도 또 한 차례 변모를 겪는 중이다. "만물은 유전한다.(Panta rei.)"하지 않는가. 변할 줄 모르는 건 학자들뿐이다.

8. 학문

이집트의 학자들은 대부분 소란스러운 삶에서 멀리 떨어져 안락하고 안전한 신전 생활을 즐겼던 신관들이었다. 온갖 미신을 믿긴 했지만, 이집트 학문의 기초를 놓은 것이 바로 이 신관들이었다. 신관들 사이에 전해 내려오는 전설에 의하면 이집트의 학문은 기원전 18000년경 이집트 지혜의 신 토트가 지상에 내려와 3000년간 나라를 다스리는 동안 만들어 냈다. 이 박식한 신이 2만 권에 달하는 책을 썼는데, 학문별로 가장 오래된 책들이 다 여기 끼어 있다.[161]* 현재 우리의 지식으로는 이집트 학문의 기원에 대한 이 이론을 실질적으로 개선시킬 방법이 없다.

이집트가 역사를 기록으로 남기기 시작한 그 순간에도 이집트의 수학은 고도로 발전해 있었다. 피라미드를 설계하거나 지으려면 정밀한 측정이 이루어져야 했는데, 이는 상당한 수학적 지식 없이는 불가능한 일이다. 또 이집트의 목숨이 나일 강의 범람에 달려 있었기 때문에 나일 강의 물이 불어나고 물러나는 것을 꼼꼼히 기록하고 계산했다. 그리고 측량사들과 서기관들이 나일 강의 범람 때문에 지워진 토지 경계선을 거듭 측정했는데, 이렇게 토지를 측량하면서 기하학이 탄생한 게 분명하다.[163] 기하학을 처음 만들어 낸 게 이집트인들이라는 생각에는 고대인들 사이에 거의 이견이 없었다.[164] 하지만 서기 1세기에 활동한 유대 역사가 요세푸스는 아브라함이 칼데아(즉 메소포타미아)에서 이집트로 산술을 들여왔다고 생각했다.[165] 사실 산술을 비롯한 그 밖의 다른

---

* 이 사실은 서기 300년경 활동했던 시리아의 철학자 이암블리코스를 통해 확인할 수 있다. 기원전 300년경에 활동한 이집트 역사가 마네토라면 토트 신이 지은 저서의 양이 이 정도로는 어림없다고 생각했을 것이다. 그의 계산에 의하면 토트 신의 저작은 3만 6000권이어야 맞기 때문이다. 그리스인들은 토트 신을 헤르메스 트리스메기스토스(Hermes Trismegistus)란 이름으로 찬미했는데, 그리스의 헤르메스(로마의 머큐리)보다 세 배는 위대하다는 뜻이었다.[162]

기술이 "칼데아인들의 우르" 혹은 서아시아의 다른 중심지에서 이집트로 들어왔다는 이야기가 불가능하지는 않다.

이집트에서 사용한 숫자는 성가셨다. 작대기 하나를 그으면 1, 두 개를 그으면 2였고, …… 아홉 개는 9를 뜻했으며, 10에는 새로운 표시를 썼다. 10 표시 두 개는 20, 세 개는 30, …… 아홉 개는 90을 뜻했으며, 100에는 새로운 표시를 썼다. 100 표시 두 개는 200, 세 개는 300, …… 아홉 개는 900, 1000에는 새로운 표시를 썼다. 1,000,000을 나타내는 이집트 숫자는 어떻게 이렇게 큰 숫자가 있는지 놀랍기라도 하다는 듯 사람이 머리 위로 두 손을 번쩍 들고 있는 모양이다.[166] 이집트인들은 간발의 차로 십진법 체계까지는 가지 못했다. 이집트인들에게는 0이 없어서 모든 숫자를 숫자 열 개로 표현한다는 생각에는 도달하지 못했다. 이를테면 이집트인들은 숫자 999를 적는 데 스물일곱 개의 기호를 사용했다.[167] 분수는 사용했지만, 분자가 항상 1이었다. 그래서 3/4는 1/2 + 1/4로 표시했다. 곱셈표와 나눗셈표는 피라미드만큼 유서가 깊다. 가장 오래되었다고 알려진 수학 논문은 아메스 파피루스(Ahmes Papyrus)로 연대가 기원전 2000~1700년까지 거슬러 올라간다. 그런데 이 논문에서조차 그보다도 500년이나 전에 나온 수학 저작들이 언급되어 있다. 책은 예제를 통해 헛간이나 밭 면적을 계산하는 법을 설명한 후 1차 로그 방정식 문제로 넘어간다.[168] 이집트 기하학은 다양한 정사각형, 원, 정육면체의 넓이뿐 아니라, 원기둥과 구의 부피를 잴 수 있었다. 이집트인들은 π 값으로 3.16을 사용하는 수준까지 갔다.[169] 우리 인류가 그 값을 3.1416까지 발전시키는 영광을 누리는 데는 4000년의 시간이 걸렸다.

우리는 이집트의 물리학과 화학에 대해서는 아는 것이 거의 없으며 천문학도 사정은 마찬가지다. 별을 보고 점을 쳤던 신전의 점성가들은 지구를 직사각형 모양의 상자로 생각했던 것 같다. 그리고 네 귀퉁이에서 산들이 하늘을 떠받치고 있다고 생각했다.[170] 이집트인들은 일식에 대한 기록은 전혀 남기지 않았으며, 천문학에서는 일반적으로 동시대 메소포타미아인들보다 발전하지 못한 편이었다. 그럼에도 이집트인들은 나일 강이 범람하는 날을 충분히 예측할 수 있었고, 신전도 하짓날 아침 지평선에 태양이 떠오르는 지점을 향하게 지을 줄 알았다.[171] 이집트의 천문학 지식은 나라에서 일반 백성들에게 알려 준 것보다는 많았을 것이다. 이집트 통치자들에게는 백성들이 믿는 미신이 아주 소중했기 때문이다. 그리고 신관들은 자신들이 알고 있는 천문학적 지식이 비밀스럽고 신비한 학문이라고 생각해서 일반 백성에게는 잘 알려 주려 하지 않았다.[172] 이집트인들은 한 세기가 지날 때마다 행성의 위치와 움직임을 추적해 기록해 두었고 이 기록은 수천 년에 이르렀다. 이집트인들은 행성과 항성을 구별할 줄 알았으며, 별들을 크기에 따라 5등급으로 분류해 놓았고(이는 맨눈으로는 거의 식별되지 않는다.), 하늘의 별이 인간의 길흉화복에 끼치는 영향을 표로 정리해 두었다. 이러한 관찰 결과를 토대로 이집트인들은 이집트가 인류에게 안긴 또 하나의 가장 커다란 선물인 역법을 만들 수 있었다.

이집트인들은 먼저 일 년을 네 달씩 세 계절로 쪼갰다. 첫 번째는 범람기로 나일 강물이 불어 넘쳤다 물러가는 때를 말한다. 두 번째는 경작기, 세 번째는 수확기였다. 그리고 각 달을 30일로 쳤는데, 이것이 음력의 일수인 29.5일의 근사치로 사용하기에 가장 편리했다. 월(月)을 나타내는 이집트어는 영어(month)와 마찬가지로 이집트에서 사용하던 달의 상징에서 나온 것이었다.* 그리고 열두 달의 끝에 5일을 더해 한 해가 나일 강이나 해의 움직임과 조화를 이루도록 했다.[174] 이집트인들은 나일 강의 수위가 최고가 되는 날을 보통 한 해의 시작으로 잡았다. 그날에는 커다란 별 시리우스가(이집트인들은 소티스라 불렀다.) 태양과 동시에 떠올랐다.(이 역법을 처음 사용할 때만 해도 그랬다.) 이집트 달력은 365.25일이 아닌 365일이었기 때문에, 시리우스가 이렇게 "태양과 함께 떠오르는 일"은(다시 말해 며칠 간 하늘에서 안 보이다가 태양이 뜨기 직전에 나타나는 것.) 4년마다 하루씩 늦춰졌다. 이집트의 달력은 이런 식으로 매년 하늘의 달력과 여섯 시간씩 어긋나게 되었다. 하지만 이집트인들은 이러한 실수를 단 한 번도 바로잡지 않았다. 그러다 많은 세월이 흐르고 기원전 46년에 이르러서야 알렉산드리

---

* 이집트에서 물시계는 역사가 하도 오래되어서 이집트인들은 그것을 무엇이나 만들 줄 알았던 지혜의 신 토트가 만들었다고 생각했다. 현존하는 물시계 중 가장 오래된 것은 연대가 투트모세 3세 시절까지 거슬러 올라가며, 지금은 베를린 박물관이 소장하고 있다. 이 물시계는 나무 막대기로 이루어져 있는데, 여섯 부분(즉 시(時))으로 나누어져 있다. 막대기 위에 놓인 가로장의 그림자를 통해 오전 또는 오후 몇 시인지를 알 수 있었다.[173]

아에 있던 그리스 천문학자들이 율리우스 카이사르의 명령을 받고 매 4년마다 하루를 더 집어넣어 달력을 보완했다. 이것이 바로 율리우스력이다. 1582년 교황 그레고리우스 13세 시절에는 보다 정교한 교정이 이루어졌다. 400으로 나누어지지 않는 해에는 추가했던 그 하루를(즉 2월 29일을) 빼는 것이다. 이것이 오늘날의 그레고리우스력이다. 서양에서 사용하고 있는 달력도 원래는 고대 근동 지역의 창작물인 셈이다.[175]*

이집트인들은 미라 제작을 하면서 여러 번의 기회가 있었을 텐데도 인체에 관한 연구에서는 상대적으로 미미한 발전밖에 이루지 못했다. 이집트인들은 혈관을 통해 공기, 물, 배설물이 흘러 다닌다고 생각했고, 심장과 창자에 정신이 자리하고 있다고 믿었다. 이집트인들의 용어에 담긴 뜻을 제대로 파악하면, 현재 우리가 인체에 대해 갖고 있는 덧없는 확신과 큰 차이가 없음을 알게 될지 모르지만 말이다. 그들은 비교적 큰 뼈와 내장 부위는 일반적으로 정확하게 파악하고 있었으며, 심장이 유기체의 동력이자 순환계의 중심이란 사실도 알고 있었다. 에버스 파피루스(Ebers Papyrus)[176]에는 다음과 같은 말이 나와 있다. "몸의 혈관은 몸의 모든 부분에 이어진다. 환자의 이마, 뒤통수, 손, …… 혹은 발에 의사가 손을 갖다 대면 어디서나 심장을 느낄 수 있다." 레오나르도(Leonardo)와 하비(Harvey)는 여기서 단 한 걸음밖에 나아가지 못했다. 그것도 3000년이나 걸려서 말이다.

---

* 4년이 지날 때마다 시리우스가 태양과 함께 떠오르는 일은 이집트 달력보다 하루씩 늦어졌으므로, 1460년 후에는 365일 늦어졌다. 이집트인들이 "소티스 주기"라 불렀던 이 기간이 다 채워지면 종이 달력과 하늘의 달력이 다시 한 번 일치했다. 로마 시대 작가 켄소리우스를 통해 서기 139년에 시리우스가 태양과 함께 떠오른 날이 이집트 달력의 첫째 날과 일치했다는 사실을 알 수 있으므로, 거기서 1460년씩 거슬러 올라갈 때마다 그런 일이 일어났다고 짐작할 수 있을 것이다.(즉 기원전 1321년, 기원전 2781년, 기원전 4241년 등에.) 이집트 달력은 첫 달의 첫째 날에 시리우스가 태양과 함께 떠오른 날 사용되기 시작했을 것이므로, 우리는 소티스 주기가 시작되는 해에 이집트 달력이 기능을 하기 시작했을 거라고 결론 내릴 수 있다. 이집트 달력에 대한 언급이 처음 나타난 곳은 제4왕조의 피라미드에 새겨진 종교적 텍스트다. 이 왕조는 기원전 1321년보다는 시기가 앞서는 게 분명한 만큼, 이집트 달력은 기원전 2781년이나 기원전 4241년 혹은 그보다 훨씬 전에 만들어진 것이 틀림없다. 한때는 기원전 4241년이라는 설이 있어 역사상 최초의 명확한 연대로 환대를 받았지만 샤프(Scharff) 교수가 이 연대에 대한 논박을 내놓았으니, 기원전 2781년을 이집트 달력이 태어난 근사치 연도로 보아야 할 것이다. 그런데 그렇게 되면 초기 왕조들과 대(大)피라미드들의 연대를 300~400년씩 앞당겨야 하는 일이 발생한다. 이 문제에 관해서는 논쟁이 아주 분분하여 이 책에서는 『캠브리지 고대사』의 연대표를 사용했다.

이집트 학문은 의학에서 절정을 꽃피웠다. 이집트의 다른 문화생활이 다 그렇듯 이번에도 시작은 신관들이었으며, 의학의 기원이 마법에 있다는 증거도 넘쳐 난다. 사람들 사이에서는 질병 예방책이나 치료책으로서 알약보다는 부적이 더 인기 있었다. 이집트인들은 악령에 씌어 병이 난다고 생각했기 때문에 주문으로 치료를 해 주어야 했다. 예를 들어 감기에 걸리면 다음과 같은 주문을 외워 퇴치했다. "물러가라, 추위의 아들, 감기야. 삭신을 쑤시게 하고, 머리를 깨질 듯 아프게 하고, 눈, 코, 귀, 입을 고생시키는 감기야, 물러가라! …… 어서 밖으로 나와라, 휘이, 휘이, 휘이!"[177] 그 먼 옛날부터 있었던 감기를 치료하는 데는 이러한 주문이 현대적 치료만큼이나 효과가 있었던 듯하다. 이집트에는 이런 난해한 방법 말고도 위대한 내과의와 외과의 전문의가 있었다. 이들이 인정한 윤리 강령은 후대에 전해져 히포크라테스 선서가 될 정도였다.[178] 산부인과 전문의가 있는가 하면, 위장 질환 전문의도 있었으며, 일부 안과의들은 나라 밖까지 너무 유명해서 키로스 2세가 사람을 보내 한 의사를 페르시아까지 모셔 오기도 했다.[179] 나머지 잔챙이 환자들과 가난한 사람들을 치료하는 것은 일반의의 몫이었다. 일반의는 화장에다 염색, 피부 관리, 팔다리 관리, 벼룩 퇴치까지 맡았다.[180]

의학적 내용만 들어 있는 파피루스도 여러 개 전한다. 그중 가장 귀중한 파피루스는 발견자 에드윈 스미스(Edwin Smith)의 이름을 딴 파피루스로, 두루마리 길이가 4.5미터에 달하며 연대는 기원전 1600년경으로 거슬러 올라간다. 이 파피루스가 출처로 언급하고 있는 작품들은 그보다도 연대가 훨씬 오래되었다. 이 파피루스는 그 형식조차도 역사상 가장 오래된 과학적 문서로 손색없다. 두개골 파열부터 척추 손상에 이르기까지 마흔여덟 가지에 달하는 외과 임상 수술 사례가 실려 있고, 각 사례는 논리적 순서에 따라 다뤄지고 있다. 거기에는 임시 진단, 정밀 검사, 증세 연구, 진단, 예후, 치료, 용어 정리 순으로 제목이 붙어 있다. 파피루스 작가는 팔과 다리 하부를 제어하는 힘은 뇌에 있다고 단정한다.(18세기에 들기 전까지는 의사가 이 정도 확신을 갖지 못했다.) 책 속에 뇌라는

단어가 등장한 것도 이때가 처음일 것이다.[181]

이집트인들은 무척이나 다양한 병을 안고 살았다. 물론 그리스어 병명은 모른 채 말이다. 이집트 시대에 만들어진 여러 구의 미라와 파피루스 문서를 보면, 이집트인들이 결핵성 척추염, 동맥경화증, 담석증, 천연두, 소아마비, 빈혈, 류머티스성 관절염, 간질, 통풍, 유양돌기염, 맹장염을 앓았다는 걸 알 수 있다. 또 변형성 척추증과 연골무형성증과 같은 기이한 질환도 찾아볼 수 있다. 이집트인들이 매독이나 암을 앓았던 흔적은 전혀 없다. 하지만 가장 초창기 미라들에게서는 찾아볼 수 없었던 치조농루나 충치가 후대 왕조 미라에서는 흔하게 나타난다. 문명이 발달했다는 증거다. 사람들은 새끼발가락 뼈가 위축되고 서로 붙으면 오늘날 신발 탓을 많이 하는데, 이 증상은 그 먼 옛날의 이집트에도 흔하게 나타났다. 남녀노소 신분 고하를 막론하고 이집트인들은 누구나 맨발로 다녔는데 말이다.[182]

이집트 의사들은 이러한 병들에 대비해 각종 약으로 중무장을 했다. 에버스 파피루스는 독사에 물렸을 때부터 산욕열이 날 때까지의 모든 상황에 대해 700가지에 이르는 치료법을 나열하고 있다. 기원전 1850년경에 만들어진 카훈 파피루스(Kahun Papyrus)에서는 좌약을 처방해 주는데, 피임에 사용된 것으로 보인다.[182a] 제11왕조 왕비의 무덤에서는 항아리와 수저, 건조된 약제, 초목 뿌리 등이 들어 있는 약상자가 발견되었다. 이집트 시대의 처방은 의학과 마법 사이를 맴돌았고, 그 효과는 말만 들어도 혐오스러운 조제약에 크게 의지하고 있었다. 도마뱀 피, 돼지 귀와 이빨, 썩은 고기와 지방, 거북이 뇌, 기름에 튀긴 고서(古書), 해산한 여인의 젖, 처녀의 분비물, 남자의 배설물, 당나귀, 개, 사자, 고양이, 이(곤충) 등등이 처방전 속에 들어 있었다. 대머리는 동물 기름으로 머리를 문질러 치료했다. 이러한 치료법 일부는 이집트에서 그리스로 전해졌고, 그리스는 이를 로마에, 로마는 우리에게 전해 주었다. 4000년 전 나일 강둑에서 달이던 기묘한 성분이 뒤섞인 약을 지금도 우리는 마음 놓고 집어삼키고 있는 셈이다.[183]

이집트인들은 공중위생 시설과* 남자들의 할례를 통해,[185]** 그리고 백성들에게 관장제를 자주 사용하라고 가르쳐 더욱 건강한 삶을 살고자 노력했다. 디오도로스 시쿨로스는 우리에게 다음과 같은 말을 전해 준다.[187]

질병을 예방하는 차원에서 이집트인들은 물을 폭음하거나, 단식하거나, 구토제를 복용하여 신체적 건강을 돌보았다. 이런 방법을 매일 동원하기도 했고, 3~4일 간격을 두고 이용하기도 했다. 이집트인들은 몸속에 들어가는 음식 중 상당 부분이 사실은 불필요하다고 말한다. 그리고 바로 이런 불필요한 음식 때문에 병이 생기는 것이라고 한다.***

플리니우스는 이집트인들의 관장약 사용 습관은 따오기에게서 배운 것이라 믿었다. 이 새는 자신이 먹은 먹이가 장에서 못 나오고 있을 때 긴 부리를 직장 관장기로 활용해 변비 증세를 완화시킨다.[188] 헤로도토스에 의하면 이집트인들은 한 달에 한 번 자기 몸을 정화하는 시간을 가졌다. 그 3일 동안은 내내 구토제와 관장제를 써서 건강을 지키려 했다. 이집트인들은 병에 걸리는 건 모두 음식에 원인이 있다고 생각했기 때문이다. 최초로 문명을 논한 이 역사가는 이집트인들을 "리비아인 다음으로 세계에서 가장 건강한 민족"으로 꼽았다.[189]

9. 예술

이집트 문명이 지닌 가장 위대한 요소는 예술이다. 역사 시대 초입이나 다름없는 시대에 이집트 예술은 힘이 넘치고 성숙한 모습을 보이고 있다. 근대 국가는 어디도 그 수준을 따라잡지 못하며, 그리스 정도만 쌍벽을 이룰 수 있을 정

---

* 이집트에 빗물을 모으고 하수를 버리는 구리 관 시설이 있었다는 사실이 발굴 작업을 통해 밝혀졌다.[184]
** 이러한 풍습의 증거는 이집트의 가장 초창기 무덤에서부터 발견된다.[186]
*** 우리 입에 들어오는 음식 중 우리를 먹여 살리는 것은 4분의 1에 불과하고, 나머지는 의사를 먹여 살린다는 현대 속담은 알고 보면 이렇게 오래전부터 있던 것이다.

도다. 이집트는 초반에는 고립된 지형과 평화라는 호사를 누릴 수 있었고, 나중에는 투트모세 3세와 람세스 2세가 이민족을 진압하고 전쟁을 치르면서 얻은 전리품으로 호사를 누렸다. 그 덕분에 이집트에는 거대한 건축물과 남성미 넘치는 조각상, 그리고 그토록 일찍이 완벽의 경지에 이른 비주류 예술이 꽃 피는 기회와 방편이 마련되었다. 시간이 흐르면 더 발전한다는 진보 이론도 이집트 예술 앞에서는 맥을 못 춘다.

고대 예술 중에서도 가장 웅장한 것이 건축이다. 압도적인 형식 속에 크기와 내구성, 아름다움과 실용성이란 요소를 결합시키고 있기 때문이다. 건축술은 처음에는 무덤을 장식하거나 집의 외부를 꾸미는 식으로 초라하게 시작했다. 거주지는 대부분 진흙으로 지어졌고, 여기저기에 예쁜 목재 장식을 넣었으며, 지붕은 질기면서도 잘 휘어지는 야자수 줄기로 튼튼하게 만들었다. 집 주변에는 보통 담장이 뜰을 에워싸고 있었다. 뜰에 난 계단은 지붕으로 이어졌고, 사람들은 이 계단을 밟고 지붕으로 올라가 방으로 내려갔다. 부자들은 개인 정원을 소유하고 정성스레 가꾸었다. 도시에서는 가난한 사람들을 위해 공공 정원을 마련해 주었으며, 집들은 거의 모두가 꽃으로 꾸미고 있었다. 집 안의 벽에는 색깔이 들어간 돗자리를 걸어 놓았으며, 집주인의 형편이 되면 바닥에는 깔개를 깔아 놓았다. 사람들은 앉을 때 의자가 아닌 이런 깔개를 이용했다. 고왕국 시대 이집트인들은 일본처럼 15센티미터 높이의 식탁 주위에 웅크리고 앉아 식사를 했으며, 셰익스피어처럼 손가락으로 밥을 먹었다. 제국 시절엔 노예의 품삯이 싸서 상류층 사람들은 방석이 깔린 높은 의자에 걸터앉아 하인들에게 요리를 하나하나 날라 오게 했다.[190]

건축용 석재는 너무 비싸서 보통 집을 짓는 데는 사용할 수 없었다. 그것은 신관이나 왕들만 누릴 수 있는 호사였다. 귀족들조차(사용하고 싶은 마음은 굴뚝 같았지만.) 가장 막대한 재물과 최고의 건축 자재는 신전의 몫으로 남겨 두었다. 그래서 아멘호테프 3세 시절 나일 강을 따라 약 1.5킬로미터가 멀다 하고 늘어서 있던 웅장한 궁전들은 하염없이 무너져 내려 기억 저편으로 사라진 반면, 신들의 거처와 죽은 자의 무덤은 고스란히 남아 있다. 제12왕조에 접어들자 피라미드는 무덤으로 더 이상 유행하지 못했다. 크눔호테프는 (기원전 2180년경) 베니하산 산허리에 주랑을 짓는 보다 소박한 양식을 택했다. 이 양식은 한 번 자리 잡은 후에는 나일 강 서안의 구릉지에 무수한 변주를 이뤄 냈다. 피라미드 시대부터 덴데라의 하토르 신전 시대에 이르기까지(즉 약 3000년의 세월 동안) 그 어떤 문명도 뛰어넘지 못할 대단한 건축물이 이집트의 모래 위로 잇달아 솟아올랐다.

카르나크와 룩소르에서는 투트모세 1세와 3세, 아멘호테프 3세, 세티 1세, 람세스 2세 및 제12왕조부터 22왕조까지의 그 밖의 다른 군주들이 세운 각양각색의 기둥을 볼 수 있다. 그리고 메디네트하부에서는 기원전 1300년경에 만들어진 거대하지만 기품은 덜한 대건축물을 볼 수 있다. 이 대건축물의 기둥 위에 아랍인 촌락 하나가 자리 잡은 지는 이미 수 세기다. 아비도스에서는 대규모 유적지 안에 거무스름하고 수수한 모습의 세티 1세 신전이 있다. 엘레판틴 섬에는 기원전 1400년경에 만들어진 자그만 크눔 신전이 있는데, "정교하고 우아한 모습에서 그리스 양식의 특징이 엿보인다."[191] 데이르엘바하리에는 하트셉수트 여왕의 웅장한 주랑이 있으며, 그 근처의 라메세움에서는 람세스 2세의 건축가들과 노예들 손으로 세워진 엄청난 크기의 기둥과 조각상들 숲이 또 하나 있다. 필레 섬에는 사랑스러운 이시스 신전이 있지만 지금은 나일 강 아스완 댐 공사로 완벽한 모양새를 자랑하는 기둥 기부가 물에 잠겨 황량하게 내팽개쳐진 모습이다. 아직도 나일 강 계곡을 장식하고 있는 많은 기념물의 대표만 추린 게 이 정도다. 이것들은 폐허 속에서도 유물을 만든 이집트 민족의 힘과 용기를 생생하게 증명해 주고 있다.

물론 가차 없이 내리쬐는 태양의 폭정에 맞서 빼곡하게 세운 기둥이 지나치게 많다고 느껴질 수도 있고, 대칭을 싫어하는 극동 지방의 경향이 엿보일 수도 있다. 또 통일성이 결여되어 있고, 큰 것을 무조건 동경하는 현대의 야만적인 태도도 보이는 듯하다. 하지만 이곳에는 웅장미와 장엄미, 위엄과 힘이 녹아 있는 것 또한 사실이다.

　이집트 유적에서는 아치와 둥근 천장도 찾아볼 수 있다.[192] 이집트인들은 이 기법들을 웬만하면 잘 쓰지 않았는데 건축에 꼭 필요했던 게 아니라, 그리스와 로마 그리고 근대 유럽에 이 기법의 원리를 전해 주려는 채비였기 때문이다. 한편 이곳에 사용된 장식 무늬의 수준은 타의 추종을 불허한다.[193] 파피루스 문양 기둥과, 연꽃 문양 기둥, 원조 도리스식 기둥,[194] 여인상 기둥을 비롯해[195] 하토르 여신상 기둥머리, 야자수 기둥머리, 채광창을 곳곳에서 볼 수 있다. 또 웅장한 장식 틀에서는 힘과 안정감이 넘쳐 나 건축가의 기백이 고스란히 전해진다.* 이집트인들은 건설에 있어서 역사상 가장 위대했다.

　이집트인들은 조각에 있어서도 최고였다고 덧붙이는 사람들이 있을지 모르겠다. 일례로 스핑크스는 이집트 역사 초창기부터 있던 것으로, 그 옛날 힘을 자랑했던 파라오의 사자 같은 위용을 상징하고 있다. 스핑크스는 덩치만 큰 게 아니라 나름의 품격도 담고 있다. 맘루크 왕조 때 사람들이 대포를 쏴서 코가 떨어져 나가고 턱수염도 떨어져 버렸지만, 이 덩치 큰 조각상의 얼굴에는 왕이 천부적으로 가진 힘과 위엄, 차분하면서도 냉소적인 성숙함이 놀라운 솜씨로 담겨 있다. 스핑크스를 만든 무명의 예술가나 군주는 인간이 인간에 대해 알 수 있는 건 벌써 다 알고 있다는 듯 미동조차 없는 그 얼굴 위에는 미묘한 미소가 벌써 오천 년 동안이나 감돌고 있다. 돌로 만든 모나리자인 셈이다.

　카이로 박물관에 가면 섬록암으로 만든 카프레의 조각상을 볼 수 있는데, 조각 역사에서 이보다 훌륭한 작품은 찾아볼 수 없다. 프락시텔레스 시대가 우리에게 아득한 옛날인 만큼 이집트는 프락시텔레스에게 아득한 옛날인데도, 이 작품은 50세기의 모진 세월을 용케 견디고 살아남아 거의 아무 손상도 입지 않은 채 우리에게 전해지고 있다. 지극히 깎기 힘든 섬록암으로 만든 이 작품을 통해 우리는 왕(혹은 작품을 만든 예술가)의 힘과 권위, 의지와 용기, 감수성과 총

---

* 채광창이란 주변부 천장보다 높은 위치에 여러 개 붙어 있어 그것을 열면 건물 안으로 빛이 들어오게 되는 부분을 말한다. 장식 틀이란 주랑이 떠받치고 있는 상부 구조물인 엔타블러처(entablature)의 맨 아랫부분을 말한다.

명함을 온전히 느낄 수 있다. 그 근처에는 카프레의 조각상보다도 오래된 파라오 조세르의 석회암 조각상이 부루퉁한 표정으로 앉아 있다. 거기서 조금 더 가서 안내인이 성냥에 불을 붙이면 새하얀 설화 석고로 만들어져 영롱한 빛을 발하는 멘카우레의 조각상이 모습을 드러낸다.

 왕가의 이 조각상들만큼이나 완벽함을 자랑하는 것이 셰이크엘벨레드 조각상과 서기관 조각상이다. 서기관 조각상은 여러 가지 형태로 우리에게 전해지는데, 모두 얼마나 오래된 것인지는 확실히 알 수 없다. 그중에서도 가장 눈에 띄는 것이 가부좌를 하고 있는 루브르 박물관의 서기관이다.* 셰이크엘벨레드는 사실 아랍의 족장을 뜻하는 '셰이크'와는 전혀 상관없다. 그는 인부 감독관에 불과한 인물로 권위를 상징하는 지팡이를 손에 들고 감독을 하거나 명령을 내리려는 듯 앞으로 발을 내디디고 있다. 그의 이름은 카피루였던 듯하다. 그런데 아랍인 인부들이 사카라에 있는 그의 무덤에서 이 조각상을 건져 낼 당시, 자신들의 셰이크엘벨레드('마을의 족장'이란 뜻)와 닮은 걸 보고 깜짝 놀라서 재미로 거기다 셰이크엘벨레드라는 이름을 붙였다. 그것이 이제는 조각상의 명성과 떼려야 뗄 수 없는 관계가 된 것이다. 셰이크엘벨레드는 썩어 없어지는 나무로 만들었지만 세월의 풍상을 많이 겪지는 않아서 뚱뚱한 몸집이나 통통한 허벅지가 그대로다. 그의 허리 살은 모든 문명 속 팔자 좋은 부르주아 못지않게 넉넉하다. 투실한 얼굴에는 자신의 위치나 그 속에서 누리는 영예를 의식하는 사람 특유의 만족감이 배어 나온다. 벗겨진 머리와 아무렇게나 늘어뜨려 걸친 옷에서는 사실주의가 드러난다. 이 당시 예술은 벌써 이상화에 반기를 들 만큼 나이를 먹었다는 증거리라. 하지만 이 조각상에는 소박한 멋과 완전한 인간미도 표현되어 있으며, 냉소는 찾아볼 수 없다. 또 일에 숙달되어 자신감 넘치는 장인의 느긋한 마음과 품위도 엿보인다. 마스페로(Maspero)는 이렇게 말했다. "만일 세계의 걸작 전시회가 열린다면, 나는 이 작품을 내세워 이집트 예술

---

* 303쪽 참조. 그 외의 조각상들은 카이로 박물관과 베를린의 국립 박물관의 한 구석을 장식하고 있다.

의 명예를 드높일 것이다."¹⁹⁶ 내 생각에는 카프레의 두상으로 하는 편이 더 안전할 것 같다.

이상이 고왕국 시대 조각의 걸작으로, 이집트에는 이에 약간 못 미치는 걸작도 수두룩하다. 라호테프와 그의 아내 노프리트의 좌상을 비롯해 신관 라노페르의 힘이 넘치는 조각상, 구리로 만든 피오프스 왕과 그의 아들 조각상, 금으로 만든 독수리 두상, 맥주 양조자들과 난쟁이 크넴호테프의 모습을 담은 익살스러운 조각상도 모두 그에 해당한다. 이것들은 한 작품만 제외하곤 모두 카이로 박물관에 있으며, 하나같이 개성이 넘쳐흐른다. 물론 초창기 작품들은 조잡하고 저속하기도 하다. 또 이집트 예술 역사 내내 나타나는 이상한 관습에 따라 몸통과 눈은 정면을, 손과 발은 옆면을 그렸다.* 몸에 별로 신경을 쓰지 않고 대부분 판에 박은 듯 똑같이 그리거나 비현실적으로 그린 것 역시 이상하다. 여자들 몸은 다 젊고, 왕족들은 모두 건장한 체구인 식으로 말이다. 그 솜씨가 일품이긴 하지만 전반적으로 머리에만 개성을 불어넣은 것도 그렇다. 종교적 관습과 통제 때문에 조각상·그림·얕은 돋을새김 작품들이 정형화되고 천편일률적이 된 건 어쩔 수 없다. 하지만 작품에 들어 있는 심오하고 강력한 생각, 제작 과정에 불어넣은 힘과 정밀성, 작품에 담긴 개성·스타일·마무리 솜씨가 그 모든 결점을 보충해 주고 남는다. 역사상 조각에 이토록 생동감이 넘친 경우는 없었다. 셰이크엘벨레드에게서는 권위가 배어 나오며, 곡식을 가는 여인은 지력과 근력을 모두 동원해 일에 몰두하는 모습이고, 서기관은 지금이라도 종이에 글씨를 적을 태세다. 고인에게 꼭 필요한 여러 가지 일을 해 주기 위해 무덤에 함께 들어간 많은 조그만 꼭두각시 인형에서도 마찬가지의 활기가 넘친다. 이 정도면 무덤에 가서도 행복하지 않을까 하는 생각이 절로 들 정도다.

그러다 수 세기 동안 이집트 예술은 초창기 왕조의 업적을 따라잡지 못한다.

---

* 중요 작품 중에는 셰이크엘벨레드나 서기관 조각상처럼 이런 관습을 따르지 않는 것도 있다. 따라서 이집트인들이 그림을 그릴 줄 모르거나 무식해서 그런 관습을 따른 건 아니었던 듯하다.

조각상 대부분은 신전이나 무덤에 쓰여서, 예술가가 어떤 양식을 따라야 할지는 대부분 신관들이 결정했다. 게다가 종교가 갖기 마련인 보수주의가 예술 속으로 기어들어 와, 서서히 조각의 숨통을 조이고 관습적이고 틀에 박힌 타락의 길로 몰아넣었다. 그러다 제12왕조의 강력한 군주 치세에 들어 현실적인 기운이 되살아나면서, 예술은 예전의 활기를 되찾고 예전의 기술에서 한발 더 나갈 수 있었다. 흑색 섬록암으로 된 아메넴헤트 3세의 두상을 보면[197] 조각상이 품격과 예술성을 되찾았음을 단번에 알 수 있다. 자신감 넘치는 대가의 솜씨로 유능한 왕의 조용한 결의가 표현되어 있다. 어마어마한 크기의 세누스레트 3세 조각상의 두상 부분은 그 구상과 제작 솜씨가 조각 역사에서 타의 추종을 불허한다. 한편 카이로 박물관에 보관되어 있는 세누스레트 1세의 토르소는 파손되기는 했지만 루브르 박물관에 있는 헤라클레스 토르소와 어깨를 견준다. 시대를 막론하고 동물 토우(土偶)도 많이 만들어졌는데, 언제나 익살과 생명력이 넘친다. 나무 열매를 갉아먹는 쥐가 있는가 하면, 하프 연주에 여념이 없는 원숭이도 있고, 경계심에 가시를 모두 곤추세우고 있는 호저도 볼 수 있다. 그러다가 양치기 왕들의 시대가 오면서 이집트 예술은 300년간 명맥이 거의 끊기다시피 했다.

그러다 하트셉수트 여왕, 투트모세, 아멘호테프, 람세스 시대에 예술은 나일강을 따라 제2의 부흥기를 맞는다. 속국 시리아에서 부가 쏟아져 들어와 신전과 왕실로 들어갔고, 거기서 쓰고 남은 재물이 온갖 예술의 자양분이 되어 주었다. 투트모세 3세와 람세스 2세의 어마어마한 거상이 하늘 높은 줄 모르고 높이 솟기 시작했고, 조각상들은 신전 구석구석에 빼곡히 들어섰다. 이집트 민족은 자신들이 세계 최고라는 자부심에 들떠 전례 없이 많은 걸작을 쏟아 냈다. 뉴욕 메트로폴리탄 예술 박물관에는 위대한 여왕 하트셉수트의 훌륭한 화강암 흉상이 전시되어 있고, 카이로 박물관에는 투트모세 3세의 현무암 조각상이 자리하고 있다. 영국 박물관에는 아멘호테프 3세의 사자 스핑크스가 있으며, 루브르 박물관에서는 석회암으로 만든 이크나톤의 좌상을 볼 수 있고, 이탈리아 토리노에 가면 람세스 2세의 화강암 조각상을 만날 수 있다.* 대단한 업적을 남긴 람세스 2세가 완전히 엎드린 자세로 신에게 공양을 하는 조각 작품도 있다.199 생각에 잠긴 데이르엘바하리의 소를 묘사한 작품도 있는데, 마스페로는 "이 장르에서만큼은 (비록 더 낫다고는 못해도) 그리스 및 로마 시대의 최고 작품에 맞먹는다."고 생각했다.200 한편 러스킨(Ruskin)은 아멘호테프 3세의 사자 두 마리를 고대에서 살아남은 최고의 동물 조각상으로 꼽았다.201 람세스 2세 시대의 조각가들이 아부심벨의 바위산에 새겨 놓은 거상도 훌륭하며, 텔엘아마르나에 있는 예술가 투트모세의 작업실 유적 가운데서도 놀라운 유물들이 발견되었다. 이크나톤의 두상을 뜬 회반죽 모형에는 이 비극적인 왕이 지닌 신비로움과 감수성이 넘쳐흐르며, 이크나톤의 왕비 노프레테테의 사랑스러운 석회암 흉상도 찾아볼 수 있고, 사암으로 만든 노프레테테의 두상은 그보다도 훨씬 더 근사하다.202 이렇게 뿔뿔이 흩어진 사례들이면 부가 넘쳐 났던 이집트의 제국 시절 조각에서 얼마나 많은 성취가 있었는지 가늠할 수 있다. 한편 익살도 사라지지 않고 위풍당당한 이 걸작들의 틈을 비집고 들어왔다. 이집트 조각가들은 사람들이나 동물을 우스꽝스럽게 그리는 장난을 치곤 했으며, 우상 타파를 외치던 이크나톤 시절엔 심지어 왕과 왕비를 가지고도 웃고 장난치는 모습을 담았다.

　이집트 예술의 그런 웅장함은 람세스 2세 시절이 지나면 급속도로 자취를 감춘다. 그 후 수 세기 동안 예술은 종래의 작품과 양식을 반복하는 것에 만족했다. 그러다 사이스 왕조 때에 재기를 노렸는데, 소박하고 성실한 태도를 보였던 고왕국 시대 장인들의 예술로 돌아가는 방법을 썼다. 조각가들은 가장 단단하기로 이름난 현무암, 각력암, 사문석, 섬록암 등에 용감하게 달려들어 몬투미하이트 조각상과 같은 사실주의적인 작품들을 만들어 냈다.203 신원 미상 대머리 남자의 녹색 현무암 두상도 이때 만들어졌는데, 지금은 화가 난 모습으로 베

---

* 이쯤에서 우리는 어떤 이집트 정치가가 유럽의 화랑들을 둘러보고 나서 했던 다음과 같은 말을 상기하게 된다. "우리나라에서 약탈해 간 게 참 많기도 하군요!"198

를린 국립 박물관의 담장을 내려다보고 있다. 청동으로는 테코스케트 부인의 아름다운 모습을 뜨기도 했다.204 그리고 사람들과 짐승의 실제 모습과 움직임을 포착하는 것이 다시 한 번 예술가들의 즐거움이 되었다. 신기한 동물, 노예, 신들의 우스꽝스러운 모습을 주물로 떠내기도 하고, 청동으로 고양이와 염소의 머리를 만들기도 했다.205 그러다가 페르시아인들이 양 떼를 덮치는 한 마리 늑대처럼 밀고 내려와 이집트를 정복하고 신전과 그 안에 깃든 정신을 짓밟아 버리면서 이집트 예술의 숨통도 끊어져 버렸다.

    지금까지 이야기한 건축과 조각은* 이집트의 주류 예술에 해당한다. 하지만 많기로 따지면 얕은 돋을새김 작품들도 건축이나 조각과 함께 주류 예술에 들어야 할 것이다. 이집트인들처럼 부단히 곳곳의 벽에 자기네 역사와 전설을 새겨 넣은 민족은 없었다. 처음에는 무늬처럼 보이는 그 이야기들이 따분할 정도로 다 비슷하고, 도처에 혼란의 여지가 있으며, 비례와 원근법이 지켜지지 않는 것에 경악한다.(엄밀히 말하면 멀리 있는 것을 가까이 있는 것 위에 그려 서툴게나마 원근을 표현하려고는 했다.) 파라오의 모습은 아주 크게 그리고, 적군은 아주 작게 그린 것도 놀라울 따름이다. 그리고 조각에서와 마찬가지로 두 눈과 가슴은 대담하게 앞을 보는데, 코와 턱 그리고 발은 쌀쌀맞게 옆으로 돌아가 있는 모습이 우리의 그림 보는 습관으로는 영 어색하다. 하지만 얼마 지나 우리는 웨네페스 왕의 무덤에 새겨진 매와 뱀의 완벽한 윤곽선과 우아함에 넋을 잃는다.206 사카라의 계단 피라미드에 있는 조세르 왕의 석회암 돋을새김이나, 역시 사카라에 있는 헤지레 왕자의 목조 돋을새김을 볼 때도 마찬가지다.207 아부시르에 있는 제5왕조 무덤의 부상당한 리비아인 모습도 볼 만한데,208 고통을 받아 팽팽하게 당겨진 근육을 집요하게 묘사해 내고 있다. 그리고 마침내 우리는 마음을 가라앉히고 끈질기게 기나긴 돋을새김을 보며, 투트모세 3세와 람세스 2세가 압도적 대승을 거둔 이야기를 전해 듣는다. 세티 1세를 위해 아비도스와 카

---

* 조각이란 말은 예술 작품 중 깎아 만든 것은 모두 포함하지만, 이 책에서는 특별히 환조(丸彫)를 의미하는 말로 사용하기로 한다. 한편 평면 위에 얕게 새긴 작품들은 얕은 돋을새김이란 용어로 분류하기로 한다.

르나크에 새긴 돋을새김 속 선이 완벽하다는 사실도 알아볼 수 있다. 그러다 보면 하트셉수트 여왕 시절 조각가들이 델엘바하리의 벽에 새긴 그림같이 아름다운 조각을 호기심에 차서 살피게 된다. 하트셉수트 여왕이 신비의 땅 푼트 (소말리아를 포함한 동아프리카의 해안 지역인 듯하다.)로 원정대를 보낸 이야기다. 먼저 돛이 활짝 펼쳐져 있고 노가 촘촘히 자리 잡은 기다란 배들이 문어와 갑각류를 비롯해 바다에서 힘겹게 살아가는 동물들 사이를 헤치고 물살을 가르며 남쪽을 향해 가는 모습이 눈에 들어온다. 배들이 푼트 지역 해안에 닿자 그 모습에 깜짝 놀라기도 하고 매료되기도 한 백성과 왕이 그들을 맞이한다. 이어 선원들이 엄청나게 많은 그 지역 특산품을 배로 날라 온다. 돋을새김 속에서 푼트의 인부는 이런 농담을 던지는 듯하다. "거기 자네, 발 헛디디지 않게 조심하라고! 어어어!" 이제 우리의 눈길은 짐을 한가득 싣고 다시 북쪽으로 돌아오는 배들을 따라간다. 배들은 "푼트 땅의 신기한 물건, 즉 신의 땅에서 난 향기로운 온갖 나무, 향, 흑단, 상아, 금, 다양한 목재, 눈 화장품, 원숭이, 개, 표범 가죽 등을 가득 실었다. …… 세상이 시작된 이래 어느 왕도 이런 물건을 받아 본 적이 없었다." 배들은 홍해와 나일 강 사이의 거대한 운하를 지난다. 원정대가 테베의 부두에 내려 여왕의 발치에 각양각색의 짐을 부린다. 그리고 마지막으로 (시간이 약간 흐른 듯) 푼트에서 가져온 그 모든 물건들이 이집트를 아름답게 장식하고 있는 모습이 보인다. 금과 흑단으로 만든 장식물, 여러 가지 향수와 고약 상자, 상아와 동물 가죽이 구석구석에 자리하고 있다. 푼트에서 가져온 나무도 테베 땅에서 아주 잘 자라, 아름드리 뻗은 나뭇가지 밑에서 소들이 햇빛을 피해 휴식을 즐기고 있다. 이 작품은 예술 역사상 최고의 돋을새김 중 하나로 손꼽힌다.[209]*

얕은 돋을새김은 조각과 회화를 잇는 이음매다. 프톨레마이오스 왕조 시대와 그리스의 영향을 받던 시절을 제외하면 이집트에서는 회화가 독립적인 예

---

* 뉴욕 메트로폴리탄 예술 박물관의 제12왕조 이집트 전시실에 가면 이 돋을새김의 주물 모형을 관람할 수 있다.

8장 이집트 **343**

술 분야가 될 정도로 발전한 적이 단 한 번도 없다. 회화는 줄곧 건축과 조각, 돋을새김에 따라다니는 장식물일 뿐이었다. 조각가가 연장을 가지고 윤곽선을 새겨 놓으면 화가가 그 안을 채웠다. 이렇게 다른 예술에 예속되어 있기는 했지만, 이집트 예술 어디서나 볼 수 있는 것이 또 회화였다. 대부분의 조각에 그림을 그리고, 겉면에는 모두 색을 입혔기 때문이다. 한편 회화는 위태로울 정도로 시간의 지배를 많이 받아서, 조각이나 건물만큼 영구성을 지니지 못한다. 그래서 메둠의 무덤에서 발견된 거위 여섯 마리를 그린 빼어난 그림 외에는 고왕국 시대의 회화를 거의 접할 수 없다.[210] 하지만 이 그림 하나만으로도 회화 역시 초기 왕조 시절에 이미 완벽의 경지에 다가갔다고 충분히 생각할 수 있다. 중왕국 시절로 오면 베니하산에 있는 아메니와 크눔호테프의 무덤 속에서 유쾌한 장식 효과를 내는 디스템퍼 회화*를 만날 수 있는데,「가젤과 농부」,[211] 「먹잇감을 노리는 고양이」[212] 등이 이 분야의 걸출한 대표작으로 손꼽힌다. 작품이 바로 움직일 것처럼 생생해야 한다는 핵심을 예술가는 이 대목에서 다시 한 번 잡아내고 있다. 더 나아가 제국 시절에 이르자 무덤에서는 회화가 다채롭게 꽃을 피웠다. 이제 형형색색의 색깔을 만들 줄 알게 된 이집트 예술가들은 어떻게 해서든 자신의 솜씨를 드러내려 안달이었다. 가정이건, 신전이건, 궁정이건, 무덤이건 이집트 예술가들은 벽과 천장에다 햇볕 가득한 야외의 생명력을 산뜻하게 그려 내려 애썼다. 하늘을 나는 새들이나, 바닷속을 헤엄치는 물고기, 정글의 짐승들이 자기 보금자리에 있는 모습 등을 말이다. 마룻바닥에도 그림을 그려 투명하게 안이 비치는 연못처럼 보이게 했고, 천장은 하늘에 박힌 보석들과 어깨를 겨루려는 듯한 모습이었다. 그리고 이러한 그림 주위에 기하학무늬나 꽃무늬의 테두리를 둘렀는데, 얌전하고 단순한 것부터 혼을 쏙 빼 놓을 정도로 복잡한 것에 이르기까지 다양하다.[213] 독창성과 기지가 넘쳐흐르는「춤추는 소녀」나[214] 「배를 타고 벌이는 새 사냥」[215]이란 그림을 한번 감상해 보라. 나

---

* 디스템퍼 회화란 물감에 계란 노른자, 묽은 아교, 계란 흰자를 개서 그린 그림을 말한다.

크트의 무덤 안, 다른 음악가들 속에 섞여 있는 황토색 피부의 날씬한 나체 미녀도 빼 놓을 수 없다.[216] 이 정도가 이집트 곳곳에 흩어져 있는 무덤에 그려진 사람들의 대표적 사례다. 얕은 돋을새김과 마찬가지로 회화도 선은 훌륭하지만 구도는 형편없다. 일례로, 행사에 참가한 경우를 우리라면 한데 뒤섞인 모습으로 그리겠지만, 이집트인은 한 사람 한 사람 죽 늘어선 모습으로 그렸다.[217] 그리고 회화에서도 원근법보다 중첩법을 더 많이 썼다. 또 당시 회화는 이집트 조각의 엄격한 형식주의와 관습을 지키려 했기 때문에, 후기 조각 특유의 생생한 익살과 사실주의를 찾아볼 수 없다. 하지만 이들 그림은 참신한 구상, 물 흐르듯 자연스러운 선과 제작 솜씨가 훌륭하다. 또 자연물의 생명력과 움직임을 중시하는 태도, 풍부한 색감과 장식이 돋보여 보는 사람의 눈과 마음을 즐겁게 한다. 이집트 회화에는 결점도 많지만, 동양 문명은 중국의 중기 왕조에 들어서야 비로소 그 수준을 따라잡을 수 있었다.

이집트에서는 비주류 예술이 주된 흐름이었다. 이집트인들은 카르나크 신전이나 피라미드를 짓거나 석재 조각상으로 신전을 가득 메울 때 엄청난 기술과 에너지를 보여 주었다. 집안을 꾸미고, 몸을 치장하고, 생활의 온갖 멋을 즐기는 데도 그 기술과 에너지는 유감없이 발휘됐다. 직조공들은 빛깔이 선명하고 결도 한없이 고운 깔개와 태피스트리, 방석을 만들어 냈다. 당시 직조공들이 만들어 낸 무늬는 시리아로 전해져 오늘날까지 사용되고 있다.[218] 투탕카멘의 무덤에서 발견된 유적을 보면 이집트 시대 가구는 놀라울 정도로 호화로우며, 어느 것 하나 정교하게 마무리되지 않은 것이 없다. 금과 은으로 화려하게 뒤덮인 의자, 호화스러운 세공과 무늬가 돋보이는 침대, 조그만 크기에 예술적 기교를 담은 보석 상자와 향료 바구니를 볼 수 있다. 이집트보다 훌륭한 항아리를 만들어 낸 곳은 아마 중국밖에 없을 것이다. 탁자에는 금은 및 청동제의 값비싼 그릇과 굽 달린 수정 술잔, 섬록암으로 만든 사발이 놓여 있었다. 섬록암 사발은 얼마나 세심하게 갈았는지 사발 옆면이 빛을 받아 반짝거릴 정도다. 투탕카멘의 설화 석고 그릇과 테베의 아멘호테프 3세 별궁 유적지에서 발굴된 완벽한 연꽃 문양 컵과 물 사발은 이집트의 도자기 예술이 높은 경지에 다다랐음을 증명해 주고 있다. 마지막으로 중왕국 시대와 제국 시대 보석 세공인들은 무늬와 세공 면에서 타의 추종을 불허하는 진기한 장식품을 다량 만들어 냈다. 목걸이, 왕관, 반지, 팔찌, 거울, 가슴 장식, 사슬 장신구, 대형 메달 장식에는 금과 은, 홍옥수와 장석, 청금석과 자수정 등 온갖 것이 다 사용되었다. 부유한 이집트인들은 일본인처럼 주변의 사소한 것들을 아름답게 하는 데서 낙을 찾았다. 보석 상자의 상아에는 모두 돋을새김 조각을 하고 세밀한 부분까지 정교하게 다듬었다. 이집트인들은 옷은 소박하게 입었지만 생활엔 완전을 기했다. 그들은 하루 일과를 마치면 류트, 하프, 시스트럼, 플루트, 리라로 부드럽게 음악을 연주하며 기분 전환을 했다.* 신전과 왕궁에는 저마다 오케스트라와 합창단이 있었으며, 파라오는 "노래 감독" 관리를 따로 두고 왕을 즐겁게 해 줄 악기 연주자와 음악가들을 조직하게 했다. 이집트에 악보가 있었다는 흔적은 없으나, 이는 유물이 발견되지 못한 것뿐이리라. 스네프루노프르와 레메리프타는 이집트 시대의 카루소(Caruso)와 드 레슈케(De Reszke)에 해당하는 인물로, "아름다운 노래로 왕을 더할 나위 없이 만족시켰다."[219]고 자랑하는 목소리가 수 세기를 훌쩍 뛰어넘어 우리 귀에까지 전해진다.

예술가의 이름이 후대까지 살아남아 전해지는 일은 드물었다. 제후·신관·왕의 모습과 기억을 길이 보존하기 위해 고생하면서도 정작 예술가 자신은 후대에 이름을 남길 방편이 거의 없었다. 물론 거의 신화적 인물에 가까웠던 조세르 시대의 건축가 임호테프나, 투트모세 1세를 위해 델엘바하리 신전 같이 위대한 건축물을 설계한 이네니의 이름은 전해 들을 수 있다. 또 푸이므레나 하푸세네브, 그리고 하트셉수트 여왕 시대에 건축 일을 맡아 진행시켰던 센무트도 있다.** 예술가 투트모세의 작업장에서는 수많은 걸작 예술품이 발견되기도 했

---

* 류트는 좁다란 공명판에 몇 가닥의 줄을 걸어 만든 악기이고, 시스트럼은 줄에 조그만 원반형 방울을 달아 흔들도록 한 것이었다.
** 센무트는 왕들에게서 상당히 총애를 받아 스스로에 대해 이렇게 말할 정도였다. "나는 온 땅의 위대한 자 가운데

다. 또 베크라는 자부심 넘치는 조각가는 고티에(Gautier) 같은 어조로 자신이 아니었으면 이크나톤은 사람들의 기억 속에서 지워져 버렸을 거라고 말한다.[221] 아멘호테프 3세는 하푸의 아들로 자신과 이름이 똑같았던 아멘호테프라는 인물을 수석 건축가 지위에 앉히기도 했다. 그가 재능을 마음껏 발휘할 수 있도록 파라오가 거의 무한정의 재정 지원을 해 준 덕에, 왕의 총애를 받은 이 예술가는 너무 유명해져 나중에 이집트인에게서 신으로 숭배받았다. 하지만 예술가 대부분은 무명인 채 빈곤에 허덕이며 일해야 했고, 신관이나 유력자들이 고용한 그 밖의 다른 장인이나 수공업자에 비해 지위가 높은 것도 아니었다.

이집트 종교는 이집트의 부와 협력할 때는 예술에 영감을 주고 예술을 육성시켰으나, 이집트가 제국과 풍족함을 잃어버리자 예술을 파괴하는 역할을 했다. 종교는 예술에 모티브와 아이디어와 영감을 주었으나, 예술에 관습과 제약을 가하기도 했다. 예술은 그 관습과 제약에 완전히 속박되어 있었기 때문에, 예술가들 사이의 신실한 신앙이 죽자 그것에 의지해 살아 오던 예술도 덩달아 죽음을 맞았다. 이는 거의 모든 문명이 겪는 비극이다. 문명의 혼은 신앙 속에 담겨 있어서 대개 철학보다 오래 살아남지를 못한다.

10. 철학

철학사를 다루는 사람은 흔히 그리스 이야기로 서두를 연다. 한편 자신들이 처음 철학을 만들었다고 믿는 인도인이나, 자신들이 철학을 완성시켰다고 믿는 중국인은 우리 서양인의 역사 지방주의를 보고 슬며시 미소 지을 것이다. 하지만 우리 모두 다 틀렸을지 모른다. 이집트인이 남겨 준 고대의 단편적인 유물 대부분은 아무리 어설프고 전문적이지 못하다 해도 도덕 철학에 속하는 글들이기 때문이다. 그리스인은 이집트인의 지혜를 소중한 금언으로 여겨서, 먼 옛날에 살았던 이 민족에 비하면 자신들은 철부지 어린애에 불과하다고 생각

서도 가장 위대하다."[220] 사람들이 이런 의견을 갖는 건 아주 흔한 일이지만, 꼭 이렇게까지 노골적으로 표현하지는 않는다.

했다.[222]

현재 우리에게 가장 오래된 철학 작품으로 알려져 있는 것이 바로 「프타호테프의 가르침」이다. 이 작품은 연대가 기원전 2880년까지 거슬러 올라가는 것으로 보이는데, 공자, 소크라테스, 부처보다도 2300년이나 전이다.[223] 프타호테프는 멤피스를 통치하는 지방관이었으며, 제5왕조 시절에는 왕의 총리 대신을 지냈다. 관직에서 물러나면서 그는 아들에게 영구불변의 지혜가 담긴 지침서를 남겨 주겠다고 마음먹었다. 그 책을 제18왕조 이전의 일부 학자들이 고대의 고전 작품으로 필사를 해 두었다. 프타호테프는 다음과 같은 말로 입을 연다.

오 주군이시여, 삶의 끝이 목전에 왔습니다. 인생의 말년이 제게 닥쳐오고 있습니다. 약한 마음이 고개를 들고 어린아이 같은 유치함이 되살아납니다. 늙은 이 몸은 매일 비참한 기분으로 자리에 눕습니다. 눈은 침침하고 귀도 들리지 않습니다. 기력도 점점 사라지고 마음엔 여유가 없습니다. …… 그러니 제 총리 대신 자리를 아들에게 넘겨줄 수 있도록 신하에게 분부를 내려 주십시오. 그리고 제 아들에게 선인들의 교훈을 전하게 해 주십시오. 그들은 선대의 조언과 신의 말씀에 귀 기울일 줄 알았습니다. 제발 이렇게 간청합니다.

폐하께서는 이를 허락하며 "이야기가 지루해지지 않도록 하라."고 당부한다.(이는 철학자들이 여전히 새겨들어야 할 조언이다.) 그리하여 프타호테프는 아들에게 다음과 같은 가르침을 전한다.

배웠다고 자만하지 말고 무지한 사람과 이야기를 나눌 때도 현자를 대하듯 하라. 기술은 한계가 없어 얼마든 배울 수 있다. 그 어떤 장인도 모든 걸 잘할 수는 없기 때문이다. 공정한 말은 하녀가 자갈 사이에서 찾아낸 에메랄드보다 귀하다. …… 그러니 친절을 집으로 삼아 그 안에서 살면 사람들이 제 발로 찾아와 선물을 줄 것이다. …… 말로 원한을 사지 않도록 조심해라. …… 진실을 넘겨짚지 말 것이며, 제후든 농부든 사람이 방심해서 한 말은 다른 사람에게 옮기지 말지어다. 그것은 영혼이 끔찍이도 싫어하는 짓이다.

지혜로운 사람이 되고 싶거든 아들을 낳아 신을 기쁘게 하라. 아들이 너를 본보기로 삼아 바른 길을 가고, 네 일을 도리에 맞게 처리하면 좋은 것은 모두 다 해 주어라. …… 하지만 아들이 생각이 없어 네가 세운 행동 규칙을 어기고 난폭하게 굴고 험한 말만 입에 담는다면, 아들이 말을 바로 하도록 때려 주어라. …… 사람에게는 아들의 덕이 귀중한 것이며, 나중에 기억에 남는 것은 훌륭한 품성이다.

어디를 가든지 여자들과 어울려 지내지 않도록 조심하라. …… 지혜로워지고 싶거든 네 품 안의 아내에게 너의 집과 사랑을 주어라. …… 말 많은 것보다 침묵이 더 많은 이득을 가져다준다. 논의에 능한 전문가가 얼마나 거세게 반대를 하고 나올지 생각해 보라. 모든 일에 대해 이야기하는 건 어리석은 짓이다.

권력을 손에 쥐게 되거든 지식과 온화함으로 존경을 얻어라. …… 말 중간에 끼어들지 않도록 조심할 것이며, 격분해 대답을 하지도 말라. 그런 행동은 되도록 삼가고 스스로를 다스려라.

그리고 프타호테프는 호라티우스처럼 자부심 넘치는 어조로 이렇게 결론을 내린다.

여기에 적힌 말은 어느 것 하나 이 땅에서 영영 사라지지 않을 것이며, 제후들에게 말 잘하는 법으로서 귀감이 될 것이다. 나의 이야기는 사람들에게 어떻게 말해야 하는지 그 법을 가르쳐 줄 것이다. …… 내 말에 따르는 자는 복종에 능숙하게 되고, 빼어난 말솜씨를 가지게 될 것이다. 더불어 그에게는 복이 따를 것이다. …… 그리하여 인생 막바지에 이를 때까지 감사하는 마음을 갖고, 언제나 만족한 상태로 지낼 수 있으리라.[224]

이런 활기찬 어조가 이집트 사상에 줄기차게 이어진 것은 아니다. 그 활기는 순식간에 세월의 기습을 받아 시들어 갔다. 일례로 또 한 명의 현자 이푸웨르는 고왕국 시대가 지나고 찾아온 혼란과 폭력, 기근과 부패를 한탄한다. 그의 이야기에 등장하는 회의주의자들은 "신이 어디 있는지 알면 공양을 바치겠다."고 말한다. 이푸웨르는 늘어나는 자살 이야기를 하며 이렇게 덧붙이는데 또 한 명의 쇼펜하우어를 보는 것 같다. "인간이 종말을 맞는다면, 사람들이 임신하지 않는다면, 아기가 태어나지 않는다면 얼마나 좋을까. 이 땅에서 소음이 사라지고 더 이상 분쟁이 일어나지 않는다면 오죽 좋을까." 당시 이푸웨르는 지치고 노쇠했던 게 분명하다. 마침내 그는 혼란과 불의로부터 인류를 구해 줄 철인 왕을 꿈꾼다.

그는 (사회에 붙은 커다란 불의?) 불길을 식힌다. 그는 만인의 목자로 일컬어진다. 그의 마음속에는 악이 없다. 양 떼가 거의 보이지 않으면 그는 양 떼를 모으며 하루를 보낸다. 양들의 마음이 열병을 앓고 있기 때문이다. 첫 세대에서부터 양들의 기질을 알아보았으면 얼마나 좋을까? 그러면 애초에 악을 뿌리 뽑았을 텐데. 팔을 쭉 뻗어 악에 맞섰을 텐데. 악의 씨를 뿌리 뽑아 악이 유전되지 못하게 했을 텐데. …… 하지만 지금 그는 어디 있는가? 잠이라도 들어 있는 것인가? 슬프도다, 그의 힘이 보이지 않으니.[225]

선지자의 목소리는 여기서부터 벌써 들리고 있다. 행을 나눈 것도 유대인의 예언서와 비슷하다. 브레스테드는 이푸웨르의 이 훈계가 "역사상 처음 등장한 사회적 이상주의"(이른바 히브리인의 '메시아사상')라고 칭찬을 아끼지 않았는데 그럴 만도 하다.[226] 중왕국 시절 또 다른 두루마리 속에 들어 있는 당대의 부패상에 대한 규탄은 어느 세대가 들어도 낯설지 않다.

이제 누구와 이야기를 나누나?
형제들은 악독하게 굴고

오늘날의 친구들에겐 사랑이 없는데
　　이제 누구와 이야기를 나누나?
　　사람들이 도둑과 같은 마음을 먹고서
　　모두 다 이웃의 물건을 빼앗는데
이제 누구와 이야기를 나누나?
온화한 사람은 자취를 감추고
어디나 철면피가 판을 치는데 ……
　　이제 누구와 이야기를 나누나?
　　악행을 보면 분이 일어야 마땅하거늘
　　사악한 불법 행위를 보고도 모두들 즐거워하네.

그러고 나서 이 이집트의 스윈번(Swinburne)은 아름다운 죽음의 찬가를 쏟아낸다.

죽음이 오늘 내 앞에 있네.
아팠던 사람이 병을 털고 일어난 것처럼
앓고 난 후 정원 속으로 들어가는 것처럼.
　　죽음이 오늘 내 앞에 있네.
　　몰약의 향기처럼
　　바람 부는 날 돛 아래 앉아 있는 것처럼.
죽음이 오늘 내 앞에 있네.
연꽃 향기처럼
술 취해 바닷가에 앉아 있는 것처럼.
　　오늘 죽음이 내 앞에 있네.
　　홍수의 물길처럼
　　전함 타고 전쟁 나갔던 사람이 집에 돌아오는 것처럼.

죽음이 오늘 내 앞에 있네.
몇 년 포로 생활을 하며
고향을 애타게 그리는 사람처럼.[227]

슬프기로 따지면 현재 라이덴 박물관이 소장하고 있는 석판의 시가 최고인데, 연대는 기원전 2200년으로 거슬러 올라간다. 이 시는 카르페 디엠(Carpe diem, "현재를 즐겨라.")을 노래한다.

나도 임호테프와 하르데데프가 했다는 말을 들어 본 적 있다네.
명언이라며 엄청난 칭송을 받는 말들을.
하지만 그들이 살았던 곳을 한번 보라!
담장은 다 무너져 내리고
집은 더 이상 찾아볼 수 없네.
아예 처음부터 있지 않았던 것처럼.

그곳을 찾는 이 아무도 없네.
그들이 잘 지내고 있는지 일러 줄 이가 ……
우리 마음을 흐뭇하게 해 줄 이가
우리 역시 그들이 떠나간 그곳으로 가면
그때 비로소 알 수 있으리.

마음에게 그런 것일랑 잊으라 하고
살아 있는 동안만큼은
그대가 바라는 것에 따라 마음을 즐겁게 하라.
그대의 머리에는 몰약을 바르고
그대의 몸에는 고운 리넨으로 만든 옷을 걸치고

진기한 사치품으로 치장을 하라.
신들이 쓰는 진품으로.

그대의 즐거움을 더욱 늘려라.
마음을 낙담시키지 말라.
그대의 소망과 그대의 이익에 따르라.
이 땅에 있는 동안 그대의 일은
그대 자신의 마음이 명하는 대로 처리하라.
그대에게 애도의 그날이 오기 전까지는
심장이 조용해져(죽어) 사람들의 애도가 들리지 않고
무덤 속에 들어가 장례식에 참석하지 못하는 그날이 올 때까지는.

즐거운 오늘 하루를 축하하라.
하루를 기진맥진 살지 말라.
보라, 사람들은 죽을 땐 누구나 빈손이다.
그리고 한번 저세상에 가면 다시는 돌아오지 못하나니.[228]

이런 비관주의와 회의주의가 나타난 건 이집트가 힉소스 침략자들에게 굴욕과 지배를 당하면서 나라의 혼이 파괴된 때문인 듯하다. 그리스가 전쟁에 패해 노예가 되자 스토아 철학과 쾌락주의가 일어난 것과 똑같은 맥락이다.* 또 이런 문학은 도덕이 부재하는 지금의 우리 시대처럼 잠시 동안이나마 사상이 믿음을 압도한 시기를 표현하고 있는 것이기도 하다. 이런 시대에 사람들은 자신이 어떻게 살아가야 하는지, 또 왜 살아가야 하는지 더 이상 확신이 없다. 물론 이런 시기가 끝까지 지속되는 건 아니다. 얼마 안 가 희망이 사상을 물리치

---

* 이푸웨르는 "내전에는 어떤 이득도 따르지 않는다."라고 말했다.

고 승리를 거두면서, 지식인은 예의 보잘것없던 자리로 다시 밀려난다. 그리고 종교가 다시 생명을 얻어 사람들에게 상상 속에서나마 삶과 일에 없어서는 안 될 자극제가 되어 준다. 이 시들이 이집트 사람들 대다수의 생각을 표현했다고 볼 필요는 없을 것이다. 현실적이고 사실적인 말들로 삶과 죽음의 문제를 고민한 비주류 계층이 이집트에 꼭 필요한 사람들로서 소수 존재했던 건 사실이다. 하지만 이들 곁에는 끝까지 신을 믿었던 소박한 사람들도 이루 헤아릴 수 없이 많았다. 그들은 결국에는 정의가 승리를 거두며 현세의 그 모든 고통과 슬픔도 언젠가는 행복하고 평화로운 안식처에서 충분히 보상받을 거라 믿어 의심치 않았다.

11. 종교

이집트에서는 만물이 종교적 대상이었다. 이집트에는 토테미즘부터 신학에 이르기까지 종교의 온갖 단계와 양식이 나타난다. 문학, 통치, 예술 등 윤리를 제외한 모든 것에서 종교의 영향력을 찾아볼 수 있다. 더욱이 이집트 종교는 종류만 다양한 게 아니라 그 수도 넘쳐 난다. 이집트만큼 신전이 신들로 미어진 경우는 로마와 인도 말고는 없을 것이다. 이집트인이 모신 신을 이해하지 않고는 이집트인(또는 인간을) 진정으로 이해했다고 할 수 없을 것이다.

이집트인 말에 의하면 태초에 하늘이 있었다. 이 하늘과 나일 강은 끝까지 이집트의 주요 신으로 남아 있었다. 하늘에 떠 있는 모든 신기한 천체는 단순한 별이 아니라, 강력한 영혼의 겉모습이었다. 그 신들의 뜻에 따라(신들의 뜻이 항상 일치하지는 않았다.) 별들의 복잡하고도 다양한 움직임이 결정되었다.[229] 하늘은 둥근 천장 모양이었고, 그 광대한 하늘을 가로질러 커다란 소 한 마리가 서 있었다. 바로 하토르 여신이다. 땅은 하토르 여신의 네 발 밑에 누워 있었고, 여신의 배에는 1만 개의 별이 아름답게 박혀 있었다. (신이나 신화는 노메마다 그 내용이 달랐기 때문에) 하늘을 시부(Sibu) 신으로 보는 경우도 있었다. 이 시부 신이 땅의 여신 누이트를 위에서 포근히 감싸 안고 누워 있다고 생각했다.

그리고 이 둘 사이의 메가급 성교를 통해 만물이 탄생한 것이었다.[230] 별자리나 별이 신이 되는 경우도 있었다. 예를 들면 사후와 소프디트는 무시무시한 신이었다.(각각 오리온과 시리우스에 해당한다.) 사후는 하루에 세 번, 시간 맞춰 신들을 잡아먹을 정도였다. 이따금 그런 괴물 신이 달을 집어삼키기도 했는데 이는 잠시뿐이었다. 인간들이 기도를 드리고 다른 신들이 화를 내면 얼마 지나지 않아 그 욕심 많은 돼지는 어쩔 수 없이 달을 도로 토해 내야 했기 때문이다.[231] 이집트 서민들은 월식을 이런 식으로 설명했다.

　달도 신이었고, 아마도 이집트에서 가장 오랜 세월 숭배를 받았을 것이다. 하지만 공식 신학에서 신들 가운데 단연 으뜸은 태양이었다. 태양은 때때로 최고신 라(Ra) 또는 레(Re)로 숭배를 받았다. 밝게 빛나는 이 아버지 신은 뚫을 듯한 열기와 빛을 내뿜는 햇살로 어머니 신 대지를 수태시켰다. 태양은 신성한 송아지의 모습일 때도 있다. 송아지는 매일 새벽 새로이 태어나 하늘에 떠다니는 배를 타고 느릿느릿 항해한다. 그러다 저녁이 되면 노인이 비틀거리며 자기 무덤으로 들어가듯 서쪽으로 진다. 태양은 호루스 신이기도 했다. 매의 우아한 자태를 한 이 신은 자기 왕국을 감독이라도 하듯 매일같이 장엄한 모습으로 하늘을 가로질러 날았다. 이집트 종교와 왕족을 나타낼 때 거듭 등장하는 상징 중 하나가 바로 매의 모습을 한 호루스 신이다. 라, 즉 태양신은 언제나 조물주 역할을 했다. 태양신은 맨 처음 떠올랐을 때 땅이 황량하고 적막한 걸 보고는 자신의 기운 넘치는 햇살로 땅을 뒤덮었다. 그러자 식물, 동물, 인간을 비롯한 온갖 생물이 태양신의 눈에서 어지러이 쏟아져 나와 온 세상에 뿔뿔이 흩어졌다. 태양신 라가 직접 낳은 최초의 인간들은 완전하고 행복했다. 하지만 차츰차츰 자손들이 사악한 길로 빠져들면서 이 완전성과 행복을 잃어버리고 말았다. 자신의 창조물이 탐탁지 않아진 라 신은 인간 종족을 상당 부분 없애 버렸다. 식자층 이집트인들은 세간에 널리 퍼져 있던 이러한 믿음에 의문을 갖고 (일부 수메르 학자들처럼) 정반대의 주장을 펼치기도 했다. 최초의 인간은 짐승과 매한가지여서 제대로 말할 줄도 모르고 생활의 기술도 전혀 없었다는 것이다.[232] 기지가 번뜩이는 이 신화에서 우리가 무엇보다 주목해야 할 것은 땅과 태양에 감사하는 인간의 마음이 표현되어 있다는 점일 것이다.

이집트인의 신앙심은 철철 흘러넘쳐서 생명의 근원만 숭배한 게 아니라 생명을 가진 것은 거의 모두 숭배했다. 이집트인들이 신성하게 여긴 식물은 한두 가지가 아니었다. 사막 한가운데 그늘을 만들어 주는 야자수, 목을 축이게 해 주는 오아시스 샘물, 사람들이 만나 쉬어갈 수 있는 관목 숲뿐 아니라, 모래 속에서도 신기하게 잘 자라는 무화과까지 신성했고, 거기에는 다 근사한 이유가 있었다. 소박한 이집트인은 이집트 문명이 종말을 맞을 때까지 이런 것들에 오이, 포도, 무화과 등을 공양으로 바쳤다.233 심지어 별것 아닌 야채에까지도 열렬한 추종자가 있었다. 일례로 프랑스의 비평가 텐(Taine)은 보쉬에(Bossuet)가 그토록 싫어했던 양파를 나일 강둑 사람들이 신으로 모셨다는 이야기를 하며 재미있어 했다.234

한편 인기는 동물 신이 더 많았다. 동물 신은 수가 하도 많아서 이들이 가득 메운 이집트 신전은 마치 시끌벅적한 동물원 같았다. 이집트인들이 숭배한 동물은 지역과 시기에 따라 황소, 악어, 매, 암소, 거위, 염소, 양, 고양이, 개, 닭, 제비, 자칼, 뱀 등 다양했으며, 이 중 일부는 오늘날 인도의 신성한 소처럼 신전 안을 마음껏 어슬렁거릴 수 있었다.235 이 동물 신들은 인간의 모습이 되고 나서도 몸 일부에 동물의 모습과 상징을 그대로 지녔다. 그래서 아몬은 거위나 양의 모습을, 라는 메뚜기나 황소의 모습을, 오시리스는 황소나 양의 모습을, 세베크는 악어의 모습을, 호루스는 매의 모습을, 하토르는 암소의 모습을, 지혜의 신 토트는 개코원숭이의 모습을 하고 있다.236 때로 이들 동물 몇몇에게는 교미 상대로 여자를 바쳤다. 특히 오시리스의 화신 황소가 이런 영예를 누렸고, 플루타르코스의 말에 의하면 멘데스에서는 신성한 염소에게 그 지역 최고 미녀를 교미 상대로 바쳤다.237 이러한 토테미즘은 처음부터 끝까지 이집트 종교에서 본질적이고도 토착적인 요소로 남아 있었다. 인간의 모습을 한 신들이 이집트에 들어온 건 훨씬 나중의 일이며, 아마도 서아시아로부터 받은 선물인 듯

하다.238

이집트인들은 염소와 황소를 성적 창조 능력을 상징하는 존재로 특별히 신성시했다. 이것들은 단순한 오시리스의 상징이 아니라 화신으로 여겨졌다.239 오시리스는 최고 권력을 지녔다는 표시로 커다란 성기가 발기된 모습으로 많이 묘사되었다. 이집트인은 종교 행진에 그런 모습의 오시리스를, 또는 남근이 셋 달린 오시리스를 모형으로 만들어 들고 다녔다. 여자들이 그러한 남근 상을 들고 끈을 이용해 기계적으로 움직이게 한 경우도 있었다.240* 신전 돋을새김 조각에도 발기한 성기가 많이 나타나는데 이집트인이 성(性)을 숭배했다는 표시는 이뿐만이 아니다. 안사타 십자가를(손잡이 달린 십자가로 성적 결합과 정력적인 삶을 뜻했다.) 이집트인들이 상징으로 자주 사용했다는 사실에서도 그 흔적을 발견할 수 있다.241

그리고 드디어 신은 인간의 모습을 하게 된다. 아니 보다 엄밀히 말하면 인간이 신이 되었다 해야 하리라. 인간의 몸을 한 이집트의 신들은 그리스의 신들과 마찬가지로 남보다 뛰어난 영웅적 면모를 지녔을 뿐, 뼈와 근육, 살과 피를 가지고 있는 건 사람과 똑같았다. 신들도 목말라 물을 마셨으며, 누군가를 사랑하고 성교를 했으며, 누군가를 미워해 죽이고, 나이가 들면 죽었다.242 은혜로운 나일 강의 신이었던 오시리스를 일례로 들 수 있다. 사람들은 나일 강의 물이 줄었다 불어나는 것을, 더불어 토질이 떨어졌다 다시 향상되는 것도 오시리스가 죽었다 부활하는 것으로 여겨 매년 축하했다. 또 후대 왕조 시절 이집트인이라면 누구나 물기를 말려 버리는 사악한 신 세트(혹은 시트) 이야기를 알고 있었다. 타는 듯한 입김으로 거둔 곡식을 못 쓰게 만드는 이 신은 (나일 강의 신) 오시리스가 물을 범람시켜 기름진 땅을 더 늘려 가는 것을 보고 화가 나서 오시리스를 죽여 버리고 오시리스의 왕국을 건조하게 다스린다.(나일 강이 범람하지 못한 적이 있었다는 이야기다.) 그러다가 이시스의 용감한 아들인 호루스가 세

---

* 호기심 많은 독자라면 인도에서도 비슷한 풍습을 발견할 수 있을 것이다. 뒤부아(Dubois)가 쓴 『힌두인의 풍습, 제도, 그리고 예식』(Oxford, 1928), 595쪽을 참고하라.

트를 누르고 그를 몰아낸다. 그 후 이시스의 따뜻한 사랑으로 다시 생명을 찾은 오시리스는 자비심을 가지고 이집트를 다스려 사람들의 식인 풍습을 억누르고 문명이 자리 잡게 했다. 그러고 나서는 하늘로 올라가 신이 되어 그곳을 영원히 다스렸다.[243] 이 신화에는 심오한 뜻이 담겨 있다. 동양의 종교와 마찬가지로 역사에 이원성이 있음을 말하기 때문이다. 창조와 파괴, 풍요와 황폐화, 젊음과 노쇠, 선과 악, 삶과 죽음 사이의 갈등을 기록하는 것이 역사다.

심오하기는 위대한 어머니 신 이시스 신화도 마찬가지였다. 이시스는 오시리스의 충실한 누이이자 아내에만 그치지 않았다. 일면에서는 그녀가 오시리스보다 더 위대했다. 일반적으로 여자들이 그렇듯 그녀 역시 사랑으로 죽음을 극복했기 때문이다. 또 그녀는 오시리스의 손길에 비옥해지는 삼각주의 검은 흙에만 그치지 않고, 왕성한 생명력으로 이집트 전역을 풍요롭게 만들었다. 무엇보다 그녀는 땅을 비롯해 생명을 지닌 온갖 것들을 낳은 신비로운 창조력을 상징했다. 더불어 자신이 아무리 큰 대가를 치르더라도 갓 태어난 어린 생명을 키워 성숙하게 만드는 부드러운 모성애를 상징하기도 했다. 이집트에서 이시스는(아시아의 칼리, 이슈타르, 키벨레, 그리스의 데메테르, 로마의 케레스에 해당) 무언가를 창조하고 계승하는 데 있어 원래는 여성적인 원리가 독립적이고 우선적이었음을 보여 준다. 또 애초에 땅을 경작할 때도 여자들이 나서서 독창성을 발휘했음을 나타낸다. 신화에 의하면 이집트에서 야생 상태로 자라던 밀과 보리를 발견해 오시리스(즉 남자)에게 알려 준 것이 바로 이시스다.[244] 이집트인들은 이시스를 각별히 아끼고 또 공경해 보석으로 치장한 성상(聖像)을 만들어 바쳤다. 삭발한 이시스교 신관들은 아침저녁으로 이시스 여신께 낭랑한 목소리로 기도를 올렸다. 또 매년 한겨울이면(이 시기는 우연히도 매년 태양이 다시 태어나는 때와 겹쳤는데, 현재의 12월 무렵에 해당한다.) 이시스가 낳은 신성한 아이(태양신) 호루스를 모시는 신전에서 이시스에게 성스러운 인형을 만들어 바쳤다. 신비한 힘으로 수태해 낳은 아기를 마구간에서 돌보는 모습이었다. 이 시적이고도 철학적인 전설과 상징은 그리스도교의 의식과 신학에 심대한 영향을 끼쳤다. 초기 그리스도교인은 이시스가 갓난아기 호루스에게 젖을 먹이는 신상에 경배를 올리기도 했다. 그들은 그 속에서 여성이(즉 여성적 원리가) 만물을 창조하고, 마침내 어머니 신의 자리에 오르는 먼 옛날 고귀한 신화의 또 다른 형태를 볼 수 있었다.[245]

라(남부 지역 식으로는 아몬), 오시리스, 이시스, 호루스 같은 신들은 이집트의 신들 가운데서도 더 위대한 부류에 속했다. 나중에는 라, 아몬, 그리고 또 다른 신 프타가 결합해 최고권을 가진 삼위일체 신의 세 가지 모습 혹은 양상을 나타내게 된다.[246] 중요성이 그에 못 미치는 신은 이루 헤아릴 수 없이 많았다. 자칼 아누비스, 슈, 테프누트, 네프티스, 케트, 누트 등 열거하자면 끝이 없지만, 이 부분을 이미 죽어 버린 신들의 박물관으로 만들지는 않기로 하자. 심지어 파라오도 하나의 신이었다. 모든 파라오는 아몬-라 신의 아들이었기 때문에 신성한 권리뿐 아니라 신성한 태생도 통치에 주효했다. 파라오는 신이지만 잠시 인내를 발휘해 이 땅을 거처로 삼고 있는 것이었다. 파라오의 머리 위에는 호루스 신의 상징이자 이집트 부족의 토템인 매가 자리 잡고 있었다. 그리고 이마에서는 지혜와 생명의 상징인 뱀이 솟아올라 왕관에 마법적인 힘을 전해 주었다.[247] 왕은 이집트 신앙의 최고 신관으로서 신의 축제를 찬양하는 대규모 행진과 의식을 이끌었다. 파라오가 그토록 적은 군사력으로 그토록 장기간 통치할 수 있었던 것도 파라오에게 이런 신성한 혈통과 권력이 있다고 생각했기 때문이었다.

따라서 이집트 신관들은 왕권을 유지하는 데 꼭 필요한 버팀목이자 사회 질서를 바로잡는 비밀경찰인 셈이었다. 이집트 신앙은 아주 복잡해서 마법과 의식에 능숙한 계층이 나타나야 했다. 이들은 그러한 기술 덕분에 사람들이 신에게 다가갈 때 없어서는 안 될 존재가 되었다. 그 결과 법으로 규정되지는 않았지만 신관직은 아버지가 아들에게 대대로 물려주게 되었다. 사람들의 존경과 왕의 정치적 아량으로 점점 성장한 이 계층은 이내 귀족이나 심지어 왕실 사람보다도 더 부유하고 막강해졌다. 사람들이 신에게 바친 제물이 신관에겐 음식과 음료였고, 신전은 그들의 널찍한 집이었다. 신전의 땅과 사업에서는 넉넉한 수입을 올릴 수 있었다. 더구나 강제 노역, 군 복무, 일반 세금도 면제받았기 때문에 신관은 특권과 권력을 누리는 선망의 자리였다. 사실 신관들도 이런 대접을 받을 자격이 어느 정도는 있었다. 이집트의 지식을 모아 보존하고, 젊은이를 가르치고, 스스로를 엄격히 단련했기 때문이다. 헤로도토스가 이집트 신관을 묘사한 다음의 글에는 거의 경외심이 묻어난다.

신을 모실 때 모든 이집트 신관은 그 누구보다 엄청나게 정성을 들여서 다음과 같은 격식을 차린다. …… 이집트 신관들은 언제나 깨끗하게 빤 리넨 의상을 걸친다. …… 그리고 청결을 위해 할례를 받는데, 모양새보다 청결이 더 중요하다고 생각해서다. 그들은 3일마다 한 번씩 몸 전체에 난 털을 깎는다. 이를 비롯해 어떤 불순물도 몸에 붙어 있지 못하게 하기 위해서다. …… 그리고 매일 밤낮으로 두 번씩 찬물 목욕을 한다.[248]

이러한 이집트 종교의 가장 큰 특징은 무엇보다 불멸성을 강조한 데 있다. 오시리스도, 모든 초목도 죽었다 다시 살아나지 않는가. 그렇다면 인간도 마찬가지일 것이다. 바싹 마른 흙 속에 죽은 사람의 시체가 깜짝 놀랄 정도로 잘 보존되면서 이러한 믿음은 한층 강해졌고, 이후 수천 년 동안 이집트의 신앙을 지배하는 요소가 되었다. 그리고 그 믿음은 후대로 전해져 그리스도교로 탈바꿈하면서 그 자신도 부활하는 모습을 보여 주었다.[249] 이집트인은 몸 안에 '카'와 영혼이 함께 살고 있다고 믿었다. 카는 몸의 축소판 분신이었고, 영혼은 나무를 이리저리 다니는 새처럼 몸을 이리저리 옮겨 다녔다. 몸과 카, 그리고 영혼 이 세 가지는 모두 외면적 죽음이 찾아온 뒤에도 살아남을 수 있었다. 살이 썩지 않게 얼마나 잘 보존하느냐가 죽음의 굴레에서 벗어나는 관건이었다. 그리고 오시리스 앞에 가서 온갖 죄를 말끔히 씻으면 "음식이 가득한 행복한 들판"에서 영원히 살 수 있었다. 이 천상의 정원에는 모든 것이 넉넉하고 안전할 것이었다. 이런 꿈을 말하며 위안을 삼았을 정도니 당시 사람들이 얼마나 가난에 시달렸는지 짐작할 수 있다. 하지만 이 극락세계에 가려면 이집트판 카론인 뱃사공의 도움이 있어야 했다. 나이 든 이 점잖은 양반은 생전에 악한 짓을 전혀 하지 않은 사람만 배에 태워 주었다. 오시리스도 죽은 자를 시험했는데, 천상에 갈 후보자의 심장을 저울에 올려놓고 깃털보다 무겁지 않은지 무게를 재어 그 사람이 진실을 말하고 있는지 알아냈다. 이 마지막 시험을 통과하지 못한 자는 무덤에서 나오지 못하고 영원히 누워 지내야 했다. 그렇게 배고픔과 갈증에 시달리다 무시무시한 악어에게 잡아먹혀 두 번 다시는 무덤 밖으로 나와 태양을 보지 못했다.

영리한 신관들은 이 시험을 통과할 몇 가지 방법이 있다고 했고, 보수를 주면 그 방법을 일러 주었다. 무덤에 음식과 하인을 넣어 주어 죽은 이의 식사 시중과 심부름을 해 주는 것이 한 가지 방법이었다. 또 다른 방법은 무덤을 부적으로 가득 채워 신들을 즐겁게 하는 것이었다. 이런 부적은 물고기, 독수리, 뱀 모양이었고 쇠똥구리가 무엇보다 많았다. 쇠똥구리는 동물의 똥에 알을 낳아 번식을 하는 특성이 있어 영혼 부활의 대명사로 여겨졌기 때문이다. 신관이 이들 부적에 신성한 힘을 제대로 불어넣기만 하면, 어떤 공격자도 어떤 악한 힘도 물리칠 수 있었다. 하지만 그보다 훨씬 좋은 방법은 "사자(死者)의 서(書)"*를 사는 것이었다. 여기에는 신관이 오시리스의 노여움을 풀어 주고 심지어 오시리스를 속이기 위해 써 놓은 기도, 제문, 주문 등이 들어 있다. 사자의 영혼이 온갖 우여곡절과 위험한 고비를 넘기고 마침내 오시리스에게 가 닿으면 위대한 판관에게 다음과 같이 말해야 한다.

---

* 이것은 다양한 무덤에서 발견된 약 2000개의 파피루스 두루마리에 사자(死者)를 안내하는 제문(祭文)이 들어 있다 하여 독일의 문헌학자 렙시우스(Lepsius)가 붙인 현대식 이름이다. 이집트식의 원래 이름은 "낮에 (죽음에서) 나오기"이다. 이 두루마리들의 연대는 피라미드 시대까지 거슬러 올라가나, 일부는 그보다도 훨씬 오래되었다. 이집트인들은 지혜의 신 토트가 이 내용을 썼다고 믿었다. 64장을 보면 이 책이 헬리오폴리스에서 발견되었으며, "지혜의 신이 직접 쓰셨다."라고 말하는 부분이 있다.250 요시아도 유대인들 사이에서 비슷한 발견을 한 적이 있다. 12장 5절 참조.

오, 앞으로 나아가는 시간의 날개를 재촉하는 분이시여,

삶의 온갖 신비 속에 거하는 분이시여,

제가 하는 말 한 마디 한 마디의 수호자시여,

아, 당신은 당신의 아들인 저를 부끄럽게 여기십니다.

당신의 마음은 슬픔과 부끄러움으로 가득 차 있습니다,

제가 이 세상에서 지은 죄가 너무 크고

제가 악독한 마음과 죄를 자랑스레 여기기 때문입니다.

아, 저를 어여삐 여기소서, 저를 어여삐 여기소서.

당신과 저 사이를 가로막고 있는 장벽을 허무소서.

저의 모든 죄를 씻어 주시고

완전히 잊어 주옵소서!

저의 사악함을 모조리 몰아내 주소서.

그리고 당신의 마음을 가득 메운 부끄러움을 떨쳐 버리소서.

당신이 저를 어여삐 볼 수 있도록.[251]

그렇지 않으면 사자의 영혼은 "부정 고백"의 형태로 자신이 커다란 죄는 하나도 짓지 않았음을 선언해야 한다. 이는 인간이 지닌 윤리 의식을 역사상 가장 최초로 그리고 가장 고상하게 표현한 예에 해당한다.

위대한 신, 진리와 정의의 왕, 만세! 저는 지금 제 주인이신 당신 앞에 와서 서 있습니다. 당신의 아름다운 모습을 보기 위해 여기까지 왔습니다. …… 당신께 진실을 고하겠습니다. …… 전 사람들에게 나쁜 짓을 한 적이 없습니다. 가난한 사람을 억누른 적도 없습니다. …… 자유민에게 그가 원하는 것보다 많은 일을 시킨 적도 없습니다. …… 의무에 태만한 적 없고, 신들이 혐오하는 일을 한 적도 없습니다. 노예가 주인에게 학대당할 빌미를 제공한 일도 없습니다. 그 누구도 굶주리게 한 적 없으며, 그 누구도 눈물 흘리게 한 적 없으며, 그 누구도 암살한 일 없습니다. …… 그 누구를 상대

로 반역을 꾀한 적도 없습니다. 신전 공양을 줄인 적도 한 번 없습니다. 신들에게 바친 빵을 더럽힌 적도 없습니다. …… 신전의 성소에서 음란한 짓을 한 적도 없습니다. 누군가를 모독한 적도 없습니다. …… 무게를 속인 적도 없습니다. 갓난아기의 입에서 우유를 빼앗은 적도 없습니다. 그물로 신들의 새를 잡은 적도 없습니다. …… 저는 죄 없이 깨끗합니다. 저는 죄 없이 깨끗합니다. 저는 죄 없이 깨끗합니다.252

하지만 이집트 종교는 도덕을 운운할 자격이 거의 없다고 봐야 한다. 신관들은 사람들 머리에 윤리적 교훈을 각인시키기보다는 부적을 팔고, 주문을 웅얼거리고, 마술 의식을 행하느라 바빴기 때문이다. 심지어 "사자의 서"에서조차도 신관의 부적이 있으면 사자의 영혼이 구원의 길에서 만나는 모든 장애물을 극복할 수 있다고 신도들에게 가르칠 정도다. 또 선하게 사는 것보다 기도문 읊는 일을 더 중요시한다. 한 파피루스 두루마리에는 이런 말이 적혀 있다. "사자가 이 내용을 잘 알고 있으면 낮에 나올 수 있을지니.(즉 영생을 얻을 수 있다는 이야기다.)" 여러 가지 부적과 주문은 갖가지 죄를 덮어 가려 악마도 낙원으로 무사히 들어갈 수 있게 만들어졌다. 신심 깊은 이집트인이라면 낙원으로 가는 단계마다 악을 피하고 선을 끌어들일 수 있도록 이상한 제문을 외워야 했다. 근심에 찬 엄마가 아이에게서 악령을 몰아내기 위해 이런 주문을 외기도 했다.

썩 나가거라, 어둠을 틈타 몰래 들어온 자여. …… 이 아이에게 입 맞추러 왔느냐? 내가 가만두지 않을 것이다. …… 이 아이를 데려가려 왔느냐? 내가 가만두지 않을 것이다. 네가 다가오지 못하게 나는 만반의 준비를 했다. 네게 고통을 주는 독초며, 네게 해를 입히는 양파, 살아 있는 자에게는 달콤하지만 죽은 자에게는 쓰디 쓴 꿀, 물고기의 독, 농어의 등뼈를 가지고서.253

신들부터 서로를 상대로 마법과 부적을 사용했다. 이집트 문학에는 말 한 마디로 호수를 말려 버리고, 잘려 나간 사지를 순식간에 제자리에 갖다 붙이고,

죽은 사람도 벌떡 일으켜 세우는 마술사들로 가득하다.[254] 왕도 곁에 마법사를 두고 그들에게서 도움이나 지침을 얻었다. 뿐만 아니라 사람들은 바로 왕 자신에게 비를 내리거나 나일 강을 범람시키는 마법 능력이 있다고 믿었다.[255] 부적, 주문, 점은 일상생활이었다. 문에는 저마다 신이 있어 악령이나 뜻밖의 불행이 찾아드는 걸 막았다. 토트 달(이집트력으로 1월이며, 현재의 7월에 해당한다. - 옮긴이) 23일에 태어난 아이는 얼마 안 있어 죽을 것이 확실했으며, 코이아크 달(이집트력 4월, 현재의 10월 - 옮긴이) 20일에 태어나면 눈이 멀 운명이었다.[256] 헤로도토스에 의하면, "각 날과 달마다 특정 신이 정해져 있었다. 이집트인은 사람의 출생일을 가지고 그 사람에게 어떤 일이 닥치고, 어떤 식으로 죽고, 장차 어떤 인물이 될 것인지 결정했다."[257] 결국 도덕과 종교 사이의 관계는 점차 잊혀졌다. 축복받은 영생을 누리려면 착하게 살기보다 마법을 쓰고 제사를 지내고 신관에게 선심을 써야 했다. 한 위대한 이집트학 학자는 이 문제를 다음과 같이 표현하기도 했다.

이제 내세에서 겪는 위험은 엄청나게 늘어났고, 신관이 중대한 고비에 대비해 사자에게 효험 있는 부적을 마련해 줄 수 있었다. 사자는 이 부적들만 있으면 틀림없이 위험을 해결할 수 있을 것이었다. 사자를 내세에 도달하게 해 주는 여러 가지 부적 외에도, 사자가 입, 머리, 심장을 잃지 않도록 막아 주는 부적도 있었다. 거기다 자기 이름과 숨 쉬고, 먹고, 마시는 법을 기억할 수 있게 해 주는 부적도 있었다. 이 부적은 자기 배설물을 먹지 않게 막아 주고, 마실 물이 불꽃으로 변하는 것도 막아 주었으며, 어둠을 빛으로 바꾸는 법, 온갖 뱀을 비롯해 악독한 괴물을 쫓아내는 법을 일러 주었다. …… 그리하여 고대 동방에서 발견할 수 있는 역사상 최초의 윤리적 발전은 여기서 멈추었다. 돈밖에 모르는 부패한 신관이 이러한 혐오스러운 수단들을 동원했기 때문이다.[258]

시인이자 이단자인 이크나톤이 왕좌에 올랐을 때 이집트 종교가 바로 이런 형국이었다. 그리하여 이크나톤은 이집트 제국을 파멸로 몰고 간 종교 개혁을 시작한다.

4. 이단자 왕

기원전 1380년, 투트모세 3세에 이어 왕위에 오른 아멘호테프 3세가 세속적인 사치와 멋을 마음껏 부리며 산 뒤 세상을 떠났다. 그 뒤를 이은 것이 그의 아들 아멘호테프 4세, 후일 이크나톤이라는 이름으로 불린 왕이다. 텔엘아마르나에서 발견된 심오함이 엿보이는 그의 흉상은 놀라울 정도로 섬세한 윤곽선, 여성적인 부드러움, 시적 감수성이 엿보이는 얼굴을 지니고 있다. 커다란 두 눈은 몽상가를 연상시키고, 두상은 길쭉하고 흉하며, 체구는 날씬하고 허약해 보인다. 마치 셸리(Shelly)가 왕의 자리에 오르기라도 한 것 같다.

이크나톤은 권력을 거의 잡지 못한 상태에서 아몬 교단과 아몬교 신관들의 관행에 반기를 들기 시작했다. 당시 카르나크의 거대한 신전에는 대규모 규방이 있었다. 세간에서는 이곳 여자들을 아몬 신의 첩이라 여겼으나, 사실 신관에게 만족을 주기 위한 존재였다.[258a] 평소 정절을 모범적으로 실천하고 살았던 젊은 황제는 이 신전 매춘에 찬성할 수가 없었고, 아몬 신에게 제물로 바쳐진 숫양의 피 냄새는 고약하게만 느껴졌다. 또 신관들이 마법과 부적을 사고팔고, 아몬 신의 신탁을 이용해 백성들을 진정한 교의에서 멀어지게 하고, 정치적 부패를 일삼는 데[259] 넌더리가 나서 결국 격렬한 항변을 하기에 이른다. "(그의 치세) 4년까지 신관의 말보다 더 사악한 말은 듣지 못했다. 아멘호테프 3세 시절에도 그보다 더 사악한 말은 듣지 못했다."[260] 그는 젊은 기백으로 백성들이 빠져 있던 종교의 추악한 부분에 대항해 반란을 일으켰다. 왕은 깨끗하지 못한 신전의 부와 사치스러운 의식이라면 질색이었고, 돈 가진 자들이 나랏일을 더 좌지우지하게 된 것도 마음에 들지 않았다. 그리하여 시인의 대담성을 발휘해 대세를 거스르고 이집트의 모든 신과 종교 의식은 천박한 우상 숭배이며, 신은 오로지 아톤뿐이라고 용감하게 선언했다.

이크나톤은 당시로부터 3000년 후의 인물인 악바르처럼 지상의 모든 생명과 빛의 근원인 태양을 무엇보다 신성하게 보았다. 이크나톤이 자신의 이론을 시리아에서 들여온 것인지, 아니면 아톤이 단순히 일종의 아도니스에 불과했던 것인지는 알 길이 없다. 그 기원이 어쨌건 이 새로운 신 덕분에 왕의 영혼은 기쁨으로 가득 찼다. 그래서 아몬 신의 이름이 들어 있던 아멘호테프라는 자신의 이름을 "아톤이 흡족해 한다."는 뜻의 이크나톤으로 바꾸었다. 그리고 옛날 찬송가들과 일신교를 표방하는 선대 시들을 찾아 읽었으며,* 손수 아톤에게 바치는 열정적인 노래를 만들기도 했다. 그중 가장 길고 훌륭한 다음 작품은 현재 남아 있는 이집트 문학 가운데서 가장 아름답다고 손꼽힌다.

아, 생명의 시작이신 살아 계신 아톤이시여.
하늘의 지평선으로 당신이 떠오르는 모습은 아름답습니다.
당신은 동쪽 지평선에서 떠오르면서
당신의 아름다움으로 온 땅을 가득 메우십니다.

온 땅 위에 높이 떠오른 당신은 아름답고 위대하며 빛으로 반짝입니다.
당신의 햇살이 대지를, 그리고 당신이 만든 만물을 감싸 안습니다.
레(Re), 당신은 그 모든 것을 포로로 데려갑니다.
당신은 그 모든 것을 사랑으로 동여맵니다.
당신은 아득히 멀리 있지만 당신의 햇살은 땅 위로 내려 쪼이고
당신은 저 멀리 높이 떠 있지만 당신의 발자국은 낮이 됩니다.

---

* 아멘호테프 3세 치세 시절 건축가인 수티와 호르가 한 기념 석주에 태양에게 바치는 일신교풍 찬송가를 새겨 넣은 적이 있었다.(현재 영국 박물관 소장)[261] 당시에는 태양신 아몬 라를 가장 위대한 신으로 섬기는 관습이 오래전부터 내려왔으나,[262] 그는 온 세계의 신이 아닌 이집트의 신이었을 뿐이다.

당신이 하늘의 서쪽 지평선으로 질 때면
땅은 마치 죽은 것처럼 암흑에 잠깁니다.
만물은 각자의 방에 들어가 잠이 듭니다.
머리를 감싸 안고
콧구멍을 틀어막은 채.
다른 것이 눈에 보이지 않아
머리맡에 있는 것들을
모두 도둑맞아도
알지를 못합니다.
사자들이 모두 자기 굴에서 나오고
뱀들이 모두 독침을 쏘아댑니다.
세상은 침묵에 잠겨 있습니다.
세상을 만든 분이 자신의 지평선에서 쉬고 있기에.

당신이 지평선에 떠오르면 땅이 밝아집니다.
아톤 신 당신은 낮에 밝게 빛나며
어둠을 몰아냅니다.
당신이 햇살을 내보내는 동안
두 땅은 매일이 축제입니다.
당신이 일으켜 주시는 동안
만물은 깨어나 일어섭니다.
만물은 팔다리를 씻고 자기 옷을 걸치고
팔을 높이 올려 떠오르는 당신을 찬양합니다.
온 세상 만물이 소임을 다합니다.

소들이 모두 풀을 뜯으며 쉽니다.

나무와 풀은 쑥쑥 자라나고

새들은 자기가 사는 늪에서 지저귀면서

당신을 찬양하는 뜻으로 날개를 높이 들어 올립니다.

양들은 일어서 춤을 춥니다.

날개 달린 것들은 모두 날아갑니다.

당신이 빛을 비추는 동안 만물은 살아 있습니다.

돛단배가 나일 강을 오르내립니다.

당신이 새벽을 여니 큰길이 모두 열립니다.

강물 속 물고기가 당신 앞에서 뛰놉니다.

당신의 햇살이 드넓은 초록 바다 한가운데를 비춥니다.

여자의 씨앗과

남자의 씨를 만드신 분이여,

당신은 어머니 몸 안에 든 아들에게 생명을 주시고

아이가 울지 않도록 달래 주십니다.

아이가 자궁 속에 있는 동안에도 돌보아 주십니다.

자신이 만든 모든 것이 살아 움직이도록 숨을 불어넣어 주시는 분이여!

해산일이 되어 …… 아이가 어머니 몸 밖으로 나오면

당신은 아이의 입을 열어 말하게 하시고

아이에게 필요한 것을 마련해 주십니다.

갓 태어난 어린 새끼가 알 속에서 삐악거립니다.

당신은 그것이 계속 살아 있을 수 있도록 알 속에 숨을 불어넣어 주십니다.

알을 깨고 나올 수 있도록.

당신이 새끼에게 기운을 주자

새끼가 알에서 나옵니다.
온 힘을 다해 삐악거리며
새끼는 알에서 나오자
두 발로 일어서 주위를 돌아다닙니다.

우리 눈에는 가려져 보이지 않지만
당신이 하시는 일 그 얼마나 많은지!
아, 하나뿐인 신이시여, 당신만한 힘을 지닌 이는 어디에도 없습니다.
당신은 홀로 계실 때
당신의 마음이 원하는 대로 이 땅을 만드셨습니다.
사람과 크고 작은 온갖 가축
자기 발로 일어나 땅 위를 돌아다니는
그 모든 것들을,
날개가 있어 땅 위 높은 곳을 나는
그 모든 것들을,
시리아와 쿠시 같은 이웃 나라와
이집트의 이 땅을.
당신은 사람들을 모두 제자리에 놓으시고
그들에게 필요한 것을 마련해 주셨습니다.

당신은 지하세계의 나일 강을 만드시고
그것을 당신이 뜻하는 방향으로 흐르게 하시어
사람들이 계속 살아갈 수 있게 하셨습니다.

당신의 구상은 그 얼마나 훌륭한지,
영원한 주인이시여!

하늘에는 나일 강이 있습니다.

이방인들과 걸어서 돌아다니는 모든 나라의 가축들을 위한 것입니다.

당신은 모든 뜰을 우거지게 하십니다.

당신이 떠 있는 동안 만물은 살아 있고

당신을 통해 만물은 자라납니다.

당신은 당신의 모든 작품을 만들기 위해

계절을 만드셨습니다.

겨울을 통해 만물에게 추위를 가져다 주고

열기를 통해 만물이 당신의 힘을 맛볼 수 있게 합니다.

당신은 저 아득한 곳에 당신이 떠오를 하늘을 만들었습니다.

당신이 만든 모든 것을 살펴보기 위함입니다.

당신은 홀로 떠 있습니다. 살아 있는 아톤 신으로 빛을 반짝거리며.

당신은 새벽을 밝히고 떠올라 빛을 발하며 저 먼 곳에 갔다 돌아오십니다.

당신은 수만 가지 형상을 이루어 냅니다.

오로지 당신 혼자서

온갖 도시와 마을과 부족을

큰 길과 강을.

모든 눈이 자기 앞에 떠오른 당신을 봅니다.

당신이 낮 동안 땅을 굽어보는 아톤이기 때문입니다.

당신은 제 마음 속에 있습니다.

저 외에 당신을 진정 아는 자는 아무도 없습니다.

당신은 당신의 구상과 힘을 통해

그를 지혜로운 자로 만드셨나이다.

세상을 다 만드신 뒤에도

세상은 아직 당신 손 안에 있습니다.

당신이 떠오르면 세상은 살고

당신이 지면 세상은 죽습니다.

당신은 살아 있는 시간 그 자체입니다.

사람들은 당신을 통해 살아갑니다.

사람들은 당신이 저편 하늘로 질 때까지

당신의 아름다운 모습에서 눈을 떼지 못합니다.

당신이 서쪽으로 지면

모든 것들이 일손을 놓습니다.

당신은 이 세상을 세우셨습니다.

그리고 당신의 아들을 위해 만물을 키우셨습니다.

이크나톤, 그는 오래도록 살 것이며

그가 사랑하는 비(妃)

두 땅의 여왕

네페르네푸르아톤, 노프레테테도

영원토록 살아가며 번영할 것입니다.[263]

이 시는 역사상 가장 빼어난 작품일 뿐 아니라, 이사야서보다 700년이나 앞서* 일신론을 뚜렷하게 표현한 최초의 작품이기도 하다. 브레스테드의 말처럼[265] 신은 오로지 하나뿐이라는 이 생각은 투트모세 3세의 힘 아래 이집트가 지중해 세계를 통일시킨 상황을 반영하는 것일 수 있다. 이크나톤은 자신이 모시는 신이 모든 나라에 똑같은 힘을 미친다고 생각했다. 찬가에서도 아톤의

---

* 이 아톤 찬가가 구약성경 시편의 104절과 뚜렷한 유사성을 보이는 것으로 보아, 히브리 시인들이 이집트의 영향을 받았다는 사실에는 거의 의심의 여지가 없다.[264]

보살핌을 받는 땅으로 자기 조국보다 이웃 나라의 이름을 먼저 들고 있다. 이는 신이 부족 차원의 인정을 받던 것에 비하면 장족의 발전이었다. 시에 나타난 생기론(生氣論) 사상도 눈여겨볼 대목이다. 아톤 신은 전쟁이나 승리에서 찾을 수 있는 것이 아니라, 꽃과 나무 등 생명을 가지고 자라나는 모든 것에서 찾을 수 있었다. 아톤은 기쁨 그 자체로서 양이 "일어나 춤추게 만들고", 새들이 "그들이 사는 늪에서 지저귀게 하는 존재였다." 또 아톤 신은 인간의 모습을 한 하나의 인격체도 아니었다. 만물을 만들어 내고 자라게 하는 태양의 '열기'야말로 아톤 신이 가진 진정하고 신성한 힘이었다. 동그란 공처럼 눈부신 빛을 내뿜으며 뜨고 지는 태양의 모습은 그 궁극적 힘의 표상일 뿐이었다. 하지만 그런 태양의 은덕이 사방에 두루 미치고 생명을 잉태시키기 때문에 이크나톤에게 아톤은 "사랑을 베푸는 주인"이기도 했다. 태양은 상냥한 유모처럼 "여자의 몸속에 아이를 만들고", "이집트의 두 땅을 사랑으로 가득 채웠다." 그리하여 마침내 아톤은 상징을 통해 인심과 정이 많은 세심한 아버지의 모습이 된다. 하지만 야훼처럼 만군(萬軍)의 주(主)가 아닌 온유하고 평화로운 신이었다.[266]

    이크나톤이 온 세상을 아우르는 하나의 신이란 바람직한 상을 머리에 확실히 그려 놓고도, 사람들의 마음에 새로운 종교가 지닌 훌륭함이 서서히 자리 잡도록 내버려 두지 못한 것은 역사의 비극 중 하나다. 그는 자신의 진리를 상대적인 관점에서 생각하지 못했다. 다른 형태의 믿음이나 숭배는 저속해 용납할 수 없다는 생각이 그의 머리를 파고들었다. 그래서 갑작스레 이집트의 모든 공공 비문에서 아톤 신을 제외한 모든 신의 이름을 파내라는 명령을 내린다. 아몬(Amon)이란 글자를 지우려고 자기 아버지 이름을 훼손한 기념물도 백 개에 달했다. 그는 자신의 교의를 제외한 모든 교의는 불법이라 선언하고 옛날 신전은 모두 폐쇄시키라 명했다. 그리고 테베를 불결한 도시라 여겨 버려 버리고, 자신을 위해 "아톤의 지평선에 지은 도시"란 뜻의 아케타톤(Aketaton)에 아름다운 새 수도를 건설했다.

    행정 조직과 관료들 봉급이 사라지자 테베는 급속히 쇠락해 간 반면, 아케타톤은 부유한 대도시로 성장해 새로 건물을 짓느라 바빴고, 전통 고수라는 신관의 속박에서 벗어난 예술은 르네상스를 맞았다. 새로운 종교에 표현된 쾌활한 정신은 예술 속에 그대로 녹아들었다. 옛날 아케타톤이 있던 자리에는 지금 텔엘아르마나란 마을이 들어서 있는데, 윌리엄 플린더스 페트리 경(Sir William Flinders Petrie)은 이곳에서 아름다운 도로를 발굴하기도 했다. 그 무엇보다 우아하고 섬세한 채색을 자랑하는 새, 물고기, 그 밖의 다른 동물들로 장식된 모습이었다.267 이크나톤은 진정한 신은 형상이 없다는 거창한 이유를 내세워 예술가들이 아톤의 모습을 작품으로 만들지 못하게 했다.268 이크나톤은 그것만 제외하고는 예술에 어떤 속박도 가하지 않았다. 다만 자신이 가장 총애했던 예술가인 베크, 아우타, 누트모세에게는 사물을 보이는 그대로 묘사할 것이며, 신관들의 관습은 다 잊으라고 명했다. 세 예술가는 왕의 뜻을 받들어 이크나톤을 거의 소심해 보이기까지 하는 온화한 얼굴에 머리가 기이할 정도로 길쭉한 젊은이로 표현해 놓았다. 그리고 이크나톤의 생기론적인 신관을 받아들여 온갖 식물이며 동물을 세세한 부분까지 예쁘게 칠해 놓았다. 여기서 보이는 완벽함은 역사상 어느 시대나 장소도 따라잡기 힘들 정도다.269 어느 세대에서나 배고픔과 무명의 아픔을 뼈저리게 느끼기 마련인 예술이 이때는 잠시 풍요와 행복을 누리며 번영을 이루었다.

　　이크나톤이 성숙한 인물이었다면 자신이 끌어내고자 했던 변화가 너무 심대해 단기간에 실효를 못 거두리란 사실을 알았을 것이다. 백성들의 욕구와 습성에 깊이 뿌리박고 있던 미신적 다신교를 상상력보다는 사고력을 우선시하는 자연주의적 일신교로 바꾸어야 했으니 말이다. 그는 속도를 늦추고 중간에 여러 번의 단계를 두어 부드럽게 과도기를 거쳤어야 했다. 하지만 그는 철학자보다는 시인에 가까운 인물이었다. 옥스퍼드의 주교들 앞에서 야훼가 죽었다고 선언한 셸리처럼, 그는 절대자의 관념에 사로잡혀 이집트의 구조를 통째로 자기 머릿속의 구상에 맞추려 했다.

　　이크나톤은 부와 막강한 권력을 쥔 신관 계층을 일거에 몰아내고, 오랜 전통과 믿음 속에서 소중한 존재가 된 신들을 숭배하지 못하게 막았다. 이크나톤이 자기 아버지의 이름에서 아몬이란 글자를 파낸 것은 백성들에게는 신성 모독에 해당하는 불경스러운 짓이었다. 이집트인에게는 죽은 조상을 섬기는 것보다 더 중요한 일이 없었기 때문이다. 또 이크나톤은 신관의 힘이 그토록 강하고 생명력이 끈질길 줄은 미처 몰랐던 반면, 백성들이 이신론(理神論)을 충분히 이해할 수 있을 거라고 과대평가했다. 신관들은 배후에서 음모를 꾸며 준비에 들어갔으며, 백성들은 집에 틀어박혀서 먼 옛날부터 모셔 오던 수많은 신들에게 계속 예배를 드렸다. 그때까지 신전 덕에 먹고 살던 수많은 장인들은 비밀스럽게 이단자 왕에 대한 비난을 늘어놓았다. 심지어 이크나톤은 궁정의 관료와 장군들에게까지 미움을 사서, 그들은 왕이 어서 죽기만을 기도드렸다. 그래야 이크나톤의 수중에서 제국이 산산조각 나는 것을 막을 수 있을 것이었다.

그 사이 젊은 시인 왕은 소박하고 신실한 삶을 살고 있었다. 이크나톤에게는 딸만 일곱이고 아들은 없었다. 법에 따라 두 번째 아내를 들여 후사를 볼 수도 있었지만, 이크나톤은 그렇게 하지 않고 노프레테테에게만 충실하는 편을 택했다. 오늘날까지 전해지는 작은 장식품에서는 왕이 왕비를 꼭 껴안고 있다. 왕은 가족들과 함께 전차를 타고 거리를 누비며 마음껏 즐거워하는 자신의 모습을 예술가들이 생생히 표현할 수 있게 했다. 행사가 있을 때면 왕비는 왕 곁에서 그의 손을 꼭 잡고 앉아 있었으며, 아이들은 왕좌 발치에서 장난을 치며 놀았다. 이크나톤은 아내를 두고 "자신을 행복하게 하는 안주인으로, 그녀의 목소리를 들으면 왕의 마음은 기쁘다."라고 말했다. 또 한 맹세에는 "왕비와 아이들이 곁에 있어 나의 마음은 행복하노니."라는 구절이 들어가 있다.[270] 권력이 주된 주제인 이집트의 서사시 중간에 끼어 있는 한 토막 가슴 따뜻한 이야기이다.

그런데 이 소박한 행복 중간에 시리아로부터 심상치 않은 전갈이 날아들었다.* 근동 지역 이집트의 속국들이 히타이트를 비롯한 여타 부족들의 침공을

---

* 1893년 윌리엄 플린더스 페트리 경은 텔엘아마르나에서 350개가 넘는 쐐기 문자 점토판을 발굴했는데, 대부분이 동부에서 이크나톤에게 지원군을 요청하는 내용이었다.

받고 있다는 것이었다. 이집트에서 임명받은 지방관들은 즉각 지원병을 요청했다. 하지만 이크나톤은 망설였다. 그 나라들을 정복했다고 계속 이집트의 속국으로 두어도 되는지 확신이 서지 않았기 때문이다. 더구나 그렇게 확신도 없는 대의명분을 지키고자 머나먼 전장까지 이집트인을 보내 죽게 만들 수 없었다. 속국들은 이집트 왕이 성인군자처럼 나온다는 사실을 알아차리자, 자신들을 통치하던 이집트 지방관들을 자리에서 끌어내렸다. 그리고 그동안 바치던 조공을 조용히 모두 그만두고 사실상 자유를 얻었다. 그러자 이집트는 눈 깜짝할 사이에 광대한 제국에서 조그만 일개 국가로 전락해 버렸다. 백 년 동안이나 외국의 조공이 버팀목이던 이집트 국고는 금세 텅 비어 버렸다. 국내 조세 수입도 최저로 떨어졌고, 금광 채굴 작업도 중단되었다. 나라 안 행정은 혼란에 빠져들었다. 이크나톤은 온통 자기 것만 같던 세상에서 돈 한 푼, 친구 하나 없는 자신의 처지를 깨달았다. 식민지는 모조리 반란을 일으킨 상태였고, 이집트의 권력자들은 하나같이 그에게서 등을 돌리고 그가 실각하기만을 기다렸다.

기원전 1362년, 이크나톤은 서른도 채 되지 않은 나이에 통치자로서의 실패와 별 볼 일 없는 자기 민족의 자질을 실감한 채 비통한 심정으로 세상을 떠났다.

5. 쇠퇴와 멸망

이크나톤이 죽고 나서 2년 후, 신관들이 특히 좋아했던 그의 사위 투탕카멘이 왕위에 올랐다. 그는 장인이 지어 준 투탕카톤이란 이름을 투탕카멘으로 바꾸고 수도도 다시 테베로 옮겼다. 신전 권력자들과도 우호적인 관계를 회복했고, 기쁨에 찬 백성들에게는 옛날 신들이 원상 복귀되었음을 선언했다. 아톤과 이크나톤이란 이름은 모든 기념물에서 흔적도 없이 사라졌다. 신관들은 이단자 왕의 이름을 입에도 올리지 못하게 했으며, 백성들은 이크나톤을 "대범죄자"라 칭했다. 이크나톤이 지워 버렸던 이름은 기념물에 다시 새겨졌고, 그가 없애 버렸던 축제일도 되살아났다. 모든 것이 예전으로 돌아간 것이다.

그 외에 투탕카멘은 특별한 치적을 남긴 것이 없다. 그의 무덤에서 사상 유례가 없을 정도의 보물이 쏟아져 나오지 않았다면, 아마 세상은 그를 거의 모른 채 지냈을 것이다. 투탕카멘의 뒤를 이어서는 용맹스러운 장군 하름하브가 등장해, 군대를 이끌고 아프리카 연안 지역을 누비고 다니며 이집트가 대외에 떨치던 힘과 나라 안 평화를 되찾았다. 세티 1세는 질서와 부가 다시 자리 잡으면서 거둬들인 수확으로 카르나크에 다주식(多柱式) 홀을 지었다.[271] 또 아부심벨의 벼랑을 깎아 웅대한 신전을 짓기 시작하고, 장엄한 돋을새김 조각으로 자신의 위용을 기렸으며, 이집트에서 가장 화려한 무덤에 수천 년 동안 누워 있는 즐거움을 누렸다.

이집트에서 마지막 위대한 파라오로 꼽히는 낭만적 인물 람세스 2세가 왕위에 오르는 것이 바로 이 시점이다. 람세스 2세만큼 멋진 군주는 역사에서 거의 찾아볼 수 없다. 그는 잘 생기고 용감했을 뿐 아니라, 그런 장점을 아이처럼 순진하게 바라보아서 더욱 매력적이었다. 그는 전공(戰功)도 엄청나게 많이 쌓았는데(그리고 그 내용을 부단히 기록해 두었다.), 그 정도로 대단한 힘을 발휘한 분야는 사랑이 유일하다. 왕위 계승권이 있던 운 나쁜 형을 밀쳐 내고 왕위에 오른 람세스 2세는 곧 누비아에 원정군을 파견했다. 그곳의 금광을 캘 수 있게 되자 이집트의 국고는 다시 풍족해졌다. 그 자금을 가지고 람세스 2세는 또 반란을 일으킨 아시아 지방의 재정복에 나섰다. 그리하여 3년 만에 팔레스타인 땅을 되찾았고, 군대를 더 밀고 들어가 (기원전 1288년에) 카데시에서 아시아의 대규모 동맹군을 만났다. 이집트가 다 진 싸움에서 승리할 수 있었던 건 그의 용기와 리더십 덕분이었다. 상당수의 유대인들이 이때의 전쟁을 계기로 노예나 이민자가 되어 이집트로 들어온 것으로 보인다. 출애굽 당시의 파라오가 람세스 2세라 생각하는 사람들도 있다.[272] 람세스 2세는 쉰 개에 이르는 벽에다 자신의 승전 이야기를 기리고(이야기를 공정하게 전하려 애쓰지는 않았다.), 시인을 시켜 자신을 찬미하는 서사시를 짓게 했으며, 수백 명의 아내를 두어 스스로 보상으로 삼았다. 죽을 당시 그는 아들 백 명과 딸 쉰 명을 두었는데, 그 수로 보나 비율로 보나 자신의 대단한 힘을 입증해 보인 셈이었다. 람세스 2세는 특출한 아이를 낳을 수도 있도록 자기 딸들과 결혼을 하기도 했다. 람세스 2세의 자손은 수가 하도 많아 이 가문은 400년 동안 이집트에서 특별한 계층을 형성했고, 백 년 동안 이집트 통치자를 배출했다.

람세스 2세에게는 그런 보상을 받을 만한 자격이 있었다. 생전에 이집트를 잘 다스렸던 것으로 보이니 말이다. 그는 건물을 짓는 데 인색할 줄 몰랐다. 이집트 대건축물 중 절반이 그의 치세 기간에 만들어졌을 정도다. 카르나크의 주 신전을 완공하고, 룩소르의 신전을 증축하고, 나일 강 서안에 자신의 거대한 장례 사원 라메세움을 세웠으며, 산속에 자리 잡은 아부심벨 신전도 마무리 지었다. 자신의 거대한 석상을 이집트 땅 곳곳에 세워 놓기도 했다. 람세스 2세의 통치 아래 상업 활동은 수에즈 지협이나 지중해 연안 모두에서 번성해 갔다. 람세스 2세는 나일 강에서 홍해로 이어지는 운하를 하나 더 건설했지만, 그가 죽고 얼마 지나지 않아 모래가 밀려와 덮어 버렸다. 람세스 2세는 역사상 가장 인상 깊은 통치를 펼친 후 아흔 살이 된 기원전 1225년에 생을 마감했다.

이집트에서 인간으로서 람세스 2세를 능가하는 권력을 지녔던 존재는 단 하나 신관뿐이었다. 그리고 역사 어디서나 그랬듯, 이집트에서도 종교와 국가 사이에 분쟁이 끊이지 않았다. 람세스 2세의 치세 기간 내내 그리고 바로 다음 후계자들의 치세 기간에도 모든 전쟁의 전리품은 신전 차지였으며, 이집트가 정복한 속주의 세금도 신전과 신관이 가장 많이 차지했다. 덕분에 람세스 3세 시절 신전의 부는 절정에 이르렀다. 당시 신전이 소유하고 있던 노예는 10만 7000명으로, 이집트 전체 인구의 30분의 1이었다. 또 신전 소유 토지는 약 3000제곱킬로미터로 전체 경작지의 7분의 1이었다. 신전 소유 가축도 50만 마리에 달했으며, 이집트와 시리아의 169개 도시에서 수입을 얻었다. 거기다 이 모든 재산들은 세금까지 면제였다.[273] 람세스 3세는 인심이 후했던 것인지 소심했던 것인지 모르지만 금 3만 2000킬로그램과 은 100만 킬로그램을 하사하는 등 아몬 신의 신관들에게 사상 유례없는 선물을 쏟아부었다.[274] 그리고 해마다 곡식 18만 5000섬을 내렸다. 그래서 나라에서 고용한 일꾼들에게 품삯을 주어야 할 때가 됐을 때 나라의 국고는 텅텅 비어 있었다.[275] 신들을 먹여 살리기 위해 굶주리는 백성들은 점점 더 늘어만 갔다.

이런 식의 정책하에서는 왕이 신관의 종이 되는 것은 시간문제였다. 그래서 람세스 이름을 가진 마지막 왕의 치세 기간에는 아몬 신의 최고 신관이 왕위를 찬탈하고 공공연히 최고권을 행사했다. 제국은 정체된 신관 정치가 지배하게 되었다. 건축과 미신은 그 속에서 번성해 갔지만, 그 외 국가 활동의 모든 요소는 활력을 잃었다. 예언이 조작되어 신관이 내린 모든 결정에 신성한 인가를 내려 주었다. 이집트의 넘치던 생기는 굶주린 신들이 모두 빨아들여 메말라 버렸다. 그리고 바로 이때 외국의 침략자들이 이집트에 잔뜩 쌓여 있는 이 부를 빼앗기 위해 나일 강 쪽으로 쳐들어올 준비를 하고 있었다.

그러는 동안 변방의 모든 지역에서 문제가 불거졌다. 이제까지 이집트가 번성할 수 있었던 것은 지중해 교역의 요지라는 전략적 위치가 한몫했다. 이집트는 각종 금속과 부를 손에 넣고 서쪽의 리비아, 북쪽과 동쪽의 페니키아, 시리아, 팔레스타인에 지배력을 행사했다. 그런데 이제는 이 지중해 교역로의 반대편에서, 즉 아시리아, 바빌론, 페르시아 지역에서 새로운 국가들이 성장해 온전한 틀과 강력한 힘을 갖추고 있었다. 이들은 창의적인 발명과 사업으로 스스로 힘을 키워 가며 신(神)밖에 모르는 자족에 빠진 이집트인과 상공업 분야에서 과감히 승부를 걸어오고 있었다. 한편 페니키아인들은 3단 노(櫓) 갤리선을 점차 완성시켜 지중해의 제해권을 이집트에서 조금씩 빼앗아 오고 있었다. 또 도리스인과 아카이아인은 (기원전 1400년경) 크레타 섬과 에게 해를 정복하고, 독자적인 상업 제국을 이뤄 가고 있었다. 이제는 험한 길과 도적이 널린 근동의 산악 지대와 사막을 넘어 대상(隊商)들이 느릿느릿 나르는 교역품은 점점 줄어들었다. 대신 비용도 저렴하고 손실도 적은 선박을 이용하는 사례가 점점 늘어났다. 이 바다의 교역로는 홍해와 에게 해를 거쳐, 트로이, 크레타와 그리스로 이어졌고, 종국에는 카르타고와 이탈리아, 스페인까지 가 닿았다. 이리하여 지중해 북쪽 연안을 따라 자리 잡은 국가들은 제철을 만나 세력을 활짝 꽃피운 반면, 지중해 남부의 국가들은 기력을 잃고 시들어 갔다. 이집트는 이제 교역도, 황금도, 권력도, 예술도 잃어버리고 마침내는 자부심까지 잃고 말았다. 그러면서 이집트의 경쟁국들이 하나하나 이집트 땅으로 기어들어 와 이집트를 정복하고 나라를 황폐화시켰다.

기원전 954년에는 서쪽의 구릉 지대에서 리비아인들이 들어와 맹위를 떨쳤다. 기원전 722년에는 남쪽에서 에티오피아인들이 들어와 노예로 살았던 옛날 일을 복수했다. 기원전 674년에는 북쪽에서 아시리아인들이 무서운 기세로 밀고 내려와 신관들이 차지하고 있는 이집트를 속국으로 만들어 조공을 받치게 했다. 그러다 한동안 사이스의 제후인 프삼티크가 침략자들을 몰아내고 지도력을 발휘해 이집트를 다시 하나로 통일시켰다. 그의 오랜 치세 기간과 계승자들의 치세 기간 동안 이집트 예술은 "사이스 시대의 부흥"을 맞았다. 이집트의 건축가와 조각가, 시인과 과학자들은 각 분야가 지닌 기술적 및 심미적 전통을 끌어모아 그리스인들에게 고스란히 물려줄 채비를 했다. 하지만 기원전 525년에 캄비세스 왕이 다스리는 페르시아인들이 수에즈 지협을 건너 이집트로 쳐들어오면서, 이집트의 독립에 다시 한 번 종지부를 찍었다. 기원전 332년에는 아시아에서 알렉산드로스가 돌격해 들어와 이집트를 마케도니아의 속국으로 만들어 버렸다. 기원전 48년 카이사르는 이집트의 새 수도 알렉산드리아를 손에 넣으려고 왔다가 클레오파트라와의 사이에서 아들을 낳았다. 둘은 이 아들이 고대 시대 가장 위대한 제국들을 아우르는 군주가 되길 바랐지만 그 꿈은 수포로 돌아갔다.[276] 기원전 30년, 이집트는 로마의 속주가 되면서 역사에서 자취를 감추었다.

이집트의 사막으로 성인들이 모여들고, 키릴이 히파티아를 거리에서 질질 끌고 다니다 죽인 시절(서기 415년)에도 이집트는 또 한 번 번영을 누렸다. 이슬람교도들이 멤피스의 유적을 가지고 카이로에 건물을 지어, 돔이 반짝이는 모스크와 성채로 도시를 가득 메우던 시절도 마찬가지였다.(서기 650년경) 하지만 그것들은 진정한 이집트의 것이라 할 수 없는 외래문화였고, 그마저도 역시 사라져 버렸다. 오늘날에도 이집트라 불리는 곳은 존재하지만, 그곳에서 이집트 민족은 주인 노릇을 하지 못하고 있다. 그들이 아랍 정복자들에게 정복당하고, 언어와 결혼을 통해 그들 속에 흡수된 지는 이미 오래다. 이집트 도시에서는 이슬람교도와 영국인의 힘만 느껴질 뿐이고, 이집트를 보려고 고생스럽게 수천 마일을 거쳐 온 순례자들은 피라미드가 단순히 돌무더기에 불과하다는 사실을 알게 될 뿐이다. 혹시 아시아가 다시 한 번 부유해진다면, 이집트가 또 한 번 위대함을 이룩해 전 세계 교역의 중간 거점 역할을 할 수 있을지도 모른다. 하지만 로렌쪼(Lorenzo)가 노래한 것처럼 내일 일은 아무도 모르는 법이고, 오늘날 확실한 것은 이집트가 쇠퇴했다는 것뿐이다. 이집트에는 무지막지한 에너지를 간직하고 있는 거대한 유적, 기념물, 무덤이 사방에 즐비하다. 그와 함께 이제 이집트가 가난하고 황폐해져 먼 옛날 혈기는 사라지고 없다는 사실도 도처에서 느껴진다. 더구나 무엇이든 집어삼키는 적의에 찬 모래가 뜨거운 바람에 실려 언제까지고 사방에서 불어온다. 결국에는 모든 것을 덮어 버릴 것 같은 무서운 기세로.

하지만 모래는 고대 이집트의 몸뚱이만 파괴했을 뿐이다. 이집트의 영혼은 우리 인류의 지식과 기억 속에 아직도 살아 숨 쉬고 있다. 이집트는 농경, 야금술, 산업, 토목 기술을 발전시켰으며, 유리와 리넨, 종이와 잉크, 달력과 시계, 기하학과 알파벳을 처음 발명한 것으로 보인다. 또 의상과 장식품, 가구와 집, 사회와 생활에 세련미를 더했으며, 질서 정연하고 평화로운 통치 기구, 인구 조사 및 우편 업무 제도, 1·2차 교육 기관, 심지어 공직과 행정을 위한 전문 교육 제도까지 만들어 내는 장족의 발전을 이루었다. 글과 문학, 과학과 의학도 발전시켰으며, 개인 및 공공의 양심이 처음으로 명확하게 표명된 곳도 이집트였다. 사회 정의를 처음으로 부르짖은 곳도, 일부일처제가 처음 널리 퍼진 곳도, 일신교를 처음 채택한 곳도, 윤리적인 글이 처음 등장한 곳도 이집트다. 이집트만큼 건축과 조각, 비주류 예술이 발달해 최고의 기량과 힘을 자랑하는 곳을 (우리가 아는 한) 이전 역사에서는 전혀 찾아볼 수 없고, 그 이후에도 이집트에 필적하는 곳을 찾기 힘들다. 이집트의 정신을 담은 최고의 작품들이 사막 아래 묻혀 버리거나, 지구가 일으키는 경련에 무너져 내린 와중에도* 이집트의 이러한 공헌은 사라지지 않았다. 페니키아인, 시리아인, 유대인, 크레타인, 그리스인, 로마인을 통해 이집트 문명은 길이길이 후대로 전해져 인류가 간직한 문화유산의 일부가 되었다. 역사가 막 동트기 시작한 그 무렵에 이집트가 이룩해 낸 문명의 힘과 기억은 모든 나라, 모든 시대에 영향을 미치고 있다. 프랑스의 예술가이자 수필가인 포르(Faure)는 이렇게 말하기도 했다. "이집트는 결속력과 통일성, 절제와 다양성을 함께 갖춘 예술 작품을 통해, 그리고 엄청난 수명과 그 속의 줄기찬 생명력을 통해 이제껏 지구상에 한 번도 등장한 적 없는 최고 문명의 장관을 연출하고 있다."[277] 이집트와 어깨를 나란히 하려면 우리는 많은 노력을 경주해야 할 것이다.

---

* 일례로 테베는 기원전 27년 지진으로 결국 파괴를 당했다.

OUR ORIENTAL HERITAGE

9장   바빌로니아

1. 함무라비부터 네부카드레자르까지

문명은 생명처럼 끊임없이 죽음과 맞서 싸운다. 그리고 생명이 낡은 형태를 버리고 젊고 신선한 것으로 탈바꿈해야만 자체를 유지하는 것처럼, 문명 역시 환경이나 피를 바꾸어야만 불안정하게나마 생존을 유지한다. 문명은 우르에서 바빌론과 유대로, 그리고 바빌론에서 니네베로 이어졌다. 그리고 여기서 페르세폴리스와 사르디스, 밀레토스로, 또 여기서 이집트와 크레타를 거쳐 그리스와 로마로 옮아갔다.

오늘날 고대의 바빌론 유적지를 바라보면서, 유프라테스 강을 따라 자리 잡고 있는 뜨겁고 황량한 이 폐허가 한때는 문명이 자리 잡았던 부유하고 강력한 수도였다고 생각할 사람은 없을 것이다. 그 문명은 천문학을 만들고, 의학을 풍요롭게 발전시키고, 언어학을 확립하고, 위대한 최초의 법전을 준비했다. 그리고 그리스인들에게는 수학과 물리학과 철학의 기본 원리들을 가르치고,[1] 유대인에게는 신화를 주었으며(그 후 유대인은 이 신화를 세상에 주었다.), 아랍인들에게는 과학과 건축에 관한 지식을 전해 주었다.(아랍인들은 이 지식으로 중세 시대 유럽의 잠자는 영혼을 일깨웠다.) 고요한 티그리스 강과 유프라테스 강 앞에 서 있으면, 이 강들이 수메르와 아카드에 물을 공급하고, 바빌론의 공중 정원에 자양분을 공급한 바로 그 강이라는 사실을 믿기가 어렵다.

몇 가지 면에서 이 강들은 그 시대와는 다르다. "같은 물에 두 번 들어갈 수 없기" 때문만이 아니라, 유서 깊은 이 강들이 오래전 새로운 물길을 따라 강바닥을 다시 만들고[2] 다른 양쪽 강기슭을 "하얀 큰 낫으로 베어 내고 있기"[3] 때문이다. 이집트에서 나일 강이 했던 것처럼, 이곳에서는 티그리스 강과 유프라테스 강이 수천 킬로미터에 이르는 교역로를 제공하고, 봄철에는 남쪽으로 물길이 닿는 데까지 범람하여 농부가 토양을 비옥하게 만들 수 있게 도왔다. 바빌로니아에서는 비가 겨울의 몇 달 동안에만 오고 5월부터 11월까지는 전혀 오지 않는다. 그러므로 강이 범람하지 않았으면 땅이 바싹 말랐을 것이다. 메소포타미아의 북부 지역이 과거에도 그랬고 지금도 그러한 것처럼 말이다. 바빌로니아는 많은 세대 동안 사람들이 기울인 노력과 풍부한 물을 통해, 셈족의 전설에서 말하는 에덴동산이 되었다. 서아시아의 비옥한 곡창 지대가 되었다는 말이다.*

역사적으로 그리고 인종적으로 바빌로니아는 아카드인과 수메르인이 결합하여 낳은 산물이었다. 이들의 결합으로 나타난 바빌로니아 행동 양식에서는 아카드인의 셈족 혈통이 지배했다. 이들의 전쟁은 아카드의 승리로 끝나, 바빌론이 남부 메소포타미아 전체 지역의 수도로 자리 잡았다. 이들 역사의 시발점에는 45년 동안 통치하며 정복과 법을 안겨 준 강력한 인물인 함무라비(기원전 2123~2081년)가 있었다. 원시적인 도장들과 비문들이 부분적으로 우리에게

---

* 창세기 2장 14절에 의하면 유프라테스 강은 낙원을 통해 흐르는 네 강 중 하나이다.

전해 주는 모습에 의하면 그는 뜨거운 열정으로 가득 찬 천재이며, 전쟁터에서는 회오리바람처럼 반란자들을 섬멸하고, 적들을 산산조각 내고, 도저히 접근할 수 없는 산들을 넘어 행군하며, 약속은 어기지 않는 젊은이다. 그가 다스린 시대에는 낮은 지대의 계곡에 자리 잡고 서로 다투던 작은 국가들은 서로 협조하며 평화롭게 지내고, 역사적인 법전을 통해 안녕과 질서를 유지해야 했다.

함무라비 법전은 1902년 수사에서 발굴되었다. 원통형 섬록암에 아름답게 새겨진 이 법전은 기원전 1100년경 일종의 전쟁 전리품으로 바빌론에서 엘람으로 수송되었다.* 이 법전은 모세의 법전처럼 하늘에서 받은 선물이었다. 원통의 한 면에 태양 신 샤마시가 직접 왕에게 법전을 하사하는 모습이 나타나 있기 때문이다. 전문(前文)은 거의 하늘에 관한 내용이다.

아누나키와 벨의 왕이며 천지의 주(主)인 아누, 이 땅의 운명을 결정하는 그가 모든 인류를 다스리는 일을 마르둑에게 위임할 때 …… 그 신들이 바빌론의 고귀한 이름을 선언할 때, 바빌론을 세상의 모든 곳에서 유명하게 만들고 바빌론 한가운데 하늘과 땅처럼 확고한 토대를 지닌 영원한 왕국을 세울 때, 바로 그때 아누와 벨이 존귀한 왕자이며 신들의 숭배자인 나 함무라비를 불러 이 땅에 정의를 널리 행하고, 사악한 사람들과 악한 사람들을 멸하고, "강한 사람들이 연약한 사람들을 압제하지 못하게 막고, …… 이 땅을 교화하며 백성들의 복지를 증진시키게 했다." 나는 벨에게 임명받은 통치자인 함무라비다. 나는 풍요를 낳고, 니푸르와 두릴루를 위해 모든 것을 완벽하게 만들었다. …… 도시 우루크에 생명을 주고, 그 주민들에게 물을 풍부하게 공급했다. …… 도시 보르시파를 아름답게 만들었으며 …… 강력한 우라시를 위해 식량을 저장했다. …… 백성들이 어려울 때 도움을 주고 바빌론에 있는 그들의 재산을 안전하게 보호하고 있다. 나는 백성들의 통치자이자 "종"이며, 나의 행적은 아누니트에게 기쁨을 안겨 준다.[4]

---

* 지금은 루브르 박물관에 소장되어 있다.

여기 따옴표를 이용해 임의로 강조한 말은 현대에도 와 닿는 내용이다. 그러므로 기원전 2100년의 동방 전제 군주가 실제로 이런 말들을 했다고 보거나, 이 말들이 소개하는 법들이 현재를 기준으로 6000년이나 된 고대의 수메르의 기존 법들에 기초했다고 생각하기 어려울 것이다. 사실상 고대의 이 원문은 당시의 바빌로니아의 여건과 어우러져 그 법전에 복합적이고 이질적인 성격을 부여한다. 이 원문은 신들을 찬양하면서 시작하지만 놀라울 정도로 세속적인 법조문에서는 그 신들을 더 이상 언급하지 않는다. 이 법전은 가장 문명화된 법들을 가장 야만적인 형벌들과 뒤섞고, 군부의 독재를 제한하기 위한 식별력 있는 조치 및 정교한 법적 절차들과 나란히 원시적인 동태 복수법(同態復讐法)과 신성 재판을 설정하고 있다.5 요컨대 이 285개의 법조문은 사유 재산법과 부동산법, 교역과 사업법, 가족법, 상해법, 노동법이라는 제목으로 배열되어 거의 과학적인 체계를 보이고 있으며, 그 후 천 년 이상 지난 다음에야 등장한 아시리아의 법전보다 앞선 문명적인 법전이며, 많은 면에서 "현대 유럽 국가의 법전만큼 훌륭하다."6* 법의 역사에서 이 위대한 바빌로니아인이 자신의 법전을 끝맺는 말보다 더 훌륭한 것은 거의 없다.

지혜로운 왕 함무라비는 정의로운 법들을 제정하여 이 땅에 안정된 버팀목과 깨끗한 정부를 제공했다. …… 나는 수호 통치자다. …… 나는 수메르와 아카드 땅의 백성들을 가슴으로 안았다. …… 나는 지혜로 그들을 규제하여 강한 사람들이 연약한 사람들을 압제하지 않고 고아와 과부도 공정히 대하도록 했다. …… 압제를 당한 사람이 있다면 정의로운 왕인 나의 조각상 앞으로 나오라! 그에게 내 기념물에 새겨진 비문을 읽게 하라! 엄중한 내 말을 가슴에 새기게 하라! 나의 기념물이 그의 억울함을 말끔히 풀어 주어 그가 자기 상황을 이해할 수 있기를 바란다! 그리하여 그의 마음이 편안해져 다음과 같이 외칠 수 있기를 바란다! "함무라비는 정말 백성들에게 아버지

---

* 모세의 법전은 이 법전을 모방하거나 함무라비 법전과 같은 원전에서 법전 내용을 도출한 게 분명하다. 법적인 계약 문서에 공식 도장을 찍는 관습은 함무라비 시대까지 거슬러 올라간다.7

같은 통치자다. …… 그는 백성들을 위해 영원한 번영을 확립하고 이 땅에 깨끗한 정부를 주었다."

앞으로 올 시대에도, 미래의 모든 시대에도, 이 땅의 왕은 내가 나의 기념물에 기록해 놓은 의로운 말들을 지키라!⁸

사람들을 결집시킨 이 법은 함무라비가 이루어 놓은 업적 중 하나일 뿐이다. 그의 명령에 따라 키시와 페르시아 만을 연결하는 큰 운하가 건설되어 넓은 땅에 물을 공급하고, 티그리스 강이 범람하여 엄습하던 파괴적인 홍수에서 남쪽의 도시들을 보호했다. 우리 시대에 전해지기까지 먼 길을 돌아온 또 다른 비문에서는, 그가 (한때는 사치품이었으나 당시에는 소중하지만 일반적인 생활용수가 된) 물과 안전과 정부를 많은 부족에게 어떻게 주었는가를 자랑스럽게 말한다. 자랑이 가득하기는 하지만(동방에서 습관적으로 사용하던 진솔한 표현법이다.) 그의 정치적 수완도 엿보인다.

(우르크와 니푸르의 신인) 아누와 엔릴이 내게 수메르와 아카드 땅을 주어 다스리게 하고 나에게 이 홀(笏)을 위임했을 때, 나는 "함무라비누쿠시니시(백성들을 풍요롭게 하는 함무라비) 운하를 팠으며, 이 운하는 수메르와 아카드의 땅에 물을 공급하고 있다. 나는 운하 양쪽의 기슭을 경작지로 바꾸어 놓았다. 곡식 더미들을 산더미처럼 쌓았으며, 땅에 물을 공급하여 마르는 일이 없게 했다. …… 흩어져 있던 백성들을 모았다. 그들에게 목초지와 물을 제공했다. 그들에게 풍요를 안겨 주었으며, 평화로운 주거지에 정착시켰다.⁹

그의 법은 세속적 성격을 지녔으나, 현명했던 그는 신의 강제력을 동원하여 자신의 권위를 장식할 줄 알았다. 요새는 물론 신전도 건축하고, 바빌론에 (바빌로니아의 국가 신들인) 마르둑과 그 아내를 위해 웅장한 성소를 세우고, 신들과 신관들을 위해 밀을 저장할 거대한 곡물 창고를 지어 신관의 비위를 맞췄다.

이런 종류의 선물들은 기민한 투자였다. 그는 이런 투자를 하면 백성들이 경외심을 보이며 복종하는 결과가 돌아올 것이라 기대했다. 그리고 백성들의 세금을 가지고 법과 질서를 유지하는 세력들에게 자금 지원을 해 주고, 수도를 아름답게 꾸몄다. 궁전들과 신전들을 사방에 세우고, 유프라테스 강에 다리를 놓아 양안을 따라 수도를 확장시켰다. 강에는 선원이 아흔 명이나 되는 배들이 무리지어 오르내렸다. 기원전 2000년에 바빌론은 벌써 역사상 가장 부유한 도시 중 하나가 되어 있었다.*

사람들은 셈족 계열 외모를 지녀 머리와 얼굴이 검고, 대부분의 남자들은 수염을 길렀으며, 경우에 따라서는 가발을 썼다. 남녀 모두 머리가 길었으며 때로는 남자들도 곱슬머리를 늘어뜨리고 다녔다. 여자들은 물론이고 남자들도 자주 향료를 사용했다. 남녀가 모두 일반적으로 입은 복장은 하얀 아마포로 만들어 발까지 늘어뜨린 튜닉이었다. 여자들의 경우에는 한쪽 어깨를 드러냈으며, 남자들의 경우에는 길고 품이 큰 겉옷과 망토를 더 입었다. 부가 늘어나면서 사람들은 색채에 대한 취향을 발전시켜, 옷을 빨간 바탕에 파란색이나 파란 바탕에 빨간색으로 염색해 줄무늬나 원무늬, 체크무늬, 점무늬를 넣었다. 수메르 시대에는 맨발로 다녔으나 이제는 맵시 있는 샌들을 신었으며, 함무라비 시대에 남자들은 머리에 터번을 썼다. 여자들은 목걸이와 팔찌를 차고 부적을 달았으며, 머리는 꼼꼼하게 단장한 후 구슬을 늘어뜨린 줄을 달았다. 남자들은 머리 부분에 조각을 아로새긴 지팡이를 들고 다니고, 허리띠에는 문서와 편지에 날인하는 예쁜 모양의 도장을 넣고 다녔다. 신관들은 자신들이 인간임을 감추는 큰 고깔모자를 썼다.[10]

거의 역사의 법칙이나 다름없는 것은, 문명을 발생시키는 바로 그 부(富)가

---

* "중요한 모든 면에서 바빌로니아는 함무라비의 시대에, 아니 그보다 훨씬 이른 시기에, 그 이후 아시아가 능가해 본 적이 없는 물질문명의 정점에 도달해 있었다." 크리스토퍼 도슨(Christopher Dawson), 「종교 및 문화 탐구」, New York, 1933, p. 107. 아마 우리는 페르시아의 크세르크세스 1세와 중국의 현종, 인도의 악바르 시대는 예외로 보아야 할 것이다.

문명을 쇠약하게 만들기도 한다는 점이다. 부는 예술은 물론이고 안락함도 낳기 때문이다. 부는 사람들을 호사롭고 평화로운 생활 방식에 젖어 나약하게 만들고, 강한 팔과 굶주린 입을 지닌 사람들의 침략을 유발시킨다. 새로운 국가의 동쪽 국경에서는 산악 지대 사람들로 이루어진 강인한 부족 카시트인들이 시기심 어린 눈으로 바빌론의 부를 바라보고 있었다. 함무라비가 사망하자 8년 후 그들은 그 땅으로 밀려 들어와 약탈과 퇴각을 되풀이하다, 결국에는 정복자와 통치자가 되어 그대로 정착했다.(일반적으로 귀족 계층은 이런 식으로 생겨난다.) 그들은 비셈족 계열의 부족으로 아마 신석기 시대에 유럽에서 이주한 사람들의 후손이었을 것이다. 그들이 셈족 계열의 바빌론에게 승리를 거두었다는 것은 서아시아 인종에게 역사상의 호기가 다시 한 번 찾아왔음을 나타내는 것이었다. 수 세기 동안 바빌로니아는 인종적, 정치적 혼란에 빠져 학문과 예술이 발전하지 못했다.[11] 질식할 것 같은 이런 무질서 속에 나타난 온갖 모습은 "아마르나" 서신에서 찾아볼 수 있다. 이 서신 속에는 소국이었던 바빌로니아와 수메르 왕들이 투트모세 3세와의 전쟁에 지고 나서 이집트 제국에 약소하나마 조공을 바치던 이야기가 들어 있다. 또 오만한 아멘호테프 3세 및 종교에 빠져 세상일에 무심했던 이크나톤과 조공품의 가치를 따지는 내용도 들어 있다.*

카시트인은 힉소스인이 이집트를 지배했을 때의 파괴적인 방법으로 거의 6세기 동안 바빌로니아를 지배한 후 축출되었다. 이후 400년간 이어진 무질서 시대를 다스린 것은 그다지 유명하지 않은 바빌로니아의 왕들이었다.(이 시대 왕들의 이름 중에는 읽기 어려운 것들이 많다.)** 그러다 북쪽의 신흥 세력인 아시리

---

* 아마르나 서신들은 아첨과 주장, 간청, 불평으로 가득 차 있어 읽기가 지루하다. 예를 들면 (메소포타미아에 있는) 카르두니아시의 왕 부라부리아시 2세는 조공에서 자신을 홀대한 일에 대해 아멘호테프 3세에게 이렇게 쓰고 있다. "나의 어머니와 당신의 아버지는 서로 친밀한 관계를 유지해 온 이후 지금까지 귀한 물건들을 서로 교환했습니다. 그리고 그들은 서로의 가장 큰 바람을 실망시킨 적이 없습니다. 그런데 나의 형제(아멘호테프)는 (겨우) 금 2마네를 나에게 예물로 보냈습니다. 그러니 당신의 아버지가 보냈던 만큼의 금을 보내 주십시오. 적게 보낼 수밖에 없다면 당신의 아버지가 보냈던 양의 반이라도 보내 주십시오. 어째서 당신은 내게 겨우 금 2마네만 보낸 것입니까?"[12]
** 마르둑 샤피크 제리(Marduk-shapik-zeri), 니누트라 나딘 샴(Ninutra-nadin-sham), 엔릴 나딘 아플리(Enril-nadin-apli), 이티 마르둑 발라투(Itti-Marduk-balatu), 마르둑 샤피크 제르 마티(Marduk-shapik-zer-

아가 손을 뻗쳐 바빌로니아를 니네베 왕들의 지배 아래 놓고서야 무질서는 막을 내렸다. 바빌론이 반란을 일으키자 센나케리브가 도시를 거의 완전히 파괴했으나, 에사르하돈이 복구하여 번영과 문화를 안겨 주었다. 그러던 중 메디아인이 부상하여 아시리아의 힘을 약화시키자, 나보폴라사르가 이들의 도움을 받아 바빌로니아를 해방시켰다. 그 후 독립 왕조를 세우고는 이 두 번째 바빌로니아 왕국을 둘째 아들인 네부카드레자르 2세에게 물려주었다. 복수심에 불타는 전설적인 책 다니엘서에 악인으로 나오는 인물이 이 네부카드레자르 2세다.[13] 그가 즉위하면서 바빌론의 주신(主神) 마르둑에게 바친 말은 동방의 군주가 지닌 목표와 품성을 전해 준다.

저의 고귀한 생명만큼 지고한 당신을 사랑합니다! 저는 저의 도시 바빌론 말고는 어떤 정착지에도 처소를 정하지 않았습니다. …… 자비로운 마르둑이여, 당신이 명령을 내리시어 제가 지은 집이 영원하게 해 주십시오. 제가 그 광채로 충분히 만족하게 하시고, 그 안에서 많은 자손과 함께 노년을 맞도록 하며, 모든 지역과 모든 인류에게서 조공을 받게 해 주십시오![14]

그는 이런 소원들을 생전에 거의 다 이룰 수 있었다. 글씨를 모르고 정신이 온전하지는 않았지만, 그 당시 근동에서 가장 강력한 군주가 되고, 함무라비 이후 바빌로니아의 모든 왕 중에서 가장 위대한 전사이자 정치가이며 건축가가 되었기 때문이다. 이집트가 아시리아와 음모를 꾸며 바빌로니아를 다시 종속국으로 만들려 하자, 네부카드레자르는 유프라테스 강 상류의 카르케미시에서 이집트 군대를 맞아 거의 완전히 궤멸시켰다. 그 결과 팔레스타인과 시리아가 쉽게 그의 수중에 들어오자, 바빌로니아 상인들은 페르시아 만에서 지중해에 이르는 서아시아 지역의 모든 교역을 장악할 수 있었다.

---

mati 등이 이에 해당한다. 우리의 이름과 성도 이렇게 하이픈으로 붙여 놓으면 이방인들 귀에는 분명 불협화음으로 들릴 것이다.

네부카드레자르는 이런 교역에 따르는 통행세와 속국들이 바치는 조공, 백성들이 내는 세금을 이용하여 수도를 아름답게 꾸미고 신관들의 배고픔을 달랬다. "이것이 내가 건설해 놓은 위대한 바빌론이 아닌가?"[15] 그는 단순한 정복자로 만족하려는 유혹을 뿌리쳤다. 가끔은 자신이 지배하는 땅을 돌며 그곳 백성들에게 복종의 미덕을 가르치기도 했으나, 대체로 본국에 머물며 바빌론을 근동에서 비할 데 없는 수도이자 고대 세계에서 가장 크고 훌륭한 중심 도시로 만들어 놓았다.[16] 도시의 새로운 건설 계획은 나보폴라사르가 이미 전에 다 세워 놓았었다. 네부카드레자르는 43년의 긴 치세를 통해 그 계획들을 완벽하게 실행에 옮겼다. 헤로도토스는 그로부터 150년 후 바빌론을 보고, 도시가 넓은 평원에 서 있으며, 길이가 90킬로미터나 되는 성벽으로 둘러싸여 있고,[17] 말 네 마리가 끄는 전차가 달릴 수 있을 정도로 길이 넓으며, 약 9만 8000제곱미터나 되는 넓은 지역을 에워싸고 있다고 묘사했다.[18]* 도심지를 가로지르며 흐르는 유프라테스 강에는 야자수가 늘어서 있고, 상인들이 분주하게 움직이며, 멋진 다리가 하나 놓여 있다.[19]** 부유층의 건물들이 모두 벽돌로 지어지는 데는 실용적인 이유가 있었다. 메소포타미아에는 돌이 희귀했기 때문이다. 하지만 벽돌에는 동물과 여타 형상을 돋을새김으로 새겨 넣고, 유약 처리한 밝은 파란색이나 노란색, 하얀색 법랑 타일로 장식한 경우가 많았다. 지금까지 바빌론 유적지에서 발견된 거의 모든 벽돌에는 "나는 바빌론의 왕 네부카드레자르다."[21]라는 당당한 문구가 새겨져 있다.

도시에 가까워졌을 때 제일 먼저 여행자의 눈에 띄는 것은 벽돌로 된 거대한 건축물 위에 왕관처럼 올라앉은 지구라트였다. 이 지구라트는 높이가 198미터에 달하고 유약으로 처리된 7층 건조물로서, 꼭대기에는 순금으로 된 거대한

---

* 아마 이런 수치에는 도시 자체뿐 아니라, 포위 공격을 받을 경우 대도시의 많은 사람들에게 식량을 공급하기 위해 성벽 안에 마련된 넓은 농경지도 포함되었을 것이다.
** 우리가 디오도로스 시쿨로스의 말을 믿을 수 있다면, 폭 15미터에 높이 3.7미터인 터널이 양쪽 강둑을 연결하고 있었다.[20]

탁자와 화려한 침대가 놓인 신전이 자리 잡고 있었다. 이곳에서는 매일 밤 신에게 즐거움을 주기 위해 여자가 올라와 잠이 들곤 했다.²² 이집트의 피라미드보다 더 크고, 최근의 현대식 건물을 말고는 어느 것도 그 높이를 따르지 못했던 이 건조물이 아마 히브리 신화에 나오는 바벨탑일 것이다. 몇 층에 걸친 이 대담한 건축물을 지은 민족은 야훼를 알지 못했고, 그래서 "만군의 주" 하느님은 이들에게 다양한 언어를 가지고 혼란을 주었다고 한다.* 지구라트 남쪽에는 바빌론의 수호신 마르둑의 거대한 신전이 있었다. 이 신전의 주변과 아래쪽에는 약간 넓고 화려한 도로들이 펼쳐져 있었으며, 분명히 그 거리로 이어진 꼬불꼬불한 좁은 샛길들과 운하들에는 쓰레기와 사람의 냄새가 진동하는 동양적인 저잣거리가 있고 오가는 사람들로 붐볐을 것이다. 신전으로 연결되는 널찍한 "신성한 거리"는 석회석과 붉은 각력암으로 된 포석(鋪石) 위에 벽돌을 깔고 그 위를 천연 아스팔트로 포장했다. 신들은 이 길을 이용하여 발에 흙을 묻히지 않고 지나다닐 수 있었을 것이다. 이 넓은 길 양쪽으로는 채색을 한 타일을 붙인 벽이 있었으며, 그 벽에는 얕은 돋을새김 조각을 한 후 눈부신 법랑을 입힌 120마리의 사자가 으르렁거리며 불경한 사람들을 막았다. "신성한 거리"의 한쪽 끝에는 "이슈타르 문(門)"이 솟아 있었다. 이 거대한 이중문에는 법랑을 입혀 훌륭한 색채, 활력, 선을 자랑하는 꽃과 동물로 장식된 휘황찬란한 타일이 붙어 있었다.**

바벨탑에서 북쪽으로 550미터 떨어진 곳에는 네부카드레자르가 자신의 가장 웅장한 궁전을 세웠던 카스르라는 작은 언덕이 솟아 있었다. 그 중앙은 왕의 주된 거처와 노란 벽돌로 훌륭하게 쌓은 담, 반점이 있는 하얀 사암으로 만든 바닥이 자리 잡고 있었다. 표면은 선명한 파란 유약을 바른 돋을새김 조각이 장식했으며, 거대한 현무암 사자들이 입구를 지키고 서 있었다. 근처에는 줄

---

* 하지만 "바벨(babel)"이란 말은 전설의 내용대로 "혼란"이나 "왁자지껄하게 떠드는 소리"를 의미하지는 않는다. "바빌론"이라는 말 자체의 용례에 의하면, 그 말은 "신의 문(門)"이라는 뜻이었다.²³
** 베를린의 아시아 고대 박물관에 가면 이슈타르 문의 복원 모형을 볼 수 있다.

지어 선 일련의 원형 기둥들이 그 유명한 공중 정원을 받치고 있었다.(이 정원은 그리스인들이 정한 세계 7대 불가사의 중 하나였다.) 여자에게 친절한 네부카드레자르가 이 정원을 지은 것은 자기 아내 중 하나였던 메디아 왕 키아크사레스의 딸을 위해서였다. 이 공주는 바빌론의 뜨거운 태양과 먼지에 익숙하지 않아 고향의 푸른 언덕을 그리워했다고 한다. 꼭대기의 테라스에 몇 미터 깊이로 비옥한 흙을 채워 다양한 꽃과 식물뿐 아니라 가장 크고 가장 깊이 뿌리를 내리는 나무를 위한 자양분과 공간을 마련했다. 물은 유프라테스 강에서 끌어다 썼다. 기둥 속에 기계 장치를 설치한 후 노예를 교대로 배치해 정원에서 가장 높은 곳까지 공급하는 식이었다.[24] 지상에서 25미터가량 떨어진 이곳에서 왕의 규방에 소속된 여자들은 커다란 나무의 시원한 그늘 아래서 이국적인 관목과 향기로운 꽃에 에워싸여 일반인들의 시선을 피해 베일을 벗고 산책했다. 반면 그 아래의 평야와 길에서는 서민층 남녀가 밭을 갈고, 옷감을 짜고, 집을 짓고, 짐을 나르고, 자식을 낳았다.

2. 평민

나라의 일부 지역은 여전히 황량하고 위험했다. 우거진 풀 속에는 뱀이 돌아다녔으며, 바빌로니아와 아시리아의 왕실에서는 숲 속에 어슬렁거리는 사자를 맨손으로 사냥하는 것이 일종의 스포츠였다. 이 사자들은 예술가들을 위해서는 얌전히 포즈를 잡아 주다가도, 사람들이 더 가까이 다가가면 겁에 질려 도망치곤 했다. 이따금 잠깐씩 정글을 침범하곤 하는 것이 문명인 것이다.

대부분의 땅은 소작인이나 노예가 경작했다. 소(小)자작농이 농사를 짓는 땅도 있었다.[25] 초기 몇 세기 동안에는 신석기 시대처럼 돌로 만든 괭이로 땅을 갈았다. 바빌로니아의 쟁기를 보여 주는 최초의 유물로는 기원전 1400년경의 것으로 추정되는 도장이 있다. 아마 훌륭한 고대의 도구였을 이 쟁기는 티그리스 강과 유프라테스 강 사이의 땅에서는 이미 오랜 역사를 갖고 있었을 것이다. 하지만 그것은 충분히 현대적인 도구였다. 옛날식으로 소들이 쟁기를 끌기는 했지만, 수메르에서처럼 쟁기에 관이 하나 달려 있어 그 관을 통해 씨를 뿌린 점에서 혁신적이었기 때문이다.[26] 강물이 불어나도 이집트에서처럼 농경지로 범람하는 일이 없었다. 모든 농장은 둔덕을 쌓아 범람에 대비했으며, 이런 둔덕은 오늘날에도 일부 찾아볼 수 있다. 넘쳐흐르는 물은 복잡한 망으로 이루어진 운하로 유도하거나 저수지에 저장했다. 그리고 필요할 때 수문을 열어 경작지로 내보내거나 두레박을 이용해 둔덕으로 길어 올렸다. 네부카드레자르는 자신의 통치 기간을 두 시기로 구분했다. 많은 운하를 건설한 시기와 범람하여 남아도는 물을 저수지에 모은 시기였다.(바빌로니아의 광대한 지역에 물을 대 준 이 저수지는 둘레가 225킬로미터에 이르렀다.)[27] 이런 운하들의 흔적은 오늘날에도 메소포타미아에 남아 있으며, 원시 시대 두레박도 마치 살아 있는 사람과 죽은 사람을 계속해서 연결시키려는 것처럼 유프라테스 강과 루아르 강의 여러 계곡에서 여전히 사용되고 있다.[28]

이런 식으로 물을 공급받은 땅은 다양한 곡물과 콩을 나게 하고, 과일 및 견과류를 생산하는 큰 과수원을 만들어 주었으며, 특히 대추야자를 안겨 주었다. 태양과 토양이 어우러진 이런 자비로운 환경 속에서 바빌로니아인들은 빵과 꿀, 케이크와 여타의 진미를 만들어 냈으며, 그것을 거친 가루와 혼합하여 최고의 보양식을 만들기도 했다. 그리고 야자수 암나무의 꽃 위에 수나무의 꽃을 흔들어 번식을 도왔다.[29] 포도와 올리브는 메소포타미아에서 그리스와 로마로 전해지고, 거기서 다시 서구 유럽으로 전해졌다. 복숭아는 인근의 페르시아에서 온 것이다. 로마 시대 장군 루쿨루스는 흑해의 해안지대에서 로마로 벚나무를 들여오기도 했다. 과거에는 동방에 매우 희귀했던 우유가 이제는 근동의 기본 음식 중 하나가 되었다. 육류는 귀하고 비쌌으나 극빈층도 큰 개울에서 물고기를 잡아먹을 수는 있었다. 그리고 저녁이 찾아와 삶과 죽음에 대한 생각으로 심란해지면 소작농들은 대추야자로 빚은 술이나 곡물로 만든 맥주를 마시며 조용히 추억을 되살리거나 앞날을 생각했을 것이다.

땅을 파고 들어가 석유를 발견하고 구리와 납, 철, 은, 금을 캐는 사람들도 있었다. 스트라본은 과거 메소포타미아 땅에서 그가 "나프타 또는 아스팔트 액"이라 부른 물질을 어떤 식으로 채취했는지 전해 준다. 더불어 알렉산드로스가 그 물질을 불붙는 물이라 전해 듣고는 소년의 몸에 뿌린 뒤 횃불로 불을 붙여 소문의 진위 여부를 확인했다는 일화도 전해 준다.[30] 함무라비의 시대만 해도 여전히 돌로 만들어졌던 연장들이 기원전의 마지막 1000년에 접어들자 처음에는 구리로, 나중에는 쇠로 만들어지기 시작했다. 금속을 다루는 기술이 등장한 것이다. 천은 무명실과 양털로 짰다. 놀라운 기술로 염색되고 수놓인 직물은 바빌로니아의 가장 귀중한 수출품 중 하나가 되어 그리스인과 로마인에게 극찬을 받았다.[31] 메소포타미아의 역사에서는 아무리 먼 시대에도 직조용 베틀과 토기용 물레가 발견된다. 그리고 이것들이 거의 유일한 기계였다. 건물은 대부분 (찰흙과 짚을 섞어 만든) 벽돌로 지었다. 애초에는 아직 축축한 상태의 벽돌을 하나씩 쌓아 올린 후 햇볕에 말려 단단한 벽으로 만드는 식이었다. 그러다 벽돌을 태양에 말리는 것보다 불에 쪼이면 더 단단해지고 오래간다는 사실을 알게 되었다. 이리하여 가마에서 벽돌을 단단하게 굽는 과정이 자연스레 발전한 것이다. 그때부터 바빌론에서 벽돌 만드는 일은 부단히 이어졌다. 교역량이 불어나 다양성과 전문성을 갖추자, 일찍이 함무라비 시대부터 산업이 조직화되어 장인과 도제로 이루어진 일종의 길드가 형성되었다.[32]

지방에서는 인내심이 강한 당나귀가 끄는 바퀴 달린 수레를 운송 수단으로 이용했다.[33] 말은 기원전 2100년경 바빌로니아 기록에서 "동양의 당나귀"로 처음 언급되고 있다. 말은 카시트인과 함께 중앙아시아의 고원 지대에서 내려와 바빌로니아를 정복한 후, 힉소스인과 함께 이집트에 도착한 것이 분명하다.[34] 이동하고 짐을 나르는 일에 이 새로운 도구를 이용하게 되면서, 교역은 한정된 지역에서 이루어지던 상업에서 외국과 거래하는 상업으로 확대되었다. 바빌론은 근동의 상업 중심지가 되어 부가 증가했으며, 고대 지중해 세계의 나라들은 좋은 의미에서든 나쁜 의미에서든 보다 가까워졌다. 네부카드레자르는 도로를 확장하여 교역을 촉진시켰다. "다니기 어려운 좁은 길들을 내가 편한 대로로 바꾸어 놓았노라."[35]라고 그는 역사가에게 상기시키고 있다. 무수한 대상(隊商)들이 세계의 절반에 해당하는 지역의 물품들을 바빌론의 저잣거리와 상점으로 들여왔다. 그들은 인도를 출발해 카불과 헤라트와 에크바타나를 경유했다. 이집트에서는 펠루시움과 팔레스타인을 거쳐서 왔다. 소아시아에서는 티레, 시돈, 사르디스를 거쳐 카르케미시에 도착한 후 유프라테스 강으로 내려왔다. 네부카드레자르 시대에는 이 모든 교역의 결과로 바빌론이 번성하여 소란한 장터가 되자, 부유한 사람들은 한적한 곳을 찾아 교외로 나갔다. (기원전 539년경) 교외에 거주한 한 부자가 페르시아의 키로스 왕에게 보낸 편지의 어조에 주목해 보자. "제게는 우리 집이 세상에서 가장 훌륭하게 보였습니다. 바빌론에서 매우 가까워 대도시가 주는 이점을 모두 누리면서도 집으로 돌아와서는 바빌론의 바쁜 일과와 시름을 모두 잊을 수 있었기 때문입니다."[36]

메소포타미아 정부는 파라오들이 이집트에서 이룬 경제 질서를 확립하지는 못했다. 상업은 많은 위험과 무거운 통행료 때문에 어려움을 겪었다. 상인들은 노상강도들을 더 두려워해야 하는지, 자기들 길을 이용하는 대가로 엄청난 통행료를 수탈해 가는 도시 또는 귀족들을 더 두려워해야 하는지 모를 지경이었다. 가급적이면 네부카드레자르가 페르시아 만에서 타프사쿠스까지 항해할 수 있게 만들어 놓은 유프라테스 강을 이용하는 것이 더 안전했다.[37] 네부카드레자르가 아라비아에서 여러 차례 전쟁을 벌이고 티레를 정복한 덕분에 바빌로니아의 상업은 인도와 지중해까지 열려 있었으나, 이런 기회들은 부분적으로만 이용되었을 뿐이다. 바다는 열렸으나 산악 통로나 사막의 황무지에서처럼 상인들 앞에는 항상 여러 가지 위험이 도사리고 있었기 때문이다. 대형 선박들이 있었지만 갈대가 많아 방심할 수 없었다. 항해술은 아직 정립되어 있지 않은 상황이었으며, 어느 순간이라도 해적들이나 야심을 품은 해안 거주자들이 배에 올라 물품을 약탈하고 선원을 노예로 삼거나 살해할 수 있었다.[38] 그래서 상인들은 각 상황에서 꼭 필요할 때 말고는 가급적 있는 사실을 숨겨 그러한 손실을 메우곤 했다.

이런 어려운 거래를 보다 쉽게 만든 것은 잘 발전된 금융 체계였다. 바빌로니아인은 주조 화폐를 사용하지 않았으나, 함무라비 이전부터 보리와 밀 외에 금괴와 은괴를 가치의 척도와 교환의 매체로 사용했다. 이 금괴와 은괴는 표준화되어 있지 않았으므로 거래가 이루어질 때마다 무게를 달았다. 통화(通貨)의 최소 단위는 셰켈(shekel)이었다.(현재 시세로 2.5~5달러의 가치를 지닌 약 14그램 정도의 은. 60셰켈은 1미나(mina), 60미나는 1달란트(talent, 1만~2만 달러))[38a] 대부는 현물이나 통화로 이루어졌으나 이율이 높아 국가가 현금 대부의 경우에는 연리 20퍼센트, 현물 대부의 경우에는 33퍼센트로 제한해 놓았다. 그러나 능력이 되는 대부업자들은 법을 피해 가게 해 주는 영리한 서기관을 고용해 그보다 높은 이율을 적용했다.[39] 은행은 없었으나 권력을 지닌 특정 가문이 돈을 빌려 주는 사업을 대대로 담당했다. 그들은 부동산을 다루기도 하고 업체에 자금을 대기도 했다.[40] 그리고 그런 업자들에게 자금을 예치해 놓은 사람들은 어음을 발행하여 대금을 지불할 수 있었다.[41] 신관들도 특히 농작물을 파종하고 추수할 자금을 마련하기 위해 돈을 빌렸다. 법은 경우에 따라 채무자의 편을 들어주기도 했다. 예컨대 농부가 농장을 담보로 돈을 빌렸는데 폭풍우나 가뭄이나 여타의 "신의 행동" 때문에 땅에서 수확을 얻지 못하면, 그해에는 이자를 받을 수 없었다.[42] 그러나 대체로 법은 재산을 보호하고 손실을 막기 위한 목적으로 제정되었다. 갚을 책임을 지지 않으려는 사람은 돈을 빌릴 권리가 없다는 것이 바빌로니아 법의 원리였다. 그러므로 채권자는 채무자의 노예나 아들을 갚지 않은 빚의 담보로 잡아 3년까지 붙잡아 둘 수 있었다. 지금의 우리와 마찬가지로 바빌로니아의 산업은 복잡한 신용 체계를 활성화시키기 위해 고리대금이라는 재앙을 감내할 수밖에 없었다.[43]

바빌로니아의 문명은 본질적으로 상업 문명이었다. 바빌로니아 문명에서 전해 내려온 기록의 대부분은 사업 활동(판매와 대부, 계약, 제휴 관계, 위임, 교환, 증여, 합의, 약속 어음 등)과 관련되어 있다. 우리는 이런 기록 속에서 부유함을 나타내는 많은 증거들과 함께, 후대의 일부 문명에서처럼 덕과 탐욕을 적당히 화해시키려는 물질주의 풍조도 엿볼 수 있다. 문학에서도 유복하고 바쁜 생활을 보여 주는 흔적과 함께, 모든 문화의 근간이 되는 노예 제도의 흔적이 곳곳에서 발견된다. 네부카드레자르 시대의 가장 흥미를 끄는 판매 계약서도 노예와 관련된 내용이다.[44] 노예는 전쟁터에서 사로잡은 포로와 약탈적인 베두인이 외국에서 자행한 노예사냥, 노예들 자신의 생식 욕구를 통해 충당되었다. 노예의 가치는 여자의 경우 20~65달러, 남자의 경우 50~100달러였다.[45] 도시에서 이루어지는 (개인적인 용무도 거의 모두 포함해) 대부분의 육체노동은 노예들 몫이었다. 여자 노예는 완전히 구입자 마음대로 할 수 있었으며, 식사는 물론 잠자리 시중도 들어주어야 했다. 그것은 구입자가 여자 노예들을 통해 많은 자녀를 낮게 된다는 뜻이기도 해서, 그런 대우를 받지 못하는 노예는 자기가 무시되거나 모욕을 당한다고 느꼈다.[46] 노예와 노예의 모든 소유물은 주인의 재산이었다. 빚을 갚기 위해 노예를 팔거나 담보로 잡힐 수 있었다. 또 주인 생각에 살려 두는 것보다 죽이는 것이 더 수지가 맞으면 노예를 죽일 수도 있었다. 노예가 도망쳤을 때 숨겨주는 것은 불법이었으며, 생포할 경우 보상금이 정해져 있었다. 자유인 농부처럼 노예도 도로를 뚫고 운하를 파는 등의 노역에 징집되었다. 한편 노예의 주인은 노예의 치료비를 지불해 주었고, 병에 걸렸거나 일을 제대로 못하거나 나이가 들었을 때도 몰인정하게 굴지 않고 계속 살아갈 수 있게 해 주었다. 노예는 자유인 여자와 결혼할 수 있었으며, 그 자식은 자유인이 되었다. 이런 경우 노예가 지닌 재산의 절반은 그가 사망하면 가족의 몫이 되었다. 주인이 주선하여 사업을 할 수 있었으며, 이런 경우 수입의 일부를 보유하여 그 돈으로 자신의 자유를 살 수 있었다. 혹은 주인이 이례적인 봉사나 오랫동안 충실하게 봉사한 대가로 해방시켜 줄 수 있었다. 나머지 노예들은 높은 출산율로 위안을 삼았으므로, 결국에는 노예가 자유인보다 더 많아지게 되었다. 대규모의 노예 계층이 불어나는 지하의 강처럼 바빌로니아의 지하 세계에서 움직였다.

3. 법

물론 이 사회는 민주주의를 꿈꾸지 않았다. 경제적 특성상, 상업적 부나 봉건적 특권이 떠받쳐 주고 폭력의 합법적 행사를 통해 보호받을 수 있는 군주제가 필요했다. 지주 귀족들이(후에는 상업적 부호 계층이 점차 이들을 대체했다.) 사회 통제를 유지하는 일을 도우며 백성과 왕을 연결하는 중간 계층의 역할을 담당했다. 왕은 자기가 택한 아들에게 왕위를 물려주었다. 그 결과 모든 아들이 계승권은 분명 자신에게 있다고 생각하게 되었다. 그리하여 자기를 지지하는 파벌을 형성하고는 자신의 뜻대로 되지 않으면 십중팔구 왕위 계승 전쟁을 일으키곤 했다.[47] 이렇듯 통치가 자의적으로 이루어지는 한계도 있었지만, 정부는 그 한계 안에서 왕이 임명한 관리나 중앙과 지방의 영주들을 통해 운영되었다. 이들은 지방 의회나 도시 의회의 자문과 규제를 받았다. 그리고 그 의회를 구성하는 장로와 유명 인사들은 (심지어 아시리아 지배 때에도) 지역의 자치 정부를 지켜 나갔다.[48]

모든 관리들은(그리고 보통은 왕 자신도) 함무라비 시대에 정해진 큰 법체계의 지침과 권위를 인정하여, 여건과 세부 사항이 아무리 변해도 1500년 동안 실질적인 내용을 그대로 유지했다. 법은 초자연적인 강력력에서 세속적인 강제력으로, 엄격함에서 관대함으로, 물리적 형벌에서 경제적 형벌로 발전했다. 초기에는 신성 재판을 통해 신에 대한 호소가 이루어졌다. 악한 마술을 부린 남자나 간통 혐의가 있는 여자는 유프라테스 강으로 뛰어들어야 했으며, 신은 수영을 가장 잘하는 사람 편을 들었다. 여자가 살아서 올라오면 무죄였다. 마술사가 물에 빠져 죽으면 고소한 사람이 그의 재산을 가졌고, 익사하지 않고 살아 나오면 마술사가 고소한 사람의 재산을 받았다.[49] 초기의 재판관은 신관이었으며, 바빌로니아의 역사가 끝날 때까지 법정은 대부분 신전에 자리 잡고 있었다.[50] 하지만 함무라비 시대부터 벌써 신관이 주재하는 법정 대신 정부에 대해서만 책임을 지는 세속적인 법정이 기능을 하기 시작했다.

형벌 논리의 시작은 동태 복수법이었다. 어떤 사람이 귀족의 눈이나 이를 뽑거나 팔이나 다리를 부러뜨리면 그 사람에게 똑같은 형벌이 가해졌다.[51] 집이 무너져 구입자가 죽으면 건축자나 시공자는 반드시 죽임을 당했다. 사고로 구입자의 아들이 죽으면, 건축자나 시공자의 아들이 반드시 사형을 당했다. 어떤 사람이 소녀를 구타하여 살해하면, 그 자신이 아닌 그 사람의 딸이 처형을 당했다.[52] 하지만 똑같은 보복을 하는 이런 형벌은 점차 손해 배상으로 대체되었다. 신체적 보복 대신 돈을 지불하는 일이 허용되었으며,[53] 나중에는 벌금이 유일한 형벌이 되었다. 그러므로 은 60셰켈이면 평민의 한쪽 눈을 뽑을 수 있고, 30셰켈이면 노예의 눈을 뽑을 수 있었다.[54] 형벌은 범죄의 경중에 따라, 그리고 가해자와 피해자의 신분에 따라 달랐기 때문이다. 귀족 계층은 동일 범죄에 대해 평민층보다 엄중한 형벌을 받았으나, 그런 귀족을 상대로 범죄를 저지르면 값비싼 대가를 치러야 했다. 평민이 평민을 구타하면 50달러에 해당하는 10세켈을 벌금으로 내야 했으나, 직위나 재산을 가진 사람을 구타하면 여섯 배를 더 내야 했다.[55] 범죄 예방 성격을 띠던 이런 형벌은 나중에는 절단형이나 사형 같은 야만적인 형벌로 바뀌었다. 아버지를 구타한 사람은 양손을 절단했다.[56] 수술을 받고 환자가 죽거나 시력을 잃으면 의사의 손가락을 잘랐다.[57] 고의로 아이들을 바꿔치기한 간호사는 양쪽 유방을 모두 바쳐야 했다.[58] 사형이 선고된 범죄도 다양했다. 강간, 유괴, 강도, 절도, 근친상간이 이에 해당했으며, 아내가 다른 남자와 살기 위해 남편을 살해할 경우, 여(女)신관이 술집을 개업하거나 술집에서 일할 경우, 도망친 노예에게 은신처를 제공할 경우, 적군을 앞에 놓고 비겁한 행위를 할 경우, 관리가 배임했을 경우, 가사에 소홀하거나 씀씀이가 헤플 경우,[59] 술을 부정하게 팔 경우에도[60] 사형을 당했다. 수천 년에 걸친 이런 험악한 방법으로 질서 있고 절제된 전통과 관습이 확립되어 문명의 무의식적 기반의 일부가 되었다.

국가는 특정 한계 안에서 물가와 임금, 요금을 규제했다. 외과 의사가 청구할 수 있는 치료비는 법으로 정해져 있었다. 그리고 함무라비 법전에서는 건축자, 벽돌공, 재단사, 석공, 목수, 사공, 목부(牧夫), 인부의 임금을 법으로 정했다.[61] 상속법은 아내가 아닌 자식을 상속자로 삼았다. 과부는 자신의 결혼 지참금과 결혼 예물을 받고, 살면서는 가장의 지위를 유지했다. 장자 상속권은 없고 모든 아들이 동일하게 상속을 받았다. 그리하여 가장 넓은 사유지들도 다시 분할되어 부의 집중이 어느 정도 규제되었다.[62] 법전에서는 토지와 물품 형태의 사유 재산은 당연한 것으로 여겼다.

바빌로니아에는 공증인의 역할을 했을 신관과 유언장부터 짧은 연가(戀歌)에 이르기까지 보수를 받고 글을 쓴 서기관들을 제외하면 법률가가 있었다는 증거가 발견되지 않는다. 고소인들은 화려한 용어를 사용하지 않고 직접 청원하는 쪽을 선호했다. 법정에서는 다투는 것이 허락되지 않았다. 법전의 첫 번째

법은 거의 비법률적인 용어로 단순하게 시작하고 있다. "어떤 사람이 다른 사람에게 (사형에 해당할 만한) 범죄가 있다고 고소했으나 입증하지 못하면 그 사람을 사형에 처해야 한다."[63] 당시에 뇌물 수수와 증인 매수가 있었음을 보여주는 흔적도 있다.[64] 왕의 재판관으로 구성된 상급 법원은 바빌론에 있었으며, 마지막 단계에는 왕에게 직접 항소할 수 있었다. 개인이 국가에 저항할 권리 같은 것은 법전에 없었다.(이런 권리는 나중에 유럽에서 도입한 것이다.) 그러나 22~24조항은 정치적 보호까지는 아니더라도 적어도 경제적 보호를 제공했다. "어떤 사람이 강도 행위를 하다 체포되면 반드시 사형에 처해야 한다. 강도가 체포되지 않으면 강탈당한 사람은 신들 앞에서 잃어버린 물품의 목록을 작성하고, 강도 행위가 발생한 지역을 관할하는 도시와 관리는 잃어버린 것들이 어떤 것이든 그에게 모두 변상해야 한다. (잃은 것이) 생명이라면 그 상속자들에게 1미나(300달러)를 보상해야 한다." 현대 도시 중 이렇게 잘 통치되어 업무 태만에 희생된 사람들에게 이런 피해 보상을 제공하는 곳이 어디 있는가? 함무라비 이후에 법은 과연 발전은 한 것일까? 아니면 조항들만 늘어나 비대해졌을 뿐일까?

4. 바빌론의 신들

왕의 권력을 제한하는 것은 법과 귀족 계층만이 아니었다. 신관들도 왕의 권력을 제한했다. 엄밀히 말하면 왕은 도시에서 섬기는 신의 대행자였을 뿐이다. 세금 징수는 신의 이름으로 이루어져 직간접적으로 신전 창고로 들어갔다. 왕이 백성들의 눈에 실제로 왕으로 비치려면, 신관들에게서 왕의 권한을 받아 벨(Bel)의 손에 이끌려 마르둑 성상(聖像)을 들고 엄숙하게 시가행진을 마쳐야 했다. 이런 예식에서 왕은 신관의 옷을 입었다. 이것은 종교와 국가의 연합을 상징하고, 아마 왕의 직위가 신관에게서 비롯되었음을 상징하는 절차였을 것이다. 온갖 초자연적인 아름다움이 왕좌를 에워쌌기에 반역은 목뿐 아니라 영혼까지 위태로워지는 엄청난 불경죄가 되었다. 심지어 함무라비도 신에게서 법을 받았다. 수메르의 파테시(patesi), 즉 신관 겸 통치자에서부터 네부카드레자르의 종교적 대관식에 이르기까지 바빌로니아는 사실상 신정 국가로 남아 있었으며 언제나 "신관들의 손 안에" 있었다.[65]

신전들의 부는 계속해서 늘어났다. 부유하지만 마음이 불편한 사람들이 자기 몫을 신들에게 나누어 주었기 때문이다. 신의 용서가 특별히 필요하다고 느낀 왕들은 신전을 건축하고는 가구와 음식과 노예를 제공하고 넓은 땅을 양도했으며, 연례적인 수입을 할당해 주었다. 전쟁에서 승리하면 포로와 전리품 중 가장 좋은 몫은 신전에 돌아갔다. 왕에게 특별한 행운이 있으면 특별한 선물을 신들에게 바쳤다. 특정 지역들에는 대추야자나 밀, 과일을 해마다 공물로 신전에 바치도록 요구했다. 바치지 못하면 신전은 그런 지역의 재산을 압류해 올 수 있었다. 땅은 보통 이런 식으로 신관의 소유가 되었다. 부유한 사람들은 물론 가난한 사람들도 땅에서 얻은 소득 중 적당하다 생각되는 양을 신전에 넘겼다. 금, 은, 구리, 보석, 귀한 목재들이 신전의 창고에 쌓여 갔다.

신관은 이런 부를 직접 사용하거나 소비할 수 없었으므로, 그 부를 생산 자본이나 투자 자본으로 바꾸어 그 나라에서 가장 세력이 큰 농업가, 제조업자, 금융업자가 되었다. 그들은 광대한 땅만 소유한 것이 아니었다. 엄청난 수의 노예를 소유하거나 수백 명의 인부를 통제하여 이들을 다른 고용주에게 임대하거나, 음악 연주에서부터 술을 빚는 일에 이르기까지 다양한 분야에서 신전의 일을 하게 했다.[66] 신관은 바빌로니아에서 가장 막강한 상인이자 금융업자이기도 했다. 그들은 신전의 상점에서 다양한 제품을 팔았으며, 나라의 교역 상당 부분을 조종했다. 현명한 투자자로 평판이 높았으므로 많은 사람이 소소하지만 믿을 만한 소득을 안겨 줄 것이라는 확신을 갖고 저축한 돈을 신관들에게 맡기곤 했다. 그들은 사채업자보다 더 관대한 조건으로 돈을 빌려 주었다. 때로는 병들거나 가난한 사람들에게 이자 없이 돈을 빌려 주기도 했다. 마르둑이 그들에게 다시 미소를 짓거든 그때 가서 원금만 돌려달라면서 말이다.[67] 끝으로 그들은 법과 관련된 역할을 담당했다. 계약의 증인이 되어 날인을 하고 유언장을 작성하는 공증인으로 활동했다. 소송과 심리를 주재하여 판결을 내리고 공식 문서를 보관하며 상업적인 거래를 기록했다.

경우에 따라서는 왕이 신전의 일부 재산을 징발하여 비용이 많이 드는 긴급 상황을 해결하기도 했다. 그러나 이런 경우는 드물었으며 위험했다. 신관들은 허락을 받지 않고 신전의 재산에 조금이라도 손을 대는 모든 사람에게 무서운 저주를 걸어 놓았기 때문이다. 또 그들이 백성에게 미치는 영향력은 왕의 영향력보다 더 컸다. 기지와 힘만 결집시키면 대부분의 경우 그들 뜻에 따라 왕을 폐위시킬 수도 있었다. 그들에게는 영속성이라는 이점도 있었다. 왕은 죽지만 신은 계속 살아남았다. 신관 집단은 선택과 질병, 암살, 전쟁의 부침을 겪지 않았다. 그러므로 오늘날까지 대규모 종교 조직들 특유의 집단적 영속성이 있어, 인내심이 필요한 장기적 정책을 꾸준히 집행할 수 있었다. 이런 여건에서는 신관이 우위를 누리는 것이 당연했다. 상인들이 바빌론을 만들고 신관들이 그것을 즐기는 것은 운명이었다.

그렇다면 이렇게 눈에 보이지 않는 국가의 실세를 만들어 놓은 신들은 과연 어떤 존재였을까? 신들은 수가 많았다. 사람들의 상상력에는 한계가 없었고, 신들이 들어주어야 하는 부탁도 거의 끝이 없었기 때문이다. 기원전 9세기에 신들에 대해 실시한 공식 조사에 의하면 신들의 수는 약 6만 5000으로 집계되었다.[68] 우선은 도시마다 수호신이 있었다. 여러 지방과 촌락에서는 지금의 우리들처럼 최고신을 인정한 뒤에, 그보다 세력이 작은 비주류 신들을 특별히 헌신적으로 모셨다. 그리하여 라르사에는 샤마시 신전이 넘쳐 났고, 우르크에는 이슈타르 신전이, 우르에는 난나르 신전이 가득 들어섰다. 수메르라는 나라보다 수메르 만신전의 생명이 더 길었던 셈이다. 신들은 사람들과 그다지 격이 다르지 않았다. 대부분의 신들은 신전에 자리를 잡고 땅에서 살았으며 식욕이 왕성했고, 신앙심이 깊은 여자들을 밤중에 찾아가 바쁘게 사느라 정신없는 바빌

론 시민들에게 생각지도 않은 자식을 안겨 주었다.[69]

수명이 가장 오래된 신들은 별과 관련이 있었다. 아누는 동요되지 않는 하늘의 신이고, 샤마시는 태양의 신, 난나르는 달의 신, 벨 혹은 바알은 모든 바빌로니아인들이 사후에 돌아가는 대지의 신이었다.[70] 모든 가족에는 가족 신이 있어 매일 아침과 밤에 그 신들에게 기도하고 술을 바쳤다. 모든 개인에게는 위험에서 지켜 주고 기쁨을 주는 수호신(소위 수호천사)이 있었다. 밭 위에서는 다산(多産)의 요정들이 자비롭게 맴돌았다. 아마 유대인들은 바로 이런 많은 요정들을 모델로 케루빔(cherubim)을 만들어 냈을 것이다.

바빌로니아인들에게서는 이크나톤과 제2의 이사야 같은 단일신론 흔적을 발견할 수 없다. 그러나 두 세력이 그들을 단일신론에 가까워지도록 인도하기는 했다. 정복과 성장을 통해 국가가 확장되면서 지방의 신들이 하나의 최고신 아래 놓이게 되었으며, 몇몇 도시들이 애국심을 발휘하여 자기들이 좋아하는 신들에게 전능성을 부여했던 것이다. 네보(Nebo)는 "네보를 믿고 다른 신을 믿지 말라."고 말한다.[71] 이것은 유대인들에게 주어진 십계명의 첫 계명과 다르지 않다. 비주류 신들을 주요 신들의 형상이나 속성으로 해석하게 되면서 신들의 수는 점차 줄어들었다. 이런 방법을 통해 본래는 태양신이었던 바빌론의 신 마르둑이 모든 바빌로니아 신들의 최고 주인이 되었다.[72] 그 결과 그의 호칭은 벨 마르둑(Bel-Marduk, 즉 "유일한" 신 마르둑)이 되었다. 바빌로니아인들은 기도할 때 그와 이슈타르에게 정성을 가장 많이 들였다.

이슈타르는 이집트의 이시스와 비슷하고 그리스의 아프로디테와 로마의 비너스의 원형이라는 점뿐만 아니라, 바빌로니아에서 가장 생소한 관습 중 하나의 공식 수혜자라는 점에서도 우리의 관심을 끈다. 이슈타르는 아프로디테이자 데메테르였다. 즉 단순히 육체적인 아름다움과 사랑의 여신이 아니라, 아낌없이 주는 모성애의 신이자 발육기의 토양에 신비한 영감을 주는 신, 모든 곳의 창조 원리의 자비로운 신이기도 했던 것이다. 현대적인 관점에서 보면 이슈타르의 속성들과 기능들에서는 그다지 조화로운 모습을 찾아볼 수 없다. 이슈타르는 사랑의 여신인 동시에 전쟁의 여신이고, 어머니의 여신이자 창부의 여신이었다. 이슈타르는 자신을 "자비로운 창녀"라고 부르기도 했다.[73] 때로는 수염이 난 양성(兩性)의 신으로 묘사되기도 하고, 때로는 가슴을 내놓고 있는 벌거벗은 여자로 묘사되기도 했다.[74] 이슈타르 숭배자들은 몇 번이고 그 여신을 "동정녀"와 "신성한 동정녀", "동정녀 어머니"라고 불렀다. 그러나 이것은 단지 여신의 정사(情事)가 결혼 생활의 폐단과 무관하다는 뜻이었을 뿐이다. 길가메시는 그 여신을 신뢰할 수 없다는 이유로 받아들이지 않았다. 그 여신은 한때 사자를 사랑해서 유혹한 후에 죽여 버리지 않았던가?[75] 분명한 것은 우리가 이슈타르를 이해하고자 한다면 우리 자신의 도덕 강령을 한편으로 내려놓아야 한다는 점이다. 바빌로니아인들이 이슈타르의 옥좌에 얼마나 열렬히 찬미 기도를 드렸는지 한번 살펴보도록 하라. 한 극진한 신자가 성모 마리아에게 바친 기도 외에는 이 정도로 웅장한 찬양을 찾아볼 수 없다.

숙녀 중의 숙녀요, 여신 중의 여신이요, 모든 도시의 여왕이며, 모든 남자의 인도자인 이슈타르 당신에게 간구합니다.

당신은 세상의 빛이요, 하늘의 빛이며, 신(Sin, 달의 신)의 위대한 딸입니다.

오, 여주(女主)시여, 당신의 권능은 지고하니 모든 신보다 뛰어납니다.

당신이 판결하니 당신의 결정은 의롭습니다.

당신에게 이 땅의 법과 하늘의 법, 신전과 성소의 법, 개인의 가정과 은밀한 침실의 법이 복종합니다.

당신의 이름이 없는 곳이 어디며, 당신의 계명들을 알지 못하는 곳이 어디 있습니까?

당신의 이름 앞에서 천지가 흔들리고 신들이 떱니다.

당신은 억눌리는 사람들을 굽어보며, 짓밟히는 사람들에게 날마다 정의를 안겨 줍니다.

하늘의 여왕이여, 얼마나, 얼마나 오래,

얼굴이 창백한 사람들의 여(女)목자여, 얼마나 오래 지체할 것입니까?

피곤을 모르는 발과 서두르지 않는 무릎을 지닌 여왕이여, 얼마나 오래입니까?

만군의 여주이며 전쟁터의 여주여, 얼마나 오래 지체하렵니까?

당신은 하늘의 모든 정령들이 두려워하고, 분노한 모든 신들을 가라앉히고, 모든 지배자보다 뛰어나며, 왕들의 고삐를 쥐고 있는 영화로운 신입니다.

당신은 모든 여자들의 모태를 여는 신이니 당신의 빛은 위대합니다.

당신은 하늘의 빛과 세상의 빛을 밝혀 인간이 사는 모든 곳에 빛을 비추는 신이며, 나라들의 군대들을 모으는 신입니다.

남자들의 여신이며 여자들의 남신이여, 당신의 계획은 헤아릴 수 없습니다.

당신이 눈길을 주는 곳에서는 죽은 사람들이 살아나고, 병든 사람들이 일어나 걸으니, 당신의 얼굴을 바라보면 사람들의 병이 낫습니다.

오, 여주여, 얼마나 오랫동안 나의 적이 나를 이겨야 합니까?

명령을 내리십시오. 그러면 분노한 신이 당신의 명령에 따라 돌아설 것입니다.

이슈타르는 위대합니다! 이슈타르는 여왕입니다! 나의 여주는 존귀하니, 나의 여주는 신(Sin)의 위대한 딸 인니니(Innini) 여왕입니다.

이슈타르와 같은 신은 없습니다.[76]

바빌로니아인들은 이런 신들을 등장인물로 삼아 신화를 구성했으며, 이 신화들은 대부분 유대인을 통해 우리에게 전해져 우리 자신의 종교적 전승의 일부가 되었다. 무엇보다도 창조 신화가 있었다. 태초에 혼돈(Chaos)이 있었다. "위에는 하늘이라는 것도 없고 아래에는 어떤 것도 땅이라는 이름을 받지 못한 시간에, 그들의 아버지인 대양(大洋) 압수(Apsu)와 그들을 낳은 혼돈 티아마트(Tiamat)가 자신들의 물을 섞어 하나로 만들었다." 만물은 서서히 성장하여 형태를 갖췄다. 그러나 괴물과 같은 여신인 티아마트가 다른 신들을 모두 진멸하기 시작하여 자신을 혼돈의 최고신으로 만들었다. 모든 질서가 파괴된 엄청난 변혁이 이어졌다. 그 후 다른 신 마르둑이 티아마트의 방법을 이용해 티아마트를 살해했다. 티아마트가 그를 삼키려고 입을 벌렸을 때 입안으로 태풍을 던져 넣은 것이다. 바람이 들어가 부풀어 오른 티아마트의 배를 창으로 찌르자 혼돈의 여신이 터졌다. 전설에 의하면 마르둑은 "제정신을 차린 후에" 죽은 티아마트를 생선을 말릴 때 가르는 것처럼 길게 둘로 자르고는 "한쪽 반 토막은 높이 걸어 하늘들이 되게 하고, 다른 반 토막은 발밑에 펴서 땅이 되게 하였다."고 한다.[77] 사실 이것은 우리가 창조에 대해 알고 있는 것과 별반 다르지 않다. 아마 고대의 시인은 우리가 알 수 있는 창조는 혼돈이 질서로 바뀐 것뿐임을 암시하고자 했으리라. 결국 그것이 예술과 문명의 핵심이기 때문이다. 단 우리는 혼돈의 패배는 신화 속 이야기일 뿐임을 명심해야 할 것이다.*

하늘과 땅을 제자리에 놓은 마르둑은 흙을 자기 피로 반죽하여 신들을 섬길 인간들을 만들었다. 이때 정확히 어떤 방법을 썼는지에 대해서는 메소포타미아의 전설들이 다 다르다. 그러나 신이 흙덩어리로 인간을 빚었다는 점에 대해서는 일반적으로 일치한다. 전설들이 일반적으로 묘사한 바에 의하면 인간은 처음에는 낙원에서 산 것이 아니라 짐승처럼 단순하고 무지한 상태에서 지냈다고 한다. 반은 물고기이고 반은 철학자인 오안네스라는 괴물이 인간에게 예술과 학문, 도시를 세우기 위한 규칙, 법의 원리를 가르쳤다. 그 후 오안네스는 바다로 뛰어들어 문명의 역사에 대한 책을 한 권 썼다.[79] 그러자 신들이 자신들이 창조해 놓은 인간들에게 불만을 느끼고는, 인간들이 이루어 놓은 모든 것과 인간 자체를 쓸어버리려고 큰 홍수를 보냈다. 지혜의 신 에아(Ea)가 인류를 불쌍히 여겨 적어도 한 남자(샤마시나피스팀)와 그의 아내를 구하기로 결심했다. 홍수가 몰려왔다. 인간들은 "물고기의 새끼들처럼 바다에 가득 찼다." 그러자 갑자기 신들이 자기들의 어리석은 짓을 후회하여 슬피 울며 이를 갈면서 자신

---

* 바빌로니아의 창조 이야기는 1854년에 쿠윤지크(니네베)에 있는 아슈르바니팔의 도서관 유적지에서 발견된 일곱 개의 점토판(토판 한 개가 창조의 하루)으로 이루어져 있다. 이 점토판들은 수메르에서 바빌로니아와 아시리아로 전해진 전설의 사본이다.[78]

9장 바빌로니아

들에게 물었다. "이제 우리 입에 익숙한 제물을 누가 바칠 것인가?" 그러나 샤마시나피스팀은 크고 모양 없는 배(방주)를 만들어 놓았으므로 홍수에도 살아남았으며, 배가 니시르 산에 걸치자 정찰용 비둘기를 내보냈다. 이제 그는 신들에게 제물을 바치기로 결심했고, 신들은 그의 예물을 받고 놀라며 고마워했다. "신들은 그 냄새를 맡고, 그 탁월한 향기를 맡고, 그 제물 위로 파리처럼 모여들었다."[80]

재앙과도 같았던 홍수에 대한 이런 희미한 기억보다 더 아름다운 것이 이슈타르와 탐무즈의 증식 신화다. 수메르 판 설화에서는 탐무즈가 이슈타르의 남동생이었다. 그러나 바빌로니아 판에서는 이슈타르의 연인이기도 하고 아들이기도 했다. 이 두 판 모두 비너스와 아도니스 신화, 데메테르와 페르세포네 신화, 그리고 여기저기 흩어져 있는 수많은 죽음과 부활 신화의 원류가 된 듯하다. 위대한 신 에아의 아들 탐무즈는 큰 나무 에리다(그늘로 온 땅을 덮은 나무) 밑에서 양을 치는 목동이다. 그런데 언제나 만족을 모르는 이슈타르가 그에게 반해 젊은 시절의 배우자로 선택한다. 그러나 탐무즈는 아도니스처럼 야생 곰의 습격을 받아 죽고, 죽은 사람이 모두 가는 어두운 지하 세계 하데스로 내려간다. (바빌로니아인은 하데스를 아랄루라고 불렀으며, 이슈타르의 질투심 많은 언니를 그곳의 지배자로 정했다.) 이슈타르는 깊은 슬픔에 잠겨 아랄루로 내려가, 탐무즈의 상처를 치유의 샘물로 씻어 살리겠다고 결심한다. 곧 이슈타르가 아찔할 정도로 아름다운 모습으로 하데스의 문 앞에 나타나 들어가게 해 달라고 요구한다.

에레스키갈이 이 소식을 들었을 때
에셀나무를 베어 낼 때처럼. (그녀는 떨었다?)
갈대를 자를 때처럼. (그녀는 흔들렸다?)
"무엇 때문에 그녀의 마음이 움직이고, 무엇 때문에 그녀가 상심했는가?
혹시 나와 함께 살려고 온 것인가?

진흙을 음식처럼 먹고 (먼지를?) 술처럼 마시려고?
아내를 두고 온 남자들을 보면 난 눈물을 흘린다.
남편의 품에서 떨어진 아내들을 보면 난 눈물을 흘린다.
때도 되기 전에 (쓰러진) 어린애들을 보면 난 눈물이 난다.
문지기여, 그녀에게 가서 문을 열어 주고,
고대의 법에 따라 그녀를 대하라."

고대의 법은 벌거벗은 사람만 아랄루에 들어갈 수 있다는 것이다. 그러므로 이슈타르가 통과해야 하는 문마다 문지기가 옷이나 장신구를 벗긴다. 처음에는 머리에 쓴 관, 다음에는 귀걸이, 그 다음에는 목걸이, 가슴에 단 장신구들, 많은 보석으로 장식한 허리띠, 머리와 발에 단 번쩍이는 금속 장식들, 그리고 마지막으로 허리에 두르는 간단한 옷을 벗긴다. 이슈타르는 우아하게 저항을 하면서도 그대로 따른다.

이제 이슈타르가 돌아오지 못하는 땅으로 내려갔을 때
에레스키갈은 그녀를 보고, 그녀가 나타난 것에 대해 화를 냈다.
이슈타르는 그대로 에레스키갈에게 매달렸다.
에레스키갈은 입을 열어
문지기 남타르에게 말했다.
"남타르여, 가서 내 궁전에, (그녀를 가두라?)
그녀에게
눈에는 눈병을,
허리에는 허리 병을,
발에는 발병을,
마음에는 마음의 병을, 머리에는 머리의 병을,
온몸에 예순 가지 질병을 안겨 주어라."

9장 바빌로니아

이슈타르가 동생을 챙기는 언니에 의해 하데스에 억류되자, 그녀의 존재로 영감을 얻었던 땅은 예술과 사랑을 표현하는 방법을 믿을 수 없을 정도로 잊게 된다. 식물은 더 이상 번식하지 않고, 초목은 시들고, 동물은 교미하지 않으며, 인간은 짝을 찾지 않았다.

> 이슈타르가 돌아오지 못하는 땅으로 내려간 후에는,
> 수소가 암소에 올라타지 않고 당나귀가 암컷 당나귀를 가까이하지 않았으며,
> 거리로 나선 아가씨에게 남자들이 접근하지 않았다.
> 남자는 자기 집에서 자고
> 아가씨는 혼자 잤다.

인구가 줄어들기 시작하자 신들은 땅에서 바치는 제물의 수가 급격하게 줄어드는 것을 알고는 깜짝 놀란다. 당황한 신들은 에레스키갈에게 이슈타르를 놓아주라고 명령하다. 에레스키갈이 이슈타르를 풀어 주지만, 이슈타르는 탐무즈와 동행하도록 허락하지 않으면 땅 위로 돌아가지 않겠다고 한다. 요구가 받아들여지고 이슈타르는 일곱 개의 문을 당당하게 통과하면서 허리에 두르는 간단한 옷과 금속 장식들, 허리띠, 가슴 장신구들, 목걸이, 귀걸이, 머리에 쓰는 관을 다시 받는다. 이슈타르가 나타나자 식물들이 다시 자라 꽃을 피우고, 땅에는 음식이 늘어나고, 모든 동물이 종을 생산하는 일을 다시 시작한다.[81] 죽음보다 더 강한 사랑이 신들과 인간들의 주인으로 다시 제자리를 찾았다. 현대의 학자들에게 이것은 일 년을 주기로 반복되는 땅의 죽음과 재탄생(후대에 루크레티우스가 강렬한 시로 기리게 되는 비너스의 전능성)을 재미있게 상징하는 훌륭한 전설일 뿐이다. 그러나 바빌로니아인들에게는 신성한 역사였다. 그러므로 그들은 이 역사를 그대로 믿고 해마다 날을 정하여 탐무즈의 죽음을 애도하며 슬퍼운 후에 그의 부활을 떠들썩하게 즐기며 기념했다.[82]

하지만 바빌로니아인들은 개인의 불멸성이라는 사상으로는 만족하지 못했다. 그들의 종교는 현세적이며 실용적이었다. 그들이 기도하며 구한 것은 내세의 보상이 아니라 현세의 재화였다.[83] 그들은 무덤 저편에 대해서는 신들을 믿지 못했다. 마르둑을 "죽은 사람들에게 생명을 주는"[84] 신으로 말하는 기록도 있고, 홍수에 관한 이야기가 두 명의 생존자의 영생을 묘사하고 있는 것은 사실이다. 그러나 바빌로니아인들의 내세관은 대체로 그리스인들의 내세관과 비슷했다. 즉 성인들과 악인들, 천재들과 백치들을 막론하고 죽은 사람들은 대지의 내부에 있는 어둡고 음침한 영역으로 가서 다시는 빛을 보지 못한다고 보았던 것이다. 천국이 있긴 했으나 그곳은 신들의 영역이었을 뿐이다. 모든 사람들이 내려가는 아랄루는 즐거움은 없고 형벌만 있는 곳이었다. 죽은 사람들은 그곳에서 영원히 손과 발이 묶인 채 누워, 후손들이 정기적으로 무덤에 음식을 갖다 놓지 않으면 배고픔과 목마름에 시달리며 추위에 떨어야 했다.[85] 지상에서 특히 악했던 사람들은 무시무시한 고문을 당하고, 아랄루의 남녀 저승사자인 네르갈과 알라트가 악인들을 교화하기 위해 마련해 놓은 여타의 질병들이나 한센병에 시달렸다.

대부분의 시신은 지하 납골당에 묻었으며, 일부는 화장한 후 납골 단지에 넣어 보존했다.[86] 시신은 방부 처리를 하지 않고 전문 대곡(代哭)꾼들이 깨끗하게 씻겨 향료를 바르고, 잠시 옷을 입혀 뺨에 화장을 하고 눈썹을 짙게 칠하고 손가락에 반지들을 끼운 후에 아마포로 만든 수의로 갈아입혔다. 여자 시신인 경우 저승에서도 향기와 고운 피부를 유지할 수 있도록 향료 병과 빗, 화장용 연필, 눈 화장품을 넣었다.[87] 제대로 매장하지 않으면 죽은 사람이 산 사람들을 괴롭힐 것이라고 생각했다. 아예 묻지 않으면 영혼이 상 차리는 일을 맡은 시중꾼과 음식을 찾아 배회하며 전염병으로 온 도시를 괴롭힐지 모른다고 믿었다.[88] 이것은 유클리드의 사상만큼 일관적이진 못했으나, 소박한 바빌로니아인들을 자극하여 신들과 신관들을 잘 대접하게 만들기에는 충분했다.

일반적인 제물은 음식과 음료였다. 이런 제물은 신들이 다 먹지 못하고 남아도 쓰레기가 되지 않는 이점이 있었기 때문이다. 바빌로니아의 제단에 자주 바친 제물은 어린 양이었다. 그리고 바빌로니아의 기도 주문(呪文)은 신기하게도 유대교와 그리스도교의 상징을 떠오르게 한다. "인간 대신 어린 양이 자기 생명을 드린다."[89] 제사는 복잡한 예식이므로 신관의 여러 가지 전문적인 도움이 필요했다. 예식의 행동과 말 하나하나가 신성한 전통에 의해 정해져 있었으며, 신출내기가 이런 형식들에서 조금이라도 벗어난다는 것은 곧 신들이 기도 주문은 듣지도 않고 먹어 버린다는 것을 의미했다. 일반적으로 바빌로니아인들에게 종교란 선한 생활이라기보다는 정확한 예식을 의미했다. 신들에게 의무를 다하려면 적절한 제물을 신전에 바치고 합당한 기도문을 암송해야 했다.[90] 그러기만 하면 전사한 적의 눈을 도려내고, 포로들의 손과 발을 자르고, 그 나머지 부분을 산 채로 화덕에 태워도[91] 하늘에 대해 별로 죄를 짓지 않을 수 있었다. 그리고 신앙심이 깊은 바빌로니아인이라면 신관들이 한 성소에서 다른 성소로 마르둑의 성상을 옮기는 등의 시간이 오래 걸리는 엄숙한 행진에 참여하고(또는 경건하게 동행하고), 마르둑의 죽음과 부활을 묘사하는 신성한 극에 참여하여 연기하고, 향기로운 기름을 신상(神像)에 붓고* 향을 피우고 신상에 좋은 옷을 입히고, 신상을 보석으로 장식하고, 이슈타르의 큰 축제에서 딸의 순결을 바치고, 신들에게 음식과 음료를 바치고, 신관들을 후하게 대접하는 일을 잊어서는 안 되었다.[93]

어쩌면 우리는 이들에 대해 잘못된 판단을 내리고 있는지도 모른다. 나중에 우리의 후손들이 우리 시대에서 우연히 살아남은 단편들을 가지고 우리를 잘못 판단할 것이 분명한 만큼 말이다. 바빌로니아인들의 유물로 남아 있는 가장 훌륭한 기록 중 일부는 심오하고 신실한 종교성이 배어 있는 기도문이다. 자부심이 강한 네부카드레자르가 마르둑에게 겸손하게 바치는 말을 들어 보자.

> 주인이시여, 당신이 없다면 당신이 사랑하여 이름을 불러 주는 왕이
> 어떻게 있겠습니까?
> 당신은 당신의 뜻대로 그의 칭호를 축복하여,
> 그에게 곧은길을 줍니다.

---

* 그래서 탐무즈는 "기름을 바른 자"로 일컬어지기도 한다.[92]

당신에게 순종하는 왕자인

저는 당신이 손으로 만드셨습니다.

저의 창조주인 당신이

인간들을 다스리는 일을 제게 맡겼습니다.

주여, 당신의 자비로

당신의 무시무시한 권능을 사랑하는 마음으로 바꾸어

제 마음 속에서

당신의 신성을 경외하는 마음이 샘처럼 솟아나게 하셨습니다.

당신이 생각하기에 가장 좋은 것을 주십시오.[94]

남아 있는 기록 중에는 자기 비하의 내용을 담은 열정적인 찬송가가 많다. 셈족은 이런 찬송가를 통해 자신의 자만심을 제어하고 숨기려 했다. 그중 다수는 참회 시의 성격을 띠고 있어, 우리에게 다윗의 훌륭한 감정과 상상력을 미리 맛볼 수 있게 해 준다. 이 참회 시들을 본보기로 여러 개의 머리가 달린 뮤즈가 나왔을지 또 누가 알겠는가?

당신의 종인 제가 시름에 젖어 당신에게 부르짖습니다.

당신은 죄에 눌린 자의 간절한 기도를 듣는 이입니다.

당신이 인간을 굽어살피니 인간이 살아갑니다…….

진정한 은혜로 굽어보고 저의 간구를 들어주십시오…….

그리고 이 신은 성(性)이 불확실하기라도 한 것처럼 다음과 같은 내용이 이어진다.

나의 신이여, 얼마나 오래 기다려야

나의 여신이여, 얼마나 오래 기다려야 내게로 얼굴을 돌릴 것입니까?

알려지기도 하고 알려지지 않기도 한 신이여, 얼마나 오래 기다려야 당신의 마음에 쌓인 분노가 가라앉겠습니까?

알려지기도 하고 알려지지 않기도 한 여신이여, 얼마나 오래 기다려야 당신의 불편한 마음이 풀리겠습니까?

인간은 정도(正道)에서 벗어나 판단력이 없으니,

살아 있는 인간 중 진정 아는 자 누구입니까?

인간은 자기가 선을 행하는지 악을 행하는지도 알지 못합니다.

오, 주인이시여, 당신의 종을 물리치지 마십시오.

당신의 종이 어려움에 빠져 있으니, 손을 잡아 주십시오!

제가 죄를 범했으니, 자비를 베푸십시오.

제가 죄를 범했으니, 그 죄를 바람으로 깨끗이 날려 주십시오!

제가 많은 죄를 지었으니 그 죄들을 옷처럼 벗겨 주십시오!

나의 신이여, 제가 일곱에 일곱 배의 죄를 지었으니, 제 죄를 용서해 주십시오!

제가 범한 죄를 용서해 주십시오, 제가 당신 앞에 저를 겸손히 낮추겠습니다.

자식을 낳은 어머니의 마음처럼 당신의 마음을 기쁘게 하고,

자식을 낳은 어머니처럼, 아이를 얻은 아버지처럼, 기쁘게 하십시오![95]

이런 시와 찬송가들은 신관이 부르거나 대중이 불렀다. 때로는 신관이 먼저 한 절을 부르면 회중들이 다음 절로 응답하는 형식으로 함께 부르기도 했다. 여기서 가장 생소한 부분은 아마도 이런 찬송가들이 고대의 수메르어로 기록되었다는 점일 것이다. 오늘날 로마 가톨릭 교회에서 라틴어를 사용하고 있는 것처럼, 바빌로니아와 아시리아의 신전에서도 고대 수메르어를 사용했던 것이다. 그리고 가톨릭 찬송가가 라틴어 본문과 자국어 번역문을 나란히 적어 놓는 것처럼, 메소포타미아에서 우리에게 전해진 찬송가들 중 일부는 고전 수메르어 본문의 행간에 바빌로니아어나 아시리아어로 옮겨 놓은 번역문이 들어 있다. 현대 학생들이 이용하는 행간 주석 형식으로 말이다. 또 이런 찬송가와 예

식서 형식이 유대인의 시편과 로마 교회의 기도서로 이어진 것처럼, 그 내용도 유대인·초기 그리스도교인·현대 청교도의 죄에 짓눌린 염세적인 불평을 미리 보여 주는 듯하다. 죄의식은 바빌로니아의 생활을 지배하지는 못했으나 바빌로니아의 성가들을 가득 채웠다. 그 어조는 유대인의 전례(典禮)에도, 그와 유사한 반유대주의 전례에도 엿보이고 있다. 일례로 한 찬송가는 이렇게 부르짖는다. "주여, 저의 죄가 많고 저의 악행이 큽니다! …… 제가 고통 중에 있으니 더 이상 머리를 들 수 없습니다. 제가 자비로운 신을 향해 부르며 신음합니다! …… 주여, 당신의 종을 버리지 마옵소서!"[96]

바빌로니아인들이 갖고 있던 죄 개념으로 인해 이런 비탄은 보다 심각해졌다. 죄는 단순히 이론적으로만 말하는 영혼의 상태가 아니었다. 질병과 마찬가지로 죄 역시, 몸을 파괴할 수도 있는 마귀가 몸을 장악하고 있는 상태였던 것이다. 기도는 개인에게 들어간 마귀를 쫓아내는 주문이었다. 그 주문의 힘은 고대 동방 세계가 삶의 근거로 삼았던 이루 헤아릴 수 없이 큰 마법의 힘에서 나왔다. 바빌로니아인들이 보기에 마귀들은 도처에 숨어 있었다. 마귀들은 갈라진 이상한 틈새 속에 숨어 있다가, 어떤 죄를 지어 신들의 자비로운 보살핌이 잠시라도 물러가면 문이나 빗장, 구멍을 통해 슬며시 내려와 질병이나 광기의 형태로 피해자에게 달려들었다. 거인과 난쟁이, 장애인, 특히 여자는 흉안으로 한 번 보기만 해도, 그들이 악의를 품은 상대의 몸에 파괴적인 영혼을 불어넣을 수 있었다. 마술 부적을 사용하면 이런 마귀들을 부분적으로 막을 수 있었다. 몸에 지니고 다니는 신상들은 일반적으로 마귀들을 놀라게 하여 물리치기에 충분했다. 줄이나 사슬에 묶어 목에 걸고 다니는 작은 돌들은 특별한 효과가 있었다. 그러나 이런 돌들은 반드시 행운이 있다고 전해지는 것이어야 했고, 줄은 목적에 따라 검은색, 붉은색, 흰색을 써야 했다.[97] 하지만 이런 수단들이 전부는 아니었다. 간절한 주문과 마술 의식(예를 들어 성스러운 개울(티그리스 강이나 유프라테스 강)에서 떠 온 물을 몸에 뿌려 마귀를 쫓아내는 것)도 지혜로운 일이었다. 또는 마귀의 형상을 만들어 배에 싣고 적절한 주문을 외우며 물에 띄워 보낼 수 있었다. 배가 뒤집히게 할 수 있으면 더 좋았다. 적절한 주문을 통해 마귀를 달래 인간 피해자에게서 나와 동물(어린 양을 가장 많이 이용했으며, 새와 돼지를 쓰기도 했다.)에게 들어가게 할 수도 있었다.[98]

마귀를 쫓아내는 마술 주문과 악을 피하는 것, 미래를 미리 아는 것이 아슈르바니팔 도서관에서 발견된 바빌로니아의 기록들에서 가장 큰 부분을 차지한다. 점성술의 지침 역할을 하는 기록도 있다. 하늘과 땅에 나타나는 징조의 목록이 적힌 기록도 있으며, 여기에는 그 해석과 관련한 전문적 조언도 함께 들어 있다. 꿈 해석에 관한 글도 있으며, 말도 안 되는 이야기를 기막히게 늘어놓는 솜씨가 현대 심리학의 가장 선구적인 논문들에 조금도 뒤지지 않는다. 또 동물의 내장이나, 물그릇에 기름방울을 떨어뜨려 나타난 형태나 위치를 관찰해 미래를 점치는 방법을 가르치는 기록도 있다.[99] 간(肝) 신탁(동물의 간을 관찰하여 점을 치는 것)은 바빌로니아 신관들이 점을 칠 때 즐겨 이용하던 방법으로, 이들이 그리스와 로마 세계로 전달해 주었다. 바빌로니아인들은 인간과 동물의 정신이 간에 자리 잡고 있다고 믿었다. 왕이 전쟁을 수행하거나 전쟁터로 나갈 때, 또 바빌로니아인들이 중요한 결정을 내리거나 중요한 사업을 시작할 때는 반드시 신관이나 점쟁이를 시켜 이런 난해한 방식을 이것저것 이용해 징조들을 해석하게 했다.

미신은 항상 문명보다 풍요로웠다. 비정상적인 출산이 있거나 각양각색의 죽음을 당할 때마다 대중들은(때로는 관리와 점쟁이가) 마술적이거나 초자연적인 관점에서 그 일을 해석했다. 제대로 교육받은 바빌로니아인들이 보기에 강들의 모든 움직임, 별의 모든 상태, 모든 꿈, 인간과 짐승의 이례적인 모든 행동은 미래를 계시하는 것이었다. 개의 동작을 관찰하면 왕의 운명을 미리 알 수 있었다.[100] 우리가 마멋을 관찰해 겨울의 길이를 예측하는 것처럼 말이다. 우리에게 바빌로니아의 미신들은 우스꽝스럽게 보인다. 표면적으로는 우리 자신이 가지고 있는 미신과 달라 보이기 때문이다. 그런데 과거의 그 말도 안 되는 미신이 오늘날에도 어디에선가 번성하고 있는 걸 어김없이 찾아볼 수 있다. 고대든 현대든 모든 문명의 밑바닥에는 마술과 미신, 요술이라는 바다가 물결치고 있는 것이다. 그것들은 우리가 이성을 통해 이루어 놓은 것들이 모두 사라진 뒤에도 계속 그 자리를 지키고 있을 것이다.

5. 바빌론의 도덕

바빌로니아의 종교는 결점도 많았지만, 일반 평민들에게 예절을 갖추게 하고 백성으로서 고분고분해지도록 다독일 때 어느 정도 도움이 되었을 것이다. 그렇지 않으면 왕들이 신관들을 환대한 상황을 설명하기 어렵다. 하지만 후대의 몇 세기 동안에는 상류 계층의 도덕에 아무 영향도 미치지 못한 것이 분명하다. (편견을 가진 적대자들의 눈과 말에 의하면) "타락한 바빌론"은 "죄악에 빠져" 마음껏 방종을 일삼아 고대 세계의 수치가 되었기 때문이다. 술독에 빠져 지내던 알렉산드로스조차 바빌론의 도덕에 충격을 받았다고 한다.[101]

이방인 관찰자가 보기에 바빌로니아의 생활에서 가장 놀라운 모습은 주로 헤로도토스의 유명한 글 속에서 전해지는 다음과 같은 관습이다.

모든 원주민 여자는 일생에 한 번은 비너스의 신전에 앉아 낯선 사람과 잠자리를 같이해야 한다. 많은 여자들은 나머지 여자들과 섞이기 싫어 부를 과시하며 덮개로 가린 탈것을 타고 들어와, 수발드는 많은 종을 거느리고 신전에 자리를 잡는다. 하지만 줄로 만든 관을 머리에 쓰고 비너스의 신전에 앉아 있는 여자들이 훨씬 많다. 신전에는 안으로 들어오는 여자들과 밖으로 나가는 여자들이 끊이지 않았다. 사방으로 곧게 뻗은 길에는 여자들이 앉아 있고, 낯선 사람들이 이 길을 지나가면서 여자를 택한다. 어떤 여자든 일단 자리를 잡고 앉은 후에는 낯선 사람이 은 한 조각을 여자의 무릎에 던져 신전 밖으로 데리고 나가기 전에는 집으로 돌아갈 수 없다. 남자는 은을 던지며 이렇게 말해야 한다. "여신 미리타가 당신에게 은혜를 베풀기를 빕니다." 아시리아인들은 비너스를 미리타라고 불렀기 때문이다.* 그 은 조각은 터무니없이 작을 수도 있다. 하지만 여자는 그 은을 거절할 수 없다. 그 은은 신성하므로 거절하는 것은 불법이기 때문이다. 여자는 은을 던진 남자를 따라가야 하며 어떤 남자든 거부하지 않는다. 그러나 여자가 잠자리를 갖고 여신에 대한 책무에서 벗어나면 집으로 돌아간다. 그 후에는 아무리 많은 액수를 여자에게 주어도 여자를 소유할 수 없다. 아름답고 몸매가 균형 잡힌 여자들은 곧 자유롭게 된다. 그러나 볼품없는 여자는 법을 충족시킬 수 없으므로 오랫동안 기다려야 한다. 3, 4년씩 기다리는 여자들도 있다.[102]

이 이상한 의식의 기원은 무엇이었을까? 고대의 성(性) 공산주의, 즉 장차 신랑될 사람이 공동체를 대표하는 무명의 평범한 시민에게 결혼 첫날밤의 권리인 초야권을 양보하던 고대 풍습의 유물이었을까?[103] 첫날밤을 치르다 피를 흘리면 안 된다는 금기를 어겨 해를 당할까 봐 두려워했기 때문일까?[104] 아니면 지금도 존재하는 오스트레일리아의 일부 부족의 경우처럼, 결혼 생활을 할 수 있도록 몸을 준비시키는 것이었을까?[105] 그렇지 않으면 단순히 첫 열매를 여신에게 바치는 제사였을 뿐이었을까?[106] 그 정확한 기원에 대해서는 알 길이 없다.

물론 이 여자들은 창녀가 아니었다. 그러나 신전의 경내에는 다양한 계층의 창녀들이 살면서 영업을 했으며, 그중 일부는 막대한 재산을 모으기도 했다. 이런 신전 창녀들은 서아시아에는 흔했다. 이스라엘[107]과 프리기아, 페니키아, 시리아 등에서도 찾아볼 수 있다. 리디아와 키프로스에서는 소녀들이 이런 방법으로 결혼 지참금을 벌기도 했다.[108] 신성 매춘은 바빌로니아에서 콘스탄티누스 대제가 폐지할 때까지(서기 325년경) 계속되었다.[109] 그 외에도 여자들이 운영하는 술집에서는 일반적인 매춘이 성업했다.[110]

일반적으로 바빌로니아인들 사이에서는 혼전 경험이 상당한 정도로 용납되었다. 남녀 어느 한쪽이 원하면 끝낼 수 있는 계약 결혼과 동거가 허용되었던

---

* 그리스인들에게 아시리아인은 아시리아인과 바빌로니아인 모두를 의미했다. 미리타는 이슈타르의 여러 형태 중 하나였다.

것이다. 그러나 그런 경우 여자는 연인이 있다는 표시로 돌이나 테라코다로 만든 올리브를 달아야 했다.[111] 일부 기록들은 바빌로니아인들이 사랑의 시를 쓰고 사랑의 노래를 불렀음을 보여 주고 있다. 그러나 이런 유물에는 모두 "나의 사랑은 빛이다."라거나 "나의 마음은 즐거움과 노래로 가득 차 있다."와 같은 첫 줄만 남아 있다.[112] 기원전 2100년에 기록된 한 편지는 나폴레옹이 조세핀에게 보낸 초기의 편지들과 분위기가 비슷하다. "비비야에게…… 샤마시와 마르둑이 당신을 영원히 건강하게 지켜 주길 바랍니다. …… 전에도 당신의 안부를 묻는 편지를 보냈습니다. 당신이 요즘 어떻게 지내는지 알려 주십시오. 나는 바빌론에 도착했습니다. 당신을 보지 못해 몹시 슬픕니다."[113]

합법적인 결혼은 부모가 준비했으며 예물 교환을 통해 인정되었다. 이 예물 교환은 신부를 사서 결혼하던 풍습의 잔재인 것이 분명하다. 청혼자가 신부의 아버지에게 상당한 예물을 주었으나, 신부의 아버지는 받은 예물보다 더 많은 결혼 지참금을 신부에게 주어야 했다.[114] 그러므로 누가 누구를 사는 것인지, 즉 신랑을 사는 것인지 신부를 사는 것인지 판별하기는 쉽지가 않은 일이었다. 그러나 돈을 주고 사는 일이 아무렇지 않게 이루어지기도 했다. 예를 들면 샤마시나지르는 자기 딸을 주는 대가로 10세켈(50달러)을 받았다.[115] 우리가 역사의 아버지라 불리는 헤로도토스의 다음과 같은 이야기를 믿을 수 있다면 말이다.

나이가 찬 딸을 둔 사람들은 해마다 한 차례씩 많은 남자들이 모인 장소로 딸을 데리고 갔다. 정리하는 사람이 여자들을 일어나게 하고는 한 명씩 팔았다. 가장 아름다운 여자부터 시작하여, 그 여자의 값으로 많은 돈을 받은 후에 두 번째로 아름다운 여자를 불렀다. 그러나 사는 사람이 결혼한다는 조건에서만 팔았다. …… 매우 지혜로운 이 관습은 더 이상 존재하지 않는다.[116]

이런 이상한 관습이 있었으나 바빌로니아에서의 결혼은 오늘날 그리스도교 세계에서 이루어지는 것 같은 일부일처제의 특성을 지닌 충실한 결혼이었던 것 같다. 혼전에 자유롭게 지낸 후에는 성실하게 결혼 생활을 하는 것이 엄격히 강요되었다. 간통한 아내와 정부(情夫)는 법에 따라 익사시켰다. 그렇지 않을 경우에는 남편이 자비를 베풀어 거의 벌거벗은 아내를 거리로 내보내는 벌을 내렸다.[117] 함무라비는 카이사르보다 더 카이사르다웠다. "한 남자의 아내가 다른 남자 때문에 손가락질을 당하면 그 여자는 다른 남자와 잠자리를 함께 한 게 아니더라도 남편을 위해 스스로 강에 몸을 던져야 한다."[118] 아마 이 법은 추문이 일어나는 것을 애초에 방지하려는 목적이었을 것이다. 남자는 단순히 결혼 지참금을 아내에게 돌려주고 "당신은 나의 아내가 아니다."라고 말하기만 하면 이혼할 수 있었다. 그러나 아내가 "당신은 나의 남편이 아니다."라고 말하면 익사시켰다.[119] 자식을 낳지 못하거나 간통하거나, 가정을 소홀하게 관리하는 것은 이혼의 사유가 될 수 있었다.[120] "여자가 안주인이 해야 할 일을 꼼꼼하게 하지 않고 나돌아 다니며 집안일을 소홀하게 하고 자식들을 하찮게 여기면, 그 여자는 강에 던져야 한다."[121] 법전에 나타나는 믿을 수 없을 정도로 엄격한 이런 모습과는 달리, 현실에서 여자는 남편에게 이혼을 요구할 수는 없지만 자신의 성실성과 남편의 잔혹 행위를 입증할 수 있으면 자유롭게 남편을 떠날 수 있었다. 이런 경우 여자는 자기가 취득한 다른 재산과 결혼 지참금을 갖고 부모에게 돌아갈 수 있었다.[122] 한편 영국의 여자들이 이런 권리를 누린 건 19세기 말의 일이다. 어떤 여자의 남편이 사업이나 전쟁 때문에 일정 기간 동안 여자와 떨어져 있어야 하는데도 여자의 생계 수단을 마련해 놓지 않으면, 그 여자는 다른 남자와 동거를 해도 남편이 돌아와 재결합할 때 법적인 불이익을 당하지 않았다.[123]

일반적으로 바빌로니아에서 여자의 위상은 이집트나 로마보다는 낮았으나, 고전 시대의 그리스나 중세 시대의 유럽보다는 나쁘지 않았다. 많은 역할(자식을 낳고 키우는 일, 강이나 공동 우물에서 물을 길어 오는 일, 곡식을 찧어 음식을 만드는 일, 실 잣는 일, 옷감 짜는 일, 청소하는 일)을 하기 위해서는 여자가 거의 남자처럼 자유롭게 나다닐 수 있어야 했다.¹²⁴ 자기 재산을 소유하고 그 재산에 따르는 소득을 누리고, 사고팔고, 상속받고 물려줄 수 있었다.¹²⁵ 일부 여자들은 가게를 운영하기도 하고, 상업에 종사하기도 했다. 일부 여자들은 서기관이 되기도 하여, 소년들은 물론 소녀들도 교육을 받았음을 시사한다.¹²⁶ 그러나 가족 중에서 가장 연장자인 남자에게 거의 무제한의 권력을 주는 셈족의 관습이 선사 시대에 메소포타미아에 존재했을지도 모르는 모계적 성향들을 억눌렀다. 상류 계층의 (이슬람과 인도의 여성 격리 풍습으로 이어진 관습을 통해) 여자들은 집안의 특정 구역에 갇혀 있었다. 여자들이 외출할 때는 시종과 시동(侍童)이 동반해야 했다.¹²⁷ 하류 계층에서 여자는 아이를 낳는 기계였으며, 결혼 지참금이 없으면 노예보다 나을 것이 없었다.¹²⁸ 이슈타르 숭배는 중세 시대의 마리아 숭배처럼 여자와 모성을 어느 정도 존중했음을 시사한다. 그러나 헤로도토스에 의하면 바빌로니아인들이 포위 공격을 당하자 "비축 식량 소모를 막으려고 아내들을 교살했다."고 한 걸 보면 기사도 정신의 흔적은 찾아볼 수 없다.¹²⁹

그러므로 이집트인들은 모종의 이유로 바빌로니아인들을 별로 문명화되지 못한 사람들로 여기고 경멸했다. 바빌로니아에서는 이집트의 문학과 예술에서 볼 수 있는 세련된 감성과 느낌을 찾아볼 수 없다. 바빌로니아에서는 세련됨이란 곧 퇴폐적인 나약함으로 변질되고 말았다. 젊은 남자들은 머리에 염색과 컬을 하고 몸에 향료를 뿌리고 볼에 연지를 발랐으며, 목걸이와 발목 장식, 귀걸이 등으로 단장했다. 페르시아에 정복당한 후 자존감이 무너지자 자제력도 무너지고 만 것이다. 훌륭한 가문의 여자들은 상대를 가리지 않고 요염함을 드러내 최대한 많은 사람들을 최대한 행복하게 만들어 주었다.¹³⁰ 우리가 헤로도토스를 믿을 수 있다면, "가난한 사람들은 돈을 벌기 위해 딸들을 매춘으로 내몰았다."¹³¹ 퀸투스 쿠르티우스는 "이 도시의 풍습보다 더 엄청난 것은 없으며, 육체적인 쾌락을 채우기에 이곳보다 더 좋은 곳은 없다."¹³²라고 썼다.(서기 42년) 신전들이 부유해지면서 도덕이 점점 해이해지자, 바빌론의 시민들은 카시트인, 아시리아인, 페르시아인, 그리스인이 차례로 도시를 정복하는 상황에서도 한결같이 쾌락에 빠져들었다.

6. 문자와 문학

호색함과 종교, 교역이 뒤섞인 이런 생활 속에서 문학이나 예술은 고상한 형태로 자리 잡을 수 있었을까? 가능했을 것이다. 시간이라는 대양이 난파당한 바빌론을 삼켜 버린 만큼 그 속의 단편만 가지고 문명을 판단할 수는 없기 때문이다. 단편들은 주로 의식과 마술, 상업에 관한 것이다. 우연 때문이든 문화가 빈곤했기 때문이든, 바빌로니아는 아시리아와 페르시아처럼 이집트나 팔레스타인에 비하면 매우 평범한 문학 유산을 남겼다. 바빌로니아가 재능은 발휘한 분야는 상업과 법이었다.

그러나 바빌론에는 멤피스나 테베만큼 서기관이 많았다. 글을 쓰는 기술은 아직 널리 보급되어 있지 않았으므로, 글을 잘 쓰는 사람들은 사회에서 높은 위상을 차지하고 있었다. 이 기술은 관직이나 성직으로 진출하는 만능 열쇠였다. 그 기술을 지닌 사람들은 자신의 경력을 언급할 때면 반드시 그 점을 내세웠으며, 일반적으로 그 점을 부각시켜 원통형 도장을 새겼다.[133] 한때 그리스도교계의 학자들과 신사들이 명함에다 학위를 나열했던 것처럼 말이다. 바빌로니아인들은 끝을 프리즘이나 쐐기처럼 삼각형 모양으로 깎아 만든 날카로운 필기 도구를 사용하여 눅눅한 점토판에 쐐기 문자로 글을 썼다. 점토판이 다 채워지면 그 토판을 말린 후 구워 생김새는 이상하지만 내구성이 강한 벽돌 모양의 필사본을 만들었다. 기록한 것이 편지인 경우에는 편지에 가루를 입힌 다음 진흙으로 싸고 그 위에다 보내는 사람의 원통형 도장을 찍었다. 바빌로니아의 신전과 궁전에 있던 많은 도서관에는 단지에 넣어 분류해 놓은 점토판들이 가득 차 있었다. 이런 도서관 중 보르시파 도서관이 가장 규모가 컸는데, 이곳 자료들을 필사하여 보존해 놓은 아슈르바니팔 도서관의 3만 개의 점토판이 현재 우리가 바빌로니아의 생활을 알 수 있는 유일한 자료다.

바빌로니아의 점토판들을 해독하는 일은 수 세기 동안 학자들에게 어려움을 안겨 주었다. 그 토판을 완전히 해독하는 데 성공한 일은 학문의 역사에서 명예로운 장(章)에 해당한다. 1802년 괴팅겐 대학교의 그리스학 교수인 게오르크 그로테펜트(Georg Grotefend)는 괴팅겐 아카데미에 학술 보고서를 냈다. 고대 페르시아에서 발견된 특정한 쐐기 문자 비문들을 보고 수년 동안 어려움을 겪었으나, 드디어 사용된 마흔두 개 문자 중 여덟 개를 밝혀 비문에 새겨진 세 왕의 이름을 알아냈다는 내용이었다. 하지만 대부분의 내용은 여전히 밝혀지지 않은 채 남아있었다. 그러나 1835년 페르시아에서 근무하던 영국 외교관 헨리 롤린슨(Henry Rawlinson)이 그로테펜트의 업적을 전혀 모르던 상태에서 히스타스페스와 다리우스, 크세르크세스의 이름을 비슷한 방법으로 밝혀냈다. 고대 페르시아의 비문에 있던 이 이름들은 바빌로니아 문자에서 파생한 쐐기 문자로 기록되어 있었다. 롤린슨은 이 이름들을 토대로 기록 전체를 해독하는 데 성공했다. 하지만 그 문자는 바빌로니아의 문자가 아니었다. 샹폴리옹처럼 롤린슨 역시 일종의 로제타석(이 경우에는 동일한 내용이 고대 페르시아어와 바빌로니아어로 적힌 비문)이 발견될 때까지 기다려야 했다. 롤린슨은 메디아의 산악 지대인 베히스툰에 있는 접근이 거의 불가능한 90미터 높이의 암벽에서 그 비문을 발견했다. 다리우스 1세가 조각가들을 시켜 자신이 수행한 전쟁과 승리의 내용을 그곳에다 세 가지의 언어(고대 페르시아어와 아시리아어, 바빌로니아어)로 새겨 놓게 했던 것이다. 롤린슨은 날마다 위험을 무릅쓰고 이 암벽에 올라가 종종 줄 하나에 매달린 채로, 표면에 난 흠집까지 모두 베낄 정도로 문자를 하나하나 꼼꼼하게 옮겨 적었다. 그리고 12년을 연구한 끝에 바빌로니아어 부분과 아시리아어 부분을 모두 번역하는 데 성공했다.(1847년) 이러한 발견과 그 비슷한 연구 성과를 검증하기 위해 왕립아시아학 연구소에서는 발표되지 않은 쐐기 문자 문서 하나를 네 명의 아시리아학 학자들에게 보내 서로 접촉이나 연락을 끊은 채 각자 따로 번역해 달라고 부탁했다. 이들이 보내 온 번역문은 거의 완벽하게 일치하는 것으로 밝혀졌다. 이런 전대미문의 학문적인 성과 덕분에 새로운 문명이 밝혀

져 역사에 대한 시각은 한층 풍요로워질 수 있었다.[134]

바빌로니아의 언어는 셈족이 수메르와 아카드의 고대 언어들을 발전시킨 것이었다. 바빌로니아의 언어는 본래 수메르의 문자를 사용했으나, 라틴어에서 파생된 프랑스어가 그랬던 것처럼 시간이 지나면서 어휘가 달라졌다. 그 결과 바빌로니아인들이 수메르 고대의 고전적인 신관 언어를 소장 학자들과 신관들에게 전해 주려면 사전과 문법을 다시 만들어야 할 정도로 바빌로니아어는 수메르어와는 전혀 다른 것이 되었다. 니네베의 도서관에서 발견된 점토판 중 거의 4분의 1이 수메르어, 바빌로니아어, 아시리아어 사전과 문법서다. 전승에 의하면 아카드의 사르곤 시대에 이미 그런 사전을 만들었다고 한다. 학문의 역사는 이처럼 오래된 것이다. 수메르에서처럼 바빌로니아에서도 기호들은 문자가 아니라 음절로 이루어져 있었다. 바빌론은 자체의 알파벳을 만들어 내지 않고 약 300개의 부호로 이루어진 음절 문자표로 만족했다. 수학 및 종교적 교훈들과 함께 이런 음절 기호들을 암기하는 것이 신관들이 젊은이들에게 적당한 가르침을 전한 신전 학교의 교육 과정이었다. 한 탐사 팀에 의해 발굴된 고대의 교실에는 소년 소녀들이 덕스러운 격언들을 받아 적던 점토판들이 바닥에 그대로 남아 있었다. 마치 모종의 재앙을 환영하느라 갑자기 수업이 중단되기라도 한 것처럼 말이다.[135]

페니키아인들처럼 바빌로니아인들 역시 문자를 상업 촉진 장치로 보았다. 그러므로 문학에는 점토판을 많이 사용하지 않았다. 시의 형식으로 된 동물 우화, 엄격한 운율과 정확하게 구분된 행과 정교한 연으로 이루어진 찬송가, 여러 가지 예언을 하고 있으나 이루어진 적이 없는 종교 의식, 드라마, 수 톤의 사료 편집물이 발견될 뿐이다.[136] 현실을 노래한 시는 거의 남아 있지 않다. 정부에 소속된 연대기 작성자들은 왕들이 보여준 종교성과 정복 활동, 각 신전이 겪은 흥망성쇠, 각 도시의 역사 속에서 벌어진 중요한 사건들을 기록했다. 바빌로니아에서 가장 유명한 역사가인 베로수스(기원전 280년경)는 확신을 갖고 세상의 창조와 인간의 초기 역사를 충분히 자세하게 적어 놓았다. 바빌로니아의 초대 왕은 한 신에게 선택을 받아 3만 6000년 동안 다스렸으며, 세상이 시작되어 큰 홍수가 있기까지 69만 1200년이 흘렀다고 베로수스는 말한다.[137]

아슈르바니팔 도서관에서 발견하여 현재는 영국 박물관이 소장하고 있는 열두 개의 점토판에는 메소포타미아 문학의 가장 매혹적인 유물인 길가메시의 서사시가 담겨 있다. 『일리아드』처럼 이 서사시 역시 느슨하게 연결된 이야기들을 모아 놓은 것이다. 그중 일부는 기원전 3000년의 수메르로 거슬러 올라가며, 일부는 홍수에 관한 바빌로니아의 설명이다. 길가메시는 대홍수 때 살아남아 결코 죽지 않았던 샤마시나피스팀의 후손으로 우루크 혹은 에레크의 전설적인 지배자였다. 길가메시는 아도니스와 삼손을 결합해 놓은 것 같은 키가 크고 체격이 좋으며, 영웅다운 능력이 있고 문제를 일으킬 정도로 잘생긴 인물로 등장한다.

> 그의 3분의 2는 신이고,
> 그의 3분의 1은 인간이니,
> 그와 몸의 생김새를 따를 자가 없다.
> 그는 모든 것을 알되, 심지어 땅끝에서 이루어지는 일들까지 알고,
> 모든 것을 겪고, 모든 것을 경험하여 알고,
> 모든 것을 가리고 있는 갖가지 지혜의 망토를 통해,
> 모든 비밀을 꿰뚫어 보았다.
> 그는 숨겨진 것을 보고,
> 덮어져 있는 것을 벗기고,
> 홍수가 밀려오기 전 시대의 이야기를 들려주었다.
> 그는 먼 길을 떠나,
> 어려움과 고생을 겪은 후에,
> 자기가 수고한 모든 것을 돌판에 기록했다.[138]

한편 아버지들은 이슈타르를 찾아와 길가메시가 자기 아들들에게 "밤낮을 가리지 않고 벽을 쌓는" 고생을 시켜 기진하게 만든다고 불평한다. 그리고 남

편들은 "길가메시 때문에 아내가 자기의 주인을 모시지 않고, 딸들은 순결을 지키지 않는다."라고 불평을 늘어놓는다. 그러자 이슈타르는 길가메시의 어머니 신인 아루루에게 길가메시와 똑같은 힘을 가져 길가메시가 끊임없이 싸울 수 있고, 우루크의 남편들이 평화롭게 지낼 수 있는 아들을 하나 더 만들라고 부탁한다. 아루루는 진흙을 조금 반죽한 후 그 반죽에 침을 뱉어 곰처럼 힘이 세고 사자의 갈기를 갖고 새처럼 빠른 남자인 반인반수 엔기두를 만든다. 그러나 엔기두는 인간들의 사회는 보살피지 않고 동물들에게 가서 동물들과 함께 산다. "그는 가젤들과 함께 어린잎들을 먹고, 물에 사는 동물들과 함께 놀며, 들판의 짐승들과 함께 갈증을 푼다." 한 사냥꾼이 그물과 덫을 이용하여 그를 사로잡으려고 했으나 실패하고 만다. 그 사냥꾼은 길가메시에게 가서 엔기두를 사랑으로 유혹할 수 있는 여자 신관을 한 명 빌려 달라고 부탁한다. "사냥꾼이여, 여자 신관을 한 명 데리고 가라. 짐승들이 물가에 모이면 그녀에게 아름다운 모습을 드러내게 하라. 그러면 그가 그녀를 보게 되어, 그를 에워싸고 있는 짐승 무리들이 흩어지게 될 것이다."라고 길가메시 서사시는 말한다.

사냥꾼과 여자 신관은 물가로 가서 엔기두를 발견한다.

"여자여, 그가 저기 있다!
네 허리띠를 풀고,
네 기쁨을 드러내어,
그가 너를 마음껏 즐길 수 있게 하라!
뒤로 물러서지 말고 그의 욕망을 받아들여라!
그가 너를 보면 가까이 다가올 것이다.
네 옷을 열어 그가 네게서 쉴 수 있게 하라!
여자의 일을 하여 그를 희열에 빠지게 하라.
그러면 들짐승들이 그의 발꿈치에서 그와 함께 자랐으나,
그가 그 짐승들에게 낯선 사람이 될 것이다.

그의 가슴이 너를 누르게 될 것이다."
그러자 그가 마음껏 즐길 수 있도록,
여자 신관이 허리띠를 풀고,
기쁨을 드러냈다.
그녀는 뒤로 물러서지 않고 그의 욕망을 받아들였다.
그녀는 옷을 열어 그가 그녀에게서 쉴 수 있게 했다.
그녀는 여자의 일을 하여 그를 희열에 빠지게 했다.
그의 가슴이 그녀를 눌렀다.
엔기두는 자기가 어디서 태어났는지 잊게 되었다.[139]

낮은 여섯 번 바뀌었으나 밤은 일곱 번 지나는 동안 엔기두는 그 신성한 여자와 함께 있었다. 쾌락에 싫증이 나 제정신을 차리자 자기 친구들인 동물들이 떠나 버린 것을 깨닫고는 슬픔에 잠긴다. 그러나 여자 신관은 그를 꾸짖는다. "신처럼 지고한 당신이 들짐승들과 함께 지냅니까? 나를 따라와요. 그러면 내가 지고한 힘을 지닌 길가메시가 있는 우루크로 당신을 인도하겠습니다." 자기 힘에 대한 자부심과 덧없는 칭찬에 유혹되어 엔기두는 우루크로 가며 말한다. "나를 길가메시가 있는 곳으로 안내하라. 그와 싸워 내 힘을 보여 주겠다." 이 모습을 보고 신들과 아버지들은 매우 기뻐한다. 그러나 길가메시가 처음에는 힘으로 그 다음에는 친절함으로 엔기두를 이긴다. 그 둘은 헌신적인 친구가 된다. 그 둘은 엘람으로부터 우루크를 지키기 위해 힘을 합쳐 진군한다. 그들은 승리와 전리품을 앞세우고 당당하게 돌아온다. 길가메시는 "전투 장비를 벗고 흰옷으로 갈아입은 후 왕의 기장을 두르고 왕관을 썼다." 만족할 줄 모르는 이슈타르는 그 모습을 보고 길가메시에게 반해 휘둥그레진 눈으로 그를 보며 말한다.

"길가메시여, 이리 와 내 남편이 되어 다오! 네 사랑을 예물로 내게 다오. 너는 내 남편이 되고 나는 네 배필이 되리라. 황금 바퀴와 얼룩 마노 안장을 갖추고 청금석과 황금으로 만든 전차에 너를 태우겠다. 너는 큰 사자가 끄는 그 전차를 타고 마호가니로 만든 향기로운 우리들의 집으로 들어갈 것이다. …… 바닷가의 전 지역이 네 발 앞에 엎드리고, 왕들이 네게 절하고, 산과 들에서 나는 예물들을 네게 조공으로 바칠 것이다."

길가메시는 이슈타르를 거부하고는 이슈타르가 탐무즈와 매, 종마(種馬), 정원사, 사자를 포함한 여러 연인들에게 안겨 준 가혹한 운명을 상기시킨다. 그는 이슈타르에게 이렇게 말한다. "당신은 나를 사랑한 후에는 이들에게 한 것처럼 나도 버릴 것이다." 이슈타르는 화가 나서 위대한 신 아누에게 묻는다. "길가메시가 당신 앞에서 당신의 불성실함과 수치들을 늘어놓는데도 침묵을 지키지는 않겠지요?" 이슈타르는 아누가 자기 부탁을 들어주지 않으면 온 우주에서 욕망과 사랑의 충동을 완전히 없애 살아 있는 것들을 모두 파멸시키겠다고 위협한다. 이에 아누가 굴복하여 사나운 하늘의 황소를 만들어 준다. 그러나 길가메시는 엔기두의 도움으로 그 짐승을 물리친다. 이슈타르가 이 영웅을 저주하자 엔기두는 그 짐승의 다리 하나를 이슈타르의 얼굴을 향해 던진다. 길가메시는 기뻐하며 자랑스러워하지만 이슈타르는 그가 한창 영광에 취해 있는 동안 엔기두를 치명적인 질병에 걸리게 하여 그를 무너뜨린다.

길가메시는 자기가 어떤 여자보다 더 사랑한 친구의 주검을 보고 슬퍼하며 죽음의 비밀에 대해 깊은 생각에 빠진다. 이 암울한 운명에서 벗어날 길이 없는가? 그 운명에서 벗어난 사람은 한 사람(샤마시나피스팀)뿐이다. 그 사람이라면 죽지 않는 비결을 알 것이다. 그는 온 세상을 다 건너야 샤마시나피스팀을 찾을 수 있다 하더라도 반드시 그를 찾겠다고 결심한다. 그곳으로 가는 길의 산에는 머리는 하늘에 닿고 가슴은 하데스까지 늘어진 두 거인이 지키고 있다. 그러나 그 거인들이 그를 통과시켜 주었고, 그는 19킬로미터나 되는 어두운 터널을 더듬거리며 나아간다. 그는 대양의 해변으로 나와 저 멀리 물 위에 떠 있는 바다의 여신 동정녀 사비투의 옥좌를 본다. 그는 사비투에게 물을 건널 수 있게 도와 달라고 외친다. "그럴 수 없다고 하면 나는 땅에 누워 죽을 것입니다." 사비투는 그를 가엽게 여겨 부탁을 들어준다. 그는 40일 동안 폭풍우를 지나, 불멸의 생명을 소유하고 있는 샤마시나피스팀이 사는 행복의 섬에 도착한다. 길가메시는 죽지 않는 비결을 그에게 묻는다. 샤마시나피스팀은 홍수에 관한 기나긴 이야기로 그에게 대답을 해 준다. 즉 신들이 광기에 어려 세상을 파괴하다가 인류를 측은하게 여기고는 인류를 보존하려고 그와 그의 아내를 불멸의 존재로 만들어 주었다는 내용이었다. 그는 새로운 젊음을 주는 열매가 열리는 나무를 길가메시에게 준다. 길가메시는 행복한 마음으로 집으로 돌아오는 긴 여행을 떠난다. 그러나 돌아오는 길에 잠시 목욕을 하는 동안 뱀이 기어 들어와 그 나무를 훔쳐 간다.*

길가메시는 우울한 마음으로 우루크에 도착한다. 그는 신전마다 찾아다니며 엔기두와 잠시 동안만이라도 이야기를 나눌 수 있게 그를 다시 살려 달려고 기도한다. 엔기두가 나타나자 길가메시는 죽은 사람의 상태에 대해 묻는다. 엔기두는 이렇게 말한다. "나는 그것을 네게 말해 줄 수 없다. 내가 네 앞에서 땅을 연다면, 내가 본 것을 네게 말해 준다면 너는 공포에 사로잡혀 기절하게 될 것이다." 하지만 용맹한 어리석음(즉 철학)의 상징인 길가메시는 진실을 알려 달려고 계속 조른다. "공포에 사로잡혀 기절하더라도 좋으니 말해 달라." 단편적인 서사시는 엔기두가 하데스의 비참한 상황들을 묘사하는 우울한 분위기 속에서 끝을 맺는다.[140]

7. 예술가

길가메시의 이야기는 우리가 바빌론의 문학예술을 알 수 있는 유일한 사례

---

* 초기의 많은 민족들은 뱀을 불멸의 상징으로 숭배했다. 뱀은 허물을 벗어 죽음을 피하는 것처럼 보였기 때문이다.

다. 바빌로니아인들이 상업과 쾌락적인 오락, 현세적인 보상을 원하는 종교에 몰두한 건 사실이다. 하지만 심오한 창조 정신은 아니더라도 그들에게는 날카로운 미적 감각이 어느 정도 살아남아 있었다. 이것을 보여 주는 것이 우연히 살아남은 비주류 예술 분야의 유물이다. 인내심을 갖고 광을 낸 타일과 반짝이는 돌, 훌륭하게 만든 동(銅)과 철, 은과 금, 섬세한 자수품, 부드러운 양탄자와 화려하게 염색한 옷, 호사스러운 태피스트리, 다리가 달린 식탁, 침대와 의자,[141] 이런 것들이 바빌로니아의 문명에 권위나 궁극적인 가치까지는 아니더라도 우아함을 더해 주었다. 보석은 양은 많지만 이집트에서 볼 수 있는 섬세한 예술성은 없었다. 보석은 황금을 돋보이게 하기 위한 부속물이었으며, 조각상 전체를 황금으로 만드는 것이 예술적이라고 생각했다.[142] 플루트, 하프, 백파이프, 리라, 북, 호른, 갈대 피리, 트럼펫, 심벌즈, 탬버린 등 바빌로니아인들은 갖가지 악기를 사용했다. 신전과 궁전 그리고 부유한 사람들의 잔치에서는 오케스트라가 연주를 했으며, 가수들이 독창과 합창으로 노래를 했다.[143]

회화는 순전히 부차적인 것이었다. 회화는 벽과 조각품을 단장해 주었을 뿐 독립적 예술 분야가 되려는 노력은 없었다.[144] 바빌로니아의 유적지에서는 이집트 무덤들을 아름답게 꾸몄던 디스템퍼 회화나 크레타의 궁전들을 장식했던 프레스코 화법의 회화는 발견되지 않는다. 바빌로니아의 조각도 회화와 비슷하게 발전하지 못했다. 수메르에서 시작되었으나 신관들이 관습을 강요하는 바람에 경직되어 초창기에 발전을 멈춘 게 분명하다. 묘사된 얼굴은 모두 한결같으며, 왕들은 모두 건강한 근육질의 골격을 지니고 있고, 포로들은 모두 똑같은 틀로 찍은 것 같은 모습이다. 바빌로니아의 조각품은 남아 있는 것이 거의 없다. 얕게 만드는 돋을새김의 경우는 더 나으나 그 작품들 역시 진부하고 조잡하다. 이집트인들이 천 년 전에 만들어 놓은 활기 넘치는 돋을새김 작품과 바빌로니아의 돋을새김 작품 사이에는 메울 수 없는 간극이 자리 잡고 있다. 바빌로니아의 돋을새김 작품이 탁월함을 보이는 경우는 자연의 조용한 위엄에 사로잡힌 동물이나 잔인한 인간들 때문에 격분한 상태의 동물을 묘사할 때뿐이다.[145]

현재로서는 바빌로니아의 건축에 대해 알아볼 방법이 없다. 모래 위로 몇 십 센티미터라도 나와 있는 유물이 거의 없기 때문이다. 그리고 궁전과 신전의 양식과 구조를 분명하게 보여 줄 수 있는 그림이나 조각도 없다. 가옥들은 진흙을 말려서 짓거나 부자들의 경우에는 벽돌로 지었다. 창이 없었으며 문은 좁은 길보다는 태양을 가려 그늘이 져 있는 안마당 쪽으로 나 있었다. 바빌로니아 시대 이야기에서는 3~4층 높이의 집을 좋은 가옥으로 묘사하고 있다.[146] 신전은 신전이 다스리는 집들의 지붕 높이로 토대를 쌓고 그 위에 지었다. 일반적으로 신전은 가옥들처럼 마당을 중심으로 하여 정사각형으로 지은 후에 타일을 붙인 엄청난 규모의 석조 건물이었다. 종교 의식은 대부분 마당에서 행했다. 그리고 대체로 신전 근처에는 지구라트(글자를 풀면 "높은 장소"라는 뜻이다.)를 쌓았다. 지구라트는 위로 올라가면서 좁아지는 형태로 정육면체의 층들을 쌓고 외부 계단을 놓은 탑을 말한다. 지구라트는 신을 위한 성소로 이용되기도 하고, 신관들이 모든 것을 계시하는 별들을 관찰하는 천문대로 이용되기도 했다. 보르시파에 있는 큰 지구라트는 "7층 탑"으로 일컬어졌다. 각 층은 바빌로니아에 알려진 일곱 개의 행성 중 하나에 바쳐져, 그 행성을 상징하는 색을 지녔다. 가장 낮은 층은 토성을 상징하는 검은색이었다. 그 위의 층은 금성을 상징하는 흰색이었다. 그다음 층은 목성을 상징하는 자주색, 4층은 수성을 상징하는 파란색, 5층은 화성을 상징하는 주홍색, 6층은 달을 상징하는 은색이었으며, 7층은 태양을 상징하는 황금색이었다. 이는 위에서부터 시작해 요일을 가리키는 것이기도 했다.[147]

현재 우리의 안목으로는 이 건축물에서 예술품은 별로 발견할 수 없다. 이 건축물은 거대한 덩치로 영광을 추구하는 직선으로 이루어진 덩어리였다. 이 유물에는 여기저기 둥근 천장과 아치가 있다. 수메르에서 유래한 이 건축 양식들은 자기들이 어떤 운명을 타고났는지 잘 모르는 모습이다. 내부 장식과 외부 장식으로는 노란색, 파란색, 흰색, 빨간색 유약을 가볍게 입혀 유리처럼 만든 벽돌 표면 일부를 법랑 처리하고, 가끔 동물이나 식물 모양의 타일을 붙였을 뿐이다. 석조 건물에 아름다움을 더해 줄 뿐 아니라 햇빛과 비에서 보호하기 위해 표면을 유리처럼 만든 방법은 나람신만큼이나 오래된 것이며, 메소포타미아에서는 이슬람 시대까지 계속 이용되었다. 이런 방법을 통해 도예는 훌륭한 작품을 만들어 내는 수준까지는 가지 못했지만 고대 근동의 독특한 예술로 자리 잡게 되었다. 이런 것들의 도움이 있었음에도 바빌로니아의 건축은 계속 무거운 느낌을 주고 단조로웠으며, 사용된 건축 자재의 특성상 평범할 수밖에 없었다. 노예들의 노동을 통해 접합제 역할을 하는 역청과 벽돌을 얻기가 쉬웠기 때문에 신전은 빠른 속도로 세워지곤 했다. 이집트나 중세 유럽의 기념물처럼 몇 세기씩 걸리는 일은 없었다. 그러나 그만큼 빠른 속도로 무너졌다. 50년만 방치해도 본래 모습인 흙으로 돌아갔던 것이다.[148] 벽돌이 저렴했기 때문에 바빌로니아의 건축 설계는 발전하지 못했다. 그 같은 건축 자재로는 크기를 키우기는 쉬웠으나 아름다움을 표현하기는 어려웠기 때문이다. 건축의 혼은 장엄함인데 벽돌로는 장엄함을 이룰 수가 없다.

8. 학문

바빌로니아인은 상인이었으므로 예술 분야보다는 학문 분야에서 성취를 이루기가 더 쉬웠다. 상업은 수학을 낳았고 수학은 종교와 결합하여 천문학을 낳았다. 메소포타미아의 신관은 재판관, 관리자, 농업과 산업 분야의 실력자, 내장과 별을 살피는 일에 능숙한 점쟁이 등 다양한 역할을 담당했다. 그리고 그 과정에서 신관들은 자신도 모르는 사이 다양한 학문들의 기초를 놓았고, 후에 세속적인 그리스인들이 이런 학문을 이용하면서 종교는 잠시나마 세상에 지배적 위세를 떨치지 못했다.

바빌로니아의 수학은 원을 360도로 나누고 1년을 365일로 나누는 것을 토대로 삼았다. 이를 기초로 60을 단위로 하는 60진법의 계산 체계를 발전시켰으며, 이 체계는 후에 12를 단위로 하는 12진법의 모체가 되었다. 계산법에는 3개의 기호만 사용했다. 1을 나타내는 기호가 있었고 이것을 9까지 반복해서 사용했다. 10을 나타내는 기호는 90까지 사용했으며, 그 다음에는 100을 나타내는 기호가 있었다. 계산을 보다 쉽게 하기 위해 곱셈과 나눗셈뿐 아니라 기본적인 수들의 2분의 1과 3분의 1, 4분의 1, 제곱과 세제곱이 들어 있는 표들이 있었다. 기하학은 모양이 일정치 않은 복잡한 땅의 면적도 계산할 수 있을 만큼 발전했다. π를 나타내는 바빌로니아의 기호는 3(천문학자들이 많았던 나라에서 사용한 것 치고는 매우 형편없는 근사치)이었다.

천문학은 바빌로니아인들에게 특별한 학문이었다. 바빌로니아의 천문학은 고대 세계에서 명성이 자자했다. 그리고 이번에도 마법이 학문을 낳았다. 바빌로니아인들이 별들을 연구한 건 대상(隊商)과 배의 행로를 도표로 작성하기 위해서라기보다 사람들의 미래 운명을 점치기 위해서였다. 그들의 첫 번째 임무는 점성술사였고, 천문학자는 그다음의 일이었다. 행성들은 모두 인간들의 일에 관심을 가지고 있는 중요한 신이었다. 목성은 마르둑, 수성은 나부, 화성은 네르갈, 태양은 샤마시, 달은 신, 토성은 니니브였으며 금성은 이슈타르였다. 모든 별의 움직임 하나하나는 이 땅에서 이루어지는 특정 사건을 결정하거나 예고했다. 예를 들면 달이 낮게 뜨면 멀리 떨어져 있는 나라가 왕에게 복종한다는 징조였다. 초승달이 뜨면 왕이 적을 정복할 것임을 알려 주는 것이었다. 바빌로니아인들 사이에서는 별을 보고 미래를 알아내려는 이런 노력들이 유행처럼 퍼졌다. 점성술을 잘하는 신관들은 왕과 백성들 모두에게서 많은 보답을 받았다. 그중 일부 신관들은 아카드의 사르곤 시대에 작성되었다고 전해지는 두꺼운 점성술 책을 열심히 공부하기도 했다. 그러면서 그런 공부도 하지 않으면서 돈을 받고 별자리를 살펴봐 주거나 (오늘날 달력처럼) 일 년 전부터 하늘에서 일어나는 일을 예고해 주는 돌팔이 점성술사를 한심스럽게 생각했다.[149]

천문학은 이처럼 점성술을 위해 별들을 관찰하여 도표를 작성하는 관행에서 서서히 발전한 학문이었다. 일찍이 기원전 2000년경에 바빌로니아인들은 금성이 태양과 같은 무렵에 뜨고 지는 현상을 정확하게 기록했다. 그들은 다양한 별들의 위치를 주의 깊게 관찰하여 하늘의 지도를 서서히 작성해 가고 있었다.[150] 그러다가 카시트인들이 바빌로니아를 정복하면서 이러한 발전은 천 년 동안 방해를 받았다. 그 후 네부카드레자르의 시대에 천문학은 다시 발전하기 시작했다. 신관으로서 천문학을 연구하는 학자들은 태양과 달의 궤도를 도표로 작성하고, 일식과 월식을 기록하고 행성들의 경로를 계산했으며, 행성과 항성을 최초로 분명하게 구분했다.[151]* 그들은 하지, 동지, 춘분, 추분의 날짜를 정했으며, 수메르인의 인도에 따라 황도(지구가 태양 주변을 도는 길)를 12궁으로 나누었다. 또 원을 360도로 나눈 후 1도를 60분으로 나누고 1분을 60초로 나누었다.[152] 해시계와 물시계를 이용해 시간을 측정했는데, 바빌로니아인들은 이런 시계들을 발전시켰을 뿐 아니라 처음 만들기도 한 것 같다.[153]

그들은 1년을 음력의 12달로 나누고 6달은 30일로, 6달은 29일로 정했다. 그런데 이것을 모두 합쳐도 364일밖에 되지 않았으므로 가끔 13번째 달을 넣어 역법과 계절을 맞췄다. 1달은 달의 모양에 따라 4주로 나누었다. 1주일을 5일로 하여 1달을 6주로 나누는 보다 편리한 역법이 시도되기도 했으나, 사람들의 편리함보다는 달의 모양이 생활에 더 큰 영향을 끼친다는 사실이 드러났다. 하루는 자정에서 시작해 자정에 끝나는 것이 아니라 해가 뜰 때 시작해 다음 날 해가 뜰 때 끝났다.[154] 이 하루는 12시간으로 나뉘었으며, 1시간은 30분으로 나누었다. 그래서 바빌로니아의 1분은 지금 우리의 1분보다 4배가 길어 아주 여유로웠다. 우리가 1달을 4주로 나누고, 하루의 시간을 (24시간이 아니라) 12시간으로, 1시간을 60분으로, 1분을 60초로 나누는 것은 바빌로니아가 우리 현대 세계에 남긴 흔적임이 분명하다.**

바빌로니아의 학문은 종교에 의존하고 있었으므로 의학은 천문학보다 더 정체되어 있었다. 그러나 의학이 발전하지 못한 것은 신관들의 반계몽주의 때문보다 사람들의 미신 때문이었다. 함무라비 시대에는 이미 치료 기술이 신관

---

* 바빌로니아인들은 움직이거나 '방랑하는' 것처럼 보이는 행성들을 '붙박이' 별들과 구분했다. 현대 천문학에서는 태양 주위를 규칙적으로 도는 천체를 행성으로 규정하고 있다.
** 하늘을 관찰하여 도표들을 작성하던 바빌로니아인들은 하늘에서 시선을 돌려 땅의 지도를 만들기 시작했다. 바빌로니아 신관들이 네부카드레자르 제국 시절 도로와 도시들을 그린 지도가 역사상 가장 오래된 지도로 알려져 있다.[155] 가수르(바빌론 북쪽 320킬로미터 지점)의 유적지에서 발견된 기원전 1600년경의 한 점토판에는 2.5제곱센티미터도 안 되는 넓이에 샤트아잘라 지역의 지도가 들어 있다. 산은 곡선으로 물은 사선으로 강은 평행선으로 표시했다. 이와 함께 다양한 도시들의 이름이 새겨져 있으며, 여백에 북쪽과 남쪽 방향이 표시되어 있다.[156]

의 영역과 지배에서 어느 정도 분리되어 있었다. 외과 의사가 정규 직업으로 이미 확립되어 있었으며, 치료비와 형벌도 법으로 정해져 있었다. 그러므로 환자가 의사를 부를 때면 치료나 수술 비용이 얼마나 들지 미리 알 수 있었다. 환자가 가난한 계층일 경우에는 형편에 맞게 치료비도 낮춰졌다.[157] 의사가 심한 실수를 하면 환자에게 손해 배상을 해야 했다. 극단적인 경우에는 앞에서 살펴본 것처럼 손가락을 절단하여 다시는 그런 실험을 하지 못하게 했다.[158]

그러나 거의 세속화된 이 학문은 초자연적인 진찰과 마술적인 치료를 요구하는 사람들 앞에서는 무기력할 수밖에 없었다. 마술사들과 강신술사들이 의사보다 더 인기가 있었으며, 대중에게 미치는 영향력을 통해 불합리한 치료 방법들을 강요했다. 질병은 죄를 지어 마귀가 들린 것이었으므로, 주로 주문과 마술, 기도를 통해 치료되어야 했다. 약을 사용하는 경우에도 그 목적은 환자를 낫게 하기 위함보다 마귀에게 겁을 주어 쫓아내기 위함이었다. 아픈 사람이 그를 사로잡고 있는 마귀보다 더 튼튼한 위를 갖고 있다는 이론을 토대로 혐오스러운 물질을 신중하게 배합한 약이 인기가 있었다. 일반적으로 날고기, 뱀 고기, 술과 기름을 섞은 나무 부스러기를 사용했다. 썩은 음식, 부서진 뼈, 비계, 진흙도 약용 물질이었으며 여기에 동물이나 사람의 오줌과 똥을 섞기도 했다.[159] 경우에 따라서는 이런 불결한 처방 약 대신에 우유, 꿀, 크림, 향기로운 약초로 마귀를 달래려고 노력하기도 했다.[160] 이런 방법을 모두 동원해도 낫지 않으면 환자를 장터로 옮겨 놓고 이웃들이 권하는 특효 처방을 들었다.[161]

아마 지금까지 살아남아 바빌로니아의 의학을 우리에게 전해 주고 있는 800개의 의학 관련 점토판들이 당시의 의학에 대해 잘못된 판단을 내리게 하고 있을지 모른다. 역사의 경우 부분을 가지고 전체를 재구성하는 것은 위험한 일이다. 그러나 역사를 쓴다는 것 자체가 부분을 가지고 전체를 재구성하는 일이다. 그런 마술적인 치료법들은 능력을 암시하기 위한 목적으로 조금만 사용했을 수도 있다. 그런 섬뜩한 조제 약품들도 구토제로만 사용했을 수 있다. 바빌로니아인들이 환자의 죄 때문에 마귀가 침투했다고 본 것은 사실이지만, 오늘날 우리도 게으르거나 불결하거나 욕심을 부리다 박테리아가 침입하여 병에 걸린다고 생각하는 걸 보면 불합리하기는 그때나 지금이나 마찬가지일지 모른다. 우리는 우리의 조상들이 무지했다고 지나치게 확신하는 일은 없어야 할 것이다.

9. 철학

국가는 금욕주의로 시작하여 쾌락주의 속에서 소멸된다. (사려 깊은 격언을 되풀이하자면) 국가가 요람에 있을 때는 종교가 함께 있고 무덤으로 갈 때는 철학이 동행한다. 모든 문화의 초기에는 강한 종교적 신앙이 사물의 본성을 감추거나 부드럽게 만들어, 사람들에게 용기를 주고 고통과 고난을 인내하며 참을 수 있게 한다. 모든 걸음마다 신들이 함께하여 사람들이 망하지 않게 지켜 줄 것이다. 망하더라도 굳건한 신앙은 신들이 분노를 쏟아붓게 된 것은 사람들이 죄를 범했기 때문이라고 설명할 것이다. 악은 신앙을 소멸시키는 것이 아니라 강하게 만든다. 승리를 얻거나 안녕과 평화 속에서 전쟁을 잊게 되면 부가 증가한다. 지배 계층들의 경우에는 몸이 중요했던 생활에서 감각과 정신이 중요해지는 생활로 바뀐다. 고생과 고통이 쾌락과 안이함으로 대체된다. 학문이 신앙을 약하게 만드는가 하면, 사색과 안락함은 남자다움과 용기를 약화시킨다. 그러다가 결국 사람들은 신들을 의심하기 시작하여 지식에 따르는 비극을 슬퍼하고, 덧없는 쾌락에서 위안을 찾으려고 한다. 서막엔 아킬레스가 등장하지만 마지막은 에피쿠로스로 끝난다. 다윗의 시대가 가면 욥의 시대가 오고, 욥 시대가 가면 전도서의 시대가 온다.

우리가 아는 바빌로니아의 사상은 대체로 후기 바빌로니아의 것이다. 그러므로 세상사에 지쳐 영국인들처럼 쾌락에 빠진 철학자들의 노곤한 지혜가 사상 속에 넘쳐흐르게 된 건 당연한 일이었다. 한 점토판을 보면 발타아트루아라는 사람이 등장하는데, 그는 신의 명령을 그 누구보다 엄격히 지켰으나 갖가지 재앙을 만나 비천한 처지가 되었다고 불평한다. 그는 양친과 재산을 모두 잃고, 얼마 안 되는 나머지 물건도 길에서 전부 도둑맞았다. 그러자 그의 친구들은 욥의 친구들처럼, 그가 어떤 은밀한 죄를 지어(아마 그가 유복했을 때 오만했던 것이 유난히 신들의 질투 섞인 분노를 사서) 벌을 받은 게 틀림없다고 답한다. 나아가 악은 잘 위장한 선일 뿐이며, 신의 계획 중 일부는 전체를 보지 못하는 연약한 마음의 눈에는 너무 고생스럽게 보인다고 말한다. 그러니 그가 믿음과 용기를 지킨다면 결국에는 보상을 받을 것이라고 확신을 준다. 더구나 그렇게 하면 종국엔 그의 적들이 벌을 받을 것이었다. 이 이야기는 발타아트루아가 신에게 도움을 구하는 대목에서 갑자기 끝이 난다.[162]

아슈르바니팔의 바빌로니아 문학 모음집 유물 속에서 발견된 다른 시는 니푸르의 한 통치자였던 것으로 보이는 타비우툴엔릴이라는 인물을 통해 동일한 문제를 보다 분명하게 제시한다. 그는 자기가 당한 어려움들을 이렇게 묘사하고 있다.*

> (내 눈을 그가 어둡게 하고) 자물쇠(로 잠근 것처럼 빗장을 걸어 잠그고,)
> (내 귀를 그가) 귀먹은 사람의 귀처럼 (빗장을 걸어 잠갔다.)
> 왕인 내가 노예로 변하니,
> (내) 친구들이 나를 미친 사람으로 여기고 학대한다.
> (나를 위해) 파 놓은 구덩이에서 나갈 수 있도록 나를 도와주십시오!
> 낮에는 깊은 탄식이고, 밤에는 눈물이니,
> 울부짖음으로 한 달이 지나고 고난 속에서 한 해가 지나고…….

그는 계속해서, 자기는 언제나 신앙이 깊었기 때문에 그토록 잔혹한 운명을 만

---

* 괄호 속의 글은 추측한 내용이다.

나면 안 되는 사람이었다고 말한다.

> 왜 제가 항상 신의 몫을 떼어 놓지 않았던 것처럼,
> 식사할 때 여신을 초대하지 않았던 것처럼,
> 머리를 숙여 예물을 바치지 않았던 것처럼,
> 기도와 간구를 항상 입에 올리지 않았던 것처럼 하십니까!
> 저는 제 나라를 가르쳐 신의 이름을 지키게 했고,
> 제 백성들에게 여신의 이름을 존경하게 했습니다…….
> 저는 이런 것들이 신을 기쁘게 하는 것이라고 생각했습니다.

그는 이 모든 신앙 형식을 지켰으나 병에 걸리자, 신들을 이해하는 것은 불가능하다는 점과 인간 세상에서 일어나는 일들은 불확실하다는 점에 대해 깊이 생각하게 된다.

> 하늘에 있는 신들의 뜻을 이해할 수 있는 사람이 누구인가?
> 신비로 가득 찬 신의 계획을 이해할 수 있는 사람이 누구인가?
> 어제 살아 있던 사람이 오늘은 죽어 있으니,
> 한순간에 슬픔에 던져지고 순식간에 짓밟힌다.
> 잠시 동안 노래하며 뛰놀더니,
> 눈 깜짝할 순간에 애도하는 사람처럼 슬피 울고 ……
> 곤경이 그물처럼 나를 덮었다.
> 내 눈은 바라보나 보지 못하고,
> 내 귀는 열려 있으나 듣지 못하고 ……
> 내 생식기가 더러워지고
> 내 창자의 분비 기관도 오염되니 ……
> 내 온몸이 죽음으로 점점 검어지고 ……

하루 종일 추적자들이 나를 쫓고,
밤에도 숨 쉴 틈을 주지 않으니 ······
내 사지가 떨어져 나가 함께 행진한다.
내 오물 속에서 내가 소처럼 밤을 보내고,
내 배설물 속에서 양처럼 뒹군다······.

그는 욥처럼 다시 한 번 신앙을 실천한다.

그러나 내 눈물이 그칠 날을 내가 아니,
보호하는 영(靈)들이 은혜를 베푸는 날이 오면, 신이 자비를 베풀 것이다.[163]

결국 모든 것이 행복하게 끝난다. 한 영이 나타나 타비의 상처를 모두 치료하고, 강한 폭풍이 그의 몸속에서 질병을 일으키는 마귀들을 모두 몰아낸다. 그는 마르둑을 찬양하고 많은 예물을 바친 후 모든 사람들에게 신들을 실망시키지 말라고 부탁한다.*

이 글에서 한 걸음만 더 나아가면 욥기에 이르는 것처럼, 후기 바빌로니아 문학에서는 전도서의 예고편이 된 것이 분명한 작품도 발견된다. 길가메시의 서사시에서 여신 사비투는 영웅에게 사후의 생명에 대한 갈망을 포기하고 이 땅에서 먹고 마시고 즐겁게 지내라고 권한다.

오, 길가메시여, 너는 왜 사방으로 내달리는가?
네가 찾는 생명을 발견하지 못할 것이다.
신들은 인간을 창조할 때 죽도록 정해 놓았다.
그 신들은 생명을 손에 쥐고 있다.

---

* 수메르에서 발견된 글을 원형으로 삼고 있는 이 글은 욥기의 저자에게 영향을 주었을 가능성이 있다.[164]

9장 바빌로니아 **439**

오, 길가메시여, 배부르게 먹고,
밤낮으로 즐기도록 하라…….
밤낮으로 즐겁게 지내며 만족을 누리도록 하라!
옷을 깨끗이 하고,
머리를 빗고, 물로 몸을 씻도록 하라!
네 손을 잡고 있는 작은 아이를 소중히 여기고,
네 품속의 아내와 즐겁게 지내도록 하라.[165]*

다른 점토판에서 무신론과 신성 모독으로 보이는 보다 혹독한 내용을 접할 수 있다. 바빌로니아의 알키비아데스인 구바루는 한 노인에게 회의적인 질문을 던진다.

오, 매우 지혜로운 이여, 이성의 소유자여, 당신의 마음이 신음하게 하라!
신의 마음은 천국의 내부만큼이나 멀리 있다.
지혜는 어려워 인간들이 이해하지 못한다.

이 말을 들은 그 노인의 대답은 아모스와 이사야를 연상시킨다.

나의 친구여, 내 생각을 신중히 이해하라.
사람들은 살인에 능숙한 위인을 칭찬한다.
아무 죄도 범하지 않은 가난한 사람은 멸시한다.
심각한 결함을 지닌 악인을 의롭다고 한다.
신의 뜻을 구하는 의인은 몰아낸다.

---

* 전도서 9장 7~9절의 내용을 참조하라. "너는 가서 기쁨으로 네 식물을 먹고 즐거운 마음으로 네 포도주를 마실지어다. 이는 하느님이 너의 하는 일을 벌써 기쁘게 받으셨음이니라. 네 의복을 항상 희게 하며 네 머리에 향 기름을 그치지 않게 할지니라. 네 헛된 평생의 모든 날에 사랑하는 아내와 함께 즐겁게 살지어다."

강한 사람들에게 가난한 사람들의 음식을 빼앗게 한다.

힘 있는 사람들에게 힘을 준다.

사람들은 약자를 파멸시키며, 부자도 약자를 몰아낸다.

그는 구바루에게 설령 그렇다 해도 신의 뜻을 행하라고 조언한다. 그러나 구바루는 언제나 막대한 부를 소유한 사람들의 편을 드는 신이나 신관들의 뜻에는 따르지 않겠다고 한다.

그들은 끊임없이 거짓말과 허위를 늘어놓는다.

고상한 말로 부유한 사람에게 편드는 말을 한다.

부자들의 부가 줄어드는가 싶으면 달려가 도와준다.

연약한 사람은 도둑이라도 되는 것처럼 학대하고,

두려움에 빠뜨려 죽게 하고, 불꽃처럼 꺼져 가게 한다.[166]

바빌로니아에 이런 분위기가 지배적이었다고 과장하지는 말아야 할 것이다. 사람들은 분명 따뜻한 마음으로 신관들에게 귀를 기울이고 또 신전을 찾아가 신들에게 호의를 구했을 것이다. 놀라운 사실은 그토록 위안이 되지 못한 종교에 바빌로니아인들이 그렇게 오랫동안 충성했다는 점이다. 신관들 말에 의하면 신의 계시를 통하지 않으면 어떤 것도 알 수 없고, 이 계시는 신관들을 통해서만 왔다. 그 계시의 마지막 부분에서는 선하든 악하든 죽은 사람의 영혼이 아랄루(즉 하데스)로 내려가 어둠과 고통 속에서 영원히 지내는 모습을 보여 주었다. 모든 것을 가졌지만 아무것도 이해하지 못하고 모든 것이 두렵기만 했던 네부카드레자르의 통치 시절, 바빌론이 환락에 빠져 버린 것도 하등 이상할 것 없는 일이리라.

9장 바빌로니아 **441**

10. 몰락

우리에게 알려진 어떤 문서로도 검증받지 못한 다니엘서와 전승이 전하는 바에 의하면 네부카드레자르는 거칠 것 없이 승리하며 번영을 누렸다. 오랜 기간 통치하면서 도로들과 신전들로 자신의 도시를 아름답게 꾸미고, 신들에게 쉰네 개의 신전을 세워 바치기도 했다. 그러나 그 후에는 이상한 정신 질환에 걸려 자신을 한 마리의 짐승으로 생각하여 네 발로 걸으며 풀을 뜯어먹었다고 한다.[167] 4년 동안 그의 이름은 바빌로니아의 역사 기록과 정부 기록에서 자취를 감추고 나타나지 않는다.[168] 그 후에 잠시 다시 나타났으나 기원전 562년에 숨을 거두고 만다.

그가 죽고 30년도 지나기 전에 그의 제국은 산산조각이 났다. 나보니두스는 17년 동안 옥좌에 있었으나 통치보다는 고고학을 더 좋아하여 수메르의 고대 유물을 발굴하는 데 몰두했다. 하지만 그러는 동안 그 자신의 영토는 몰락해 가고 있었다.[169] 군대는 질서가 없어지고, 사업가들은 고상한 금융 국제주의에 빠져 나라를 사랑하는 마음을 잊었다. 백성들은 교역과 쾌락을 추구하느라 바빠서 전쟁하는 기술들을 배우지 못했다. 신관들은 점점 더 왕권을 찬탈하면서, 침략과 정복을 부추기는 부를 통해 창고를 살찌웠다. 키로스와 그의 훈련된 페르시아인들이 바빌로니아의 성문에 당도하자, 신관에 대항하던 사람들이 도시의 성문을 열어 주고는 키로스의 계몽적인 통치를 환영했다.[170] 이후 페르시아는 200년 동안 그때까지 알려진 가장 큰 제국의 일부로서 바빌로니아를 지배했다. 이어서 원기 왕성한 알렉산드로스가 이쪽으로 밀고 들어와 무저항 상태의 수도를 점령하고는 근동 전역을 정복한 후 네부카드레자르의 궁전에서 마음껏 술을 마시다 세상을 떴다.[171]

바빌로니아의 문명은 이집트 문명만큼 인류에게 많은 열매를 안겨 주지 못하고, 인도 문명만큼 다양하고 심오하지 못했으며, 중국 문명만큼 섬세하고 성숙하지 못했다. 그러나 유대인들의 문학적 재능을 통해 유럽의 종교적 전승에서 떼어 낼 수 없는 매혹적인 전설들을 전해 준 곳이 바로 바빌로니아였다. 그리스인들이 수학, 천문학, 의학, 문법, 사전 편찬술, 고고학, 역사, 철학의 토대를 자신들의 도시 국가로 들여와 로마와 우리들에게 전해 주었을 때도 그 모태가 된 곳은 이집트가 아닌 바빌로니아였다. 금속과 별자리, 중량과 도량형 단위, 여러 악기와 많은 약품들의 그리스식 이름은 바빌로니아식 이름을 번역한 것이며, 때로는 단순히 소리를 그대로 옮겨 적기도 했다. 그리스의 건축은 이집트와 크레타 섬에서 양식과 영감을 얻었지만, 이슬람 사원의 탑과 중세 예술의 첨탑과 종탑, 미국 현대 건축의 단형(段形) 양식은 (지구라트를 거친) 바빌로니아의 건축을 통해 발전한 것이었다. 함무라비 법전은 모든 고대 사회의 유산이 되었으며, 이는 로마가 현대 사회에 안겨 준 질서와 통치라는 선물만큼 소중했다. 아시리아는 바빌론을 정복하고 그 고대 도시의 문화를 받아들인 후 넓은 제국 전체로 보급했다. 유대인은 오랜 포로 생활을 하며 바빌로니아의 생활과 사상에서 큰 영향을 받았다. 그리고 페르시아와 그리스가 바빌로니아를 차례로 정복하면서, 이오니아, 소아시아, 그리스의 신흥 도시들과 바빌론 사이에 통신과 교역이 전례 없이 충실하고 자유롭게 이루어질 수 있는 모든 길이 열렸다. 이런 방법들과 그 밖의 다른 많은 방법들을 통해 두 강 사이에 자리 잡은 땅의 문명은 우리에게 전달되어 인류의 문화적 유산이 되었다. 결국 잃어버리는 것은 아무것도 없다. 좋은 사건이든 나쁜 사건이든 모든 사건은 결과를 영원히 남기기 마련이다.

OUR ORIENTAL HERITAGE

10장　　　　　　　　　　　아시리아

1. 연대기

　　한편 바빌론에서 북쪽으로 500여 킬로미터 떨어진 곳에서 다른 문명이 등장했다. 이 문명은 사방으로 산악 부족들에게 항상 위협을 받았기 때문에 언제나 강력한 군대를 유지했고, 그 과정에서 곧 침략자들을 제압할 수 있게 되었다. 나아가 엘람과 수메르, 아카드, 바빌로니아의 모체가 되는 도시들을 정복한 후 페니키아와 이집트를 손에 넣고 야수 같은 힘으로 근동을 2세기 동안 지배했다. 수메르와 바빌로니아의 관계, 그리고 바빌로니아와 아시리아의 관계는 크레타와 그리스의 관계, 그리고 그리스와 로마의 관계와 비슷하다. 수메르와 크레타가 문명을 창조했다면, 바빌로니아와 그리스는 그것을 최대한 발전시켰다. 하지만 아시리아와 로마는 그 문명을 물려받고서도 별 다른 내용을 부가하지 못하고 보호만 하다가 주변의 호전적인 야만인들에게 명맥이 다한 선물인 상태로 전수해 주었다. 야만성은 언제나 문명의 주변, 한가운데, 그리고 저변에 자리 잡고 군대나 대이동이나 규제되지 않은 번식을 통해 문명을 삼킬 준비를 하고 있기 마련이다. 야만성은 정글과 같아서 패배를 모른다. 야만성은 몇 세기가 걸리든 끈질기게 기다리다 결국은 잃어버렸던 영토를 다시 되찾는다.

새로운 국가는 티그리스 강의 물을 비롯해 여러 가지 선물에 의지해 지내는 네 개 도시의 주변에서 성장했다. 네 개 도시란 현재의 칼라트샤르카트인 아슈르와 현재의 이르빌인 아르벨라, 현재의 님루드인 칼라크, 유전 지대 모술의 강 건너편에 자리 잡고 있는 현재의 쿠윤지크인 니네베를 말한다. 아슈르에서는 흑요석으로 만든 칼들과 단편적 유물이 발견되었으며, 이곳에서 발견된 검은 항아리의 기하학적 형태는 그 기원이 중앙아시아임을 시사한다.[1] 니네베 유적지 부근의 테페가우라에서는 최근 한 탐사단이 도시를 발굴했다. 자부심에 찬 발굴자들은 많은 신전과 무덤, 훌륭하게 조각된 원통형 도장, 빗, 보석 그리고 역사 최초의 주사위가 발견되었음에도 이 도시의 연대를 기원전 3700년으로 잡고 있다.[2] 신(神) 아슈르는 도시에 (그리고 결국에는 아시리아 전역에) 자기 이름을 남겨 주었다. 아시리아 초기 왕들은 이 도시에 살았으나, 사막의 열기가 뜨거웠던데다 인근 바빌로니아인들의 공격을 받기가 쉬웠다. 그래서 아슈르의 지배자들은 보다 시원한 니네베(이 이름 역시 아시리아의 이슈타르에 해당하는 니나(Nina)라는 신의 이름을 딴 지명이다.)에 두 번째 수도를 세웠다. 아슈르바니팔의 전성기에는 이곳에 30만 명이 살았으며, 동방 서부 지역 전체가 "만국의 왕"에게 경의를 표했다.

이곳 주민들은 문명화된 남쪽 지역(바빌로니아와 아카디아)에서 온 셈족과 서쪽 지역(히타이트 혹은 미탄니인들과 연관이 있는 듯한)의 비셈족 계열 부족들, 그리고 카프카즈(코카서스) 산맥의 산악 부족인 쿠르드인으로 이루어져 있었다.[3] 그들은 수메르에서 공용어와 예술을 받아들였으나 나중에는 바빌로니아의 언어 및 예술과 거의 구분할 수 없을 정도로 비슷해졌다.[4] 그러나 여건상 그들은 바빌론처럼 나약한 안일함에 빠겨들 수 없었다. 처음부터 끝까지 그들은 머리와 수염을 기르고 곧은 자세를 한 채 엄청나게 큰 발로 지중해 동쪽 세계를 활보하면서도 기념물을 세우는 일에는 둔감한 근육질의 용감한 전사였다. 그들의 역사는 왕과 노예, 전쟁과 정복, 피비린내 나는 승리들과 갑작스러운 패배로 점철되어 있다. 초기의 왕들은 한때 남쪽에 조공을 바치는 단순한 파테시(신관 겸 통치자)에 지나지 않았으나, 카시트인들이 바빌로니아를 지배하는 상황을 이용하여 독립을 쟁취했다. 그러고 나서 얼마 지나지 않아 그중 한 명이 "만국을 지배하는 왕"이라는 칭호를 사용하게 되었고, 그 다음부터는 아시리아의 모든 군주들이 그 칭호를 과시했다. 이런 잊힌 실력자들로 이루어진 침체된 왕조들 속에서 특정한 인물들이 등장했으며, 이들의 통치는 그 국가가 발전하는 모습을 잘 설명해 준다.*

바빌로니아가 여전히 카시트 왕조의 어둠 속에 빠져 있을 때 샬만에세르 1세는 북쪽 지방의 작은 도시 국가들을 하나의 지배 체제로 묶은 후에 카라크를 수도로 삼았다. 그러나 아시리아의 역사에서 가장 위대한 이름은 티글라트필레세르 1세다. 그는 왕이 되기 전에는 유능한 사냥꾼이었다. 군주들을 믿는 것이 현명한 일이라면, 그는 맨발로 120마리의 사자를 죽였으며 전차를 타고는 800마리를 죽였다.[5] (왕권을 왕보다 더 옹호했던) 한 서기관의 비문에는 그가 동물은 물론 나라까지도 어떻게 사냥했는지 전해 주고 있다. "나는 쿰무 사람들을 향해 용감하게 진격하여 도시들을 정복했다. 그들이 약탈해 온 물건과 그들의 재산을 무수하게 빼앗고 도시들을 불살라 파괴하고 폐허로 만들었다. …… 아단시 사람들은 거주하던 산을 떠나 나의 발을 껴안았다. 나는 그들에게 세금을 부과했다."[6] 그는 군대를 사방으로 이끌고 나가 히타이트인과 아르메니아인을 비롯한 마흔 개 국가를 정복하고, 바빌론을 점령했으며 이집트를 위협해 기꺼이 예물을 바치게 만들었다.(그는 무엇보다 악어를 마음에 들어 했다.) 그는 정복 행진을 하면서 사교계의 아가씨들처럼 그의 부의 원천에 대해서는 아무것도 묻지 않는 아시리아의 신들과 여신들에게 신전들을 지어 바쳤다. 그러나 바빌론이 반란을 일으켜 그의 군대를 격파한 후, 그의 신들을 바빌론의 포로로 잡아갔다. 티글라트필레세르는 수치 속

---

* 코르사바드에 있는 사르곤 2세의 도서관 유적지에서 최근 발견된 한 점토판은 기원전 23세기부터 아슈르니라리(기원전 753~746년)에 이르기까지 아시리아의 왕들의 명단을 빠짐없이 담고 있다.[4a]

에서 숨을 거뒀다.[7]

그의 치세는 아시리아 전체 역사의 상징이자 요약판이었다. 치세 초기에는 아시리아의 주변 국가들에게 죽음과 세금을 안겨 주었으나, 치세 말기에는 아시리아가 그 과정을 똑같이 겪었던 것이다. 아슈르나시르팔 2세는 10여 개의 작은 국가들을 정복하고 많은 전리품을 가져왔으며, 포로가 된 군주들의 눈을 자기 손으로 직접 뺐다. 말년에는 후궁들과 즐기다가 존경을 받으며 숨을 거뒀다.[8] 샬만에세르 3세(기원전 859~824년)는 이런 정복 활동을 다마스쿠스까지 확대했다. 전투를 많이 치러 한 전투에서는 1만 6000명의 시리아인이 목숨을 잃기도 했다. 그러면서도 신전들을 세우고 조공을 거두었으나 아들이 폭동을 일으켜 폐위를 당했다.[9] 삼무라마트는 모후(母后)로서 3년을 지배했고, 시칠리아인 디오도로스는 그녀에게서 힌트를 얻어 그리스의 전설 속의 세미라미스(Semiramis, 반은 여신이고 반은 여왕인 위대한 장군이자 위대한 엔지니어, 위대한 정치가)를 대단히 매력적인 모습으로 지세히 기록해 놓았다.[10] 티글라트필레세르 3세(기원전 746~727년)는 군대를 새로 모아 다마스쿠스를 다시 정복하고 시리아와 바빌로니아를 유린했으며, 다마스쿠스와 사마리아와 바빌론을 예속 도시로 만들어 아시리아의 지배 영역을 카프카즈 산맥에서부터 이집트까지 확장했다. 그러나 전쟁에 싫증을 느끼고는 탁월한 경영자로 변신하여 많은 신전과 궁전을 건설하며 제국을 굳게 지키다가 평화롭게 침대에서 죽었다. 사르곤 2세는 군대의 장교였으나 나폴레옹처럼 쿠데타를 일으켜 왕이 되었으며, 군대를 직접 이끌고 전투에 나가 언제나 가장 위험한 곳에서 싸웠다.[11] 그는 엘람과 이집트를 격파하고 바빌로니아를 다시 정복했으며, 유대인과 필리스틴인, 심지어는 키프로스의 그리스인에게서까지 공물을 받았다. 제국을 훌륭히 통치하며 예술과 학문, 수공업, 교역을 후원하다가, 거친 키메르 유목민들의 침략을 물리치고 아시리아를 확실하게 지켜 내려고 전쟁을 치르다가 숨을 거뒀다.

그의 아들 센나케리브는 페르시아 만 부근의 멀리 떨어진 여러 지역에서 일어난 반란을 진압한 후 예루살렘과 이집트를 공격했다. 이 공격이 성공하지는 못했으나,* 89개의 도시와 820개의 부락을 약탈하여 말 7200마리, 당나귀 1만 1000마리, 소 8만 마리, 양 80만 마리, 포로 20만 8000명을 사로잡았다.[13] 그의 생전에 활동한 공식 역사가들은 자제해 가며 기록을 남기지는 않았던 것이다. 그 후 자유를 지지하는 바빌론의 적대 세력이 화를 돋우자 바빌론을 포위하고 점령한 다음 완전히 불살라 버렸다. 남녀노소를 불문하고 거의 모든 주민이 살해되어 시신이 산처럼 쌓여 거리를 막았고, 신전들과 궁전들은 모조리 약탈당했으며, 한때 전능했던 바빌론의 신들은 토막이 나거나 니네베로 끌려갔다. 최고신이었던 마르둑은 아슈르의 머슴이 되었다. 그러나 살아남은 바빌로니아인들은 그동안 마르둑이 너무 높은 지위를 누렸다고 결론짓지는 않았다. 그들은 (1세기 후 포로 생활을 하는 유대인들이 바로 그 바빌론에서 자신들에게 말했던 것처럼) 그들의 신이 패배를 당한 것은 자기 백성들을 징계하기 위함이라고 스스로에게 말했다. 센나케리브는 여러 차례에 걸친 정복 전쟁에서 약탈한 전리품을 가지고 니네베를 다시 건축하고, 강의 물길을 바꾸어 니네베를 방어했다. 하지만 마지막에는 경건하게 기도를 하던 도중에 자기 아들들에게 살해되었다.[14]

아들인 에사르하돈이 피로 얼룩진 자기 형제들에게서 왕위를 강탈한 후, 시리아의 반란을 지원했다는 구실로 이집트를 침공하여 아시리아의 속주로 만들고는, 멤피스에서 니네베까지 끝없는 전리품을 이끌고 행진하여 서아시아를 깜짝 놀라게 했다. 그는 아시리아가 근동 전 지역을 지배하게 해 아시리아에 전례 없는 번영을 안겨 주는 한편, 포로로 잡혀 온 신들에게 자유와 명예를 회복시켜 주고 파괴된 바빌로니아의 수도를 재건하여 바빌로니아인들에게 기쁨을 주었다. 고대 세계에서는 거의 유례를 찾아볼 수 없는 국제적인 자선 활동을 펼쳐, 흉년으로 시달리는 엘람인들에게 식량을 제공하여 엘람을 회유했다. 반(半)야만적인 아시리아의 역사에서 가장 정의롭고 자비롭게 제국을 통치한 그는 이집트에서 일어난 반란을 진압하러 가는 도중에 죽고 말았다.

---

* 이집트의 전승에 의하면 똑똑한 들쥐들이 펠루시움 앞에 진을 친 아시리아인들의 화살집과 활시위와 방패 가죽을 먹어 치워, 이집트인들이 다음 날 쉽게 침략자들을 물리칠 수 있었다고 한다.[12]

에사르하돈이 뿌린 씨앗의 열매를 거둬들인 것은 그의 후계자 아슈르바니팔(그리스인들 식으로는 사르다나팔로스(Sardanapalus))이었다. 아슈르바니팔의 오랜 통치 기간 중에 아시리아의 부와 명성은 절정에 달했다. 그러나 그가 사망하자 40년간에 걸친 간헐적인 전쟁으로 피폐해진 아시리아는 국력이 소진되어 붕괴하기 시작했고, 그가 사망하고 10년도 지나지 않아 막을 내렸다. 한 서기관이 이 통치 기간 중 한 해의 연감 기록을 보존하여 우리에게 남겨 주었다.[15] 그 기록에는 계속되는 전쟁과 포위 공격, 굶주리는 도시와 혹사당하는 포로들에 관한 피비린내 나고 단조로운 내용이 담겨 있다. 서기관의 글은 아슈르바니팔이 엘람을 파괴한 일을 직접 보고하는 식이다.

나는 먼 길을 한 달 25일에 걸쳐 행군한 후 엘람의 지역들을 폐허로 만들었다. 나는 토양을 망가뜨리기 위해 그곳에 소금과 가시나무를 뿌렸다. 왕들의 아들들과 왕들의 누이들, 엘람의 젊고 늙은 왕족들, 대신들, 총독들, 기사들, 그곳에 있는 모든 숙련공들, 크고 작은 남녀 주민들, 말들, 노새들, 당나귀들, 메뚜기 떼보다 더 많은 양 떼와 소 떼, 이 모든 전리품을 아시리아로 가져왔다. 수사와 마닥투, 할테마시 그리고 여타 도시들의 먼지를 아시리아로 갖고 왔다. 나는 한 달 만에 엘람 전 지역을 정복했다. 사람의 목소리와 양 떼들과 소 떼의 발걸음, 즐겁게 외치는 행복한 소리를 들판에서 끊어 놓고 그 들판을 당나귀와 가젤 등 모든 들짐승을 위해 남겨 놓았다.[16]

아슈르바니팔이 궁궐의 뜰에서 왕비와 잔치를 벌이고 있는데 엘람 왕의 절단된 머리가 전달되었다. 그는 그 머리를 장대에 매달아 한가운데 세워 놓고는 잔치를 계속했다. 그 후 그 머리는 니네베 정문에 걸려 서서히 썩어 갔다. 엘람의 장군 다나누는 산 채로 살갗이 벗겨져 어린 양처럼 피를 흘리기도 했다. 그의 형제는 목을 자르고 몸을 토막 낸 후 기념물로 전국에 나누어 주었다.[17]

아슈르바니팔은 자신이나 부하들이 잔인하다고는 전혀 생각지 않았다. 이렇게 신체를 말끔히 도려내는 형벌은 꼭 필요한 수술과 같은 것이었다. 그의 선조들이 아시리아에 복속시켜 놓은 에티오피아에서 아르메니아까지, 그리고 시리아에서부터 메디아까지 퍼져 있는 이질적인 거친 민족들 사이에서 반역을 뿌리 뽑고 규율을 확립하기 위해서는 말이다. 선조들에게서 물려받은 유산을 잘 유지하는 것은 그의 책무였다. 그는 자기가 평화를 정착시켰으며 도시에는 질서가 훌륭하게 자리 잡혔다고 자랑했는데, 근거 없는 이야기가 아니었다. 그는 학문과 예술을 후원하고 건축을 아낌없이 지원하여, 자기가 단순히 피에 굶주린 정복자가 아니라는 것을 입증했다. 그리스인들을 불러 모았던 로마의 일부 통치자처럼 그 역시 전 영토에서 조각가들과 건축가들을 불러 모아 새로운 신전들과 궁궐들을 세웠다. 또 수많은 서기관들에게 그를 위해 수메르와 바빌로니아의 모든 고전 문학을 구해 필사하게 하여 니네베에 있는 그의 도서관에 모아 놓았는데, 25세기라는 세월이 흐른 후 현대 학자들이 발견했을 때도 거의 손상되지 않고 고스란히 남아 있었다. 프리드리히처럼 그 역시 사냥과 전쟁에서 거둔 승리에 대해 자부심이 컸던 것만큼이나 자신의 문학적 재능에 대해서도 자부심을 갖고 있었다.[18] 디오도로스는 그를 네로처럼 방탕한 양성애자로 묘사하고 있으나,[19] 우리에게 전해 내려온 그 시대의 많은 문서에는 이런 견해를 입증할 만한 것이 거의 없다. 문학적인 점토판의 글을 보면 아슈르바니팔은 단검과 던지는 창만 들고 왕다운 자신감을 갖고 나아가 맨손으로 사자들과 맞섰다고 한다. 우리가 그와 동시대의 사람들의 보고를 믿을 수 있다면, 그는 조금도 주저하지 않고 공격을 직접 주도했으며 종종 자기 손으로 직접 결정타를 가하기도 했다.[20] 바이런(Byron)이 그에게 매혹되어, 그를 중심으로 전설과 역사가 반반 섞인 극시를(아시리아가 모든 부와 권력의 절정에 도달했다가 완전히 무너지면서 절망에 빠진다는 내용) 쓴 것은 조금도 이상한 일이 아니다.

2. 통치

제국주의의 원리는 설득을 통해서든 무력을 통해서든 많은 국가를 한 정부의 권위 아래 결집시키는 것이 법과 안전, 교역, 평화를 확장시키기에 좋다는 것이다. 우리가 이 원리를 인정한다면 아시리아가 그 이전에 이 땅의 어떤 지역에서 누렸던 것보다 더 큰 질서와 번영을 서아시아 지역에 확립해 놓았다는 점을 인정해야 한다. 아시리아를 비롯하여 바빌로니아와 아르메니아, 메디아, 팔레스타인, 시리아, 페니키아, 수메르, 엘람, 이집트를 다스린 아슈르바니팔의 정부는 그때까지 지중해 세계나 근동 세계에 나타난 가장 방대한 행정 체계였음이 분명하다. 오직 함무라비와 투트모세 3세만 그에 근접했으며, 알렉산드로스가 등장하기 전까지는 페르시아만 그에 필적했을 것이다. 몇 가지 면에서 아슈르바니팔의 제국은 자유로운 제국이었다. 대도시들은 상당한 정도의 자치권을 보유했으며 각 국가에는 조공을 신속하게 바치기만 하면 자체의 종교와 법과 통치자를 그대로 놓아두었다.[21] 이렇게 느슨한 행정 체계에서는 중심 권력이 약해져 반란이 속출하거나 최선의 경우라도 조공을 게을리하는 일이 일어날 수밖에 없었으므로 속국들은 계속 다시 정복되어야 했다. 반란이 계속 반복되는 이런 상황을 피하려는 목적으로 티글라트필레세르 3세는 정복지의 주민들을 낯선 이국땅으로 이주시켜 원주민들과 뒤섞이는 과정에서 통일성과 정체성을 잃게 하여 반란이 일어날 기회를 줄이는 아시리아만의 독특한 정책을 확립했다. 하지만 반란은 계속되어 아시리아는 항상 전쟁을 준비하고 있어야 했다.

그러므로 군대는 정부에서 가장 중요한 부분이었다. 아시리아는 정부란 무력의 국가적인 형태라는 점과 자신들이 발전에 기여한 주요 부분들이 전쟁 수행 방법 분야라는 점을 솔직하게 인정했다. 전차와 기병대, 보병대, 공병대는 유연한 형태로 조직되었고, 포위 공격용 무기들은 로마만큼이나 고도로 발달했으며, 전술과 전략도 훌륭히 숙지되었다.[22] 전략의 중심 개념은 이동이 신속해야 산발적인 공격이 가능하다는 것이었다.(나폴레옹의 비결은 이처럼 유서가 깊다.) 쇠를 다루는 솜씨도 발전해서 중세의 기사와 견줄 만큼 단단한 장비들로 전사를 보호할 수 있을 정도가 되었다. 심지어는 궁수와 창병(槍兵)도 구리나 쇠로 만든 투구를 쓰고, 엄청나게 큰 방패 그리고 비늘처럼 생긴 금속 조각으로 덮은 가죽 스커트를 착용했다. 무기로는 활, 몸체가 휘고 폭이 넓은 단검, 갈고리가 달린 철퇴, 곤봉, 투석기, 전투용 도끼를 사용했다. 귀족들은 전차를 타고 선봉에서 싸웠으며, 왕은 보통 전용 전차를 타고 그들을 직접 지휘했다. 장수들은 침대에서 편하게 죽는 법을 아직 몰랐던 것이다. 아슈르나시르팔은 기병대를 전차 보조 부대로 이용하는 방법을 도입했으며, 이 혁신적인 방법은 많은 전투에서 결정적인 것임이 입증되었다.[23] 중요한 포위 공격용 무기는 끝부분에 쇠를 붙인 성문(성벽) 파괴용 대형 망치였다. 이 무기는 비계(飛階)를 이용하여 줄에 매단 후 뒤로 당겼다가 앞으로 나아가는 힘을 이용하기도 했고, 바퀴를 달아 앞으로 밀고 나가기도 했다. 한편 포위 공격을 당할 때는 날아가는 무기와 불붙인 역청, 공성 무기를 쓰지 못하게 만들어진 사슬, 적을 당황하게 만들 가스가 담긴 (그들이 일컬은 바) "악취 단지"를 가지고 성벽에서 맞서 싸웠다.[24] 현대식 신형 무기가 전혀 새롭지 않다는 것이 다시 한 번 입증되는 대목이다. 정복당한 도시는 보통 약탈한 후에 불을 질러 파괴한 후 의도적으로 나무들을 베어 폐허로 만들었다.[25] 그리고 전리품 중 상당량을 군사들에게 나누어 주어 군대의 충성심을 확보했다. 그들은 모든 전쟁 포로는 노예로 삼거나 살해할 수 있다는 근동의 일반 규칙을 엄수했다. 병사들은 전쟁터에서 들고 온 적의 절단된 머릿수대로 포상을 받았으며, 따라서 승리한 뒤에는 전사한 적들의 머리를 베는 모습이 흔히 목격되었다.[26] 포로들은 전쟁이 길어질 경우 많은 식량을 소모하고 배후에서 위험과 불편을 안겨 주게 되므로, 전투가 끝나면 신속하게 처리되는 경우가 비일비재했다. 포로들이 자기들을 생포한 사람들 앞에 무릎을 꿇고 허리를 숙이면, 생포자들은 곤봉으로 포로의 머리를 부수거나 단검으로 머리를 베었다. 그러면 서기관들이 옆에 서서 각 병사가 잡아 오거나 살해한 포로들의 수를 센 후 그 수에 따라 전리품을 분배했다. 시간이 허용되면 왕이 그런 학살 현장을 직접 지휘했다. 패배한 진영의 귀족들에게는 보다 특별한 대우가 주어졌다. 그들의 귀와 코, 손, 발을 자르거나, 그들을 높은 탑에서 던지거나, 그들과 그 자식들의 목을 베거나, 산 채로 살갗을 벗기거나, 약한 불에 던져 태워 죽였다. 아시리아인은 인간의 생명을 이렇게 훼손하면서도 새로운 생명이 곧 그 자리를 채울 것이며, 인구가 줄어든 덕분에 주민들이 먹고 살아갈 압박감이 줄어든다고 생각해 양심의 가책을 전혀 느끼지 않았던 것 같다.[27] 아마 알렉산드로스와 카이사르가 적군의 사기를 떨어뜨려 지중해 세계를 정복하게 된 것은 부분적으로, 그들이 전쟁 포로들에게 베푼 자비에 대한 명성 덕분이었을 것이다.

군주가 군대 다음으로 의지한 주요 세력은 종교계였다. 그러므로 왕은 신관들을 아낌없이 지원했다. 공모된 허구에 의하면 국가의 공식적인 수장은 신 아슈르였다. 모든 것은 그 신의 이름으로 공표되고, 모든 법은 그 신의 뜻에 따른 칙령이고, 모든 세금은 그 신의 창고를 채우기 위해 징수되었으며, 모든 전쟁은 그 신에게 혹은 경우에 따라서는 다른 신에게 전리품과 영광을 안겨 주기 위해 싸우는 것이었다. 왕은 자신을 신으로 (보통은 태양신 샤마시의 화신으로) 묘사했다. 아시리아의 종교는 아시리아의 언어, 학문, 예술과 마찬가지로 수메르와 바빌로니아에서 수입되어, 경우에 따라서는 군사 국가의 필요에 맞게 변형되었다.

그런 변형이 가장 눈에 띄는 것은 군사적인 잔혹성이 두드러지게 나타나는 법률 분야였다. 형벌로는 강제 노역과 20~100대의 태형, 코와 귀를 베는 형, 거세형, 혀를 뽑는 형, 눈을 도려내는 형, 말뚝에 꿰는 형, 참수형 등이 있었다.[28] 사르곤 2세의 법전에는 독을 마시는 형과 범죄자의 아들이나 딸을 신의 제단에서 태워 죽이는 형 등의 우아한 형벌도 더 있었으나,[29] 그리스도 이전의 천 년 동안에 이런 법들이 집행되었다는 증거는 없다. 간통과 강간 그리고 일부 형태의 절도는 사형에 해당하는 죄로 간주되었다.[30] 경우에 따라서는 신성 재판이 집행되어 피고를 (때로는 족쇄로 채운 채) 강에 던져 넣고는 유죄 여부를 물의 판결에 맡기기도 했다. 일반적으로 아시리아의 법은 시대적으로 분명히 그보다 앞선 바빌로니아의 함무라비 법전보다 세속적인 성격은 적었으나 더 원시적이었다.*

지방 행정은 원래 봉건 귀족들이 맡았으나 세월이 흐르면서 왕이 임명한 지방 장관, 즉 총독의 손으로 넘어갔다. 이런 형태의 제국주의 정부를 페르시아가 받아들였으며, 그 결과 페르시아에서 로마로 전달되었다. 총독들은 세금을 걷고, 개인에게 주도권을 넘길 수 없는 관개 사업과 같은 부역을 체계화하고, 무엇보다도 군대를 조직하여 왕의 전쟁에서 그 군대를 지휘해야 했다. 반면에 왕의 첩자들(오늘날의 이른바 정보국)이 이런 총독들과 그 조력자들을 계속 감시하며 국가의 상황을 왕에게 계속 보고했다.

요컨대 아시리아 정부는 일차적으로 전쟁의 도구였다. 전쟁이 평화보다 더 수지맞는 경우가 많았기 때문이다. 전쟁은 규율을 공고하게 하고, 애국심을 고취시키고, 왕권을 강화시켰으며, 수도를 부유하게 만들 전리품과 봉사할 노예를 많이 안겨 주었다. 그러므로 아시리아의 역사는 대체로 약탈당한 도시와 폐허가 된 부락과 들판을 그리고 있다. 아슈르바니팔이 형제인 샤마시슘우킨의 반란을 진압하고 바빌론을 오랫동안 포위하여 맹렬하게 공격한 후 점령했을 당시의 상황은 이러했다.

그 도시에서 벌어진 무서운 광경을 보고 아시리아인들조차 충격을 받았다. ······ 전염병이나 기근에 희생당한 수많은 사람들은 대부분 거리나 광장에 버려져 개나 돼지의 먹이가 되었다. 비교적 강한 주민들과 병사들은 시골로 피하고, 성벽을 넘을 수 없는 사람들만 남아 있었다. 아슈르바니팔은 그런 피난민을 추적하여 거의 모두 사로잡고는 복수의 분노를 쏟아부었다. 그는 병사들의 혀를 자른 후에 곤봉으로 때려 죽였다. 일반인들은 날개 달린 큰 황소들 앞에서 학살당했다. 이 황소들은 이미 반세

---

* 아슈르에서 발견된 기원전 1300년경의 것으로 추정되는 점토판들의 90개 조항이 현재 남아 있는 가장 오래된 아시리아의 법이다.[31]

기 전 아슈르바니팔의 할아버지 센나케리브의 시대에도 비슷한 학살을 목격한 적이 있었다. 피해자들의 시신은 오랫동안 매장하지 않고 그대로 방치하여 온갖 부정한 짐승들과 새들의 먹이가 되었다.[32]

동방의 군주들이 지닌 약점은 이런 폭력 중독과 밀접한 관계가 있었다. 종속국에서 계속 반란이 일어났을 뿐 아니라 왕궁이나 왕족 자체 안에서도, 폭력으로 유지하고 있는 왕권을 폭력으로 뒤엎으려는 시도들이 계속되었다. 거의 모든 치세가 끝나고 나면, 혹은 끝날 때가 가까워지면 왕위 계승 문제 때문에 모종의 소요가 벌어졌다. 군주가 나이가 들게 되면 그를 둘러싸고 음모가 벌어지는 모습을 보게 되고, 몇몇 경우에는 서둘러 살해당해 목숨을 잃는 경우도 있었다. 근동의 국가들은 부패한 선거보다 폭동을 선호했으며, 그들의 소환 방법은 암살이었다. 이런 전쟁 중 일부는 분명히 불가피했다. 모든 국경에서 야만인들이 기웃거렸으므로 약한 모습을 보이기만 하면 스키타이인들이나 키메르인들, 그 밖의 다른 유목민들이 아시리아 도시들의 부를 급습했을 것이다. 그리고 우리는 이런 근동 국가들에서 있었던 전쟁과 폭력의 빈도를 과장하고 있을지도 모른다. 고대의 기념물과 현대의 연대기 편집자들은 전쟁에 관한 극적인 기록은 보존하고 평화로운 승리들을 무시해 버리는 일이 있기 때문이다. 역사가들은 유혈극을 좋아하는 습성이 있다. 유혈극이 조용한 사상적 업적보다 더 흥미롭다는 것을 알았거나, 독자들이 유혈극에 더 흥미를 느낀다고 생각하기 때문이다. 오늘날 우리가 전쟁이 덜 일어난다고 생각하는 건 전쟁이 일어나지 않는 평화로운 중간기를 인식하기 때문이다. 그에 반해 역사는 극에 다다른 전쟁 위기들만 인식하는 것 같다.

3. 생활

아시리아의 경제생활은 바빌로니아의 경제생활과 크게 다르지 않았다. 많은 면에서 두 국가는 한 문명에 속한 북쪽 국가와 남쪽 국가였을 뿐이기 때문이다. 남쪽의 왕국은 상업적인 면이 많았고 북쪽의 왕국은 농업적인 면이 많았다. 바빌로니아에서 부유한 사람들은 일반적으로 상인이었으나, 아시리아에서 부유한 사람들은 토지 귀족인 경우가 많았다.[33] 하지만 그들은 똑같은 강의 범람을 통해 땅에 자양분을 공급하고, 능선과 운하를 이용해 홍수를 통제하는 방법도 똑같았으며, 점점 낮아지는 강에서 똑같은 두레박을 사용하여 물을 퍼 올려 들판에 똑같은 밀과 보리, 기장, 깨를 심었다.* 똑같은 산업들이 도시들의 생활을 유지시켰으며, 똑같은 도량 체계가 물품 교환에 적용되었다. 그리고 니네베와 그 위성 도시들은 너무 북쪽으로 치우쳐 상업 요충지가 되지는 못했으나, 아시리아의 왕들이 그곳으로 가져온 부 덕분에 수공업과 교역이 활발하게 이루어졌다. 많은 금속이 채굴되거나 수입되어, 기원전 700년 무렵에 이르러서는 청동 대신 철이 산업과 군사 장비의 기본 금속으로 사용되었다.[35] 금속을 주조하고, 유리를 불어 만들고, 천을 염색하고,** 토기에 유약을 입혔다. 또 니네베의 가옥들은 산업 혁명 이전의 유럽의 가옥들만큼 훌륭한 설비를 갖추고 있었다.[36] 센나케리브의 통치 기간 중에는 48킬로미터 밖에서 니네베로 물을 공급하는 수로가 건설되었다. 그중 8킬로미터의 수로가 최근에 발견되었는데,*** 지금까지 알려진 것 중 연대가 가장 오래되었다. 산업과 교역에 따르는 금융은 개인 은행가들이 부분적으로 담당했는데, 이들의 대출 이자는 25퍼센트였다. 납과 구리, 금, 은이 통화의 역할을 했다. 기원전 700년 무렵에는 센나케리브가 은을 주조하여 2분의 1셰켈 크기(공식적인 주조 화폐의 최초의 사례에

---

* 아시리아의 다른 농작물로는 올리브와 포도, 마늘, 양파, 상추, 다닥냉이, 사탕무, 순무, 무, 오이, 자주개자리, 감초가 있다. 고기는 귀족을 제외하고는 먹는 사람이 거의 없었다.[34] 물고기를 제외하면 호전적인 이 국가는 대체로 채식을 했다.

** 기원전 700년경에 만든 센나케리브의 한 점토판은 목화를 최초로 언급하고 있다. "사람들은 양털을 나무에서 따서 찢어 솜을 얻었다."[35a] 아마 목화는 인도에서 수입되었을 것이다.

*** 시카고 대학교 부설 동방연구소의 이라크 탐사단에 의해 발견되었다.

10장 아시리아 **457**

해당한다.)로 만들었다.³⁷

　사람들은 다섯 개 계층으로 분류되었다. 먼저 귀족 계층, 조합 조직을 갖춘 장인(匠人) 계층, 도시와 부락의 자유인 비숙련 인부와 농부 계층이 있었다. 나머지 두 계층은 중세 유럽에서와 같은 방식으로 큰 사유지에 묶여 있는 농노 계층, 전쟁에서 포로가 되었거나 빚에 팔려 강제로 귀를 뚫고 삭발을 당한 후 도처에서 대부분의 천한 노동을 담당했던 노예 계층이었다. 센나케리브 시대의 한 얕은 돋을새김 작품에는 나무 썰매로 무거운 조각상을 날라 오는 긴 줄로 늘어선 노예들을 향해 감독관들이 채찍을 들고 있는 모습이 그려져 있다.³⁸

　모든 군사 국가들처럼 아시리아 역시 도덕 강령과 법을 통해 아이를 많이 낳도록 장려했다. 낙태는 사형에 해당하는 죄였으며, 유산을 한 여자와 심지어 유산을 시도하다 죽은 여자까지 말뚝에 꿰는 형벌에 처했다.³⁹ 여자들이 결혼과 음모를 통해 상당한 권력층까지 오르기도 했지만, 여자들의 위상은 바빌로니아에서보다 낮았다. 남편을 구타한 여자들에게는 엄격한 형벌이 가해졌으며, 아내들은 베일을 쓰지 않고는 외출할 수 없었고, 남편들은 얼마든지 정부(情婦)를 둘 수 있었으나 아내에게는 엄격한 정절이 요구되었다.⁴⁰ 매춘은 불가피한 것으로 수용되어 국가에 의해 관리되었다.⁴⁰ᵃ 왕에게는 다양한 규방이 있었으며 규방에 수용된 여자들은 격리되어 춤과 노래, 말다툼, 바느질, 음모를 꾸미며 지냈다.⁴¹ 남편이 아내가 바람을 피운 현장을 잡으면 상대방을 살해할 수 있었으며, 이런 일은 그의 권리로 받아들여졌다. 그리고 이 관습은 여러 가지 법들보다도 오래 살아남았다. 나머지 결혼 생활에 대한 법은 바빌로니아와 동일했으나, 신부를 돈을 주고 사는 일이 많았으며 많은 경우 아내는 자기 아버지의 집에서 생활하며 가끔 남편의 방문을 받았다.⁴²

　아시리아 생활의 모든 영역에는 정복을 통해 거의 야만인에 가깝게 살아간 사람들 특유의 가부장적인 엄격함이 배어 있었다. 로마인들이 전쟁에서 승리를 거둔 후 수많은 포로들을 평생 노예로 삼고 다른 포로들은 원형 경기장으로 끌고 가 굶주린 동물들에게 찢기게 한 것처럼, 아시리아인들 역시 포로들을 고문하고, 부모들이 보는 앞에서 자식들의 눈을 멀게 하고, 사람들을 산 채로 살갗을 벗기고, 가마 속에 넣어 태우고, 대중들의 눈요깃거리로 사슬에 묶어 우리 속에 가두고, 그래도 살아남은 생존자들을 처형장으로 보내는 일에서 만족 혹은 후손들의 훈육 수단을 찾았던 것 같다.[43] 아슈르나시르팔은 이렇게 말한다. "반란을 일으킨 모든 괴수들을 나는 껍질을 벗겨 그 껍질로 기둥을 덮고, 그중 일부는 벽 속에 가두고, 다른 괴수들은 장작불에 태웠으며, 또 다른 괴수들은 그 장작불 곁에 있게 했다. …… 반란을 일으킨 족장들과 고위 관리들에 대해 말하면, 나는 그들의 사지를 잘랐다."[44] 아슈르바니팔은 "나는 3000명의 포로를 모두 불살라 단 한 명도 인질로 살려 두지 않았다."라고 자랑한다.[45] 그의 다른 기록은 이렇게 말하고 있다. "아슈르에게 죄를 짓고 나에게 맞서 악한 음모를 꾸민 이 전사들…… 나는 적의를 품은 이들의 입에서 혀를 뽑고 파멸시켰다. 살아남은 다른 사람들에 대해 말하면, 나는 그들을 장례용 제물로 바쳤다. …… 갈가리 찢긴 그들의 사지를 개와 돼지, 늑대에게 주었다. …… 나는 이런 행위들을 완수하여 위대한 신들의 마음을 기쁘게 했다."[46] 또 다른 군주는 숙련공들에게 지시하여 후손들이 흠모할 수 있도록 이런 글을 벽돌에 새겨 놓았다. "내 전차들은 사람들과 짐승들을 눌러서 뭉갰다. …… 내가 세우는 기념비들은 내가 머리와 사지를 잘라 낸 사람들의 시신들로 만든 것이다. 나는 내가 생포한 모든 포로들의 손을 잘랐다."[47] 니네베에 있는 돋을새김들은 말뚝에 꿰이거나, 살갗이 벗겨지거나, 혀가 뽑힌 사람들의 모습을 보여 주고 있다. 한 돋을새김은 한 왕이 입술에 줄이 꿰인 포로들의 머리를 편하게 붙잡고 창으로 눈알을 빼고 있는 모습을 보여 준다.[48] 이런 역사의 쪽을 읽고 있으면 우리 현대인은 아무것도 아니란 생각에 위안을 얻는다.

종교는 잔인하고 난폭한 이런 성향을 완화시키기 위해 아무것도 하지 않은 것이 분명하다. 종교는 바빌로니아보다 정부에 대한 영향력이 적었을 뿐 아니라, 오히려 왕들의 필요와 취향을 본받기도 했다. 국가의 주신(主神)인 아슈르는 적들에게 무자비한 호전적인 태양신이었다. 그를 숭배한 백성들은 그 신은 자신의 성소 앞에서 포로들을 처형하는 일에서 만족을 얻는다고 믿었다.[49] 아시리아의 종교가 담당한 본질적인 역할은 미래의 신민들을 고분고분한 애국자로 훈련시키고, 마술과 제사를 통해 신들에게서 호의를 얻어 내는 기술을 가르치는 것이었다. 지금까지 남아 있는 아시리아의 유일한 종교적 기록들은 귀신을 쫓아내는 주문들과 예언들에 관한 것이다. 우리에게 전해진 긴 목록들은 온갖 유형의 사건에 따르는 불가피한 결과들과 그것들을 피할 수 있는 방법들을 나열하고 있다.[50] 세상에는 마귀들이 들끓고 있으며, 이런 마귀들을 물리칠 수 있는 방법은 목에다 부적을 걸거나 꼼꼼히 작성한 긴 주문을 암송하는 것이었다.

이런 분위기 속에서 번성한 학문은 전쟁과 관련된 것뿐이었다. 아시리아의 의학은 바빌로니아의 의학을 그대로 답습했다. 아시리아의 천문학은 바빌로니아의 천문학에 지나지 않았다. 별들을 연구한 주된 목적이 점을 치기 위함이었다는 말이다.[51] 철학적인 사변의 증거도 없으며, 세속적인 관점에서 세상을 설명하려는 노력도 없었다. 아시리아의 학자들이 식물의 목록을 작성한 이유는 아마 약품으로 이용하기 위함이었을 것이며, 그 결과 식물학을 확립하는 데 어느 정도 기여했다. 다른 서기관들은 자기들이 해 아래서 발견한 거의 모든 사물들의 목록을 작성했으며, 그들이 이런 사물들을 분류하고자 한 시도들은 그리스인들의 자연 과학에 조금이나마 도움을 주었다. 영어는 그 말들 중 'hangar'(격납고)와 'gypsum'(석고), 'camel'(낙타), 'plinth'(초석(礎石)), 'shekel'(돈), 'rose'(장미), 'ammonia'(암모니아), 'jasper'(벽옥), 'cane'(지팡이), 'cherry'(버찌), 'laudanum'(아편제(劑)), 'naphtha'(나프타), 'sesame'(참깨), 'hyssop'(우슬초), 'myrrh'(몰약) 같은 것들을 그리스인들을 통해 물려받았다.[52]

왕들의 행적을 기록한 점토판들은 피비린내가 나기도 하고 단조롭기도 하다는 특징이 있지만, 현존하는 가장 오래된 형태의 역사 편집물이라는 영예를 차지해야 한다. 초기에 그 점토판들의 내용은 왕이 거둔 승리들을 기록하고 패배는 인정하지 않는 단순한 연대기였을 뿐이다. 하지만 후기에 이르자 통치 기간에 일어난 중요한 사건들을 재미있게 꾸미고 문학적으로 설명하게 되었다. 아시리아가 문명의 역사에서 한자리를 차지한 것은 아시리아의 도서관 덕분이었다. 아슈르바니팔의 도서관에는 목록을 만들어 분류하고 쉽게 찾을 수 있도록 표제를 붙여 놓은 점토판 3만 개가 있었다. 그중에는 다음과 같은 왕의 장서표(藏書票)가 붙은 것들이 많았다. "이 토판을 가져가는 사람에게는 …… 아슈르와 벨리트가 분노로 임하여 망하고 …… 그의 이름과 번영이 이 땅에서 소멸되게 해 주십시오."[53] 대다수의 점토판은 연대를 알 수 없는 고서(古書)의 사본이며, 이 사본의 초기 형태들이 지금도 계속 발견되고 있다. 아슈르바니팔이 도서관을 세우며 바빌로니아의 문학이 망각 속에 묻히지 않게 보존하겠다는 것을 건립 목표로 밝혔다. 그러나 문학으로 분류할 수 있는 점토판은 소수에 지나지 않는다. 대다수는 공식적인 기록과 점성술 및 점과 관련된 관찰 결과들, 신탁, 의료 처방전, 보고서, 귀신을 쫓아내는 주문, 찬송가 그리고 왕들과 신들의 계보이다.[54] 아슈르바니팔이 자신이 책과 지식을 소문날 정도로 좋아한다고 기묘하게 고집하고 있는 점토판 두 개가 그나마 가장 덜 지루한 편에 속한다.

나 아슈르바니팔은 나부*의 지혜를 이해했으며, 점토판에 글을 쓰는 온갖 기술에 대한 이해를 얻었다. 나는 활을 쏘고 말과 전차를 타고 고삐 잡는 법을 배웠다. …… 신들 중 지혜로운 신인 마르둑이 지식과 깨달음을 내게 선물로 주었다. …… 에누르트와 네르갈이 나를 씩씩하고 강하고 비교할 수 없는 힘을 지닌 사람으로 만들었다. 나는 지혜로운 아다파의 솜씨, 즉 서기관이 행하는 모든 기술의 숨겨진 비밀들을 이해했다. 하늘의 건물과 땅의 건물에서 읽고, 깊이 생각하고, 서기들의 모임에 참석했다. 징조들을 살펴보고 박식한 신관들과 함께 하늘을 해석했으며, 즉각 분명한 해답이 보이지 않는 복잡한 곱셈과 나눗셈을 풀었다. 모호한 수메르어와 암기하기 어려운 아카드어로 되어 있는 아름다운 글들을 반복해서 읽는 것이 나의 즐거움이었다.

---

* 지혜의 신으로 토트, 헤르메스, 머큐리에 해당한다.

…… 망아지를 탈 때도 조심스럽게 탔으므로 망아지가 날뛰지 않았다. 전사를 상징하는 활을 들고 쏘았다. 나는 짧은 창을 던지듯 흔들거리는 창을 던졌다. …… 전차를 모는 전사처럼 고삐를 잡았다. …… 갈대로 만든 방패와 가슴 보호용 갑옷 만드는 일을 공병대원처럼 지휘했다. 온갖 유형의 모든 서기들이 성숙기에 접어들어서야 갖는 지식을 가졌다. 동시에 왕만이 배우는 학문도 배워 왕의 길을 걸었다.[55]

4. 예술

결국 아시리아는 예술 분야에서는 그들의 교사인 바빌로니아와 대등해졌으며, 얕은 돋을새김의 경우에는 능가하기까지 했다. 아슈르와 카라크, 니네베로 들어오는 부에 고무되어 예술가들과 기술공들은 (귀족과 그 부인들, 왕과 궁전, 신관과 신전을 위해) 온갖 보석들을 생산하고, 발라와트의 큰 문에 있는 것만큼 디자인이 훌륭하고 세련된 금속을 주조하고, 값비싼 목재에 많은 조각을 아로새기고 금이나 은, 청동, 보석을 박아 넣은 후 금속으로 보강한 호사스러운 가구들을 만들기 시작했다.[56] 도기 제조법의 발전은 빈약했으며, 음악은 다른 많은 경우처럼 바빌론에서 들여오는 데 그쳤다. 그러나 유약을 얇게 바르기 전에 밝은 색들로 그린 템페라 그림은 아시리아의 독특한 예술 중 하나가 되었으며, 이 그림은 후에 페르시아에서 완성을 이루었다. 그러나 회화는 이집트에서도 언제나 그러했던 것처럼 이차적이고 종속적인 예술이었다.

전성기인 사르곤 2세, 센나케리브, 에사르하돈, 아슈르바니팔의 시대에 그리고 아마 그들의 아낌없는 후원을 통해 얕은 돋을새김 예술은 영국 박물관을 위해 새로운 걸작들을 만들어 냈다. 그러나 가장 훌륭한 작품 중 하나는 아슈르나시르팔 2세 시대의 것이다. 그 작품은 순결한 설화 석고로 만들어졌으며, 선한 신 마르둑이 악한 혼돈의 신 티아마트를 무찌르고 있는 모습을 묘사하고 있다.[57] 아시리아의 돋을새김 속에 표현된 인물들은 뻣뻣하고 거칠며 모두 한결

같아서 마치 완벽한 모델을 하나 정해 두고 그것을 끝없이 재현하도록 고집하는 것 같다. 사람들이 모두 똑같이 머리가 크고, 똑같이 콧수염을 기르고, 배가 뚱뚱하고, 목이 짧은 모습을 하고 있다. 신들까지도 모습이 비슷하여 아주 조금만 모습을 바꾸면 영락없는 아시리아인이다. 인간의 모습은 가끔씩만 생명력을 보인다. 팔메토 나무 앞에서 숭배하고 있는 정령들을 묘사하는 설화 석고 돋을새김[58]과 카라크에서 발견된 샴시아다드 7세의 훌륭한 석회암 기념비[59]에서처럼 말이다. 일반적으로 우리를 감동시키는 것은 동물 돋을새김들이다. 동물들을 그렇게 성공적으로 묘사한 조각품은 그 이전에도 없었고 그 이후에도 없었다. 패널화는 전쟁터와 사냥터의 모습들을 단조롭게 반복하고 있으나, 활기찬 행동과 부드러운 움직임과 단순한 선은 눈을 지루하지 않게 한다. 마치 높은 사람들을 사실적으로 묘사하거나 개별적으로 묘사하는 것을 금지당한 예술가가 동물들에게 지식과 솜씨를 모두 쏟아부은 것 같다. 예술가들은 사자, 말, 당나귀, 염소, 개, 사슴, 새, 메뚜기 등 많은 동물을 그렸으며, 쉬는 자세를 제외한 모든 자세를 묘사했다. 죽음의 고통 속에 있는 동물들을 보여 주는 경우가 너무 많지만, 그런 경우라도 동물들은 그들의 그림과 예술의 중심이며 생명이다. 코르사바드의 돋을새김에 묘사된 사르곤 2세의 당당한 말들[60]과 니네베에 소재한 센나케리브 궁전의 상처 입은 암컷 사자,[61] 아슈르바니팔 궁전의 설화 석고에 묘사된 죽어 가는 사자,[62] 아슈르나시르팔 2세와 아슈르바니팔의 사자 사냥,[63] 쉬고 있는 암컷 사자,[64] 덫에서 빠져나온 사자,[65] 수컷 사자와 그 짝이 나무 그늘에서 쉬고 있는 모습,[66] 이런 작품들이 이 예술 분야의 세계에서 가장 훌륭한 걸작에 속한다. 돋을새김에서 자연적인 사물을 묘사한 방법은 정형화되어 있고 조잡하다. 형태들은 무겁고 윤곽들은 거칠며 근육들은 과장되어 있다. 그리고 원근화법의 경우에는 멀리 있는 것들을 그림의 윗부분에 놓고 밑에 있는 전경과 동일한 크기로 묘사하는 것 말고는 다른 시도가 없다. 그러나 센나케리브 시대의 조각가 조합은 이런 결함들을 보완하는 법을 점차 익혀 나갔다. 대담한 사실적 묘사와 기술적인 마무리, 무엇보다 동물 조각 분야에서 타의 추종을 불허하는 동작에 대한 생생한 지각력을 발휘한 것이다. 아시리아인들에게 얕은 돋을새김은 그리스인들의 조각이나 르네상스 시대 이탈리아인들의 그림만큼이나 큰 의미를 지닌 것이었다. 아시리아라는 나라가 형태와 개성에 대해 품고 있는 이상을 독특하게 표현하는 인기 예술이었던 것이다.

아시리아의 조각에 대해서는 할 이야기가 별로 없다. 니네베와 카라크의 조각가들은 환조보다는 돋을새김을 선호했던 것 같다. 아시리아의 유적지에는 완전한 조각 작품이 남아 있는 게 거의 없으며, 높은 수준의 작품은 전혀 없다. 하지만 동물들은 코르사바드의 출입구를 지키는 황소처럼 마치 자신들이 인간보다 육체적으로 우월할 뿐 아니라 도덕적으로도 우월하다고 의식하는 듯 힘과 위엄으로 가득 차 있다.[67] 인간이나 신의 모습은 원시적으로 조잡하고 무디고, 꾸며져 있으나 구분이 되지 않으며, 서 있으나 죽어 있다. 현재 영국 박물관에 소장되어 있는 아슈르나시르팔 2세의 훌륭한 조각상은 예외로 볼 수 있을 것이다. 그 조각상의 힘 있는 선들은 굳게 쥔 왕의 홀(笏), 굳게 다문 두툼한 입, 잔인하고 빈틈없게 생긴 눈, 적들과 세금을 거짓으로 보고한 자들을 위축되게 만드는 황소 같은 목, 세상의 배후에서 완전한 자세를 잡고 있는 거인 같은 두 다리 등 온몸에서 왕의 풍모를 보이고 있다.

그러나 이 조각에 대한 우리의 판단을 너무 진지하게 받아들이지 말아야 한다. 아시리아인들은 울퉁불퉁한 근육들과 짧은 목을 우상처럼 여겼으므로, 거의 여자와 매한가지가 된 날씬한 현대 남자들이나 프락시텔레스의 헤르메스 조각상과 아폴로 벨베데레 조각상의 부드럽고 관능적인 우아함을 보고 전사답게 경멸했을 가능성이 매우 크다. 아시리아 건축의 경우 남아 있는 것이 전혀 없고 유물들이 거의 모래에 묻혀 있다. 용감한 고고학자들이 상상력을 동원해야 복원할 수 있을 단서 정도를 제공하는 형편이니 어떻게 탁월성을 평가할 수 있겠는가? 바빌로니아와 최근 미국의 건축처럼 아시리아의 건축 역시 아름다움이 아니라 웅장함을 목표로 하고 입면(立面) 설계를 통해 그 목표를 추구했다. 메소포타미아 지역의 예술 전통에 따라 아시리아의 건축 역시 벽돌을 주된 재료로 받아들였으나, 돌을 보다 아낌없이 사용하면서 나름대로의 길을 추구했다. 아시리아의 건축은 남쪽의 아치와 둥근 천장 양식을 물려받아 발전시켰으며, 이들이 기둥 부분에서 행한 몇 가지 실험은 페르시아인들과 그리스인들의 이오니아 지역 도시들의 여인상 기둥과 소용돌이 장식으로 이어졌다.[68] 궁전들은 넓은 땅에 웅크리고 있었으며, 높이는 지혜롭게 2~3층으로 제한되어 있었다.[69] 보통 궁전들은 그늘지고 조용한 뜰을 중심으로 한 일련의 홀들과 방들로 설계되었다. 왕의 처소의 현관은 돌로 만든 기괴한 동물들이 지키고, 입구의 홀에는 역사적인 내용을 담은 돋을새김과 조각상이 늘어서 있다. 바닥에는 설화 석고 평판을 깔았으며, 벽에는 태피스트리를 걸거나 귀한 목재로 만든 장식용 판자를 붙이고 우아한 몰딩으로 마무리를 했다. 지붕은 육중한 들보로 보강하고 때로는 은박이나 금박으로 덮기도 했으며, 천장에는 자연의 경치를 묘사한 그림들을 그린 경우가 많았다.[70]

아시리아의 가장 강력한 전사 여섯 명은 가장 위대한 건축가이기도 했다. 티글라트필레세르 1세는 아슈르의 신전들을 돌로 다시 짓고는 그중 하나에 대해 이런 말을 남겼다. "실내 장식을 맑고 푸른 하늘처럼 화려하게 하고, 벽들을 떠오르는 별들처럼 찬란하게 장식하여 밝고 환하고 아름답게 만들었다."[71] 후대의 왕들은 신전들을 후하게 대했으나 솔로몬처럼 자신의 궁전을 더 좋아했다. 아슈르나시르팔 2세는 카라크에 표면을 돌처럼 만든 벽돌을 이용해 엄청난 건물을 짓고는 종교와 전쟁을 찬양하는 돋을새김들로 장식했다. 근처에 있는 발라와트에서는 라삼(Rassam)이 다른 건물 유적을 발견하여 훌륭한 솜씨로 만든 두 개의 청동 문을 구해 냈다.[72] 사르곤 2세는 두르샤루킨(사르곤 요새, 현재의 코르사바드 지역)에 넓은 궁전을 지어 자신을 기념했다. 이 궁전의 출입구 양옆은 날개 달린 황소들이 지키고, 벽은 돋을새김과 빛나는 타일이 장식했으며, 큰 방에는 섬세하게 조각한 가구와 당당한 조각상들이 자리 잡고 있었다. 사르곤은 승리할 때마다 보다 많은 노예들을 데려와 그 궁전 공사장에서 일을 시키고 더 많은 대리석과 청금석, 청동, 금, 은을 가져와 궁전을 아름답게 꾸몄다. 그는 그 궁전 주변에 일군의 신전들을 세우고는 뒤쪽에다 꼭대기를 금과 은으로 덮은 7층짜리 지구라트를 지어 최고신에게 바쳤다. 센나케리브는 고대의 다른 어떤 궁전보다 더 커서 "최고의 궁전"이라 불린 왕의 저택을 니네베에 세웠다.[73] 그 궁전의 벽과 바닥은 귀한 금속과 목재, 돌로 번쩍였으며, 타일은 낮과 밤을 밝히는 천체들과 밝기를 겨뤘다. 금속 세공인들은 구리로 거대한 사자와 황소를 주조했으며, 조각가는 석회암과 설화 석고로 날개 달린 황소를 조각하고 벽에는 얕은 돋을새김으로 전원 교향곡을 새겨 넣었다. 에사르하돈은 니네베를 다시 짓고 확장하는 일을 계속했으며, 그가 지은 건물의 웅장함과 그 건물에 비치한 물건들의 호사스러움은 선대에 따를 자가 없었다. 자재와 인부는 10여 곳의 지역에서 공수했으며, 기둥과 장식에 대한 새로운 아이디어는 그가 이집트에서 머무는 동안 얻었다. 그리고 마침내 그의 궁전과 신전이 완공되었을 때 그 건물은 근동 세계의 전 지역에서 온 예술적인 선물과 아이디어로 가득 찼다.[74]

아시리아의 건축을 설명해 주는 최악의 사실은 에사르하돈이 지은 궁전이 완공되고 60년도 지나지 않아 무너져 폐허로 변하고 있었다는 점이다.[75] 아슈르바니팔은 자기가 어떻게 그 궁전을 다시 지었는가에 대해 우리에게 말해 주고 있는데, 많은 세월이 흘렀음에도 왕의 마음이 조금은 느껴진다.

그 당시 궁전의 휴식처인 규방…… 나의 할아버지인 센나케리브가 왕의 처소로 지은 이 건물이 기쁨과 즐거움으로 인해 낡아 벽들이 무너져 있었다. 위대한 왕이며 강력한 왕, 세계의 왕, 아시리아의 왕인 나 아슈르바니팔은 그 규방에서 성장했고 아슈르와 신(Sin), 샤마시, 람만, 벨, 나부, 이슈타르, …… 니니브, 네르갈, 누스쿠가 왕권을 이어받을 왕자인 나를 그곳에서 지키고, 선한 보호막을 펴고 안전한 은신처를 제공했으며…… 내 적들에게 승리했다는 기쁜 소식을 끊임없이 내게 전해 주었다. 그리고 밤에 잠자리에 들어 꾸는 꿈들은 즐거웠으며 아침에 일어나면 기분이 좋았다. …… 그러므로 나는 폐허로 변한 그곳을 허물었다. 부지를 넓히기 위해 그곳을 완전히 부순 후, 건물 면적이 50티브키가 되는 자리에 건물을 세웠다. 테라스를 만들었으나 나의 주인인 위대한 신들의 성소 앞이니 두려운 마음에서 그 건물을 아주 높게 짓지는 않았다. 좋은 달 길일을 잡아 그 테라스 위에 기초를 놓고 벽돌 공사를 시작했다. 나는 참깨로 만든 술과 포도주를 지하실에도 붓고 토담에도 쏟았다. 그 규방을 짓기 위해 내가 신들의 명령에 따라 전리품으로 가져왔던 엘람의 수레들을 이용해 내 땅의 백성들이 벽돌을 그곳으로 운반했다. 나와 맺은 조약을 어겨 내가 싸움터에서 내 손으로 생포한 아라비아 지역의 왕들에게 바구니들을 나르고 인부의 모자를 (쓰게 했다.) …… 그들은 벽돌을 만들고 그 규방을 위해 음악을 연주하는 강제 노역을 하며 나날을 보냈다. 나는 기초에서부터 지붕에 이르기까지 기쁘고 즐거운 마음으로 그 규방을 지었다. 방을 이전보다 더 많이 만들고 더 화려하게 꾸몄다. 들보로는 시라라와 레바논에서 자라는 삼나무를 사용했다. 향이 좋은 라아루 목재로 만든 문들은 구리로 덮어씌웠다. …… 규방의 주변에는 온갖 종류의 나무들을 심어 숲을 만들고 …… 과일들을 심었다. 규방을 다 짓고 난 후에는 나의 주인인 신들에게 풍성한 제사를 지내고 기쁨과 즐거움으로 규방을 봉헌한 다음에 화려한 차양 밑을 지나 그곳으로 들어갔다.[76]

5. 몰락

하지만 그 "위대한 왕이며 강력한 왕, 세계의 왕, 아시리아의 왕"은 만년에 자기 몫이 된 불행에 대해 불평을 늘어놓았다. 그가 쐐기 문자로 기록하여 우리에게 물려준 마지막 점토판은 전도서와 욥기에서 제시한 문제들을 제기하고 있다.

나는 생사를 불문하고 신과 인간에게 잘 대해 주었다. 어째서 질병과 비참함이 내게 임했는가? 나는 내 나라 안에서 벌어지는 분쟁과 가족의 불화를 해결할 수 없다.

마음을 어지럽게 만드는 추문들이 항상 짓누르고 있다. 마음과 몸의 질병이 좌절하게 만든다. 고통스러운 울부짖음 속에서 하루하루를 끝맺는다. 도시가 숭배하는 신의 날, 즉 축제의 날에 비참한 모습으로 있다. 죽음이 나를 장악하며 누르고 있다. 밤낮으로 슬프게 통곡하고 울부짖으며 신음한다. "오, 신이여, 불경한 자라도 당신의 빛을 볼 수 있게 허락하십시오!"⁷⁷*

아슈르바니팔이 어떻게 죽었는지는 알 수 없다. 바이런이 아슈르바니팔이 자기 궁궐에 불을 지르고 불길 속에서 사망했다고 각색한 이야기는 호사가 크테시아스의 권위에 토대를 두고 있으나⁷⁹ 단순한 전설일 것이다. 여하튼 그의 죽음은 하나의 상징이자 징조였다. 곧 아시리아 역시 숨을 거뒀기 때문이다. 그것도 아슈르바니팔 자신이 일부 원인이 되어서 말이다. 아시리아는 너무 성급하게 외국에서 경제적 활력을 끌어왔다. 그 결과 아시리아의 경제는 부와 교역을 안겨 주는 수지맞는 정복 사업에 의존하게 되었다. 그러므로 어느 순간이든 결정적으로 패배하게 되면 그 순간에 끝날 수 있었다. 아시리아의 군대를 무적으로 만드는 데 도움이 되었던 몸과 성격적 특성들은 그들이 거둔 바로 그 승리 때문에 점점 약해졌다. 승리할 때마다 가장 강하고 용감한 사람은 죽어 나간 반면, 연약하고 소심한 사람들은 살아남아 같은 유형의 사람들을 늘려 나갔다. 이런 과정 덕분에 문명은 잔인한 자들을 솎아 내 더 강해졌을지 모르나, 아

* 디오도로스는 (그의 말을 얼마나 신뢰할 수 있을지는 알 수 없지만) 이 왕이 여성 편력과 남녀를 가리지 않는 부도덕 속에서 세월을 보냈다고 묘사하고는 그가 다음과 같이 과감한 내용의 묘비명을 직접 썼다고 한다.
  죽을 운명을 안고 태어났음을 충분히 잘 알고 있는 그대여,
  기운을 내고 축제를 즐겨라.
  죽고 나면 기쁨도 그대의 것이 아니니.
  나 역시 한때는 강력한 니누스를 다스렸으나
  이제는 아무것도 아니고 먼지일 뿐이다.
  내가 살았을 때 즐거움을 준 것이 있으니,
  내가 먹은 음식과 내 방탕함과 사랑의 기쁨이다.
  그러나 사람들이 더없는 행복으로 여기는 다른 모든 것들은 잊혀져 버렸다.⁷⁸
아마도 디오도로스가 이 왕을 묘사한 내용도 묘비명의 분위기와 별반 다르지 않았을 것이다. 묘비명의 내용은 왕이 어떤 인물이었는지 미리 보여 주는 것이었던 듯하다.

시리아는 바로 그 때문에 힘의 원천이었던 생물학적 기반을 잃고 말았다. 아시리아가 벌인 정복 활동의 범위 역시 아시리아를 약화시키는 데 한몫했다. 정복 활동으로 인해 만족을 모르는 군신(軍神)에게 전사들의 목이 바쳐졌을 뿐 아니라, 수백만 명의 몰락한 이방인이 아시리아로 들어왔다. 이들은 희망을 잃은 사람들 특유의 왕성한 생식력으로 후손을 늘려 아시리아의 정체성과 혈통을 파괴하고, 정복자의 땅 한가운데서 점점 적대 세력으로서 수를 늘려 나갔다. 군대는 점점 더 이런 사람들로 채워진 반면, 반(半)야만 상태의 약탈자들이 모든 국경을 괴롭히자 인위적으로 형성된 변경을 방어하기 위한 끊임없는 전투 속에서 나라의 자원은 고갈되어 갔다.

아슈르바니팔은 기원전 626년에 사망했다. 14년 후 나보폴라사르가 이끄는 바빌로니아 군대가 키아크사레스의 메디아의 군대 및 카프카즈 산맥에서 온 스키타이인들의 무리와 동맹을 맺고 놀랍도록 손쉽고 신속하게 북부의 요새들을 점령했다. 니네베는 니네베의 왕들이 한때 수사와 바빌론을 약탈했던 것만큼 무자비하고 완벽하게 폐허로 바뀌었다. 도시는 불길에 휩싸이고 주민들은 학살당하거나 노예가 되었으며, 아슈르바니팔이 얼마 전에 지었던 궁전은 약탈당한 후에 파괴되었다. 아시리아는 일격에 역사에서 사라졌다. 아시리아는 전쟁에 관한 약간의 전술과 무기, 반(半)이오니아식 기둥의 소용돌이 장식 기둥머리, 페르시아와 마케도니아와 로마로 전달된 그들의 느슨한 식민지 관리 방법을 제외하면 아무것도 남기지 않았다. 근동은 아시리아를 십여 개의 작은 국가들을 무자비하게 통합시킨 국가로 잠시 기억했다. 그리고 유대인들은 복수심에 가득 차서 니네베를 "거짓말과 강도로 가득 찬 피비린내 나는 도시"로 회상했다.[80] 곧 가장 강력한 왕들만 제외하고 위대한 왕들이 모두 기억에서 사라졌으며, 그들의 왕궁들은 모두 끊임없이 이동하는 모래 속에 묻혀 폐허가 되었다. 니네베가 점령되고 200년이 지난 후 크세노폰이 지휘하는 만인(萬人) 부대는 전에 니네베였던 언덕을 행군하면서도, 그곳이 한때 세계의 절반을 지배했던 고대의 수도가 있던 자리라고는 전혀 생각지 못했다. 아시리아의 종교 전사들이 그들의 위대한 수도를 아름답게 만들고자 세웠던 그 많던 신전들도 하나 보이지 않았다. 심지어 영원한 신 아슈르까지도 죽었다.

OUR ORIENTAL HERITAGE

11장   여러 민족들

1. 인도유럽어족

멀리 떨어져 있지만 분별력 있는 눈에는 네부카드레자르 시대의 근동은 사람들이 떼를 지어 부산스럽게 몰려다니면서 끊임없이 무리를 지었다가 흩어지고, 서로 노예를 삼았다가 노예가 되기도 하고, 먹고 먹히고 죽이고 죽는 대양처럼 보인다. 큰 제국들(이집트와 바빌로니아, 아시리아, 페르시아)의 배후와 주변에는 유목민 생활과 정착 생활을 반씩 섞어 놓은 삶을 영위하는 여러 부족들이 번영하고 있었다. 키메르인, 킬리키아인, 카파도키아인, 비티니아인, 아스카니아인, 미시아인, 메오니아인, 카리아인, 리키아인, 팜필리아인, 피시디아인, 리카오니아인, 필리스틴인, 아모리인, 가나안인, 에돔인, 암몬인, 모압인 그리고 그 밖의 다른 백여 부족들은 자신들을 지리와 역사의 중심으로 생각했으므로, 자기들을 묶어 한 단락으로 축소시키는 역사가의 무지한 편견을 접하면 깜짝 놀랄 것이다. 근동 역사의 전편에 걸쳐 이런 유목민들은 그들이 에워싸고 있는 안정된 왕국들에게 위협적인 존재였다. 간헐적인 가뭄 때문에 이들은 보다 부유한 지역들에 기대야 했으므로 어쩔 수 없이 자주 전쟁을 벌여야 했고, 또 항상 전쟁을 벌일 준비를 하고 있어야 했다.[1] 일반적으로 유목민들은 정착한 왕국보다 오래 살아남았으며, 결국에는 그런 왕국을 유린했다. 세계는 한때는 문명이 번성했으나 유목민들이 다시 몰려다니는 지역들로 점철되어 있다.

이처럼 여러 민족이 들끓는 바다 한가운데서 특정한 작은 국가들이 형성되었으며, 이들 국가들은 안내자에 지나지 않았으나 인류의 유산에 조금이나마 기여했다. 우리가 여기서 미탄니인들에게 관심을 갖는 것은 근동에서 이집트에 대항하던 초기 부족으로서가 아니라, 아시아에서 우리에게 알려진 최초의 인도유럽어족 중 하나로서 그리고 여러 신들(미트라, 인드라, 바루나)을 섬기는 숭배자로서이다. 이 신들이 페르시아와 인도로 옮겨 간 경로들을 살펴보는 것은 한때 편의상 "아리안(Aryan)"이라고 일컬어진 인종*의 움직임을 추적하는 데 도움이 된다.

히타이트인들은 초기의 인도유럽어족들 중 가장 강력하고 문명화된 부족에 속했다. 분명히 이들은 보스포루스 해협이나 헬레스폰트 해협, 에게 해, 카프카즈 산맥을 넘어 남하하여, 현재 우리가 소아시아 지방으로 알고 있는 흑해 남쪽의 산악 지대로 이루어진 반도의 토착 농민들을 지배하는 군사 계층으로 자리를 잡았다. 우리는 그들이 기원전 1800년 무렵에는 티그리스 강과 유프라테스 강의 발원지 부근에서 정착하고 있었음을 알아냈다. 이들은 그곳을 거점으로 하여 시리아에 손을 뻗쳐 영향력을 행사하고, 강력한 이집트에 분노하여 모종의 관심을 보였다. 우리는 앞에서 람세스 2세가 그들과 강화 조약을 맺고 히타이트의 왕에게 자신과 동등한 위상을 인정할 수밖에 없었

---

* "아리안"이라는 말은 미탄니 부족들 중 하리족(Harri)에게서 최초로 등장한다. 일반적으로 이 말은 카스피 해 해안 부근에서 살거나 그 해안 출신 사람들이 자신들에게 붙인 호칭이었다. 이 용어는 오늘날 주로 미탄니인들과 히타이트인들, 메디아인들, 페르시아인들, 베다어를 사용하는 힌두인들에게(즉 인도유럽어족 중에서 유럽 지역에 거주하던 서부 계열이 아닌 동부 계열에게만 고유하게) 사용되는 칭호이다.[2]

던 상황을 살펴보았다. 그들은 보가즈쾨이*를 수도와 문명의 중심지로 삼았다. 그들의 문명은 처음에는 아르메니아와 인접한 산악 지대에서 채굴한 철을 중심으로 이루어지고, 그 후에는 함무라비 법전의 영향을 많이 받은 법률이 중심이었으며, 마지막에는 수많은 조잡한 인물상을 자연 그대로의 암석이나 환조로 조각하도록 그들을 몰고 간 조잡한 미적 감각을 중심으로 이루어졌다.** 후고 빈클러(Hugo Winckler)가 보가즈쾨이에서 발견한 1만 개의 점토판을 통해 흐로츠니(Hrozný)가 최근에 해독한 히타이트인들의 언어는 대체로 인도유럽어와 비슷했다. 그 언어의 격변화 형태와 동사 활용 형태는 라틴어 및 그리스어의 형태와 아주 비슷하고, 일부 간단한 단어는 눈에 띄게 영어와 비슷하다.*** 히타이트인들은 상형 문자를 색다른 방식, 즉 한 줄은 왼쪽에서 오른쪽으로 쓰고, 다음 줄은 오른쪽에서 왼쪽으로 쓰며 줄마다 방향을 바꾸는 방식으로 썼다. 그들은 바빌로니아인들에게서 쐐기 문자를 배웠으며, 글을 쓰는 데 점토판을 이용하는 법을 크레타에 전했다. 그리고 히브리인들과 가깝게 섞여 살면서 자신들의 뚜렷한 매부리코를 전해 주었다. 그 결과 히브리인들의 이런 외모가 철저하게 "아리안적"인 것으로 여겨지게 된 것이 틀림없다.[4] 현존하는 일부 점토판들은 수메르와 바빌로니아와 히타이트의 동의어들을 제시하고 있는 단어집이다. 다른 점토판들은 군주를 중심으로 훌륭한 체제를 갖춘 군사 국가의 면모를 보여 주는 관리 규정들이며, 또 다른 점토판들은 상품 가격 규제 조항들을 포함한 200개의 규약을 담고 있다.[5] 히타이트인들은 역사에

---

* 할리스 강 동안에 있다. 강 건너편 부근에는 터키의 수도이며 프리기아의 고대 수도인 앙키라에서 이어져 내려온 도시인 앙고라가 있다. 우리가 "무시무시하다."라고 부르는 터키인들이 자신들의 수도가 오랜 역사를 갖고 있음을 자랑스럽게 이야기하고, 야만스러운 이교도들이 유럽을 지배하고 있음을 슬퍼하는 모습을 보면 문화적 시각을 이해하는 데 도움이 될 것이다. 모든 지점이 세계의 중심인 것이다.

** 오펜하임(Oppenheim)이 텔할라프 등에서 히타이트의 많은 예술 작품을 발굴하여 베를린의 버려진 공장을 개조한 자신의 도서관에 모아 놓았다. 그는 이 유물들의 연대를 기원전 1200년 무렵으로 추정하고 있으며, 그중 일부는 기원전 4000년대의 것으로 보고 있다. 그 수집물들 중에는 돌에 조잡하지만 힘 있게 조각해 놓은 일군의 사자들과 검은 돌로 만든 한 마리의 황소, 히타이트의 세 신(태양신과 기상(氣象) 신, 히타이트의 이슈타르인 헤파트)의 조각상들이 있다. 가장 인상적인 조각상 중 하나는 앞에다 제물을 위한 돌그릇을 하나 놓고 있는 볼품없는 스핑크스 조각상이다.

*** 예컨대 'vadar'와 water(물), 'ezza'와 eat(먹다), 'uga'와 I(나, 라틴어의 ego), 'tug'와 thee(당신), 'vesh'와 we(우리), 'mu'와 me(나를), 'kuish'와 who(누구, 라틴어의 quis), 'quit'와 what(무엇, 라틴어의 quid) 등의 예를 참고하라.[3]

등장할 때도 신비스럽게 등장했지만, 사라질 때도 거의 그만큼 신비스럽게 사라졌다. 그들의 중심지들이 하나씩 몰락해 갔다. 그 이유는 아마 그들의 강점이었던 철을 경쟁자들도 똑같이 손에 넣을 수 있게 되었기 때문일 것이다. 그들의 마지막 중심지인 카르케미시는 기원전 717년에 아시리아인들에게 무너졌다.

아시리아의 바로 북쪽에는 아시리아인들에게는 우라르투(Urartu)로, 히브리인들에게는 아라라트(Ararat)로, 후대에는 아르메니아(Armenia)로 알려지게 된 비교적 안정된 국가가 있었다. 역사를 기록하기 시작한 여명기에서부터 페르시아가 서아시아 전역을 지배하는 상황이 확립될 때까지 많은 세기 동안 아르메니아인들은 독립된 정부와 독특한 관습과 예술을 유지했다. 그들의 가장 위대한 왕인 아르기스티스 2세(기원전 708년경)의 시대에는 철을 채굴하여 아시아와 그리스에 판매하여 부를 증대시켰다. 높은 수준의 번영과 안락함, 문화와 풍습에 도달하게 되면서 돌로 된 건축물들을 세우고 탁월한 장식용 항아리들과 작은 조각상들을 만들었다. 그러나 아시리아를 상대로 공격과 방어를 하는 비용이 많이 드는 전쟁들을 치르며 부를 잃게 되면서, 거칠 것 없이 정복해 나가던 키로스 시대에 페르시아의 지배 아래 놓이게 되었다.

그보다 훨씬 더 북쪽인 흑해에서는 반은 몽골인이고 반은 유럽인으로 수염을 기른 사나운 거인 전사인 스키타이인들이 해변을 따라 유랑하고 있었다. 그들은 마차 안에서 생활하며 여자들을 장막 속에 가둬 놓고,[6] 야생마를 안장도 없이 타고, 살기 위해 싸우기도 하고 싸우기 위해 살면서, 적의 피를 마시고, 머리 가죽을 수건으로 사용했다.[7] 습격을 반복하여 아시리아를 약하게 만들고, 서아시아를 휩쓸고(기원전 630~610년경), 그들이 가는 길에 있는 모든 것과 모든 사람을 다 파괴하고 살해하며 이집트의 나일 삼각주에 있는 도시들까지 진격했다. 그러나 결국에는 메디아인들에게 패하여 북쪽의 본거지로 쫓겨났다.[8]* 우리는 이런 이야기를 통해 모든 고대 국가를 에워쌌던 원시

---

* 히포크라테스는 우리에게 이렇게 말하고 있다. "그들의 여자들은 처녀인 경우에는 말을 타고, 활을 쏘고, 말을 탄 상태에서 창을 던지며 적들과 싸운다. 그들은 적을 세 명 살해한 다음에야 순결을 버린다. …… 남편을 맞은 여자는 총동원령이 내려져 어쩔 수 없는 상태가 아니면 더 이상 말을 타지 않는다. 그 여자들은 오른쪽 가슴이 없다. 어렸을 때 어머니들이 바로 그 목적을 위해 만든 청동 기구를 시뻘겋게 달궈 오른쪽 가슴에 대고 지지기 때문이다. 그 목적이란 오른쪽 가슴의 성장을 억제하여 모든 힘과 근육을 오른쪽 어깨와 팔로 보내기 위함이다."[9]

적인 후배지(後背地)들의 모습을 잠깐이나마 볼 수 있다.

기원전 9세기가 끝나 갈 무렵 소아시아에서 새로운 세력이 등장하여 히타이트 문명의 유산을 물려받아 리디아와 그리스로 전해 주는 다리의 역할을 했다. 프리기아인들이 호기심이 많은 역사가들을 위해 그들 왕국의 기원을 설명하고자 한 전설은 국가들의 성장과 몰락을 상징적으로 보여 준다. 그들의 초대 왕인 고르디오스는 물려받은 것이라고는 소 한 쌍밖에 없는 소박한 농부였다.* 그러나 그의 아들인 미다스는 씀씀이가 헤퍼서 탐욕과 사치로 나라를 허약하게 만들었으며, 후손들이 그의 탐욕과 사치를 묘사한 전설에 의하면 그는 자기가 만지는 것마다 황금으로 변하게 해 달라고 신들에게 간청했다고 한다. 그의 간청은 잘 받아들여져 미다스가 손을 대는 것마다 황금으로 변했다. 심지어는 그가 입에 댄 음식도 황금으로 변하여 굶어 죽을 지경이 되자, 신들은 그에게 파크톨루스 강에서 목욕을 하여 저주를 씻을 수 있게 했다. 그때부터 그 강은 금싸라기를 내지 않았다.

프리기아인들은 유럽에서 아시아로 들어와 앙키라에 수도를 세우고, 근동의 패권을 놓고 아시리아 및 이집트와 경쟁했다. 그들은 토착민들의 모신인 마(Ma)를 받아들인 후에, 그 여신이 사는 산맥의 이름(키벨라(kybela))을 따서 키벨레(Cybele)로 이름을 바꾸었다. 그리고 자연의 모든 생산력을 의인화하여 땅을 다스리는 위대한 정령으로 숭배했다. 그들은 토착민들에게서 신성한 매춘을 통해 여신들을 섬기는 관습을 받아들여, 키벨레가 청년 신 아티스**에게 반해 여신의 명예를 위해 스스로 거세하게 만든 이야기를 그들의 신화 속에 넣었

---

* 제우스의 신탁은 프리기아인들에게 수레를 타고 신전으로 올라가는 첫 사람을 왕으로 뽑으라고 명령했고, 그래서 뽑은 것이 고르디오스였다. 새로운 왕은 자기 마차를 신에게 바쳤다. 그러자 새로운 신탁은 그 수레를 끄는 소 한 쌍을 기둥에 묶은 복잡한 매듭을 푸는 사람이 아시아 전역을 지배할 것이라고 예언했다. 알렉산드로스가 '고르디오스의 매듭'을 한칼에 잘랐다고 이야기는 전한다.
** 아티스(Atys)는 동정녀 여신인 나나(Nana)에게서 기적적으로 태어났다고 한다. 나나는 가슴에 석류를 놓아 그를 임신했기 때문이다.[10]

다. 이에 따라 그 대모신(大母神)의 신관들은 여신의 신전에서 봉사하는 일에 입문하는 즉시 자신의 남성을 제물로 바쳤다.[11] 이런 야만적인 전설들은 그리스인들의 상상력을 매혹시켜 그들의 신화와 문학 속에 깊이 뿌리내리게 했다. 로마인들은 키벨레를 자신들의 종교로 받아들였으며, 그 결과 프리기아인들이 잘생긴 아티스의 죽음과 부활을 해마다 기린 거친 예식들이 로마 축제들의 특징인 난잡한 예식들의 기원이 되었다.[12]

프리기아가 소아시아에서 주도권을 잡는 상황은 새로운 리디아 왕국이 부상하면서 막을 내렸다. 기게스 왕은 리디아를 세우고 사르디스를 수도로 삼았다. 알리아테스는 49년 동안이나 통치하면서 리디아에 번영과 힘을 안겨 주었다. 크로이소스(기원전 570~546년)는 리디아를 물려받아 정복을 통해 영토를 확장하여 소아시아를 거의 모두 리디아에 포함시켰으나 페르시아에 무릎을 꿇고 말았다. 그는 지방의 정객들에게 많은 뇌물을 주어 자기를 에워싸고 있는 작은 국가들을 하나씩 리디아에 복속시키고, 각 지역의 신들에게 전례 없는 많은 제물을 바쳐 그 지역의 백성들을 회유하였으며, 자신이 그들의 신들에게 총애를 받고 있는 사람이라고 말했다. 크로이소스는 훌륭하게 디자인하고 나라가 보증하는 액면 가치를 지닌 금화와 은화를 발행하여 더욱 이름을 떨쳤다. 이 화폐들은 역사상 최초의 공식 화폐도 아니고 새로 발명된 주조 화폐는 더욱 아니었으나,* 지중해 세계 전역에서 교역을 활성화시키는 본보기가 되었다. 사람들은 이미 많은 세기 동안 다양한 금속들을 가치와 교환의 척도로 사용하고 있었다. 그러나 대부분의 국가에서는 이런 금속들을 (동이든 청동, 철, 은, 금이든) 거래할 때마다 무게나 그 밖의 다른 척도로 계량하고 있었다. 그러므로 그런 성가신 대용(代用) 통화가 국가가 보증하는 통화로 바뀐 것은 결코 작은 발전이 아니었다. 최적의 생산지에서 최대의 수요지로 상품을 유통시키는 속도가 빨라지는 상황은 세계의 부를 증대시켜 이오니아와 그리스 등의 상업 문명을 위한

---

* 보다 오래된 주조 화폐들이 인도의 모헨조다로에서 발견되었다. 더구나 우리는 이미 앞에서 센나케리브(기원전 700년경)가 반(半)세켈 통화들을 주조했음을 살펴보았다.

길을 마련해 놓았으며, 그런 문명에서의 상업의 발전은 문학과 예술 분야에 재정을 제공해 주었다.

리디아의 문학은 유산이 하나도 남아 있지 않다. 또한 크로이소스가 금과 철, 은으로 만들어 정복당한 신들에게 바쳤던 귀한 장식용 단지들도 남아 있는 것이 없다. 리디아의 무덤들에서 발견되어 현재 루브르 박물관에 소장되어 있는 장식용 단지들은 이집트와 바빌로니아가 주도하던 예술이 크로이소스 시대의 리디아에서 점점 커져 가고 있던 그리스의 영향력에 어떻게 굴복했는가를 보여 준다. 그들은 그리스의 영향을 받아 섬세한 솜씨로 자연을 충실하게 묘사하고 있었다. 헤로도토스가 리디아를 찾았을 때 그는 리디아의 관습이 그리스인들의 관습과 거의 구별할 수 없게 되어 있음을 발견했다. 남아서 그들을 구별시켜 주는 것이라고는 서민의 딸들이 (매춘을 통해) 결혼 지참금을 버는 방법뿐이었다고 그는 우리에게 말하고 있다.[13]

헤로도토스는 크로이소스가 자신의 부를 솔론에게 과시한 다음 가장 행복한 사람이 누구라고 생각하는지 물었던 상황을 자세히 기록하고 있다. 솔론은 이미 죽은 세 명의 이름을 말한 후에 앞으로 크로이소스에게 어떤 불행이 닥칠 것인지 알 수 없다는 이유로 크로이소스를 행복한 사람이라고 말하지 않았다. 크로이소스는 그 위대한 입법자를 어리석은 사람으로 취급하고 보낸 후에 페르시아를 공격할 계획을 세우고 있었는데 갑자기 키로스의 군대가 자기 문 앞에 와 있음을 알았다. 동일한 역사가에 의하면 페르시아인들은 리디아의 기병대가 감당할 수 없는 낙타의 우세한 악취를 통해 승리했다고 한다. 말들은 도망가고 리디아인들은 포로로 잡혀갔으며 사르디스는 파괴되었다. 고대의 전승에 의하면 크로이소스는 큰 화장용 장작더미를 마련하고 아내들과 딸들 그리고 살아남은 백성들 중에서 가장 고상한 청년들과 함께 그 위로 올라간 후에 신하들에게 자신과 그들을 불살라 죽이도록 명령했다. 그는 마지막 순간에 솔론의 말을 기억하고는 자신의 무지함을 슬퍼하고, 자기가 바친 많은 제물을 모두 받고도 그런 파멸로 보답한 신들을 비난했다. 우리가 헤로도토스를 따를 수 있다면,[14] 키로스는 그를 불쌍하게 여기고 불을 끄도록 명령하여 크로이소스를 페르시아로 데리고 가서 가장 신뢰받는 조언자 중 하나로 삼았다.

2. 셈족

우리가 근동의 북부 지역 사람들을 대체로 인도유럽어족으로 분류하고, 아시리아에서부터 아라비아에 이르는 중앙과 남부 지역의 사람들을 셈족*으로 분류하여 근동의 언어들의 복잡함을 줄이고자 한다면, 그 차이점들을 산뜻한 항목들로 구분할 수 있을 만큼 현실은 분명하지 않다는 점을 명심해야 한다. 근동은 산과 사막 들 때문에 자연스럽게 고립된 지역들로 나누어져 있으며, 따라서 언어와 전통도 다양하다. 그러나 교역 때문에 주요 교역로를 따라(예컨대 니네베와 카르케미시에서부터 페르시아 만까지 흐르는 큰 강들을 따라) 언어와 관습, 예술이 통합되기도 했다. 또한 광대한 지역 공동체들이 스스로 이동하거나 제국주의 정책에 따라 강제로 이주되어 다른 종족들과 말이 섞이게 되자, 혈통은 이질적이지만 문화는 특정한 동질성을 보이기도 했다. 그러므로 우리는 여기서 인도유럽어족이란 용어는 인도유럽어족이 지배적이라는 의미로, 셈족이란 말은 셈족이 지배적이라는 의미로 사용할 것이다. 섞이지 않은 혈통도 없고 이웃들이나 적들에게 영향을 받지 않은 문화도 없기 때문이다. 우리는 광활한 지역을 다양한 민족이 유입되어 한때는 인도유럽어족이, 또 한때는 셈족이 한동안 우세하여, 전체적으로 일반적인 문화적 특징을 공유하는 무대로 생각할 것이다. 함무라비와 다리우스 1세는 혈통과 종교가 다르고, 우리와 그리스도가 서로 다른 세기에 속한 것만큼이나 서로 다른 시대에 속한 사람들이었으나, 위대한 이 두 왕을 살펴볼 때는 본질적으로 비슷한 유형의 사람으로 보는 것처럼

---

* 셈족(Semite)이란 용어는 전설적인 노아의 아들인 '셈(Shem)'이 모든 셈족들의 조상이라는 설을 토대로 하여, 셈이라는 이름에서 유래된 것이다.

말이다.

셈족의 발원지는 아라비아였다. 다른 식물처럼 "인간 식물"도 왕성한 생명력을 가지고도 힘겹게 자라는 이 건조한 지역에서 강인하고 무모할 정도로 금욕적인 사람들이 파도처럼 하나씩 이동해 나와 자신들을 위해 그늘이 드리워진 장소를 정복할 수밖에 없었다. 뒤에 남아 있는 사람들은 아라비아와 베두인족의 문명(가부장적인 가족, 복종을 요구하는 엄격한 도덕, 환경으로 인한 운명주의, 신에게 바치기 위해 자기 딸들을 살해하는 무지한 용기)을 만들어 냈다. 그러나 그들은 마호메트가 등장할 때까지는 종교를 별로 마음에 담지 않았으며, 예술과 세련된 생활을 타락한 사람들의 나약한 고안물로 여겨 무시했다. 한동안 동부 내륙과의 교역을 통제하여 그들의 항구 도시인 칸네와 아덴에는 인도에서 온 재물이 쌓여 있었고, 그들의 인내심 많은 대상들은 위험한 육로를 통해 페니키아와 바빌론으로 상품들을 운반했다. 그들이 살고 있던 넓은 반도의 내륙에서 그들은 도시와 궁궐, 신전 들을 세웠으나 외국인들에게 와서 보도록 권하지는 않았다. 수천 년 동안 그들은 그들 자신의 방식대로 살고 고유한 관습을 지키며 비밀을 유지했다. 그들은 케오프스와 구데아의 시대나 지금이나 똑같다. 그들은 주변에서 수많은 왕국들의 흥망성쇠를 지켜보았으나, 자신들의 땅을 지금도 여전히 유지하며 이교도들의 눈길과 발길들이 접근하지 못하도록 엄중하게 경계하고 있다.

그러면 이 책에서 자주 언급했고 배를 타고 모든 바다를 항해하며 모든 항구에서 흥정을 한 상인들을 배출한 페니키아인들은 어떤 사람들이었는가? 나는 그들의 기원을 묻는 질문 앞에서는 당혹감을 느낀다. 도처에 퍼져 있었지만 정체를 파악하기 어려운 이들의 초기나 후기 역사에 대해서는 거의 아는 것이 없음을 고백할 수밖에 없다.[15] 우리는 그들이 어디서 왔는지도 모르며 언제 왔는지도 모른다. 우리는 그들이 셈족이었다는 것도 확신하지 못한다.* 그리고 그

---

* 오트란(Autran)은 그들이 크레타 문명의 한 분파였다고 주장했다.[16]

들이 지중해 연안에 도착한 시기에 대해서도 티레의 학자들의 진술을 반박할 수 없다. 그 학자들이 헤로도토스에게 한 말에 의하면 자기들의 조상은 페르시아 만에서 와서 기원전 28세기에 그 도시를 세웠다고 한다.[17] 그들의 이름 역시 문제의 여지가 있다. 그리스인들이 페니키아인(Phœnician)이라는 말을 만들어낸 어원인 포이닉스(phoinix)는 티레의 상인들이 판매한 붉은 염료를 의미할 수도 있고, 페니키아 해안을 따라 우거져 있는 어떤 야자수를 의미할 수도 있다. 시리아와 바다 사이에 놓여 있는 길이가 160킬로미터이지만 폭은 16킬로미터 밖에 안 되는 길고 좁은 띠처럼 생긴 그 해안은 거의 모두 페니키아의 영토였다. 페니키아인은 그들의 뒤에 있는 레바논의 산지에 정착하거나 그 지역을 자신들의 통치 아래 두는 문제를 중요하게 생각하지 않았다. 그들은 이 자비로운 장애물이 보다 호전적인 국가들에게서 자신들을 보호해 주고, 그 국가들의 상품을 바다를 통해 모든 땅으로 내가는 것으로 만족했다.

그 산악 지대 때문에 그들은 물가에서 살 수밖에 없었다. 이집트의 육왕조 이후 그들은 고대 세계에서 가장 바쁜 상인이었다. 그리고 그들은 이집트에서 해방되자(기원전 1200년경) 지중해를 지배했다. 그들은 유리와 금속을 이용하여 다양한 형태의 물품을 직접 제작했다. 유약을 입힌 장식용 단지들과 무기들, 장신구들, 보석을 만들었다. 자신들의 해안에 많은 연체동물들에서 추출한 자주색 염료를 독점했다.[18] 티레의 여자들이 좋은 바느질 솜씨로 만들어 염색한 제품들의 화려한 색상은 널리 유명해졌다. 이런 제품들과 인도와 근동에서 수출할 수 있는 잉여물들(곡물과 술, 직물, 보석)을 배에 실어 지중해의 모든 도시로 보내고, 돌아오는 길에 흑해의 남부 해안에서는 납과 금과 철을, 키프로스에서는 구리와 사이프러스*와 옥수수를, 스페인에서는 은을, 브리튼에서는 주석을, 그리고 모든 곳에서 노예들을 싣고 왔다. 그들은 영리한 교역자였다. 스페인의 원주민들을 설득해 싣고 간 기름을 주고, 배의 화물칸에 다 실을 수 없을

---

* 구리(copper)와 사이프러스(cypress)라는 명칭은 키프로스(Cyprus)라는 말에서 온 것이다.

정도로 많은 은을 받았으며, 정박지에서는 그 은을 교활한 셈족들의 철이나 철광석과 교환하고는 다시 수지맞는 거래를 위해 배를 띄웠다.[19] 그들은 이런 교역으로 만족하지 못하고 원주민들을 노예로 삼아 연명할 수 있을 정도의 임금만 주고 광산에서 오랜 시간 일을 시켰다.* 초기의 모든 항해자들처럼 그들 역시 교역과 불신행위, 상업과 강도 행각을 거의 구별하지 않았다. 연약한 사람들에게서는 훔치고 우둔한 사람들은 속였으며, 나머지 사람들에게만 정직했다. 공해에서 배들을 나포하여 화물과 선원들을 약탈하기도 하고, 호기심이 많은 원주민들에게 페니키아의 배들을 구경하러 오도록 유혹한 다음에 그대로 배를 띄워 그들을 노예로 팔기도 했다.[21] 고대에 교역에 종사하는 셈족들, 특히 그 업종에 종사하는 그리스인들이 악명을 얻게 된 것은 상당 부분 그들과 관계가 있다.**

20미터 정도 길이에 낮고 폭이 좁은 그들의 갤리선은 이집트 선박의 안쪽으로 휘어진 뱃머리를 버리고, 바람이나 파도를 가르고 적들의 배를 두 동강 내기 위해 뾰족한 끝을 밖으로 향하게 하여 새로운 모양을 정착시켰다. 용골(龍骨)에 고정시킨 돛대에 단 직사각형 모양의 큰 돛은 두 줄로 된 노를 통해 동력을 제공하는 갤리선을 젓는 노예들에게 도움이 되었다. 노를 젓는 노예들 위의 갑판에는 교역이나 전쟁 준비를 갖춘 병사들이 경계를 섰다. 하지만 이런 약한 배들은 흘수도 1.5미터에 지나지 않는데다가 나침반도 없었으므로, 해안을 따라 조심스럽게 움직일 수밖에 없었으며 밤에는 움직일 엄두도 내지 못했다. 항해술이 점점 발달하여 페니키아의 키잡이들이 북극성(그리스인들은 "페니키아의 별"이라고 불렀다.)을 보고 뱃길을 잡게 되자, 그들은 대양으로 모험을 떠나

---

* 기번(Gibbon)의 다음 말을 참조. "기묘한 운명이지만 고대 세계에서 스페인은 페루나 멕시코와 같은 곳이었다. 페니키아인들이 자원이 풍부한 서부 대륙을 발견한 후 소박한 원주민들을 압제하여, 그들로 하여금 자신들의 광산에서 이방인들을 위해 일하도록 강요함으로써 스페인령 아메리카의 근대사에서 나타나는 것과 똑같은 상황이 벌어진 것이다."[20]

** 500년 동안 약탈자와 해적으로 활동한 그리스인들은 교활하게 처신하는 사람에게 '페니키아인'이라는 별명을 붙였다.[22]

마침내 아프리카를 일주했다. 처음에는 동쪽 해안을 따라 내려가다가 희망봉을 발견했는데, 이는 바스코 다가마가 발견하기 약 2000년 전의 일이었다. 헤로도토스는 이렇게 말하고 있다. "가을이 되자 그들은 해변에 상륙하여 씨를 뿌리고 추수 때를 기다렸다. 추수기가 되자 곡식을 거둔 후에 다시 바다로 나섰다. 2년이 흐른 후 세 번째 해에 갑자기 헤라클레스의 기둥(지브롤터 해협) 쪽으로 방향을 돌려 이집트에 도착했다."[23] 얼마나 대단한 모험인가!

그들은 지중해 해안에 자리 잡은 전략적 요충지들에 요새를 세웠고, 이 요새들은 시간이 지나면서 인구가 많은 식민지나 도시로 성장했다. 그런 요충지로는 카디즈, 카르타고, 마르세유, 몰타, 시칠리아, 사르디니아, 코르시카 그리고 멀리 떨어진 잉글랜드 등이 있었다. 그들은 키프로스와 멜로스, 로도스를 점령했다.[24] 이집트와 크레타와 근동의 예술과 학문을 받아들여 그리스와 아프리카, 이탈리아, 스페인으로 전했다. 이들은 동양과 서양을 하나의 상업적 문화적 망으로 묶어 유럽을 야만적인 상태에서 구하기 시작했다.

이런 교역을 통해 부를 공급받고 외교와 재정 분야에서도 매우 영리하였으며, 전쟁에서도 행운을 놓치는 법이 없는 상인 귀족들의 지배를 받으며 페니키아는 세계에서 가장 부유하고 가장 강력한 세력을 지닌 곳으로 부상하였다. 비블로스를 가장 오래된 도시 중 하나로 여겼다. 비블로스는 신 엘(El)이 시간이 시작될 때 세웠다고 생각되었으며, 그 도시의 역사가 끝날 때까지 페니키아의 종교적 중심지로 남아 있었다. 파피루스는 비블로스의 주요 교역 품목 중 하나였으므로, 그리스인들은 그 도시의 이름에서 책을 의미하는 말 "비블로스(biblos)"를 따왔으며 "성경(타 비블리아(ta biblia))"이라는 용어도 그들이 책의 의미로 사용한 말에서 따온 것이다.

비블로스에서 80킬로미터 정도 남쪽에는 시돈이 있었으며 이 시돈 역시 해안 도시였다. 시돈은 원래 요새였으나 부락, 읍, 도시로 빠르게 성장했다. 시돈은 가장 좋은 배들을 크세르크세스의 함대에 제공했다. 그 후에 페르시아인들이 시돈을 포위하고 점령하자 자존심 강한 지도자들이 스스로 불을 질러 4만 명의 주민들이 화염 속에서 목숨을 잃었다.[25] 그러나 알렉산드로스가 왔을 때는 이미 다시 재건되어 번영을 누리고 있었으며, 일부 상인들은 "악질적 교역"을 위해 그의 군대를 따라 인도로 갔다.[26]

페니키아에서 가장 큰 도시는 해안에서 몇 킬로미터 떨어진 섬에 건설된 티레(바위라는 뜻)였다. 티레 역시 처음에는 요새였다. 그러나 티레는 훌륭한 항구와 난공불락의 안전성 덕분에 곧 페니키아의 수도가 되었으며, 지중해 전역에서 모여드는 상인들과 노예들로 북적거렸다. 기원전 9세기에 티레는 이미 솔로몬 왕의 친구인 히람 왕의 치하에서 풍요로움을 얻었다. 그리고 스가랴의 시대에 이르렀을 때는 "은을 티끌같이, 금을 거리의 진흙같이 쌓아 놓고" 있었다.[27] 스트라본은 "이곳의 가옥들은 여러 층으로 되어 있고, 심지어 로마의 가옥들보다 높다."라고 말했다.[28] 티레는 알렉산드로스가 올 때까지는 부와 용기 덕분에 독립을 유지했다. 젊은 신은 티레의 그런 상황에서 자신의 전능성에 도전하는 모습을 보고는, 섬을 반도로 바꾸어 놓는 둑길을 만들어 티레를 약하게 만들었다. 그리고 알렉산드리아가 성공하면서 티레의 파멸이 마무리되었다.

정세는 복잡하고 인간의 필요는 다양하다고 생각하는 모든 국가에서처럼 페니키아에도 많은 신들이 있었다. 도시마다 바알(Baal, 즉 주(主)) 또는 도시 신이 있었으며, 이 신은 왕들의 시조이며 토양을 비옥하게 만드는 원천으로 받아들여졌다. 티레의 바알은 멜카르트였다. 그리스인들의 헤라클레스처럼 멜카르트 역시 힘이 센 신이었으며, 뮌하우젠(Münchausen) 같은 사람이나 할 수 있을 업적들을 이루었다. 아스타르테는 페니키아에서 이슈타르에 해당하는 신의 이름이었다. 아스타르테는 일부 지역에서는 냉철한 아르테미스처럼 순결한 여신으로 숭배되고, 다른 곳에서는 육체적 사랑을 추구하는 관능적이고 방탕한 신으로 숭배되었다. 바빌론에서 이슈타르 혹은 밀리타가 자신을 섬기는 소녀들의 동정을 제물로 받은 것처럼, 비블로스에서 아스타르테를 섬기는 여자들 역시 길게 땋은 머리를 바치거나, 신전 경내에서 구애하는 낯선 첫 사람에게 자신을 바쳐야 했다. 그리고 이슈타르가 탐무즈를 사랑했던 것처럼 아스타르테도 아도니를 사랑했다. 비블로스와 파포스(키프로스에 있음.)에서는 곰에게 물려 죽은 아도니의 죽음을 해마다 가슴을 치고 울며 슬퍼했다. 다행히 아도니는 죽을 때마다 다시 살아나 숭배자들이 보는 앞에서 하늘로 올라갔다.[29] 끝으로 무시무시한 신인 몰록이 있었다. 페니키아인들은 살아 있는 자식들을 태워서 몰록에게 제물로 바쳤으며, 카르타고에서는 도시가 포위 공격을 받는 동안(기원전 307년) 가장 좋은 집안의 소년 200명을 이 사나운 신의 제단에서 태워 죽였다.[30]

하지만 페니키아인들은 문명국가의 반열에 자리를 잡을 만한 자격이 있다. 이집트의 알파벳을 고대의 여러 나라에 가르친 것은 십중팔구 바로 그들의 상인들이었을 것이기 때문이다. 문학이 주는 기쁨이 아니라 상업에 따르는 필요들이 지중해 세계의 민족들에게 통일성을 안겨 준 것이다. 상업과 문화의 상호 발생 관계를 이보다 더 잘 보여 주는 예는 없을 것이다. 우리는 페니키아인들이 이 알파벳을 그리스에 소개했는지는 모른다. 그리스의 전승은 한결같이 그렇다고 인정하고 있지만 말이다.[31] 크레타가 그 알파벳을 페니키아인들과 그리스인들에게 모두 전해 주었을 가능성은 있다.[32] 그러나 페니키아인들이 파피루스를 가져온 곳에서 문자도 가져왔을 개연성이 더 크다. 우리는 기원전 1100년경 그들이 이집트에서 파피루스를 수입했음을 안다.[33] 많은 기록들을 보관하고 전달한 국가에게 파피루스는 메소포타미아의 무거운 점토판에 비하면 이루 말할 수 없이 편리한 것이었다. 그리고 이집트의 알파벳 역시 근동의 음절 문자들보다 엄청나게 발전된 것이었다. 기원전 960년 무렵 티레의 왕 히람은 알파벳으로 된 글을 새긴 청동 컵을 자기가 섬기는 신들 중 하나에게 바쳤다.[34] 그리고 기원전 840년경 모압의 왕 메샤는 페니키아의 알파벳에 상응하는 문자를 이용하여, 오른쪽에서 왼쪽으로 쓰는 셈족의 방언으로 자신의 영화를 (지금은 루브르에 있는 돌에 새겨) 공표했다. 그리스인들은 글을 왼쪽에서 오른쪽으로 쓰기 때문에 일부 문자들의 방향을 거꾸로 바꾸었다. 그러나 그들의 문자는 본질적으로 페니키아인들이 그들에게 가르쳐 준 것이었으며, 그 후에는 그리스인들이 그 문자를 유럽에 가르쳐 주게 된다. 생소한 이 부호들은 우리가 물려받은 유산 중에서 가장 소중한 부분이다.

그러나 알파벳으로 기록된 글 중에서 우리에게 알려진 가장 오래된 사례들은 페니키아가 아니라 시나이 반도에서 나타난다. 고대에 이집트인들이 터키석을 캐던 유적지를 덮고 있는 작은 마을인 세라비트엘카딤에서 윌리엄 플린더스 페트리 경은 확실한 연대는 알 수 없지만 아마 일찍이 기원전 2500년경의 것으로 보이는 이상한 언어로 기록된 비문들을 발견했다. 이 비문들은 아직 해독되지는 않았으나, 기록된 문자는 상형 문자나 음절로 표기되는 쐐기 문자도 아니고 알파벳임이 분명하다.[35] 시리아 남쪽에 있는 자푸나에서는 프랑스의 고고학자들이 일부는 상형 문자로 기록되고 일부는 셈족의 알파벳 자체(字體)로 기록된 점토판들을 소장하고 있는 도서관 유적지를 발견했다. 자푸나는 기원전 1200년경에 영원히 파괴되었으므로 이 점토판들은 아마 기원전 13세기로 거슬러 올라갈 것이며,[36] 이는 그 당시에도 기원을 알 수 없는 오랜 문명이 있었음을 우리에게 다시 시사하고 있다.

시리아는 페니키아의 뒤쪽, 레바논 산맥의 우묵한 곳에 자리 잡고 수도를 중심으로 부족들을 모아 느슨한 체제를 유지하고 있었다.(그 수도는 지금도 여전히 가장 오래된 도시임을 자랑하며 자유를 갈망하는 시리아인들에게 은신처를 제공하고 있다.) 한동안 다마스쿠스의 왕들은 주변에 있는 십여 개의 작은 국가를 지배하며, 시리아를 종속국 중 하나로 만들고자 하는 아시리아의 시도에 맞서 성공적으로 저항했다. 그 도시의 주민들은 셈족의 상인들이었으며, 이들은 시리아의 산악 지대와 평야들을 통과하는 대상(隊商) 교역을 통해 부를 모았다. 기능공들과 노예들이 그들을 위해 일을 했으나, 행복하게 일하는 사람들은 하나도 없었다. 우리는 큰 조합들을 결성한 석공들에 대해 들으며, 비문들은 마그네시아에서 빵을 굽는 사람들이 벌인 파업에 대해 말하고 있다. 오랜 세월을 뛰어넘어 우리는 고대 시리아의 한 도시에서 벌어진 갈등과 분주함을 느낀다.[37] 이 기능공들은 항아리를 아름답게 빚고, 상아와 나무에 조각을 하고, 보석의 광택을 내고, 여자들이 단장할 옷감들을 밝은 색으로 짜는 일에 솜씨가 좋았다.[38]

다마스쿠스의 유행과 풍습, 도덕은 고대 동양의 유행의 중심지였던 바빌론

11장 여러 민족들 **485**

과 매우 비슷했다. 종교적인 매춘은 시리아에서도 번성했다. 서아시아 전역에서 대모신(大母神)은 토양의 비옥함을 상징했으며, 그 대모신이 연인과 성적 관계를 맺는 것은 자연의 모든 생산 과정과 활력을 암시했기 때문이다. 그리고 신전에서 동정을 바치는 것은 아스타르테에게 바치는 제물이었을 뿐 아니라 그 여신과 함께 해마다 자기를 희생적으로 내어 주는 일에 참여하는 행위이기도 했는데, 그런 자기희생은 거부할 수 없는 동기를 대지에 제공하여 인간과 동식물의 증식을 확보하는 것이었다.[39] 춘분 무렵 히에라폴리스에서는 시리아의 아스타르테 축제가 프리기아의 키벨레 축제처럼 거의 광기에 가까울 정도의 열기 속에서 행해졌다. 피리와 북 소리가 여자들이 아스타르테의 연인인 아도니를 위해 우는 소리와 뒤섞였다. 거세된 남자 신관들은 거친 춤을 추며 칼로 자기 몸에 상처를 냈다. 결국에는 그냥 구경만 하러 온 많은 남자들도 흥분하여 옷을 벗어 던지고는 평생 동안 그 여신을 섬기겠노라 맹세하면서 스스로 거세했다. 밤이 되면 신관들이 축제 장소를 신비스러운 분위기로 불을 밝혀 놓고 젊은 신의 무덤을 연 후에, 아도니가 죽음에서 부활했다는 승리의 소식을 공표했다. 신관들은 숭배자들의 입에 향유를 바르면서, 그들 역시 언젠가는 무덤에서 부활할 것이라는 약속을 속삭였다.[40]

시리아의 다른 신들도 아스타르테 못지않게 피에 굶주렸다. 사실 신관들은 유대인의 엘로힘처럼 모든 신들을 포괄하는 엘(El) 또는 일루(Ilu)라는 보편적인 신을 인정했다. 그러나 사람들은 이런 추상적인 특성을 거의 인식하지 못하고 바알을 숭배했다. 일반적으로 사람들은 아스타르테를 달과 동일시하는 것처럼 이 도시 신을 태양과 동일하게 보았다. 그리고 중요한 의미가 있는 경우에는 페니키아인들이 했던 방식으로 자기 자식들을 제물로 바쳤다. 부모들은 축제용 의복을 입고 예식에 참여했으며, 신의 무릎에서 불타는 아이들의 울부짖음은 요란한 피리 소리에 파묻혔다. 그러나 보통의 경우에는 보다 온건한 예물로 충분했다. 신관들은 제단이 그들의 피로 덮일 때까지 칼로 자신의 몸에 상처를 내거나, 어린아이의 포피(包皮)를 아이의 생명 대신 바쳤다. 혹은 신관들이 양보하여 포피 대신 신에게 바칠 일정액의 돈을 받았다. 어떤 방법으로든 신을 달래고 만족시켜야 했던 것이다. 신을 숭배하는 사람들은 자신들의 형상이나 이상에 따라 신을 만들었지만, 그 신은 여자에게 어울리는 눈물이나 인간의 생명에는 별 관심이 없었기 때문이다.[41]

명칭과 세부 사항만 다른 비슷한 관습이 다양한 언어로 시리아 땅을 채우고 있는 일부 셈족들에게도 있었다. 유대인들은 "자녀를 불 가운데로 지나게 하는 것"을 금지하고 있었으나 경우에 따라서는 그렇게 했다.[42] 아브라함이 이삭을 제물로 바치려고 한 것과 아가멤논이 이피게니아를 제물로 바친 것은 고대의 의식에 의지하여 인간의 피로 신들을 달래려는 행위였을 뿐이다. 모압의 왕 메샤는 포위 공격을 풀기 위해 자기 맏아들을 불로 태워 제물로 바쳤다. 그의 기도와 아들을 바친 제물이 받아들여져 그는 이스라엘인 7000명을 살해하는 보답을 받았다.[43] 아모리인들이 아무루 평야를 몰려다니던 수메르 시대(기원전 2800년경)에서부터 유대인들이 신의 분노를 대신하여 가나안인들을 공격하고, 아시리아의 사르곤이 사마리아를 점령하고 네부카드레자르가 예루살렘을 점령한 시대(기원전 597년)에 이르기까지의 전 시대에 걸쳐서 요르단 강의 계곡은 간헐적으로 동족상잔으로 인한 피로 흠뻑 젖어 많은 만군의 주(主)들이 즐거워했다. 이런 모압인들과 가나안인, 아모리인, 에돔인, 필리스틴인, 아람인들은 인류의 문화에 관한 기록에는 거의 언급되어 있지 않다. 출산율이 높은 아람인들이 도처에 퍼져 그들의 언어를 근동의 공용어로 만든 것은 사실이다. 그리고 그들이 이집트인이나 페니키아인에게 배운 알파벳 자체가 메소포타미아의 쐐기 문자와 음절 문자표들을 대신해, 처음에는 상업의 매체로서 그 후에는 문학의 매체로서 사용되어, 결국에는 그리스도의 모국어가 되고 오늘날에는 아랍인들의 알파벳이 된 것도 사실이다.[44] 그러나 세월이 그들의 이름을 보존한 이유는 그들 자신의 업적 때문이라기보다, 그들이 팔레스타인이라는 비극적인 무대에서 모종의 역할을 담당했기 때문이다. 이제 우리는 수적으로나 지리적으로나 대수롭지 않은 유대인들을 그들의 이웃들보다 자세하게 연구해야 한다. 그들은 세계에서 가장 위대한 문학 중 하나와 세계에서 가장 영향력 있는 두 가지 종교, 그리고 세계가 배출한 가장 심오한 사람 다수를 우리에게 안겨 주었기 때문이다.

OUR ORIENTAL HERITAGE

12장 유대

1. 약속의 땅

지리를 통해 역사를 해석하려는 버클(Buckle)과 몽테스키외(Montesquieu) 같은 사람이라면 팔레스타인의 지리를 훌륭하게 설명하려고 했을 것이다. 북쪽의 단(Dan)에서부터 남쪽의 베에르셰바까지의 240킬로미터, 그리고 서쪽의 필리스틴인들로부터 동쪽의 시리아인들과 아람인들, 암몬인들, 모압인들에게까지의 40~130킬로미터 정도의 작은 지역이 역사에서 중요한 역할을 담당하거나 바빌로니아나 아시리아, 페르시아가 남긴 것보다 더 큰(아마 이집트나 그리스가 남긴 것보다도 더 큰) 영향을 남길 것이라고 생각하는 사람은 없을 것이다. 그러나 팔레스타인이 나일 강의 중심지들과 티그리스 강과 유프라테스 강의 중심지들 사이에 놓여 있다는 것은 행운인 동시에 불행이었다. 이런 여건 덕분에 유대인들은 교역을 할 수도 있었으나 전쟁에 휘말리기도 했기 때문이다. 곤경에 처한 히브리인들은 계속해서 제국들이 벌이는 싸움에서 어느 한편을 들거나 조공을 바치거나 정복을 당할 수밖에 없었다. 성경의 이면에는, 즉 시편의 시인들과 예언자들이 하늘을 향해 도움을 구하며 애처롭게 부르짖는 소리의 이면에는 메소포타미아와 이집트라는 맷돌의 윗돌과 아랫돌 사이에 끼어 있던 유대인들이 거주하는 이런 위태로운 장소가 놓여 있었다.

이 땅의 기후 역사는 문명이란 얼마나 불안정한 것이며 문명의 큰 적들(야만성과 건조 작용)이 문명을 파괴하기 위해 항상 어떻게 기다리고 있는가를 우리에게 다시 말해 준다. 한때 팔레스타인은 모세 오경의 많은 구절들이 묘사하는 대로 "젖과 꿀이 흐르는 땅"이었다.[1] 요세푸스는 그리스도 이후 첫 세기에도 여전히 그 지역에 대해 이렇게 말하고 있다. "농사를 지을 만큼 습기가 있고 매우 아름답다. 나무가 많으며 가을이 되면 들판과 경작지는 열매로 가득 찬다. …… 많은 강이 자연적으로 물을 공급하지만 수분은 주로 비를 통해 공급받으며 비는 부족하지 않다."[2] 고대에는 땅에 물을 공급하는 샘물을 저수지에 저장하거나 많은 우물로 유도하여 운하의 연결망을 통해 각지로 분배했다. 이것이 유대 문명의 물리적 기반이었다. 이런 식으로 자양분을 공급받은 토양은 보리와 밀, 옥수수를 생산하고, 땅에는 포도나무가 우거졌으며, 경사진 땅에서는 나무들이 올리브와 무화과, 대추야자와 그 밖의 다른 과일들을 맺었다. 전쟁이 일어나 인위적으로 비옥하게 만든 밭들을 황폐하게 만들거나 어떤 정복자가 그 밭들을 보살펴온 가족들을 먼 곳으로 추방하게 되면, 사막은 신이 나서 기어 들어와 수 세대에 걸친 노력을 몇 년도 걸리지 않아 망가트렸다. 우리는 18세기 동안이나 추방되어 흩어져 고난을 겪은 후 우리의 시대에 오래된 고향으로 돌아온 용감한 유대인들을 맞는 황량한 황무지와 빈약한 오아시스를 보고 고대의 팔레스타인의 비옥함을 판단해서는 안 된다.

팔레스타인의 역사는 어서 감독(Bishop Ussher)이 생각한 것보다 더 오래되었다. 네안데르탈인의 유물들이 갈릴리 바다 부근에서 발굴되었으며, 다섯 개의 네안데르탈인 유골이 하이파 근처의 한 동굴에서 최근에 발견되었다. 이로 보아 기원전 4만 년경 유럽에서 번성했던 무스테리안기(期)의 문화가 팔레스타인까지 확장되었던 것으로 보인다. 예리코에서는 신석기 시대의 바닥과 화덕들이 발굴되어 그 지역의 기원을 중기 청동기 시대(기원전 2000~1600년)까지 올려놓았으며, 이 시대의 팔레스타인과 시리아의 도시들은 이집트를 유혹할 만큼 많은 부를 쌓아 놓고 있었다. 기원전 15세기에 예리코는 성벽을 잘 갖춘 도시로 이집트의 종주권을 인정하는 왕들이 지배하고 있었다. 가스탱(Garstang)이 이끄는 탐사단이 그 왕들의 무덤에서 발굴한 수많은 장식용 단지와 장례용 제물과 그 밖의 다른 물건들은 힉소스인들이 통치하던 시대에는 예리코의 생활이 안정되어 있었으며 하트셉수트와 투트모세 3세의 시대에는 문명이 상당히 발전되어 있었음을 보여 준다.[3] 그러므로 우리가 다양한 민족들의 역사의 시발점으로 보는 연대들은 우리의 무지를 보여 주는 표지에 지나지 않는다는 점이 분명해진다. 텔엘 아마르나 서신들이 보여 주는 팔레스타인과 시리아의 일반적인 생활상은 유대인들이 나일 강의 계곡으로 들어갈 무렵의 것이다. 그러므로 이 서신들에서 말하는 "하비루(Habiru)"가 히브리인들이었다고 확신할 수는 없으나 그럴 개연성은 있다.[4]*

유대인들은 아브라함의 식솔들이 수메르의 우르에서 와서 모세보다 천 년쯤 앞서 팔레스타인에 정착했으며(기원전 2200년경),[5] 가나안인들을 정복한 일은 단순히 히브리인들의 신이 그들에게 약속한 땅을 차지한 것일 뿐이라고 믿었다. 창세기(14장 1절)에서 "당시에 시날 왕"으로 언급한 아므라벨은 아마 바빌론 왕들을 선조로 둔 함무라비의 아버지 아마르팔이었을 것이다.[6] 현대의 자료에는 유대인들의 출애굽이나 가나안인 정복을 직접 언급하는 것이 없고,[7] 오

---

* 여기서 요약한 내용은 창세기에 유대인들의 초기 전승들을 기록한 장들의 신뢰성을 상당히 회복시켜 주었다. 초자연적인 사건들을 제외하면 그리스도교의 구약 성경에서 간략하게 제시하고 있는 유대인들에 대한 이야기는 고고학과 문헌 비평의 시험을 이겨 냈으며, 해마다 문서나 기념물, 발굴물 들을 통해 보강 증거들이 늘어나고 있다. 예컨대 1935년 텔아드두웨이르에서 발굴한 질그릇 조각에는 열왕기의 일부 설화를 확증하는 히브리 글들이 새겨져 있다. 우리는 성경의 기록이 반증될 때까지는 그 기록을 받아들여야 한다. 페트리(Petrie), 『이집트와 이스라엘』, London, 1925, p.108.

직 파라오 메르네프타(기원전 1225년경)가 세운 기념비에서만 간접적으로 언급하고 있을 뿐이다. 그 기념비에서는 이렇게 말하고 있다.

> 왕들이 굴복당해 "평강!(Salam)"을 말하고……
> 테헤누는 폐허로 변하고,
> 히타이트인들의 땅이 평정되고,
> 온갖 악행을 자행하던 가나안이 약탈당하고, ……
> 이스라엘이 폐허가 되고 그 씨가 말랐다.
> 팔레스타인은 이집트를 위해 과부가 되고,
> 모든 땅이 통일되고, 모든 땅이 평정되었다.
> 소란을 일으키는 모든 땅이 메르네프타 왕에게 굴복했다.[8]

이것이 메르네프타가 출애굽 당시의 파라오였다는 것을 증명하지는 않는다. 이집트의 군대가 다시 팔레스타인을 약탈했다는 점을 제외하고는 입증하는 것이 거의 없다. 우리는 유대인들이 언제 이집트로 들어갔는지 알 수 없으며, 그들이 이집트에 도착했을 때 자유인의 신분이었는지 아니면 노예였는지도 알 수 없다.* 우리는 그들이 이주 초기에는 적은 무리였으나,[11] 모세의 시대에는 높은 출산율 덕분에 수천 명의 유대인들이 이집트에 거주했을 가능성이 있다고 본다. 모든 시대의 경우와 마찬가지로 그들은 "학대를 받을수록 더욱 번식하고 번성"했다.[12] 유대인들이 이집트에서 노예 생활을 할 때 큰 공사장에서 노예로 이용당하다가 반란을 일으켜 아시아로 탈출(혹은 이주)했다는 이야기는 (물론 근동의 모든 역사적 기록들에 통상 들어 있는 초자연적인 사건들이 섞여 있지만) 본질적인 진실을 보여 주는 내적인 표지들을 많이 담고 있다. 모세에

---

* 아마 그들은 힉소스인들이 밟았던 길을 따라갔을 것이며, 셈족 계열의 힉소스인들이 이집트를 다스린 정황은 그들에게 모종의 보호막을 제공해 주었을 것이다.[9] 페트리(Petrie)는 유대인들이 이집트에 430년 동안 머물렀다는 성경의 수치를 받아들여, 그들이 기원전 1650년경에 이집트에 도착하여 기원전 1220년경에 나왔다고 말한다.[10]

대한 이야기도 무조건 거부하면 안 된다. 그러나 모세 오경이 기록되기 수 세기 전에 설교를 한 것으로 보이는 아모스나 이사야가 모두 모세에 대해서는 아무 말도 하지 않고 있다는 것은 놀라운 일이다.*

모세가 유대인들을 시나이 산으로 인도할 때 그는 단순히 이집트인들이 천년 동안 터키석을 좇아 원정을 다녔던 길을 따르고 있었을 뿐이다. 사막에서 40년 동안 방랑한 일에 대한 기록은 한때는 믿을 수 없는 것으로 여겨졌으나 지금은 전통적으로 유목 생활을 한 사람들에게는 충분히 합당한 이야기인 것처럼 보인다. 그리고 가나안을 정복한 일은 굶주리는 유목민들이 정착 생활을 하고 있는 지역 공동체를 급습한 또 하나의 사례였을 뿐이다. 정복자들은 최대한 많은 정착민들을 살해한 후에 남은 정착민들과 결혼했다. 살육은 제한이 없었으며 신이 정한 것이었으므로 즐거운 마음으로 자행되었다.[19] 기드온은 두 도시를 점령하면서 12만 명을 살해했다. 가끔 "전쟁이 없어 땅이 안식을 누렸다."[20]라는 말을 우리는 듣는다. 모세는 인내심을 갖춘 정치가였으나 여호수아(Joshua)는 단순하고 무뚝뚝한 전사였을 뿐이다. 모세는 신과의 면담을 고안하여 피를 흘리지 않고 다스린 반면에, 여호수아는 우월한 살인자가 살아남는다는 제2의 자연법으로 다스렸다. 유대인들은 감성을 배제한 이런 현실적인 방

---

* 요세푸스가 보고하는 대로 기원전 3세기에 활동한 이집트 역사가 마네토의 말에 의하면, 출애굽은 열악한 여건에서 노예 생활을 하던 유대인들 사이에서 어떤 전염병이 발생하게 되자 자신들을 보호하고자 하는 이집트인들의 바람 때문에 이루어진 것이며, 모세는 유대인 나병 환자들 사이에서 선교사로 활동하며 이집트 성직자들의 것을 모델로 삼은 정결법(淨潔法)을 그들에게 가르쳐 준 이집트 신관이었다고 한다.[13] 그리스와 로마의 저술가들은 출애굽에 대한 이런 설명을 그대로 되풀이하고 있으나,[14] 그들의 반(反)셈족 성향 때문에 믿을 만한 지침으로 볼 수는 없다. 성경에서 기록하고 있는 한 구절은 출애굽을 노동 쟁의로 해석하고 있는 워드(Ward)의 입장을 지지하고 있다. "모세와 아론아, 너희가 어찌하여 백성으로 역사(役使)를 쉬게 하느냐. 가서 너희의 역사나 하라."[15]

모세(Moses)는 유대식 이름이라기보다는 이집트식 이름이다. 아마 아모세(Ahmose)를 짧게 부르는 축약형일 것이다.[16] 리버풀 대학교의 마스턴 발굴단에 소속된 가스탱(Garstang) 교수는 모세가 후에 위대한 여왕이 된 당시의 공주 하트셉수트에게 (정확히 기원전 1527년에) 구조되었으며, 그 공주의 총애를 받으며 궁전에서 자랐으나 공주의 정적인 투트모세 3세가 즉위하게 되자 이집트에서 도주했다는 증거를 예리코의 왕실 무덤들에서 발견했다고 주장한다.[17] 그는 이 무덤들에서 발견된 자료는 예리코가 함락된 사건에 대한 이야기(여호수아서 6장)를 확증한다고 믿고, 이 사건은 기원전 1400년경에, 출애굽은 기원전 1447년경에 일어났다고 말한다.[18] 이 연대는 스카라브(고대 이집트에서 신성한 것으로 여긴 풍뎅이 모양으로 조각한 보석이나 도기로, 부적이나 장식품으로 사용되었다.—옮긴이)와 도기들의 연대를 토대로 하고 있으므로 그대로 받아들이기에는 의문의 여지가 있다.

식으로 그들의 "약속의 땅"을 차지했다.

2. 솔로몬과 그의 영화

유대인들이 어디서 왔는지 그 민족의 기원에 대해 우리가 말할 수 있는 것은 모호한 내용밖에 없다. 그들은 셈족으로 서아시아의 다른 셈족들과 분명하게 구분되거나 다른 점이 없다. 그들을 다른 셈족들과 구별해 주는 것은 바로 그들의 역사이지 그들의 역사를 만든 그들이 아닌 것이다. 그들은 처음 등장할 때부터 이미 많은 부족이 섞여 있는 연합 조직체였다. 혈통이 서로 뒤섞이는 근동의 현실 속에서 그들이 천 년 동안이나 순수한 민족으로 존재할 수 있었던 것은 가장 믿기 어려운 덕목 때문이었다. 그들이 가장 순수한 민족일 수 있었던 것은 어쩔 수 없는 경우에만 다른 부족들과 통혼했기 때문이다. 그러므로 그들은 놀라울 정도로 집요하게 자신들의 특성을 유지했다. 이집트와 아시리아의 돌을새김 작품들에 묘사되어 있는 히브리 포로들은 예술가들의 온갖 편견에도 불구하고, 우리 자신이 속해 있는 시대의 유대인들과 흡사하여 쉽게 구별이 된다. 그 포로들의 모습에서도 히타이트인들의 긴 매부리코*와 튀어나온 광대뼈, 곱슬곱슬한 머리와 수염이 나타난다. 이집트인들의 풍자적인 묘사 때문에 모세의 "목이 곧은" 추종자들에서부터 오늘날의 수수께끼 같은 베두인들과 교역상들에 이르기까지, 모든 셈족들의 특징으로 나타나는 깡마른 강건한 몸과 섬세하지만 강인한 정신을 찾아볼 수 없지만 말이다. 그들은 정복 활동을 벌이던 초기 시대에는 소박한 튜닉 차림에 낮은 모자나 터번처럼 생긴 모자를 쓰고 편한 샌들을 신었다. 그 후 부(富)가 증가하면서 편한 샌들은 가죽신으로, 소박한 튜닉은 가장자리를 술로 장식하고 띠가 달린 긴소매 옷으로 바뀌게 되었다. 고

---

* 473쪽 참조.

대에는 가장 아름다운 부류에 속했던* 그들의 여자들은 뺨과 눈에 화장을 하고 구할 수 있는 보석을 모두 착용했으며, 바빌론이나 니네베, 다마스쿠스, 티레의 최신 유행을 따랐다.21

히브리어는 이 땅의 모든 언어 중에서 가장 위엄 있게 들리는 언어에 속한다. 히브리어는 후음(喉音)이 있지만 남성적인 음으로 가득 차 있다. 르낭(Renan)은 히브리어를 "화살이 가득 차 있는 화살집이며, 대기를 뚫고 나아가는 트럼펫 소리"로 묘사했다.22 이 언어는 페니키아인들이나 모압인들의 말과 크게 다르지 않다. 유대인들은 페니키아의 것과 비슷한 알파벳을 사용했다.23 일부 학자들은 그들의 알파벳이 알려진 가장 오래 된 것이라고 믿는다.23a 유대인들은 모음을 기록하지 않았는데 오늘날에도 히브리어의 모음은 자음을 장식하는 점들일 뿐이다.

침략자들은 통일된 국가를 형성하지 않고 오랫동안 열두 개 정도의 독립 부족 형태를 유지하며, 국가의 원리가 아닌 가부장적인 가족의 원리들에 입각하여 조직을 갖추고 다스렸다. 각 가족 집단의 최고 연장자가 원로 회의에 참여했으며, 이 원로 회의는 부족에서 법과 정의를 담당하는 최고 기관이었고 극단적인 긴급 상황에만 다른 부족의 지도자들과 협력했다. 가족은 농경지와 양 떼를 돌보는 데 가장 편리한 경제 단위였다. 가족은 힘과 권위, 정치권력의 원천이었다. 어느 정도의 가족 공산주의는 부권적인 규율의 엄격성을 완화시켰으며, 보다 개인주의적인 시대에 활동한 예언자들은 이때 만들어진 추억거리들을 슬픔에 잠겨 회상했다. 솔로몬의 시대에 도시에서 산업이 일어나자 개인이 새로운 경제적 생산 단위가 되고, 오늘날에도 그러한 것처럼 가족의 권위가 약화되었으며 유대인의 본유적인 생활 질서가 무너졌기 때문이다.

부족들이 경우에 따라 단체적으로 복종한 판관들은 행정관이 아니라 지휘관 혹은 전사였다. 이것은 그들이 신관이었을 때도 마찬가지였다.24 "그때에

---

* 에스더(Esther)에 대한 이야기와 레베카(Rebecca)와 밧세바(Bathsheba) 등에 대한 묘사를 보라.

이스라엘에 왕이 없으므로 사람이 각각 그 소견에 옳은 대로 행하였더라."[25] 제퍼슨(Jefferson)식 민주주의가 믿을 수 없을 정도로 실현되던 이런 여건은 전쟁의 필요들 때문에 사라졌다. 필리스틴인들에게 지배당할 위험이 생기자 부족들이 잠정적으로 연합하여 그들을 계속 다스릴 권한을 갖는 왕을 정하게 된 것이다. 그러자 예언자 사무엘은 한 사람이 통치하게 될 경우에 따르게 될 특정한 불이익들을 그들에게 경고했다.

사무엘이 가로되, 너희를 다스릴 왕의 제도가 이러하니라. 그가 너희 아들들을 취하여 그 병거(兵車)와 말을 어거(馭車)케 하리니 그들이 그 병거 앞에서 달릴 것이며, 그가 또 너희 아들들로 천부장(千夫長)과 오십부장을 삼을 것이며, 자기 밭을 갈게 하고 자기 추수를 하게 할 것이며, 자기 병기와 병거의 제구(諸具)를 만들게 할 것이며, 그가 또 너희 딸들을 취하여 향료 만드는 자와 요리하는 자와 떡 굽는 자로 삼을 것이며, 그가 또 너희 밭과 포도밭과 감람원의 제일 좋은 것을 취하여 자기 신하들에게 줄 것이며, 그가 또 너희 곡식과 포도밭 소산의 십일조를 취하여 자기 관리와 신하들에게 줄 것이며, 그가 또 너희 노비와 가장 아름다운 소년과 나귀들을 취하여 자기 일을 시킬 것이며, 너희 양 떼의 10분의 1을 취하리니 너희가 그 종이 될 것이라. 그날에 너희가 택한 왕으로 인하여 부르짖되 그날에 주께서 너희에게 응답하지 아니하시리라.

백성이 사무엘의 말 듣기를 거절하여 가로되, 아니로소이다. 우리도 우리 왕이 있어야 하리니 우리도 열방(列邦)과 같이 되어 우리 왕이 우리를 다스리며, 우리 앞에 나가서 우리의 싸움을 싸워야 할 것이니이다.[26]

그들의 첫 왕인 사울은 그들에게 선과 악을 교훈적으로 보여 주었다. 그는 그들의 전투에서 용감하게 싸우고, 기브아에 있는 자기 집에서 소박하게 생활했으나 다윗을 살해하려고 추격하고, 필리스틴인들에게서 도주하다 목이 잘려 죽었다. 유대인들은 왕위 계승 전쟁이란 군주 제도에 따르는 부산물이라는 것을 이때 처음 배웠다. 사울과 요나단, 다윗에 대한 짧은 서사시가 단순히 문학이 만들어 낸 걸작이 아니라면,*(성경 외에는 이들을 언급하는 당시의 기록이 없기 때문이다.) 이 첫 왕의 왕위는 피비린내 나는 간주곡이 끝난 후 다윗에게 계승되었다. 다윗은 골리앗을 죽인 영웅으로 요나단과 많은 소녀들에게 사랑을 받았으며 반쯤 벌거벗고 거칠게 춤을 추고,[28] 하프를 매혹적으로 연주하고, 아름다운 노래들을 감미롭게 불렀으며 거의 40년 동안이나 유대인들을 다스린 유능한 왕이었다. 이처럼 초기의 문학은 그를 살아 있는 사람에게서 나타나는 모순되는 정념들을 모두 지닌 인간으로 완벽하게 사실적으로 묘사하고 있다. 그는 자기가 속한 시대와 부족과 자신이 섬기는 신만큼 무자비한 반면에 카이사르나 그리스도만큼 기꺼이 적을 용서했다. 그는 아시리아의 군주처럼 포로들을 모두 살해하고 자기 아들인 솔로몬에게 수년 전에 자기를 많이 저주한 나이 든 백발의 시므이의 "피를 흘려 음부(陰府)에 내려가게 하라."고 말했다.[29] 그리고 경솔하게 우리아의 아내를 자기 규방에 넣고 우리아를 최전방으로 보내 제거하여[30] 나단의 질책을 겸손하게 받아들이면서도, 사랑스러운 밧세바를 그대로 붙잡아 두었다. 반면에 사울을 거의 일곱 번의 일흔 번까지 용서하여 사울의 생명을 빼앗을 수 있는 경우에도 방패만 가져가고, 옥좌를 찬탈할 가능성이 있는 므비보셋을 살려 두어 보살피고, 무장 반란을 일으켰다가 잡힌 배은망덕한 자기 아들 압살롬을 용서하고, 아버지에게 반기를 들었다가 전투 중에 죽은 그 아들의 소식을 듣고는 몹시 슬퍼했다.("내 아들 압살롬아! 내 아들, 내 아들, 압살롬아! 내가 너를 대신하여 죽었다면, 압살롬, 내 아들아, 내 아들아!")[31] 그는 야만성의 모든 흔적과 문명의 모든 약속을 안에 담고 있는 충분하고 다양한 요소들을 지닌 진정한 인간이다.

솔로몬은 옥좌에 오른 후에 곧 마음의 평정을 유지하기 위해 왕위를 넘볼 수 있는 경쟁자들을 모두 살해했다. 그러나 이 일은 야훼의 마음을 상하게 하지 않

---

* 300마리의 여우를 잡아 꼬리에 횃불을 단 후 밭에 풀어놓아 필리스틴들의 곡식을 태우고, 나귀의 턱뼈로 1000명을 때려죽인 삼손에 대한 유쾌한 이야기처럼 말이다.[27]

았다. 오히려 야훼는 새로운 왕이 마음에 들어 그에게 그의 이전이나 이후의 어떤 사람보다 더 뛰어난 지혜를 주겠다고 약속했다.32 아마 솔로몬은 명성에 어울리는 인물일 것이다. 그는 온갖 쾌락과 호사를 즐기는 쾌락적인 면과 왕으로서의 책무를 모두 완수하는 금욕적인 면을 겸비했을 뿐만 아니라,* 법과 질서의 가치를 백성들에게 가르치고 그들을 설득하여 불화와 전쟁을 중단하고 근면과 평화로 돌아가도록 했기 때문이다. 그는 자기 이름에 어울리는 삶을 살았다.** 그가 다스린 오랜 통치 기간 중에 다윗이 수도로 삼은 예루살렘은 이런 흔치 않은 평온함을 이용하여 부를 늘렸다. 원래 이 도시***는 우물을 중심으로 건설되어 있었다. 그 후 평야보다 높은 위치에 있었기 때문에 요새로 바뀌었다. 그런데 이제는 주요 교역로에 자리 잡고 있지 않았지만 근동에서 가장 붐비는 시장 중 하나가 되었다. 솔로몬은 다윗이 티레 왕 히람과 맺었던 좋은 관계를 계속 유지하면서, 페니키아 상인들이 대상(隊商)들을 팔레스타인으로 통과시키도록 장려하여 이스라엘의 농산물을 티레와 시돈에서 만든 제품과 교환하는 수지맞는 사업을 발전시켰다. 그는 홍해에서 활동할 상업용 선단을 만든 후에 히람을 설득하여 아라비아 및 아프리카와 교역을 할 때는 이집트 대신에 이 새로운 교역로를 이용하도록 했다.34 솔로몬이 오빌의 금과 보석들을 채굴한 것은 아마 아라비아에서였을 것이다.35 시바의 여왕이 그의 우정과 어쩌면 그의 도움을 구하러 온 것도 아마 아라비아에서였을 것이다.36 우리는 "솔로몬의 일년 세입금이 금으로 666달란트요."라는 말을 듣는다.37 이것은 바빌론이나 니네베, 티레의 세입과 비교할 수는 없으나 솔로몬을 당시에 가장 부유한 실력자의 반열에 올려놓았다.****

---

* "그가 잠언 삼천을 말하였고 그 노래는 일천다섯이며."33
** 그의 이름 솔로몬(Solomon)은 평화를 의미하는 '샬롬(Shalom)'에서 온 것이다.
*** 텔엘아마르나에서 발견된 점토판에는 우르살림무(Ursalimmu) 또는 우루살림(Urusalim)으로 언급되어 있다.
**** 고대의 근동에서 달란트(talent)가 지녔던 가치에 대해서는 396쪽 참조. 그 가치는 시대마다 다르다. 그러나 솔로몬 시대의 달란트를 현대의 가치로 1만 달러 이상의 구매력을 지닌 것으로 평가해도 과장하는 것은 아니다. 아마 히브리인 저자는 이 수치를 문학적으로 말했을 것이므로, 그의 수치를 너무 진지하게 받아들이지 말아야 한다. 히브리인들이 사용한 통화의 변동에 대해서는 『유대인 백과사전』의 화폐학과 셰켈(Shekel) 항목을 보라. 금이나 은으

그는 이런 부 중 일부를 자기 개인적인 즐거움을 위해 사용했다. 그는 특히 애첩들을 수집하는 취미에 빠져 있었다. 역사가들이 그의 "아내 700명과 첩 300명"을 단순히 60명과 80명으로 줄여 놓았지만 말이다.[39] 아마 그는 이런 결혼들 중 일부를 통해 이집트 및 페니키아와 맺고 있는 우정을 강화시키고자 했을 것이다. 어쩌면 람세스 2세처럼 자신의 탁월한 능력들을 전하고자 하는 우생학적 열정에 사로잡혀 있었을지도 모른다. 그러나 그의 세입은 대부분 정부를 강하게 만들고 수도를 아름답게 꾸미는 데 사용되었다. 그는 수도 주변의 요새들을 보수하고, 영토 안에 있는 전략적 요충지들에 요새를 세우고 수비대를 주둔시켜 침략과 반란을 막았다. 그는 행정상의 여러 목적을 위해 왕국을 열두 개의 행정 구역으로 분할하여 부족들의 경계(境界)를 의도적으로 무시했다. 그가 이런 계획을 세운 목적은 부족들의 배타적인 분리주의를 줄여 하나의 민족으로 통합시키려는 것이었다. 그는 정부의 재정을 조달하기 위해 원정대를 조직하여 귀금속을 채굴하고, 사치품들과 기이한 먹을거리들을(예컨대 상아, 원숭이, 공작) 수입했다.[40] 이런 것들은 증가하고 있는 부르주아지 계층에 높은 가격에 판매할 수 있었기 때문이다. 그는 팔레스타인을 통과하는 모든 대상들에게 통행료를 받았다. 모든 부족들에게 인두세를 부과하고, 자신이 속한 행정 구역을 제외한 모든 구역에 방위비 분담을 요구했으며, 피륙을 짜는 실과 말과 전차를 교역할 독점권을 국가에 귀속시켰다.[41] 요세푸스는 솔로몬이 "예루살렘에서 은을 돌같이 흔하게" 했다는 점을 우리에게 확증하고 있다.[42] 끝으로 그는 야훼를 위한 새로운 신전과 자신을 위한 새로운 궁전으로 도시를 단장하고자 했다.

우리가 유대인의 생활에 어떤 의미에서든 소요가 있었음을 추측할 수 있는 것은 이 시대 이전에는 분명히 유대 전역과 심지어는 예루살렘에도 신전이 전혀 없었다는 사실을 통해서이다. 사람들은 산에 있는 조잡한 제단이나 지역의

로 만든 반지나 합금 덩이와는 구별되는 주조 화폐는 기원전 650년경이 되어서야 팔레스타인에 처음 등장했다.[38]

성소에서 야훼에게 제사를 지내고 있었다.⁴³ 그런데 솔로몬은 도시의 주요 인사들을 모아 놓고, 신전을 세우려고 한다는 계획을 발표했다. 그 후 자신의 창고에서 많은 양의 금과 은, 놋쇠, 쇠, 목재, 보석을 내놓겠다고 약속하고는, 신전을 건립하기 위한 주민들의 기증도 환영할 것이라고 온건하게 제안했다. 우리가 역대기(歷代記)의 기록자를 믿을 수 있다면, 그들은 그가 사용할 5000달란트의 금과 1만 달란트의 은, 그리고 필요한 만큼의 놋쇠와 쇠를 기증하겠다고 약속했다. "그리고 무릇 보석이 있는 자는 야훼의 곳간에 드렸더라."⁴⁴ 선정된 신전 부지는 산 위에 있었다. 신전의 벽들은 파르테논 신전처럼 암벽으로 된 경사면 위에 세워졌다.* 설계는 페니키아인들이 이집트에서 받아들인 양식에 아시리아와 바빌론에서 아이디어를 얻은 장식을 첨가한 형태로 되어 있었다. 신전은 교회가 아니라 직사각형으로 쌓은 벽 안에 세워진 몇 개의 건물로 이루어진 구조물이었다. 주요 건물은 수수한 규모로 길이가 38미터 정도, 폭이 17미터 정도, 높이가 16미터 정도여서, 높이는 파르테논 신전의 2분의 1이고 길이는 노트르담 사원의 4분의 1이었다.⁴⁶ 유대 전역에서 온 히브리인들은 이 신전을 세계의 불가사의 중 하나로 여겼고 이것은 이해할 수 있는 일이었다. 그들은 테베와 바빌론, 니네베에 있는 엄청나게 큰 신전들을 본 적이 없었기 때문이다. 주요 건물 앞에는 금으로 덮은 55미터 정도 높이의 현관이 있었다. 우리가 보유한 유일한 권위 있는 자료를 믿을 수 있다면, 금은 주요 건물 천장의 들보와 기둥, 문, 벽, 큰 촛대, 등잔, 촛불의 심지를 자르는 가위, 숟가락, 향로, "백 개의 금 대접" 등에 아낌없이 사용되었다. 보석들은 여기저기에, 그리고 "언약궤"를 지키는 금을 입힌 두 개의 케루빔에 아로새겼다.⁴⁷ 벽들은 사각형으로 된 큰 돌로 쌓았으며, 천장과 기둥과 문은 조각을 한 삼나무와 올리브 나무로 만들었다. 건축 자재는 대부분 페니키아에서 수입했으며, 숙련된 솜씨가 필요한 일은 대부분 시돈과 티레에서 온 숙련공들이 담당했다.⁴⁸ 숙련된 솜씨가 필

---

* 그 신전의 부지는 현재 이슬람 신전이 있는 엘하람에시샤리프일 것이다. 그러나 그 신전의 유물은 하나도 발견되지 않았다.⁴⁵

요 없는 일은 당시의 방식대로 동원된 15만 명의 사람들의 강제 노동을 통해 이루어졌다.[49]

신전은 그렇게 7년에 걸쳐 세워져 4세기 동안 야훼에게 웅장한 집을 제공했다. 그 후에는 13년 이상 숙련공과 백성들은 솔로몬과 그의 규방을 위해 훨씬 더 큰 건물을 지어야 했다. 그 건물의 한 날개(레바논 숲 속의 집)만해도 신전의 네 배나 되었다.[50] 주요 건물의 벽들은 길이가 4.6미터나 되는 돌로 쌓고 아시리아 양식으로 된 조각상과 돋을새김, 그림으로 장식했다. 궁전에는 그곳을 방문한 유명 인사들을 왕이 접대할 홀과 왕이 사용할 방, 보다 중요한 아내들이 이용할 별도의 거처, 정부의 최후 보루인 병기고가 있었다. 그러나 그 거대한 건축물은 돌 하나 남아 있지 않으며 그 위치도 알 수 없다.[51]

솔로몬은 왕국을 확립한 후에는 안정된 상태에서 치세를 이어 갔다. 통치가 이어지면서 종교에는 점점 관심을 덜 보이고 신전보다는 규방을 더 자주 찾았다. 성경의 연대기 기록자들은 그가 외국인 아내들이 섬기는 이국적인 신들에게 제단을 지어 준 여자에 대한 헌신적인 행위를 신랄하게 비난했으며, 그가 그 신들을 모두 똑같이 대하는 철학적(혹은 정치적) 공정성을 용서할 수 없었다. 백성들은 그의 지혜에 감탄했으나, 그런 지혜를 이용하여 권력을 집중시키려는 음모를 꾸미고 있다고 생각했다. 신전과 궁전은 그들에게 많은 금과 피를 요구했을 뿐이고 인기가 없었다. 피라미드들이 인부들에게 인기가 없었던 것처럼 말이다. 그런 시설들을 유지하려면 상당한 세금이 필요했으나, 세금을 인기 있는 것으로 만든 정부는 없기 때문이다. 그가 죽었을 때 이스라엘은 고갈되어 있었고, 안정된 일자리를 얻지 못해 불만을 품고 있는 프롤레타리아 계층이 형성되어 있었다. 그들이 당하는 고통 때문에 결국 야훼에 대한 호전적인 숭배는 예언자들의 거의 사회주의적인 종교로 바뀌게 된다.

3. 만군의 주

율법서를 공포한 일을 빼면 신전 건축은 유대인들의 서사시에서 가장 중요한 사건이었다. 신전은 야훼에게 집을 제공했을 뿐 아니라 유대라는 국가에 정신적인 중심지이자 수도, 전승을 전해 줄 매개체, 이 땅을 방랑하던 수 세기 동안 불기둥의 역할을 하게 되는 추억을 제공하기도 했다. 그리고 원시적인 다신교였던 히브리 종교를 한 신을 중심으로 하여, 관용을 베풀지는 않으나 역사적 근거를 지닌 창조적인 신조들을 소유한 신앙으로 높이는 데도 제 몫을 담당했다.

유대인들이 역사의 장에 처음 등장할 당시 그들은 대기(大氣) 중에 있는 정령들을 두려워하며 유목 생활을 하는 유랑민들이었으며, 바위, 소, 양 그리고 동굴과 산의 정령들을 숭배하고 있었다.⁵² 황소, 양, 어린양을 숭배하는 의식은 소홀하게 방치되지 않았다. 모세는 자기가 이끄는 무리들이 금송아지를 숭배하는 일을 완전히 뿌리 뽑을 수 없었다. 그들의 기억 속에는 이집트의 황소 숭배가 여전히 생생하게 자리 잡고 있었으며, 오랫동안 야훼는 엄청난 대식가인 그 초식 동물로 상징되었기 때문이다. 출애굽기(32장 25~28절)에서 우리는 유대인들이 금송아지 앞에서 벌거벗고 춤을 추는 일에 몰두했으며, 모세와 레위인들(혹은 신관 계층)이 우상 숭배를 한 일에 대한 형벌로 유대인 3000명을 살해했다는 글을 읽는다.* 초기 유대 역사에서 뱀을 숭배한 흔적들은 가장 오래된 유적지에서 발견된 뱀 신상들⁵⁴에서부터 모세가 만들어 히스기야의 시대(기원전 720년경)까지 신전에서 숭배한 구리 뱀⁵⁵에 이르기까지 무수히 많다. 많은 부족들의 경우처럼 유대인들도 뱀을 한편으로는 남근의 생식력을 상징하고, 다른 한편으로는 지혜와 영악함, (말 그대로 꼬리와 머리를 닿게 할 수 있는 능력 때문에) 영원성을 예시하는 것으로 보고 신성하게 여겼던 것 같다.⁵⁶ 일부 히브리

---

* 고대의 히브리인들이 동물을 숭배했음을 보여 주는 다른 흔적들은 열왕기상 12장 28절과 에스겔 8장 10절에서 발견할 수 있다. 이스라엘의 왕 아합은 솔로몬이 죽은 후의 세기에 어린 암소를 숭배했다.⁵³

인들은 힌두교의 링가(시바 신을 상징하는 남근상 – 옮긴이)처럼 곧바로 서 있는 돌들로 상징되는 바알(Baal)을 생산의 남성적 원리, 즉 땅을 수태시키는 남편으로 보고 숭배했다.[57] 원시적인 다신교가 천사들과 성인들의 숭배로 그리고 가족 신의 역할을 한 휴대용 우상인 드라빔으로 살아남은 것처럼,[58] 초기 의식들 속에 담겨 있던 마술적인 개념들도 예언자와 신관들의 저항에도 불구하고 후대까지 끈질기게 존속했다. 사람들은 모세와 아론을 마술사로 여겼으며,[59] 전문적인 점쟁이들과 마술사들을 찾아다닌 것 같다. 때로는 상자에서 주사위를 꺼내 흔들어 점을 치기도 했으며, 이것은 지금도 여전히 신들의 뜻을 알려고 할 때 사용되는 의식이다. 이런 관습에 반대하며 희생과 기도, 헌금(헌물)의 마술에 토대를 둔 배타적인 종교를 전한 것은 신관들의 공로였다.

하나의 국가적인 신이라는 야훼 개념이 서서히 형태를 잡아 유대인의 신앙에 메소포타미아 만신전의 혼란스러운 복잡함을 뛰어넘는 단일성과 단순성을 부여했다. 유대인들은 정복 과정에서 가나안의 신들 중 하나인 야후(Yahu)*를 받아들여, 자신들에게 맞게 사랑할 만한 한계들을 지닌 엄격하고 호전적이고 "목이 곧은" 신이라는 이미지로 재창조했음이 분명하다. 이 신은 전지성(全知性)을 주장하지 않는다. 그러므로 그 신은 유대인들에게 이집트인들의 장남을 살해할 때 그의 자식들도 같이 죽이는 일이 없도록 제물로 삼은 어린양의 피를 집에 뿌려 그들의 집임을 밝히도록 부탁하고 있다.[61] 그 신은 실수를 하는 일에서 벗어나 있지 않다. 그 신이 범한 최악의 실수가 인간이다. 아담을 창조한 일이나 사울을 왕으로 만든 일을 (너무 늦게) 후회한다. 수시로 탐욕스럽고 성미가 급하고 피에 굶주리고 변덕스럽고 까다롭다. "나는 은혜 줄 자에게는 은혜를 주고 긍휼히 여길 자에게는 긍휼을 베푸느니라."[62] 야곱이 라반에게 복수하면서 속임수를 쓴 일을 인정한다.[63] 그 신의 양심은 정치계에 몸담은 주교의 양심만큼 유연하다. 말이 많고 긴 연설을 좋아한다. 반면에 수줍음이 많아서 인간

---

* 1931년 가나안에서 발견된 청동기 시대의 일부 유물 중에는 가나안의 신인 야(Yah) 또는 야후의 이름이 새겨져 있는 도기 조각들이 있다.[60]

들이 자신의 뒷모습을 제외한 어떤 부분도 보는 것을 용납하지 않는다.[64] 이토록 철저하게 인간적인 신은 없었다.

본래 그 신은 산 속에 거주하며,[65] 고리키(Gorki)가 천둥이 칠 때면 신자가 되었던 것과 똑같은 이유로 숭배되던 천둥의 신이었던 것 같다. 종교를 정치의 도구로 보았던 모세 오경의 저자들은 이 불의 신을 군신(軍神)으로 만들어 놓았다. 그러므로 야훼는 그들의 열정적인 손을 통해『일리아드』에 나오는 신들처럼 자기 백성들을 위해 맹렬하게 싸우는 제국주의적이고 팽창주의적인 성격이 두드러진 만군의 주가 되었다. 모세는 "야훼는 용사"라고 말한다.[66] 다윗은 그의 말을 그대로 흉내 낸다. "야훼는 내 손을 가르쳐 싸우게 하시니."[67] 야훼는 유대인들이 "이를 곳의 모든 백성을 파하고" 히위인과 가나안인, 히타이트인 들을 "조금씩 쫓아내리라."고 약속하고 있다.[68] 그리고 유대인들이 정복하는 모든 지역을 자신의 영토로 주장한다.[69] 그 신에게는 평화주의자의 무의미한 생각은 찾아볼 수 없다. 그 신은 "약속된 땅"이라도 칼을 통해서만 얻고 유지할 수 있음을 안다. 그 신이 전쟁의 신인 이유는 그럴 수밖에 없기 때문이다. 그 신을 힐렐과 그리스도의 사랑이 많은 온유한 아버지로 바꾸려면, 군사적으로 패배당하고 정치적으로 복속된 후 도덕적으로 발전하는 천 년의 세월이 필요할 것이다. 그 신은 군인이므로 공명심도 있다. 만족할 줄 모르는 식욕으로 찬양을 마시며, 이집트인들을 수장(水葬)시키는 일을 통해 자신의 용맹성을 과시하고자 한다. 자기 백성들을 위해 성공을 거두기 위한 목적으로 당시의 도덕으로는 용납될 수 있으나 우리에게는 거슬리는 잔혹한 행위들을 직접 행하거나 그렇게 하도록 명령한다. 그 신은 소인국(小人國)을 위해 싸우는 걸리버처럼 여러 민족들을 모두 살해하며 천진난만하게 즐거워한다. 유대인들이 모압의 딸들과 음행한다는 이유로 모세에게 이렇게 명령한다. "백성들의 수령들을 잡아 태양을 향하여 야훼 앞에 목을 매어 달라."[70] 이것은 아슈르바니팔과 아슈르의 도덕이다. 그 신은 자기를 사랑하여 자기의 계명을 지키는 사람들에게는 자비를 베풀겠다고 제안한다. 반면에 죄를 마치 모종의 뿌리 깊은 병원균으로 보는 것처럼 아버지와 할아버지, 심지어는 고조할아버지의 죄에 대해서까지 자식을 처벌하겠다고 한다.[71] 매우 잔인하여 금송아지를 숭배한 일로 유대인들을 멸망시킬 생각을 한다. 그러므로 모세는 자제하도록 그 신을 설득한다. 그는 신에게 말한다. "주의 맹렬한 분노를 그치시고 뜻을 돌이키사 주의 백성에게 화를 내리지 마옵소서."[72] 다시 야훼는 유대인들이 모세에게 반기를 든 일 때문에 그들의 뿌리와 가지를 뽑아 버리고자 하지만 모세는 그 신의 보다 나은 본성에 호소하며, 사람들이 그런 일에 대해 들으면 어떻게 말하겠는지 생각해 달라고 부탁한다.[73] 그 신은 아브라함에게 잔인한 시험(가장 혹독한 유형의 인간 제물)을 요구한다. 모세처럼 아브라함 역시 야훼에게 도덕 원리들을 가르치며, 소돔과 고모라에서 선한 사람을 50 - 40 - 30 - 20 - 10명을 발견하면 그 도시를 멸망시키지 말라고 설득한다.[74] 그는 조금씩 자기 신을 설득하여 상식적인 상황으로 유도하며, 인간의 도덕이 발전하면 그에 맞춰 신들을 주기적으로 재창조할 수밖에 없는 상황을 설명한다. 야훼가 선민(選民)들이 자기에게 순종하지 않을 경우 그들에게 가하겠다고 위협하는 저주들은 질책의 모델이었으며, 종교 재판을 통해 이단들을 화형에 처하거나 스피노자(Spinoza)를 파문시킨 사람들을 고무시켰다.

> 네가 성읍에서도 저주를 받으며 들에서도 저주를 받을 것이요. …… 네 몸의 소생과 네 토지의 소산이…… 저주를 받을 것이며, 네가 들어와도 저주를 받고 나가도 저주를 받으리라. …… 야훼께서 폐병과 열병과 염증으로 너를 치시리니. …… 야훼께서 애굽의 종기와 피부병과 옴으로 너를 치시리니 네가 치료함을 얻지 못할 것이며. …… 또 이 율법 책에 기록하지 아니한 모든 질병과 모든 재앙을 네가 멸망하기까지 야훼께서 내리실 것이니.[75]

야훼는 유대인들이나 자신이 존재를 인정하는 유일한 신이 아니었다. 그 신이 십계명의 제1계명에서 요구하는 것은 오직 자신이 나머지 모든 것보다 우선해야 한다는 것뿐이었다. 그 신은 "나는 질투하는 신"이라고 자인한 후에 추종자들에게 자신의 라이벌 신들을 "완전히 엎어 버리고 그 신상들을 다 파괴하라."고 명령하고 있다.[76] 이사야가 등장하기 전의 유대인들은 야훼를 모든 부족의 유일한 신이라고 생각하지 않았으며, 심지어 모든 히브리인들의 유일한 신이라고 생각하지도 않았다. 모압인들에게는 그들의 신인 그모스가 있었으며, 나오미는 룻이 계속 그모스를 충실하게 섬겨도 좋다고 생각했다.[77] 바알세붑은 에글론의 신이었으며, 밀곰은 암몬의 신이었다. 이 민족들은 경제적 정치적 고립주의를 택하여 자연스럽게 그들의 신학적 독립성을 낳았던 것이다. 모세는 그의 유명한 노래에서 "야훼여, 신들 중에 주와 같은 자 누구입니까?"[78]라고 물으며, 솔로몬은 "우리의 신은 모든 신보다 크심이라."[79]고 말하고 있다. 탐무즈는 식자층을 제외한 모든 유대인들에게 받아들여졌다. 뿐만 아니라 그를 섬기는 의식이 한때 유대에 널리 퍼져 있었으므로, 에스겔은 탐무즈의 죽음을 슬퍼하는 제의적인 울음소리를 신전에서도 들을 수 있다고 불평하기도 했다.[80] 유대인 부족들은 이처럼 독립성과 자율성을 유지하고 있었으므로, 심지어 예레미야의 시대에도 그중 다수는 자체의 신들을 갖고 있었다. "유다여, 너의 신들이 너의 성읍 수와 같도다." 그러므로 이 음울한 예언자는 그의 백성들이 바알과 몰록을 섬기는 일에 계속 저항한다.[81] 다윗과 솔로몬의 치세에 정치적 통일성이 점점 견고해지고 예루살렘의 신전이 종교의 중심지로 자리를 잡아 가면서 신학이 역사와 정치를 반영하게 되자, 야훼는 유대인들의 유일한 신이 되었다. 그러나 그들은 예언자들이 등장할 때까지는 이런 단일신교(henotheism)*를 넘어 유일신교(monotheism)의 방향으로 조금도 발전하지 않았다.** 그러나 히브리인들의 종교는 잠시 존재했던 이크나톤의 태양 숭배를 제외하면 예언자 이전 시대의

---

* 막스 뮐러(Max Müller)가 만든 서툴지만 유용한 용어로 말하자면 다른 신들을 (인도에서처럼) 명시적으로 인정하거나 (유대에서처럼) 암묵적으로 인정하면서 한 신을 최고신으로 숭배하는 것을 말한다.
** 그러나 엘리사는 일찍이 기원전 9세기에 한 신을 선포했다. "내가 이제 이스라엘 외에는 온 천하에 신이 없는 줄을 아나이다."[82] 명심해야 할 것은 현대의 유일신교도 대단히 상대적이고 불완전하다는 점이다. 유대인이 그 부족의 한 신을 숭배했던 것처럼 우리 역시 유럽의 한 신(혹은 영국의 한 신, 독일의 한 신, 이탈리아의 한 신)을 숭배한다. 우리는 (정글 속에 사는 신학자들은 말할 것도 없고) 인도와 중국, 일본의 수백만의 사람들이 우리 조상들의 신을 아직도 인정하지 않는다는 점을 조금도 고려하지 않는다. 기계가 온 세상을 하나의 경제적인 망으로 엮고, 모든 국가들을 하나의 지배 체제 아래 놓고 난 후에야 (온 세상을 위하는) 하나의 신이 등장하게 될 것이다.

다른 어떤 종교보다 더 유일신교에 가까웠다. 적어도 유대교는 정서와 시적인 면에서는 바빌로니아와 그리스의 다신교와 비슷하지만, 장엄함과 힘, 철학적 통일성과 이해, 도덕적 열정과 영향력이라는 면에서는 당시의 다른 어떤 종교보다 엄청나게 탁월했다.

한 신을 중심으로 이루어진 음울한 이 종교는 이집트인과 바빌로니아인이 신들을 섬길 때 나타나는 특징인 화려한 제의와 떠들썩한 행사들을 받아들이지 않았다. 독단적인 신 앞에서 인간은 아무것도 아니라는 의식이 고대 유대인들의 모든 생각을 암울하게 만들었던 것이다. 솔로몬이 색채와 소리를 통해 야훼 제의를 아름답게 만들려고 여러 가지 노력을 기울였으나, 이 두려운 신을 숭배하는 종교는 수 세기 동안 사랑의 종교라기보다는 두려움의 종교로 남아 있었다. 그러면 이런 신앙들을 뒤돌아볼 때, 그 신앙들이 인류에게 공포를 안겨 준 것만큼 위로도 안겨 주었는가? 희망과 사랑의 종교들은 안전과 질서에 따르는 호사품이다. 원시 종교들은 반역을 일삼는 신하나 백성들에게 두려움을 심어 주어야 할 필요성 때문에 대부분 신비와 공포로 가득 찬 의식이 되기 마련이다. 모세의 율법을 담고 있는 언약궤는 손을 댈 수 없는 특성상 유대 신조의 성격을 상징했다.

유대인의 신학에서 중심이 되었던 것은 죄에 대한 개념이다. 그들처럼 덕을 사랑했던 민족은 없었다. 물론 가톨릭이 지배했던 수 세기의 흔적을 떨쳐 버리고 구약에서 빠져나온 것 같은 청교도는 예외다. 인간의 육체는 연약하고 율법은 복잡했으므로 죄는 불가피했다. 그러므로 유대인의 정신은 비가 오지 않는 것에서부터 이스라엘 전체가 멸망하는 것에 이르기까지, 죄에 따르는 결과들에 대한 생각에 사로잡혀 있는 경우가 많았다. 그러나 이 신앙에는 형벌을 받는 별개의 장소로서의 지옥은 없었다. 그러나 지옥만큼 나쁜 곳인 스올(음부(陰府))이 있었다. 스올은 땅 속에 있는 "흑암의 땅"으로 신에게 사랑을 받은 모세와 에녹, 엘리야를 제외하고 선한 사람과 악한 사람을 막론하고 모든 사람이 죽으면 가는 곳이었다. 하지만 유대인들은 무덤 저편의 생활에 대해서는 거의 언급하지 않았다. 그들의 신조는 개인의 불멸성에 대해서는 말하지 않았으며, 상과 벌도 이 현세의 생활로 제한했다. 유대인들은 이 땅에서 승리할 것이라는 희망을 잃은 후에야 비로소 (십중팔구 페르시아에서 그리고 어쩌면 이집트에서도) 개인적인 부활이라는 개념을 받아들였다. 그리스도교는 바로 이런 정신적 위기 상황에서 태어난 것이다.

죄에 대한 위협과 그에 따르는 결과는 기도나 제물로 상쇄될 수 있었을 것이다. 셈족의 제물은 아리안족의 경우처럼 처음에는 인간 제물로 시작했다.[83] 그 후에는 동물("모든 생물의 처음 나는 것")과 들에서 나는 음식을 바치다가 마지막에는 찬양을 바치는 것으로 양보했다. 처음에는 신관들이 도살한 후 축복하고 잠시 신에게 바치지 않으면 어떤 동물도 먹을 수 없었을 것이다.[84] 할례는 제사의 성격과 대체의 성격을 띠었다. 신이 일부분을 전체로 여겼다는 말이다. 월경과 출산은 죄처럼 사람을 영적으로 부정하게 만들었으며, 따라서 신관이 바치는 제물과 기도를 통한 정결 의식이 필요했다. 금기 사항이 신실한 자들을 사방으로 에워싸고 있었다. 거의 모든 소망에 죄가 잠재해 있었으며, 거의 모든 죄마다 속죄를 위한 예물이 필요했다.

제의(祭儀)를 제대로 행하거나 신앙의 의식과 신비들을 올바로 설명할 수 있는 사람은 오직 신관들뿐이었다. 신관들은 오직 레위*의 후손들만 소속될 수 있는 폐쇄된 계층이었다. 그들은 재산을 상속할 수 없었으나[85] 모든 세금이나 요금, 의무가 면제되었다.[86] 그들은 수확물 중 10분의 1을 징수했으며, 신전에 바쳐진 예물들 중에서 신이 사용하지 않고 남긴 것은 자신들을 위해 사용했다.[87] 바빌론 유수 이후 공동체가 재기하여 부(富)가 늘어 가면서 성직자 계층의 부도 늘어났다. 더구나 이 계층의 부는 잘 관리되고 증대 및 보존되었으므로, 결국 테베와 바빌론에서처럼 예루살렘에서도 제2신전에서 활동한 신관들은 왕보다 더 큰 권력을 갖게 되었다.

신관의 권력이 커지고 종교 교육이 강화되었으나 히브리인들의 미신과 우상 숭배를 완전히 뿌리 뽑을 수는 없었다. 산꼭대기와 숲에는 낯선 신들이 계속 자리 잡고 있어서 그 신들을 숭배하는 은밀한 제의들이 행해졌다. 소수였지

---

* 야곱의 아들 중 한 명.

만 상당수의 백성들이 신성한 돌들 앞에서 절을 하거나, 바알 또는 아스타르테를 숭배하거나, 바빌로니아식으로 점을 치거나, 신상들을 세우고 그 앞에 분향을 하거나, 구리 뱀이나 금송아지 앞에서 무릎을 꿇거나, 신전을 이교도의 축제 소리로 채우거나,[88] 자식들을 제물로 삼아 불 가운데로 지나가게 했다.[89] 심지어는 솔로몬과 아합 등 일부 왕들도 외국의 신들을 숭배했다. 엘리야와 엘리사 같은 거룩한 사람들이 나타나서 (반드시 신관이 되지는 않았으나) 이런 풍습들에 저항하는 설교와 모범적인 삶을 통해 백성들을 정의로 인도하고자 했다. 이런 초기의 여건 속에서, 그리고 이스라엘에서 가난과 착취가 등장한 상황 속에서 유대 종교의 위대한 인물들, 즉 유대인들의 신조를 정화하고 고양시켜 그 신조를 통해 서구 세계를 정복할 수 있는 길을 준비한 열정적인 예언자들이 나타났다.

4. 최초의 급진론자

가난은 부에 의해 만들어지며, 부가 눈앞에 적나라하게 드러날 때까지는 가난이 가난인 줄 모른다. 그러므로 솔로몬이 전설적인 행운을 누리면서 이스라엘에서는 계층 전쟁이 시작되었다. 솔로몬은 표트르(Peter) 대제와 레닌(Lenin)처럼 농업 국가에서 산업 국가로 너무 빨리 옮겨 가고자 했다. 그가 펼친 공공사업들에 투입된 노역과 세금이 백성들에게 큰 부담이 되었을 뿐 아니라, 20년에 걸친 공사가 끝나자 예루살렘에 프롤레타리아 계층이 형성되었고, 일자리가 부족해지면서 이 계층은 로마에서 그랬던 것처럼 팔레스타인에서도 정치적 분열과 부패의 원인이 되었다. 개인의 부가 증가하고 궁전의 호사가 증대되는 것과 발을 맞추어 빈민가들이 늘어났다. 많은 토지를 소유한 사람들 그리고 신전 주변에 모여 있는 상인들과 환전상들 사이에서는 착취와 고리대금이 공공연하게 이루어졌다. 에브라임의 지주들은 "은을 받고 의인을 팔며, 신 한 켤레

를 받고 궁핍한 자를 팔았다."고 아모스는 말한다.[90]

문명이 산업화되는 과정에서는 가난한 사람들과 풍요로운 사람들의 격차가 점점 커지고 도시와 농촌 사이의 갈등이 점점 깊어지기 마련이다. 이런 현상은 솔로몬이 죽은 후 팔레스타인이 사마리아를 수도로 삼은 북왕국 에브라임*과 예루살렘을 수도로 한 남왕국 유다라는 적대적인 두 왕국으로 분열된 일과 관계가 있다. 이때부터 유대인들은 동족 간의 증오와 갈등 때문에 약화되었으며, 이런 증오와 갈등은 혹독한 전쟁으로 이어지는 경우도 있었다. 솔로몬이 사망한 직후 예루살렘은 이집트의 파라오 셰숀크 1세에게 점령되어 굴복하고, 솔로몬이 오랜 기간 거둬 모아 놓았던 금의 대부분을 바쳐 정복자를 달랬다.

정치는 부패하고 경제는 갈등이 깊어지고 종교는 타락한 바로 이런 상황에서 예언자가 등장했다. 예언자라는 말(히브리어로는 나비(Nabi)**)이 제일 처음 적용되었던 사람들은 현대의 그리스도교계에서 아모스 및 이사야와 연관시키는 특징을 지닌 사람들이 아니었다. 그중 일부는 보수를 받고 마음과 과거의 비밀들을 알려 주고 미래를 미리 알려 준 점술가들이었다. 그리고 일부는 기묘한 음악이나 독한 술이나 격렬한 춤을 통해 광란 상태에 빠진 후 무아지경에서 고객이 생각하기에 영감을 받은 말, 즉 말하는 당사자의 영혼이 아닌 다른 어떤 영이 불어넣어 준 말을 하는 광신자들이었다.[91] 예레미야는 "무릇 미친 자와 자칭 선지자"들을 비웃었다.[92] 일부는 엘리야처럼 염세적인 은둔자들이었다. 그중 다수는 신전들 부근의 학교 또는 수도원에서 생활했으나, 대부분은 개인의 재산과 아내가 있었다.[93] 예언자들은 처음에는 이런 잡다한 무리의 고행자들이었으나 차차 발전하여 자기가 속한 시대와 백성들에 대해 책임감을 갖고 일관되게 비판하는 비판가, "성직자 제도에 철저하게 반대하는"[94] 당당한 길거리 정치가, 셈족주의를 가장 강경하게 비판하는 반대자,[95] 점쟁이와 사회주

---

* 이 왕국은 '이스라엘'로 일컬어지는 경우가 많다. 하지만 여기서 이스라엘이란 용어를 사용할 때는 모든 유대인이 포함되는 의미로 사용할 것이다.

** '나비'라는 말을 그리스인들은 프로페테스(pro-phe-tes), 즉 선포자라는 말로 번역했다.

의자의 영역을 넘나드는 사람들이 되었다. 이들을 일기 예보를 하는 것과 같은 의미의 예언자로 생각한다면 잘못 생각하는 것이다. 그들이 예언한 내용들은 희망이나 위협, 경건한 질문,[96] 사건이 일어난 후에 앞일을 예측하는 것이었다.[97] 예언자들은 장래를 예언하는 체하는 사람들이기보다는 거리낌 없이 말하는 사람들이었다. 그들은 야당 소속의 말 잘하는 사람들이었다는 얘기다. 한 국면에서는 산업화에서 나타난 착취와 종교계의 속임수에 대해 분노한 비폭력 저항자였다. 그들은 소박한 시골 출신으로 도시의 부패한 부를 신랄하게 비판했다.

아모스는 자신을 예언자로 묘사하지 않고 시골의 소박한 목자(牧者)로 기술했다. 그는 양 떼를 떠나 베델을 보고는 그곳에서 발견한 부자연스러운 복잡한 생활과 불평등한 부, 혹독한 경쟁, 무자비한 착취에 대해 혐오감을 느꼈다. 그는 성문에 서서 파렴치한 부자들과 그들의 호사를 질책했다.

너희가 가난한 자를 밟고 저에게서 밀의 부당한 세를 취하였은즉, 너희가 비록 다듬은 돌로 집을 건축하였으나 거기 거하지 못할 것이요, 아름다운 포도나무를 심었으나 그 포도주를 마시지 못하리라. …… 화 있을진저. 시온에서 안일한 자와 …… 상아 침상에 누우며 침상에서 기지개 켜며, 양 떼에서 어린양과 우리에서 송아지를 취하여 먹고, 비올(viol)에 맞추어 헛된 노래를 지절거리며, 다윗처럼 자기를 위하여 악기를 제조하며, 대접으로 포도주를 마시며, 귀한 기름을 몸에 바르는 자로다.

내가 너희 축제를 미워하며 …… 너희가 내게 번제(燔祭)나 소제(素祭)를 올릴지라도 내가 받지 아니할 것이요. …… 네 노랫소리를 내 앞에서 그칠지어다. 네 비올 소리도 내가 듣지 아니하리라. 오직 심판을 물같이, 정의를 하수(河水)같이 흘릴지로다.(야훼의 말씀이니라.)[98]

이것은 세계의 문학에 나타난 새로운 어조다. 아모스가 독자로 하여금 포도주를 마시는 사람이나 음악을 듣는 사람처럼 잠시나마 공감하게 만드는 (미시

시피 강처럼 도도하게 흐르는) 신랄한 위협들을 신의 입에 담는 방법을 통해 자신의 이상주의의 날카로움을 무디게 하고 있는 것은 사실이다. 그러나 여기서는 아시아의 문학에서는 최초로 사회적 양심이 분명한 형태를 취하고 있으며, 의식을 중심으로 하여 아첨을 일삼던 종교를 도덕의 채찍과 숭고함에로의 부름으로 바꾸어 놓는 내용을 쏟아붓고 있다. 예수 그리스도의 복음이 아모스에서부터 시작하고 있는 것이다.

아모스의 가장 신랄한 예언 중 하나는 그가 살아 있는 동안에 실현된 것 같다. "야훼께서 가라사대 목자가 사자 입에서 양의 두 다리나 귀의 조각을 건져 냄과 같이 사마리아에서 침상 모퉁이에나 다마스쿠스의 걸상에 앉은 이스라엘 자손이 건져 냄을 입으리라. …… 상아 궁들이 파멸되며 큰 궁들이 결딴나리라."[99]* 733년 신생 왕국 유다는 시리아와 동맹을 맺은 에브라임에게 위협을 받게 되자 아시리아에 도움을 요청했다. 그 결과 아시리아가 다마스쿠스를 점령하고, 시리아와 티레, 팔레스타인으로 하여금 조공을 바치게 했다. 그러나 그 후 유대인들이 이집트에 도움을 청한 사실을 알고는 다시 침공하여 사마리아를 점령한 상태에서 유다의 왕과 외교적 협상을 벌였으나,[101] 예루살렘을 손에 넣지 못한 채 유대인 포로 20만 명과 전리품을 싣고 니네베로 돌아갔다.[102]

예언자 이사야가 히브리 역사의 위대한 인물 중 한 명이 된 것은 예루살렘이 포위 공격을 받고 있던 바로 이 시기였다.** 아모스보다는 지방적인 색채가 적은 그는 참을성이 강한 정치가의 관점에서 생각했다. 멀리 떨어져 있는 이집트(의지하는 사람의 손을 찌를 상한 지팡이)가 도와주더라도 작은 유다는 시리아 제국의 무력에 저항할 수 없으리라고 확신하고, 처음에는 아하스 왕에게 그리고 그 후에는 히스기야 왕에게 아시리아와 에브라임이 벌이는 전쟁에서 중립을

---

* 이 말은 아합 왕이 "화장으로 꾸민 왕비" 이세벨(기원전 875~850년경)과 함께 살았던 사마리아 궁전의 상아로 꾸며 놓은 방을 말하는 것이 분명하다. 하버드 도서관 발굴단이 한 왕궁 유적지에서 발견한 상아로 만든 몇몇 유물들은 잠정적이지만 아합이 사용했던 것임이 밝혀졌다.[100]
** 그의 이름으로 되어 있는 책은 기원전 710~300년 기간에 활동한 두 명 이상의 저자들이 예언들(즉 설교들)을 편집해 놓은 것이다.[103] 1~39장은 보통 여기서 논의하고 있는 제1이사야의 작품으로 간주한다.

유지하도록 간청했다. 아모스와 호세아처럼 그 역시 사마리아의 몰락과[104] 북왕국의 종말을 예견했다. 그러나 아시리아인들이 예루살렘을 포위하자 이사야는 히스기야에게 항복하지 말도록 조언했다. 센나케리브의 군대가 갑자기 철수하면서 그의 말이 옳았음을 증명한 것처럼 보이며, 따라서 한동안 왕과 백성들에게 그의 명성이 높았다. 그의 조언은 항상 공정하게 다루어졌으나, 아시리아를 잠시 대리인으로 이용한 후 결국에는 그 대리인도 멸망시켜 버린 야훼에게 쟁점을 남겨 놓게 된다. 이사야에 의하면 그에게 알려진 모든 나라들은 야훼에게 멸망당할 것이다. 몇몇 장(16~23장)에서는 모압, 시리아, 에티오피아, 이집트, 바빌론, 티레가 멸망할 것이라 말하고 있다. "그들이 심히 근심하리니."[105] 이런 파멸에 대한 열망, 이런 저주의 기도가 이사야서를 망치고 있다. 성경의 모든 예언 문학을 훼손하고 있는 것처럼 말이다.

하지만 그의 비난은 제자리(경제적인 착취와 탐욕)로 향하고 있다. 그의 말솜씨는 구약에서, 즉 세계의 산문(散文)의 정점에 속하는 구절에서 최고조에 도달한다.

야훼께서 그 백성의 장로와 제후들을 심판하시되 포도밭을 삼킨 자는 너희며 가난한 자에게서 탈취한 물건은 너희 집에 있도다. 어찌하여 너희가 내 백성을 짓밟으며 가난한 자들의 얼굴을 짓밟느냐. …… 가옥에 가옥을 연하며 논밭에 논밭을 더하여 빈틈이 없도록 하고 이 땅 가운데서 홀로 거하려 하는 그들은 화 있을진저! …… 불의한 법령을 발포하며, 불의한 말을 기록하며, 빈핍한 자를 불공평하게 판결하여 내 백성의 가련한 자의 권리를 박탈하며, 과부를 괴롭히고 고아의 것을 약탈하는 자는 화 있을진저. 너희에게 벌하시는 날과 멀리서 오는 환난 때에 너희가 어떻게 하려느냐? 누구에게로 도망하여 도움을 구하겠으며 너희의 영화를 어느 곳에 두려느냐?[106]

그는 가난한 사람들을 쥐어짜면서도 세상을 향해서는 경건한 얼굴을 내미는 사람들에 대한 경멸로 가득 차 있다.

야훼께서 말씀하시되 너희의 무수한 제물이 내게 무엇이 유익하뇨? 나는 숫양의 번제와 살진 짐승의 기름에 배불렀고. …… 내 마음이 너희가 정한 절기를 싫어하나니 그것이 내게 무거운 짐이라. 너희가 손을 펼 때에 내가 눈을 가리고 너희가 많이 기도할지라도 내가 듣지 아니하리니 이는 너희의 손에 피가 가득함이니라. 너희는 스스로 씻으며 스스로 깨끗하게 하여 내 목전에서 너희 악업을 버리며, 악행을 그치고 선행을 배우며, 공의(公義)를 구하며, 학대받는 자를 도와주며, 고아를 위하여 신원하며, 과부를 위하여 변호하라 하셨느니라.[107]

그는 신랄하지만 백성들에 대해서는 실망하지 않는다. 아모스가 오늘날에는 이상하게 들리지만 유대인들이 본국으로 놀아갈 것이라는 말로 예언을 마무리한 것처럼,[108] 이사야 역시 메시아에 대한 희망(유대인들의 정치적 분열, 식민지 생활, 불행을 종식시키고 보편적인 형제애와 평화의 시대를 열어 줄 모종의 구세주에 대한 그들의 믿음)을 분명하게 말하며 끝을 맺고 있다.

보라, 처녀가 잉태하여 아들을 낳을 것이요, 그 이름을 임마누엘이라 하리라. …… 이는 한 아기가 우리에게 났고, 그 어깨에는 정사(政事)를 메었고, 그 이름은 기묘자(Wonderful)라, 모사(Counsellor)라, 전능하신 하느님이라, 영존하시는 아버지라, 평강의 왕이라 할 것임이라. …… 이새(Jesse)의 줄기에서 한 가지가 나서. …… 야훼의 신 곧 지혜와 총명의 신이, 모략과 재능의 신이요 지식과 야훼를 경외하는 신이 그 위에 강림하시리니. …… 공의로 빈핍한 자를 심판하며, 정직으로 세상의 겸손한 자를 판단할 것이며, 그 입의 막대기로 세상을 치며, 입술의 기운으로 악인을 죽일 것이다. 공의로 그 허리띠를 삼으며, 성실로 몸의 띠를 삼으리라. 그때에 이리가 어린양과 함께 누우며, 송아지와 어린 사자와 살진 짐승이 함께 있어 어린아이에게 끌리며 …… 무리가 그 칼을 쳐서 보습을 만들고, 그 창을 쳐서 낫을 만들 것이며, 이 나라와 저 나

라가 다시는 칼을 들고 서로 치지 아니하며, 다시는 전쟁을 연습하지 아니하리라.[109]

이것은 놀라운 열망이지만 유대인들이 많은 세대 동안 지녀 왔던 분위기를 표현한 것은 아니었다. 신전의 신관들은 잘 훈련된 귀를 가지고 경건을 장려하는 이 유용한 말에 공감하며 귀를 기울였으며, 일부 종파들은 자신들에게 영감을 주는 것으로 여기고 예언자들을 뒤돌아보았다. 그리고 감각적인 즐거움을 모두 벗겨 내는 이 말은 사막에서 형성된 유대인의 금욕주의를 강화하는 데 모종의 역할을 했다. 그러나 궁전과 천막, 장터, 들판에서는 대체로 이전과 같은 생활이 계속되었다. 전쟁은 세대마다 일어나 최고의 젊은이들을 앗아 갔으며, 전쟁 포로가 된 외국인들은 노예 생활을 운명으로 받아들일 수밖에 없었다. 상인들은 저울을 조작하여 속이면서[110] 제물과 기도로 양심을 달래려고 했다.

예언자들이 가장 심오한 흔적을 남긴 것은 바로 바빌론 유수 이후의 유대교였다. 그리고 그들은 그 유대교와 그리스도교를 통해 전 세계에도 깊은 흔적을 남겼다. 아모스와 이사야는 그리스도교와 사회주의의 모태이며, 가난과 전쟁이 인간의 형제애와 평화를 깨뜨리는 일이 없는 유토피아의 물줄기가 흘러나온 원천이다. 그들은 유대인들의 현세적인 권력을 다시 확립해 주고, 무산자들이 인류를 통치하는 독재 시대를 열어 줄 메시아에 대한 유대인의 초기 개념을 형성해 준 근거다. 이사야와 아모스는 호전적인 시대에 단순성과 온유함, 협력과 우정이라는 덕목을 높이기 시작했으며, 예수는 이런 덕목들을 자신이 내세우는 신조의 기본 요소로 삼았다. 그들은 "만군(萬軍)의 주"를 "사랑의 주"로 다시 만들어 내는 어려운 과제를 수행한 최초의 인물들이었다. 그들은 야훼를 내세워 인도주의를 펼쳤다. 19세기의 급진론자들이 그리스도를 내세워 사회주의를 펼쳤던 것처럼 말이다. 성경이 유럽에서 인쇄되었을 때 활력을 되찾은 그리스도교를 통해 독일인들의 마음을 뜨겁게 만들고, 종교 개혁의 횃불에 불을 붙인 것은 바로 그들이었다. 청교도들이 생겨난 것도 그들이 내세운 격렬하고 타협을 허락하지 않는 바로 그 덕목이었다. 그들이 도덕 철학의 토대로 삼은 것은 보다 나은 증거 자료를 갖추게 될 이론, 즉 의로운 사람은 번영을 누리고 악인들은 멸망한다는 이론이었다. 이런 이론이 하나의 망상에 지나지 않는다 해도 그것은 고상한 마음을 지닌 사람에게서 나타나는 약점일 뿐이다. 예언자들은 자유의 개념을 갖고 있지 않았으나, 정의를 사랑하여 부족들이 도덕을 제한하는 행위들을 종식시킬 것을 요구했던 것이다. 그들은 이 땅에서 불행을 겪고 있는 사람들에게 형제애라는 비전을 제공했으며, 그 비전은 많은 세대들이 결코 잊을 수 없는 고귀한 유산이 되었다.

5. 예루살렘의 멸망과 부활

그들이 당시에 이룬 가장 큰 업적은 성경을 기록하도록 영향을 준 것이었다. 사람들이 야훼 숭배에서 등을 돌리고 외국의 신들을 찾게 되자 신관들은 국가적인 신앙이 무너지는 상황을 막을 수 있는 궁극적인 거점을 만들 시기가 온 것이 아닌가 하고 생각하기 시작했다. 신관들은 자신의 영혼이 안고 있는 뜨거운 확신들을 야훼에게 돌린 예언자들의 본을 받아 백성들에게 신과 직접 의사소통할 수 있는 매체를 제시하기로 했다. 국가의 도덕에 다시 활력을 불어넣는 동시에 예언자들의 사상 중 극단적인 면이 적은 것들을 구체적으로 표현하여 그들의 지지도 이끌어 낼 수 있는 법전을 만들기로 한 것이다. 신관들은 쉽게 요시아 왕을 그 계획에 가담시켰다. 그의 재위 18년째 되던 해에 신관 힐기야는 예언자들과 신관들이 뜨겁게 논쟁을 벌이고 있던 현행 쟁점들을 위대한 모세가 과거에 야훼의 직접 지시에 따라 일시에 완전히 해결해 놓은 놀라운 두루마리를 신전의 은밀한 문서 보관소에서 발견했다고 왕에게 알렸다. 이 발견은 큰 소동을 불러일으켰다. 요시아는 유다의 원로들을 신전으로 소집한 후에 수많은 백성들 앞에서 "언약의 책"을 읽어 주었다. 다 읽고 난 후에 그는 이제부터는 이 책에 기록된 율법들을 지키겠다고 엄숙하게 맹세하고는 "거기에 있는 자들도 다 이에 참가하게"¹¹¹ 했다.

우리는 이 "언약의 책"이 정확하게 어떤 것인지 모른다. 출애굽기 20~23장일 수도 있고 신명기일 수도 있다.¹¹² 우리는 그 책이 정황에 맞춰 꾸며 낸 것이었다고 생각할 필요가 없다. 그 책은 수 세기에 걸쳐 예언자들과 신전에서 흘러나온 신조와 요구사항, 권고 사항 들을 체계적으로 정리하여 기록한 책이었을 것이다. 여하튼 그 책을 낭독하는 소리를 들은 사람들과 심지어 단지 그 소문만 들은 사람들까지도 깊은 감명을 받았다. 요시아는 이런 분위기를 이용하여 유다 왕국에 있는 야훼의 라이벌들을 위해 설치된 제단들을 제거했다. 그는 "바알을 위하여 만든 모든 집기류를 야훼의 전당에서" 내다 버리고, 우상을 숭배하는 신관들과 "바알과 해와 달과 하늘의 모든 별에 분향하는 자들을" 없앴다. "도벳(Topheth)을 더럽게 하여 사람으로 몰록에게 드리기 위하여 그 자녀를 불로 지나가지 못하게" 했다. 그리고 솔로몬이 그모스와 밀곰, 아스타르테를 위해 만든 제단들을 헐었다.¹¹³

그러나 이런 개혁 조치들도 야훼를 달래거나 야훼로 하여금 자기 백성들을 돕게 만들지 못한 것 같다. 니네베는 예언자들이 예언한 것처럼 무너졌으나 소수의 유대인들만이 처음에는 이집트로 그 후에는 바빌론으로 떠났을 뿐이다. 파라오 네코가 시리아로 가기 위해 팔레스타인을 통과하고자 했을 때 요시아는 야훼를 의지하여 고대의 전쟁터인 메기도에서 그와 맞섰으나 패배하여 살해당했다. 몇 년 후 네부카드레자르가 카르케미시에서 네코를 격파하고 유다를 바빌로니아의 속국으로 삼았다. 요시아의 후계자들은 은밀한 외교를 통해 바빌론의 손아귀에서 벗어날 길을 모색하면서 이집트가 자신들을 구해 주리라고 생각했다. 그러나 그 소식을 듣고 격분한 네부카드레자르는 군대를 팔레스타인에 쏟아부어 예루살렘을 점령했다. 여호야김을 생포한 후 시드기야를 유대 왕으로 삼고는 1만 명의 유대인들을 포로로 잡아갔다. 그러나 시드기야 역시 자유(혹은 권력)를 사랑하여 바빌론에 반기를 들었다. 그러자 네부카드레자르는 즉시 돌아와 (유대인 문제를 영원히 해결하기로 결심하고는) 예루살렘을 다시 점령하여 불사르고 솔로몬의 신전을 파괴한 후에, 시드기야 앞에서 그의 아들을 살해하고 그의 눈을 뽑고는 사실상 예루살렘의 모든 주민을 바빌로니아로 잡아갔다.114 그 후 한 유대인 시인은 불행한 그 행렬을 소재로 삼아 세계에서 가장 위대한 노래 중 하나를 불렀다.

> 우리가 바빌론의 여러 강변에 앉아서 시온을 기억하며 울었도다.
> 그중의 버드나무에 우리가 하프를 걸었나니
> 이는 우리를 사로잡은 자가 거기서 우리에게 노래를 청하며,
> 우리를 황폐케 한 자가 기쁨을 청하고, 자기들을 위하여 시온의 노래 중 하나를 노래하라 함이로다.
> 우리가 이방에 있어서 어찌 야훼의 노래를 부를까?
> 예루살렘아, 내가 너를 잊을진대 내 오른손이 그 재주를 잊을지로다.
> 내가 예루살렘을 기억하지 아니하거나, 내가 너를 나의 제일 즐거워하는 것보다 지나치게 아니할진대 내 혀가 내 입천장에 붙을지로다.115

이 모든 위기 속에서 예언자들은 가장 신랄하고 가장 훌륭한 말솜씨를 통해 바빌론을 신이 손에 쥔 채찍으로 변호하고, 유다의 지배자들을 어리석고 고집이 센 바보들이라고 비판하면서, 현대의 독자들이 예레미야는 바빌로니아의 사주를 받은 첩자였다고 생각하기 쉬울 정도로 네부카드레자르에게 완전히 복종하도록 권했다. 예레미야의 신은 이렇게 말하고 있다. "나는 땅과 그 위에 있는 사람과 짐승들을 만들고, 이제 내가 이 모든 땅을 나의 종 바빌론 왕 느부갓네살의 손에 주었나니. …… 열방이 그를 섬기리라. 나 야훼가 이르노라. 바빌론 왕 느부갓네살을 섬기지 아니하는 백성이나 그 목으로 바빌론 왕의 멍에를 메지 아니하는 백성은 내가 그의 손으로 진멸시키기까지 칼과 기근과 염병으로 벌하리라."116

그가 매국노였을지는 모르지만 제자인 바룩이 받아 적었을 것으로 추정되

는 그의 예언들이 담긴 책은 모든 문학에서 가장 뜨거운 열변을 토한 글 중 하나로, 무자비한 폭언만큼 생생한 비유적 표현이 많이 담겨 있다. 뿐만 아니라 자신에게 물음을 던지는 소심한 말로 시작하여 자신의 행로와 모든 인간 생활에 대해 솔직하게 회의하는 말로 끝맺고 있다. "내게 재앙이로다. 나의 모친이여, 모친이 나를 온 세계에서 다툼과 논쟁을 당할 자로 낳으셨도다. 내가 끼어 주지도 아니하고 사람들이 내게 꾀이지도 아니하였건만 다 나를 저주하는도다."[117] 그는 백성들과 지도자들이 도덕적으로 타락하고 정치적으로 어리석은 모습을 드러내는 상황을 보고 불같은 분노에 사로잡혔다. 그는 내면의 강요에 이끌려 어쩔 수 없이 성문에 서서 이스라엘에 회개하도록 요청한다. 예레미야가 보기에는 나라가 이렇게 철저하게 부패하고 허약해져서 곧 유다가 바빌론에게 종속될 것이 분명한 당시 상황은 유대인들이 죄를 범한 일에 대한 징계로 야훼의 손이 그들에게 임한 것이었다. "너희는 예루살렘 거리로 빨리 왕래하며, 그 넓은 거리에서 찾아보고 알라. 너희가 만일 공의를 행하며 진리를 구하는 자를 한 사람이라도 찾으면 내가 이 성을 사하리라."[118] 모든 곳에서 죄악이 지배하고 성(性)이 난무했다. "그들은 살찌고 두루 다니는 수말(馬)같이 각기 이웃의 아내를 따라 부르짖는도다."[119] 바빌로니아인들이 예루살렘을 포위하자 도시의 부자들이 야훼를 달래려는 목적으로 자신들의 히브리인 노예들을 풀어 주었으나, 잠시 포위망이 풀리고 위험이 지나간 것처럼 보이자 노예였던 사람들을 다시 붙잡아 이전의 굴레를 씌웠다. 예레미야는 인간 역사의 축소판 같은 이런 상황을 보고 조용히 지나칠 수 없었다.[120] 다른 예언자들처럼 그 역시 가난한 사람들을 짓밟아 얻은 소득 중 일부를 들고 경건한 모습으로 신전을 찾는 위선자들을 비판했다. 그는 그런 사람들에게 모든 고등 종교의 영원한 교훈인 신이 요구하는 것은 제물이 아니라 정의라는 점을 상기시켰다.[121] 그가 생각하기에 신관들과 예언자들도 거의 상인들만큼 거짓된 사람들이었다. 그들 역시 일반 백성들처럼 도덕적으로 다시 태어날 필요가 있다. 즉 (예레미야의 생소한 표현을 빌리자면) 육신만큼이나 정신도 할례를 받을 필요가 있다. "너희는 스스로 할례를 행하여 너희 마음의 거죽을 베고 나 야훼께 속하라"[122]

그 예언자는 그런 악습에 반대하여 오직 제네바와 스코틀랜드, 잉글랜드의 엄격한 성인들만이 견줄 수 있는 격렬한 메시지를 전했다. 예레미야는 잔혹한 말로 유대인들을 저주하며, 자신의 말에 귀를 기울이지 않는 모든 사람들에게 임할 파멸을 즐거운 마음으로 묘사했다.[123] 예루살렘이 멸망하고 유대인들은 포로가 되어 바빌론으로 끌려갈 것이라는 예언을 계속했으며, 그리스도를 예상하는 말을 통해 그 도시(그가 일컫는 시온의 딸)가 맞게 될 운명을 슬퍼했다. "어찌하면 내 머리는 물이 되고, 내 눈은 눈물의 근원이 될까. 그렇게 되면 살육당한 딸 내 백성을 위하여 주야로 소리 내어 슬피 울리라."[124]

시드기야의 궁전에 속한 귀족들에게는 이 모든 것이 철저한 반역 행위인 것처럼 보였다. 그것은 한창 전쟁이 벌어지고 있는 상황에서 여론을 분열시키고 기강을 무너트리는 행위였다. 예레미야는 나무로 만든 멍에를 목에 메어 그들의 관심을 모으고는, 유다 전체가 바빌론의 멍에를 메어야 한다고(평화롭게 메는 사람이 많으면 많을수록 좋다.) 말했다. 그리고 하나냐가 이 멍에를 꺾어 버리자 예레미야는 야훼가 모든 유대인들을 위해 쇠로된 멍에를 만들 것이라고 외쳤다. 그러자 신관들은 그를 중지시키고자 그의 머리에 칼을 씌웠으나, 그는 그런 자세에서도 그들을 계속 비판했다. 그들은 그를 체포하여 신전에 가두었으나 신관 무리에 속하는 어떤 친구를 통해 몸을 피했다. 하지만 귀족들은 그를 다시 체포하여 진흙으로 가득 찬 지하 감옥에 가두었다. 그러나 시드기야는 그를 꺼내 궁전의 뜰에 있는 보다 나은 장소에 감금했다. 예루살렘이 함락되자 바빌로니아인들이 그를 발견했다. 그들은 네부카드레자르의 명령에 따라 그를 잘 대해 주고 일반적으로 행해지던 추방에서 빼 주었다. 정통파의 전승에 의하면[124a] 그는 노년에 구약의 모든 책 중 가장 웅변적인 『예레미야 애가』를 썼다고 한다. 그는 이제 자신의 완벽한 승리와 예루살렘의 황폐함을 슬퍼하며 하늘을 향해 해답이 없는 욥의 물음들을 외쳤다.

슬프다, 이 성이여, 본래는 주민이 많더니 이제는 어찌 그리 적막히 앉았는고! 본래는 열국 중에 크던 자가 이제는 과부 같고 본래는 열방 중에 공주 되었던 자가 이제는 조공 드리는 자가 되었도다! …… 무릇 지나가는 자여, 너희에게는 관계가 없는가? 내게 임한 근심 같은 근심이 있는가 볼지어다. …… 야훼여, 내가 주와 쟁변할 때에는 주는 의로우시니이다. 그러나 내가 주께 질문하옵나니 악한 자의 길이 형통하며 패역한 자가 다 안락함은 무슨 연고이니이까?[125]

한편 바빌론에서는 다른 설교자가 예언의 짐을 떠맡고 있었다. 에스겔은 예루살렘에서 유대인들을 처음 이주시킬 때 바빌론으로 끌려 온 신관 가문의 사람이었다. 그는 제1이사야와 예레미야처럼 예루살렘의 우상 숭배와 부패를 신랄하게 비판하며 설교 사역을 시작했다. 그는 상당히 세부적으로 예루살렘을 창녀에 비유했다. 예루살렘이 예물들을 낯선 신들에게 팔았기 때문이다.[126] 그는 사마리아와 예루살렘을 쌍둥이 창녀로 묘사했다. 그는 이 말을 왕정복고를 다루는 극작가들만큼 자주 사용했다. 그는 예루살렘이 범한 죄들을 길게 나열한 후에 예루살렘은 점령되어 멸망할 것이라고 선언했다. 이사야처럼 그 역시 사심 없이 국가가 맞게 될 운명을 말하고 모압과 티레, 이집트, 아시리아 그리고 심지어 비밀에 싸인 왕국인 마곡(Magog)의 죄악과 몰락을 선포했다.[127] 그러나 그는 예레미야만큼 신랄하지는 않았다. 마지막에 가서는 마음을 누그러트려 야훼가 유대인들 중 "남은 자"를 구할 것이라고 선언하고, 그들의 도시가 회복될 것이라고 예언했다.[128] 그는 환상 속에서 본 새로운 신전을 묘사했으며, 신관들이 권력을 쥐고 있는 상태에서 야훼가 자기 백성들 중에 영원히 거하게 될 유토피아에 대해 간략하게 기술했다.

그가 이런 행복한 결말을 통해 바란 점은 포로 생활을 하는 유대인들이 사기를 유지하여 바빌로니아의 문화와 피에 동화되는 과정이 늦춰지는 것이었다. 지금처럼 당시에도 이런 동화 과정은 유대인들의 단일 민족성과 정체성을 파괴할 것처럼 보였다. 그들은 메소포타미아의 비옥한 토양에서 번성하며 관습과 종교 면에서도 상당한 정도의 자유를 누리고 있었다. 그리고 수와 부가 급속도로 증가하는 가운데 국가가 종속되면서 그들에게 안겨 준 이례적인 평온함과 균형 잡힌 생활 속에서 번영을 구가하고 있었다. 그러므로 점점 더 많은 유대인들이 바빌론의 신들과 오래된 대도시의 쾌락적인 생활 방식들을 받아들였다. 그 결과 포로들의 2세대가 성장했을 때는 예루살렘이 거의 잊히게 되었다.

신앙이 점점 퇴보하고 있는 이런 세대에 맞춰 이스라엘의 종교를 다시 쓰려는 목적으로 이사야서를 마무리한 것이 바로 한 무명의 저자가 한 역할이었다. 그리고 그의 업적은 새롭게 고쳐 쓰면서 이스라엘의 종교를 근동의 어떤 종교도 도달한 적이 없는 높은 지평으로 올려놓은 것이었다.* 인도에서는 부처가 욕망을 죽이도록 설법을 행하고, 중국에서는 공자가 백성들을 위한 지혜를 체계화하고 있을 때, 이 제2이사야는 장엄하고 명료한 산문을 통해 포로 생활을 하고 있는 유대인들에게 유일신교 최초의 분명한 계시를 전하고, 심지어는 제1이사야가 말하는 가혹한 야훼보다 사랑과 자비가 무한히 더 많은 새로운 신을 제공했다. 후대의 한 복음서가 청년 그리스도에게 자극을 준 것으로 선택하게 되는 말을 통해 가장 위대한 예언자는 (백성들이 범한 죄로 인해 그들을 저주하는 것이 아니라 노예 생활을 하는 그들에게 희망을 안겨 주는) 자신의 사명을 전한다. "주 야훼의 신이 내게 임하셨으니 이는 야훼께서 내게 기름을 부으사 가난한 자에게 아름다운 소식을 전하게 하려 하심이라. 나를 보내사 마음이 상한 자를 고치며 포로된 자에게 자유를, 갇힌 자에게 놓임을 전파하게 하려 하심이니라."[129] 그가 발견한 야훼는 전쟁과 복수의 신이 아니라 사랑의 아버지이기 때문이다. 그는 이 발견을 통해 행복으로 가득 차고 장엄한 노래들을 부르도록 고무되었다. 그는 새로운 신이 와서 자기 백성들을 구할 것이라고 예언한다.

---

* 우리는 이 저작자의 경력에 대해서 아무것도 모른다. 당시에 통용되던 문학적인 기교와 파격을 통해 이사야의 이름을 빌려 말하는 방식을 택하고 있기 때문이다. 우리는 그가 키로스가 유대인들을 해방시키기 직전이나 직후에 글을 썼을 것이라고 추측할 뿐이다. 성경을 연구하는 학자들은 40~55장을 그의 작품으로, 56~66장은 알려지지 않은 후대의 다른 저자들의 작품으로 보았다.[128a]

외치는 자의 소리여 가로되, 너희는 광야에서 야훼의 길을 준비하라. 사막에서 우리 하느님의 대로를 평탄케 하라. 골짜기마다 돋워지며 산마다, 작은 산마다 낮아지며, 고르지 않은 곳이 평탄케 되며, 험한 곳이 평지가 될 것이요.* …… 보라, 주 야훼께서 장차 강한 자로 임하실 것이요, 친히 그 팔로 다스리실 것이라. …… 그는 목자같이 양 떼를 먹이시며, 어린양을 그 팔로 모아 품에 안으시며, 젖 먹이는 암컷들을 온순히 인도하시리라.

계속해서 예언자는 메시아에 대한 희망을 백성들을 지배하는 사상의 위치로 높여 놓고, 백성들을 대신하여 자신을 바치는 제사를 통해 이스라엘을 구할 "종"을 묘사한다.

그는 멸시를 받고 사람들이 싫어했으며, 간고를 많이 겪었으며 질고를 아는 자라. …… 멸시를 당하였고 우리도 그를 귀히 여기지 아니하였다. 그는 실로 우리의 질고를 지고, 우리의 슬픔을 당하였거늘, 우리는 생각하기를 그는 징벌을 받아서 하느님에게 맞으며 고난을 당한다 하였노라. 그가 찔림은 우리의 허물로 인함이요, 그가 상함은 우리의 죄악으로 인함이라. 그가 징계를 받음으로써 우리가 평화를 누리고, 그가 채찍에 맞음으로써 우리가 치유를 입었도다. …… 야훼께서는 우리 무리의 죄악을 그에게 담당시키셨도다.[130]**

제2이사야의 예언에 의하면 페르시아는 이런 해방을 안겨 줄 도구일 것이라고 한다. 키로스는 무적이다. 그는 바빌론을 점령하고 유대인들을 포로 생활에서 해방시켜 줄 것이다. 그러면 그들은 예루살렘으로 돌아가 새로운 신전, 새로운 도시, 낙원을 세울 것이다. "이리와 어린양이 함께 먹을 것이며, 사자가 소처럼 짚을 먹을 것이며, 뱀은 흙으로 먹이를 삼을 것이니, 나의 성산(聖山)에는 해

---

* 아마 바빌론에서 예루살렘으로 이어지는 길을 말하고 있을 것이다.
** 현대의 조사 연구는 이 "종"이 예수를 예언적으로 묘사하는 것으로 보지 않는다.[130a]

함도 없겠고 상함도 없으리라. 야훼의 말이니라."¹³¹ 아마 이 예언자에게 우주를 다스리는 하나의 신이라는 개념을 암시해 준 것은 바로 페르시아가 부상하여 세력을 펼치며 근동의 모든 국가들을 속국으로 삼아, 인간이 당시까지 알고 있던 어떤 사회 조직보다 더 광대한 하나의 통일 제국을 세우고, 어떤 사회 조직보다 더 잘 통치하는 상황이었을 것이다. 그의 신은 더 이상 모세의 야훼처럼 "나는 너의 하느님 야훼라, 너는 나 외에는 다른 신들을 네게 있게 하지 말지니라."라고 말하지 않는다. 이제는 이렇게 기록되고 있다. "나는 야훼라, 나 외에 다른 이가 없나니 나밖에 신이 없느니라."¹³² 시인인 이 예언자는 성경의 다른 구절에서 우주적인 이 신을 이렇게 묘사하고 있다.

누가 손바닥으로 바닷물을 헤아렸으며, 뼘으로 하늘을 재었으며, 땅의 티끌을 되에 담아 보았으며, 접시저울로 산들을, 대저울로 작은 산들을 달아 보았으랴? 보라, 그에게 열방은 한 방울 물 같고, 저울의 작은 티끌 같으며, 섬들은 떠오르는 먼지 같으니. 그 앞에는 모든 열방이 아무것도 아니라. 그는 그들을 없는 것 같이, 빈 것 같이 여기시느니라. 그런즉 너희가 하느님을 누구와 같다 하겠으며, 무슨 형상에 비기겠느냐. 그는 땅 위 궁창에 앉으시나니 땅의 거민들은 메뚜기 같으니라. 그가 하늘을 차일같이 펴셨으며, 거할 천막같이 베푸셨나니. 너희는 눈을 높이 들어 누가 이 모든 것을 창조하였나 보라.¹³³

마침내 키로스가 세계 정복자로서 바빌론으로 들어와 포로 생활을 하는 유대인들에게 예루살렘으로 돌아갈 자유를 준 시점은 이스라엘의 역사에서 극적인 순간이었다. 그는 바빌론과 그 주민들에게 아무런 해를 가하지 않고, 의도는 알 수 없으나 바빌론의 신들에게 경의를 보이는 조치를 통해 자신의 탁월한 문명을 과시하여 일부 예언자들을 실망시켰다. 그러나 네부카드레자르가 예루살렘의 신전에서 가져온 것 중에 바빌로니아의 국고에 남아 있던 금과 은을 유대인들에게 돌려주고, 본국으로 돌아가는 긴 여행길의 경비로 사용하도록 지시했다. 하지만 젊은 유대인들은 이런 해방을 반기지 않았다. 그중 다수는 바빌로니아의 토양에 뿌리를 깊이 내리고 있었으므로 비옥한 토양과 번성하고 있는 교역을 버리고 "거룩한 도시"(예루살렘)로 떠나고 싶은 마음이 없었다. 이에 따라 키로스가 도착하고 2년이 지난 후에야 비로소 열심 있는 사람들의 선발대가 그들의 조상들이 반세기 전에 떠나온 땅을 향해 3개월에 걸친 여정을 떠나게 되었다.[134]

그러나 지금처럼 당시에도 그들은 고향에서 뜨거운 환영을 받지 못했다. 그동안 다른 셈족들이 그곳에 정착하여 고생하며 그 땅을 자신들의 소유로 만들어 놓았기 때문이다. 그러므로 이들 부족들은 (귀환자들이 보기에는 자기들의 본향에 돌아온 것이었으나) 침입자들임이 분명한 귀환자들을 증오심을 가지고 대했다. 아마 귀환한 유대인들은 그들을 보호하는 호의적인 강력한 제국이 없었다면 고향에 정착하지 못했을 것이다. 총독 스룹바벨은 페르시아의 왕 다리우스 1세에게 신전을 건축할 허가를 얻어 냈다. 귀환자들의 인원수와 자원이 적은데다가 적대적인 주민들이 음모와 공격을 통해 공사 단계마다 방해했으나, 그 신전은 귀환 후 약 22년이 지나 완공되었다. 예루살렘은 다시 서서히 유대인의 도시가 되었으며, 신전에서는 유대를 다시 강하게 만들자고 노래하는 시들이 울려 퍼졌다.

6. 경전을 중심으로 생활한 민족

유대는 백성의 수와 부가 모두 부족하여 군사 국가를 세우는 것은 불가능했다. 그러나 페르시아의 주권을 인정하면서도 유대인들에게는 국가적인 규율과 통일성을 제공해 줄 모종의 질서 체계가 필요했다. 그러므로 성직자들은 요시아의 경우처럼 신의 명령으로 선포된 율법과 신관의 전승 들을 토대로 삼아 신을 중심으로 하는 법규를 마련하는 일에 착수했다. 기원전 444년경 박식한 신관 에스라는 엄숙한 유대인 총회를 소집한 후 아침부터 점심때까지 "모세의 율법서"를 낭독했다. 그와 그의 동료 레위인들은 7일 동안 이 두루마리를 낭독했다. 낭독이 끝난 후 백성들의 지도자들과 신관들은 이 법전을 몸과 마음을 다해 받아들이고 영원히 복종하겠다고 맹세했다.[135] 소란한 이 시대에서부터 우리 시대에 이르기까지 그 율법은 유대인 생활의 중심이 되었다. 그리고 그들이 유랑 생활 속에서 온갖 환란을 겪으면서도 율법에 대해 충성심을 유지한 일은 경이적인 역사 현상 중 하나이다.

"모세의 율법서"란 무엇이었는가? 요시아가 읽었던 것과 동일한 것은 아니었다. 요시아가 읽었던 책은 하루에 두 번 읽었는데 반해 이 책은 일주일이 걸렸기 때문이다.[136] 우리는 보다 긴 두루마리가 유대인들이 토라 혹은 율법이라 부르고, 다른 사람들은 모세 오경*이라고 부르는 구약의 처음 다섯 권의 중요한 부분을 이루고 있었다고 추측할 수 있을 뿐이다.[137] 이 책들은 언제, 어디서, 어떻게 기록되었는가? 이것은 5000권의 책을 쓰게 만든 어려운 물음이므로 여기 한 단락에서는 답변할 수 없다.

학자들 사이에서 의견이 일치하는 사항은 성경에서 가장 오래된 요소들은 창세기에 나오는 구별되지만 비슷한 전설들이라는 것이다. 이 전설들은 한쪽에서는 창조주를 야훼(Jehovah(Yahveh))로 말하고 다른 한쪽은 엘로힘(Elohim)으로 말하고 있기 때문에, 각각 "J문서"와 "E문서"로 일컬어지고 있다.** 일반적인 통념에 의하면 야훼 설화는 유다에서 기록되고 엘로힘 설화는 에브라임에서 기록되었으나, 사마리아가 함락된 후에 하나로 융합되었다고 한다. 신명기 법전을 구현하고 있어 "D문서"로 알려진 세 번

---

* 토라는 지시(direction), 지침(guidance)을 의미하는 히브리어다. (모세) 오경은 다섯 개의 두루마리라는 뜻의 그리스어다.
** 이런 차이점은 장 아스트뤼크(Jean Astruc)가 1753년에 제일 처음 지적했다. 일반적으로 "J문서"로 분류된 구절들은 창세기 2장 4절~3장 24절, 4장, 6~8장, 11장 1~9절, 12~13장, 18~19장, 24장, 27장 1~45절, 32장, 43~44장, 출애굽기 4~5장, 8장 20절~9장 7절, 10~11장, 33장 12절~34장 26절, 민수기 10장 29~36절, 11장 등이다. 이와는 구분되는 "E문서"는 창세기 11장 10~32절, 20장 1~17절, 21장 8~32절, 22장 1~14절, 40~42장, 45장, 출애굽기 18장 20~23절, 20장, 33장 7~11절, 민수기 12장, 22~24장 등이다.[138]

째 요소는 아마 별개의 저자 혹은 일군의 저자들의 작품일 것이다. 네 번째 요소인 "P문서"는 후대에 신관들이 집어넣은 부분들로 이루어져 있다. 이 신관 법전은 아마 에스라가 선포한 율법서의 핵심 내용일 것이다.[138a] 이 네 요소들은 기원전 300년경에 현재의 형태를 갖게 된 것으로 보인다.[139]

창조, 타락, 홍수에 대한 즐거운 이 설화들은 일찍이 기원전 3000년경에 만들어진 메소포타미아의 전설들을 모아 놓은 창고에서 얻었다. (우리는 그 전설들 중 일부의 초기 형태를 이미 살펴보았다.) 유대인들은 바빌론 유수 중에 바빌로니아의 문학에서 이런 신화들 중 일부를 받아들였을 가능성이 있다.[140] 그러나 오래전에 근동 전역에 널리 퍼져 있던 고대의 셈족과 수메르족의 자료들에서 그 신화들을 받아들였을 가능성이 더 크다. 창조 신화의 페르시아 형태와 탈무드 형태는 신이 처음에는 양성(兩性)적인 존재(샴쌍둥이처럼 등이 붙은 남자와 여자)를 만들었다가 후에 생각을 바꿔 둘로 나눠 놓은 것으로 묘사하고 있다. 우리는 여기서 창세기의 이상한 한 문장(5장 2절)을 생각하게 된다. "남자와 여자를 창조하셨고, 하느님이 그들에게 복을 주시고, 그들의 이름을 아담이라 일컬으셨도다." 즉 우리의 최초의 어버이는 본래 남자인 동시에 여자였다는 말이다.(이 점을 아리스토파네스를 제외하고 모든 신학자가 간과한 것 같다.)*

낙원에 대한 전설은 거의 모든 민간전승에 나타난다.[141] 이집트와 인도, 티베트, 바빌로니아, 페르시아, 그리스,** 폴리네시아, 멕시코 등. 이런 에덴동산들에는 대부분 금지된 나무가 있었으며, 인간에게서 불멸성을 훔치거나 그 밖의 다른 방법으로 낙원을 망가뜨린 뱀이나 용이 등장했다.[143] 아마 뱀과 무화과는 모두 남근의 상징이었을 것이다. 신화의 이면에는 성(性)과 지식은 순진무구함과 행복을 파괴하며, 악의 원천이라는 사상이 놓여 있다. 우리는 구약의 초반부에서 나타나는 이 사상을 후반부인 전도서에서도 보게 될 것이다. 이런 이야기들의 대부분에서 여자는 뱀이나 마귀의 사랑스럽지만

---

* 플라톤의 『향연』 참고.

** 그리스의 시인 헤시오도스(기원전 750년경)의 『일과 나날』 참고. "인간들은 악덕이나 정념, 고민, 고생이 없는 상태에서 신들처럼 생활했다. 신적인 존재들과 행복하게 교제하면서 평온하고 즐겁게 하루하루를 보냈다. …… 당시의 대지는 지금보다 더 아름답고, 다양한 많은 열매를 스스로 맺었다. …… 인간들은 백 살이 되어도 소년일 뿐이었다."[142]

악한 대행자였다. 이브나 판도라, 중국의 전설에 나오는 부사(Poo See) 등. 시경(詩經)은 이렇게 말하고 있다. "처음에는 만물이 인간에게 복종했으나 여자가 우리를 노예 상태로 빠트렸다. 우리가 불행을 겪게 된 것은 하늘 때문이 아니라 여자 때문이다. 인류는 여자 때문에 버림을 받았다. 오, 불행한 부사여! 그대는 불을 붙였고 그 불은 우리를 불사르고 나날이 더 맹렬해져 간다. …… 세상은 버림을 받았다. 악덕이 만물을 덮고 있다."

홍수에 대한 이야기는 훨씬 더 보편적으로 퍼져 있었다. 고대 민족 중에 홍수 이야기가 없는 민족은 거의 없으며, 물에 지친 노아나 샤마시나피스팀에게만 아시아에 있는 한 산이 발 디딜 곳을 제공했을 뿐이다.[144] 일반적으로 이런 전설들은 부족의 오랜 경험을 요약하고 있는 어떤 철학적 판단이나 도덕적 태도를 전하는 대중적인 매체 혹은 비유였다. 이런 이야기들이 참인지 거짓인지, 그런 일들이 "실제로 발생했는지" 묻는 것은 사소하고 천박한 질문일 것이다. 물론 중요한 것은 이야기 자체가 아니라 그 이야기들이 전하고 있는 판단 내용들이다. 반면에 그런 설화들이 지니고 있는 소박한 단순성과 빠르게 전개되면서도 생생하게 전하는 표현 방법을 즐기지 않는 것도 지혜로운 일은 아닐 것이다.

요시아와 에스라가 백성들에게 낭독하게 만든 책들은 후대에 형성된 유대인의 모든 생활의 토대가 되는 모세의 법전을 명확하게 표현했다. 이 율법 체계에 대해 신중한 사턴(Sarton)은 이렇게 쓰고 있다. "그것이 제도와 법의 역사에서 갖는 의미는 대단히 중요하다."[145] 그것은 종교를 일상생활의 모든 세부 사항들을 규제하는 규범과 정치적 기반으로 삼고자 한 역사상 가장 철저한 시도였다. 율법은 "삶을 옷에다 맞추게 한 가장 꽉 끼는 옷"이 되었다고 르낭(Renan)은 말한다.[146] 식생활*과 의학, 월경과 출산 등에 수반되는 개인위생, 공

---

* 신명기 14장을 보라. 레이나크(Reinach)와 로버트슨 스미스(Robertson Smith), 제임스 프레이저 경(Sir James Frazer)은 돼지고기를 금지한 것은 위생학적인 지식에 따른 예방책이 아니라, 유대인들의 조상들이 돼지(또는 야생 곰)을 토템으로 숭배했기 때문이라고 보았다.[147] 그러나 야생 곰 숭배는 단지 신관들이 야생 곰을 부정(不淨)하다는

중위생, 동성애, 동물과 교접하는 수간 등¹⁴⁸ 모든 것이 신적 규정과 지침의 규제를 받게 되었다. 우리는 의사가 얼마나 느린 속도로 신관과 구별되고 있는지,¹⁴⁹ 즉 머지않아 신관의 적이 되는지 다시 보게 된다. 레위기(13~15장)는 성병 처리 문제를 꼼꼼하게 법제화하고 있으며, 심지어는 격리와 소독, 훈증 그리고 필요할 경우에는 그 질병이 진행되고 있는 가옥의 완전 소각에 대한 매우 분명한 지시 사항들까지 제시하고 있다.¹⁵⁰* "고대의 히브리인들은 예방 의학의 창설자"¹⁵²였으나 외과 수술은 할례만 행한 것 같다. (고대 이집트인들과 현대의 셈족 사이에서 일반적으로 행해지는) 이 의식은 신에게 바치는 제사이자 종족에게 충성을 표현하는 의무 사항이었을 뿐 아니라,** 성적 불결함을 막는 위생적인 예방 조치이기도 했다.¹⁵⁴ 아마 오랫동안 흩어져서 고통스러운 유랑 생활을 할 수밖에 없었던 상황에서도 유대인들이 보존되도록 도운 것은 바로 이 정결 법전이었을 것이다.

모세 법전의 나머지 부분은 후에 세계의 절반이 말로라도 동의하게 되는 십계명(출애굽기 20장 1~17절)을 중심으로 형성되었다.*** 제1계명은 신정 정치가 이루어질 새로운 공동체의 토대를 놓았다. 그 공동체가 기반으로 삼을 것은 시민법이 아니라 신 개념

의미의 터부로 만들려는 방법에 지나지 않았을 것이다. 모세의 법전에 제시된 대다수의 현명한 위생 규칙들은 레이나크의 해석에 대한 조심스러운 회의를 정당화하고 있다.

* 한센병의 경우에 레위기(13~14장)가 추천하는 절차는 유럽에서 중세 시대 말까지 실행되었다.¹⁵¹
** 이것은 궁극적으로 어떤 종족인지를 숨길 수 없게 만드는 방법이었다. 브리포(Briffault)는 이렇게 말하고 있다. "유대인의 의식은 마카비 시대 말기에야 비로소 현재의 형태를 취하게 되었다. 그 당시에도 할례는 수술 자국이 거의 눈에 띄지 않아 이방 여자들의 조롱을 피할 수 있는 방법으로 행해졌다. 그러므로 민족주의자인 신관들이 포피를 완전히 제거하도록 규정했다."¹⁵³
*** 고대의 법전들이 신에게서 기원을 찾는 것은 일반적인 일이었다. 우리는 앞에서 이집트의 법들이 신 토트에 의해 주어졌다고 하는 것과 함무라비 법전이 태양신 샤마시에 의해 주어졌다고 하는 것을 이미 살펴보았다. 마찬가지로 한 신이 딕타 산(山)에서 미노스 왕에게 크레타를 다스릴 법을 주었다. 그리스인들은 그들이 "법을 준 자"라고도 부르는 디오니소스가 법령이 새겨진 두 개의 돌판을 들고 있는 모습을 묘사했다. 경건한 페르시아인들은 어느 날 조로아스터가 높은 산에서 기도를 할 때 아후라마즈다가 천둥과 번개가 치는 가운데 그에게 나타나 "율법의 책"을 주었다고 말한다.¹⁵⁵ 디오도로스는 이렇게 말한다. "그들이 이 모든 것을 한 이유는 신비에 싸인 전적으로 신적인 개념이 인간에게 도움을 줄 것이라고 믿었기 때문이거나, 일반 대중들은 법을 주었다고 하는 주체들의 위엄과 능력을 생각할 경우 법을 지킬 가능성이 더 크다고 생각했기 때문이었다."¹⁵⁶

이었던 것이다. 그 신은 모든 법을 받아쓰게 하고 온갖 형벌을 할당하는 "보이지 않는 왕"이었다. 그의 백성들은 "이스라엘"이라고 일컬어질 것이며, 이 말은 "신을 옹호하는 사람들"을 의미했다. 히브리인들의 국가는 죽었으나 신전은 살아남았다. 유대의 신관들은 로마의 교황들처럼 왕들이 지키지 못한 것을 회복시키고자 한 것이다. 그러므로 제1계명은 분명하게 표현되어 계속 반복되고 있다. 이교를 믿거나 신성을 모독한 자는 반드시 사형에 처해질 것이며, 이교도가 아무리 가까운 친족이라도 그럴 것이다.[157] 이 법전을 집필한 신관들은 종교 재판소의 경건한 재판관들처럼 사회가 조직을 갖추고 결속력을 지니려면 반드시 종교가 통일될 필요가 있다고 믿었다. 이런 비관용성과 민족적 자부심은 유대인들을 어려움에 빠트리기도 하고 그들을 보존하기도 했다.

제2계명은 신에 대한 민족적 개념을 높여 놓았으나 그 대가로 예술을 희생시켰다. 그 신에 대해서는 어떤 형상도 만들 수 없었던 것이다. 이 계명은 유대인들이 높은 지적 수준을 지녔을 것이라고 가정했다. 미신과 신인동형동성론을 거부하고 (모세 오경에 나타난 야훼는 너무나 인간적인 속성을 지녔음에도) 신을 모든 형태와 형상을 초월한 존재로 이해하고자 했기 때문이다. 이 계명은 히브리인들에게 종교에만 몰두하도록 요구하고, 과학과 예술이 자리 잡을 여지를 조금도 남겨 놓지 않았다. 심지어는 부패한 점쟁이들이 늘어나고 별을 신으로 섬기는 일이 생기지 않도록 하기 위해 천문학도 등한시되었다. 솔로몬의 신전에는 거의 이교에 가까운 신상들이 많이 있었다.[158] 그러나 이제 새로운 신전에는 아무것도 없었다. 과거에 있던 신상들은 바빌론으로 옮겨진 후에 금과 은으로 만든 그릇들에 섞여 반환되지 않은 것이 분명하다.[159] 그러므로 우리는 거의 이방인에 가까웠던 솔로몬의 시대를 제외하면 바빌론 유수 직전이나 그 이후에는 어떤 조각품이나 그림, 얕은 돋을새김 작품도 발견할 수 없다. 건축과 음악이 신관들이 허용하는 유일한 예술이었다. 노래와 신전의 의식이 백성들의 생활이 우울해지지 않도록 지켜 주었다. 몇 가지 악기로 이루어진 오케스트라가 대규모 합창단의 목소리와 함께 "일제히 소리를 발하여" 신전과 그 주인인 신을 찬양하는 시들을 노래했다.[160] "다윗과 이스라엘 온 족속이 수금과 비파와 소고와 양금과 제금으로 야훼 앞에서 주악하더라."[161]

제3계명은 유대인의 강한 신앙을 구체적으로 표현했다. 유대인은 "주 야훼의 이름을 망령되이 일컫지도" 말고 발음해서도 안 된다. 기도하는 중에 야훼의 이름을 부를 때도 야훼라는 말 대신에 아도나이(Adonai, 주(主))*라는 말을 대신 사용해야 한다. 오직 힌두교만이 이런 신앙과 견줄 수 있을 것이다.

제4계명은 일주일마다 쉬는 날을 안식일로 거룩하게 구별하여 인류가 만든 가장 강력한 제도로 전해 주었다. 안식일(Sabbath)이라는 이 이름과 관습은 바빌론에서 왔다. 샤바투(shabattu)는 바빌로니아인들이 "터부의 날"로 정하여 금욕과 화해를 하는 날을 가리키는 말로 사용하던 용어였다.[163] 주(週)마다 있는 이 휴일 외에도, 전에는 파종과 추수, 해와 달의 주기들을 상기시키는 가나안의 농경 의식들이었던 큰 축일들이 있었다. 마조트(Mazzoth)는 원래 보리 수확이 시작되었음을 알리는 축일이었다. 후에는 오순절(Pentecost)로 불리게 되는 샤부오트(Shabuoth)는 밀의 추수가 끝났음을 축하하는 축제였다. 숙고트(Sukkoth)는 포도 수확을 축하하는 것이었다. 페사흐(Pesach) 또는 유월절(Passover)은 양 떼의 첫 생산물을 기리는 절기였다. 로시하샤나(Rosh-ha-shanah)는 새해가 되었음을 선언하는 날이었다. 유대인들은 오직 후대에 가서야 이런 축일들을 받아들여 자신들의 역사에서 중요한 사건들을 기념했을 뿐이다.[163a] 유월절 첫날에는 어린양을 제물로 잡아서 먹고 피는 신의 몫으로 문에 뿌렸다. 후에 신관들은 야훼가 이집트인들의 장남을 죽인 이야기와 이 관습을 연결시켰다. 어린양은 한때 가나안 부족의 토템이었다. 유월절은 가나안 사람들이 그 지방의 신에게 바치는 어린양이었다.** 우리는 (출애굽기 11장에서) 유월절 의식이 제정된 이야기를 읽고, 유대인들이 바로 그 의식을 오늘날까지 꾸준히 지키고 있는 모습을 보면 그들의 숭배 의식의 유서 깊은 고대성과 그들 민족의 힘과 끈질김을 다시 느끼게 된다.

---

* 야훼(Yahveh)를 히브리어로 쓸 때는 Jhvh가 된다. 이 말이 잘못 번역되어서 여호와(Jehovah)가 된 것이다. 야훼 대신에 아도나이로 발음하도록 표시하려는 목적으로 원전의 Jhvh 위에 모음 a-o-a를 넣었기 때문이다. 이리하여 르네상스 시대와 종교 개혁 시대의 신학자들이 이 모음들이 Jhvh라는 자음들 사이에 놓인 것으로 잘못 생각했던 것이다.[162]

** 후에 이 온건한 고대 토템은 그리스도교에서는 사망한 그리스도와 동일시되는 '유월절 어린양'이 되었다.

제5계명은 가족을 신성하게 구별한다. 유대인의 사회 구조에서 가족보다 더 신성한 것은 오직 신전뿐이다. 이때 가족 제도에 각인시킨 이상들은 중세를 거쳐, 모든 것을 해체시키는 산업 혁명이 일어난 우리들 자신이 속한 현대에 이르기까지의 유럽 역사 전반에 걸쳐 그대로 유지되었다. 히브리인들의 가부장적인 가족은 가장 연장자인 기혼 남자와 그의 아내, 그의 미혼 자녀들, 그의 기혼 아들들과 그들의 아내들과 자녀들 그리고 어쩌면 일부 노예들로 이루어진 거대한 경제적, 정치적 공동체였다. 이 제도의 경제적 기반은 땅을 경작할 때 편리하다는 점이었다. 가족의 정치적 가치는 (전쟁이 벌어진 경우를 제외하면) 국가를 거의 쓸모없게 만들 정도로 강력한 사회 질서 체계를 제공한다는 점이었다. 아버지의 권위는 사실상 제한이 없었다. 땅이 그의 것이었으므로 자녀들은 그에게 복종해야만 살아남을 수 있었다. 그가 곧 국가였던 것이다. 아버지가 가난할 경우에는 딸이 결혼 적령기가 되기 전이면 노예로 팔 수 있었다. 그리고 경우에 따라서는 딸의 동의를 구하기도 했으나, 딸의 결혼도 자기 마음대로 시킬 수 있는 충분한 권리가 있었다.[164] 아들은 오른쪽 고환의 산물이고 딸은 (오른쪽보다 더 작고 더 약하다고 믿은) 왼쪽 고환의 산물로 생각했다.[165] 처음에 결혼은 처가 거주제(妻家居住制)였다. 남자는 "그 부모를 떠나" 아내가 속한 종족에서 "아내와 합해야" 했다는 말이다. 그러나 군주 제도가 확립된 후에 이 관습은 점차 사라졌다. 야훼는 아내들에게 이렇게 가르쳤다. "너는 남편을 사모하고 남편은 너를 다스릴 것이니라." 여자는 이론적으로는 종속적인 위치에 있으나 높은 권위와 권한을 갖고 있는 경우가 많았다. 유대인들의 역사도 사라, 라헬, 미리암, 에스더 등의 이름들로 빛나고 있다. 드보라는 이스라엘의 판관 중 한 명이었으며,[166] 요시아가 신관들이 신전에서 발견한 책에 대해 의논한 상대도 여자 예언자 훌다였다.[167] 자녀를 많이 둔 어머니는 안전과 존경을 보장받았다. 작은 국가는 오늘날의 팔레스타인에서처럼 주변의 민족들보다 인구수가 열세면 위험하다고 느끼고 인구를 늘리고 싶어 했기 때문이다. 그러므로 어머니가 되는 것을 장려하고, 독신 생활을 도덕상의 죄이자 법률상의 범죄로 낙인찍었으며, 심지어는 신관들까지도 스무 살이 지나면 결혼하도록 하고, 결혼할 나이가 됐는데도 처녀로 지내는 여자들과 자녀가 없는 여자들을 혐오했으며, 낙태와 유아 살해와 산아 제한 방법들을 야훼가 혐오하는 이방인의 풍습으로 여겼다.[168] 완전한 아내는 집 안과 주변에서 늘 일하고 남편과 자식들만 생각하는 여자였다. 잠언의 마지막 장은 남자가 생각하는 이상적인 여자상을 완벽하게 서술하고 있다.

누가 현숙한 여인을 찾아 얻겠느냐? 그 값은 진주보다 더 하니라. 그런 자는 살아 있는 동안에 그 남편에게 선을 행하고 악을 행치 아니하느니라. 그는 양털과 삼을 구하여 부지런히 손으로 일하며, 상인들의 배와 같아서 먼 데서 양식을 가져오며, 밤이 새기 전에 일어나서 그 집 사람들에게 먹을 것을 나눠 주며, 여종에게 일을 정하여 맡기며, 밭을 살펴보고 사며, 그 손으로 번 것을 가지고 포도밭을 가꾸며, 힘으로 허리를 묶으며, 그 팔을 강하게 하며, 자기의 교역하는 것이 이로운 줄을 깨닫고 밤에 등불을 끄지 아니하고, 손으로 솜뭉치를 들고 손가락으로 가락을 잡으며, 궁핍한 자를 위하여 손을 내밀며. …… 그는 자기를 위하여 아름다운 방석을 지으며 비단옷과 자색 옷을 입으며, 그 남편은 그 땅의 장로들과 더불어 성문에 앉으며, 베로 옷을 지어 팔며, 띠를 만들어 상인에게 맡기며, 능력과 존귀로 옷을 삼고, 후일을 웃으며, 입을 열어 지혜를 베풀며, 그 혀로 인애의 법을 말하며, 그 집안일을 보살피고, 게으리 얻은 양식을 먹지 아니하나니 그 자식들은 일어나 사례하며, 그 남편은 칭찬하느니라. …… 그 손의 열매가 그녀에게로 돌아갈 것이요, 그 행한 일로 인하여 성문에서 칭찬을 받으리라.*

---

* 물론 이것은 남자가 그리는 이상형이다. 우리가 이사야(3장 16~23절)를 믿을 수 있다면, 예루살렘의 여자들은 실제로 이 세상의 여자들과 매우 비슷하여 좋은 옷과 장식품을 좋아하고, 남자에게 즐거움을 추구하도록 유도했다. "시온의 딸들이 교만하여 늘인 목, 정을 통하는 눈으로 다니며, …… 종종걸음 치며 발로는 쟁쟁한 소리를 낸다." 아마 역사가들은 여자들에 대해서는 언제나 우리를 속여 오지 않았을까?

제6계명은 실현할 수 없는 이상이었다. 구약만큼 살인이 많이 등장하는 곳은 없다. 구약의 장(章)들은 학살과 그것을 메우는 번식 사이를 오가고 있다. 부족 간의 다툼과 내부적인 알력, 대를 이은 복수들이 사이사이 누리는 평화의 단조로움을 깨트렸다.[169] 예언자들은 보습과 낫에 대해 장엄한 시를 쓰긴 했으나 평화주의자가 아니었으며, 신관들은 (우리가 그들이 야훼의 입을 빌려 말하는 설교들을 통해 판단해 본다면) 거의 설교만큼이나 전쟁을 좋아했다. 열아홉 명의 이스라엘 왕 중에서 여덟 명이 암살당했다.[170] 도시들은 점령당할 경우 일반적으로 파괴되었고, 남자들은 칼에 맞아 죽었으며, 땅은 의도적으로 훼손되었다. 이것이 그 시대의 방식이었다.[171] 아마 살해당한 사람들의 숫자는 과장되었을 것이다. 현대가 발명해 낸 살인 병기도 없이 "이스라엘 자손이 하루에 아람 보병 10만을 죽였다."[172]는 것은 믿기 어렵다. 선택을 받은 민족[173]으로서의 자신들에 대한 믿음은 자부심을 강화시켰고, 이런 자부심은 탁월한 능력을 알고 있는 국가에게는 자연스러운 것이었다. 그 믿음은 그들 자신을 군사적인 면과 정신적인 면에서 다른 민족들과 구별하려는 성향을 강하게 만들어 놓아, 그들의 후손들이 갖춰야 할 국제적인 시각을 잃게 만들었다. 반면에 그들은 자신들이 갖고 있는 자질에서 비롯된 덕목을 상당히 갖추고 있었다. 그들의 폭력성은 제어하기 힘들 정도로 넘치는 생명력에서 나왔고, 그들의 분리주의는 종교에서, 다투기 좋아하는 조급한 성향은 근동에서 가장 위대한 문학을 낳은 뜨거운 감수성에서 비롯된 것이었다. 그들의 민족적 자부심은 그들이 수 세기에 걸쳐 고통을 겪으면서도 버틸 수 있도록 지켜 준 없어서는 안 될 버팀목이었다. 인간의 모습은 갖고 있는 목표에 따라 형성되기 마련이다.

제7계명은 결혼이 가족의 기반임을 확인했다. 제5계명이 가족을 사회의 기반으로 인정한 것처럼 말이다. 그리고 이 계명은 종교가 지원할 수 있는 모든 것을 결혼에 제공했다. 결혼 전의 성적 관계에 대해서는 아무것도 말하지 않았다. 신부가 결혼한 날 자신의 처녀성을 증명해야 할 책무만 신부에게 부여했을 뿐이다. 그것을 입증하지 못하는 경우에는 돌로 쳐 죽이도록 규정했다.[174] 하지만 매춘은 일반적으로 행해지고 있었으며, 소돔과 고모라가 멸망한 후에도 남색은 여전히 존재했음이 분명하다.[175] 율법이 외국 출신의 창녀들과 관계하는 것을 금지하는 것처럼 보이지 않았으므로, 시리아, 모압, 메디아, 여타의 많은 "이방 여자들"이 대로를 따라 노점을 차리고 천막을 치고 살면서 행상과 매춘을 겸업했다. 솔로몬은 이런 문제에 대해 심한 편견을 갖고 있지 않았으므로, 그런 여자들을 예루살렘에 들어오지 못하게 하는 법들을 완화시켰다. 그러므로 곧 예루살렘에 그런 여자들이 급증하여, 마카비 시대에는 분노한 개혁자들이 신전 자체를 음행과 매춘으로 가득 찬 곳으로 묘사할 정도가 되었다.[176]

아마 애정 문제들이 발생한 원인은 남녀 사이에 사랑이 많았기 때문일 것이다. "야곱이 라헬을 위하여 7년 동안 봉사하였으니, 그를 사랑하는 까닭에 7년을 수일같이 여겼더라."[177] 그러나 배우자를 선택할 때는 사랑은 매우 작은 역할을 했다. 바빌론 유수 이전에 결혼은 완전히 세속적인 일이어서 양가의 부모나 신부 측의 부모와 구혼자가 혼사를 정했다. 약탈혼의 흔적들이 구약에서 발견된다. 야훼가 전쟁 중에는 약탈혼을 인정하고 있다.[178] 그리고 원로들은 여자가 부족한 경우에 이렇게 말하고 있다. "가서 포도밭에 숨어 보다가 실로(Shiloh)의 여자들이 춤을 추러 나오거든 너희는 포도밭에서 나와 실로의 딸 중에서 각각 그 아내로 붙들어 베냐민 땅으로 돌아가라."[179] 그러나 이것은 예외적인 일이었다. 보통 결혼은 돈을 주고 사는 거래로 이루어졌다. 야곱은 일을 해 주고 레아와 라헬을 샀고, 온유한 룻은 보아스가 아주 간단하게 샀으며, 예언자 호세아는 아내의 값으로 50세켈을 준 일을 대단히 후회했다.[180] 신부의 아버지는 딸에게 결혼 지참금을 주어 보답했으며, 이 지참금은 도시 문명에서 자식들이 성적인 면에서는 성숙했으나 경제적인 면에서는 성숙하지 못하게 되면서 나타난 파괴적인 사회적 격차를 줄이려는 목적으로 마련된 훌륭한 제도였다.

부유한 사람들은 여러 명의 아내를 둘 수 있었을 것이다. 아내가 사라처럼 자식을 낳지 못하면 남편에게 첩을 얻게 할 수 있었다. 이런 장치들이 마련된 목적은 자녀를 많이 낳게 하려는 것이었다. 라헬과 레아가 자기들이 낳을 수 있는 아이들을 모두 야곱에게 낳아 준 후에 자기 여종들을 그에게 주어 그들도 야곱에게 자식들을 낳아 주게 한 일은 당연한 것으로 여겨졌다.[181] 여자는 아이를 낳는 문제에서는 게으름을 피우는 것이 용납되지 않았다. 남편이 죽으면 그 남편의 형제에게 아무리 많은 아내가 있더라도 그 형제는 죽은 형제의 아내와 결혼해야 했다. 남편에게 형제가 없다면 그 책무는 살아 있는 가장 가까운 친족 남자에게 돌아갔다.[182] 사유 재산은 유대 경제의 핵심이었으므로 이중적인 잣대가 널리 퍼져 있었다. 남자는 아내를 많이 둘 수 있으나 여자에게는 한 남자로만 제한되어 있었다. 간통이란 다른 남자가 사서 값을 지불한 여자와 맺은 관계들을 의미했다. 간통은 재산법을 어긴 것이며, 두 당사자 모두 사형으로 처벌되었다.[183] 혼전 관계는 여자들에게는 금지되어 있었으나 남자들의 경우에는 사소한 죄로 간주되었다.[184] 탈무드 시대까지는 이혼은 남자의 경우에는 자유로웠으나 여자의 경우에는 지극히 어려웠다.[185] 남편들은 자신들의 특권을 부당하게 남용한 것 같지 않다. 요컨대 남편들이 아내와 자식들에게 열심히 헌신하는 모습으로 묘사되고 있는 것이다. 그리고 사랑이 결혼을 결정하는 요소는 아니었으나, 결혼 생활에서 사랑이 꽃피는 경우가 많았다. "이삭이 레베카를 취하여 아내로 삼고 사랑하였으니 이삭이 어머니가 돌아가신 후에 위로를 얻었더라."[186] 아마 극동을 제외하면 다른 어떤 민족도 유대인들만큼 높은 수준의 가족생활에 도달하지 못했을 것이다.

제8계명은 사유 재산을 신성한 것으로 만들고는* 종교 및 가족과 더불어 히브리 사회를 지탱하는 세 가지 기반 가운데 하나로 삼았다. 재산은 거의 전부가 땅으로 이루어져 있었다. 솔로몬의 시대까지는 옹기장이와 대장장이의 일을 제외하면 생산업이 거의 없었기 때문이다. 농업 역시 완전히 발달하지 못하여 많은 인구가 양을 키우거나 포도

---

* 이론상 땅은 야훼의 것이었다.[187]

와 올리브, 무화과를 재배하는 일에 종사하고 있었다. 그들은 천막에서 생활하고 있었는데, 이는 새로운 목초지로 보다 쉽게 이동하기 위함이었다. 그러나 곧 인구가 늘어 경제 활동을 할 수 있는 사람들이 남아돌게 되자 교역이 발생했고, 유대인 상인들은 끈질김과 솜씨를 통해 다마스쿠스와 티레, 시돈 그리고 신전의 인근 지역들에서 번성하기 시작했다. 바빌론 유수 무렵까지는 주조 화폐가 없었으나 무게를 잰 금과 은이 교환 매개가 되었으며, 대단히 많은 대금업자들이 등장하여 상업과 사업에 자금을 공급했다. 이런 "돈 빌려 주는 사람들"이 신전의 뜰을 이용한 것은 조금도 이상한 일이 아니었다. 그런 일은 당시에는 근동에서 일반적인 관습이었으며, 많은 곳에서는 오늘날까지도 이루어지고 있다.[188] 야훼는 히브리의 대금업자들의 세력이 커지는 모습을 보고 미소를 지었다. "네가 여러 나라에 꾸어 줄지라도 너는 꾸지 아니하겠다."고 야훼는 말한다.[189] 이것은 큰 행운을 안겨 준 철학이었다. 우리가 속한 세기에서 보면 신적인 영감을 받은 것처럼 보이지 않더라도 말이다.

근동의 다른 국가들에서처럼 전쟁 포로들과 죄수들이 노예로 이용되었으며, 수십만 명의 노예들이 솔로몬의 신전과 궁전 건축 등의 공공사업에 사용될 나무를 베고, 자재들을 운송하는 일에 동원되었다. 그러나 노예 소유주는 노예의 생사를 결정할 힘이 없었으며, 노예들은 재산을 취득하고 자신의 자유를 살 수 있었다.[190] 남자들은 빚을 갚지 못하면 노예로 팔리거나 자기 대신 자식들을 노예로 팔 수 있었으며, 이런 풍습은 그리스도의 시대까지 계속되었다.[191] 하지만 이런 제도들은 근동에서는 전형적인 것이었으나, 유대에서는 착취에 반대하는 신관들과 예언자들의 격렬한 반대 운동과 자비를 통해 완화되었다. 법전은 이에 대해 바람직하게 "너희는 서로 속이지 말라."고 규정했다.[192] 법전은 7년마다 히브리인으로 노예가 된 사람들을 풀어 주고, 유대인들끼리 진 빚을 탕감해 주도록 요구했다.[193] 그리고 이런 조치가 주인들이 보기에는 너무 이상적인 것으로 밝혀졌을 때 율법은 희년(禧年) 제도를 선언하여, 50년마다 한 번씩 모든 노예들과 채무자들을 풀어 주게 했다. "제 50년을 거룩하게 하여 전국의 주민에게 자유를 공포하라 이 해는 너희에게 희년이니 너희는 각각 그 소유권으로 돌아가며 각각 그 가족에게로 돌아갈지며."[194]

이 훌륭한 명령이 지켜졌다는 증거는 없으나, 신관들이 사랑에 대해서는 하나도 빠짐없이 가르침을 제시한 공로는 인정해야 한다. "가난한 형제가 너와 함께 거하거든, …… 반드시 네 손을 그에게 펴서 그 요구하는 대로 쓸 것을 넉넉히 꾸어 주라." 그리고 "너는 그에게 이자를 위하여 돈을 꾸어 주지 말라."195 안식일의 휴식은 모든 고용인들과 심지어는 동물에게까지 확대해야 했다. 거두는 중에 흩어진 곡식과 열매는 가난한 사람들이 주워 모으도록 들과 과수원에 내버려 두어야 했다.196 이런 사랑의 행위들은 대체로 동료 유대인들을 위한 것이었으나, "성문 안의 객들"에게도 거처와 음식을 제공하고 친절하고 정당하게 대해야 했다. 항상 유대인들은 그들 역시 한때는 고향을 잃고 외국 땅에서 노예 생활까지 했던 점을 기억하라는 명령을 받았다.

제9계명은 증언할 경우 철저하게 정직하도록 요구하여 종교의 버팀목을 유대인의 전체 율법 체계 아래 놓았다. 맹세는 종교적인 의식이어야 했다. 맹세하는 사람은 과거의 관습처럼 손을 자기가 맹세하는 대상인 신의 넓적다리뼈 아래 놓을 뿐 아니라197 신 자체를 자신의 증인이자 재판관으로 삼아야 했다. 법전에 의하면 거짓된 증인들은 자기들이 피해자에게 안겨 주고자 했던 형벌을 받아야 했다.198 종교적인 율법이 이스라엘의 유일한 법이었으며, 신관과 신전은 재판관이었고 법정이었다. 그리고 신관의 결정을 받아들이지 않는 사람들은 사형에 처해졌다.199 혐의가 있는 특정한 경우들에 대해서는 독성이 있는 물을 마시게 하는 죄인 판별법이 규정되었다.200 율법을 집행하는 종교적인 다른 장치는 없고 개인의 양심과 여론에 맡겨졌다. 작은 죄들은 자백과 손해 배상을 통해 처리되었다.201 살인이나 유괴, 우상 숭배, 간통, 부모를 구타하거나 저주한 행위, 노예를 훔쳐 간 행위, 짐승과 음행을 저지른 죄에 대해서는 야훼의 지시를 통해 사형이 선고되었으나 종을 살해한 행위는 예외였다.202 그리고 "너는 무당을 살려 두지 말지니라."203 야훼는 살인의 경우에는 개인이 직접 복수하는 것으로 만족했다. "피를 복수하는 자가 그 살인자를 친히 죽일 것이니 그를 만나거든 죽일 것이오."204 그러나 특정한 도시들이 별도로 지정되어 범죄자가 그곳으로 도피할 수 있어야 했으며, 복수할 사람은 그가 나올 때까지 기다려야 했다.205 일반적으로 형벌의 원리는 동태 복수법(同態復讐法)이었다. "생명은 생명으로, 눈은 눈으로, 이는 이로, 손은 손으로, 발은 발로, 데운 것은 데움으로, 상한 것은 상하게 함으로, 때린 것은 때림으로."[206] 우리는 이런 것은 결코 실현할 수 없는 이상이었다고 믿는다. 모세의 법전은 1500년 후에야 문서로 기록되었으나 형법 면에서는 함무라비 법전에 비해 조금도 발전하지 않았으며, 법률 체계 면에서는 종교가 통제하는 원시적인 상황으로 후퇴하고 있음을 보여 주고 있다.

제10계명은 여자가 분명히 재산 항목으로 인식되고 있었음을 보여 주고 있다. "네 이웃의 집을 탐내지 말지니라. 네 이웃의 아내나 그의 남종이나 여종이나 소나 나귀나 무릇 네 이웃의 소유를 탐내지 말지니라."[207] 그러나 이 계명은 감탄할 만한 교훈이었다. 만일 사람들이 이 계명을 지킬 수 있다면, 우리 삶에서 나타나는 열병과 근심의 절반은 줄어들 것이기 때문이다. 이상하게 들리겠지만 가장 위대한 계명은 십계명에 포함되어 있지 않았다. 그 계명은 율법의 일부였을 뿐이다. 그 계명은 레위기 19장 18절에서 "잡다한 율법들의 반복되는" 맥락에 묻혀 매우 단순하게 이렇게 말한다. "이웃 사랑하기를 네 몸과 같이 하라."

일반적으로 이 법전은 그 시대의 결함들을 공유하면서도 나름대로 독특한 덕목들을 부각시킨 고결한 법전이었다. 우리가 기억해야 할 것은 그 법전은 유대인의 생활을 묘사해 놓은 기록이라기보다는 율법(사실상 "신관들의 유토피아"[208])일 뿐이었다는 점이다. 다른 법전들처럼 그 법전 역시 어기는 일이 발생할 경우에는 대단히 존중되었고 위반되는 경우마다 새로운 칭송을 받았다. 그 법전은 사람들의 행동에 지대한 영향을 주었다. 유대인들이 2000년간 유랑 생활을 하는 동안 그들에게 무형의 정신적 국가, 즉 하이네(Heine)가 말한 것처럼 "이동식 조국"을 주었다. 온갖 이산(離散)을 겪었어도 그들에게 통일성을 유지시켜주었고, 온갖 패배를 당했어도 자부심을 유지시켜 주었으며, 우리 시대에 이르기까지 오랜 세월 동안 강인한 불멸의 구성원들을 안겨 주었다.

7. 성경의 문학과 철학

구약 성경에 율법만 있는 것은 아니다. 최고 수준의 역사와 시, 철학도 있다. 원시적인 전설과 종교가 만들어 낸 거짓말을 모두 제거하고, 역사 서적들도 우리의 조상들이 생각한 것만큼 정확하거나 고대의 것이 아니라는 점을 인정하더라도, 그런 역사 서적들에서 우리에게 알려진 가장 오래된 역사 기록뿐 아니라 가장 훌륭한 기록도 발견하게 된다. 판관기, 사무엘서, 열왕기 등은 일부 학자들이 믿는 것처럼[209] 사기가 꺾여 있는 이산 민족의 전승을 수집하고 보존하려는 목적으로 바빌론 유수 후에 서둘러 묶은 것이었다. 하지만 사울과 다윗, 솔로몬의 이야기들은 근동의 다른 역사 기록들에 비하면 구성과 문체가 아주 훌륭하다. 우리가 전설의 기능을 어느 정도 이해하고 읽는다면, 창세기 역시 (연대기들을 제외하면) 불필요한 군더더기 없이 단순하고 생생하고 힘 있게 전개되는 감탄할 만한 이야기다. 그리고 어떤 의미에서는 역사도 있고 역사 철학도 있다. 창세기는 인간이 잡다한 과거 사건들 속에서 모종의 지배적인 목적과 의미, 인과 법칙, 현재와 미래를 위한 교훈을 추구하여 그 잡다함 속에서 어느 정도의 통일성을 얻고자 노력한 최초의 기록이다. 예언자들과 모세 오경을 기록한 신관들이 보급한 역사관은 그리스와 로마가 지배한 천 년을 거치고도 살아남아 보에티우스로부터 보쉬에(Bossuet)에 이르기까지 유럽 사상가들의 세계관이 되었다.

역사에서 시로 넘어가는 중간에는 성경의 매혹적인 사랑이 있다. 산문의 영역에서는 룻의 이야기보다 완벽한 것은 없다. 탁월성이 떨어지기는 하지만 이삭과 레베카, 야곱과 라헬, 요셉과 베냐민, 삼손과 데릴라, 에스더, 유딧과 다니엘의 이야기가 있다. 시 문학은「모세의 노래」(출애굽기 15장)와「드보라의 노래」(판관기 5장)와 더불어 시작되어 시편을 끝으로 절정에 도달한다. 바빌로니아의 참회하는 찬송가가 성경의 시 문학을 위한 길을 준비해 놓았으며, 아마 형식은 물론이고 소재도 제공했을 것이다. 이크나톤의 태양 찬가는 시편 104편에 도움을 준 것 같다. 그리고 아마 시편은 대부분 인상적인 통일성을 보이는 다윗의 작품이기보다는 바빌론 유수가 끝나고 오래 지난 후에, 어쩌면 그리스도 이전 3세기에 활동한 몇몇 시인들의 작품을 모아 놓은 편집물일 것이다.[210] 그러나 이 모든 것은 중요하지 않다. 셰익스피어의 이름과 자료들이 그런 것처럼 말이다. 중요한 것은 시편이 세계 서정시의 정상에 놓여 있다는 점이다. 시편은 편안하게 앉아서 읽거나 고등 비평가의 견지에서 읽도록 의도한 것이 아니다. 기껏해야 종교적인 환희의 순간을 표현하고 신앙을 고취시키고 있을 뿐이다. 우리가 보기에 시편은 신랄한 저주와 짜증 나게 만드는 하소연과 불평, 끝없는 야훼 찬양으로 훼손되어 있다. 시편의 야훼는 모든 "자비"와 "오래 참음"과 "긍휼"을 베푸는 가운데 "그 코에서 연기가 오르고 입에서 불"을 토하고 (8편), "악인이 음부로 돌아갈" 것이라고 약속하고(9편), 찬양*에 귀를 기울이며, "아첨하는 입술을 끊겠다."고 위협한다.(12편) 시편은 호전적인 열정으로 가득 차 있는 순례자적인 시이지 그리스도교적인 시가 아니다. 그러나 그중에는 사랑을 노래하는 보석 같은 시들도 있고 겸손한 표현이 돋보이는 시들도 있다. "사람마다 그 든든히 선 때도 진실로 허사뿐이니. …… 인생은 그날이 풀과 같으며 그 영화가 들의 꽃과 같도다. 그것은 바람이 지나면 없어지나니 그곳을 다시 알지 못하거니와."(39, 103편) 우리는 이런 노래들에서 고대 동방 시에서 나타나는 대조 악장의 리듬을 느끼며, 웅장한 합창단이 교대로 합창하는 소리를 듣는 것 같다. 심오한 비유나 생생한 표현 면에서 시편보다 더 탁월한 시는 없었다. 시편은 사랑을 노래하는 어떤 서정시보다 더 깊은 감동을 우리에게 준다. 이 시편들은 회의주의에 젖어 있는 사람들도 감동시킨다. 교양을 갖춘 사람들의 (모종의 완전함이라는 목표에 도달하고자 하는) 궁극적인 갈망에 열정적인 형태를 부여하기 때문이다. 영어 성경인 흠정역에는 영어권에서는 거의 일상적인 말이 된 간결한 표현들이 곳곳에 있다. "젖먹이의 입으로"(out of the

---

* 시편을 의미하는 'Psalm'이란 말은 '찬양의 노래'를 의미하는 그리스어다.

mouths of babes, 8편)와 "눈동자"(the apple of the eyes, 17편), "방백들을 의지하지 말며"(put not your trust in princes, 146편) 등. 그리고 원전에는 지금까지 능가된 적이 없는 직유들이 도처에 있다. "해는 그 방에서 나오는 신랑과 같고 그 길을 달리기 기뻐하는 장사 같아서."(19편) 우리는 이 노래들이 원전의 낭랑한 원어에서는 어떤 위엄과 아름다움을 갖추고 있는지 상상만 할 수 있을 뿐이다.

이런 시편 옆에 아가서(雅歌書)를 놓고 비교해 보면 우리는 예언자들과 신관들이 거의 모든 구약을 기록하면서 우리의 눈에 띄지 않게 가려 놓은 요소, 즉 유대인의 생활이 지닌 감각적이고 현세적인 요소를 엿볼 수 있다. 전도서가 고대 유대인들이 조심스럽게 선별하고 편집한 문학에서 다른 방법으로는 식별할 수 없는 회의주의를 드러내고 있는 것처럼 말이다. 이상하게 보일 정도로 사랑을 노래한 이 작품은 여러 추측이 가능한 열린 장이다. 이 작품은 바빌로니아에 기원을 둔 이슈타르와 탐무즈의 사랑을 찬양하는 노래들의 모음집일지도 모른다. (그리스어에서 받아들인 단어들을 담고 있는 것으로 볼 때) 알렉산드로스와 함께 유대로 들어온 헬레니즘 정신의 영향을 받은 히브리의 아나크레온이라고 불리는 몇몇 사람들의 작품일지도 모른다. 혹은 (연인들이 서로를 이집트식으로 형제와 누이로 부르고 있는 것으로 보아) 나일 강의 강둑에서 완전히 해방된 어떤 사람이 꺾어 온 알렉산드리아 유대인의 꽃일지도 모른다. 여하튼 성경에 아가서가 존재한다는 것은 매력적인 불가사의다. 도대체 신학자들의 어떤 눈짓(혹은 눈가리개)을 통해 호색적인 정념을 노래한 이런 노래들이 이사야서와 전도서 사이에 자리를 잡을 수 있었을까?

나의 사랑하는 자는 내 품 가운데 몰약 향주머니요, 그가 밤새 내 가슴 사이에 누울 것이오.
내게 엔게디 포도밭의 고벨화 송이로구나.
내 사랑아, 너는 어여쁘고 어여쁘다. 네 눈이 비둘기 같구나.
나의 사랑하는 자야, 너는 어여쁘고 화창하다. 우리의 침상은 푸르고……

나는 샤론의 장미요 골짜기의 백합화로구나…….

너희는 건포도로 내 힘을 돕고 사과로 나를 시원케 하라. 내가 사랑하므로 병이 났음이니라…….

시온의 여자들아, 내가 노루와 들 사슴으로 너희에게 부탁한다. 내 사랑이 원하기 전에는 흔들지 말고 깨우지 말지니라…….

나의 사랑하는 자는 내게 속하였고 나는 그에게 속하였구나. 그가 백합화 가운데서 양 떼를 먹이는구나.

나의 사랑하는 자야, 날이 기울고 그림자가 갈 때에 돌아와서, 베데르 산에서의 노루와 어린 사슴 같아라…….

나의 사랑하는 자야, 우리가 함께 들로 가고, 마을에서 머물자.

우리가 일찍이 일어나서 포도밭으로 가서 포도 움이 돋았는지, 꽃술이 퍼졌는지, 석류꽃이 피었는지 보자. 거기서 내가 나의 사랑을 네게 주리라.[211]

이것은 젊은이의 목소리이고 잠언의 목소리는 노인의 음성이다. 사람들은 사랑과 삶에서 모든 것을 기대하지만, 돌아오는 것은 기대에 덜 미친다. 그러므로 이 전설적인 솔로몬은 젊은이들에게 악한 여자를 조심하라고 경고한다. "무릇 그녀가 많은 사람을 상하게 하여 엎드러지게 하였나니 그녀에게 죽은 자가 허다하니라. …… 부녀와 간음하는 자는 무지한 자라. …… 내가 심히 기이히 여기고도 깨닫지 못하는 것 서넛이 있나니 곧 공중에 날아다니는 독수리의 자취와 반석 위로 기어 다니는 뱀의 자취와 바다로 지나다니는 배의 자취와 남자가 여자와 함께한 자취니라."[212] 솔로몬은 정욕에 불타는 것보다는 결혼하는 것이 더 낫다는 바울의 말에 동의한다. "네가 젊어서 취한 아내를 즐거워하라. 그녀는 사랑스러운 암사슴 같고 아름다운 암노루 같으니 너는 그 품을 항상 족하게 여기며 그 사랑을 항상 연모하라. …… 채소를 먹으며 서로 사랑하는 것이 살진 소를 먹으며 서로 미워하는 것보다 나으니라."[213] 이런 말들이 아내를 700명이나 둔 남편의 말일 수 있겠는가?

음란함 다음으로 지혜를 방해하는 것이 게으름이다. "게으른 자여, 개미에게로 가서 그 구하는 것을 보고 지혜를 얻으라. …… 게으른 자여, 네가 어느 때까지 눕겠느냐?"[214] "네가 자기 사업에 근실한 사람을 보았느냐? 이러한 사람은 왕 앞에 설 것이요."[215] 그러나 이 철학자는 어리석은 야망은 용납하지 않으려 한다. "속히 부하고자 하는 자는 형벌을 면치 못하리라." 그리고 "미련한 자의 안일은 자기를 멸망시키리라."[216] 일은 지혜지만 말은 어리석을 뿐이다. "모든 수고에는 이익이 있어도, 입술의 말은 궁핍을 이룰 뿐이니라. …… 어리석은 자는 그 마음을 다 드러내지만, 지혜로운 자는 그 마음을 억제하느니라. …… 미련한 자라도 잠잠하면 지혜로운 자로 여기느니라."[217]

이 현자는 소크라테스처럼 미덕과 지혜를 같은 것으로 보라는 교훈을 지치지 않고 계속 되풀이해서 말하고 있으며, 이 교훈은 히브리의 신학이 그리스의 철학과 결합하여 유럽의 지성을 형성한 알렉산드리아 학파를 생각나게 한다. "명철한 자에게는 그 명철이 생명의 샘이 되거니와 미련한 자에게는 그 미련한 것이 징계가 되느니라. …… 지혜를 얻은 자와 명철을 얻은 자는 복이 있나니, 이는 지혜를 얻는 것이 은을 얻는 것보다 낫고 그 이익이 금보다 나음이니라. 지혜는 진주보다 귀하니 너의 사모하는 모든 것으로도 이에 비교할 수 없도다. 그 오른쪽 손에는 장수가 있고 그 왼쪽 손에는 부귀가 있나니. 그 길은 즐거운 길이요, 그 첩경은 다 평강이니라."[218]

욥기는 잠언보다 일찍 기록되었다. 아마 바빌론 유수 중에 기록되어 알레고리를 통해 바빌론으로 잡혀간 포로들을 묘사했을 것이다.* 격정적인 칼라일(Carlyle)은 이렇게 말한다. "내가 보기에 그것은 펜으로 쓴 가장 숭고한 글 중

---

* 학자들은 잠정적으로 욥기의 기록 연대를 기원전 5세기로 보고 있다.[219] 그 본문은 변조되어 모든 곳에서 성경의 관습을 벗어나 있다. 재스트로우(Jastrow)는 3~31장만 받아들이고 나머지는 덕성을 함양하기 위한 수정 부분으로 간주하며, 받아들인 장들에도 삽입과 오역이 많다고 생각했다. 예컨대 "그가 나를 죽이실지라도 나는 그를 의뢰하리니."(13장 5절)는 "나는 떨지 않으리로다." 또는 "내가 소망이 없노라."가 되어야 한다.[220] 칼렌(Kallen)과 그 밖의 다른 사람들은 욥기에서 에우리피데스를 모델로 삼아 쓴 그리스 비극과 닮은 점을 발견했다.[221] 3~41장은 히브리 시에 전형적으로 나타나는 대조 악장 형식으로 되어 있다.

하나다. …… 고귀한 책이며 모든 사람이 읽어야 하는 책이다! 그것은 우리가 결코 해결할 수 없는 문제, 즉 인간의 운명과 여기 이 땅에서 신이 인간을 다루는 방법들에 대해 쓴 가장 오래된 최초의 진술이다. …… 내 생각으로는 성경 안에서든 밖에서든 지금까지 기록된 글 중에서 그 책과 동등한 문학적 가치를 지닌 것은 없다."[221a] 문제는 히브리인들이 이 세상을 강조하면서 발생했다. 고대의 유대 신학에는 천국이 없었으므로,[222] 미덕은 여기서 상을 받아야 했다. 그렇지 않으면 보상받을 기회가 없는 것이다. 그런데 악한 사람들만 번영을 누리고 가장 극심한 고통은 선한 사람의 몫인 것처럼 보이는 경우가 많았다. 시편 기록자가 불평하고 있는 것처럼 이들은 악인인데 어째서 항상 평안하고 재물은 더하는 것인가?[223] 왜 신은 악한 사람들에게는 형벌을 주고 선한 사람들에게는 상을 주는 대신에 자신을 숨기는가?[224] 이제 욥기의 저자는 같은 문제를 보다 단호하게 묻고는 자신의 영웅, 즉 자기 백성들을 상징할 영웅을 제시한다. 온 이스라엘은 욥이 그랬던 것처럼 측은할 정도로 야훼를 숭배했다. 반면에 바빌론은 야훼를 무시하고 모독했다. 그런데 바빌론은 번성하고 이스라엘은 포로로 잡혀 와 황폐한 여건에서 티끌을 먹으며 거친 베옷을 걸치고 있었다. 이런 신에 대해 무어라 말할 수 있을 것인가?

천국을 무대로 한 서론은 아마 어떤 영리한 서기관이 이 책을 비난에서 구하려고 삽입했을 것이다. 이 서론에서 사탄은 야훼에게 욥이 "순전(純全)하고 정직"한 것은 오직 행운아이기 때문일 뿐이라고 한다. 그가 어려움을 만나도 신앙을 지키겠는가? 야훼는 욥에게 다양한 재난을 쏟아붓는 것을 사탄에게 허락한다. 그 영웅은 한동안 인내심을 발휘했지만, 결국에는 용기가 꺾이고, 자살을 생각하며, 자신을 버린 신을 비난한다. 소발이 와서 친구가 고통당하는 모습을 즐기면서, 신은 지금도 정의로우며 선한 사람에게는 언젠가 이 땅에서도 상을 줄 것이라고 주장한다. 그러나 욥은 날카로운 말로 그의 입을 막는다.

너희만 참으로 사람이로구나, 너희가 죽으면 지혜도 죽겠구나. 나도 너희같이 총명이 있어 너희만 못하지 아니하니, …… 강도의 장막(帳幕)은 형통하고, 하느님을 진노케 하는 자가 평안하니 하느님이 그 손에 후히 주심이니라. …… 나의 눈이 이것을 다 보았고, 나의 귀가 이것을 듣고 통달하였느니라. …… 너희는 거짓말을 지어내는 자요, 다 쓸데없는 의원(醫員)이니라. 너희가 잠잠하고 잠잠하기를 원하노라! 이것이 너희의 지혜일 것이니라.[225]

그는 짧은 인생과 긴 죽음에 대해 생각한다.

여인에게서 난 사람은 사는 날이 적고 괴로움이 가득하며 그 발생함이 꽃과 같아서 쇠하여지고 그림자 같이 신속하여서 머물지 아니하거늘. …… 나무는 소망이 있나니 찍힐지라도 다시 움이 나서 연한 가지가 끊이지 아니하거니와. …… 사람은 죽으면 소멸되나니 그 기운이 끊어진즉 그가 어디 있느뇨? 물이 바다에서 줄어지고 하수가 잦아서 마르는 것과 같이 사람이 누우면 다시 일어나지 못하고. …… 사람이 죽으면 어찌 다시 살리이까?[226]

논쟁은 뜨겁게 계속 이어지고 욥은 점점 더 자기 신에 대해 회의적인 태도를 취하다가 결국에는 자신의 신을 "대적(Adversary)"으로 일컫고, 이 대적이 책을 한 권 써서 자기를 죽이길 바라게 된다. 이것은 아마 일종의 라이프니츠식 신정론(神正論)일 것이다. 이 장을 끝맺는 말("욥의 말이 그치니라.")은 이 말이 전도서의 대화 부분처럼 유대인들 사이에 존재했던 이단적 성향이 강한 소수의 입장을 대표하는 대화 부분의 끝맺음이었다는 것을 암시한다.* 그러나 새로운 철학자인 엘리후가 이 시점에서 개입하여 165개의 절을 통해 신이 인간을 다루

---

* 많은 글을 쓴 회의주의자 르낭(Renan)은 이렇게 말했다. "회의주의자는 글을 적게 쓰며, 그가 글을 쓰더라도 그것은 유실될 가능성이 많다. 유대인들의 운명은 오로지 종교에 달려 있었으므로 그들 문학의 세속적인 부분은 희생되었을 것이다."[227] 시편에서 "어리석은 자는 그 마음에 이르기를 하느님이 없다 하도다."(14편 1절, 53편 1절)라는 말이 반복되고 있음은 그런 어리석은 자들이 이스라엘 안에서 소요를 일으킬 만큼 많았다는 것을 보여 준다. 스바냐 1장 12절에서도 이런 소수의 무리를 언급하고 있음이 분명하다.

는 방법은 공정하다는 점을 논증한다. 마지막에는 성경에서 가장 장엄한 구절 중 하나에서 한 목소리가 구름 속에서 들려온다.

> 때에 야훼께서 폭풍 가운데로서 욥에게 말씀하여 가라사대,
> 무지한 말로 이치를 어둡게 하는 자가 누구냐? 너는 대장부처럼 허리를 묶고 내가 네게 묻는 것을 대답할지니라. 내가 땅의 기초를 놓을 때에 네가 어디 있었느냐? 네가 깨달아 알았거든 말할지니라. 누가 그 도량을 정하였는지, 누가 그 준승을 그 위에 띄웠는지 네가 아느냐? 그 주추는 무엇 위에 세웠으며 그 모퉁이 돌은 누가 놓았었느냐? 그때에 새벽 별들이 함께 노래하며 하느님의 아들들이 다 기쁘게 소리하였느니라. 바닷물이 태에서 나옴 같이 넘쳐흐를 때에 내가 구름으로 그 의복을 만들고, 흑암으로 그 강보를 만들고, 계한을 정하여 문과 빗장을 베풀고 이르기를 네가 여기까지 오고 넘어가지 못하리니 네 교만한 물결이 여기 그칠지니라 하였었노라. 네가 나던 날부터 아침을 명하였느냐, 새벽으로 그 처소를 알게 한 일이 있었느냐? …… 네가 바다 근원에 들어갔었느냐? 깊은 물 밑으로 걸어 다녔느냐? 사망의 그늘진 문을 네가 보았느냐? 땅의 넓이를 네가 측량하였느냐? 다 알거든 말할지니라. …… 네가 눈의 곳간에 들어갔었느냐? 우박 창고를 보았느냐. …… 네가 묘성을 매어 떨기 되게 하겠느냐 삼성의 띠를 풀겠느냐? …… 네가 하늘의 법도를 아느냐? 하늘로 그 권능을 땅에 베풀게 하겠느냐? …… 가슴 속의 지혜는 누가 준 것이냐, 마음 속의 총명은 누가 준 것이냐? ……
> 변박하는 자가 전능자와 다투겠느냐? 하느님과 변론하는 자는 대답할지니라.[228]

욥은 뜻밖에 나타난 야훼 앞에서 두려움에 사로잡혀 자신을 낮춘다. 야훼는 욥을 진정시켜 용서하고 그의 제사를 받아들인 후에, 허약한 논증을 전개한 욥의 친구들을 꾸짖는다.[229] 이어서 욥에게 양 1만 4000마리, 낙타 6000마리, 소 1000마리, 암나귀 1000마리, 아들 7명과 딸 3명, 140년의 수명을 주고 있다. 이것은 행복한 결말이긴 하지만 절름발이 결말이다. 욥은 모든 것을 다 받았으나

정작 자기가 제기한 질문에 대한 답은 얻지 못하고 있는 것이다. 문제는 그대로 남아 있었다. 그리고 이 문제는 후에 유대인의 사상에 심오한 영향을 끼치게 된다. 다니엘의 시대(기원전 167년경)에도 이 문제는 이 세상에서는 해결될 수 없는 것으로 포기하고 있었다. 다니엘과 에녹이라면 (그리고 칸트(Kant)라면) 이렇게 말할 것이다. 무덤 저편에 있을 모종의 다른 삶을 믿지 않는다면 어떤 대답도 제시될 수 없다. 잘못된 모든 일들이 바로잡히고, 악한 사람들이 처벌을 받고, 의로운 사람들이 상을 받게 될 삶 말이다. 이것은 그리스도교로 흘러 들어간 다양한 사상 흐름들 중 하나였으며, 결국 그리스도교에 승리를 안겨 주었다.

전도서*에서는 이 물음에 대해 염세적인 답변을 제시하고 있다. 번영과 불행은 미덕이나 악덕과는 아무런 관계가 없다는 것이다.

> 내가 내 헛된 날에 이 모든 일을 본즉 자기의 의로운 중에서 멸망하는 의인이 있고, 자기의 악행 중에서 장수하는 악인이 있으니. …… 내가 돌이켜 해 아래서 행하는 모든 학대를 보았도다. 오호라 학대받는 자가 눈물을 흘리되, 저희에게 위로자가 없도다, 저희를 학대하는 자의 손에는 권세가 있으나. …… 너는 어느 지역에서든지 빈민을 학대하는 것과 공의를 박멸하는 것을 볼지라도 그것을 이상히 여기지 말라. …… 그들보다 더 높은 자들이 있음이니라.232

인간의 운명을 결정하는 것은 미덕과 악덕이 아니라 맹목적이고 무자비한 우연이다. "내가 돌이켜 해 아래서 보니 빠른 경주자라고 선착하는 것이 아니며, 유력자라고 전쟁에 승리하는 것이 아니며, 지혜자라고 먹을 것을 얻는 것이 아니며, 명철자라고 재물을 얻는 것이 아니며, 기능자라고 은총을 입는 것이 아니

---

* 이 책의 저자와 연대에 대해서는 아무것도 알려져 있지 않다. 살턴은 그 연대를 기원전 250~168년으로 본다.230 전도서의 저자는 문학적 허구의 혼란으로 인해 자신을 "전도자"로 부르기도 하고 "다윗의 아들 예루살렘 왕", 즉 솔로몬으로 부르기도 한다.231

니 이는 때와 우연이 이 모든 자에게 임함이라."²³³ 모든 부는 다 불확실하며 행복을 오래 안겨 주지 않는다. "은을 사랑하는 자는 은으로 만족함이 없고, 풍부를 사랑하는 자는 소득으로 만족함이 없나니 이것도 헛되도다. …… 노동자는 먹을 것이 많든지 적든지 잠을 달게 자거니와 부자는 배부름으로 자지 못하느니라."²³⁴ 그는 자기와 관련된 사람들을 생각하면서 맬서스(Malthus)의 사상을 한 줄로 표현하고 있다. "재산이 더하면 먹는 자도 더하느니라."²³⁵ 또한 그는 지나간 황금 시대나 앞으로 올 유토피아에 대한 어떤 전설로도 위로를 받을 수 없었다. 세상은 과거에도 현재와 같은 모습이었으며 또 앞으로도 계속 그런 모습일 것이기 때문이다. "옛날이 오늘보다 나은 것이 어쩜이냐 하지 말라. 이렇게 묻는 것이 지혜가 아니니라."²³⁶ 사람들은 자신이 받아들일 역사가를 선택할 때는 조심해야 한다. 그리고 "이미 있던 것이 후에 다시 있겠고, 이미 한 일을 후에 다시 할지라. 해 아래는 새것이 없나니 무엇을 가리켜 이르기를, 보라, 이것이 새것이라 할 것이 있으랴? 우리 오래전 세대에도 이미 있었느니라."²³⁷ 그가 생각하기에 발전한다는 것은 망상이다. 과거에 있던 문명들은 이미 망각되었으며, 현재의 문명도 다시 잊힐 것이다.²³⁸

일반적으로 그는 삶이란 슬픔의 연속이므로 없는 것이 더 낫다고 생각한다. 삶이란 목적도 없이 제자리를 빙빙 도는 움직임이라 영원한 의미를 지닌 결과도 없으며, 출발했던 그 지점에서 끝이 난다. 삶은 쓸데없는 몸부림이며, 그 몸부림에서 확실한 것은 패배한다는 것밖에 없다.

전도자가 가로되 헛되고 헛되며 헛되고 헛되니 모든 것이 헛되도다. 사람이 해 아래서 수고하는 모든 수고가 자기에게 무엇이 유익한고? 한 세대는 가고 한 세대는 오되, 땅은 영원히 있도다. 해는 떴다가 지며 그 떴던 곳으로 빨리 돌아가고, 바람은 남으로 불다가 북으로 돌이키며, 이리 돌며 저리 돌아 불던 곳으로 돌아가고. 모든 강물은 다 바다로 흐르되 바다를 채우지 못하며, 어느 곳으로 흐르든지 그리로 연하여 흐르느니라. …… 그러므로 나는 살아 있는 산 자보다 죽은 지 오랜 죽은 자를 복되다

하였으며, 이 둘보다 출생하지 아니하여 해 아래서 행하는 악을 보지 못한 자가 더욱 낫다 하였노라. …… 아름다운 이름이 보배로운 기름보다 낫고 죽는 날이 출생하는 날보다 나으며.[239]

한동안 그는 삶의 수수께끼에 대한 대답을 구하기 위해 쾌락에 몸을 던진다. "이에 내가 희락을 칭찬하노니, 이는 사람이 먹고 마시고 즐거워하는 것보다 해 아래서 나은 것이 없음이라." 그러나 "본즉 이것도 헛되도다."[240] 쾌락에 따르는 어려움은 여자다. 전도자는 여자에게서 잊지 못할 어떤 상처를 받았던 것 같다. "일천 남자 중에서 하나를 얻었거니와 일천 여인 중에서는 하나도 얻지 못하였느니라. …… 내가 깨달은즉 마음이 올무와 그물 같고, 손이 포승 같은 여인은 사망보다 독한 자라. 하느님을 기뻐하는 자는 저를 피하리로다."[241] 그는 자기가 빠져든 가장 모호한 이 철학 영역을 마무리 지으면서, 그런 영역에 빠져들지 않았던 솔로몬과 볼테르(Voltaire)의 조언으로 돌아가고 있다. "네 헛된 평생의 모든 그날 곧 하느님이 해 아래서 네게 주신 모든 헛된 날에 사랑하는 아내와 함께 즐겁게 살지어다."[242]

그러나 지혜 역시 문제의 여지가 있는 것이다. 그는 지혜를 아낌없이 칭찬하지만, 약간의 지식을 넘어서게 되면 그 이상은 위험하다고 생각한다. 그는 초인적인 통찰력을 가지고 이렇게 말하고 있다. "여러 책을 짓는 것은 끝이 없고, 많이 공부하는 것은 몸을 피곤하게 하느니라."[243] 만일 신이 지혜에 보다 나은 소득을 주었다면 지혜를 추구하는 것도 현명한 일이 될 수 있다. "지혜는 유업(遺業)과 함께하여야 아름답도다." 그렇지 않으면 지혜는 덫이 되어 그것을 사랑하는 사람들을 파멸시키기 쉽다.[244] (진리는 모세에게 이렇게 말하는 야훼와 같다. "네가 내 얼굴을 보지 못하리니 나를 보고 살 자가 없음이니라."[245]) 결국 지혜로운 사람이나 어리석은 사람이나 철저하게 똑같이 죽으며, 두 사람 모두 똑같은 냄새를 풍기게 된다.

마음을 다하여 지혜를 써서 하늘 아래서 행하는 모든 일을 궁구하며 살핀즉, 이는 괴로운 것이니 하느님이 인생에게 주사 수고하게 하신 것이라. 내가 해 아래서 행하는 모든 일을 본즉, 다 헛되어 바람을 잡으려는 것이로다. …… 내가 마음 가운데 말하여 이르기를 내가 큰 지혜를 많이 얻었으므로 나보다 먼저 예루살렘에 있던 자보다 낫다 하였나니, 곧 내 마음이 지혜와 지식을 많이 만나 보았음이로다. 내가 다시 지혜를 알고자 하며, 미친 것과 미련한 것을 알고자 하여 마음을 썼으나, 이것도 바람을 잡으려는 것인 줄을 깨달았노라. 지혜가 많으면 번뇌도 많으니, 지식을 더하는 자는 근심을 더하느니라.246

난폭한 행운이 던지는 이 모든 화살은 희망과 용기를 가지고 감당할 수 있을 것이다. 만일 정의로운 사람이 무덤 저편에서 모종의 행복을 기대할 수 있다면 말이다. 그러나 이것 역시 신화라고 전도서는 생각한다. 인간은 하나의 동물이며 다른 짐승들처럼 죽는다.

인생에게 임하는 일이 짐승에게도 임하나니, 이들에게 임하는 일이 일반이라 다 동일한 호흡이 있어서 이의 죽음같이 저도 죽으니, 사람도 짐승보다 뛰어남이 없음은 모든 것이 헛됨이로다. 다 흙으로 말미암았으므로 다 흙으로 돌아가나니 다 한 곳으로 돌아가거니와. …… 그러므로 내 소견에는 사람이 자기 일에 즐거워하는 것보다 나은 것이 없나니, 이는 그의 분복(分福)이로다. 그 신후사(身後事)를 보게 하려고 저를 도로 데리고 올 자가 누구이랴? …… 무릇 네 손이 일을 당하는 대로 힘을 다하여 할지어다. 네가 장차 들어갈 음부에는 일도 없고, 계획도 없고, 지식도 없고, 지혜도 없음이니라.247

잠언에서 그렇게 칭찬하고 있는 지혜에 대해 얼마나 놀라운 설명을 하고 있는가! 이곳을 보면 문명이 한동안 빛을 잃었음이 분명하다. 이스라엘의 청년기의 활력은 주변의 제국과 맞서 싸우느라 다 소진되었다. 이스라엘이 믿었던 야훼는 와서 돕지 않았다. 그 결과 이스라엘은 흩어져 황량한 가운데, 문학을 통해 이런 가장 신랄한 목소리로 하늘을 향해 인간에게 떠오르는 가장 심오한 회의를 표현하고 있는 것이다.

예루살렘은 회복되었으나 이제는 무적의 신이 지켜 주는 요새가 아니었다. 한때는 페르시아에 또 한때는 그리스에 정복당해 조공을 바치는 예속 도시였다. 기원전 334년에는 청년 알렉산드로스가 그 문에 서서 수도를 향해 항복하도록 요구했다. 대신관은 처음에는 거부했으나 모종의 꿈을 꾼 후 다음 날 아침 그의 요구를 받아들였다. 그는 성직자들에게는 가장 깊은 인상을 줄 옷을 입게 하고 백성들에게는 순백의 옷을 입게 했다. 그 후 주민들을 평화롭게 인도하여 도시의 문을 통해 나가서 평화를 간청했다. 알렉산드로스는 그 대신관에게 몸을 굽혀 인사를 한 후 주민들과 그들의 신에 대해 경의를 표하고는 예루살렘을 차지했다.[248]

이것이 유대의 최후였다. 40세기를 이어지는 이 이상한 드라마에서 이제 겨우 1막이 끝난 것이다. 그리스도는 2막이고, 아하수에루스는 3막이며, 오늘날에는 다른 막이 상연되고 있으나 최후의 막은 아니다. 예루살렘은 파괴되었다가 재건되고 또 파괴되었다가 다시 재건되어 우뚝 서 있는데, 그 모습은 영웅적인 민족의 생명력과 끈질김을 상징적으로 보여 주고 있다. 역사만큼이나 유서가 깊은 유대인들은 문명이 계속되는 한 존속할 것이다.

OUR ORIENTAL HERITAGE

13장   페르시아

1. 메디아인의 부상과 몰락

메디아인들은 어떤 사람들이었기에 아시리아가 멸망하는 데 그토록 중요한 역할을 했는가? 물론 그들의 기원을 우리는 알 수 없다. 역사란 중간에 시작해야 하는 책이기 때문이다. 우리가 이들에 대해 알고 있는 내용을 제일 처음 언급하고 있는 자료는 살만에셀 3세가 쿠르디스탄의 산악 지대에 있는 파르수아라는 국가로 원정 갔던 일을 기록해 놓은 점토판이다. 이곳에서는 스물일곱 명의 족장들이 왕이 되어 아마다이(Amadai), 마다이(Madai), 메디아(Medes)로 일컬어지는 한 민족이 흩어져 사는 스물일곱 개의 국가를 다스렸던 것으로 보인다. 아마 인도유럽어족인 이들은 기원전 1000년경에 카스피 해의 연안에서 서아시아로 옮겨 왔을 것이다. 페르시아인들의 경전인 젠드아베스타는 그 민족이 본향에 대해 기억하는 내용을 이상적으로 만들어 그곳을 낙원으로 묘사했다. 우리가 우리 자신의 과거에 대해 그러는 것처럼, 청년기에 활동했던 무대들로 다시 돌아가야 할 필요가 없다면 그 무대들은 항상 아름다운 곳으로 남아 있는 것처럼 말이다. 메디아인들은 보하라와 사마르칸트 지역을 유랑하며 생활하다가 점점 남하하여 결국에는 페르시아에 도착한 것으로 보인다.[1] 그들은 새로운 보금자리를 발견한 산악 지대에서 구리, 쇠, 납, 금, 은, 대리석, 보석 들을 발견했다.[2] 그리고 소박하면서도 활동적인 민족이었으므로 평야와 산기슭에 농업을 발전시키며 번영했다.

고지대에서 눈 녹은 물로 비옥해진 그림 같은 계곡에 자리 잡은 에크바타나(Ecbatana, 즉 많은 길이 "만나는 자리")*를 그들의 첫 번째 왕 데이오세스가 첫 번째 수도로 삼고, 1.7제곱킬로미터 정도 넓이의 궁전을 지어 수도를 꾸몄다. 확증되지 않은 헤로도토스의 기록에 의하면, 데이오세스는 공정하다는 평판을 얻어 권세를 얻었으나 권력을 잡고 난 후에는 독재자가 되었다고 한다. 그는 이런 규정을 발표했다. "어떤 사람도 왕의 앞에 직접 나설 수 없다. 상의할 것이 있는 사람은 누구나 대리인을 통해야 한다. 나아가 왕의 앞에서 웃거나 침을 뱉는 것은 무례한 행위로 간주할 것이다.", "그는 이런 이유로 자기 주변에 모종의 의전(儀典)을 제정하여, …… 그를 본 적이 없는 사람들에게는 전혀 다른 성격의 사람으로 보이게 할 수 있었다."[3] 자연에 맞춰 사는 소박한 생활을 통해 강해지고 관습과 여건상 전쟁의 필수 요소들을 갖추게 된 메디아인들은 데이오세스의 지도력을 통해 아시리아를 위협하는 존재가 되었다. 그러므로 아시리아는 메디아를 여러 번 침공하여 패배라는 큰 교훈을 안겨 주었다고 생각했으나, 사실상 자유를 지키기 위해 지칠 줄 모르고 싸우는 모습을 발견했을 뿐이다. 메디아의 가장 위대한 왕 키아크사레스는 니네베를 멸망시켜 이 문제를 해결했다. 그의 군대는 이 승리로 고무되어 서아시아를 휩쓸고 사르디스 성문까지 도달했으나 일식 때문에 돌아설 수밖에 없었다. 서로 대치하고 있던 지도자

---

* 아마 현재의 하마단일 것이다.

들이 이 분명한 하늘의 경고에 놀라 평화 조약을 맺고 서로의 피를 마시며 그 조약을 확증했던 것이다.[4] 다음 해에 키아크사레스는 하나의 속주였던 자신의 왕국을 아시리아와 메디아, 페르시아를 다스리는 제국으로 확장하는 과정에서 사망했다. 그가 죽고 한 세대가 지나기도 전에 이 제국은 종말을 맞았다.

그 제국은 존속 기간이 너무 짧아 문명에는 실질적으로 기여하지 못했으나, 페르시아의 문화가 자랄 수 있는 길을 준비해 놓았다. 메디아인들은 페르시아에 다음과 같은 것들을 주었다. 그들의 아리안 언어와 알파벳 서른여섯 자, 기록 매체로 사용되던 점토판을 대신한 양피지와 펜,[5] 기둥을 폭넓게 사용하는 건축 양식, 평화로울 때는 성실한 가정생활을 장려하고 전쟁 중에는 무한한 용기를 강조하는 도덕 강령들, 아후라마즈다와 아리만이 대립하는 조로아스터교, 가부장적인 가족과 일부다처제의 결혼 풍습, 후대에 제국의 법전과 결합되어 다니엘이 "메디아와 페르시아의 변개치 아니하는 규례"[6]에 대해 말할 수 있을 만큼 제국의 것과 비슷한 법전 등. 그들의 문학과 예술을 보여 주는 돌이나 서신은 하나도 남아 있지 않다.

그들은 부각된 속도보다 훨씬 더 빠른 속도로 몰락했다. 아버지인 키아크사레스의 뒤를 이어 왕이 된 아스티아게스는 군주 제도란 엄청난 기지와 광기(狂氣)가 거의 구별할 수 없을 정도로 어우러진 상태에서 왕위가 계승되는 도박임을 다시 입증했다. 그는 만장일치로 왕국을 물려받아 안정시킨 후 향락에 빠졌다. 나라는 그의 행실을 본받아 엄격한 도덕과 금욕적인 생활 방식을 잊었다. 너무 갑작스럽게 부를 얻게 되자 현명하게 사용하지 못한 것이다. 상류층 사람들은 유행과 호사의 노예가 되어 남자들은 수를 놓은 바지를 입고 여자들은 화장품과 보석으로 온몸을 휘감았으며, 심지어는 말에게까지 금으로 만든 마구를 사용하는 경우가 많았다.[7] 이들은 전에는 나무줄기를 대충 잘라 만든 바퀴를 단 조잡한 수레를 타고 다니면서도 기뻐하는 소박하고 목가적인 사람들이었으나,[8] 이제는 값비싼 마차를 타고 축제를 찾아다녔다. 초기의 왕들은 정의를 자랑했다. 그러나 아스티아게스는 하르파구스에게 화가 나서, 그의 아들을 목을 베어 몸을 토막 낸 후에 그에게 갖다 주고는 먹도록 강요했다.[9] 하르파구스는 자기 아들의 몸을 먹으며 왕이 하는 일은 곧 자기가 좋아하는 일이라고 말했으나, 키로스를 도와 아스티아게스를 폐위시켜 복수했다. 메디아의 종속도시인 페르시아의 안샨을 다스리는 탁월한 젊은 통치자인 키로스가 에크바타나의 나약한 폭군에 맞서 반기를 들자, 메디아인들은 키로스의 승리를 환영하며 그를 받아들여 거의 아무런 저항도 없이 그를 왕으로 삼았다. 이제 페르시아는 메디아를 지배하여 근동 세계 전체를 다스리는 지배자가 될 준비를 갖추게 된 것이다.

2. 위대한 왕들

키로스는 에머슨(Emerson)이 언급한 대로 만인이 즐거워하는 가운데 즉위한 천부적인 지배자 중 한 사람이었다. 그는 정신과 행동이 고상하고, 극적인 승리를 거둔 것만큼 국가를 지혜롭고 유능하게 경영했으며, 패배한 사람들에게 관대하게 대하여 적이었던 사람들에게 사랑을 받은 인물이었다. 그러므로 그리스인들이 그를 수많은 사랑 이야기의 주인공으로 삼고, (그들의 마음에) 알렉산드로스 이전에 가장 위대한 영웅으로 여긴 것은 조금도 이상한 일이 아니다. 실망스러운 일이지만 우리는 헤로도토스나 크세노폰을 통해서는 키로스에 대해 신뢰할 만한 그림을 그릴 수 없다. 헤로도토스는 자신의 역사에 많은 설화를 섞어 놓았으며,[10] 크세노폰은 『키로스의 교육(Cyropædia)』을 (가끔 교육과 철학에 대한 강론을 담고 있는) 군사 기술에 대한 에세이로 만들어 놓았다. 크세노폰은 가끔 키로스를 소크라테스와 혼동하는 경우가 있다. 이런 즐거운 이야기들을 제쳐 놓으면 키로스라는 인물은 단지 매력적인 유령이 될 뿐이다. 우리가 말할 수 있는 것은 다음과 같은 점들뿐이다. 즉 그는 잘생겼다. 페르시아인들이 그들의 고대 예술에서 그를 육체적 아름다움의 모델로 삼고 있었기 때문이다.¹¹ 그는 "위대한 왕들"을 배출하여 페르시아의 역사에서 가장 유명한 시대를 연 아케메네스 왕조를 세웠다. 메디아와 페르시아의 병사들을 무적의 군대로 조직하여 사르디스와 바빌론을 점령하고, 셈족이 서아시아를 1000년 동안 다스리던 시대를 끝냈으며, 아시리아, 바빌로니아, 리디아의 이전 영토와 소아시아를 페르시아 제국에 병합시켜, 페르시아를 로마 이전 시대의 가장 큰 정치조직이자 역사상 가장 잘 통치된 조직으로 만들었다.

우리가 전설의 안개를 헤치고 최대한 구체적으로 그린 그림에 의하면, 그는 정복자들 중 가장 호감이 가는 인물이었으며 관대한 태도를 바탕으로 제국을 세운 사람이었다. 그의 적들은 그가 인정이 많다는 것을 알고 있었으므로 그와 싸울 때면, 죽이지 않으면 죽는 길밖에 없는 막다른 골목에 몰린 것처럼 필사적으로 싸우는 일이 없었다. 헤로도토스에 의하면 그가 사르디스의 장례용 장작더미에서 크로이소스를 구했다는 것과 유대인들을 관대하게 대했다는 것은 앞에서 이미 살펴보았다. 그가 시행한 정책의 제1원리는 제국에 속한 다양한 민족들은 자신들의 종교에 따라 자유롭게 숭배하고 믿을 수 있어야 한다는 것이었다. 그는 종교가 국가보다 더 강하다는 정치의 제1원칙을 충분히 이해하고 있었다. 그러므로 도시를 약탈하고 신전을 파괴하는 일 없이, 정복당한 민족들의 신에게 정중한 경의를 보였으며 신전을 유지할 수 있도록 지원했다. 심지어는 그에게 그토록 오랫동안 저항했던 바빌로니아인들까지도 그가 자신들의 성소들과 만신전을 보존하고 존중하는 모습을 보고 그를 대할 때는 따뜻하게 대했다. 그는 전례 없는 사업에 착수할 때마다 그 지역의 신들에게 경건한 제물을 바쳤다. 나폴레옹처럼 그 역시 모든 종교를 차별하지 않고 받아들여 (나폴레옹보다 훨씬 더 많은 자비를 베풀며) 모든 신의 비위를 맞췄다.

그 역시 나폴레옹처럼 너무 지나친 야망 때문에 목숨을 잃었다. 그는 근동을 모두 정복한 후, 중앙아시아의 야만적인 유목민이 메디아와 페르시아로 침입하지 못하도록 막으려는 목적으로 일련의 전쟁을 시작했다. 그는 북쪽으로는 야크사르테스 강과 동쪽으로는 인도까지 출정했던 것으로 보인다. 그는 절정기에 카스피 해의 남쪽 연안에 자리 잡고 있던 마사게타이인들과 전투 중에 갑자기 전사했다. 알렉산드로스처럼 그 역시 제국을 세웠으나 살아서 조직을 갖추지는 못했다.

그에게는 인격을 훼손하는 큰 결점이 하나 있었다. 가끔 걷잡을 수 없이 폭발하는 잔인함이 그것이었는데, 키로스의 반쯤 미친 아들은 그의 관대함은 물려받지 못하고 잔혹성만 물려받았다. 캄비세스는 제일 먼저 자기 형제이자 라이벌인 스메르디스를 처형한 후, 이집트에 쌓여 있는 부가 탐이 나 페르시아 제국을 나일 강까지 확장하는 일에 착수했다. 그는 성공을 거두었으나 온전한 정신을 대가로 치른 것이 분명하다. 멤피스는 쉽게 점령했으나, 5만 명의 페르시아인들로 이루어진 군대를 보내 사막 속에 묻혀 있는 "암몬의 오아시스"를 합병하고, 카르타고를 점령하는 데는 실패했다. 페르시아 함대의 페니키아 선원들이 페니키아의 식민지를 공격하길 거부했기 때문이다. 캄비세스는 정신이 이상해져서, 그의 아버지가 보여 주었던 영민함과 관용을 버렸다. 그는 이집트의 종교를 공공연하게 비웃었으며, 이집트인들이 아피스 신으로 여기고 숭배하는 황소를 조롱하며 단도로 찔렀다. 미라들을 불사르고 고대의 저주들도 아랑곳하지 않고 왕의 무덤들을 파헤쳤다. 신전들을 모독하고 신전의 우상들을 불사르도록 명령했다. 그는 이렇게 해야 미신에 사로잡힌 이집트인들을 치료할 수 있다고 생각했다. 그러나 그가 (간질로 인한 경련이 분명했던) 질병에 걸리게 되자, 이집트인들은 그들의 신들이 그를 처벌했으며 그들의 신학이 이제 논란의 여지없이 입증되었다고 확신했다. 마치 군주제의 폐단을 다시 예증하기라도 하는 것처럼 캄비세스는 나폴레옹과 같은 광기를 보이며 자기 누이이자 아내인 록산나를 죽이고, 자기 아들인 프렉사스페스를 활로 쏘아 살해하고, 열두 명의 페르시아 귀족을 생매장했다. 그리고 크로이소스를 처형하도록 지시했으나 후회하고는 명령이 집행되지 않았다는 것을 알고 기뻐했으나, 처형을 지연시킨 장교들의 목숨을 빼앗았다.[12] 페르시아로 귀환하는 길에 누군가가 왕위를 찬탈했으며 혁명 세력을 통해 폭넓은 지지를 받고 있다는 것을 알았다. 그

는 이 순간부터 역사에서 사라진다. 전승에 의하면 그는 자살했다고 한다.[13]

왕위 찬탈자는 캄비세스가 질투 때문에 벌인 형제 살해극에서 기적적으로 살아남은 스메르디스로 자처했다. 그러나 사실상 그는 페르시아의 공식 종교인 조로아스터교를 말살하려는 초기 마기교에 투신한 광신자였다. 곧 다른 혁명이 일어나 그를 폐위시키고, 그 혁명을 주도한 일곱 명의 귀족이 그들 중 한 명이자 히스타페스의 아들인 다리우스를 왕으로 추대했다. 페르시아에서 가장 위대한 왕의 통치 시대는 이런 피비린내 속에서 시작되었다.

동방의 군주 국가에서 이루어진 왕위 계승은 왕실 안에서 왕권을 다툰 혁명을 통해 이루어지거나, 지배자가 미숙한 경우나 혼란이 벌어졌을 때 식민지들이 그 기회를 이용하여 자유를 되찾으려는 봉기를 통해 이루어지는 특징을 보였다. 자칭 스메르디스가 왕위를 찬탈했다가 암살당한 사건은 페르시아의 봉신들에게 놓칠 수 없는 기회를 제공했다. 이집트와 리디아의 태수들은 복종을 거부했다. 그리고 수시아나, 바빌로니아, 메디아, 아시리아, 아르메니아, 사키아와 그 밖의 다른 지역들도 일제히 반란을 일으켰다. 다리우스는 이들을 잔혹하게 진압했다. 오랜 포위 공격 후 바빌론을 점령한 그는 나머지 주민들의 복종을 이끌어 낸다는 명목으로 3000명의 지도적인 시민들을 십자가에 매달았다. 그리고 반란을 일으킨 국가들을 신속하게 하나씩 평정해 나갔다. 거대한 제국이라도 위기가 닥치면 얼마나 쉽게 산산조각 날 수 있는가를 실감한 그는 전투 장비를 벗고는 역사상 가장 지혜로운 통치자 중 한 명이 되어 영토를 재정비하는 일에 착수했다.(이때 그가 사용한 방법은 로마가 멸망할 때까지 제국을 체계화하는 모델이 되었다.) 그의 통치는 서아시아에 질서와 번영을 한 세대 동안 안겨 주었으며, 이런 질서와 번영은 분쟁이 많은 그 지역에서는 경험해 본 적이 없었던 것이다.

그는 평화롭게 통치하고 싶었으나, 제국에서 전쟁이 계속 발생하도록 방치하는 것은 치명적인 일이었다. 정복당한 민족들은 주기적으로 다시 정복해야 했으므로, 정복자들은 주둔지와 전장에서 사용되는 기술과 행동 양식을 계속 유지해야 했다. 어떤 순간이든 변화의 바람이 불어 새로운 제국이 등장하여 기존의 제국에 도전장을 내밀 수도 있었다. 이런 상황에서는 전쟁이 저절로 일어나지 않으면 만들어 내기라도 해야 했다. 각 세대는 혹독한 전쟁에 길들여지고, 조국을 위해 죽는다는 달콤한 교훈을 실천을 통해 배워야 했다.

아마 부분적으로는 바로 이런 이유 때문에 다리우스는 군대를 이끌고 러시아의 남부로 들어가 보스포루스 해협과 다뉴브 강을 건너 볼가 강까지 약탈자인 스키타이인들을 추격하고, 다시 아프가니스탄과 수많은 산을 넘어 인더스 강까지 들어가 광대한 지역과 수백만의 사람들 및 루피를 자신의 영토에 추가했을 것이다. 헤로도토스는 우리에게 다리우스가 이런 역사적인 실수를 범하게 된 것은 아내 중 한 명인 아토사가 잠자리에서 그렇게 해 달라고 졸랐기 때문이었다고 믿으라고 할 것이다.[14] 그러나 다리우스가 그리스의 도시 국가와 식민지에서 페르시아가 서아시아를 지배하는 데 위험을 안겨 주게 될 잠재적인 제국 혹은 실제적인 동맹체를 보았기 때문이라고 믿는 것이 보다 품위가 있다. 이오니아가 반란을 일으키고 스파르타와 아테네에서 도움을 받자 다리우스는 조금도 주저하지 않고 전쟁을 벌였다. 그가 에게 해를 건너가 마라톤 평야에서 패배한 후 페르시아로 우울하게 돌아온 이야기는 온 세상이 알고 있다. 그는 그리스를 다시 도모하려고 전면전을 준비하는 중에 갑자기 허약해져서 숨을 거두었다.

3. 생활과 산업

페르시아 제국이 다리우스의 시대에 전성기를 맞았을 때는 스무 개의 속주 혹은 태수 관할 지역이 있었다. 이집트, 팔레스타인, 시리아, 페니키아, 리디아, 피리기아, 이오니아, 카파도키아, 킬리키아, 아르메니아, 아시리아, 카프카즈 산맥, 바빌로니아, 메디아, 페르시아, 현대의 아프가니스탄과 발루치스탄, 인더스 강 서쪽의 인도, 소그디아나, 박트리아, 마사게타이족과 그 밖의 다른 중앙아시아 부족들의 지역 등. 이전에는 이렇게 넓은 지역을 하나로 묶어 다스린 정부가 없었다.

페르시아는 앞으로 200년에 걸쳐 이 4000만 명의 사람들을 다스리게 되지만, 당시의 페르시아 자체는 현재 우리에게는 페르시아로 알려지고 그곳의 주민들에게는 이란으로 알려진 국가와는 다른 모습이었다. 페르시아 만의 동쪽 연안에 자리 잡은 작은 땅으로, 고대 페르시아인들에게는 "파르스(Pars)"로 알려지고 현대의 페르시아인들에게는 "파르스(Fars)" 또는 "파르시스탄(Farsistan)"으로 알려져 있는 지역이었다.[15] 그곳은 거의 모두 산과 사막으로 이루어지고 강이 적어 겨울에는 혹독하게 춥고 여름에는 건조하고 더우므로,* 교역이나 정복을 통한 외부의 도움이 있어야만 200만 명의 주민을 부양할 수 있었다.[17] 강인한 산악인들로 이루어진 그 민족은 아마 메디아인들처럼 러시아 남부에서 남하한 인도유럽어족이었을 것이다. 그들의 언어와 초기의 종교는 아프가니스탄을 건너 인도 북부의 지배 계층이 된 아리아인들과 가까운 혈족임을 보여 준다. 다리우스 1세는 나크스이루스탐에서 발견된 한 비문에서 자신을 "페르시아인이자 페르시아인의 아들이며, 아리아인의 후손인 아리아인"이라고 기술하고 있다. 조로아스터교의 교도들은 자신들의 원초적 본향을 "아이리아나바에조(Airyana-vaejo, 아리아인의 본향)"**라고 말했다. 스트라본은 "아리아나(Ariana)"라는 말을 현재 본질적으로 동일한 말로 일컬어지고 있는 "이란(Iran)"을 가리키는 말로 사용했다.[18]

페르시아인들은 고대의 근동에서 가장 잘생긴 사람들이었음이 분명하다. 유물들은 그들을 자세가 곧고 활기차며, 산에서 자라 강인하면서도 부유함 덕분에 세련되었으며, 거의 그리스인 같은 곧은 코와 고상한 외모와 태도를 갖춰 보는 사람에게 즐거움을

---

* 수사의 여름은 너무 뜨거워 뱀이나 도마뱀이 길을 아무리 빨리 건너더라도 다 건너기 전에 태양열에 타죽었다고 스트라본은 말하고 있다.[16]
** 일반적으로 아라케세스(Araxes) 강 유역의 아란 지역(Arran, 현재의 아제르바이잔 지역)으로 알려져 있다.

주는 균형 잡힌 모습으로 묘사하고 있다. 그들은 대체로 메디아식의 옷을 입었으며 나중에는 메디아풍의 장신구들도 착용했다. 얼굴 이상의 신체 부위를 드러내는 것을 무례하다고 여겨, 터번이나 머리띠, 모자에서부터 시작하여 샌들이나 가죽신에 이르기까지 온몸을 무엇인가로 감쌌다. 세 겹의 속옷과 아마포로 만든 흰 내의, 손을 가리는 소매가 달린 이중의 튜닉, 허리에 걸치는 거들 덕분에 주민들은 겨울엔 따뜻했으나 여름에는 더위를 참아야 했다. 왕은 자수를 놓은 진홍색 바지를 입고 노란 단추가 달린 신을 신어 자신을 구별시켰다. 여자의 복장은 가슴 부분을 쟀다는 것만 남자의 옷과 달랐다. 남자들은 수염을 기르고 머리카락은 곱슬곱슬하게 하여 길게 늘어트렸으며 후대에는 가발을 썼다.[19] 제국이 부유했던 시대에 여자들은 물론 남자들도 화장품을 많이 사용하여, 크림으로 피부색을 좋게 하고 눈썹용 색조 화장품으로 눈을 크고 아름답게 했다. 그리스인들이 "코스메타이"라고 부른 특수 계층인 미용사들은 미용 전문가로서 귀족 계층으로 신분이 상승되었다. 페르시아인들은 향기를 구별하는 데 있어서는 전문가였으므로, 고대인들은 그들이 화장용 크림을 발명했다고 믿었다. 왕은 전쟁터로 나갈 때도 반드시 값비싼 연고 상자를 갖고 나가, 이기든 지든 자신의 향기가 흩날리게 했다.[20]

페르시아는 역사가 길었으므로 많은 언어를 사용했다. 다리우스 1세의 시대에 법정과 귀족 사회에서 사용한 언어는 고대 페르시아어였다. 이 언어는 산스크리트어와 밀접한 관계가 있으며, 이 두 언어는 모두 전에는 보다 오래된 언어의 사투리들이었고, 우리 자신의 언어와는 사촌쯤 되는 것이 분명하다.* 고대 페르시아어는 한편으로는 젠드어(젠드아베스타에 사용된 언어)로 발전하고, 다른 한편으로는 오늘날의 페르시아어

---

* 상관관계를 보여 주는 일부 사례들.

고대 페르시아어	산스크리트어	그리스어	라틴어	독일어	영어
pitar	pitar	pater	pater	Vater	father
nama	nama	onoma	nomen	Nahme	name
napat(손자)	napat	anepsios	nepos	Neffe	nephew
bar	bhri	ferein	ferre	führen	bear
matar	matar	meter	mater	Mutter	mother
bratar	bhratar	phrater	frater	Bruder	brother
çta	stha	istemi	sto	stehen	stand[21]

가 된 일종의 힌두어인 팔라비어로 발전했다.²² 페르시아인들이 문자를 받아들였을 때 비문을 위해서는 바빌로니아의 쐐기 문자를 사용하고, 문서들을 위해서는 아람의 알파벳 문자를 사용했다.²³ 그들은 바빌로니아인들이 사용하던 비실제적인 음절 문자표를 300개의 문자에서 36개의 기호로 단순화시켰으며, 이 기호들은 점차 음절이 아닌 문자가 되어 쐐기 문자의 알파벳을 형성하게 되었다.²⁴ 그러나 페르시아인들이 보기에 글을 쓴다는 일은 여성적인 오락인 것처럼 보였다. 그러므로 그들은 사랑과 전쟁, 사냥을 하는 외에 시간을 내서 글을 배우는 일이 거의 없었다. 그들은 몸을 낮추어 문학을 만들어 내는 일이 없었다.

평민들은 글을 모르면서도 만족스럽게 지내며 토양의 문화에 완전히 몰두했다. 젠드아베스타는 농업을 인간의 가장 기본적이고 고귀한 직업이며, 다른 어떤 노동보다도 최고신인 아후라마즈다를 기쁘게 하는 것으로 높여 놓았다. 일부 땅은 소농들이 경작했으며, 이들은 몇몇 가족이 협력하여 넓은 지역을 공동으로 경작하는 일도 있었다.²⁵ 국토의 일부는 봉건적인 영주가 소유하여 소작농들에게 경작시키고 곡물 중 일부를 주기도 하고, 외국 노예들(페르시아인이 노예인 경우는 없었다.)에게 경작시키기도 했다. 나무로 만들어 끝 부분을 금속으로 씌운 쟁기를 소가 끌었다. 관개 시설을 갖추고 산에서 물을 끌어다 들에 공급했다. 보리와 밀이 주요 작물이자 주식이었으나 고기도 많이 먹고 포도주도 많이 마셨다. 키로스는 군대에 포도주를 공급했으며,²⁶ 페르시아의 협의체는 맨 정신으로는 정책을 논의하는 일이 없었다.* 다음 날 아침에 결정을 다시 논의하느라 고생했지만 말이다. 중독성이 있는 음료인 하오마를 신들을 즐겁게 하는 제물로 바쳤으며, 중독자에게는 흥분과 분노가 아니라 정의와 경건을 불러일으킨다고 믿었다.²⁸

페르시아에서는 산업이 빈약하게 발전했다. 근동의 국가들에 수공업을 시키는 것으로 만족하고, 그들이 공물을 가져올 때 그들의 제품도 구입했다. 통신과 운송을 개량하는 분야에서는 더 많은 독창성을 발휘했다. 기술자들은 다리우스 1세의 지시로 여

---

* "그들은 가장 중요한 논의를 할 때는 포도주를 마시며 한다. 맨 정신으로 내린 결정보다 포도주를 마시며 내린 결정을 더 존속성이 있는 것으로 여긴다."라고 스트라본은 보고한다.²⁷

러 도시를 연결하는 대로를 건설했으며, 이런 대로들 중 하나인 수사에서 사르디스를 잇는 도로는 2414킬로미터나 되었다. 도로들은 파라상(parasang, 5.4킬로미터) 단위로 정확하게 측정했다. 헤로도토스는 4파라상마다 "왕립 휴게소와 숙박 시설이 있으며, 모든 길이 사람들이 거주하는 안전한 지역으로 이어져 있다."라고 말하고 있다.[29] 각 휴게소마다 우편물을 배달할 새로운 말이 준비되어 있었으므로, 일반 여행자가 수사에서 사르디스까지 가려면 90일이 걸렸지만 왕립 우편 마차는 현재 자동차로 이동하는 것만큼 빨리 움직여 일주일도 걸리지 않았다. 큰 강들은 나룻배를 이용해 건넜으나, 기술자들이 원하기만 하면 유프라테스 강과 심지어는 헬레스폰트 해협에도 코끼리 백 마리가 안전하게 건널 수 있는 튼튼한 다리를 놓을 수 있었을 것이다. 다른 도로들은 아프가니스탄을 거쳐 인도까지 이어져, 수사는 이미 엄청난 부를 지니고 있는 동양으로 가는 중간 거점이 되었다. 이런 도로들은 일차적으로 중앙 통제와 관리를 원활하게 하려는 군사 및 행정 도로로 건설되었으나, 교역을 촉진시키고 관습과 사상 그리고 인간에게는 필수품인 미신들이 원활하게 교환되도록 돕기도 했다. 예를 들면 이런 길들을 따라 천사와 마귀가 페르시아의 신화에서 유대교와 그리스도교의 신화로 들어간 것이다.

항해술은 육상 운송만큼 발전하지 못했다. 페르시아인들은 자체의 선단을 보유하지 않고 페니키아인들과 그리스인들의 선박을 임대하거나 징발했을 뿐이다. 다리우스는 페르시아를 홍해와 나일 강을 통해 지중해와 연결시키는 운하를 건설했으나, 후계자들의 부주의함 때문에 이 업적은 곧 모래 속에 파묻히고 말았다. 크세르크세스가 일부 해군에 아프리카를 돌아오도록 명령했으나, 헤라클레스의 기둥(지브롤터 해협)을 통과한 직후 돌아오는 망신을 당했다.[30] 상업은 대체로 외국인들(바빌로니아인, 페니키아인, 유대인)에게 맡겼다. 페르시아인들은 교역을 멸시하고 시장을 거짓말의 온상으로 여겼기 때문이다. 부유한 계층들은 자신들에게 필요한 물품을 대부분 자신의 경작지와 상점에서 직접 충당하고 매매에 관여하지 않는 것을 자랑으로 여겼다.[31] 비용 지불과 융자와 이자는 처음에는 현물, 특히 가축과 곡식으로 지불했으나 나중에는 주조 화폐가 리디아에서 도입되었다. 다리우스는 자신의 초상을 담은 금 다릭(daric)과은 다릭을 발행했으며,* 금과 은의 가치 비율은 13.5 대 1이었다. 이것이 현대 통화 제도에서 통용되는 복본위제 교환 비율의 기원이었다.33

4. 실험적인 통치 체계

페르시아의 생활은 경제적인 성격보다는 정치적이고 군사적인 성격이 강했다. 부의 기반이 산업이 아니라 권력이었기 때문이다. 페르시아는 종속국들로 이루어진 엄청나게 넓은 부자연스러운 바다를 다스리는 작은 섬처럼 위태롭게 존재했다. 인위적인 이 구조물을 유지하는 제국의 조직 체계는 역사상 가장 독특하고 유능한 것 중 하나였다. 그 정상에는 왕 또는 크샤트라(Khshathra), 즉 전사**가 있었다. 이 호칭은 군주 국가인 페르시아의 기원과 성격이 군사적인 것이었음을 보여 주고 있다. 보다 작은 왕들이 봉신으로 있었으므로 페르시아의 통치자는 "왕 중의 왕"으로 자처했으며, 고대 세계에서는 이런 주장에 대해 이의를 제기하는 사람이 없었다. 그리스인들만이 그를 단순히 "바실레우스(Basileus, 왕)"라는 호칭으로 불렀을 뿐이다.34 그는 이론상 절대적인 권력을 지니고 있었다. 오늘날의 독재자처럼 재판이나 근거도 없이 말 한 마디로 사람을 처형할 수 있었다. 자기 어머니나 서열 1위의 아내에게 변덕에 따라 살육할 수 있는 특권을 위임하는 경우도 있었다.35 세력이 가장 큰 귀족이라도 비판하거나 질책하는 경우가 거의 없었으며, 여론도 몸조심하느라고 무기력했다. 자기가 보는 앞에서 아들이 왕의 화살에 맞아 죽더라도 아버지는 군주의 훌륭한 활 솜씨만 자랑했을 뿐이다. 왕의 명령에 따라 곤장을 맞더라도 존귀한 왕이 자

---

* 그러나 '다릭'이란 말은 그의 이름과는 무관했다. 다릭은 금 조각이라는 뜻을 가진 페르시아어 '자리크(zariq)'에서 온 말이었다. 금 다릭은 액면 가치가 5달러였다. 3000 금 다릭은 1페르시아 달란트였다.32
** 이 말은 현재 사용되고 있는 페르시아 왕의 칭호인 '샤(Shah)'라는 단어 속에 지금도 살아남아 있다. 그 어간은 페르시아의 태수(사트라프(Satrap))나 지방 관리를 나타내는 호칭, 인도의 전사 계층을 의미하는 '크샤트리아(Kshatriya)'라는 말에서도 나타난다.

기를 기억하고 있음을 고마워했다.[36] 왕은 키로스와 다리우스 1세처럼 분발해서 직접 군림하며 통치할 수 있었으나, 후대의 군주들은 정무를 대부분 귀족들이나 환관들에게 맡기고 사랑이나 주사위 놀이, 사냥을 하며 지냈다.[37] 궁전은 내시들로 들끓었으며, 이들은 규방을 지키고 왕자들을 가르친다는 유리한 지위를 이용하여 항상 독과 같은 음모를 꾸몄다.[38]* 왕은 자식들 중에서 후계자를 선택할 권리가 있었으나 왕위 계승은 보통 암살과 혁명을 통해 결정되었다.

그러나 왕권은 백성들과 왕좌를 연결하는 귀족들의 힘에 의해 사실상 제한되었다. 다리우스 1세와 함께 자칭 스메르디스를 폐위시킨 위험한 반란에 동참했던 사람들의 여섯 가문은 관례상 이례적인 특권을 누리고 중요한 문제를 논의할 때는 항상 관여했다. 많은 귀족들이 궁전에 나와 협의체 역할을 했으며, 군주는 통상적으로 그 협의체의 조언을 최대한 존중했다. 귀족 계층의 구성원들은 대부분 왕에게 영지를 받았으므로 왕좌와 연결되어 있었다. 그들은 그에 대한 보답으로 왕이 전장으로 나갈 때면 병력과 물자를 제공했다. 그들은 자기 영지 안에서는 세금을 거두고, 법을 제정하고, 재판을 진행하고, 자신의 무장 세력을 유지할 수 있는 권한을 거의 완벽하게 갖고 있었다.[40]

왕권과 제국 정부의 실제적인 기반은 군대였다.(제국은 우월한 살인 능력을 보유하고 있는 동안만 존립하기 마련이다.) 전쟁이 선포되면 15~50살의 신체 건강한 남자는 모두 즉시 입대해야 할 책무가 있었다.[41] 세 아들을 둔 아버지가 그중 한 아들을 군 복무에서 빼 달라고 다리우스에게 청원했을 때 그는 세 아들을 모두 처형해 버렸다. 그리고 네 아들을 이미 전쟁터로 보낸 아버지가 다섯째 아들은 집에 남아 집안을 돌보게 해 달라고 크세르크세스에게 간청했을 때는 왕의 명령으로 이 다섯째 아들의 몸을 두 조각 낸 후 군대가 통과할 길 양쪽에 걸어 놓았다.[42] 병사들은 군가가 울려 퍼지는 가운데 시민들의 박수 소리를 들으며 전쟁터를 향해 행진했다.

---

* 해마다 바빌로니아에서 500명의 거세된 소년들이 와서 페르시아의 규방에서 "여자들을 지키는" 일을 했다.[39]

정예 부대는 근위대였다. 근위대는 2000명의 기병과 2000명의 보병으로 이루어졌으며, 근위대원은 모두 왕을 경호하는 역할을 맡은 귀족들이었다. 상비군은 페르시아인들과 메디아인들로만 이루어져 있었으며, 이들 중에서 제국의 전략적 요충지에 주둔하는 병사들을 대부분 차출했다. 나머지는 각 종속국에서 징발한 부대로 이루어졌으며, 이 부대들은 각자 자체의 언어와 전쟁 무기와 행동 방침을 갖고 있었다. 그 장비와 수행원들 역시 출신만큼이나 다양했다. 활과 화살, 언월도, 던지는 창, 양날 단검, 미늘창, 투석기, 검, 방패, 투구, 가죽 흉갑, 쇠 미늘 갑옷, 말, 코끼리, 전령, 서기, 환관, 창부, 정부(情婦), 바퀴통마다 쇠로 만든 큰 낫들로 무장한 전차 등. 이 전체 무리는 크세르크세스가 원정을 떠났을 때 180만 명에 이를 정도로 엄청난 수였으나, 전세가 기우는 모습만 보아도 곧 무질서한 오합지졸로 변했다. 이런 군대가 정복 활동을 벌인 것은 단순히 수(數)에서 나오는 힘, 즉 사상자가 발생하면 쉽게 보충할 수 있는 탄력성 때문이었을 뿐이다. 그러므로 하나의 언어를 사용하며 하나의 규율로 통제되는 체계적인 군대를 만나면 곧 무너질 수밖에 없었다. 이것이 마라톤과 플라타이아의 비밀이었다.

이런 국가에서는 왕의 뜻과 군대의 세력이 유일한 법이었다. 이런 것들과 맞서 싸울 수 있는 신성한 권리는 없었으며, 왕이 전에 내린 칙령을 제외하면 어떤 선례도 쓸모가 없었다. 하지만 페르시아의 법은 결코 변하지 않는다는 것과 왕의 약속이나 칙령은 취소될 수 없다는 것을 페르시아는 긍지를 가지고 자랑했다. 왕이 칙령을 내리고 판단을 할 때는 신 아후라마즈다에게서 직접 영감을 받는다고 생각했다. 그러므로 페르시아의 법은 곧 신의 뜻이었으며, 그 법을 어기는 것은 신에게 죄를 짓는 것이었다. 왕은 자신이 최고 법정이었으나 자기 수행원 중에서 박식한 원로 한 사람에게 그 기능을 맡기는 것이 관례였다. 그의 밑에는 일곱 명으로 구성된 고등 법정이 하나 있었으며, 이 밑에는 전역에 흩어져 있는 지방 법정이 있었다. 신관들은 법을 제정하고 오랫동안 재판관의 역할을 담당했다. 후기 시대에는 세속의 남녀 법조인들이 재판장석에 앉았다. 보석금은 가장 중요한 경우를 제외하고는 모든 경우에 받았으며, 그 후에는 정규적인 재판 절차가 이어졌다. 법정은 형벌은 물론 배상도 선고하는 경우가 있었으며, 범죄를 심리할 때는 피고가 행한 선행 기록과 봉사들도 참고했다. 법정에서 사건 처리가 지연되는 것은 각 사건마다 시간을 제한하거나, 당사자들이 문제를 평화롭게 해결해 줄 중재자를 직접 선택하도록 제안하여 완화시켰다. 선례들이 쌓여 법이 복잡하게 되자, "법정 대리인"이라는 계층이 등장하여 소송 당사자들에게 법을 설명해주고 소송 진행을 도와주었다.[43] 맹세가 실행되었으며 시련을 통해 판별하는 법이 동원되는 경우도 있었다.[44] 뇌물 수수는 뇌물을 주거나 받는 행위를 사형에 해당하는 죄로 만들어 방지했다. 캄비세스는 재판관이 불공정한 경우 산 채로 살갗을 벗겨 그 가죽으로 재판장석을 씌운 후, 죽은 재판관의 아들을 그 자리에 임명하여 법원의 공정성을 향상시켰다.[45]

가벼운 형벌들은 태형의 형태를 취해 말채찍으로 5~200대까지 때리게 했다. 양 치는 개를 독살한 자는 200대를 맞았으며 살인자는 90대를 맞았다.[46] 법 집행에 따르는 비용은 매 한 대에 60루피의 비율로 태형을 벌금으로 대체하여 일부분을 조달했다.[47] 심각한 범죄의 경우에는 낙인을 찍는 형이나 손과 발을 절단하는 형, 눈을 멀게 하는 형, 사형으로 처벌했다. 문자로 이루어진 법은 어느 누구든, 심지어는 왕조차도 단순 범죄에 대해서는 사형을 선고하지 못하도록 했다. 그러나 반역, 강간, 남색, 살인, 음독, 왕의 사유지 침입, 왕의 여자에게 접근하는 행위, 우연하게라도 왕의 옥좌에 앉는 행위, 왕족을 불쾌하게 만드는 모든 행위에 대해서는 사형을 선고할 수 있었다.[48] 이런 경우에는 독약을 먹이거나, 말뚝에 꿰거나, 십자가에 못 박거나, 머리를 아래로 하여 매달거나, 돌로 쳐 죽이거나, 머리만 내놓고 몸을 묻거나, 머리를 큰 돌들 사이에 넣어 부수거나, 뜨거운 재 속에 묻거나, "보트형"*이라는 믿을 수 없을 정도로 잔인한 방법

---

* 플루타르코스는 다음과 같이 말하고 있다. 군인 미트리다테스가 술에 취해 쿠낙사 전투에서 연소 키로스를 죽인 명예를 받아야 하는 것은 왕이 아니라 자기라는 사실을 누설했다. 그러자 아르타크세르크세스 2세는 "미트리다테스를 보트형으로 처형하도록 명령했다. 그 처형 방법은 이렇다. 크기가 같고 서로 딱 맞는 작은 배 두 척을 골라 그 중 한 척에다 죄수를 등이 배 바닥에 닿게 눕힌 후, 머리와 손과 발이 배 밖으로 나오게 하고 나머지 몸은 안에 있게 한 상태에서 다른 한 척으로 덮는다. 그리고 그에게 음식을 주고, 먹지 않을 경우 눈알을 뽑아 강제로 먹게 한다. 다

을 통해 처형했다. 이런 야만적인 형벌 중 일부는 후대에 그곳을 침략한 터키인들이 이어받아 인류의 유산으로 전해졌다.[49]

제국은 행정과 세금 징수에 편리하도록 속주나 태수 관구로 분할되었다. 각 속주는 보통은 왕이 임명한 태수 때로는 봉건 제후가 왕 중의 왕의 이름으로 다스렸으며, 태수는 왕실의 호의를 유지할 수 있는 동안만 그 지위를 보유할 수 있었다. 다리우스는 태수들을 손에 쥐고 있으려는 목적으로 각 속주에 장군을 한 명씩 파견하여, 속주의 통치자로부터 독립된 위치에서 속주의 군사력을 독자적으로 통제하게 했다. 그리고 삼중 안전장치로 태수와 장군 모두에게서 독립된 위상을 지닌 대신을 각 속주에 파견하여 그 두 사람의 동향을 왕에게 보고하게 했다. 그 이상의 예방 조치로 언제든지 왕의 눈과 귀로 알려진 정보기관을 편성하여 속주의 업무와 기록, 재정을 사찰할 수 있었다. 태수는 재판을 거치지 않고 직위가 해제되기도 하고, 왕의 명령에 따라 자기 종에게 조용히 독살되기도 했다. 태수와 대신 밑에는 일군의 서기관들이 있어 군대가 직접 개입할 필요가 없는 행정 업무를 수행했다. 이 서기관 집단은 한 행정 구역에서 다른 행정 구역으로 옮겨 다니기도 했으며, 한 왕의 통치에서 다른 왕의 통치 시대로 그 업무를 이어 가기도 했다. 왕은 죽어도 관료 제도는 영원했다.

이런 속주 관료들의 급료를 지불하는 사람은 왕이 아니라 그들이 다스리는 백성들이었다. 급료는 태수들에게 궁전과 규방 그리고 페르시아인들이 "파라다이스"라는 역사적인 이름을 붙여 줄 정도로 넓은 사냥터를 제공할 수 있을 만큼 많았다. 그 외에도 각 태수 관구는 세금으로 해마다 일정한 액수의 돈과 현물을 왕에게 보내야 했다. 인도는 4680달란트를 보냈고, 아시리아와 바빌로

먹은 후에는 우유와 꿀을 섞은 것을 입에 부을 뿐 아니라 얼굴 전체에도 부어 흠뻑 젖게 한다. 다음에는 얼굴이 계속 태양 쪽을 향하게 한다. 그러면 수많은 파리 떼들이 얼굴을 덮어 가리게 된다. 배 안에 갇혀 있는 그가 먹고 마신 사람이면 반드시 하는 것을 하게 되면, 부패한 배설물에서 기어 다니는 것들과 해충이 생기게 되어 이런 것들이 그의 내장 안으로 파고 들어가 그의 몸을 갉아먹는다. 죄인이 죽은 것이 분명해져서 위에 덮은 배를 벗기면 다 갉아먹힌 그의 몸과 내장을 먹고 자란 불쾌한 해충 떼를 발견하게 된다. 미트리다테스는 이런 식으로 7일 동안 고통을 당한 후에 결국 숨을 거뒀다."[50]

니아는 1000달란트, 이집트는 700달란트, 소아시아의 네 관구는 1760달란트 등 총 1만 4560달란트(경우에 따라 다양하게 평가되기는 하지만 한 해에 1억 6000만 달러~2억 1800만 달러에 해당하는 액수)를 보냈다. 나아가 각 속주는 왕에게 필요한 것들을 현물로 보내야 했다. 이집트는 해마다 12만 명분의 옥수수를 제공하고, 메디아인들은 10만 마리의 양, 아르메니아인들은 3만 마리의 망아지, 바빌로니아인들은 500명의 젊은 환관을 제공해야 했다. 페르시아 제국의 중앙 국고에는 부의 원천들이 계속 쌓여, 알렉산드로스가 페르시아의 수도들을 점령했을 때는 페르시아가 150년 동안 흥청망청 지내고, 비용이 많이 드는 백여 차례의 반란과 전쟁을 치르고, 다리우스 3세가 8000달란트를 갖고 도주한 후였음에도 왕의 보고에 18만 달란트가 남아 있는 것을 발견했을 정도였다. 이것은 약 27억 달러에 해당하는 액수였다.[51]

페르시아 제국은 이처럼 유지 비용이 많이 들긴 했지만, 로마가 등장하기 전에는 지중해 세계가 알고 있던 가장 성공적인 제국 행정 실험 체계였다. 그러므로 로마 역시 선임 제국의 이런 정치 구조와 행정 체계들을 많이 물려받게 된다. 후대의 군주들은 잔혹하고 낭비가 심했으며, 법은 경우에 따라서는 야만적이었고, 조세 부담은 무거웠다. 하지만 이런 부정적인 면들은 그런 조세 부담에도 불구하고 속주들을 부유하게 만들어 준 질서와 평화를 통해 그리고 오직 가장 계몽적인 정부만이 종속 국가들에게 제공할 수 있는 자유를 통해 균형을 이루고 있었다. 각 지역은 자체의 언어와 법, 관습, 도덕, 종교, 화폐를 보유하고 있었으며, 자체의 왕조를 유지하는 경우도 있었다. 바빌로니아와 페니키아, 팔레스타인 등 다수의 조공 국가들은 이런 상태에 상당히 만족하고 있었으며, 자신들의 관리와 세금 징수원들이 훨씬 더 가혹하게 자신들을 착취하고 있다고 생각했다. 정치 체계라는 면에서 보면 다리우스 1세 시대의 페르시아 제국은 위대한 업적이었다. 오직 트라야누스와 하드리아누스, 피우스 시대의 로마만이 그 제국과 어깨를 나란히 할 수 있을 것이다.

5. 자라투스트라

페르시아의 전설은 그리스도가 탄생하기 수백 년 전에 위대한 한 예언자가 아리아인의 본향인 아이리아나바에조에 어떻게 등장했는가를 말하고 있다. 그 예언자를 따르는 사람들은 그를 자라투스트라(Zarathustra)라고 불렀다. 그러나 그리스인들은 "야만인들"의 정통 철자법을 감당할 수 있는 인내심이 없었으므로 그를 조로아스트레스(Zoroastres)라고 불렀다. 그는 신성한 방법을 통해 수태되었다. 그의 수호천사가 식물인 하오마(haoma) 속으로 들어간 후, 한 신관이 신에게 제사를 드릴 때 그 나무의 수액을 가지고 그 신관의 몸으로 들어갔다. 동시에 하늘의 영광을 담은 빛줄기 하나가 고귀한 계보를 지닌 한 소녀의 가슴으로 들어갔다. 그 신관이 그 소녀를 아내로 맞았고, 그렇게 되자 갇혀 있는 천사가 갇혀 있는 빛줄기와 섞이게 되어 자라투스트라가 존재하기 시작했다.[52] 그는 태어나자마자 크게 웃었으며, 모든 생명의 주변에 모여 있는 악한 영들은 두려움에 사로잡혀 떨며 그에게서 도망쳤다.[53] 그는 지혜와 의로움을 대단히 사랑하여 사람들이 모여 사는 사회를 떠나, 땅에서 나는 열매와 치즈를 먹으며 산 속의 광야에서 사는 길을 선택했다. 마귀가 그를 시험했으나 아무런 소용이 없었다. 칼로 그의 가슴을 찌르고 납을 녹여 내장을 채웠으나 그는 불평하지 않고 아후라마즈다(빛의 주(主))를 최고신으로 믿는 신앙을 고수했다. 그러자 아후라마즈다가 그에게 나타나 지식과 지혜의 책인 아베스타를 손에 들려 주고는 인류에게 전파하라고 명령했다. 오랫동안 온 세상이 그를 조롱하고 박해했다. 그러나 마침내 이란의 고귀한 왕자인 비스타스파 혹은 히스타스페스가 기쁜 마음으로 그의 말을 듣고는 자기 백성들에게 새로운 신앙을 전하겠다고 약속했다. 이렇게 해서 조로아스터교가 탄생한 것이었다. 자라투스트라 자신은 매우 오랫동안 살다가 번갯불 속에서 소멸되어 하늘로 승천했다.[54]

우리는 그에 대한 이야기가 얼마나 많은 진실을 담고 있는지 모른다. 아마 요시아 같은 어떤 사람이 그를 발견해 냈을 것이다. 그리스인들은 그를 역사적인 인물로 받아들이고는 자신들의 시대보다 5500년 앞선 고대인으로 보았다.55 바빌로니아 사람인 베로수스는 그의 시대를 기원전 2000년까지 올려놓았다.56 현대의 역사가들은 그의 존재를 믿을 경우, 그가 그리스도 이전의 10세기와 6세기 사이의 어느 세기에 속하는 인물로 본다.57* 그가 메디아인들과 페르시아인들의 조상들이 있는 곳에서 등장했을 때 자기 백성들이 베다 시대의 힌두교에서 받드는 많은 자연의 힘과 신들을 공동으로 섬기고 있는 종교를 통해 동물58과 조상,59 대지와 태양을 숭배하고 있는 모습을 보았다. 조로아스터교 이전에 있던 이 종교에서 섬기는 주요 신들로는 태양의 신인 미트라와 다산과 대지의 여신인 아나이타, 죽었다가 부활하여 자기 피를 불멸성을 주는 음료로 인류에게 준 황소 모양을 하고 있는 신인 하오마가 있었다. 이란인들은 산비탈에서 발견되는 풀인 하오마의 중독성이 있는 액즙을 마시며 하오마 신을 숭배했다.60 자라투스트라는 이런 원시적인 신들과 광란적인 의식을 보고 큰 충격을 받았다. 그는 그런 신들에게 기도를 하고 제물을 바치는 마기들(Magi), 즉 신관들에게 반기를 들었다. 같은 시대의 인물인 아모스와 이사야처럼 용감하게 한 신을 세상에 전파했다. 물론 이 경우에는 "빛과 하늘의 주"인 아후라마즈다였으며, 다른 모든 신들은 아후라마즈다가 구체적으로 표현된 형태와 속성에 지나지 않았다. 아마 다리우스 1세는 이 새로운 교리를 받아들이면서 그 속에서 자신의 백성들을 고무시키고 정부를 강하게 만들어 줄 신앙을 보았을 것이다. 다리우스 1세는 즉위하는 순간부터 과거의 의식들과 마기 신관 제도와의 전쟁을 선포하고 조로아스터교를 국교로 삼았다.

새로운 종교의 경전은 창시자의 제자들이 그의 어록과 기도들을 모아 놓은 책들을 묶은 것이다. 후대의 추종자들은 이 책들을 아베스타(Avesta)라고 불렀다. 이 책들이 서양 세계에 젠드아베스타(Zend-Avesta)라고 알려지게 된 것은 현대 학자들의 실수 때

---

* 그를 전파한 비스타스파가 다리우스 1세의 아버지라면, 이들 연대 중 마지막 것이 제일 개연성이 큰 것 같다.

문이었다.* 현대의 비(非)페르시아인 독자는 남아 있는 주요 부분의 책들이 그리스도교의 성경보다 훨씬 짧지만 이것이 자라투스트라의 신이 그에게 준 계시의 적은 부분에 지나지 않는다는 것을 알게 되면 크게 놀란다.** 편협한 외국인 방관자가 보기에는 나머지 부분은 고상한 언어나 뜨거운 헌신, 고양된 윤리 의식, 서정적인 신앙심을 통해 가끔 빛을 발하는 잡다한 기도와 노래, 전설, 규정, 의식(儀式), 도덕으로 이루어져 있다. 그리스도교의 구약 성경처럼 이 경전 역시 대단히 절충적인 편집물이다. 학자들은 여기저기서 리그베다(Rig-veda)에 나오는 신들과 사상들을 발견한다. 때로는 인도의 일부 학자들이 아베스타에 영감을 준 것은 아후라마즈다가 아니라 베다라고 생각할 정도로[64] 리그베다에서 사용되는 것과 동일한 단어들과 구절들이 나오기도 하고, 고대 바빌로니아를 기원으로 하는 구절들이 나오기도 한다. 세상을 여섯 기간에 걸쳐 창조한 것(하늘, 물, 땅, 식물, 동물, 인간), 모든 인간이 최초의 한 부모에게서 태어난 후손이라는 것, 이 땅에 낙원을 세운 것,[65] 창조주가 자신의 창조물에 만족하지 못한 것, 남

---

* 앙케틸 뒤페롱(Anquetil-Duperron)이 1771년경 젠드라는 앞의 말을 붙였다. 페르시아인들은 이 말을 아베스타의 번역과 해석서만 의미하는 것으로 사용했다. 아베스타란 말은 어원이 불확실한데, 아마 "베다(Veda)"처럼 "알다(to know)"라는 뜻을 지닌 아리안 어근 "비드(vid)"에서 왔을 것이다.[61]

** 페르시아의 전승은 나스크(Nasks)라는 스물 한 권의 책들로 이루어진 더 긴 아베스타에 대해 말하고 있다. 이 나스크 역시 경전 원본의 일부분일 뿐이라고 한다. 그중 하나인 벤디다드(Vendidad)는 온전한 상태로 남아 있으나 나머지는 딘카르드(Dinkard)와 분다히시(Bundahish) 등의 후대 편집물들 속에 흩어져 있는 단편의 형태로만 남아 있다. 아랍의 역사가들은 완전한 텍스트는 쇠가죽 1만 2000장의 분량이었다고 말한다. 신성한 전승에 의하면 비스타스파 왕자는 그런 텍스트를 두 개 만들었는데, 그중 하나는 알렉산드로스가 페르세폴리스에 있는 왕궁을 태울 때 소실되었으며, 다른 하나는 승리한 그리스인들이 자기 나라로 가져가 (페르시아의 권위자들에 의하면) 그리스인들에게 모든 과학 지식을 제공했다고 한다. 기원전 3세기 중에 아르사키드 왕조의 파르티아 왕 볼로게수스 5세가 신실한 사람들의 기억이나 글로 남아 있는 모든 단편들을 모으라고 명령했다. 이 모음집은 4세기에 현재 형태의 조로아스터 경전으로 고정되어, 페르시아의 공식 국교의 경전이 되었다. 이렇게 형성된 그 모음집은 7세기에 이슬람교도들이 페르시아를 정복하는 과정에서 다시 훼손되었다.[62]

현존하는 단편들은 다섯 개의 부분으로 구분될 수 있다.
1) 야스나(Yasna)—조로아스터교의 신관들이 낭송한 기도문 45개 장(章), 그리고 분명히 시(詩) 형태로 되어 있는 예언자 자라투스트라의 설교와 계시들을 담고 있는 가트하스(Gathas)라는 27개 장(28~54장).
2) 비스페레드(Vispered)—기도문을 담고 있는 부가적인 24개 장.
3) 벤디다드(Vendidad)—조로아스터교의 신학과 도덕 강령을 설명하고 있으며, 현재 조로아스터교도들의 신관의 법전이 되어 있는 24개의 장.
4) 야시트(Yashts), 즉 찬송가—전설적인 역사와 종말 예언이 산재해 있는 천사들에게 바치는 21편의 시편.
5) 코르다흐 아베스타(Khordah Avesta) 또는 소(小)아베스타—삶에서 일어나는 다양한 경우를 위한 기도문들.[63]

은 자 하나만 빼고 모든 인간을 홍수로 멸망시키기로 결심한 것[66] 등. 그러나 이란의 독특한 요소들도 충분히 많아 전체의 특징을 형성하고 있다. 세상을 이원론적인 관점에서 보아 신 아후라마즈다와 마귀 아리만이 2000년 동안 갈등을 벌이고 있는 무대로 생각하는 것, 순결함과 정직함을 최고의 덕목으로 여기고 영원한 생명으로 이어질 덕목으로 보는 것, 시신은 음란한 그리스인들이나 힌두인들이 그러는 것처럼 매장하거나 화장하지 말고 개나 맹금류의 새들에게 던져 주어야 하는 것 등.[67]

자라투스트라의 신은 하늘에 속한 모든 집단 중 최고의 존재였다. 아후라마즈다는 "견고한 창천(蒼天)을 옷으로 삼고, …… 빛과 지고한 영광을 몸으로 삼고 있다. 태양과 달은 그의 눈이다." 종교가 예언자들의 손에서 정치가들의 손으로 넘어간 후대에는 이 위대한 신은 당당한 위엄을 지닌 거인 같은 왕으로 묘사되었다. 세상의 창조주이며 지배자인 이 신은 처음에는 자연의 형상과 힘(불과 물, 태양과 달, 바람과 비)으로 묘사되는 많은 작은 신들의 도움을 받았다. 그러나 욥기만큼 고상한 관점에서 신을 만물을 다스리는 최고의 존재로 생각한 것이 바로 자라투스트라의 업적이었다.

오, 아후라마즈다여, 내가 이것을 당신에게 물으니 참되게 말해 주십시오. 태양들과 별들의 길을 정한 것은 누구입니까? 달이 차고 기울게 한 것은 누구입니까? …… 땅과 창천이 떨어지지 않도록 밑에서 받치고 있는 것은 누구입니까? 물과 초목을 붙잡고 있는 것은 누구입니까? 빠름에 바람과 구름으로 멍에를 씌운 것은 누구입니까? 아후라마즈다여, 선한 마음을 불러낸 것은 누구입니까?[68]

"선한 마음"이란 인간의 생각을 의미하는 것이 아니라, 아후라마즈다가 창조의 중간 매개로 사용한 신적 지혜로 거의 로고스(Logos)와 같은 지혜를 의미했다. 자라투스트라는 아후라마즈다에게는 일곱 개의 양상 또는 속성이 있다고 해석했다. 빛, 선한 마음, 옳음, 권세, 충실, 충만한 존재, 불멸성이 그것이다.

다신교에 젖어 있던 그의 추종자들은 이런 속성들을 아후라마즈다의 지휘를 받으며 세상을 창조하여 유지하고 있는 (그들이 아메샤 스펜타(amesha spenta), 즉 "신성한 불멸의 존재들"이라고 부른) 인격적 존재들로 해석했다. 이런 식으로 창시자의 고상한 단일신론은 그리스도교의 경우에서처럼 대중의 다신론으로 바뀌었다. 이런 신성한 정령들 외에도 수호천사들이 있어, 페르시아의 신학은 각 남자와 여자와 어린이에게 수호천사를 하나씩 제공했다. 그러나 이런 천사들과 신성한 불멸의 존재들이 사람들을 미덕으로 인도하는 것처럼, (아마 바빌로니아의 마귀론에 영향을 받았을) 경건한 페르시아인들에 의하면 일곱 다이바, 즉 악한 영들 역시 공중에 떠돌면서 항상 인간들을 유혹하여 죄로 인도하는 가운데, 영원히 아후라마즈다 및 모든 형태의 의로움과 전쟁을 벌이고 있다. 이 악령들의 우두머리는 어둠의 왕이며 지하 세계의 지배자인 앙그로마이니우스(Angro-Mainyus) 또는 아리만(Ahriman)이었다. 유대인들은 이 아리만을 페르시아에서 받아들여 바쁜 사탄의 원형으로 삼은 후에 그리스도교에 물려준 것으로 보인다. 예컨대 뱀, 해충, 메뚜기, 개미, 겨울, 어둠, 범죄, 죄, 남색, 월경, 그 밖의 다른 삶의 재앙들을 만든 것은 바로 아리만이었다. 아후라마즈다가 인류의 최초의 조상들을 놓아둔 낙원을 망쳐 놓은 것도 바로 마귀가 만든 그런 것들이었다.[69] 자라투스트라는 이 악령들을 인간이 발전하지 못하도록 방해하는 추상적인 힘들이 구체적으로 표현된 통속적이고 미신적인 화신들로 여겼던 것 같다. 그러나 그의 추종자들은 그 악령들을 살아 있는 존재들로 생각하는 것이 더 쉽다는 것을 깨닫고는 그 악령들에게 인격을 부여하여 후대에는 페르시아의 신학에서 마귀의 수가 수백만에 달할 정도로 많아졌다.[70]

그러나 이 신앙 체계는 자라투스트라에게서 온 것이었으므로 단일신론에 근접해 있었다. 아리만과 악령이 침투했음에도 단일신론의 성격을 유지하고 있었다는 얘기다. 그리스도교가 사탄, 마귀, 악한 천사 들을 수용하고도 그럴 수 있게 되는 것처럼 말이다. 정말 초기의 그리스도교 신학에서 들려오는 페르시아 이원론의 메아리는 히브리 청교도주의나 그리스 철학의 메아리만큼이나 크다. 조로아스터교의 신 개념은 매튜 아놀드(Matthew Arnold)와 같은 사람들을 만족시켰을 것이다. 아후라마즈다는 의로움을 지향하는 모든 힘들의 총화였으며, 도덕은 그런 힘들이 협력하는 것에 있었다. 나아가 이 이원론은 사물들의 모순되는 성질과 비틀어진 면을 공정하게 다루었는데, 단일신론에서는 이런 공정함을 결코 보일 수 없다. 조로아스터교의 신학자들은 힌두교의 신비주의자들과 스콜라 철학자들처럼 악은 실제적인 것이 아니라고 주장할 때도 있었지만,[71] 사실상 평범한 사람들이 삶에서 나타나는 도덕적인 쟁점들을 잘 이해할 수 있도록 각색한 신학을 제공했다. 그들은 이렇게 약속했다. 즉 연극의 마지막 막은 의로운 사람이 행복해지면서 끝날 것이다. 아후라마즈다와 아리만이 교대로 지배하는 3000년 단위의 네 시대가 끝난 후에는 악한 세력들이 완전히 소멸되어 모든 곳에서 의가 승리하고 악은 영원히 없어질 것이다. 그 후 선한 모든 사람들은 낙원에서 아후라마즈다와 함께 지내는 반면에, 악한 사람들은 어두운 심연으로 떨어져 영원히 독을 먹으며 살게 될 것이다.[72]

6. 조로아스터교의 윤리

조로아스터교도들은 세상을 선과 악이 싸우는 무대로 묘사하여 대중들의 상상력 속에 도덕을 장려하는 초자연적인 강력한 자극과 강제력을 확립해 놓았다. 인간의 영혼을 우주처럼 자비로운 영과 악독한 영이 싸우는 싸움터로 묘사했다. 모든 인간은 좋든 싫든 주의 군대 아니면 마귀의 군대에 소속된 전사였다. 각 행동이나 침묵은 아후라마즈다나 아리만의 대의를 증진시켰다. 이것은 신학보다 훨씬 더 훌륭한 윤리였다. 사람들은 자신의 도덕을 모종의 초자연적인 것들로 뒷받침해야 했다. 그것은 평범한 삶에 인간을 (중세의 표현법을 빌리면) 무기력한 벌레나 (현대의 용어로) 기계적인 자동인형으로 간주하는 세계관이 주는 하찮은 의미가 아닌 숭고한 존엄성과 의미를 부여했다. 자라투스트라의 생각에 의하면 인간은 우주적인 전쟁에 동원되는 단순한 소모품이 아니었다. 인간에게는 자유 의지가 있었다. 아후라마즈다는 인간이 자신의 권리를 지닌 인격체이길 바랐기 때문이다. 인간은 빛을 따를 것인지 거짓을 따를 것인지 자유롭게 선택할 수 있었다. 아리만은 "살아 있는 거짓"이고 모든 거짓은 그의 종이었기 때문이다.

이런 일반적인 배경에서 세부적이지만 단순한 도덕 강령이 도출되었으며, 그 중심이 되는 황금률은 이러했다. "자신에게 선하지 않은 것은 다른 사람에게도 행하지 않는 본성만이 선하다."[73]* 인간에게는 세 가지 의무가 있다고 아베스타는 말한다. "적을 친구로 만들어야 할 의무, 악한 사람을 의롭게 만들어야 할 의무, 무지한 사람을 배운 사람으로 만들어야 할 의무."[74] 가장 큰 미덕은 신앙심이며, 오직 이것에만 미치지 못하는 것이 존귀하고 정직한 말과 행동이다. 페르시아인들에게는 이자를 받지 말아야 했고, 대부금은 거의 신성한 것으로 여겨야 했다.[75] (모세의 율법에서처럼 아베스타에서도) 가장 나쁜 죄는 불(不)신앙이었다. 우리는 그 경전이 규정한 가혹한 형벌들을 통해 페르시아인들 사이에도 회의주의가 존재했음을 알 수 있다. 배교자에게는 즉시 죽음이 가해져야 했다.[76] 창시자가 명령한 관대함과 친절함은 사실 이교도들, 즉 외국인들에게는 적용되지 않았다. 이들은 아후라마즈다가 자기네 나라들만 사랑하게 해서 페르시아를 침입하지 못하게 만든 열등한 종의 인간들이었던 것이다. 페르시아인들은 "자신들이 모든 면에서 훨씬 더 탁월하다고 여긴다."라고 헤로도토스는 말하고 있다. 그들은 다른 나라들은 페르시아와 지리적으로 가까운 거리 정도에 비례하여 탁월성에 접근하며, "자신들에게서 가장 멀리 떨어져 사는 사람들이 최악"[77]이라고 믿었다. 이 말은 오늘날에도 울려 퍼지고 있을 뿐 아니라 보편적으로 적용되기도 한다.

가장 큰 덕목이 신앙심이었으므로 삶에서 가장 중요한 의무 역시 정결함과

---

* 그러나 야스나 46장 6절은 "악한 사람을 선하게 대하는 것은 악하다."라고 말한다. 영감을 받은 말들도 일관성이 거의 없다.

13장 페르시아 **577**

제사와 기도를 통해 신을 숭배하는 것이었다. 조로아스터교를 신봉하는 페르시아는 신전과 우상을 모두 허용하지 않았다. 산꼭대기나 궁전, 도시 중앙에 제단들을 세웠으며, 그 위에 아후라마즈다나 모종의 작은 신을 위해 불을 붙였다. 불 자체가 빛의 주의 아들인 아타르 신으로 숭배되었다. 각 가정은 난로를 중심으로 생활했으며, 불이 꺼지지 않고 계속 타게 유지하는 것이 종교 의식 중 하나였다. 그리고 하늘의 꺼지지 않는 불인 태양은 아후라마즈다나 미트라를 구현한 가장 독특한 최고의 화신으로 숭배되었다. 이크나톤이 이집트에서 그랬던 것과 똑같이 말이다. "아침의 태양은 한낮까지 숭배해야 하고, 한낮의 태양은 오후까지 숭배해야 하며, 오후의 태양은 저녁까지 숭배해야 한다. …… 사람들이 태양을 숭배하지 않는 동안에는 그들이 그날 행한 선한 일들은 자기 것이 아니다."라고 경전은 말한다.[78] 태양에게, 불에게, 아후라마즈다에게 꽃, 빵, 과일, 향료, 소, 양, 낙타, 말, 당나귀, 수사슴을 제물로 바쳤다. 고대에는 다른 모든 곳에서처럼 인간을 제물로 바치기도 했다.[79] 신들은 그 제물의 향기만 받아들이고 먹을 수 있는 부분은 신관들과 숭배자들을 위해 간수했다. 신관인 마기들이 설명한 것처럼 신들은 제물의 영혼만 요구했기 때문이다.[80] 창시자가 혐오하고 아베스타에서 언급하지 않지만, 아리아인들이 중독성이 있는 하오마 액즙을 신들에게 바친 고대의 풍습은 조로아스터교의 시대까지 계속되었다. 신관이 신성한 액체의 일부를 마시고 난 후 나머지는 성찬식에서 신실한 사람들에게 나누어 주었다.[81] 사람들이 너무 가난하여 그런 맛있는 제물을 바치지 못할 때는 찬양하는 기도로 대신했다. 아후라마즈다 역시 야훼처럼 찬양을 음미하길 좋아하여 경건한 사람들을 위해 자신의 업적들을 나열하는 훌륭한 목록을 작성했으며, 이 목록은 후에 페르시아의 기도문이 되었다.[82]

 페르시아인은 신앙심과 진리를 아는 생명을 받았으므로 죽음에 직면해서도 두려워하지 않을 수 있었다. 결국 이것이 종교의 은밀한 목적 중 하나다. 죽음의 신 아스티비하드는 사람이 언제 어디에 있든 모두 찾아낸다. 이 신은 확실하게 찾으므로 인간은 아무도 피할 수 없다. 땅 밑 천 길 깊이에다 백 개의 기둥을 이용하여 쇠로 만든 궁전을 직접 지은 터키 사람인 아프라시아브처럼 깊이 내려가는 사람도 피할 수 없다. 아프라시아브는 그 궁전에 해와 달과 별들을 달아 한낮처럼 밝게 만들어 놓고, 하고 싶은 대로 온갖 것을 다 하며 행복하게 살았다. 그러나 모든 힘과 마술을 총동원했지만 아스티비하드를 피할 수 없었다. …… 다하크처럼 멀리 떨어져 있는 사지(四肢)로 이 넓고 둥근 땅을 파는 사람도 피할 수 없다. 다하크는 동쪽에서 서쪽으로 가며 불멸성을 찾았으나 발견하지 못했다. 그는 온 힘과 능력을 모두 동원했으나 아스티비하드를 피할 수 없었다. …… 보이지 않으며 속임수를 쓰는 아스티비하드는 누구에게나 찾아온다. 그는 아부도 받지 않고 뇌물도 받지 않으며, 사람을 차별하지도 않으며, 인간을 무자비하게 죽인다.[83]

하지만 (위로하기도 하고, 위협하고 두렵게도 하는 것이 종교의 본성이므로) 아후라마즈다의 대의를 위해 신실하게 싸운 전사가 아닌 페르시아인은 두려움 없이 죽음을 맞이할 수 없었다. 가장 두려운 신비인 죽음 너머에는 낙원이 있었지만 지옥과 연옥도 있었다. 죽은 영혼은 모두 "엄밀하게 심사하는 다리"를 건너야 할 것이다. 선한 영혼은 건너편에 있는 "노래가 흐르는 곳"으로 가 "눈부시게 아름답고 건강하고 가슴이 잘 발달한 젊은 아가씨"에게 환영을 받은 후, 시간이 끝날 때까지 아후라마즈다와 함께 행복하게 지낼 것이다. 반면에 악한 영혼은 건너가지 못하고, 악한 정도에 맞춰 깊이가 조절된 지옥으로 떨어질 것이다.[84] 이 지옥은 이전의 종교들에서처럼 죽은 사람들이 선하든 악하든 모두 내려가는 단순한 하데스가 아니었다. 그곳은 저주받은 영혼들이 세상이 끝날 때까지 여러 가지 고통을 당하는 무시무시한 어두운 심연이었다.[85] 죄보다 미덕이 많은 사람은 잠시 형벌을 받으며 정화되는 과정을 겪을 것이다. 죄를 많이 지었으나 선한 일들도 한 사람은 1만 2000년 동안만 고통을 당한 후에 천국으로 올라갈 것이다.[86] 신이 정한 역사의 종말이 가까워지고 있다고 착한 조로아스터교도들은 우리에게 말한다. 자라투스트라가 태어나면서 3000년 기간의 말세가 시작되었다. 그의 후손인 세 명의 예언자가 간격을 두고 그의 가르침을 온 세상에 전한 후에는 최후의 심판이 선포되고, 아후라마즈다의 왕국이 임하여 아리만과 악한 세력들이 모두 완전히 멸망할 것이다. 그 후에는 선한 모든 영혼들이 악도 없고 어둠도 없고 고통도 없는 세상에서 새로운 삶을 시작할 것이다.[87] "죽은 사람들이 부활하고 생명이 몸으로 돌아와 다시 숨을 쉬게 될 것이며, …… 물리적인 세상이 모두 노년과 죽음, 타락과 부패에서 영원히 벗어날 것이다."[88]

이집트의 『사자(死者)의 서(書)』에서처럼 여기서도 우리는 다시 무서운 최후의 심판으로 위협하는 말을 듣는다. 이 최후의 심판은 페르시아가 팔레스타인에서 맹위를 떨치고 있을 때 유대의 종말론으로 전해진 것 같다. 이 말은 아이들에게 겁을 주어 부모에게 복종하게 만드는 놀라운 표현이었다. 종교의 기능 중 하나가 윗사람이 젊은이들의 기강을 바로잡아야 하는 힘은 들지만 반드시 필요한 일을 쉽게 만드는 것이므로, 우리는 조로아스터교의 신관들이 신학을 만들어 내는 전문적인 기술이 탁월했음을 인정해야 한다. 요컨대 조로아스터교는 당시의 어떤 종교보다 덜 호전적이고, 피비린내가 적고, 우상 숭배와 미신의 요소가 적은 탁월한 종교였으며, 소멸된 속도에 비해 훌륭한 종교였다.

다리우스 1세의 시대에 이 종교는 전성기에 도달한 한 국가의 정신 상태를 표현하는 매체가 되었다. 그러나 인간은 논리보다는 감성을 더 좋아하여 신화가 없는 민족은 멸망하기 마련이다. 아후라마즈다 숭배가 공식 종교로 인정된 상태에서도 미트라와 아나이타(태양신과 농업과 다산, 출생과 성의 여신)를 섬기는 의식이 숭배자들을 계속 모으고 있었으며, 아르타크세르크세스 2세의 시대에는 이 신들의 이름이 왕의 비문에 다시 등장하기 시작했다. 그 이후 미트라는 인기를 누리며 세력이 커지고 아후라마즈다는 약해지기 시작했다. 그리스도 이후 처음 몇 세기에는 그 신이 고대에서부터 태양신이었음을 상징하는 빛나는 후광을 머리에 두르고 있는 잘생긴 청년 신인 미트라를 섬기는 의식이 로마 제국 전역에 퍼졌으며, 그리스도교에 크리스마스를 제공하는 데 일익을 담당했다.* 만일 자라투스트라가 불멸의 존재였다면 자기가 죽고 나서 몇 세기도 지나지 않아 제국의 많은 도시에 페르시아의 아프로디테인 아나이타의 신상들이 세워진 모습을 보게 되는 치욕을 겪었을 것이다.[89] 그리고 그가 받은 계시를 기록한 책에서 치료와 점과 마술을 위한 주문들이 그렇게 많은 분량을 차지하고 있는 모습을 보게 되었다면 즐거워하지 않았을 것이 분명하다.[90] 그가 사망한 후에 "현자(賢者)들"이라는 마기들로 이루어진 고대 형태의 신관 집단이 그를 정복했다. 그들이 결국 (자신들의 신학을 만들면서 그를 받아들여 그 신학 속에 흡수시키는 방법을 통해) 완강하게 저항하는 이교도들을 모두 정복한 것처럼 말이다. 그들은 그를 마기 중 한 사람으로 만들어 놓고는 그를 잊었다.[91] 마기들은 일부일처제를 지키며 검소하게 생활하고, 신성한 의식과 정결 의식을 정확하게 지키고, 고기를 먹지 않고, 수수하고 소박한 옷을 입어 그리스인들 사이에서도 지혜에 대해 높은 평판을 얻고, 본국인들 사이에서는 거의 무제한의 영향력을 행사했다. 페르시아의 왕들도 그들의 제자가 되어 중요한 일에 대해서는 그들과 상의하지 않으면 아무런 조치도 취하지 않았다. 그들 중 현자들은 고위층을 형성했으며, 점술가, 마술사, 점성술사, 꿈 해몽자 들은 낮은 위치를 차지하고 있었다.[92] 마술(magic)이라는 말은 그들의 호칭인 마기(Magi)에서 온 말이다. 해가 지날수록 페르시아의 종교에서는 조로아스터교의 요소들이 사라져 갔다. 그 요소들은 사산 왕조 시대에는 한동안 부흥했으나 이슬람교도들과 타타르인들이 페르시아를 여러 차례 침략하면서 완전히 제거되었다. 조로아스터교는 오늘날 인도에 있는 9만 명의 신도들과 파르스 지방의 소수 공동체들 사이에서만 잔존한다. 이들은 고대의 경전을 헌신적으로 보존 및 연구하고, 불과 흙과 물과 공기를 신성한 것으로 숭배하며, 시신을 "침묵의 탑"에 놓고 맹금류의 새들에게 드러내어 화장이나 매장이 신성한 네 원소를 더럽히지 못하도록 하고 있다. 이들은 탁월한 도덕과 인격을 소유한 사람들이며, 조로아스터교가

---

* 크리스마스는 본래 동지(12월 22일경)에 태양이 적들을 이겨 낮이 길어지는 것을 축하하는 태양 축제일이었다. 이 축제일이 미트라교의 신성한 날이 되었고, 결국에는 그리스도교의 거룩한 날이 된 것이다.

인류에게 영향을 주어 개화시켰음을 보여 주는 산 증인들이다.

7. 풍습과 도덕

그러나 놀라운 일이지만 메디아인들과 페르시아인들은 이런 종교를 갖고 있으면서도 대단히 잔혹했다. 그들의 위대한 왕인 다리우스 1세는 베히스툰의 비문에서 이렇게 기록하고 있다. "프라바르티스가 생포되어 나에게 인도되었다. 나는 그의 코와 두 귀를 자르고, 혀를 잘랐으며, 두 눈을 뽑았다. 그는 나의 궁전에서 사슬에 묶여 있었다. 모든 백성들이 그를 보았다. 나는 나중에 그를 에크바타나에서 십자가에 매달았다. …… 아후라마즈다는 나의 강력한 후원자였다. 아후라마즈다의 보호 덕분에 나의 군대는 반란군을 완전히 진압하고 키트란카르크하라를 생포하여 내게 데려왔다. 나는 그의 코와 두 귀를 베고 두 눈을 뽑았다. 그는 내 궁전에서 사슬에 묶여 있었다. 모든 백성들이 그를 보았다. 그 후 나는 그를 십자가에 매달았다."[93] 플루타르코스가 아르타크세르크세스 2세의 생애를 기술하면서 자세하게 묘사한 살인 행위들은 후대 궁전의 도덕을 보여 주는 피비린내 나는 사례들을 제공한다. 반역자들은 잔인하게 다루었다. 그들과 그 지도자들은 십자가에 매달고, 추종자들은 노예로 팔고, 도시들은 약탈하고, 소년들은 거세했으며, 소녀들은 규방에 팔았다.[94] 그러나 왕들을 보고 백성들을 판단하는 것은 불공정할 것이다. 왕들 역시 관대하고 훌륭한 행동을 보일 때가 있었으며, 불신자들인 그리스인들에게는 충실한 신앙인으로 알려지기도 했다. 그들과 맺은 조약은 믿을 수 있었으며, 약속을 결코 어기지 않는다는 것이 그들의 자랑이었다.[95] 페르시아인들의 특성을 잘 보여 주는 증거는 누구나 그리스인들을 고용하여 그리스인들과 싸우게 할 수 있었으나, 페르시아인들을 고용하여 페르시아인들과 싸우게 하는 경우는 정말 드물었다는 점이다.*

---

* 페르시아인들이 그라니코스 강에서 알렉산드로스와 싸울 때 실제로 페르시아의 모든 보병은 그리스인 용병들이었다. 이수스 전투에서는 3만 명의 그리스인 용병이 페르시아 진영의 중앙 부대를 형성했다.[96]

풍습은 군사적인 면에서 나타난 역사가 암시하는 것보다는 온건했다. 페르시아인들은 대화가 자유롭고 개방적이었으며, 관대하고, 마음이 따뜻하고, 붙임성이 있었다.[97] 예절은 그들 사이에서는 중국의 경우만큼 격식이 있었다. 대등한 사람들끼리 만날 때는 서로 껴안고 입술을 맞췄다. 지위가 높은 사람들에게는 정중하게 경의를 표했다. 지위가 낮은 사람들에게는 뺨을 내밀었다. 평민들에게는 머리를 숙여 인사를 했다.[98] 그들은 길거리에서 먹거나 마시는 것이나 공공연하게 침을 뱉거나 코를 때리는 것은 버릇없는 짓이라고 생각했다.[99] 크세르크세스의 시대까지는 백성들은 음식과 음료수를 절제하여 하루에 한 끼만 먹고 물만 마셨다.[100] 정결함을 생명 자체를 빼고는 가장 좋은 것으로 평가했다. 더러운 손으로 행한 선한 일들은 가치가 없었다. 부패를 완전히 없애지 못한 동안에는 천사들이 몸에 임할 수 없다.[101] 축제일에는 사람들이 모두 흰옷을 입고 모였다.[102] 아베스타 경전도 브라만 경전과 모세 율법처럼 의식에 필요한 주의 사항들과 몸을 정결하게 하는 데 필요한 조항들을 쌓아 놓았다. 조로아스터교 경전 중 매우 무미건조한 항목들은 몸과 영혼을 정결하게 하기 위한 지루한 규정들에 할애하고 있다.[103] 깎아 낸 손톱과 발톱, 자른 머리카락과 내뱉은 숨은 정화되어 있지 않을 경우 현명한 페르시아인이라면 피해야 할 부정한 것들로 분류했다.[104]

아베스타 역시 육신의 죄들에 대해서는 유대의 경전처럼 엄격했다. 자위행위는 태형으로 처벌받았다. 성관계가 문란하거나 매춘을 한 남녀들은 "미끄러지듯 움직이는 뱀보다, 울부짖는 늑대보다 훨씬 더 죽임을 당해 마땅하다."[105] 그러나 현실은 일반적으로 규정과는 거리가 있었음이 헤로도토스가 다룬 항목에서 드러난다. "페르시아인들의 생각에는 여자들을 폭력으로 손에 넣는 것은 악한 사람들이나 하는 행동이다. 그러나 그렇게 당했을 때 복수하는 일에 관여하는 것은 어리석은 사람들이나 하는 행동이다. 반면에 그렇게 당했을 때 관심을 보이지 않는 것은 지혜로운 사람들의 행동이다. 만일 원하지 않았다면 그렇게 당했을 리가 없음이 분명하기 때문이다."[106] 그는 다른 곳에서, 페르시아인들은 "그리스인들에게서 소년들을 향한 욕정을 배웠다."[107]라고 덧붙이고 있다. 이 훌륭한 보고자를 항상 믿을 수 있는 것은 아니지만, 아베스타가 남색을 비난하고 있는 강한 어조로 보아 그의 말을 어느 정도 믿을 수 있을 것 같다. 아베스타는 그런 행위에 대해서는 용서가 없다고 계속 말하고 있기 때문이다. "그런 행위를 씻어 없앨 수 있는 것은 없다."[108]

경전은 처녀와 총각에게 권장하지는 않았으나 일부다처제와 첩들을 허용했다. 군사형 사회는 많은 아이들이 필요하기 마련이다. 아베스타는 이렇게 말한다. "아내가 있는 남자는 절제하며 사는 남자보다 훨씬 낫다. 가정을 꾸리고 있는 남자는 없는 남자보다 훨씬 낫다. 자녀가 있는 남자는 없는 남자보다 훨씬 낫다. 부가 있는 남자는 없는 남자보다 훨씬 낫다."[109] 이런 것들은 지금도 여러 국가에서 사회적 위상을 가늠할 때 상당히 일반적으로 적용하는 판단 기준이다. 가족은 모든 제도 중에서 가장 신성한 것으로 간주한다. 자라투스트라는 아후라마즈다에게 "오, 물질세계의 창조주시여, 거룩한 분이시여, 대지가 가장 행복하게 느끼는 두 번째 장소는 어느 곳입니까?"라고 묻는다. 그러자 아후라마즈다가 그에게 대답한다. "그곳은 신앙인 한 사람이 가정을 세워 그 안에서 신관, 가축, 아내, 자녀들, 선한 동물들과 함께 지내며, 가축과 아내, 자녀, 불 그리고 삶에 필요한 모든 축복이 계속 번성하는 곳이다."[110] 동물(특히 개)은 모세에게 주어진 마지막 계명에서처럼 가족의 필수 요소였다. 집이 없으나 새끼를 밴 짐승들은 가장 가까이 있는 가족이 거두어 보살피도록 요구했다.[111] 개에게 부적절하거나 너무 뜨거운 먹이를 준 사람들은 혹독한 처벌을 받았으며, "강아지가 세 마리 매달려 있는 암캐를 때린 행위"[112]에 대해서는 1400대의 태형으로 처벌했다. 황소는 생식 능력 때문에 귀한 대접을 받았으며, 암소에게는 기도와 제물을 바쳤다.[113]

자녀들이 혼기가 차면 부모들이 결혼을 주선했으며 선택 범위는 넓었다. 우리가 듣기로는 형제와 누이, 아버지와 딸, 어머니와 아들이 결혼했기 때문이다.[114] 첩들은 대체로 부자들의 호사였다. 귀족들은 전쟁터로 나갈 때도 반드시 첩들을 데리고 다녔다.[115] 제국의 후기 시대의 경우 왕의 규방에는 329~360명의 첩들이 있었다. 압도적으로 아름답지 않으면 어떤 여자도 왕과 두 번 잠자리를 같이할 수 없는 것이 관습이 되었기 때문이다.[116]

자라투스트라의 시대에 여자들은 고대의 풍습대로 페르시아에서 높은 위상을 차지하고 있었다. 여자들은 베일을 쓰지 않고도 자유롭고 공공연하게 활동했다. 여자들은 재산을 소유 및 관리했으며, 남편의 일을 남편의 이름으로 지휘하거나 아들을 통해 지휘할 수 있었다. 그러나 다리우스 이후에는 여자들의 위상이 낮아졌으며, 부유한 사람들 사이에서 특히 그랬다. 가난한 계층의 여자들이 활동의 자유를 유지한 것은 일을 해야 했기 때문이었다. 월경 주기에는 항상 강요되었던 격리 생활이 여자들의 사회생활 전반으로 확대되었으며, 이것은 이슬람교의 푸르다(purdah) 제도가 형성될 수 있는 토대를 놓았다. 상류층의 여자들은 탈것 안에 타고 있는 상태가 아니라면 감히 나갈 엄두를 낼 수 없었으며, 대중들 속에서 남자들과 섞이는 것이 용납되지 않았다. 여자들은 고대 페르시아의 공적인 비문과 유물에서는 결코 언급되거나 묘사된 일이 없다. 그러나 첩들은 주인의 손님들을 접대하는 일에 동원되었으므로 보다 많은 자유를 누렸다. 후기 시대에도 여자들은 궁전에서 막강한 힘을 갖고 있었으며, 끈질기게 음모를 꾸민다는 점에서는 환관들과 어깨를 겨루었고, 잔혹함을 세련된 형태로 표현한다는 점에서는 왕에게 뒤지지 않았다.[117*]

존경을 받으려면 결혼 생활은 물론 자녀도 반드시 필요했다. 아들들은 부모에게는 경제적인 재산으로, 왕에게는 군사적 재산으로 간주되어 높이 평가되었다. 딸들은 유감의 대상이었다. 기껏 키워 봤자 누군지는 모르지만 다른 남자에게 가정과 이익을 안겨 줄 뿐이었기 때문이다. 페르시아인들은 이렇게 말했다. "사람들은 딸을 위해서는 기도하지 않으며 천사들은 딸을 그들이 인류에게 준 선물로 여기지 않는다."[118] 왕은 아들이 많은 아버지에게 해마다 여러 가지 선물을 보냈다. 마치 그들의 피에 대한 대가를 미리 지불하려는 것처럼 말이다.[119] 음행과 심지어는 간통까지도 낙태만 하지 않았으면 용서받을 수 있었다. 낙태는 다른 모든 범죄보다 더 나쁜 범죄였으므로 사형으로 처벌되었다.[120] 고대의 주해서들 중 하나인 『분다히시(Bundahish)』는 임신을 피할 수 있는 방법들을 구체적으로 설명한 후에 사람들에게 그런 방법들을 사용하지 말도록 경고하

---

* 스타티라는 아르타크세르크세스 2세의 모범적인 왕비였다. 그러나 그 왕의 어머니인 파리사티스는 질투에 사로잡혀 그 왕비를 독살하고, 왕의 친딸인 아토사와 결혼하도록 권했으며, 한 환관의 목숨을 걸고 왕과 주사위 놀이를 벌여 이기게 되자 그 환관을 산 채로 살갗을 벗겼다. 아르타크세르크세스가 카리아 출신의 한 병사를 처형하도록 명령했을 때 파리사티스는 그의 지시 사항들을 바꾸어 그 병사를 팔다리를 잡아 늘이는 고문대에 10일 동안 매달아 놓고 두 눈을 도려냈으며, 그가 죽을 때까지 납을 녹여 귀에 붓게 했다.[117a]

고 있다. "계시에서는 인간이 형성되는 과정에 대해, 여자가 월경이 끝나고 10일 동안 밤이든 낮이든 그 기간에 가까이하면 임신을 하게 된다고 말하고 있다."[121]

자녀는 5살까지는 어머니의 보살핌을 받고, 5~7살에는 아버지에게 보살핌을 받다가 7살이 되면 학교에 갔다. 교육은 대체로 부자의 자녀들에게 제한되어 있었으며 보통 신관이 담당했다. 수업은 신전이나 신관의 집에서 이루어졌다. 시장 근처에서는 학교 모임을 갖지 않는 것이 원칙이었다. 저잣거리에서 흔히 이루어지는 거짓말을 하고, 맹세하고, 속이는 환경이 젊은 사람들을 타락시키지 않게 하려는 배려였던 것이다.[122] 교재는 아베스타와 그 주해서들이었고, 과목은 종교 그리고 의학이나 법률이었으며, 학습 방법은 긴 구절들을 고스란히 암기하는 것이었다.[123] 서민층의 소년들은 글자를 배워 망가지는 일이 없도록 세 가지(말을 타는 법, 활을 사용하는 법, 진실을 말하는 법)만 배웠다.[124] 고등 교육은 귀족 집안의 아들들에게 20살이나 24살까지 실시했다. 일부에게는 특별히 공공 업무나 속주 행정을 준비시켰으며 모든 학생이 전쟁 기술을 훈련받았다. 이런 고등 교육 기관에서는 힘든 생활을 했다. 학생들은 아침 일찍 일어나 먼 거리를 달리고, 다루기 어려운 말들을 타고 빠른 속도로 달리고, 수영과 사냥을 하고, 도둑들을 추적했으며, 농장에 씨를 뿌리고, 나무를 심고, 뜨거운 햇볕 아래서 혹은 혹독한 추위 속에서 먼 길을 행진했다. 그리고 기후의 온갖 변화와 혹독함을 참는 법, 거친 음식만으로 살아남는 법, 강을 건너면서도 옷과 무기를 물에 적시지 않는 법을 배웠다.[125] 이것은 프리드리히 니체(Friedrich Nietzsche)가 고대 그리스의 빛나고 다양한 문화를 잊을 수 있다면 그 순간 그의 마음을 즐겁게 했을 학교 교육이었다.

8. 학문과 예술

페르시아인들은 생활에 필요한 기술을 제외하고는 다른 예술 교육을 의도적으로 무시한 것 같다. 문학은 그들에게 쓸모가 적은 섬세한 분야였으며, 학문은 바빌론에서 수입할 수 있는 상품이었다. 그들은 시와 낭만적인 소설에는 어느 정도 흥미가 있었으나, 이런 예술은 고용인과 열등한 사람에게 맡기고, 독서와 조사 연구에 따르는 조용하고 고독한 즐거움보다는 기지에 찬 대화를 나누면서 얻는 들뜬 기분을 더 좋아했다. 시는 읽기보다는 노래로 들었으며, 따라서 가수들과 함께 소멸되었다.

의학은 처음에는 신관들이 담당하는 한 분야였다. 이들은 마귀가 9만 9999가지의 질병을 만들어 냈으므로, 이런 질병들은 마술과 위생법을 병행하여 치료해야 한다는 원리에 입각하여 의료 행위를 했다. 그들은 주문(呪文)은 질병을 치료하지 못하는 경우는 있더라도 환자를 죽이지는 않는다는 이유를 근거로 하여(약품에 대해서는 이렇게 말할 수 없을 것이다.) 약보다는 주문을 사용할 때가 더 많았다.[126] 그러나 페르시아의 부가 늘어나면서 세속의 의학도 같이 발전하여 아르타크세르크세스 2세의 시대에는 내과 의사들과 외과 의사들로 이루어진 조합이 잘 조직되어 있었으며, 그들의 진료비는 함무라비 법전에서처럼 환자의 사회적 신분에 따라 법으로 정해졌다.[127] 신관들의 진료비는 무료였다. 그리고 우리 시대에 새내기 의사들이 수련의로 1~2년 동안 이주민들과 빈민들을 보살피는 것처럼, 페르시아의 젊은 의사도 이교도와 외국인들을 보살피며 경력을 쌓아 나가야 했다. 이것은 빛의 주가 직접 명령한 것이었다.

물질세계의 창조주인 거룩하신 분이여, 만일 신을 숭배하는 사람이 치료 기술을 사용하고자 한다면, 제일 먼저 누구에게 자기 기술을 입증해야 합니까. 아후라마즈다를 숭배하는 사람입니까, 아니면 악한 영을 숭배하는 사람들입니까? 아후라마즈다는 대답하며 이렇게 말했다. 즉 그는 신을 숭배하는 사람에게보다는 악한 영을 숭배하는 사람들에게 자기 기술을 사용해야 한다. 만일 악한 영을 숭배하는 사람에게 칼을 사용하여 치료하다가 그 사람이 죽고, 또 그렇게 치료하다가 두 번째 사람도 죽고 세 번째 사람도 죽으면, 그는 영원히 적임자가 아니다. 그런 사람에게는 신을 숭배하는 사람을 치료하지 못하게 해야 한다. …… 만일 악한 영을 섬기는 사람에게 칼을 사용하여 치료하여 회복되고, 또 그렇게 치료하여 두 번째 사람도 회복되고 세 번째 사람도 회복되면, 그 사람은 영원히 적임자다. 그는 신을 숭배하는 사람들을 자기 뜻대로 치료하고, 칼을 사용하여 고쳐도 된다.[128]

페르시아인들은 제국에 몸을 바친 사람들답게 전쟁에 시간과 힘을 바쳤으므로, 예술은 로마인들처럼 대체로 수입에 의존했다. 그들에게도 아름다운 것들을 좋아하는 취향은 있었으나 그런 것들을 만드는 일은 외국인 예술가나 외국 출신의 예술가들에게 의존했으며, 그들에게 지불하는 비용도 속주의 재정에 의존했다. 그들의 집은 아름다웠으며 정원도 호사스러워서, 정원 자체가 사냥을 하는 공원이나 동물원이 되는 경우도 있었다. 가구도 고가품이어서 테이블에는 금이나 은을 씌우거나 아로새겼으며, 바닥에는 탄력성이 있는 직물에다 하늘과 땅에서 볼 수 있는 모든 색을 다 사용한 양탄자를 깔았다.[129] 그들은 황금 잔으로 마셨으며 테이블과 선반을 외국인들이 빚은 꽃병으로 장식했다.* 그들은 노래와 춤을 즐겼으며 하프와 피리, 북, 탬버린을 연주하길 좋아했다. 보석이 흔하여 보석을 박은 관과 귀걸이에서부터 황금으로 만든 발목 장식과 신까지 있었다. 심지어는 남자들까지도 목과 귀, 팔을 보석으로 휘감았다. 귀족들은 외국에서 들여온 진주, 루비, 에메랄드, 청금석 그리고 페르시아 내의 광산에서 캐낸 터키석을 도장을 새긴 반지의 재료로 널리 사용했다. 기괴하게 생긴 큰 보석으로는 인기 있는 마귀들의 신상을 만들었다. 왕은 황금 기둥이 받치고 있는 황금 덮개들로 덮은 왕좌를 사용했다.[131]

페르시아인들은 건축 분야에서만은 고유한 양식을 만들어 냈다. 키로스와 다리우스 1세, 크세르크세스 1세의 시대에 세운 무덤들과 궁전들은 아직 발굴을 다 마치지 못했다. 캐묻기 좋아하는 역사가들과 곡괭이와 삽이 가까운 미래에 페르시아 예술에 대한 우리의 평가를 높여 줄 것이다.** 알렉산드로스는 그

---

* 1931년 런던에서 열린 페르시아 예술 국제 전시회에서 전시한 이런 꽃병들 중 하나에는 아르타크세르크세스 2세의 것임을 입증하는 명문이 새겨져 있다.[130]

** 시카고 대학 동방 연구소의 탐사단은 현재 제임스 브레스테드 박사(Dr. James H. Breasted)의 지휘 아래 페르

의 독특한 자비를 베풀어 우리를 위해 파사르가다이에 있는 키로스 1세의 무덤을 남겨 주었다. 한때는 키로스 1세와 그의 광기 어린 아들의 궁전들이 있던 곳이 이제는 평지로 변하여 대상들이 다니는 길이 가로지르고 있으며, 그 궁전들 중에서 남아 있는 것이라고는 여기저기 세워져 있는 기둥 몇 개와 키로스의 모습을 얕은 돋을새김에 담고 있는 문설주 한 개뿐이다. 근처의 평지에는 테라스 위에 돌을 사용하여 그리스 양식으로 만든 10미터 정도 높이의 소박한 신전의 모습으로 된 무덤이 24세기라는 세월의 흔적을 보여 주고 있다. 이 무덤은 과거에는 훨씬 더 웅장한 기념물이었으며 그에 어울리는 기단이 있었음이 분명하다. 그러나 이제는 아름다운 모습은 사라지고 뼈대만 앙상하게 남아 쓸쓸한 모습을 보여 주고 있다. 훨씬 남쪽에 있는 페르세폴리스 부근의 나크스이루스탐에는 힌두교의 신전처럼 바위로 된 산을 깎아 만든 다리우스 1세의 무덤이 있다. 이 무덤의 입구에는 수수하게 생긴 문 주변에 네 개의 가는 기둥을 깎아 놓아 궁전처럼 보이게 만들어 놓았다. 입구 위쪽에는 마치 지붕 위에 있는 것처럼 만들어 놓은 페르시아의 식민지 민족들을 묘사한 조각상들이 왕이 아후라마즈다와 달을 숭배하고 있는 모습을 담은 상단을 받치고 있다. 이 구조물의 설계와 공사 방법은 귀족적인 세련미와 단순함을 보여 준다.

    페르시아의 건축물 중에서 2000년 동안의 풍파, 전쟁, 약탈을 거치고 남아 있는 나머지 것들은 궁전의 잔해들이다. 에크바타나에는 초기의 왕들이 삼나무와 사이프러스 나무에 금속을 입혀 왕의 거처를 지었다. 이 건물들은 폴리비오스(기원전 150년경)의 시대에도 여전히 서 있었으나 오늘날에는 흔적도 남아 있지 않다. 땅 속에 묻혀 비밀 속에 가려져 있다가 오늘날 하루하루 그 모습을 드러내고 있는 고대 페르시아의 가장 웅장한 유물은 페르세폴리스에 있는 돌계단, 단(壇), 기둥 들이다. 다리우스 이후로 모든 왕은 자기 이름이 잊히지 않게 하려는 목적으로 그곳에다 궁전을 세웠기 때문이다. 평지에서부터 건물들

세폴리스에서 발굴 활동을 벌이고 있다. 1931년 1월 이 탐사단은 지금까지 알려져 왔던 페르시아의 모든 조각품들을 합친 양만큼 많은 조각품들을 발굴했다.[132]

이 세워진 높은 토대로 이어진 거대한 외부 계단들은 건축사에 기록된 어떤 계단과도 다르다. 그 계단들은 아마 메소포타미아의 지구라트로 이어지고, 그 지구라트를 감도는 계단들을 모방했을 것이다. 그러나 열 명이 말을 타고 나란히 지나갈 수 있을 만큼 경사가 완만하고 넓다는 그들만의 특징이 있다.[133]* 그 계단들은 왕궁을 받치고 있는 높이 6~15미터, 길이 457미터, 폭 305미터의 넓은 기단으로 이어지는 화려한 접근 통로였음이 틀림없다.** 양쪽에서 올라오는 두 개의 계단이 꼭대기에서 만나는 곳에는 넓은 문 혹은 출입구가 있었으며, 그 양 옆에는 인간의 머리를 하고 날개가 달린 아시리아 최악의 양식으로 만들어진 황소들이 지키고 있었다. 계단의 오른쪽에는 페르시아 건축물의 걸작인 크세르크세스 1세의 케힐 미나르(Chehil Minar), 즉 대접견실이 있었다. 이 접견실은 넓은 대기실들을 포함하여 9300제곱미터에 달했으며, 이것은 (규모가 중요하다면) 밀라노 대성당을 제외한 모든 유럽 성당들과 카르나크의 대신전보다 더 큰 규모였다.[136] 이 접견실은 다른 계단과도 연결되었다. 이 두 계단에는 양옆에 장식용 난간이 있었으며, 이 난간들을 받치고 있는 양면에는 지금까지 페르시아에서 발견된 최고의 얕은 돋을새김들이 새겨져 있었다.[137] 크세르크세스의 궁전에는 본래 72개의 기둥이 있었으나 지금은 13개만 남아서 황량한 오아시스에 서 있는 야자수들과 같은 모습을 하고 있을 뿐이다. 이렇게 훼손되긴 했으나 이 대리석 기둥들은 인간이 만든 거의 완벽한 작품에 속한다. 이 기둥들은 이집트나 그리스의 기둥들보다 가늘며, 높이는 20미터나 될 정도로 비정상적으로 높다. 이 기둥의 몸체들은 48개의 작은 홈이 있고, 기둥의 받침들은 잎을 엎어 놓고 그 위에 올려놓은 종 같은 모습으로 되어 있다. 기둥머리들은 대체로 거의 이오니아 양식의 꽃 모양의 소용돌이 형태를 하고 있으며, 그 소용돌이는 목을 맞댄 상태에서 대들보나 처마도리에 목을 얹고 있는 2마리 황소나 유니콘의 앞쪽 4분의 1 부분이 에워싸고 있다. 대들보는 목재였음이 확실하다.

* 퍼거슨(Fergusson)은 이 계단들을 "세계에서 가장 고상한 계단 사례"라고 말했다.[134]
** 기단 밑에는 단단한 암반을 뚫어 연결한 직경 1.8미터의 복잡한 하수도 시설이 갖춰져 있었다.[135]

이렇게 약한 기둥들을 그렇게 멀리 간격을 두어서는 돌로 된 상부 구조물을 지탱하기가 힘들었을 것이기 때문이다. 문설주와 창문틀은 흑단처럼 빛나는 검은 돌로 만들어 장식을 했다. 벽은 벽돌로 쌓고, 밝은 바탕에 동물과 꽃을 그린 후 유약을 입힌 타일을 붙였다. 기둥과 벽기둥, 디딤판은 고운 흰색 석회암이나 단단한 파란색 화강암으로 만들었다. 이런 케힐 미나르의 뒤쪽(또는 동쪽)에는 "100개의 기둥이 있는 홀"이 있었으나 남아 있는 것이라고는 전체적인 구조를 보여 주는 흔적과 1개의 기둥뿐이다. 아마 이 궁전은 고대와 현대를 막론하고 세계에서 가장 아름다운 궁전이었을 것이다.

아르타크세르크세스 1세와 2세가 수사에다 세웠던 궁전들은 현재 기초들만 남아 있다. 그 궁전들은 벽돌로 쌓은 후에, 우리에게 알려진 것 가운데 가장 윤기 있는 타일을 입혔다. 수사에서는 아마 왕을 수호하는 충직한 친위대였을 "궁수들의 행진"이라는 유명한 작품이 발견되었다. 당당한 이 궁수들은 전투용 복장보다는 궁정 예복을 착용했던 것 같다. 그들이 입은 튜닉은 색상이 밝고, 머리와 수염은 기묘하게 컬을 했으며, 손에는 공무용 권표(權標)를 자랑스럽게 쥐고 있다. 수사에서도 다른 수도들에서처럼 그림과 조각은 건축을 보조하는 종속적인 예술이었으며, 대체로 조각품은 아시리아와 바빌로니아, 그리스에서 수입한 작품이었다.[138]

아마 페르시아 예술의 모든 요소는 빌려 온 것이었으며, 아마 모든 예술이 다 그랬을 것이라고 말할 사람이 있을 것이다. 키로스의 무덤은 리디아 양식을 모방한 것이고, 가는 돌기둥은 아시리아의 비슷한 기둥을 발전시킨 것이고, 주랑과 얕은 돋을새김은 이집트에서 영감을 받았음을 인정하고 있으며, 동물 모양의 기둥머리는 니네베와 바빌론에서 영향을 받았다. 그러나 페르시아의 건축을 독특한 별개의 양식으로 만들어 놓은 것은 바로 전체적인 효과, 즉 이집트 기둥의 질량감과 메소포타미아의 무거운 중량감을 발전시켜 페르세폴리스의 화려함과 우아함, 균형감과 일체감으로 바꾸어 놓은 귀족적인 취향이었다. 그리스의 분주한 여행자들과 주의 깊은 외교관들이 페르시아의 예술과 호사에 대한 자극적인 말을 전했을 때 그리스인들은 이런 홀들과 궁전들에 대해 들으며 놀라고 감탄했을 것이다. 곧 그들은 이런 우아한 기둥의 이중 소용돌이와 목을 곧게 묘사한 동물들을 이오니아 양식의 부드러운 둥근 돌출부로 변형시켰을 것이다. 그리고 기둥 몸체의 길이를 줄여 튼튼하게 만들어, 상부의 구조물이 나무로 되었든 돌로 되었든 그 구조물을 감당할 수 있게 만들었을 것이다. 건축 면에서 보면 페르세폴리스에서 아테네로 옮겨 가는 데는 한 걸음이면 충분했다. 모든 근동 세계는 곧 천 년 동안 이어질 죽음의 상태에 빠질 무렵 그리스의 발 앞에 그 유산을 갖다 놓을 준비를 했던 것이다.

9. 몰락

다리우스가 세운 제국은 1세기도 지속되지 못했다. 페르시아는 마라톤과 살라미스, 플라타이아의 패전을 통해 물리적 중추가 꺾이는 것은 물론 도덕까지 무너졌던 것이다. 황제들은 전쟁의 신인 마르스를 버리고 미의 여신인 비너스를 택했으며, 나라는 부패와 무관심 속으로 빠져들었다. 페르시아의 멸망은 자세한 부분까지 로마의 멸망과 거의 비슷했다. 왕좌의 폭력과 나태함이 백성들의 부도덕함과 타락을 불러온 것이다. 페르시아인들도 그들 이전의 메디아인들처럼 몇 세대가 지나기 전에 금욕을 버리고 쾌락에 빠졌다. 귀족들은 먹는 일이 주요 일과가 되었으며, 한때는 하루에 한 끼만 먹는 것을 규칙으로 삼았던 이들이 이제는 그 규칙을 (정오에서 밤까지) 한 끼를 먹도록 허용하는 것으로 해석하게 되었다. 그들은 식품 저장실에 수많은 산해진미를 쌓아 놓았으며, 손님이 오면 온갖 고기로 접대했다. 그들은 진귀한 고기로 배를 채웠으며, 새로운 양념과 후식을 만드는 데 천재성을 쏟았다.[138a] 부유한 사람들의 집에는 부패하고 타락한 하인들이 들끓었으며, 모든 계층의 사람들이 만취하는 악덕에 물들게 되었다.[138b] 키로스가 페르시아를 세우고 크세르크세스에게 물려주었으나 그의 후계자들은 페르시아를 망쳐 놓았다.

크세르크세스는 철저하게 왕의 자질을 갖춘 인물이었다. 외면적으로는 그랬다. 키가 크고 활달한 그는 왕실에서 가장 멋진 미남이었다.[139] 그러나 그때까지 그만큼 허영심이 강한 미남도 없었으며, 그만큼 여자들의 손끝에서 놀아난 미남도 없었다. 크세르크세스는 많은 여자들에게 빠져 백성들에게 관능의 본보기가 되었다. 그가 살라미스에서 패배한 것은 자연스러운 일이었다. 그는 규모를 과시한다는 면에서만 위대했지, 현실적으로 왕에게 필요한 자질이나 위기에 대처할 수 있는 능력 면에서 위대했던 것은 아니었기 때문이다. 그는 20년 동안 관능적인 음모에 휘말려 국가 경영을 소홀히 한 후에 대신인 아르타바누스에게 살해되어 왕다운 화려한 격식 속에서 매장되었다.

페르시아의 왕실 연대기에서 나는 피비린내와 견줄 수 있는 것은 오직 티베리우스 이후의 로마의 기록뿐일 것이다. 크세르크세스를 살해한 사람은 아르타크세르크세스 1세에게 살해되었다. 그는 오랫동안 통치한 후에 크세르크세스 2세에게 왕위를 물려주었으나, 크세르크세스 2세는 몇 주 후에 배다른 형제인 소그디아누스에게 살해되었다. 그러나 소그디아누스는 여섯 달 후에 다리우스 2세에게 살해되었으며, 이 다리우스 2세는 테리투크메스의 반란을 진압하는 과정에서 테리투크메스를 살해하고 그의 아내를 토막 냈으며 그의 어머니와 형제자매들을 산 채로 매장했다. 다리우스 2세는 아들인 아르타크세르크세스 2세에게 왕위를 물려주었으나, 아르타크세르크세스 2세는 자기 형제인 연소(年少) 키로스가 왕권을 찬탈하고자 했을 때 쿠낙사 전투에서 그를 죽였다. 아르타크세르크세스 2세는 오래 통치했으나 음모 때문에 자기 아들인 다리우스를 죽였으며, 다른 아들인 오쿠스가 자기를 암살하려는 계획을 세웠다는 것을 알고는 마음에 상처를 받아 죽었다. 오쿠스는 20년간 통치했으나 자기 휘하의 장군인 바고아스에게 독살되었다. 강철 심장을 가진 이 바고아스는 오쿠스의 아들인 아르세스를 왕위에 올려놓고, 그의 안전을 지킨다는 명목으로 그의 형제들을 살해한 후 아르세스와 그의 어린 자녀들마저 암살하고, 안전해 보이는 유약한 친구인 코도만누스에게 왕좌를 주었다. 코도만누스는 다리우스 3세라는 이름으로 8년간 통치했으나 아르벨라에서 알렉산드로스에 맞서 싸우다 사망했다. 바고아스가 보여 준 이런 무분별한 지도력은 우리 시대의 민주주의에서도 찾아볼 수 없다.

   제국은 본성상 곧 무너지기 마련이다. 제국을 세웠던 활력이 그 제국을 물려받은 사람들에게서 사라지는 순간, 식민지의 민족들은 잃어버린 자유를 되찾기 위해 싸울 힘을 비축하기 때문이다. 또한 언어, 종교, 도덕, 전통이 서로 다른 국가들이 하나의 통일체를 이루어 그 상태를 오래 유지한다는 것도 자연스러운 일이 아니다. 그런 통일체에는 유기적인 끈이 없으므로 인위적인 결속력을 유지하려면 강압이 계속 동원되어야 한다. 그러나 페르시아 제국은 이런 이질성과 원심력을 완화시킬 수 있는 노력을 하지 않았다. 결속력이 없는 여러 국가들을 지배하는 것으로 만족하고는 그 국가들을 하나의 통일 국가로 만들려는 생각은 조금도 하지 않았던 것이다. 그러므로 그 통일체를 보존하는 일은 해마다 힘들어질 수밖에 없었다. 왕의 구속력이 느슨해지면서 태수들의 대담함과 야망도 점점 커졌다. 태수들은 자신들과 권력을 공유하며 자신들의 권력을 제한해야 하는 임무를 지닌 장군들과 대신들을 매수하거나 위협하여 임의로 군대와 자금을 키워 나가면서 왕과 맞설 음모에 계속 가담했다. 반란과 전쟁이 계속되면서 왜소해진 페르시아는 활력이 고갈되었다. 용감한 무리들은 계속되는 전투에서 사라져 간 반면에 소심한 무리들만 살아남았다. 이런 무리들이 징집되어 알렉산드로스와 대치해 보았자 비겁할 수밖에 없었다. 군대의 훈련과 장비는 물론 장군들의 전술 역시 조금도 개선되지 않았다. 그러므로 이런 장군들이 알렉산드로스와 맞서게 되자 전쟁터에 나온 아이들처럼 휘청거렸으며, 대체로 던지는 창으로 무장하고 기강마저 해이해진 병사들은 마케도니아인들의 긴 창과 견고한 밀집 대형 앞에서는 과녁이 되었을 뿐이다.[140] 알렉산드로스는 흥청거렸으나 전투에서 승리한 다음에만 그랬을 뿐이다. 반면에 페르시아의 지휘관들은 전쟁터까지 첩들을 데리고 나왔으며 전투에 대해서는 아무런 욕심도 없었다. 페르시아 진영에서 진정한 병사들은 그리스인 용병들뿐이었다.

크세르크세스가 살라미스 해전에서 패배하고 후퇴한 날부터 그리스가 언젠가 제국을 이루게 되리라는 것이 분명해졌다. 서아시아와 지중해를 묶는 교역로의 한쪽 끝은 페르시아가 통제하고 다른 끝은 그리스가 통제하게 된 것이다. 그러므로 고대의 탐욕과 야망을 지닌 사람들은 이런 상황을 놓치지 않고 전쟁을 벌일 기회로 삼았다. 그리스는 구심점을 제공해 줄 지배자를 얻게 되자 즉시 공격을 시작했다.

알렉산드로스가 아무런 저항도 받지 않고 헬레스폰트 해협을 건넜을 때 그의 병력은 3만 명의 보병과 5000명의 기병이 있었을 뿐이다. 이것은 아시아인들이 볼 때는 무시해도 좋은 숫자였다.* 4만 명의 페르시아군은 그라니코스 강에서 그를 막으려고 했으나, 그리스군은 115명을 잃은 반면 페르시아군은 2만 명을 잃었다.¹⁴² 알렉산드로스는 한 해 동안 남동진하며 도시들을 점령하고 투항자들을 받아들였다. 그동안 다리우스 3세는 60만 명의 병사들과 모험가들을 모았다. 이들을 이끌고 배로 다리를 놓아 유프라테스 강을 건너는 데 5일이 걸렸다. 왕이 사용하는 물자들을 수송하는 데 600마리의 노새와 300마리의 낙타가 동원되었다.¹⁴³ 두 군대가 이수스에서 대치했을 때 알렉산드로스에게는 3만 명의 군사밖에 없었다. 그러나 다리우스는 자신의 대군 중 일부만 전투에 투입할 수 있는 좁은 평야를 선택했으며, 이것은 운명이 요구할 수 있는 가장 어리석은 선택이었다. 살육전이 끝났을 때 마케도니아 진영에는 450명이 전사한 반면 페르시아는 11만 명을 잃었으며, 그중 대부분은 무질서하게 후퇴하는 과정에서 살해되었다. 알렉산드로스는 무자비하게 추격하여 페르시아인들의 시체를 다리 삼아 강을 건넜다.¹⁴⁴ 다리우스는 수치스럽게도 자신의 어머니와 아내, 두 딸, 전차들, 화려하게 세워 놓은 자기 막사를 버리고 도망쳤다. 알렉산드로스는 그리스의 역사가들을 놀라게 할 정도로 기사도 정신을 발휘하며 그 여

---

* "모든 아시아인들은 마케도니아인들의 군사 규모로 보아 페르시아인들과 전투를 벌일 수 없을 것이라고 생각했다."라고 요세푸스는 말하고 있다.¹⁴¹

자들을 대하여, 두 딸 중 한 명과 결혼하는 것으로 만족했다. 우리가 퀸투스 쿠르티우스를 믿을 수 있다면 다리우스는 알렉산드로스를 매우 좋아하게 되어, 그가 죽자 음식을 멀리하고 스스로 목숨을 끊었다고 한다.[145]

젊은 정복자는 정책을 바꾸어 이제는 어리석게 보일 정도로 여유를 보이며 서아시아 전역을 통제해 나갔다. 그는 정복 지역을 다스릴 체계와 일련의 연락망을 갖추며 천천히 진군했다. 바빌론의 시민들도 예루살렘의 시민들처럼 무리 지어 몰려나와 그를 환영하며 도시와 황금을 바쳤다. 그는 정중한 태도로 받아들이고는 어리석은 크세르크세스가 파괴한 신전들을 다시 세워 주어 그들에게 기쁨을 안겨 주었다. 다리우스는 휴전을 제안하며 자기 어머니와 아내와 두 딸을 무사히 돌려보내 주면 1만 달란트*를 주고 딸을 내어 주겠으며, 알렉산드로스가 전쟁을 끝내고 자기 친구가 되기만 하면 유프라테스 강 서쪽의 모든 아시아 지역을 다스릴 권한 인정하겠다고 했다. 그리스 진영의 2인자인 파르메니오는 자기가 알렉산드로스라면 그런 행복한 조건을 받아들여 최악의 경우 패배하여 파멸할 위험도 피하고 명예도 얻겠다고 말했다. 알렉산드로스도 자기가 파르메니오라면 그렇게 하고 싶다고 했다. 그러나 자기는 파르메니오가 아니고 알렉산드로스며, 알렉산드로스인 자기는 다리우스가 넘겨주겠다고 제안한 지역을 이미 손에 넣었고, 자기가 마음만 먹으면 언제든 왕의 딸과 결혼할 수 있으므로 그 제안은 아무런 의미가 없다고 다리우스에게 대답했다. 다리우스는 이런 무자비한 논리로 휴전 협상이 깨지자 어쩔 수 없이 더 많은 군대를 모을 수밖에 없었다.

그동안 알렉산드로스는 티레를 점령하고 이집트를 손에 넣은 후 이제 방향을 돌려 대제국으로 들어선 후 곧장 멀리 떨어진 수도를 향해 진군했다. 그의 군대는 바빌론을 떠난 지 20일 만에 수사에 도착하여 아무런 저항도 받지 않고 수사를 차지했다. 그들은 그곳에서 매우 신속하게 페르세폴리스로 진격했으므

---

* 아마 현재 금액으로는 6000만 달러에 해당할 것이다.

로, 왕의 보고를 지키던 수비대원들은 그곳의 자금을 숨길 시간도 없었다. 이곳에서 알렉산드로스는 그의 행적과는 어울리지 않는 믿기 어려운 일을 하나 했다. 파르메니오의 조언을 무시하고 (우리가 듣기로는) 창부 타이스를 기쁘게 하기 위해* 페르세폴리스의 궁전들을 완전히 불사르고 군사들에게 그 도시를 약탈하도록 허락했던 것이다. 그 후 전리품과 하사품으로 군대의 사기를 높인 그는 다리우스와 최후의 일전을 벌이기 위해 북쪽으로 향했다.

다리우스는 주로 동부 지역의 속주들에서 새로운 군대 백만 명[146]을 모았다. 페르시아인들, 메디아인들, 바빌로니아인들, 시리아인들, 아르메니아인들, 카파도키아인들, 박트리아인들, 소그디아나인들, 아라코시아인들, 사카이인들, 힌두인들 등. 그는 이들을 활과 화살이 아니라 던지는 창과 긴 창, 방패, 말, 코끼리 그리고 적을 밀짚처럼 베도록 만든 낫이 달린 전차로 무장시켰다. 노년기의 아시아는 이런 거대한 병력을 동원하여 청소년기의 유럽과 맞서 자신을 보존하고자 하는 노력을 한 번 더 기울였다. 그러나 알렉산드로스는 7000의 기병과 4만의 보병을 가지고 가우가멜라**에서 그 오합지졸들을 만나 탁월한 무기와 장군들의 기량과 용기 덕분에 하루 만에 무찔렀다. 다리우스는 다시 용기를 내는 쪽을 선택했으나 그의 장군들은 다시 도주하는 것이 싫어 막사에서 그를 살해했다. 알렉산드로스는 그 암살자들을 최대한 색출하여 처형하고는 다리우스의 시신을 정중하게 페르세폴리스로 보내 아케메네스 왕조의 관례에 따라 매장하도록 지시했다. 페르시아인들은 정복자의 관대함과 젊음에 매혹되어 기꺼이 그의 깃발 아래로 모여들었다. 알렉산드로스는 페르시아를 마케도니아 제국의 속주로 삼고 강력한 주둔군을 남겨 그곳을 수비하게 하고는 인도를 향해 진군했다.

---

* 플루타르코스와 퀸투스 쿠르티우스, 디오도로스는 모두 이 이야기를 전하고 있으며, 이 이야기는 알렉산드로스의 충동적인 성격과 모순되지도 않는다. 그러나 이 이야기는 어느 정도 의문의 여지가 있다.
** 가우가멜라는 아르벨라에서 97킬로미터 정도 떨어져 있다. 가우가멜라에서 벌어진 전투는 이 도시의 이름을 붙여 아르벨라 전투라고도 한다.

주

1. Supplement to *Essai sur les moeurs*; quoted by Buckle, H. T., *History of Civilization*, i, 581.

1장
2. Robinson, J. H., art. Civilization, *Encyclopedia Britannica*, 14th ed.

2장
1. Spengler, O., *The Decline of the West*; *The Hour of Decision*.
2. Hayes, *Sociology*, 494.
3. Lippert, J., *Evolution of Culture*, 38.
4. Spencer, H., *Principles of Sociology*, I, 60.
5. Sumner and Keller, *Science of Society*, i, 51; Sumner, W. G., *Folkways*, 119-22; Renard, G., *Life and Work in Prehistoric Times*, 36; Mason, O. T., *Origins of Invention*, 298.
6. 위의 책, 316.
7. Sumner and Keller, i, 132.
8. Roth, H. L., in Thomas, W. I., *Source Book for Social Origins*, 111.
9. 위의 책; Mason, O. T., 190; Lippert, 165.
10. Renard, 123.
11. Briffault, *The Mothers*, ii, 460.
12. Renard, 35.
13. Sutherland, G. A., ed., *A System of Diet and Dietetics*, 45.
14. 위의 책, 33-4; Ratzel, F., *History of Mankind*, i, 90.
15. Sutherland, G. A., 43, 45; Müller-Lyer, F., *History of Social Development*, 70.
16. 위의 책, 86.
17. Sumner, *Folkways*, 329; Ratzel, 129; Renard, 40-2; Westermarck, E., *Origin and Development of the Moral Ideas*, i, 553-62.
18. Sumner and Keller, ii, 1234.
19. Sumner, *Folkways*, 329.
20. Renard, 40-2.
21. Sumner and Keller, ii, 1230.
22. Briffault, ii, 399.
23. Sumner and Keller, ii, 1234.
24. Cowan, A. R., *Master Clues in World History*, 10.
25. Renard, 39.
26. Mason, O. T., 23.
27. Briffault, i, 461-5.
28. Mason, O. T., 224f.
29. Müller-Lyer, *Social Development*, 102.
30. 위의 책, 144-6.
30a. 위의 책, 167; Ratzel, 87.
31. Thomas, W. I., 113-7; Renard, 154-5; Müller-Lyer, 306; Sumner and Keller, i, 150-3.
32. Sumner, *Folkways*, 142.
33. Mason, O. T., 71.
34. Müller-Lyer, *Social Development*, 238-9; Renard, 158.

35. Sumner and Keller, i, 268-72, 300, 320; Lubbock, Sir J., *Origin of Civilization*, 373-5; Campbell, Bishop R., in New York Times, 1-11-33.
36. Bücher, K., *Industrial Evolution*, 57.
37. Kropotkin, Prince P., *Mutual Aid*, 90.
38. Mason, O. T., 27.
39. Sumner and Keller, i, 270-2.
40. Briffault, ii, 494-7.
41. Sumner and Keller, i, 328f.
42. Lippert, 39.
43. *A Naturalist's Voyage Around the World*, 242, in Briffault, ii, 494.
43a. Westermarck, *Moral Ideas*, i, 35-42.
44. Hobhouse, L. T., *Morals in Evolution*, 244-5; Cowan, A. R., *Guide to World History*, 22; Sumner and Keller, i, 58.
45. Hobhouse, 272.

3장

1. Sumner and Keller, i, 16, 418, 461; Westermarck, *Moral Ideas*, i, 195-8.
2. Sumner and Keller, i, 461.
3. Rivers, W. H. R., *Social Organization*, 166.
4. Briffault, ii, 364, 494; Ratzel, 133; Sumner and Keller, 470-3.
5. 위의 책, 463, 473.
6. 위의 책, 370, 358.
7. Renard, 149; Westermarck, *Moral Ideas*, ii, 836-9; Ratzel, 130; Hobhouse, 239; Sumner and Keller, i, 18, 372, 366, 392, 394, 713.
8. Nietzsche, *Genealogy of Morals*, 103.
9. American *Journal of Sociology*, March, 1905.
10. Oppenheimer, Franz, *The State*. 16.
11. Ross, E. A., *Social Control*, 50.
12. Sumner and Keller, i, 704.
13. 위의 책, 709.
14. Cowan, *Guide to World History*, 18f.
15. Sumner and Keller, i, 486.
16. Spencer, *Sociology*, iii, 316.
17. 위의 책, i, 66.
18. Melville, *Typee*, 222, in Briffault, ii, 356.
19. Briffault, 위의 책.
20. Sumner and Keller, i, 687.
21. Lubbock 330.
22. Hobhouse, 73-101; Kropotkin, *Mutual Aid*, 131; Thomas, W. I., 301.
23. Sumner and Keller, i, 682-7.
24. Westermarck, *Moral Ideas*, i, 14-5, 20.
25. Lubbock, 363-7; Sumner and Keller, i, 454; Briffault, ii, 499; Maine, Sir H., *Ancient Law*, 109; Boas, Franz, *Anthropology and Modern Life*, 221.
26. Sutherland, A., *Origin and Growth of the Moral Instincts*, i, 4-5.
27. Sumner and Keller, iii, 1498; Lippert, 75, 659.
28. Sumner and Keller, iii, 1501.
29. 위의 책, 1500; Renard, 198; Briffault, ii, 518, 434.
30. Vinogradoff, Sir P., *Outlines of Historical Jurisprudence*, i, 212; Briffault, i, 503, 513.
31. Sumner, *Folkways*, 364.
32. Briffault, i, 508-9; Sumner and Keller, i, 540; iii, 1949; Rivers, *Social*

Organization, 12.
33. Moret and Davy, *From Tribe to Empire*, 40; Briffault, i, 308; Müller-Lyer, *The Family*, 1 24-7; Sumner and Keller, iii, 1939.
34. White, E. M., *Woman in World History*, 35; Briffault, i, 309; Lippert, 223; Sumner and Keller, iii, 1990.
35. Hobhouse, 170.
36. Müller-Lyer, *Family*, 118.
37. 위의 책, 232.
38. Sumner and Keller, iii, 1733.
39. Lubbock, 5.
40. Müller-Lyer, *Evolution of Modern Marriage*, 112.
41. Briffault, i, 460; Renard, 101.
42. Briffault, i, 466, 478, 484, 509.
43. Ellis, H., *Man and Woman*, 316; Sumner and Keller, i, 128.
44. 위의 책, iii, 1763, 1843; Ratzel, 134; Westermarck, *Moral Ideas*, i, 235.
45. Lubbock, 67.
46. Lubbock in Thomas, W. I., 108.
47. Westermarck, *Moral Ideas*, ii, 420, 629.
48. Crawley, E., The Mystic Rose, in Thomas, W. I., 515-7, 525.
49. Westermarck, *Moral Ideas*, ii, 638-45; Sumner and Keller, iii, 1737.
50. 위의 책, 1753.
51. Vinogradoff, i, 197; Müller-Lyer, *Social Development*, 208.

4장

1. Darwin, C., *Descent of Man*, 110.
2. Ellis, H., *Studies in the Psychology of Sex*, vi, 422.
3. Westermarck, E., *History of Human Marriage*, i, 32, 35.
4. Briffault, ii, 154.
5. Sumner and Keller, iii, 1547f; Briffault, i, 645; ii, 2-13; Lubbock, 68-9.
6. Müller-Lyer, *Family*, 55.
6a. *Encyclopedia Britannica*, xiii, 206.
7. Sumner and Keller, iii, 1548.
8. Briffault, ii, 81.
9. Lubbock, 69.
10. Lippert, 67.
11. Polo, Marco, *Travels*, 70.
12. Letourneau, *Marriage*, in Sumner and Keller, iii, 1521.
13. Westermarck, *Short History of Human Marriage*, 265; Müller-Lyer, *Family*, 49; Sumner and Keller, iii, 1563; Briffault, i, 629f.
14. 위의 책, 649.
15. Sumner and Keller, iii, 1565.
16. Briffault, i, 767n; Sumner and Keller iii, 1901; Lippert, 670.
17. Briffault, i, 641f, 663; Vinogradoff, i, 173.
18. Westermarck, Moral Ideas, i, 387.
19. Briffault, ii, 315; Hobhouse, 140.
20. Müller-Lyer, *Modern Marriage*, 34.
21. Spencer, *Sociology*, i, 722; Westermarck, *Moral Ideas*, i, 388; Sumner, *Folkways*, 265, 351; Sumner and Keller, i, 22; iii, 1863; Briffault, ii, 261, 267, 271.

22. Lowie, R. H., *Are We Civilized?*, 128.
23. Sumner and Keller, iii, 1534, 1540; Westermarck, *Moral Ideas*, i, 399.
24. Gen., xxix; Müller-Lyer, *Modern Marriage*, 123.
25. Sumner and Keller, iii, 1625-6; Vinogradoff, 209; Lubbock, 91; Müller-Lyer, *Family*, 86; Westermarck, *Moral Ideas*, i, 435.
26. Briffault, i, 244f.
26a. Lippert, 295; Müller-Lyer, *Social Development*, 270.
27. Sumner and Keller, iii, 1631.
28. Hobhouse, 158.
29. Sumner and Keller, iii, 1629.
30. Briffault, ii, 244.
31. Müller-Lyer, *Modern Marriage*, 125.
32. Hobhouse, 151; Westermarck, *Moral Ideas*, i, 383; Sumner and Keller, 1650.
33. 위의 책, 1648.
34. 위의 책, 1649.
35. Briffault, i, 219-21.
36. Lowie, *Are We Civilized?*, 125.
37. Briffault, ii, 215.
38. Sumner and Keller, iii, 1658.
39. Lubbock, 53.
40. 위의 책, 54-7; Sumner and Keller, iii, 1503-8; Briffault, ii, 141-3.
41. Müller-Lyer, *Modern Marriage*, 51.
42. Briffault, ii, 70f.
43. Briffault, ii, 2-13, 67, 70-2; Lowie, *Are We Civilized?*, 123; Sumner and Keller, iii, 1553-7.
44. 위의 책, 1556; Briffault, ii, 65; Westermarck, i, 441.
45. Lowie, 127.
46. Briffault, iii, 313; Müller-Lyer, *Modern Marriage*, 32.
47. Briffault, ii, 222-3; Westermarck, *Short History*, 13.
48. Sumner and Keller, iii, 1682; Sumner, Folkways, 358.
49. 위의 책, 361; Sumner and Keller, iii, 1674.
50. 위의 책, 1554; Briffault, iii, 344.
51. S & K, iii, 1682.
51a. Westermarck, *Human Marriage*, i, 530-45; Müller-Lyer, *Modern Marriage*, 39-41.
52. Müller-Lyer, *Social Development*, 132-3; Sumner, *Folkways*, 439.
53. Briffault, iii, 260f.
54. 위의 책, 307; Ratzel, 93.
55. Sumner, *Folkways*, 450.
56. Reinach, *Orpheus*, 74.
57. Briffault, ii, 112-7; Vinogradoff, 173.
58. S. & K., iii, 1528.
59. 위의 책, 1771.
60. 위의 책, 1677-8.
61. 위의 책, 1831.
62. Briffault, ii, 76.
63. 위의 책, S & K, iii, 1831.
64. Müller-Lyer, *Family*, 102.
65. S & K, iii, 1890.
66. 위의 책; Sumner, *Folkways*, 314; Briffault, ii, 71; Westermarck, *Moral Ideas*, ii, 413; E. A. Rout, "Sex Hygiene of the New Zealand Maori,"

in *The Medical Journal and Record*, Nov. 17, 1926; *The Birth Control Review*, April, 1932, p. 112.
67. Westermarck, *Moral Ideas*, ii, 394-401.
68. Lowie, *Are We Civilized?*, 138.
69. Müller-Lyer, *Family*, 104.
70. S & K, i, 54.
71. Briffault, ii, 391.
72. Renard, 135.
73. Westermarck, *Moral Ideas*, ii, 383.
74. 위의 책, i, 290; Spencer, *Sociology*, i, 46.
75. Westermarck, *Moral Ideas*, i, 88; S & K, i, 336.
76. Kropotkin, 90.
77. Lowie, *Are We Civilized?*, 141.
78. Instances in Thomas, W. I., 108; White, E. M., 40; Briffault, i, 453; Ratzel, 135.
79. Westermarck, *Moral Ideas*, ii, 422, 678.
80. Hobhouse, 79; Briffault, ii, 353.
81. 위의 책, 185.
82. Thomas, W. I., 154.
83. S & K, i, 641-3.
84. Briffault, ii, 143-4.
85. 위의 책, 500-1; Kropotkin, 101, 105; Westermarck, *Moral Ideas*, ii, 539-40; Lowie, 141.
86. Hobhouse, 29; Spencer, *Sociology*, i, 69; Kropotkin, 90-1.
87. Müller-Lyer, *Modern Marriage*, 26; Briffault, i, 636.
88. 위의 책, 640.
89. Müller-Lyer, 31.
90. Lowie, 164.
91. Westermarck, *Moral Ideas*, i, 150-1; Sumner, *Folkways*, 460.
92. 위의 책, 454.
93. 위의 책, 13; S & K, i, 358.
94. Kropotkin, 112-3; Briffault, ii, 357, 490; S & K, i, 659; Westermarck, ii, 556.
95. Strabo, *Geography*, I, 2, 8.
95a. S & K, ii, 1419.
95b. 위의 책.
95c. Briffault, ii, 510.
95d. Lippert, 6.
95e. Briffault, ii, 503.
96. Williams, H. S., *History of Science*, i, 15.
97. Briffault, ii, 645.
98. 위의 책, 657.
99. S & K, ii, 859; Lippert, 115.
100. *Brihadaranyaka Upanishad*, iv., 3; Davids, T. W. Rhys, *Buddhist India*, 252; Deussen, Paul, *The Philosophy of the Upanishads*, 302.
101. Carpenter, Edward, *Pagan and Christian Creeds*, 80.
102. Powys, John Cowper, *The Meaning of Culture*, 180.
103. Briffault, ii, 577, 583-92, 632.
104. 위의 책, 147; Carpenter, 48.
105. Jung, C. G., *Psychology of the Unconscious*, 173.
106. Allen, G., *Evolution of the Idea of God*, 237.
107. Briffault, ii, 508-9.
108. Frazer, Sir J. G., *The Golden Bough*,

1-v ed., 112, 115.
109. De Morgan, Jacques, *Prehistoric Man*, 249.
110. Frazer, *Golden Bough*, 165-7.
111. Jung, 173.
112. Briffault, iii, 117.
113. 위의 책, ii, 592.
114. 위의 책, 481.
115. Reinach, 19.
116. Freud, S., *Totem and Taboo*.
117. Durckheim, E., *Elementary Forms of the Religious Life*.
118. Briffault, ii, 468.
119. Reinach, *Orpheus*, 1909 ed., 76, 81; Tarde, G., *Laws of Imitation*, 273-5; Murray, G., *Aristophanes and the War Party*, 23, 37.
120. Spencer, *Sociology*, i, 406; Frazer, *Golden Bough*, vii.
121. Reinach, 1909 ed., 80.
122. Allen, 30.
123. Lippert, 103.
124. Smith, W. Robertson, *The Religion of the Semites*, 42.
125. Hoernle, R. F. A., *Studies in Contemporary Metaphysics*, 181.
126. Reinach(1909), 111.
127. Frazer, *Golden Bough*, 13.
128. Frazer, *Adonis, Attis, Osiris*, 356.
129. Briffault, iii, 196.
130. 위의 책, 199.
131. Frazer, *Golden Bough*, 337, 432; Allen, 246.
132. Georg, E., *The Adventure of Mankind*, 202.
133. S & K, ii, 1252.
134. 위의 책.
135. Sumner, *Folkways*, 336-9, 553-5.
136. 위의 책, 337; Frazer, *Golden Bough*, 489.
137. Westermarck, *Moral Ideas*, ii, 373, 376, 563.
138. Ratzel, 45.
139. Reinach, 1930 ed., 23.
140. Ratzel, 133.
141. 2 Sam. vi, 4-7.
142. Diodorus Siculus, *Library of History*, I, lxxxiv.
143. Briffault, ii, 366, 387.
144. Sumner, Folkways, 511.

5장

1. Ratzel, 34; Müller-Lyer, *Social Development*, 50-3, 61.
2. 위의 책, 46-9, 54; Renard, 57; Robinson, J. H., 735, 740; France, A., *M. Bergeret a Paris*.
3. Lubbock, 227, 339, 342f.
4. Müller, Max, *Lectures on the Science of Language*, i, 360.
5. Tylor, E. B., *Anthropology*, 125.
6. Müller, *Science of Language*, i, 265, 303n; ii, 39.
7. Venkateswara, S. V., *Indian Culture through the Ages*, Vol. I., *Education and the Propagation of Culture*, 6; Ratzel, 31.
8. White, W. A., *Mechanism of Character Formation*, 83.
9. Lubbock, 353-4.
10. Briffault, i, 106.

11. 위의 책, 107; Russell, B., *Marriage and Morals*, 243.
12. S & K, i, 554.
13. Briffault, ii, 190.
14. 위의 책, 192-3.
15. Lubbock, 35.
16. Maspero, G., *Dawn of Civilization*, quoted in Mason, W. A., *History of the Art of Writing*, 39.
17. Lubbock, 299.
18. Mason, W. A., ch. ii; Lubbock, 35.
19. Mason, W. A., 146-54.
20. Briffault, i, 18.
21. Spencer, *Sociology*, iii, 218-26.
22. Mason, W. A., 149; Lowie, 202.
23. Spencer, *Sociology*, iii, 247f.
24. Tylor, *Primitive Culture*, i, 243-8, 261, 266; Lubbock, 299.
25. Thoreau, H. D., *Walden*.
26. Briffault, ii, 601.
27. Mason, O. T., in Thomas, *Source Book*, 366.
28. Briffault, i, 485.
29. Lowie, *Are We Civilized?*, 250.
29a. Matt., viii, 28.
30. Lowie, 250; S & K, ii, 979; Spencer, *Sociology*, iii, 194; Garrison, F. H., *History of Medicine*, 22, 33; Harding, T. Swann, *Fads, Frauds and Physicians*, 148.
31. Garrison, 26.
32. Marett, H. R., *Hibbert Journal*, Oct., 1918; Carpenter, *Pagan and Christian Creeds*, 176.
33. Lowie, 247.
34. Garrison, 45.
35. Briffault, ii, 157-8, 162-3.
36. Darwin, *Descent of Man*, 660.
37. Briffault, ii, 176.
38. Spencer, i, 65; Ratzel, 95.
39. Grosse, E., *The Beginnings of Art*, 55-63; Pijoan, J., *History of Art*, i, 4.
40. Grosse, 58.
41. Renard, 91.
42. Lubbock, 45.
43. Ratzel, 105.
44. Lubbock, 51; Grosse, 80.
45. Thomas, *Source Book*, 555.
46. Grosse, 70; Lubbock, 46-50.
47. Georg, 104.
48. Grosse, 81.
49. Briffault, ii, 161.
50. Grosse, 83.
51. Ratzel, 95.
52. Müller-Lyer, *Social Development*, 142.
53. Grosse, 53.
54. 위의 책.
55. Briffault, ii, 297.
56. Ratzel in Thomas, *Source Book*, 557.
57. Lowie, 80.
58. Sumner, *Folkways*, 187.
59. *Enc. Brit.*, xviii, 373.
60. Mason, O. T., 156, 164.
61. 위의 책, 52.
62. Pijoan, i, 12.
63. 위의 책, 8.
64. Spencer, iii, 294-304; Ratzel, 47.
65. Renard, 56.
66. Pratt, W. S., *The History of Music*, 26-31.
67. Grosse, E., in Thomas, *Source Book*,

586.

6장

1. Osborn, H. F., *Men of the Old Stone Age*, 23.
2. N. Y. *Times*, July 31 and Nov. 5, 1931.
3. Lull, *The Evolution of Man*, 26.
4. Sollas, W. J., *Ancient Hunters*, 438-42.
5. Keith, Sir A., N. Y. *Times*, Oct. 12, 1930.
6. De Morgan, J., *Prehistoric Man*, 57-8.
7. Pittard, Eugene, *Race and History*, 70.
8. Keith.
9. Pittard, 311; Childe, V. G., *The Most Ancient East*, 26.
10. Andrews, R. C., *On the Trail of Ancient Man*, 309-12.
11. Skeat, W. M, *An Etymological Dictionary of the English Language*, 252; Lippert, 166.
12. Osborn, 270-1.
13. Lippert, 133.
14. Lowie, *Are We Civilized?*, 51.
15. Müller-Lyer, *Social Development*, 99; Lippert, 130; S & K, i, 191.
16. Bulley, M., *Ancient and Medieval Art*, 14.
17. De Morgan, 197.
18. Spearing, H. G., *The Childhood of Art*, 92; Bulley, 12.
19. Osborn, fig. 166.
20. N. Y. *Times*, Jan. 22, 1934.
21. Bulley, 17.
22. Spearing, 45.
23. Renard, 86.
24. Rickard, T. A., *Man and Metals*, i, 67.
25. De Morgan, x.
26. 위의 책, 169; Renard, 27.
27. De Morgan, 172, fig. 94.
28. Pitkin, W. B., *A Short Introduction to the History of Human Stupidity*, 53.
29. Carpenter, E., *Pagan and Christian Creeds*, 74; Lowie, 58; Ratzel in Thomas, *Source Book*, 93.
30. Lowie, 60.
31. Febvre, L., *A Geographical Introduction to History*, 261.
32. Rickard, i, 81; Schneider, H., *The History of World Civilization*, i, 20.
33. Breasted, J. H., *Ancient Times*, 29.
34. Renard, 102.
35. De Morgan, 187.
36. Mason, O. T., *Origins of Invention*, 154.
37. De Morgan, 226, fig. 135.
38. Renard, 79.
39. Lowie, 114; De Morgan, 269.
40. Renard, 112; Rickard, i, 77.
41. Georg, 105.
42. De Morgan, 235, 240; Renard, 27; Childe, V. G., *The Dawn of European Civilization*, 129-38; Georg, 89.
43. Schneider, H., i, 23-9.
44. 위의 책, 30-1.
45. Garrison, *History of Medicine*, 28; Renard, 190.
46. Rickard, i, 84.
47. 위의 책, 109, 141.
48. 위의 책, 114.
49. 위의 책, 118.
50. Rostovtzeff, M., in Coomaraswamy,

A. K., *History of Indian and Indonesian Art*, 3.
51. *Cambridge Ancient History*, i, 103.
52. De Morgan, 126.
53. Rickard, i, 169-70; De Morgan, 91.
54. Rickard, i, 85-6.
55. 위의 책, 86.
56. 위의 책, 141-8; Renard, 29-30.
57. Mason, W. A., *History of Writing*, 313.
57a. CAH (*Cambridge Ancient History*), i, 376.
58. Petrie, Sir W. F., *The Formation of the Alphabet*, in Mason, W. A., 329.
59. *Encyc. Brit.*, i, 680.
60. Tylor, *Anthropology*, 168.
61. De Morgan, 257.
62. Breasted, *Ancient Times*, 42; Mason, W. A., 210, 321.
63. 위의 책, 331.
64. *Encyc. Brit.*, i, 681.
65. Plato, *Timaeus*, 25; *Critias*, 113.
66. Georg, 223.
67. Childe, *The Most Ancient East*, 21-6.
68. Georg, 51.
69. Keith, Sir A., N. Y. *Times*, Oct. 12, 1930; Buxton, L. H. D., *The Peoples of Asia*, 83.
70. CAH, i, 579.
71. 위의 책, 86, 90-1, 362.
72. Keith; Briffault, ii, 507; CAH, i, 362; Coomaraswamy, *History*, 3.
73. CAH, i, 85-6.

7장

1. CAH, i, 86, 361; Childe, *The Most Ancient East*, 126; Keith in N. Y. *Times*, April 3, 1932.
2. Breasted, J. H., *Oriental Institute*, 8.
3. Childe, 128, 146.
4. De Morgan, 208; CAH, i, 362, 578.
5. Moret, 199; CAH, i, 361, 579.
6. Woolley, C. L., *The Sumerians*, 189.
7. Jastrow, Morris, *The Civilization of Babylonia and Assyria*, 101.
8. CAH, i, 127.
9. Pijoan, i, 104; Ball, C. J., in Parmelee, M., *Oriental and Occidental Culture*, 18.
10. Childe, 160, 173; Maspero, G., *Dawn of Civilization*, 718-20; CAH, i, 364; Woolley, 13.
11. CAH, i, 456.
12. Berosus in CAH, i, 150.
13. Maspero, *Struggle of the Nations*, iv.
14. Woolley, 69; CAH, i, 387.
15. 위의 책, 388.
16. Woolley, 73; CAH, i, 403.
17. Harper, R. F., ed., *Assyrian and Babylonian Literature*, I.
18. CAH, i, 405.
19. Woolley, 140; Maspero, *Dawn*, 637; CAH, i, 427.
20. 위의 책, i, 435.
21. 위의 책, i, 472.
22. Jastrow, 7; Maspero, *Dawn*, 554; Childe, *Ancient East*, 124; CAH, i, 463.
23. Woolley, 112-4.
24. Childe, 170.
25. Woolley, 13.
26. Delaporte, L., *Mesopotamia*, 112.

27. Woolley, 13; Delaporte, 172; CAH, i, 507; N. Y. *Times*, Aug. 2, 1932.
28. Childe, 147.
29. 위의 책, 169; *Encyc. Brit.*, ii, 845; Delaporte, 106.
30. 위의 책; Woolley, 117-8; CAH, i, 427.
31. Woolley, 92; Delaporte, 101.
32. Woolley, 126; CAH, i, 461.
33. Maspero, *Dawn*, 709f.
34. 위의 책, 606-7, 722; Woolley, 79; CAH, i, 540.
35. Maspero, *Dawn*, 721-3.
36. CAH, i, 461.
37. Woolley, 93.
38. Maspero, 655.
39. CAH, i, 443-4, 448.
40. Jastrow, 277.
41. Woolley, 126.
42. Jastrow, 130.
43. Woolley, 13.
44. 위의 책, 120.
45. CAH, i, 400.
46. Langdon, S., *Babylonian Wisdom*, 18-21.
47. Woolley, 108-9.
48. 위의 책, 13.
49. Jastrow, 466.
50. Woolley, 106.
51. CAH, i, 370-1; Woolley, 40, 43, 54.
52. 위의 책, 92, 101.
53. CAH, i, 376.
54. Maspero, *Dawn*, 723-8; CAH, i, 371-2.
55. Maspero, *Struggle*, iv.
56. CAH, i, 550; iii, 226.
57. Woolley, 37.
58. Delaporte, 172.
59. Woolley, 37, 191.
60. Maspero, *Dawn*, 709-18.
61. Jastrow, 106; Woolley, 40, 144; Maspero, 630.
62. 위의 책, 601.
63. Schäfer, H., and Andrae, W., *Die Kunst des Alten Orients*, 469; Woolley, 66.
64. CAH, i, 400.
65. Woolley, 46; N. Y. *Times*, April 13, 1934.
66. Schäfer, 482.
67. 위의 책, 485.
68. Woolley, 188; CAH, i, 463.
69. Moret, 164; Childe, *Ancient East*, 216.
70. Hall, H. R., in *Encyc. Brit.*, viii, 45.
71. Maspero, *Dawn*, 46; CAH, i, 255.
72. 위의 책, 372.
73. 위의 책, 255, 263, 581; De Morgan, 102.
74. CAH, i, 579.
75. CAH, i, 263, 581.
76. CAH, i, 252, 581.
77. De Morgan, 102.
78. CAH, i, 581.
79. De Morgan, 102.
80. Woolley, 187.
81. Smith, G. Elliot, *The Ancient Egyptians and the Origin of Civilization*, xii.

8장

1. Strabo, *Geography*, I, iii, 4.

2. Maspero, *Dawn*, 24.
3. Erman, A., *Life in Ancient Egypt*, 13; CAH, i, 317.
4. Erman, 29.
5. Diodorus Siculus, I, lxiv, 3.
6. *Encyc. Brit.*, viii, 42.
7. Capart, J., *Thebes*, 40.
8. The Harris Papyrus in Capart, 237.
9. Capart, 27; Breasted, J. H., *Ancient Records of Egypt*, ii, 131.
10. CAH, i, 116; ii, 100.
11. Breasted, *Ancient Times*, 97, 455; CAH, i, 117.
12. 위의 책, 116.
13. De Morgan, 25; CAH, i, 33-6; Keith in N. Y. *Times*, Oct. 12, 1930; Moret, 117f.
14. Breasted in CAH, i, 86.
15. *Encyc. Brit.*, viii, 42; Moret, 119; De Morgan, 92.
16. Moret, 119; CAH, i, 270-1.
17. Smith, G. Elliot, *Human History*, 264; Childe, *Ancient East*, 38.
18. Pittard, 419; CAH, i, 270-1; Smith, G. Elliot, *Ancient Egyptians*, 50.
19. CAH, i, 372, 255, 263; De Morgan, 102.
20. Maspero, *Dawn*, 45; CAH, i, 244-5, 254-6; Pittard, 413; Moret, 158; Smith, *Ancient Egyptians*, 24.
21. Maspero, *Passing of the Empires*, viii; De Morgan, 101.
22. Diodorus, I, xciv, 2.
23. 위의 책, I, xlv, 1.
24. *Encyc. Brit.*, viii, 45.
25. Schäfer, 209.
26. 위의 책, 247.
27. 위의 책, 211.
28. 위의 책, 228-9.
29. Herodotus, II, 124.
30. Capart, J., *Lectures on Egyptian Art*, 98.
31. CAH, i, 335.
32. Maspero, *Art in Egypt*, 15.
33. Schäfer, 248.
34. Herodotus, II, 86.
35. Cotterill, *History of Art*, i, 10.
36. Breasted, J. H., *Development of Religion and Thought in Ancient Egypt*, 203.
37. CAH, i, 308.
38. Breasted, J. H., *History of Egypt*, 266-7.
39. Breasted, *Ancient Records*, ii, 78-121; Maspero, *The Struggle of the Nations*, 236-7.
40. 위의 책, 237-9; Breasted, *History*, 273; White, E. M., 49.
41. CAH, ii, 65.
42. 위의 책, ch. iv.
43. 위의 책, 79.
43a. Breasted, *History*, 320.
44. Weigall, A., *Life and Times of Akhnaton*, 8.
45. Erman, 20.
46. Capart, *Thebes*, 182.
47. 위의 책, 182, 197.
48. Diodorus, I, xxxi, 8.
49. Herodotus, II, 14.
50. Erman, 199.
51. Herodotus, II, 95.
52. Maspero, *Dawn*, 330.

53. Genesis, xlvii, 26.
54. Erman, 441.
55. Erman, A., *Literature of the Ancient Egyptians*, 187.
56. Maspero, *Dawn*, 65; Lippert, 197.
57. Maspero, *Dawn*, 331-2.
58. Moret, 357.
59. Rickard, T. A., i, 192-203; De Morgan, 114.
60. Diodorus, III, xii, tr. by Rickard, i, 209-10.
61. Erman, *Life*, 451-5.
62. Breasted, *Ancient Times*, 64; Maspero, *Struggle*, 739.
63. Müller-Lyer, *Social Development*, 105.
64. Diodorus, I, lxxiv, 6.
65. 위의 책.
66. Hobhouse, *Morals in Evolution*, 283.
67. Erman, *Life*, 124-5.
68. Maspero, *Struggle*, 441.
69. Diodorus, I, lii; Rickard, i 183.
70. N. Y. *Times*, April 16, 1933.
71. Herodotus, II, 124; Wilkinson I Rawlinson's Herodotus, ii, 200n.
72. Capart, *Thebes*, 32.
73. Erman, *Life*, 488-93; Borchardt and Ricke, *Egypt*. p. v.
74. CAH, ii, 423.
75. Erman, *Life*, 494.
76. Maspero, *Struggle*, 109.
77. 위의 책, 285, 289, 407, 582; CAH, ii, 79.
78. Maspero, *Dawn*, 330; Schneider, H., i, 86.
79. CAH, ii, 212.
80. Diodorus, I, lxxvii, 2.
81. Diodorus, I, lxxv, 3.
82. Sumner, *Folkways*, 236.
83. Diodorus, I, lxxviii, 3.
84. Hobhouse, 108; Maspero, *Dawn*, 337, 479-80; Erman, *Life*, 141.
85. Maspero, *Dawn*, 337.
86. Capart, *Thebes*, 161.
87. Breasted, J. H., *Dawn of Conscience*, 208-10.
88. Erman, *Life*, 67; Diodorus, I, lxx.
89. Erman, *Life*, 121.
90. Moret, 124.
91. Erman, *Literature*, 27.
92. Maspero, *Dawn*, 278.
93. Breasted, *History*, 75.
94. Erman, *Life*, 153; Sumner, *Folkways*, 485.
95. Maspero, *Dawn*, 51.
96. Erman, *Life*, 76.
97. Briffault, i, 384.
98. White, E. M., 46.
99. Petrie, Sir W. F., *Egypt and Israel*, 23.
100. Hobhouse, 187.
101. 위의 책, 185.
102. 위의 책, 186; Erman, *Life*, 185.
103. Petrie, 23.
104. Frazer, *Adonis*, 397.
105. Briffault, i, 384.
106. Diodorus, I, lxxvii, 7; lxxx, 3.
107. Maspero, *Struggle*, 272.
108. Briffault, ii, 174.
109. 위의 책, 383.
110. Maspero, *Struggle*, 503; Erman, *Life*, 155.

111. 위의 책, Sanger, W. W., *History of Prostitution*, 40-1; Georg, 172.
112. Erman, *Life*, 247f.
113. Sumner, *Folkways*, 541; Maspero, *Struggle*, 536.
114. Erman, *Life*, 387.
115. Breasted, *Dawn of Conscience*, 324.
116. Hobhouse, 247; Maspero, *Dawn*, 269; *Struggle*, 228.
117. Strabo, XVII, i, 53.
118. Erman, *Literature*, xxix; 47.
119. Maspero, *Dawn*, 195; *Encyc. Brit.*, vii, 329.
120. Spearing, 230.
121. Maspero, *Dawn*, 47-8, 271.
122. CAH, ii, 422.
123. Breasted, *History*, 27; Erman, *Life*, 229f; Downing, Dr. J. G., *Cosmetics, Past and Present*, 2088f.
124. CAH, ii, 421.
125. Maspero, *Struggle*, 504; Erman, *Life*, 212.
126. Schäfer, 235.
127. Sumner, *Folkways*, 191; Maspero, *Struggle*, 494; CAH, ii, 421.
128. Maspero, *Dawn*, 57, 491f.
129. CAH, ii, 421.
130. Diodorus, I, lxxxi; Mencken, H. L., *Treatise on the Gods*, 117.
131. Spencer, *Sociology*, iii, 278.
132. Erman, *Life*, 328, 384.
133. 위의 책, 256; Erman, *Literature*, xliii.
134. 위의 책, 185.
135. Erman, *Life*, 256, 328.
136. Schneider, H., i, 94.
137. Erman, *Life*, 447; Breasted, *History*, 97.
138. Erman, *Literature*, xxxvii, xlii.
139. Maspero, *Dawn*, 46.
140. Erman, *Literature*, xxxvi-vii; Erman, *Life*, 333f Breasted *Ancient Times*, 42; Maspero, *Dawn*, 221-3; De Morgan, 256.
141. Father Batin, address at Oriental Institute, Chicago, March 29, 1932; CAH, i, 189; Sprengling, M., *The Alphabet*.
141a. N. Y. *Times*, Oct. 18, 1934.
142. Maspero, *Dawn*, 398.
143. CAH, i, 121; Erman, *Literature*, 1; Breasted, *Development*, 178.
144. Breasted, J. H., *Oriental Institute*, 149f.
145. Erman, *Life*, 370.
146. Erman, *Literature*, 30-1.
147. 위의 책, 22-8.
148. Maspero, *Dawn*, 438.
149. Maspero, *Struggle*, 499.
150. Maspero, *Dawn*, 497.
151. Breasted, *Dawn of Conscience*, 71.
152. Erman, *Literature*, 35-6.
153. CAH. ii, 225.
154. Erman, *Literature*, xxx-xxxiv.
155. Erman, *Life*, 389.
156. Schneider, H., i, 81.
157. Breasted, *Ancient Records*, i, 51.
158. Schneider, H., i, 91-2.
159. Erman, *Literature*, 109.
160. Erman, *Literature*, xxv-vii;

Maspero, *Struggle*, 494f.
161. Maspero, *Dawn*, 204.
162. Hall, M. P., *An Encyclopedic Outline of Masonic, Hermetic, Qabbalistic and Rosicrucian Symbolic Philosophy*, 37.
163. Sedgwick, W. T., and Tyler, H. W., *A Short History of Science*, 312.
164. Maspero, *Dawn*, 328.
165. Sedgwick and Tyler, 29.
166. Schneider, H., i, 85-6.
167. CAH, ii, 216; *Encyc. Brit.*, viii, 57.
168. Sedgwick and Tyler, 30.
169. 위의 책, 89; Breasted, J. H., *Conquest of Civilization*, 88.
170. Williams, H. S., *History of Science*, i, 41.
171. 위의 책, i, 34.
172. Spencer, *Sociology*, iii, 251.
173. Tabouis, G. R., *Nebuchadnezzar*, 318; Breasted, *Ancient Times*, 91.
174. Strabo, XVII, i, 46; Diodorus, I, l, 2.
175. Herodotus, II, 4; CAH, i, 248; Breasted, *History*, 14, 33; *Ancient Times*, 45; Erman, *Life*, 10; Childe, *Ancient East*, 5; Williams, H. S., i, 38f; Maspero, *Dawn*, 16-7, 205-9; Moret, 134; Schneider, H., i, 85; Sedgwick and Tyler, 33; Frazer, Adonis, 280, 286-9; *Encyc. Brit.*, iv, 576; v, 654.
176. Ebers Papyrus, 99, 1f, in Erman, *Life*, 357-8.
177. 위의 책, 353.
178. Garrison, 57.
179. Herodotus, II, 84; III, 1.
180. Erman, *Life*, 362.
181. Garrison, 55-9; Maspero, *Dawn*, 217; Breasted, *Conquest of Civilization*, 88.
182. Smith, G. Elliot, *The Ancient Egyptians*, 57.
182a. Himes, Norman, *Medical History of Contraception*, Chap. II, §1.
183. Erman, *Life*, 360; Maspero, *Dawn*, 219-20; Harding, T. Swann. *Fads*. 328.
184. Garrison, 53.
185. Smith, G. E., *Ancient Egyptians*, 62; Diodorus, I, xxviii, 3.
186. Breasted, *Dawn of Conscience*, 353n.
187. Diodorus, I, lxxxii, 1-2.
188. Pliny, *Historia Naturalis*, VIII, in Tyrrell, Dr. C. A., *Royal Road to Health*, 57.
189. Herodotus, II, 77.
190. Erman, *Life*, 167-96; Capart, *Thebes*, figs. 4 and 107-9.
191. Maspero, *Art*, 132.
192. Pijoan, i, 101; Fergusson, Jas., *History of Architecture in All Countries*, i, 22; Breasted, *History*, 100.
193. Maspero, *Struggle*, xi.
194. Beni-Hasan, Lisht 등.
195. Medinet-Habu.
196. Maspero, *Art*. 84.
197. Schäfel, *Tafel* VI; Breasted, *Dawn*, 218.
198. Fry, R. E., *Chinese Art*, 13.
199. Schäfer, 358; Capart, *Lectures*, fig. 176.

200. Maspero, *Art*, 174.
201. Schäfer, 343; CAH, ii, 103.
202. Baikie, Jas., *Amarna Age*, 241, 256.
203. Cairo Museum; Maspero, *Art*, fig. 461; Schäfer, 433.
204. Athens Museum; Maspero, *Struggle*, 535.
205. Schäfer, 445.
206. Louvre; Schäfer, 190.
207. Cairo Museum; Schäfer, 246-7.
208. Cairo Museum; Schäfer, 254.
209. Capart, *Thebes*, 173f.
210. Cairo Museum; Breasted, *History*, fig. 55; Maspero, *Art*, fig. 92.
211. 위의 책, fig. 194.
212. Schäfer, *Tafel* IX.
213. Schäfer, 305, 418.
214. Maspero, *Art*, fig. 287.
215. Schäfer, 367.
216. 위의 책, *Tafel* XVI.
217. Maspero, *Art*, 67.
218. Erman, *Life*, 448; CAH, ii, 422.
219. CAH, ii, 105; Erman, 250-1.
220. Breasted, *Ancient Records*, ii, 147.
221. Spencer, *Sociology*, iii, 299.
222. Plato, *Timaeus*, 22B.
223. Maspero, *Dawn*, 399.
224. Brown, B., *Wisdom of the Egyptians*, 96-116; Breasted, *Dawn*, 136f.
225. 위의 책, 198.
226. Breasted, *Development*, 215.
227. 위의 책, 188; *Dawn of Conscience*, 168.
228. Breasted, *Development*, 182.
229. Maspero, *Dawn*, 639.
230. 위의 책, 86.
231. 위의 책, 95, 92.
232. 위의 책, 156-8.
233. 위의 책, 120-1.
234. Renard, 121.
235. Capart, *Thebes*, 66; Maspero, *Dawn*, 119; *Struggle*, 536.
236. Maspero, *Dawn*, 102-3.
237. Briffault, iii, 187.
238. Hommel in Maspero, *Dawn*, 45.
239. Howard, Clifford, *Sex Worship*, 98.
240. Diodorus, I, lxxxviii, 1-3; Howard, C., 79; Tod, Lt.-Col. Jas., *Annals and Antiquities of Rajasthan*, 570; Briffault, iii, 205.
241. Carpenter, *Pagan and Christian Creeds*, 183.
242. Maspero, *Dawn*, 110-1.
243. Breasted, *Development*, 24-33; Frazer, *Adonis*, 269-75; 383.
244. Diodorus, I, xiv, 1.
245. Frazer, *Adonis*, 346-50; Maspero, *Dawn*, 131-2; Macrobius, *Saturnalia*, I, 18, in McCabe, Jos., *Story of Religious Controversy*, 169.
246. *Encyc. Brit.*, 11th ed., ix, 52.
247. Moret, 5; Maspero, *Dawn*, 265.
248. Herodotus, II, 37.
249. Breasted, *Dawn of Conscience*, 46, 83.
250. Breasted, *Development*, 293; Brown, B., *Wisdom of the Egyptians*, 178; Maspero, *Dawn*, 199.
251. Translation by Robert Hillyer, in Van Doren, Mark, *Anthology of World Poetry*, 237.

252. Maspero, *Dawn*, 189-90.
253. Breasted, *Development*, 291.
254. Erman, *Life*, 353.
255. Maspero, *Dawn*, 282; Briffault, ii, 510.
256. Erman, *Life*, 352.
257. Herodotus, II, 82.
258. Breasted, *Development*, 296, 308.
258a. Capart, *Thebes*, 95.
259. 위의 책, 76.
260. Weigall, *Akhnaton*, 86.
261. Breasted, *Development*, 315.
262. Breasted, *Ancient Records*, ii, 369.
263. Breasted, *Development*, 324f.
264. Weigall, *Akhnaton*, 134-6; Breasted, *Dawn of Conscience*, 182f.
265. Breasted, *Development*, 314.
266. Weigall, 102, 105.
267. Capart, *Lectures*, fig. 104.
268. Weigall, 103.
269. Petrie in Weigall, 178; Breasted, *History*, 378.
270. Weigall, 116; Baikie, 284.
271. Baikie, 435.
272. CAH, ii, 154; Breasted, *History*, 446.
273. 위의 책, 491.
274. Capart, *Thebes*, 69.
275. Erman, *Life*, 129.
276. Weigall, A., *Life and Times of Cleopatra*.
277. Faure, Elie, *History of Art*, i, p. xlvii.

9장

1. Maspero, *Passing of the Empires*, 783.
2. CAH, i, 399.
3. Heraclitus, *Fragments*; Mallock, W., *Lucretius on Life and Death*.
4. Harper, R. F., *Code of Hammurabi*, 3-7.
5. Jastrow, M., *Civilization of Babylonia and Assyria*, 283-4.
6. Sumner, *Folkways*, 504.
7. CAH, iii, 250.
8. Harper, *Code*, 99-100.
9. CAH, i, 489; Maspero, *Struggle*, 43-4.
10. Maspero, *Dawn*, 759; Rawlinson, *Five Great Monarchies of the Ancient Eastern World*, iii, 22-3; McCabe, 141-2; Delaporte, 194-6.
11. CAH, ii, 429; iii, 101.
12. Harper, *Assyrian and Babylonian Literature*, 220.
13. Maspero, *Passing*, 567.
14. Jastrow, 466.
15. Daniel, iv, 30.
16. Rawlinson, ii, 510.
17. Herodotus, I, 178.
18. Tabouis, 306.
19. Rawlinson, ii, 514; Herodotus, I, 180.
20. Diodorus, II, ix, 2.
21. Tabouis, 307.
22. Herodotus, I, 181.
23. CAH, i, 503.
24. Diodorus, II, x, 6; Strabo, XVI, i, 5; Maspero, *Passing*, 564, 782; CAH, i, 506-8; Rawlinson, ii, 517.
25. Maspero, *Dawn*, 761.
26. CAH, i, 541.
27. Berosus in Tabouis, 307.

28. Maspero, *Dawn*, 763-4; Delaporte, 107.
29. Maspero, *Dawn*, 556.
30. Strabo, XVI, i, 15.
31. Layard, A. H., *Ninevah and its Remains*, ii, 413.
32. *Code of Hammurabi*, sections 187-9; Delaporte, 113.
33. Lowie, *Are We Civilized?*, 119; CAH, i, 501.
34. Lowie, 60; Maspero, *Dawn*, 769; CAH, i, 107, 501; ii, 227.
35. Tabouis, 287.
36. Xenophon, *Cyropaedia*, V, iv, 33.
37. Tabouis, 210.
38. Maspero, *Dawn*, 751-2.
38a. Jastrow, 292n.
39. 위의 책, 326; CAH, i, 545; Maspero, *Dawn*, 749, 761; Delaporte, 118, 126, 231; Tabouis, 241.
40. Harper, *Assyrian and Babylonian Literature*, xlviii-ix.
41. *Encyc. Brit.*, ii, 863.
42. *Code*, 48.
43. CAH, i, 526; Maspero, *Dawn*, 760; Delaporte, 110; Jastrow, 299.
44. Delaporte, 122; Maspero, *Dawn*, 720.
45. CAH, i, 520-1; Maspero, *Dawn*, 742-4; Jastrow, 326.
46. Maspero, 735.
47. 위의 책, 708.
48. Olmstead, A. T., *History of Assyria*, 525-8.
49. *Code*, 2, 132.
50. Delaporte, 134.
51. *Code*, 196.
52. 210.
53. 198.
54. 198.
55. 202-4.
56. 195.
57. 218.
58. 194.
59. 143.
60. CAH, i, 517-8.
61. *Code*, 228f.
62. Jastrow, 305, 362; Maspero, *Dawn*, 748; CAH, i, 526.
63. Harper, *Code*, p. 11.
64. Jastrow, 488; CAH, i, 513.
65. CAH, iii, 237.
66. Maspero, *Dawn*, 679, 750; CAH, i, 535.
67. Delaporte, 133-4.
68. Maspero, 636.
69. CAH, i, 529-32.
70. Maspero, 645-6.
71. 위의 책, 644.
72. 위의 책, 643, 650; Jastrow, 193.
73. Briffault, iii, 169.
74. CAH, i, 208, 530.
75. 위의 책, 500.
76. Briffault, iii, 88.
77. Maspero, 537.
78. Langdon, *Babylonian Wisdom*, 18-21.
79. Maspero, 546.
80. 위의 책, 566-72.
81. Jastrow, 453-9; Frazer, *Adonis*, 6-7; Briffault, iii, 90; CAH, i, 461; iii,

232.
82. Briffault, iii, 90; Harper, *Assyrian and Babylonian Literature*, liii.
83. Harper, 420-1.
84. Tabouis, 387.
85. Jastrow, 280; Maspero, 691-2.
86. 위의 책, 687.
87. 위의 책, 684-6.
88. 위의 책, 689; Jastrow, 381; CAH, i, 531.
89. Jastrow, 249.
90. Maspero, 692.
91. Tabouis, 159, 165, 351.
92. Briffault, iii, 94.
93. Woolley, 125.
94. CAH, iii, 216-7.
95. Harper, *Literature*, 433-9.
96. Maspero, 682.
97. Jastrow, 253-4; Maspero, 643; Harper, lix.
98. Jastrow, 241-9.
99. 위의 책, 267; Tabouis, 343-4, 374.
100. Williams, H. S., i, 74.
101. Tabouis, 365.
102. Herodotus, I, 199; Strabo, XVI, i, 20.
103. Briffault, iii, 203.
104. Sumner, *Folkways*, 541.
105. Frazer, 53.
106. Briffault, iii, 203.
107. Amos, ii, 7; Sumner and Keller, ii, 1273.
108. Frazer, 52; Lacroix, Paul, *History of Prostitution*, i, 21-4, 109.
109. Briffault, iii, 220.
110. Jastrow, 309.
111. Maspero, 738-9.
112. Schneider, H., i, 155.
113. CAH, i, 547.
114. 위의 책, 522-3; Hobhouse, 180; Maspero, 734.
115. 위의 책.
116. Herodotus, I, 196.
117. Maspero, 737.
118. Section 132.
119. Sumner, *Folkways*, 378.
120. 141-2; Jastrow, 302-3.
121. 143.
122. CAH, i, 524; Maspero, 735-7; *Code*, 142.
123. *Encyc. Brit.*, ii, 863.
124. Maspero, 739.
125. Harper, *Literature*, xlviii; CAH, i, 520.
126. Woolley, 118; White, E. M., 71-5.
127. Maspero, 739.
128. 위의 책, 735-8.
129. III, 159.
130. Layard, ii, 411; Sanger, 42.
131. Herodotus, I, 196.
132. V, I, in Tabouis, 366.
133. Delaporte, 199.
134. Jastrow, 31, 69-97; Mason, W. A., 266; CAH, i, 124-5.
135. Jastrow, 275-6; Delaporte, 198; Schneider, H., i, 181; Breasted, *Conquest of Civilization*, 152.
136. Schneider, i, 168.
137. Maspero, 564; CAH, i, 150.
138. Leonard, W. E., *Gilgamesh*, 3.

139. 위의 책, 8.
140. Maspero, 570f.
141. Delaporte, ix.
142. Jastrow, 415.
143. Pratt, *History of Music*, 45; Rawlinson, iii, 20; Schneider, i, 168; Tabouis, 354; CAH, i, 533.
144. Perrot and Chipiez, *History of Art in Chaldea and Assyria*, ii, 292.
145. "The Lion of Babylon", Jastrow Plate XVIII.
146. Herodotus, I, 180.
147. Tabouis, 313.
148. Jastrow, 10; Maspero, 624-7.
149. Jastrow, 258, 261, 492; Maspero, 778-80; Strabo, XVI, i, 6; Rawlinson, ii, 580.
150. Sarton, Geo., *Introduction to the History of Science*, 71.
151. Rawlinson, ii, 575; Schneider, i, 171-5; Lowie, 268; Sedgwick and Tyler, 29; CAH, iii, 238f.
152. Tabouis, 47, 317.
153. Schneider, i, 171-5.
154. Maspero, 545.
155. Tabouis, 204, 366.
156. New Orleans *States*, Feb. 24, 1932.
157. *Code*, 215-7.
158. 218.
159. Maspero, 780f; Jastrow, 250f.
160. 위의 책; Tabouis, 294, 393.
161. Herodotus, I, 197; Strabo, XVI, i, 20.
162. Schneider, i, 166.
163. Jastrow, 475-83; Langdon, 1f, 35-6.
164. 위의 책, 1.
165. Jastrow, 461-3.
166. Tabouis, 254, 382.
167. Daniel, iv, 33.
168. Tabouis, 230, 264, 383.
169. Maspero, *Passing*, 626.
170. CAH, iii, 208.
171. Jastrow, 185; CAH, i, 568.

10장

1. CAH, i, 468.
2. New York *Times*, Dec. 26, 1932.
3. CAH, ii, 429.
4. Olmstead, 16; CAH, i, 126.
4a. N. Y. *Times*, Feb. 24, 1933; Mar. 20, 1934.
5. CAH, ii, 248.
6. Harper, *Literature*, 16-7.
7. Jastrow, 166-7; Maspero, *Struggle*, 663-4.
8. 위의 책, 50-2; Maspero, *Passing*, 27, 50.
9. 위의 책, 85, 94-5; CAH, iii, 25.
10. Diodorus, II, vi-xx; Maspero, *Struggle*, 617; CAH, iii, 27.
11. Maspero, *Passing*, 243.
12. Olmstead, 309.
13. Maspero, *Passing*, 275-6.
14. 위의 책, 345; CAH, iii, 79.
15. Harper, *Literature*, 94-127.
16. Delaporte, 343-4.
17. Maspero, *Passing*, 412f.
18. Olmstead, 488, 494; CAH, iii, 88, 127; Jastrow, 182; Delaporte, 223.

19. Diodorus, II, xxiii, 1-2.
20. Olmstead, 519, 525-8, 531; Maspero, *Passing*, 401-2.
21. Rawlinson, ii, 235.
22. CAH, iii, 100.
23. Maspero, *Passing*, 7.
24. 위의 책, 9-10.
25. Rawlinson, i, 474.
26. 위의 책, 467.
27. Maspero, *Struggle*, 627-38.
28. CAH, iii, 104-7; Rawlinson, i, 477-9.
29. CAH.
30. *Encyc. Brit.*, ii, 865.
31. 위의 책, 863.
32. Maspero, *Passing*, 422-3.
33. Olmstead, 510, 531.
34. 위의 책, 522-3, 558.
35. CAH, iii, 186.
35a. Olmstead, 331.
36. Rawlinson, i, 405.
37. Olmstead, 537.
38. 위의 책, 518; Maspero, *Passing*, 317-9; CAH, iii, 76, 96-7; Delaporte, 353; Rawlinson, i, 401-2.
39. CAH, iii, 107.
40. 위의 책; Delaporte, 285, 352.
40a. Olmstead, 624.
41. Maspero, *Passing*, 269.
42. Delaporte, 282; CAH, iii, 104-7.
43. Maspero, *Passing*, 91, 262.
44. Olmstead, 87.
45. CAH, iii, 13.
46. Delaporte, vii.
47. Faure, i, 90.
48. Maspero, 545-6.
49. CAH, iii, 90-1.
50. 위의 책, 89-90.
51. Delaporte, 354.
52. CAH, iii, 102, 241, 249.
53. Breasted, *Ancient Times*, 161; Jastrow, 21.
54. Maspero, 461-3.
55. *Encyc. Brit.*, ii, 851.
56. Rawlinson, i, 277; Delaporte, 338; Jastrow, 407; CAH, iii, 109.
57. Schäfer, 555.
58. Schäfer, 531.
59. 위의 책, 546.
60. Oriental Institute, Chicago.
61. British Museum.
62. Schäfer, *Tafel* XXXIV.
63. 위의 책, 537, 558-9; Jastrow, f. p. 24.
64. Faure, i, 91; Br. Mus.
65. Rawlinson, i, 509.
66. Schäfer, 656.
67. Baikie, f. p. 213; Pijoan, i, figs. 175-6.
68. Fergusson, *History of Architecture*, i, 35, 174-6, 205.
69. Rawlinson, i, 299.
70. Layard, ii, 262f.
71. Jastrow, 374.
72. Br. Mus.
73. Rawlinson, i, 284.
74. CAH, iii, 16, 75-7; Maspero, *Passing*, 45, 260-8, 310-4, 376; Pijoan, i, 121, 111-8; Jastrow, 415; Schäfer, 542-3.

75. Maspero, *Passing*, 460.
76. Harper, *Literature*, 125-6.
77. CAH, iii, 127.
78. Diodorus, ii, xxiii, 3.
79. Diodorus, II, xxvii, 2; Maspero, *Passing*, 448.
80. Nahum, iii, 1.

11장

1. Cowan, A. R., *Master-clues in World-History*, 311; Petrie, *Egypt and Israel*, 26.
2. Breasted, *Conquest of Civilization*, 192n.
3. *Encyc. Brit.*, xi, 600-1.
4. Hrozný, F., 위의 책, 603.
5. 위의 책, 606.
6. CAH, iii, 200.
7. Herodotus, IV, 64.
8. Maspero, *Passing*, 479f; Hippocrates, *Airs, Waters, Places*, xvii-xxii.
9. 위의 책, xvii.
10. Frazer, *Adonis*, 219f.
11. 위의 책; Maspero, *Passing*, 333.
12. Frazer, 34, 219-24; Hall, M. P., *An Encyclopedic Outline of Masonic Philosophy*, 36.
13. Herodotus, I, 93.
14. 위의 책, I, 87.
15. Febvre, L., *Geographical Introduction to History*, 322.
16. Moret, 350.
17. Herodotus, II, 44.
18. Strabo, XVI, ii, 23.
19. Diodorus Siculus V, xxxv; Rickard, i, 276.
20. *Decline and Fall of the Roman Empire*, ed. 1903, i, 296, in Rickard, i, 278.
21. Maspero, *Struggle*, 192f, 203, 585; Day, Clive, *A History of Commerce*, 12-14; Briffault, i, 463; Sedgwick and Tyler, 14.
22. Rickard, i, 283.
23. Herodotus, IV, 42.
24. Maspero, *Struggle*, 199, 740-1.
25. Arrian, II, xv.
26. 위의 책, VI, 220.
27. Zechariah, ix, 3.
28. XV, ii, 23.
29. Frazer, *Adonis*, 183-4; Maspero, *Struggle*, 174-9; Bebel, A., *Woman under Socialism*, 39; Briffault, iii, 220; Sanger, *The History of Prostitution*, 42.
30. Sedgwick and Tyler, 15; Doane, T. W., *Bible Myths*, 41.
31. Herodotus, V, 58.
32. Dussaud, in Venkateswara, 328.
33. CAH, i, 189.
34. Maspero, *Struggle*, 572f.
35. *Proceedings of the Oriental Institute*, Chicago, March 29, 1932.
36. New York *Times*, Aug. 8, 1930.
37. Ward, C. O., *The Ancient Lowly*, ii, 83, 85.
38. CAH, ii, 328-9.
39. Frazer, *Adonis*, 32-5.
40. 위의 책, 225-7; Maspero, *Struggle*, 154-9.
41. 위의 책, 160-1.
42. Deut., xviii, 10; 2 Kings, xxiii, 10; Sumner, *Folkways*, 554.

43. Frazer, 84; Maspero, *Passing*, 80; CAH, iii, 372.
44. Mason, W. A., *History of the Art of Writing*, 306; Maspero, *Passing*, 35; Rivers, W. H., *Instinct and the Unconscious*, 132.

12장

1. Exod. iii, 8; Numb. xiv, 8; Deut. xxvi, 15.
2. Huntingdon, E., *The Pulse of Asia*, 368.
3. New York *Times*, Jan. 20, 1932; May 17, 1932.
4. CAH, ii, 719n; *Encyc. Brit.*, xiii, 42.
5. Gen. xi, 31.
6. Petrie, *Egypt and Israel*, 17.
7. CAH, ii, 356.
8. Breasted, *Dawn of Conscience*, 349.
9. Maspero, *Struggle*, 70-1, 442-3.
10. Exod. xii, 40; Petrie, 38.
11. Exod. i; Deut. x, 22.
12. Exod. i, 12.
13. Josephus, *Works*, ii, 466; *Contra Apion*, i.
14. Strabo, XVI, ii, 35; Tacitus, *Histories*, V, iii, tr'n Murphy, London, 1930, 498.
15. Exod. v, 4-5; Ward, *Ancient Lowly*, ii, 76.
16. Schneider, i, 285.
17. United Press Dispatch from London, Jan. 25, 1932.
18. New York *Times*, April 18, 1932.
19. Numb. xxxi, 1-18; Deut. vii, 16, xx, 13-17; Joshua viii, 26, x, 24f, xii.
20. 위의 책, xi, 23; Judges v, 31.
21. CAH, iii, 363; Maspero, *Passing*, 127; *Struggle*, 752; Buxton, *Peoples of Asia*, 97.
22. Renan, *History of the People of Israel*, i, 86.
23. Schneider, i, 300; Mason, *Art of Writing*, 289.
23a. N. Y. *Times*, Oct. 18, 1934.
24. Maspero, *Struggle*, 684.
25. Judges xvii, 6.
26. 1 Sam. viii, 10-20; Deut. xvii, 14-20.
27. Judges xiii-xvi; xv, 15.
28. 2 Sam. vi, 14.
29. 1 Kings ii, 9.
30. 2 Sam. xi.
31. 2 Sam. xviii, 33.
32. 1 Kings iii, 12.
33. 1 Kings iv, 32.
34. 1 Kings ix, 26-8.
35. 위의 책.
36. 1 Kings x.
37. 위의 책, x, 14.
38. *Jewish Encyclopedia*, ix, 350; Graetz, H., *Popular History of the Jews*, i, 271.
39. Renan, ii, 100.
40. 2 Chron. ix, 21.
41. Maspero, *Struggle*, 737-40.
42. Josephus, *Antiquities*, VIII, 7.
43. 1 Kings iii, 2.
44. 1 Chron. xxix, 2-8.
45. CAH, iii, 347.
46. 위의 책.
47. 2 Chron. iii, 4-7; iv.

48. 2 Chron. ii, 7-10, 16; 1 Kings v, 6.
49. 2 Chron. ii, 17-18.
50. 1 Kings vi, 1, vii, 2.
51. Fergusson, *History of Architecture*, i, 209-11.
52. Shotwell, J., *The Religious Revolution of Today*, 30.
53. Josephus, VIII, 13.
54. CAH, iii, 428.
55. Numb. xxi, 8-9; 2 Kings xviii, 4.
56. Allen, G., *Evolution of the Idea of God*, 192f; Howard, C., *Sex Worship*, 154-5.
57. Smith, W. Robertson, *Religion of the Ancient Semites*, 101.
58. Reinach, *History of Religions* (1930), 176-7.
59. Exod. vii.
60. New York *Times*, May 9, 1931.
61. Exod. xii, 7, 13.
62. Exod. xxxiii, 19.
63. Gen. xxxi, 11-12.
64. Exod. xxxiii, 23.
65. 1 Kings xx, 23.
66. Exod. xv, 3.
67. 2 Sam. xxii, 35.
68. Exod. xxii, 27-30.
69. Lev. xxv, 23.
70. Numb. xxv, 4.
71. Exod. xx, 5-6.
72. 위의 책, xxxii, 11-14.
73. Numb. xiv, 13-18.
74. Gen. xviii.
75. Deut. xxviii, 16-28, 61.
76. Exod. xx, 5; xxxiv, 14; xxiii, 24.
77. Ruth i, 15; Judges xi, 24.
78. Exod, xv, 11; xviii, 11.
79. 2 Chron. ii, 5.
80. Ezek. viii, 14.
81. Jer. ii, 28; xxxii, 35.
82. 2 Kings v, 15.
83. Sumner, *Folkways*, 554.
84. CAH, iii, 451f.
85. Numb. xviii, 23.
86. Ezra vii, 24.
87. Numb. xviii, 9f.
88. Isaiah xxviii, 7; Judges viii, 33; ix, 27; 2 Kings xvii, 9-12, 16-17; xxiii, 10-13; Lamentations ii, 7.
89. Ezek. xvi, 21; xxiii, 37; Isaiah, lvii, 5.
90. Amos ii, 6.
91. CAH, iii, 458-9; Frazer, *Adonis*, 66.
92. Jer. xxix, 26.
93. Maspero, *Passing*, 783.
94. G. B. Shaw, "The Revolutionist's Handbook," *Man and Superman*.
95. CAH, vi, 188.
96. Like Isaiah xl-lxvi.
97. CAH, iii, 462.
98. Amos v-vi.
99. 위의 책, iii, 12, 15.
100. New York *Times*, Jan. 7, 1934.
101. 2 Kings xviii, 27; Isaiah xxxv, 12.
102. Maspero, *Passing*, 290; CAH, iii, 390.
103. Sarton, 58.
104. Isaiah vii, 8.
105. 위의 책, xvi, 7.
106. III, 14-15; v, 8; x, 1f.
107. I, 11f.

108. Amos ix, 14-15.
109. Isaiah vii, 14; ix, 6; xi, 1-6; ii, 4.
110. Hosea xii, 7.
111. 2 Kings xxii, 8; xxiii, 2; 2 Chron. xxxiv, 15, 31-2.
112. Sarton, 63; CAH, iii, 482.
113. 2 Kings xxiii, 2, 4, 10, 13.
114. 2 Kings xxv, 7.
115. Psalm CXXXVII.
116. Jer. xxvii, 6-8.
117. XV, 10; xx, 14.
118. V, 1.
119. V, 8.
120. XXXIV, 8f.
121. VII, 22-3.
122. XXIII, 11; v, 31; iv, 4; ix, 26.
123. XVIII, 23.
124. IV, 20-31; v, 19; ix, 1.
124a. *Jew. Encyc.*, vii, 598.
125. Lam. i, 12; iii, 38f; Jer xii, 1.
126. Ezek. xvi, xxiii.
127. 위의 책, xxii, xxxviii, 2.
128. 위의 책, xxxvi.
128a. CAH, vi, 183; *Enc. Brit.*, iii, 503.
129. Isaiah lxi, 1.
130. 위의 책, xl, 3, 10-11; liii, 3-6.
130a. CAH, iii, 498.
131. LXV, 25.
132. XLV, 5.
133. XL, 12, 15, 17, 18, 22, 26.
134. Ezra i, 7-11; Maspero, *Struggle*, 638f; *Passing*, 784.
135. Nehemiah x, 29.
136. 2 Kings xxii, 10; xxiii, 2; Nehem. viii, 18.
137. CAH, vi, 175.
138. *Enc. Brit.*, iii, 502.
138a. *Jew. Encyc.*, v, 322.
139. 위의 책; Sarton, 108; Maspero, *Passing*, 131-2.
140. CAH, iii, 481.
141. Doane, *Bible Myths*, chapter i.
142. 위의 책, 10.
143. 위의 책, ch. I.
144. Doane, 18-48.
145. Sarton, 63.
146. Renan, iv, 163.
147. Reinach (1930), 19; Frazer, Sir J. G., *The Golden Bough*, 472.
148. Exod. xxi-ii; Lev. xviii.
149. Spencer, *Sociology*, iii, 189.
150. Garrison, *History of Medicine*, 67.
151. 위의 책.
152. 위의 책.
153. Briffault, iii, 331.
154. Renan, i, 105.
155. Diodorus Siculus I, xciv, 1-2; Doane, 59-61.
156. Diodorus, 위의 책.
157. Lev. xxiv, 11-16; Deut. vii, xiii, xvii, 2-5.
158. Petrie, *Egypt and Israel*, 60-1; CAH, iii, 427-8.
159. Ezra i, 7-11.
160. 2 Chron. v, 13.
161. 2 Sam. vi, 6.
162. *Enc. Brit.*, 11th ed., xv, 311; *Jew. Encyc.*, vii, 88.
163. Briffault, ii, 433; Sumner and Keller, ii, 1113.

163a. Reinach (1930), 195; *Jew. Encyc.*, v. 377.
164. Gen. xxiv, 58; Judges i, 12.
165. Howard, 58.
166. Judges iv, 4.
167. 2 Kings xxii, 14.
168. Briffault, iii, 362; Howard, 49; Dubois, 212; Sumner, *Folkways*, 316, 321.
169. Maspero, *Struggle*, 733, 776; CAH, ii, 373.
170. Maspero, 위의 책.
171. 2 Kings iii, 18-19; Joshua vi, 21, 24.
172. 1 Kings xx, 29.
173. Deut. vii, 6; xiv, 2; 2 Sam. vii, 23, etc.
174. Sanger, *History of Prostitution*, 36.
175. 위의 책, 35; Gen. xix, 24-5.
176. Sanger, 37-9.
177. Gen. xxix, 20.
178. Deut. xxi, 10-14.
179. Judges xxi, 20-1.
180. Gen. xxxi, 15; Ruth iv, 10; Hobhouse, *Morals in Evolution*, 197f; Briffault, ii, 212; Lippert, 310.
181. Gen. xxx.
182. Deut. xxv, 5.
183. Lev. xx, 10; Deut. xxii, 22.
184. Westermarck, i, 427.
185. Deut. xxiv, 1; Westermarck, ii, 649; Hobhouse, 197f.
186. Gen. xxiv, 67.
187. Lev. xxv, 23.
188. Renard, 160; CAH, i, 210.
189. Deut. xv, 6; xxviii, 12.
190. Sumner, *Folkways*, 276.
191. 2 Kings iv, 1; Matt. xviii, 25.
192. Lev. xxv, 14, 17.
193. Exod. xxi, 2; Deut. xv, 12-14.
194. Lev. xxv, 10.
195. Deut. xv, 7-8; Lev. xxv, 36.
196. Exod. xxi, 10; Deut. xxiv, 19-20.
197. Gen. xxiv, 2-3.
198. Graetz, i, 173.
199. Deut. xvii, 8-12.
200. Numb. v, 27-9.
201. 위의 책, 6-8.
202. Exod. xxi, 15-21; xxii, 19.
203. Exod. xxii, 18.
204. Numb. xxxv, 19.
205. Deut. xix.
206. Exod. xxi, 23-5; Lev. xxiv, 9-20.
207. Exod. xx, 17.
208. Renan, ii, 307.
209. *Jew Encyc.*, vii, 381; Graetz, i, 224.
210. *Enc. Brit.*, iii, 504.
211. Song of Solomon i, 13-16; ii, 1, 5, 7, 16, 17; vii, 11, 12.
212. Prov. vii, 26; vi, 32; xxx, 18-19.
213. 위의 책, v, 18-19; xv, 17.
214. 위의 책, vi, 6, 9.
215. XXII, 29.
216. I, 32; xxviii, 20.
217. XIV, 23; xxviii, 11, xvii, 28.
218. XVI, 22; iii., 13-17.
219. *Enc. Brit.*, iii, 504.
220. Jastrow, M., *Book of Job*, 121.
221. Kallen, H., *Book of Job as a Greek Tragedy*, Introduction.

221a. Carlyle, Thos., *Complete Works*, Vol. i, *Heroes and Hero-Worship*, p. 280, Lect. II.
222. Job vii, 9-10; xiv, 12.
223. Psalm LXXIII, 12.
224. Psalms XLII, XlIII, 23; LXXIV, 22; LXXXIX, 46; CXV, 2.
225. Job xii, 2-3, 6; xiii, i, 4-5.
226. XXXI, 35.
227. Renan, v, 148; Jastrow, *Job*, 180.
228. Job xxxviii, 1-xl, 2.
229. Job xlii, 7-8.
230. Sarton, 180.
231. Eccles, i, 1.
232. 위의 책, vii, 15; iv, 1; v, 8.
233. IX, 11.
234. V, 10, 12.
235. V, 11.
236. VII, 10.
237. I, 9-10.
238. I, 11.
239. I, 2-7; iv, 2-3; vii, 1.
240. VIII, 15; ii, 24; v, 18; ii, 1.
241. VII, 28, 26.
242. IX, 8.
243. XII, 12
244. VII, 11, 16.
245. Exod. xxxiii, 20.
246. Eccles. i, 13-18.
247. III, 19, 22; viii, 10.
248. Josephus, *Antiquities*, XI, 8; Works, i, 417.

13장

1. Huart, C., *Ancient Persian and Iranian Civilization*, 25-6.
2. Maspero, *Passing*, 452.
3. Herodotus, I, 99.
4. 위의 책, i, 74.
5. Rawlinson, ii, 370.
6. Daniel, vi, 8.
7. Rawlinson, ii, 316-7.
8. Huart, 27.
9. Herodotus, I, 119.
10. *Encyc. Brit.*, xvii, 571.
11. Rawlinson, iii, 389.
12. Maspero, 668-71.
13. Rawlinson, iii, 398.
14. Herodotus, III, 134.
15. Sykes, Sir P., *Persia*, 6.
16. XV, iii, 10.
17. Rawlinson, iii, 422, 241.
18. Strabo, XV, ii, 8; Rawlinson, ii, 306; iii, 164; Maspero, 452.
19. Dhalla, M. N., *Zoroastrian Civilization*, 211, 222, 259; Rawlinson, iii, 202-4; Köhler, Carl, *History of Costume*, 75-6.
20. Rawlinson, iii, 211, 243.
21. Rawlinson, iii, 250-1.
22. Huart, 22.
23. Schneider, i, 350.
24. Mason, W. A., 264.
25. Dhalla, 141-2.
26. Herodotus, I, 126.
27. Strabo, XV, iii, 20; Herodotus, I, 133.
28. Dhalla, 187-8.
29. Herodotus, V, 52.
30. CAH, iv, 200.
31. Dhalla, 218.

32. 위의 책, 144, 257; Müller, Max, *India: What Can It Teach Us?*, 19.
33. Rawlinson, iii, 427.
34. CAH, iv, 185-6.
35. Rawlinson, iii, 245.
36. 위의 책, 171-2.
37. 위의 책, 228; Plutarch, *Life of Artaxerxes*, chs. 5-17.
38. Rawlinson, iii, 221.
39. Dhalla, 237.
40. 위의 책, 89.
41. Rawlinson, iii, 241.
42. Herodotus, VII, 39.
43. Dhalla, 95-9.
44. 위의 책, 106.
45. Herodotus, V, 25.
46. Darmesteter, J., *The Zend-Avesta*, i, p. lxxxiiif.
47. 위의 책.
48. Huart, 78; Darmesteter, lxxxvii; Rawlinson, iii, 246.
49. 위의 책; Sumner, *Folkways*, 236.
50. Plutarch, *Artaxerxes*, in *Lives*, iii, 464.
51. Rawlinson, iii, 427; Herodotus, III, 95; Maspero, *Passing*, 690f; CAH, iv, 198f.
52. Maspero, 572f.
53. Vendidad, XIX, vi, 45.
54. Darmesteter, i, xxxvii; *Encyc. Brit.*, xxiii, 987.
55. Dawson, M. M., *Ethical Religion of Zoroaster*, xiv.
56. Rawlinson, ii, 323.
57. *Encyc. Brit.*, xxiii, 987; Dawson, xv.
58. Briffault, iii, 191.
59. Dhalla, 72.
60. Schneider, i, 333; CAH, iv, 210f; Rawlinson, ii, 323.
61. *Encyc. Brit.*, xxiii, 942-3; Rawlinson, ii, 322; Dhalla, 38f.
62. 위의 책, 40-2; *Encyc. Brit.*, xxiii, 942-3; Maspero, *Passing*, 575-6; Huart, xviii; CAH, iv, 207.
63. *Encyc. Brit.*, xxiii, 942-3.
64. Darmesteter, xxvii, Gour, Sir Hari Singh, *Spirit of Buddhism*, 12.
65. Vend. II, 4, 29, 41.
66. 위의 책, 22-43.
67. Darmesteter, lxiii-iv.
68. Yasna, xliv. 4.
69. Dawson, 52f.
70. *Encyc. Brit.*, xxiii, 988.
71. Dawson, 46.
72. Maspero, *Passing*, 583-4; Schneider, i, 336; Rawlinson, ii, 340.
73. Dawson, 125.
74. *Shayast-la-Shayast*, XX, 6, in Dawson, 131.
75. Vend. IV, 1.
76. 위의 책, XVI, iii, 18.
77. Herdotous, I, 134.
78. *Shayast-la-Shayast*, VII, 6, 7, 1, in Dawson, 36-7.
79. Westermarck, *Morals*, ii, 434; Herodotus, VII, 114; Rawlinson, iii, 350n.
80. Strabo, XV, iii, 13; Maspero, 592-4.
81. Reinach (1930), 73; Rawlinson, ii, 338.
82. The "Ormuzd" Yast, in Darmester,

ii, 21.
83. Nask VIII, 58-73, in Darmesteter, i, 380-1.
84. Vend., XIX, v, 27-34; Yast 22; Yasna LI, 15; Maspero, 590.
85. Yasna XLV, 7.
86. Dawson, 246-7.
87. 위의 책, 256f.
88. 위의 책, 250-3.
89. CAH, iv, 211.
90. Darmesteter, i, pp. lxxii-iii.
91. CAH, iv, 209.
92. Dhalla, 201, 218; Maspero, 595.
93. Harper, *Literature*, 181.
94. Dhalla, 250-1.
95. Herodotus, IX, 109; Rawlinson, iii, 170.
96. 위의 책, iii, 518, 524.
97. 위의 책, 170.
98. Strabo, XV, iii, 20.
99. Dhalla, 221.
100. Herodotus, I, 80; Xenophon, *Cyropaedia*, I, ii, 8; VIII, viii, 9; Strabo, XV, iii, 18; Rawlinson, iii, 236.
101. Dhalla, 155; Dawson, 36-7.
102. Dhalla, 119, 190-1.
103. Vend. IX.
104. Darmesteter, i, p. lxxviii.
105. Vend. VIII, 61-5.
106. I, 4.
107. I, 135.
108. Vend. VIII, v, 32; vi, 27.
109. Strabo, XV, iii, 17; Vend. IV, iii, 47.
110. 위의 책, iii, 1.
111. XV, ii, 20f.
112. XX, i, 4; XV, iv, 50-1.
113. XXI, i, 1.
114. Maspero, 588.
115. Herodotus, VII, 83; IX, 76; Rawlinson, iii, 238.
116. Esther, ii, 14; Rawlinson, iii, 219.
117. Dhalla, 74-6, 219; Rawlinson, iii, 222, 237.
117a. Plutarch, Artaxerxes, *Lives*, iii, 463-6.
118. Dhalla, 70-1.
119. Herodotus, I, 139; Dhalla, 210.
120. Vend. XV, 9-12; XVI, 1-2.
121. Bundahis, XVI, 1, 2, in Dawson, 156.
122. Venkateswara, 177; Dhalla, 225.
123. 위의 책, 83-5; Dawson, 151.
124. Herodotus, I, 136.
125. Strabo, XV, iii, 18.
126. Darmesteter, i, p. lxxx.
127. Vend. VII, vii, 41f.
128. 위의 책, 36-40.
129. Rawlinson, iii, 235.
130. N. Y. *Times*, Jan. 6, 1931.
131. Dhalla, 176, 195, 256; Rawlinson, iii, 234.
132. N. Y. *Times*, Jan. 23, 1933.
133. Dhalla, 253-4.
134. Rawlinson, iii, 278.
135. N. Y. *Times*, July 26, 1932.
136. Fergusson, *History of Architecture*, i, 198-9; Rawlinson, iii, 298.
137. Breasted in N. Y. *Times*, March 9, 1932.

138. CAH, iv, 204.
138a. Dhalla, 260-1.
138b. Rawlinson, iii, 244, 400.
139. Maspero, 715.
140. Arrian, *Anabasis of Alexander*, I, 15.
141. Josephus, *Antiquities*, XI, viii, 3.
142. Arrian, I, 16.
143. Quintus Curtius, III, 17.
144. Arrian, II, 11, 13; Plutarch, *Life of Alexander*, ch. 20.
145. Quintus Curtius, X, 17; CAH, vi, 369.
146. Plutarch, *Alexander*, ch. 31; Arrian, III, 8.

지질학적 구분			인류학적 구분	인류 유형	발견 연대
기(紀)	세(世)	기(期)			
제4기	홍적세	제1간빙기		베이징인	1929
		제2간빙기		피테칸트로푸스	1891
				하이델베르크인	1907
		제3간빙기	구석기 시대	필트다운인	1911
		제4빙하기			
		후빙기		네안데르탈인	1857
				크로마뇽인	1868
			중석기 시대		
			신석기 시대		
	완신세		청동기 시대(동양: 기원전 4000~1800, 유럽: 기원전 2000~1000)		
			철기 시대(동양: 기원전 1800, 유럽: 기원전 1000)		

선사 시대 인류의 유형과 문화

문화	주요 유적지	신장	뇌 용적 (c.c.)	가설상 연대 (기원전)
	중국의 주구점			1,000,000
	자바의 트리닐	170센티미터	950	475,000
	독일의 하이델베르크			300,000
선셸 문화	잉글랜드의 서식스; 프랑스의 생아슐		1300	125,000
셸 문화	프랑스의 셸(센에마른)			100,000
아슐 문화	프랑스의 생아슐(솜)	160센티미터	1600	75,000
무스테리안 문화	독일, 프랑스의 르무스티에(도르도뉴)	160센티미터	1600	40,000
오리냑 문화	프랑스의 오리냑(오트가론)	160센티미터		25,000
솔류트레 문화	프랑스의 솔류트레(마콩 근처)			20,000
마들렌 문화	프랑스의 마들렌(도르도뉴)	182센티미터	1590	16,000
아질 문화	프랑스의 마스다질(아리에)			10,000
패총	덴마크 등			7,000
호상 거주자	스위스의 로벤하우젠 등			5,000
최초의 문명	메소포타미아, 이집트 등			4,500
	(현대 인간)	160센티미터	1450	

근동 연대표

이집트		서아시아	
기원전		기원전	
18000	나일 구석기 문화	40000	팔레스타인의 구석기 문화
10000	나일 신석기 문화	9000	투르키스탄의 청동기 문화
5000	나일 청동기 문화	4500	수사와 키시 문명
4241	이집트 달력 등장(?)	3800	크레타 문명
4000	바다리 문화	3638	키시 3왕조
3500~2631	A. 고왕국	3600	수메르 문명
3500~3100	1-3왕조	3200	수메르 아크샤크 왕조
3100~2965	4왕조, 피라미드 건설	3100	우르니나, 라가시 제1대(?) 왕
3098~3075	쿠푸(헤로도토스가 말한 케오프스)	3089	키시 4왕조
3067~3011	카프레(케프렌)	2903	우르카기나 왕, 라가시 개혁
3011~2988	멘카우레(미세리누스)	2897	루갈자기시, 라가시 정복
2965~2631	5-6왕조	2872~2817	사르곤 1세, 수메르와 아카드 통일
2738~2644	페피 2세(역사상 최장 치세)	2795~2739	나람신, 수메르와 아카드의 왕
2631~2212	봉건 시대	2600	구데아, 라가시 왕
2375~1800	B. 중왕국	2474~2398	우르의 황금기, 첫 번째 법전
2212~2000	12왕조	2357	엘람인의 우르 약탈
2212~2192	아메넴헤트 1세	2169~1926	바빌로니아 1왕조
2192~2157	세누스레트(세소스트리스) 1세	2123~2081	바빌론의 함무라비 왕
2099~2061	세누스레트 3세	2117~2094	함무라비, 수메르와 엘람 정복
2061~2013	아메넴헤트 3세	1926~1703	바빌로니아 2왕조
1800~1600	힉소스족 지배기	1900	히타이트 문명 등장
1580~1100	C. 제국 시대	1800	팔레스타인 문명
1580~1322	18왕조	1746~1169	카시트인의 바빌로니아 지배
1545~1514	투트모세 1세	1650~1220	유대인, 이집트의 노예가 됨(?)
1514~1501	투트모세 2세	1600~1360	이집트의 팔레스타인, 시리아 지배
1501~1479	하트셉수트 여왕	1550	미탄니 문명
1479~1447	투트모세 3세	1461	바빌로니아의 부라부리아시 1세
1412~1376	아멘호테프 3세	1276	샬만에세르 1세, 아시리아 통일
1400~1360	텔엘아마르나 서신 시대	1200	유대인, 가나안 정복
1380~1362	아멘호테프 4세(이크나톤)	1115~1102	티글라트필레세르 1세, 아시리아 영토 확장

* 모든 연대는 기원전이며, 기원전 663년 이전 연대는 근사치이다. 통치자와 관련해 표시된 연도는 생몰년이 아닌 치세 기간을 나타낸다.

근동 연대표

이집트		서아시아	
기원전		기원전	
1360~1350	투탕카멘	1025~1010	유대인 왕 사울
1346~1210	19왕조	1010~974	유대인 왕 다윗
1346~1322	허름하브	1000~600	페니키아와 시리아의 황금기
1321~1300	세티1세	974~937	유대인 왕 솔로몬
1300~1233	람세스 2세	937	유대인 분열: 유대족과 이스라엘족
1233~1223	메르넵타	884~859	아시리아의 아슈르나시르팔 2세
1214~1210	세티2세	859~824	아시리아의 샬만에세르 3세
1205~1100	20왕조, 람세스 왕조	811~808	아시리아의 삼무라마트(세미라미스)
1204~1172	람세스 3세	785~700	아르메니아(우라르투)의 황금기
1100~947	21왕조, 리비아 왕조	745~727	티글라트필레세르 3세
947~720	22왕조, 부바스티스 왕조	732~722	아시리아, 다마스쿠스와 사마리아 점령
947~925	셰숑크 1세	722~705	아시리아의 사르곤 2세
925~889	오소르콘 1세	709	메디아의 왕 데이오세스
880~850	오소르콘 2세	705~681	아시리아의 센나케리브
850~825	셰숑크 2세	702	제1이사야
821~769	셰숑크 3세	689	센나케리브, 바빌론 약탈
763~725	셰숑크 4세	681~669	아시리아의 왕 에사르하돈
850~745	23왕조, 테베 왕조	669~626	아시리아의 왕 아슈르바니팔
725~663	24왕조, 멤피스 왕조		(사르다나팔루스)
745~663	25왕조, 에티오피아 왕조	660~583	자라투스트라(조로아스터)?
689~663	타하르카	652	리디아의 왕 기게스
685	이집트의 상업 부흥	640~584	메디아의 왕 키아크사레스
674~650	아시리아의 이집트 지배	639	수사 몰락, 엘람 멸망
663~525	26왕조, 사이스 왕조	639	유대인 왕 요시아
663~609	프삼티크(프사메티코스) 1세	625	나보폴라사르, 바빌론 독립 회복
663~525	이집트 예술의 사이스 부흥기	621	모세 오경 저술 시작
615	유대인이 이집트를 속령으로 만들기 시작	612	니네베 몰락, 아시리아 멸망
		610~561	리디아의 왕 알리아테스
609~593	니쿠(네코) 2세	605~562	바빌로니아의 왕 네부카드레자르 2세
605	니쿠가 이집트를 헬레니즘 문화로 편입시키기 시작	600	이스라엘의 예레미야; 리디아 경화 주조
		597~586	네부카드레자르, 예루살렘 점령
593~588	프삼티크 2세	586~538	바빌론 유수
569~526	아흐모세(아마시스) 2세	580	바빌론의 에스겔

근동 연대표

이집트		서아시아	
기원전		기원전	
568~567	네부카드레자르 2세가 이집트 침공	570~546	리디아의 왕 크로수스
560	그리스의 이집트에 대한 영향력 증대	555~529	메디아와 페르시아의 왕 키로스 1세
526~525	프삼티크 3세	546	키로스, 사르디스 점령
525	페르시아의 이집트 정복	540	제2이사야
485	이집트, 페르시아에 대항하여 반란	539	키로스, 바빌론 점령 및 페르시아 제국 건설
484	크세르크세스의 이집트 재정복	529~522	페르시아의 왕 캄비세스
482	이집트, 페르시아와 연합하여 그리스와 전쟁	521~485	페르시아의 왕 다리우스 1세
455	아테네인의 이집트 원정 실패	520	예루살렘에 두 번째 신전 건설
		490	마라톤 전투
		485~464	페르시아의 왕 크세르크세스 1세
		480	살라미스 전투
		464~423	페르시아의 왕 아르타크세르크세스 1세
		450	욥기(?)
		444	예루살렘의 에즈라
		423~404	페르시아의 왕 다리우스 2세
		404~359	페르시아의 왕 아르타크세르크세스 2세
		401	소(小)키로스, 쿠낙사 전투에서 패배함
		359~338	페르시아의 왕 오쿠스
		338~330	페르시아의 왕 다리우스 3세
		334	그라니코스 전투, 알렉산드로스 예루살렘 입성
332	그리스의 이집트 정복, 알렉산드리아 건설	333	이소스 전투
283~30	프톨레마이오스 왕조	331	알렉산드로스 바빌론 점령
30	이집트, 로마 제국에 병합	330	아르벨라 전투, 근동 지방이 알렉산드로스 제국의 일부가 됨

왕수민 서강대학교에서 철학과 역사학을 전공했다. 현재 전문 번역가로 활동하고 있다. 옮긴 책으로 『문명 이야기 — 신앙의 시대』, 『영웅들의 세계사』, 『집중력의 탄생』, 『포르노 보는 남자, 로맨스 읽는 여자』, 『인간욕구를 경영하라』, 『부의 제국』(공역), 『마이크로트렌드』(공역) 등이 있다.

한상석 서울교육대학과 안양대학교 신학과 및 신학대학원 신학과를 졸업하고, 숭실대학교 대학원 철학과를 수료했다. 옮긴 책으로 『나를 찾아온 철학씨』, 『모두스 비벤디』, 『시장체제』, 『어떻게 성숙한 자답게 살 수 있는가』, 『죽음 그 후』 등이 있다.

문명 이야기

동양 문명 1-1 — 수메르에서 일본까지

1판 1쇄 펴냄 2011년 5월 30일
1판 8쇄 펴냄 2023년 10월 23일

지은이 윌 듀런트
옮긴이 왕수민, 한상석
발행인 박근섭, 박상준
펴낸곳 (주)민음사

출판등록 1966. 5. 19.(제16-490호)
(06027) 서울특별시 강남구 도산대로1길 62(신사동) 강남출판문화센터 5층
대표전화 02-515-2000, 팩시밀리 02-515-2007
홈페이지 www.minumsa.com

한국어판 ⓒ (주)민음사, 2011. Printed in Seoul, Korea.

ISBN 978-89-374-8355-4 04900
ISBN 978-89-374-8361-5 (세트)

* 잘못 만들어진 책은 구입처에서 교환해 드립니다.